汇集十年精华
展现裁判思维
促进适法统一

《中国法院年度案例集成丛书》

主　　编　胡田野　国家法官学院副院长
副 主 编　刘　畅　最高人民法院司法案例研究院规划部主任
　　　　　李晓果　最高人民法院司法案例研究院研究部副主任
主编助理　赵文轩　最高人民法院司法案例研究院规划部编辑

编审人员（按姓氏笔画为序）

王晓梅　王　锐　王蓓蓓　王　曦　朱志磊　朱建伟
朱　琳　刘　畅　安慧中　李迎昌　李明桓　李　彦
李　洋　李晓果　李　婧　李　谦　李想成　张智颖
陈佳艺　周丽华　赵文轩　荣学磊　胡田野　胡　岩
姜子佳　姜　丹　费嘉荣　徐万佳　唐世银　唐墨华
唐鑫鑫　梁　欣　程　瑛　焦明静　童启鑫　熊　燕
潘园园

本书编审人员　胡田野　陈佳艺

中国法院年度案例集成丛书

公司纠纷

裁判规则

理解与适用

国家法官学院
最高人民法院司法案例研究院
—— 编 ——

中国法制出版社
CHINA LEGAL PUBLISHING HOUSE

《中国法院年度案例集成丛书》通讯编辑名单

刘晓虹　北京市高级人民法院
王　凯　北京市高级人民法院
董　扬　天津市高级人民法院
童若涵　河北省高级人民法院
崔铮亮　山西省高级人民法院
杨智勇　内蒙古自治区高级人民法院
周文政　辽宁省高级人民法院
苏　浩　吉林省高级人民法院
王　妍　黑龙江省高级人民法院
牛晨光　上海市高级人民法院
缪　芳　江苏省高级人民法院
卢燊绅　江苏省高级人民法院
符东杰　江苏省南通市中级人民法院
宋婉龄　江苏省无锡市中级人民法院
杨　治　浙江省高级人民法院
蒋　莹　浙江省高级人民法院
刘伟玲　安徽省高级人民法院
杨　宇　福建省高级人民法院
章光园　江西省高级人民法院
李　宁　山东省高级人民法院
郭宇凌　河南省高级人民法院
宋淼军　湖北省高级人民法院
黄　娅　湖北省宜昌市中级人民法院
唐　竞　湖南省高级人民法院
李　雪　广东省高级人民法院
邹尚忠　广西壮族自治区高级人民法院
陈小青　广西壮族自治区高级人民法院
李周伟　海南省高级人民法院
闫帅锋　重庆市高级人民法院
任　梦　四川省高级人民法院
李丽玲　云南省高级人民法院
石　瑾　云南省昆明市中级人民法院
伍席芳　贵州省高级人民法院
余长智　贵州省贵阳市中级人民法院
王丽萍　西藏自治区高级人民法院
郑亚非　陕西省高级人民法院
张旦旦　甘肃省高级人民法院
王　晶　青海省高级人民法院
康　莹　宁夏回族自治区高级人民法院
石孝能　新疆维吾尔自治区高级人民法院
吉　雄　新疆维吾尔自治区高级人民法院生产建设兵团分院

序

党的十八大以来，以习近平同志为核心的党中央高度重视依法治国，明确提出全面依法治国，坚持在法治轨道上推进国家治理体系和治理能力现代化。党的二十大报告指出，要坚持走中国特色社会主义法治道路，建设中国特色社会主义法治体系、建设社会主义法治国家，围绕保障和促进社会公平正义，坚持依法治国、依法执政、依法行政共同推进，坚持法治国家、法治政府、法治社会一体建设，全面推进科学立法、严格执法、公正司法、全民守法，全面推进国家各方面工作法治化。人民法院始终坚持以习近平新时代中国特色社会主义思想为指导，深入贯彻落实习近平法治思想，把加强案例指导和研究作为助力推进全面依法治国的重要途径，通过制定司法解释、发布指导性案例、提炼裁判要旨、推行类案检索等系列举措，深入推进法律适用统一，不断提升司法质量、效率和公信力，努力让人民群众在每一个司法案件中感受到公平正义。

“中国法院年度案例丛书”是国家法官学院于2012年开始编辑出版的一套大型案例丛书，每年年初定期出版。截至2022年，已经连续出版11年。2020年起，丛书由国家法官学院和最高人民法院司法案例研究院共同编著。丛书编辑始终坚持以习近平新时代中国特色社会主义思想为指导，深入贯彻落实习近平法治思想，深化成果运用，认真总结案例积累的审判执行经验做法，积极回应人民群众多元司法需求，记录我国司法审判执行工作发展进程，助力丰富司法审判理论，构建中国法治话语体系。该丛书案例涵盖人民法院刑事、民事、商事、行政、知产、环资和执行各业务领域，按照业务领域和案由层级设计分册及纲目，目前汇编案例合计1.2万余篇。丛书严格遵循案例选编要求，突出争议焦点、裁判规则和法律适用分析，追求“好读有用”，已经形成品牌效应。为总结十余年的案例编选和研究经验，在全国各级人民法院的大力支持下，国家法官学院与最高人民法院司法案例研究院经全面梳理丛书的1.2万余篇案例，以新法新规为依据，对于其中“判得好且写得好”的案例进行再次深度加工，编辑出版“中国法院年度案例集成丛书”。

“中国法院年度案例集成丛书”坚决贯彻落实党的二十大报告关于坚持全面依法治国，推进法治中国建设的部署要求，深度挖掘优秀案例在完善裁判规则体系、促进统一法律适用、促进民法典等新法新规正确实施和应用法学研究等方面的法治价值、学术价值和时代价值，探索体系化提炼和编纂裁判规则的新思路，发挥司法案例的规范、指导、评价、引领作用，展现新时代我国法治建设成就，大力弘扬社会主义核心价值观，助推全民法治意识和法治素养提升。

“中国法院年度案例集成丛书”共15个分册：《物权纠纷裁判规则理解与适用》《合同纠纷裁判规则理解与适用》《借款担保纠纷裁判规则理解与适用》《人格权纠纷裁判规则理解与适用》《婚姻家庭与继承纠纷裁判规则理解与适用》《侵权纠纷裁判规则

理解与适用》《道路交通纠纷裁判规则理解与适用》《保险纠纷裁判规则理解与适用》《劳动纠纷裁判规则理解与适用》《公司纠纷裁判规则理解与适用》《金融纠纷裁判规则理解与适用》《知识产权纠纷裁判规则理解与适用》《行政纠纷裁判规则理解与适用》《刑事案例裁判规则理解与适用》《执行纠纷裁判规则理解与适用》。丛书在编辑工作中坚持以下原则：一是突出裁判规则价值。以历年“中国法院年度案例丛书”采用的1.2万余篇案例为精选基础，优中选优，提供给读者十余年积累的多类型、多视角的疑难新型典型性案例，概览人民法院的类型化裁判规则。二是方便读者检索。为体现以读者为本的理念，丛书分卷细化，每卷根据最新的案由、法律适用问题分类编排案例，以裁判规则、裁判思路或案件焦点的核心内容作为主标题，让读者一目了然，迅速找到目标案例。三是注重案例分析的实用性。根据最新的法律法规以及司法解释对原“法官后语”进行完善，高度提炼案例对理解和适用新法新规的参考价值，为新型疑难法律适用问题提供解决方案，为司法工作提供借鉴，为法学研究提供启迪。

中国法制出版社始终全力支持“中国法院年度案例集成丛书”的出版，给了作者和编辑们巨大的鼓励。该丛书还提供了数据库增值服务，内附精美书签，扫描其中二维码，即可免费查阅往年同类案例数据库。我们在此谨表谢忱，并希望通过共同努力，臻于至善，真正探索出一条编辑案例书籍、挖掘案例价值的新路，不断增强丛书案例的代表性、时代性、权威性，丰富案例类型，细化裁判规则，提升分析质量，以更好服务于社会主义法治国家建设、服务于司法审判执行工作、服务于学习研究法律的广大读者。

“中国法院年度案例集成丛书”既是法官、检察官、律师等法律工作者的办案参考和司法人员培训的实用教材，也是社会大众学法用法的经典案例读本，同时是教学科研机构案例研究的良好素材。当然，我们难以一步到位实现初衷，该丛书还存在各种不足甚至错误，欢迎读者批评指正。我们愿听取各方建议，不断拓宽司法案例研究领域，有效发挥类案裁判规则功能，立足新发展阶段，实现中国特色司法案例研究事业的高质量发展。

国家法官学院

最高人民法院司法案例研究院

2023年2月

目 录

Contents

一、股东资格确认纠纷

二、请求变更公司登记纠纷

三、股东出资纠纷

四、新增资本认购纠纷

五、股东知情权纠纷

六、请求公司收购股份纠纷

七、股权转让纠纷

八、公司决议纠纷

九、公司设立纠纷

十、公司证照返还纠纷

十一、公司盈余分配纠纷

十二、损害股东利益责任纠纷

十三、公司增资、减资纠纷

十四、损害公司利益责任纠纷

十五、损害公司债权人利益责任纠纷

十六、公司清算、解散和破产纠纷

十七、其他

一、股东资格确认纠纷

001 借名股东与冒名股东的司法认定问题

——叶某诉建筑装潢公司股东资格确认案

【案件基本信息】

1. 裁判书字号

江苏省无锡市中级人民法院（2020）苏02民终4197号民事判决书

2. 案由：股东资格确认纠纷

3. 当事人

原告（上诉人）：叶某

被告（上诉人）：建筑装潢公司

第三人：纪某、混凝土公司

【基本案情】

2004年6月28日，建筑装潢公司成立，注册资本为1000万元，工商登记载明股东为纪某（占股90%）、叶某（占股10%），纪某担任公司执行董事兼总经理，叶某担任监事。

2019年8月，第三人混凝土公司诉至法院，要求纪某在抽逃出资900万元本息范围内对（2011）盱商初字第0473号民事判决书中确定的建筑装潢公司结欠混凝土公司债务承担赔偿责任；叶某在抽逃出资100万元本息范围内对（2011）盱商初字第0473号民事判决书中确定的建筑装潢公司结欠混凝土公司债务承担赔偿责任。

叶某在收到上述案件开庭传票后另行提起诉讼即本案，请求确认其不是建筑装潢公司的股东。事实与理由为纪某在未经其同意的情况下冒用其名义将其登记为建筑装潢公司的股东，其对此并不知情，也从未参与建筑装潢公司的登记注册、经营管理、分红等事宜，故其不是建筑装潢公司的股东。

建筑装潢公司对叶某的诉讼请求及事实理由无异议。纪某承认其在叶某不知情的情况下借用叶某的身份证办理了工商登记，叶某不是建筑装潢公司的股东。

第三人混凝土公司述称，叶某与纪某关系密切，足以说明叶某同意纪某将其登记为建筑装潢公司的股东，构成借名登记，叶某是建筑装潢公司的名义股东。

经叶某申请，本院委托鉴定机构对建筑装潢公司设立登记时的出资协议书、自行办理企业登记授权委托书、公司章程、股东会决议中“叶某”签名笔迹是否系叶某本人书写进行鉴定。经鉴定，上述材料中“叶某”笔迹均非叶某本人书写。

庭审中，混凝土公司又提供建筑装潢公司2004年、2005年、2006年的年检材料，年检材料中均附有“叶某”签名笔迹的身份证复印件。对此，纪某陈述称，身份证复印件是叶某找工作和学驾驶时给他的，其中2004年因为公司要年检，要叶某签字，所以其就和叶某说了，让叶某签了字；2005年、2006年的年检材料上均是由建筑装潢公司的王会计签的字。叶某解释称，2004年年检材料的身份证复印件是其交给纪某的，但目的是请纪某帮其找工作，签名是其本人所签；2005年年检材料的身份证复印件不是其交给纪某的，应该是纪某自己复印的，签名也不是其本人所签；

2006年年检材料的新的二代身份证复印件是其交给纪某的，但目的是用于驾驶证年审，签名也不是其本人所签。

另查明，位于无锡市某小区1区38号房屋（以下简称案涉房屋）登记在叶某名下。2014年5月，纪某与无锡市装饰公司签订工程承包合同，约定由装饰公司承包案涉房屋的装修工程，纪某于合同签订当日向装饰公司支付装修工程款20万元。关于为何会支付案涉房屋的装修工程款，纪某解释称其曾向叶某父亲借过很多钱，出于还债的心理帮叶某装修。

再查明，汽车附件公司的工商登记载明纪某担任该公司董事长，叶某担任副总经理。法院在执行（2019）苏0213执恢194号一案中，曾依法拍卖一处营业房，该营业房的登记簿载明标的所有人为纪某、叶某。

【案件焦点】

叶某是否被冒名登记为建筑装潢公司股东。

【法院裁判要旨】①

江苏省无锡市梁溪区人民法院经审理认为：冒用他人名义出资并将他人作为股东在公司登记机关登记，被冒名人因对其名义被冒用不知情，也无出资设立公司、行使股东权利、承担股东义务之意思表示，有权请求确认自己不是公司股东。但股东资格已为登记机关所确认，对外具有公示公信力，关乎第三人的交易安全，故名义股东应当提供充分证据对被冒名登记的事实加以证明。从本案来看，

---

① 本书【法院裁判要旨】适用的法律法规等条文均为案件裁判当时有效，下文不再对此进行提示。

叶某主张被冒名登记为建筑装潢公司股东的事实不能成立，理由如下：1. 叶某对被登记为建筑装潢公司股东的事实知情。虽然经司法鉴定，建筑装潢公司设立时的相关文件上“叶某”的签名不是其本人所签，但2004年年检材料中的身份证复印件上的签字为叶某本人所签。对此，纪某述称系“2004年因为公司要年检，要叶某签字，所以我就和叶某说了，让叶某签了字”，表明叶某对被登记为建筑装潢公司股东的事实知情。2. 叶某多次自愿将身份证复印件交给纪某，缺乏合理解释。建筑装潢公司在设立时及2004年至2006年年检材料中均向登记机关提供了叶某身份证复印件，对于前两次，叶某解释称系因请纪某帮忙找工作而提供，对于2006年年检材料中更换为二代身份证复印件的情况，叶某称系为办理驾驶证年审而向纪某提供。叶某以不同原因多次自愿将身份证复印件交付他人使用不具有合理性，也无证据证明，法院不予采信。3. 叶某与纪某之间存在利益关联，应降低纪某对叶某作出有利陈述的证明力。叶某称涉案房屋装修工程款系由其本人出资，但未提供任何证据证明，而纪某称出于向叶某父亲还债的心理为叶某出资装修房屋，明显不符合常理。结合纪某为叶某出资装修名下房屋、二人名下曾共有房产，且担任同一公司高级管理人员诸多事实，可以证明二人之间存在高度利益关联，故对于纪某冒用叶某名义进行登记的自认，应削弱其证明力。综上，不能认定叶某在不知情的情况下，被冒用身份登记为建筑装潢公司的股东，故对叶某请求确认其不是建筑装潢公司股东的诉讼请求不予支持。

江苏省无锡市梁溪区人民法院依照《中华人民共和国民事诉讼法》第六十四条第一款之规定，判决如下：

驳回叶某的诉讼请求。

叶某、建筑装潢公司不服一审判决，提起上诉。

江苏省无锡市中级人民法院经审理认为：借名登记与冒名登记的根本区别之处在于对方是否知情并同意，如果对方不知情则为冒名登记行为，对方知情并同意则为借名登记行为。在对外法律关系中，由于被借名人登记为公司股东，依据公司法外观主义原则与公示原则，为保护无过错的公司债权人及公司其他股东的利益，被借名人仍应承担相应的股东责任。纪某一审中陈述“2004 年因为公司要年检，要叶某签字，所以我就和叶某说了，让叶某签了字”。根据纪某的该陈述，叶某知道其是建筑装潢公司的股东，也并不反对其成为建筑装潢公司的股东。叶某不是被冒名成为建筑装潢公司的股东。经司法鉴定，建筑装潢公司设立时的相关文件上“叶某”的签名不是其本人所签，但对外不能据此即否定叶某为建筑装潢公司的股东。此外，叶某与纪某有共有房屋，纪某以自己的义务为登记在叶某名下的房屋进行装修支出费用等，可以认定纪某与叶某关系密切，叶某称其对被登记为建筑装潢公司股东始终不知情，不足以令人采信。

江苏省无锡市中级人民法院依照《中华人民共和国民事诉讼法》第一百七十条第一款第一项之规定，判决如下：

驳回上诉，维持原判。

【法官后语】[①]

一、冒名股东与借名股东的含义与法律责任

所谓冒名股东，是指被他人冒用或者被盗用名义出资登记为公司股东的股东。被冒名者没有出资设立公司、参与经营管理、分享

---

① 本书【法官后语】对此类法律问题涉及的法律法规等内容进行了时效性更新，下文不再对此进行提示。

利润和承担风险的意思表示，也无为自己或者他人与公司其他股东设立公司的合意。与之相类似的概念是借名股东，借名股东是指名义被他人借用登记成为公司股东，并由借名人实际行使股东权利，被借名人并不行使股东权利。冒名股东与借名股东并非同一概念，虽然两者都不实际行使股东权利，但后者对于其名义被借用是明知或应知的，前者却根本不知其名义被冒用，故在对外法律关系上，两者的法律后果截然不同。根据《最高人民法院关于适用〈中华人民共和国公司法〉若干问题的规定（三）》第二十六条的规定，公司债权人以登记于公司登记机关的股东未履行出资义务为由，请求其对公司债务不能清偿的部分在未出资本息范围内承担补充赔偿责任，股东以其仅为名义股东而非实际出资人为由进行抗辩的，人民法院不予支持。而根据该司法解释第二十八条的规定，冒用他人名义出资并将该他人作为股东在公司登记机关登记的，冒名登记行为人应当承担相应责任；公司、其他股东或者公司债权人以未履行出资义务为由，请求被冒名登记为股东的承担补足出资责任或者对公司债务不能清偿部分的赔偿责任的，人民法院不予支持。故在对外责任的承担上，借名股东遵循的是商事法的外观主义原则和公示公信原则，需对外承担股东责任，而对于冒名股东而言，由于其系在不知情的情况下形成了所谓的股东外观，该外观系因侵权行为所致，故应适用民法意思表示原则，被冒名者不应视为法律上的股东，不应对外承担股东责任。

二、冒名股东与借名股东的司法认定

由于冒名股东与借名股东在客观上均未实际向公司出资，也不实际参与公司的经营管理。因此，在涉及法律纠纷尤其是公司对外欠付大量债务不能清偿时，借名股东往往会以其股东身份系被冒名登记为由进行抗辩，以此规避法律责任。判断股东是冒名还是借名，最主要的法律特征是被冒名者对其名称被冒用是否知情。由于工商登记具有较强的公示公信效力，是公司外部第三人对公司股东身份确认和识别的依据，因此，若已被工商登记记载为股东的当事人主张其系冒名股东，应当由其就其身份被冒用一事承担充分的举证责任，而法院一旦判定构成冒名登记，那么冒名登记人可能将面临严苛的法律责任甚至是刑事处罚。因此，法院在对此进行认定时应当尤为谨慎，需要综合各方面因素进行考量。

（一）工商登记材料是否为本人签名并非判断股东资格的唯一标准

由于公司在设立时并不严格要求投资人必须到场，代签可以在被代签者明知或者默认的情形下发生，故被“代签名”并不等同于被“盗用”或“盗用身份”签名，因此仅凭工商登记材料中的签字并非登记股东亲自签署，并不能得出其系冒名股东的结论，还需考量其他因素作出综合认定，本案就是这种情况。但存在其他佐证的情况下，该种情形可以成为认定构成冒名股东的理由之一。

（二）被冒名者对于冒名者持有其有效身份证件是否有合理解释

当事人在主张其系冒名股东时，除以工商登记材料非本人签字进行抗辩外，通常还会主张其身份证等身份信息系由冒名登记人非法获取或盗用，如果其无法举证证明存在身份信息被冒用或盗用的情况，则应就冒名登记人如何取得其身份信息一事进行合理解释。本案中，纪某不仅持有叶某的一代身份证，还持有其二代身份证，叶某也承认是其自行将身份证材料交给纪某，现该身份证复印件出现在公司的年检材料中，其虽否认有设立公司之意愿，但其连续三年将其新、旧身份证材料交由纪某持有，显然缺乏合理解释，故仅凭言辞否认不足以证明其主张。

（三）从被冒名者与冒名者之间的关系推测其是否存在恶意诉讼逃避法律责任的可能性

股东向法院起诉否认其股东资格，不仅涉及公司内部股东之间的利害关系，也关乎着公司外部债权人的债权能否实现的问题。因此，为了防止股东之间通过虚假诉讼免除股东责任，进而损害公司债权人的合法权益，在审查认定是否构成冒名股东时应充分考量冒名者与被冒名者之间是否存在利益牵连。本案中，叶某与纪某关系密切，两人不仅在同一公司任职高管，在生活中还有诸多经济往来，加之，叶某起诉要求确认其非建筑装潢公司股东发生在第三人混凝土公司要求其承担法律责任之后，而纪某面对叶某的主张非但没有抗辩，反而是全盘接受，自认其确实实施了冒名登记行为，这显然与常理不符。因此，基于上述客观情况，本案不排除叶某与纪某故意通过诉讼来规避法律责任的可能性，故对叶某关于其系冒名股东的主张，法院不予支持。

编写人：江苏省无锡市梁溪区人民法院　罗扬

002　隐名股东的股东资格认定问题

——陈某甲等诉药城公司股东知情权案

【案件基本信息】

1. 裁判书字号

浙江省台州市仙居县人民法院（2019）浙 1024 民初 4793 号民事判决书

2. 案由：股东知情权纠纷

3. 当事人

原告：陈某甲、范某、陈某乙、王某

被告：药城公司

【基本案情】

被告药城公司前身系医疗器械厂（企业性质为县属集体企业），四原告均系原集体企业的职工。1997年按照县政府的要求进行改制［同年3月11日经工商登记成立药城公司，注册资本为108万元，原职工通过出资方式（每人3000股，每股1元）按比例持股］。由于《中华人民共和国公司法》对股东人数的限制，由潘某、张某、郭某、杜某、范某5人为名义股东进行登记。同年，公司向全体股东颁发了股权证，公司实际股东人数为230余人。公司成立时依照公司章程，股东大会选举产生了董事会、监事会等人员，并由公司章程约定董事每三年进行一次换届选举，监事会每年向公司股东会报告工作。公司于1999年换届选举，由张某担任法定代表人，职务为董事长，由杜某担任总经理。原告曾于2019年11月2日书面致函被告法定代表人要求查阅公司会计账簿、财务会计报告等，但未得到书面回复。为此，原告陈某甲、范某、陈某乙、王某向法院提出诉讼请求：1. 判令被告向原告提供自2000年1月1日起至判决生效之日止的财务会计报告（包括资产负债表、损益表、现金流量表、财务情况说明书和利润分配表）、股东会会议记录、董事会会议决议、监事会会议决议、股东名册以供原告及其委托的会计师、律师查阅、复制；2. 判令被告向原告提供自2000年1月1日起至判决生效之日止的会计账簿（包括原始凭证）以供原告及其委托的会计师、律师查阅；3. 本案诉讼费由被告承担。

【案件焦点】

1. 原告陈某甲、范某、陈某乙、王某的主体是否适格，即四原告是不是被告的股东；2. 原告范某在享有知情权时是否会损害公司利益及享有知情权的范围。

【法院裁判要旨】

浙江省台州市仙居县人民法院经审理认为：从《中华人民共和国公司法》关于有限责任公司的规定来看，股东资格可以从多个方面得到体现，如工商行政管理机关的登记、公司股东名册的记载、是否出资、是否签署公司章程等。当这几个方面表现不一致时，因工商行政管理机关的登记等主要是对外公示从而产生对抗效力的要件，股东之间的股东资格纠纷应以更为基础性的出资、签署章程以及股东权利义务的行使、承担情况等要件为依据。本案被告系改制企业，四原告是该企业的职工，改制时，被告向原告发放了股权证；被告在诉县市场监督管理局工商行政登记一案中明确被告“经原县工商行政管理局登记成立药城公司，由于公司法股东人数的限制，在申请工商登记时仅登记了 5 位名义股东，其余均为隐名股东”，即被告原先亦认可陈某甲等四原告系隐名股东，故其主体资格适格。原告范某在享有知情权时是否会损害公司利益及享有知情权的范围问题。股东查阅公司会计账簿系其作为股东所享受的权利，但应当以股东是否有不正当目的作为确定股东是否有权查阅的直接依据。本案被告称原告范某查阅公司账簿时会损害公司利益，但未提供原告存在不正当目的的依据，故原告享有的股东知情权不容剥夺。综上，依照《中华人民共和国公司法》第二十九条、第三十三条和《中华人民共和国民事诉讼法》第六十四条第一款、第一百四十四条之规定，判决如下：

一、被告药城公司自本判决生效之日起十日内向原告陈某甲、范某、陈某乙、王某提供自2000年1月1日起至判决生效之日止的财务会计报告（包括资产负债表、损益表、现金流量表、财务情况说明书和利润分配表）、股东会会议记录、董事会会议决议、监事会会议决议、股东名册以供原告查阅、复制；

二、被告药城公司自本判决生效之日起十日内向原告陈某甲、范某、陈某乙、王某提供自2000年1月1日起至判决生效之日止的会计账簿（包括原始凭证）以供原告查阅。

判决后，双方当事人均未上诉，本判决现已生效。

【法官后语】

本案涉及集体企业改制过程中，隐名股东的资格认定问题和知情权问题。

一、隐名股东的资格认定

从当前司法实践来看，对于当事人均为股东的，主要以实质说即认可实际做出投资行为的人为股东；当事人一方为股东、另一方为第三人的，一般采取形式说，以工商登记的股东为准；对于一方为股东、另一方为公司的，一般以公司名册记载或实际派发的股东证书为依据。本案中，被告企业改制时向原告发放了股权证；被告在诉市场监督管理局工商行政登记一案中亦明确“由于公司法股东人数的限制，在申请工商登记时仅登记了5位名义股东，其余均为隐名股东”。由此可见，被告原先亦认可陈某甲等四原告系隐名股东，因此对于四原告的隐名股东身份应当予以认定。

二、隐名股东的知情权

隐名股东不同于公司债权人，其对公司的经营管理享有收益权，亦需要以其实际出资数额承担风险。因此，隐名股东应当享有合法合理的股东权利。《中华人民共和国公司法》第三十二条规定："……记载于股东名册的股东，可以依股东名册主张行使股东权利……"第三十三条规定："股东有权查阅、复制公司章程、股东会会议记录、董事会会议决议、监事会会议决议和财务会计报告。股东可以要求查阅公司会计账簿。股东要求查阅公司会计账簿的，应当向公司提出书面请求，说明目的。公司有合理根据认为股东查阅会计账簿有不正当目的，可能损害公司合法利益的，可以拒绝提供查阅，并应当自股东提出书面请求之日起十五日内书面答复股东并说明理由。公司拒绝提供查阅的，股东可以请求人民法院要求公司提供查阅。"本案四原告虽未记载于公司名册，但其股东身份实际已为被告公司所认定，其合理范围内的知情权应当予以保障。被告主张原告查阅公司账簿时会损害公司利益，但未提供证据加以证明，故不能阻却四原告行使知情权，理应提供查阅之便。

编写人：浙江省台州市仙居县人民法院　陈爱菊　杨冰心

003 在没有代持合意的情况下，一人公司的实际控制人不能直接认定为公司的股东

——虞某诉商贸公司股东资格确认案

【案件基本信息】

1. 裁判书字号

新疆维吾尔自治区昌吉回族自治州中级人民法院（2020）新23民终1768号民事判决书

2. 案由：股东资格确认纠纷

3. 当事人

原告（上诉人）：虞某

被告（被上诉人）：商贸公司

第三人：吴某

【基本案情】

2016年3月7日，原告成立商贸公司，该公司为自然人独资的有限责任公司，原告担任该公司的执行董事兼法定代表人，原告并未实际出资。2018年10月30日，被告公司作出股东决定书，决定：1. 股东虞某转让其在商贸公司认缴出资500万元、占注册资本100%的股权给吴某。2. 解聘虞某执行董事（法定代表人）职务；解聘虞某经理职务。虞某以股东身份在该决定书上签字并加盖被告公司的公章。同日，被告公司对公司章程进行修改，形成章程修正案，载明：将公司的住所地、经营范围进行修改，并将股东虞某修改为吴某，吴某以法定代表人身份在该章程修正案上签字并加盖被告公司的公章。2018年11月，原告（作为甲方）与第三人（作为乙方）签订《商贸公司股权转让协议书》一份，约定：甲方将其持有的被告公司的100%股权即认缴出资500万元转让给乙方，由于注册资本是认缴出资，资金未到位，故甲方以0元将股权转让给乙方；本次股权转让完成后，乙方即享受100%的股东权利并承担义务，甲方不再享受相应的股东权利和承担义务。2018年11月9日，被告公司的法定代表人由原告变更为第三人。其后，原告仍保管被告公司的公章，以公司名义对外签署合同、向公司财务人员支付工资、办理纳税申报等，掌管被告公司的经济、财务。原告提出诉讼请求：1. 确认原告为被告公司持股100%的股东；2. 判令被告及第三人协助原告将原告变更登记为被告公司的股东；3. 判令被告、第三人共同向原告赔偿损失100万元；4. 本案保全费5000元由被告、第三人承担。

【案件焦点】

原告要求确认其为被告公司持股100%的股东有无事实及法律依据。

【法院裁判要旨】

新疆维吾尔自治区阜康市人民法院经审理认为：被告公司的法定代表人已于2018年11月9日由原告变更为第三人，被告公司亦作出《股东决定书》将公司章程予以修改，将第三人变更为被告公司的唯一股东。根据公示原则，在没有相反证据时，第三人应当依法认定为持有被告公司股份100%的股东，依法享有股东权利。原告转入被告公司银行账户以及其通过第三人转入被告公司银行账户的款项，第三人认可为被告公司借款，且原告自认上述款项并非投资款，而是其注入被告公司的流动资金以及原告个人向第三方支付的保证金。原告基于注入被告公司款项产生的合法财产权益可依其他法律关系另行主张。原告主张其实际行使了股东权利，并未提供证据证实。且原告主张被告公司一直处于亏损状态，被告公司从未分红，原告未证实其实际行使了如获得公司收益等股东权利。综上所述，原告不具有被告公司隐名股东身份。原告要求确认其为商贸公司持股100%的股东并要求被告及第三人协助将其变更登记为被告公司的股东的诉讼请求，没有事实及法律依据，不应予以支持。因原告不具有被告公司的股东资格，故原告要求被告及第三人承担赔偿责任于法无据。此外，根据法律规定，只有在名义股东处分股权造成实际出资人损失的情况下，实际出资人可以请求名义股东承担赔偿责任。本案第三人并未处分股权，不适用该情形，即使原告具有隐名股东资格，也无权要求第三人承担责任，原告要求被告及第三人共同承担赔偿责任亦无法律依据。

新疆维吾尔自治区阜康市人民法院依照《中华人民共和国合同法》第八条、第六十条第一款，《中华人民共和国公司法》第二百一十六条，《最高人民法院关于适用〈中华人民共和国公司法〉若干问题的规定（三）》第二十四条、第二十五条第二款，《中华人民共和国民事诉讼法》第六十四条第一款，《最高人民法院关于适用〈中华人民共和国民事诉讼法〉的解释》第九十条之规定，判决如下：

驳回原告虞某的诉讼请求。

虞某不服一审判决，提起上诉。

新疆维吾尔自治区昌吉回族自治州中级人民法院同意一审法院的裁判意见，认为原、被告双方签署《股东决定书》并对公司章程进行修改，第三人为持有被告公司100%股权的股东。一审判决认定事实清楚，适用法律正确，应予维持。根据《最高人民法院关于适用〈中华人民共和国公司法〉若干问题的规定（三）》第二十二条的规定，原告请求确认其为被告公司持有股份100%的股东没有事实及法律依据。依照《中华人民共和国民事诉讼法》第一百七十条第一款第一项之规定，判决如下：

驳回上诉，维持原判。

【法官后语】

在没有代持合意的情况下，不能简单认定一人公司的实际控制人为公司股东，本案被告公司系一人公司，与原告与第三人签订《股权转让协议书》后，第三人变更为公司的法定代表人，但第三人对公司的经营状况及业务开展情况并不清楚，而是由原告继续参与公司的经营管理，公司的实际控制人为原告，被告公司的印鉴、密钥亦是由原告进行管理和使用。在没有书面代持股份合意的情况下，原告与第三人之间是否存在口头代持约定只有原告与第三人知晓，需结合案情判断在第三人否认其与原告之间存在代持合意的情况下，很难探知真实情况。在没有书面代持股份合意的情况下，一人公司的实际控制人能否直接认定为其基于公司的隐名股东身份实际参与公司的经营管理，成为判决认定的关键所在。

根据《中华人民共和国公司法》第二百一十六条的规定，实际控制人，是指虽然不是公司的股东，但通过投资关系、协议或者其他安排，能够实际支配公司行为的人。即使原告是被告公司的实际控制人，实际控制人也不等同于股东。《最高人民法院关于适用〈中华人民共和国公司法〉若干问题的规定（三）》第二十二条规定，当事人之间对股权归属发生争议，一方请求人民法院确认其享有股权的，应当证明以下事实之一：(1) 已经依法向公司出资或者认缴出资，且不违反法律法规强制性规定；(2) 已经受让或者以其他形式继受公司股权，且不违反法律法规强制性规定。在法律法规没有对一人公司代持问题作出特殊规定的情况下，一人公司中涉及股权代持问题，仍应当严格依照该司法解释的规定进行认定。质言之，原告要求确认其为被告公司持股100%的股东，法院需要从三个方面进行认定：一是原告与第三人之间是否存在代持股份合意；二是原告是否向被告实际出资及出资的数额；三是原告是否实际行使了股东权利。

本案中，原告转入被告公司银行账户以及其通过第三人转入被告公司银行账户的款项，第三人认可为被告公司借款，且原告自认上述款项并非投资款，而是其注入被告公司的流动资金以及原告个人向第三方支付的保证金。原告基于注入被告公司款项产生的合法财产权益可根据其他法律关系另行主张。据此，原告未向被告公司实际履行出资，亦无被告公司出具的出资证明，原告以其向被告公司注入流动资金为由主张其隐名股东身份亦于法无据。

编写人：新疆维吾尔自治区阜康市人民法院　谢召润

004　公司及股东认诺一致可否直接否定原告的股东资格

——汤某诉贸易公司股东资格确认案

【案件基本信息】

1. 裁判书字号

北京市第三中级人民法院（2020）京03民终4302号民事判决书

2. 案由：股东资格确认纠纷

3. 当事人

原告（上诉人）：汤某

被告（被上诉人）：贸易公司

第三人：戴某、纪某、财富公司

【基本案情】

北京市平谷区人民法院经审理查明：贸易公司的工商登记材料显示，该公司成立于2001年8月17日，系有限责任公司，法定代表人为戴某，住所地为北京市平谷区兴谷工业开发区，注册资本为500万元，戴某以货币方式出资300万元，纪某以货币方式出资100万元，汤某以货币方式出资100万元。2008年10月12日，工商行政管理部门出具行政处罚决定书，以未在规定的期限内办理企业年检手续为由，处罚吊销其营业执照。

在审理过程中，经依法司法鉴定，确认贸易公司工商登记档案材料中公司章程、指定委托书等“汤某”的签名均非汤某本人签写。

庭审中，汤某称之前其在另一家商贸公司上班，和李某是同事；2001年年底前后，李某找到汤某，说要办一个公司，到时候想让汤某去这家公司上班，汤某说行；李某说给我身份证，去公司做入职备案，汤某就把身份证给了李某；后来，汤某就去贸易公司上班了，这时才知道李某说的公司就是贸易公司；汤某在贸易公司是跑业务，一直上到2004年年底；贸易公司的老板有纪某、李某；在贸易公司上班时，汤某认识了戴某，戴某是干杂活的。

贸易公司及戴某同意汤某的诉讼请求。

纪某称通过案外人李某，借用汤某的身份证，注册登记了贸易公司，同意汤某的诉讼请求。

财富公司不同意汤某的诉讼请求。汤某自称其在贸易公司工作过，应该知道该公司的股东情况以及其被冒名登记，汤某当时并未提出异议，现在财富公司作为贸易公司的债权人提起股东损害公司债权人利益责任纠纷诉讼，汤某才起诉要求确认其非该公司的股东。笔迹鉴定的结果并不能否认汤某是贸易公司的股东，在贸易公司注册成立时，并不一定非要股东本人签字，汤某也可能授权他人签字。

【案件焦点】

经司法鉴定确认贸易公司工商登记档案材料中“汤某”的签名非汤某本人签写，贸易公司及其他股东均认可汤某非该公司的股东，法院能否确认汤某不是贸易公司的股东。

【法院裁判要旨】

北京市平谷区人民法院经审理认为：股东的资格问题，不但涉及股东自身的身份、财产权益，也涉及公司债权人的利益。贸易公司系依法成立的有限责任公司，工商登记材料记载汤某是该公司的股东，该记载对外具有公示效力。戴某、纪某虽认可汤某非贸易公司的股东，但是自认并不排斥法院依法进行事实审查。对于股东资格，并不能通过认诺来认定，特别是当股东资格争议涉及第三人利益时，法院更应慎重审查。

公司章程等有关工商登记材料，是认定股东资格的重要依据，第三人基于此股东身份产生真实、合法的信赖。一般情况下，如果签字并非股东本人所签，经登记的股东系被他人冒用或盗用身份进行公司登记，应确认其非公司股东。但如果该股东在知道被冒用或盗用身份后不作反对表示，或虽未明确表示，但实际以股东身份参与公司经营、行使股东权利，或同意他人利用自己的身份设立、经营公司的，其关于确认其非公司股东的诉讼请求不应得到支持。因此，工商登记档案材料上非本人签字不能得出被登记的股东不是股东的结论，需要结合当事人有无作为公司股东的事实或同意他人利用自己的身份设立、经营公司的事实进行判断。需要注意的是，“代签”可以在被代签者明知或默认的情形下发生，并不等同于被冒用或盗用身份签名。本案中，贸易公司工商登记档案材料中“汤某”的签名并非汤某本人所签，汤某并未提供证据证明“代签者”未经其同意“冒用或盗用”其身份。汤某自称其曾于2001年前后将身份证交给李某，曾在贸易公司上班，该公司的老板有纪某、李某；纪某亦自称李某将汤某的身份证给纪某注册贸易公司使用。汤某作为完全民事行为能力人，汤某应对将身份证交给他人的行为产生的后果承担相应责任。现汤某以其不知情为由，主张其并非贸易公司的股东，缺乏事实及法律依据。汤某如因他人冒用身份造成了损失，可向实际侵权人另行主张。

依据本案现有证据，无法推翻工商登记所记载的内容，不能达到否定汤某股东资格的程度。故，对汤某要求确认其非贸易公司股东的诉讼请求，法院难以支持，依照《最高人民法院关于适用〈中华人民共和国民事诉讼法〉的解释》第九十条之规定，判决如下：

驳回汤某的诉讼请求。

汤某不服一审判决，提起上诉。

北京市第三中级人民法院经审理同意一审法院的裁判意见，判决如下：

驳回上诉，维持原判。

【法官后语】

股东资格是股东享有和行使股东权利并承担股东义务的前提和依据，是一种具有法律意义的身份。股东资格确认纠纷是指股东与股东之间或者股东与公司之间就股东资格是否存在，或者具体的股权持有数额、比例等产生争议而引起的纠纷。

在公司及其他股东均认可原告不是公司股东的背景下，笔者认为法院也不能据此直接否定原告的股东身份。即便在原告未提交充分证据推翻公司章程、公司登记记载内容的情况下，法院仍需综合整个案情审慎裁判，不可轻易否定原告的股东身份。

法院应综合考量多种因素来判定有限责任公司股东资格，包括是否有出资设立公司的意思表示、是否在对外具有公示性质的工商登记、公司章程和股东名册的记载中被列为股东、是否履行了股东出资义务、是否实际行使了股东权利等因素。具体个案结合具体情况分别侧重考量。在司法实践中，多数股东资格确认纠纷案件是正向的，即主张确认其具有股东资格。本案中，汤某的主张是要求确认其不是贸易公司的股东，属股东资格否定之诉，法院更需谨慎裁判。

在公司内部股东资格确认纠纷中，签署公司章程是股东投资公司、加入公司以成为股东及其他股东予以同意的真实意思表示。公司章程是公司成立的基础性法律文件，对公司内部股东资格和股权确认具有决定性效力。本案中，从贸易公司自 2001 年注册成立至今，汤某的股东身份始终被记载于章程之中。

主体法定是商法中的基本原则，公司经由公权力介入、进行公司登记而取得商事主体资格。公司事项一经登记公示即具有相应的法律效果。为了维护交易安全，善意第三人对相关登记外观产生的信赖利益应予保护，即便登记存在瑕疵或错误。工商登记既具有国家公权力介入形成的公信力，又便于相关利益方查询得知。在发生股东资格纠纷时，特别是涉及公司外部债权人利益时，工商登记应当作为确认股东资格与身份的最重要的法定依据，除非有相反证据足以推翻工商登记内容的真实性。① 本案中，债权人财富公司正是基于对贸易公司工商登记公示的合理信赖，才提起股东损害公司债权人利益责任纠纷之诉的。即便贸易公司及其他股东均认可汤某非该公司的股东，法院也必须平衡公司外部债权人的利益。况且，汤某是在财富公司对其起诉的情况下，才提起本案诉讼否认其股东资格的，难免存在逃避债务、虚假诉讼的可能。因此，汤某应对其主张提供充分证据推翻公司工商登记中的相关内容。汤某虽提交证据证明贸易公司工商登记材料中"汤某"的签名非其本人所签，但汤某并未就其身份信息出现在贸易公司工商登记中作出合理的、令人信服的解释说明，并不足以否定工商登记中的相关记载。同时，结合汤某所述其将身份证外借他人、曾在贸易公司任职等情况，法院最终不予支持汤某的诉讼主张。

编写人：北京市平谷区人民法院　张卫

005　被告认可原告并非公司股东不能免除原告的举证责任

——张某文诉 F 公司股东资格确认案

【案件基本信息】

1. 裁判书字号

北京市第三中级人民法院（2019）京 03 民终 14120 号民事裁定书

2. 案由：股东资格确认纠纷

---

① 刘凯湘：《股东资格认定规则的反思与重构》，载《国家检察官学院学报》2019 年第 1 期。

3. 当事人

原告（上诉人）：张某文

被告（被上诉人）：F公司

【基本案情】

F公司成立于2005年5月19日，工商登记信息显示：注册资本100万元，股东是刘某华、张某文、赖某辉、胡某生，其中刘某华持股比例是70%，认缴金额是70万元，张某文持股比例是20%，认缴金额是20万元，赖某辉持股比例是5%，认缴金额是5万元，胡某生持股比例5%，认缴金额是5万元。工商档案中留存的张某文身份信息属实。

张某文称2017年其资产被顺义区人民法院冻结，张某文经向执行法官询问才知道案外人以股东损害公司债权人利益责任纠纷为由将张某文诉至法院，得到法院支持后持生效判决申请执行。张某文经向工商部门查询才知道他人曾持张某文身份证复印件及冒充张某文签字办理F公司设立登记的有关事宜。张某文对本人被冒充签字并被注册为F公司股东完全不知情。张某文未在F公司的公司章程签字，未与其他股东达成设立F公司的合意，亦未出资。故请法院确认张某文并非F公司股东。

F公司同意张某文的诉讼请求，也认可张某文起诉的事实、理由。F公司称，当时张某文是F公司的员工，负责公司水、电等，当时F公司还没有取得营业执照。办理F公司营业执照时，F公司的法定代表人刘某华让赖某辉去办理，赖某辉找了一个中介，后来赖某辉对刘某华说要四个股东才能成立公司，刘某华就全权交给赖某辉办理，让他再找三个人做股东，称反正也不用他们出资，就是挂个名，赖某辉当时说他算一个，再找两个人，刘某华告诉赖某辉需要经过其他人的同意，当时赖某辉找了谁刘某华也不清楚，后来赖某辉就把营业执照办下来了，因为营业执照上没有股东信息，所以股东是谁刘某华也不清楚。张某文和胡某生是赖某辉选的股东，赖某辉有没有取得他俩的同意刘某华也不清楚。张某文与F公司签劳动合同的时候留了身份证复印件。

【案件焦点】

1. 股东资格确认纠纷中被告公司认可原告并非公司股东是否可以免除原告的证明责任；2. 身份被冒用登记为股东的认定标准。

【法院裁判要旨】

北京市顺义区人民法院经审理认为：当事人对自己提出的诉讼请求所依据的事实有责任提供证据加以证明，没有证据或者证据不足以证明当事人的事实主张的，由负有举证责任的当事人承担不利后果。现原告主张其身份被冒用成为F公司股东，原告需要对其身份被冒用的事实承担举证证明责任。现原告提供的证据仅为F公司工商档案，用于证明工商档案中的张某文签名不是原告本人所签。张某文经工商机关核准登记为F公司的股东，工商登记信息具有公示性，即使工商档案中的张某文签名不是原告本人所签，也不足以证明原告被冒用身份登记成为F公司股东的事实，原告需就其身份被谁冒用，如何被冒用等关键事实完成举证证明责任。现原告提交的证据不足以证明其主张成立，本院对其要求确认自己不具有F公司的股东资格的诉讼请求不予支持。据此，依照《最高人民法院关于民事诉讼证据的若干规定》第二条之规定，判决如下：

驳回张某文的全部诉讼请求。

张某文不服一审判决，提起上诉。二审审理过程中，张某文撤回了上诉，北京市第三中级人民法院作出裁定：

准许张某文撤回上诉。

【法官后语】

随着依法治国的脚步不断迈进，市场主体的法律意识越来越强，越来越多的债权人借由股东损害公司债权人利益责任纠纷，要求债务人公司的股东对公司债务承担连带责任。司法实践中，在此类纠纷发生后，债务人的部分股东便会提起股东资格确认之诉，要求法院确认其并非债务人公司股东，以免除承担股东损害公司债权人利益责任纠纷项下可能的责任。

在此背景之下，本案原告作为被告公司的股东已经在股东损害公司债权人利益责任纠纷案件中被判决对被告公司的债务承担连带清偿责任，在执行过程中，原告提起本案诉讼，要求确认其并非被告公司的股东。

关于焦点一，工商登记具有公示性，市场主体之间在发生经济往来的过程中对对方主体的工商登记信息具有合理的信赖利益。被告公司的工商登记信息显示张某文为该公司股东，其他市场主体（尤其是债权人）在与被告公司进行经济往来的过程中，对该登记信息具有合理信赖利益，故即使被告公司认可原告并非该公司股东的情况下也不能免除原告的证明责任，原告需对其身份被冒用的事实承担举证证明责任。

《最高人民法院关于适用〈中华人民共和国公司法〉若干问题的规定（三）》第二十八条规定：“冒用他人名义出资并将该他人作为

股东在公司登记机关登记的，冒名登记行为人应当承担相应责任；公司、其他股东或者公司债权人以未履行出资义务为由，请求被冒名登记为股东的承担补足出资责任或者对公司债务不能清偿部分的赔偿责任的，人民法院不予支持。”根据该司法解释的规定，对于该类案件原告需要对其身份被谁冒用，如何被冒用的事实承担相应的举证证明责任。

关于焦点二，身份被冒用的事实，可以从以下几个方面进行认定：第一，工商登记中原告的签名均非原告本人所签；第二，原告曾经丢失身份证或有证据表明其身份证被他人冒名使用；第三，将原告登记为原始股东的工商登记实际办理人未取得原告的授权；第四，继受取得股东身份的股权转让方无法提供与原告（受让方）的股权转让协议或其他股权转让证据；第五，原告未履行过出资或认缴出资义务，未签署公司章程，未参与设立公司，未行使过股东权利。

另外，《最高人民法院关于民事诉讼证据的若干规定》原第二条规定：“当事人对自己提出的诉讼请求所依据的事实或者反驳对方诉讼请求所依据的事实有责任提供证据加以证明，没有证据或者证据不足以证明当事人的事实主张的，由负有举证责任的当事人承担不利后果。”该条款的规定作为民事诉讼证据的基本规则规定在《最高人民法院关于适用〈中华人民共和国民事诉讼法〉的解释》第九十条：“当事人对自己提出的诉讼请求所依据的事实或者反驳对方诉讼请求所依据的事实，应当提供证据加以证明，但法律另有规定的除外。在作出判决前，当事人未能提供证据或者证据不足以证明其事实主张的，由负有举证证明责任的当事人承担不利的后果。”故在2019年修正《最高人民法院关于民事诉讼证据的若干规定》时，原第二条被删除。《最高人民法院关于适用〈中华人民共和国民事诉讼法〉的解释》在2022年修正时，第九十条未修改。

在本案审理中，原告就上述事实均未能举证证明，应予驳回。且原告已经经过生效的法律文书确认作为被告公司股东承担股东损害公司债权人利益责任纠纷中的义务，故该类案件的处理直接涉及公司债权人的利益及法院生效文书的效力，原告证明责任之标准相较于其他股东资格确认纠纷案件还应更高。

编写人：北京市顺义区人民法院　王琬萱

006 投资人仅具有出资行为但未实际行使股东权利且投资未转化为公司资本的，应认定其未取得股东资格

——张某美诉水电公司股东资格确认案

【案件基本信息】

1. 裁判书字号

福建省德化县人民法院（2019）闽0526民初1181号民事判决书

2. 案由：股东资格确认纠纷

3. 当事人

原告：张某美

被告：水电公司

第三人：李某庆

【基本案情】

2003年12月15日，水电公司经县工商行政管理局依法登记成立，成立之初注册资本为300万元，原始股东为罗某祥、黄某丽，公司性质为有限责任公司，法定代表人为罗某祥，营业期限为2003年12月15日至2023年12月14日，经营范围为水力发电。

2005年1月28日，张某美向水电公司缴纳20万元，水电公司向张某美出具书面凭证一份，载明：水电公司股权证书，2005年1月印制，投资总额人民币肆佰贰拾陆万元，股东姓名张某美，证书编号027，身份证为空白，股份金额20万元整，签发日期2005年1月28日。该书面凭证上盖有水电公司公章及法定代表人罗某祥的印章，“股东签字”栏为空白。

另查明一，水电公司股东及法定代表人变更如下：2014年6月2日，水电公司召开股东会，确认原始股东罗某祥所持有70%股份共210万元转让给新股东罗某福；公司法定代表人（执行董事兼总经理）变更为罗某福。该股东会决议载明：出席会议股东为罗某祥、黄某丽，列席新股东为罗某福；出席本次会议的股东共2人，代表公司股东100%的表决权，所作出决议经公司股东表决权的100%通过。罗某祥、罗某福、黄某丽三人在该股东会决议的“全体股东签字”栏签字捺印。

同日，水电公司制定《水电公司任职文件》一份，载明：选举罗某福担任执行董事（法定代表人），任期三年；聘任罗某福担任本公司经理，任期三年；免去罗某祥担任执行董事（法定代表人）兼经理职位；罗某祥、黄某丽、罗某福三人在该任职文件的“全体股东签字”栏签名捺印。同日，水电公司修改公司章程，明确公司的注册资本300万元不变，股东为罗某福、黄某丽；股东罗某福认缴出资额210万元，占注册资本的70%，股东黄某丽认缴出资额90万元，占注册资本的30%。2014年6月6日，水电公司向县市场监督管理局申请变更登记，法定代表人由罗某祥变更为罗某福，投资人由黄某丽、罗某祥变更为罗某福、黄某丽，股东由黄某丽、罗某祥变更为罗某福、黄某丽。

另查明二，2015年9月4日，罗某福与叶某俊、许某林、郑某鹏、陈某明4人在《水电公司股权证变更发放》上“关联股东确认签字”栏签名，载明“变更前股证额”和“变更后股证额”为426万元，其中股证号为027的“股东名”错误地将“张某美”登记为“李某庆”。2016年1月、2016年4月、2017年1月，水电公司以缴纳款项为基数，按照10%的比例通过郑某鹏的银行账户向张某美、林某操、林某泰、许某香、李某彬等人发放2015年度、2016年度的分红款。

张某美诉称，其于2005年1月28日投资水电公司20万元整（公司投资总额为426万元），成为水电公司股东，要求法院依法确认其为水电公司的股东；并要求水电公司在三十日内将其姓名记载于股东名册并到公司登记机关登记。

水电公司未作答辩。

李某庆述称：张某美陈述的事实均属实，同意张某美的全部诉讼请求。2005年1月向水电公司缴纳的20万元投资款系由张某美出资，《水电公司股权证书》上所记载的“股东姓名”为张某美。2015年9月《水电公司股权证变更发放》错误地将该股权登记于其名下。

【案件焦点】

1. 张某美向水电公司缴款后取得的股权证书凭证的性质认定；2. 张某美获取2015年度、2016年度的公司分红款的性质认定，即能否据此认定张某美取得水电公司的股东资格。

【法院裁判要旨】

福建省德化县人民法院经审理认为：张某美不具备水电公司的股东资格。具体理由在于：

一、案涉股权证书不同于公司法的出资证明书

《中华人民共和国公司法》第三十一条规定："有限责任公司成立后，应当向股东签发出资证明书。出资证明书应当载明下列事项：（一）公司名称；（二）公司成立日期；（三）公司注册资本；（四）股东的姓名或者名称、缴纳的出资额和出资日期；（五）出资证明书的编号和核发日期。出资证明书由公司盖章。"张某美提供的股权证书中没有记载张某美所占有的股权比例，也没有记载水电公司的成立日期和公司注册资本，其记载的"投资总额人民币肆佰贰拾陆万元"，超过公司注册资本300万元的范围。因此，张某美提供的股权证书与公司法规定的出资证明书不同。

二、张某美既未原始取得股权，也未继受取得股权

根据《最高人民法院关于适用〈中华人民共和国公司法〉若干问题的规定（三）》第二十三条及《中华人民共和国公司法》的相关规定，公司股东资格的取得方式分为原始取得与继受取得两种。原始取得是指因设立公司或增资而成为公司的股东，继受取得是指因转让、继承等受让股份而成为股东。本案中，首先，张某美向水电公司缴款的时间在2005年1月，而水电公司于2003年12月就已经成立，故不存在张某美出资系为了设立公司的事实，即张某美不是水电公司的原始股东。其次，张某美认为公司的投资总额为426万元，非公司注册资本的300万元，其属于426万元中的原始股东。法院认为，增资扩股并非一般形式上的投入出资，应属于公司重大事项，必须履行股东会决议、出资验资、工商变更登记等一系列法

定程序。本案中，水电公司自2003年成立至2014年修改公司章程的十一年间，公司的注册资本始终为300万元，并不存在增资扩股的事实，且张某美向水电公司缴纳的20万元亦未经验资，故不能认定张某美向水电公司履行了出资义务。最后，水电公司在2003年成立时登记的原始股东为罗某祥、黄某丽两人，2014年6月罗某祥将其全部股份转让给罗某福，重新确定水电公司的股东为罗某福、黄某丽两人及各自享有的股份。现张某美不能举证证明其与水电公司的两名原始股东和一名新股东即罗某祥、黄某丽、罗某福中的任一名股东之间存在达成转让公司股份的意思表示，故不存在张某美继受取得水电公司股份的事实。

三、张某美享有投资权并不等于享有了股东权

判断张某美是否成为水电公司股东的标准，除考察张某美是否在公司章程、股东名册记载、工商登记机关登记、有无出资协议与出资证明书等要件外，还应考察张某美是否实际作为股东行使了股东权利和义务，诸如参加股东会、行使知情权、获取公司收益等。首先，根据查明的事实，张某美自2005年1月向水电公司支付款项获取股权证书之后，从未参加公司的股东会，也未参与决定公司的经营管理与高管的人事安排等事宜，即张某美从未享有过与股东有关的权利或履行过股东义务。其次，投资是取得股东权的必要条件，但并非充分条件，投资权益并不等同于股东权益，虽然张某美提供的证据可以证明其获取过公司2015年度、2016年度的分红款，但也仅是部分年度的分红收益。故张某美仅凭向水电公司缴款获得股权证书并收取2015年度、2016年度的公司分红款的行为，并不能证明其已实际行使水电公司的股东权利与义务。

张某美并未取得水电公司的股东资格。故张某美要求确认其为水电公司的股东并要求水电公司在三十日内将其姓名记载于股东名册并到公司登记机关登记的诉讼请求，缺乏事实和法律依据，本院不予支持。水电公司经本院传票传唤无正当理由拒不到庭参加诉讼，本院依法缺席审理与判决。依照《中华人民共和国公司法》第四条、第二十六条第一款、第三十一条、第三十二条、第一百七十八条第一款、第一百七十九条第二款，《最高人民法院关于适用〈中华人民共和国公司法〉若干问题的规定（三）》第二十三条，《中华人民共和国民事诉讼法》第一百四十四条的规定，判决如下：

驳回张某美的诉讼请求。

判决后，双方当事人均未上诉，本判决现已生效。

【法官后语】

关于股权确认的标准，能否以实际出资作为获得股东资格、享有股东权能的标准是司法实务中的重点和难点。2019年11月8日最高人民法院公布的《全国法院民商事审判工作会议纪要》对实际出资人显名的条件作出了指导意见，是否具有成为股东的意思是判断当事人是否是公司股东的重要标准。实践中，公司股东之外的第三人向公司投资的表现形式多样，对于仅向公司投入资金，未实际行使股东权利且所投资的资金未转化为公司资本的投资人，即使因投资行为享有一定的投资收益权，也不应确认为公司股东。

一、股权取得两种方式之判断

根据《最高人民法院关于适用〈中华人民共和国公司法〉若干问题的规定（三）》第二十三条及《中华人民共和国公司法》的相关规定，公司股东资格的取得方式分为原始取得与继受取得两种。

原始取得是指因设立公司或增资而成为公司的股东，继受取得是指因转让、继受等受让股份而成为股东。

本案中，张某美既未原始取得股权，也未继受取得股权。首先，张某美向水电公司缴款的时间在2005年1月，而水电公司于2003年12月就已经成立，故不存在张某美出资系为了设立公司的事实，即张某美不是水电公司的原始股东。其次，张某美认为公司的投资总额为426万元，非公司注册资本的300万元，其属于426万元中的原始股东。然而，增资扩股并非一般形式上的投入出资，应属于公司重大事项，必须履行股东会决议、出资验资、工商变更登记等一系列法定程序。本案中，水电公司自2003年成立至2014年修改公司章程的十一年间，公司的注册资本始终为300万元，并不存在增资扩股的事实，且张某美向水电公司缴纳的20万元亦未经验资，故不能认定张某美向水电公司履行了出资义务。最后，水电公司在2003年成立时登记的原始股东为罗某祥、黄某丽两人，2014年6月罗某祥将其全部股份转让给罗某福，重新确定水电公司的股东为罗某福、黄某丽两人及各自享有的股份。现张某美不能举证证明其与水电公司的两名原始股东和一名新股东即罗某祥、黄某丽、罗某福中的任一名股东之间存在达成转让公司股份的意思表示，故张某美继受取得水电公司股份的事实亦难以成立。

二、公司股东之外的第三人向公司投资行为之认定

《中华人民共和国公司法》第三十一条规定："有限责任公司成立后，应当向股东签发出资证明书。出资证明书应当载明下列事项：（一）公司名称；（二）公司成立日期；（三）公司注册资本；（四）股东的姓名或者名称、缴纳的出资额和出资日期；（五）出资证明书的编号和核发日期。出资证明书由公司盖章。"

应当注意的是，出资证明书并不是认定股东资格的必要条件，在诉讼中需要其他证据相互印证。出资证明书具有证明股东资格的效力，证明股东已向公司出资，本身并无设权效力。即使股东持有出资证明书可以认定其已合法出资，但不能仅以出资证明书认定出资人具有股东资格。持有出资证明书不是认定股东资格的必要条件，没有出资证明书也可能被认定为股东。因此，出资证明书在认定股东资格时并无决定性的效力。

本案中，水电公司向张某美出具的股权证书载明：水电公司股权证书，2005年1月印制，投资总额人民币肆佰贰拾陆万元，股东姓名张某美，证书编号027，身份证为空白，股份金额贰拾万元整，签发日期2005年1月28日；该书面凭证上盖有水电公司公章及法定代表人罗某祥的印章，“股东签字”栏为空白。由此可以看出，张某美提供的股权证书与公司法规定的出资证明书并不相同，该股权证书中没有记载张某美所占有的股权比例，也没有记载水电公司的成立日期和公司注册资本，其记载的“投资总额人民币肆佰贰拾陆万元”也与公司注册资本300万元不符。因此，综合以上三点分析，本案中张某美并未取得水电公司的股东资格。

三、投资权与股东权两种权能之区别

《全国法院民商事审判工作会议纪要》对实际出资人显名的条件作出了指导意见，即实际出资人必须能够提供证据证明有限责任公司过半数的其他股东知道其实际出资的事实，且对其实际行使股东权利未曾提出异议。因此，是否具有成为股东的意思是判断当事人是否是公司股东的重要标准。在公司对内纠纷中，判断投资人是否具有股东资格，应综合审查其是否有成为公司股东的真实意思表示、是否出资、是否获得公司其他股东过半数同意、是否实际享有股东权利等实质要件。投资人虽然存在向公司投资的行为，享有一定的投资收益权，但是没有实际享有股东权利的，应认定其未取得股东资格。

编写人：福建省德化县人民法院　林金盛　徐晓璐

007　隐名出资人显名诉讼请求的认定

——H 公司诉 K 公司股东资格确认案

【案件基本信息】

1. 裁判书字号

北京市第一中级人民法院（2019）京 01 民终 2750 号民事判决书

2. 案由：股东资格确认纠纷

3. 当事人

原告（上诉人）：H 公司

被告（被上诉人）：K 公司

第三人：代某玲、宣某锋

【基本案情】

H 公司于 2007 年 1 月 18 日注册成立，注册资本为 10 万元，投资人为杨某辉、王某。王某任经理。

2013 年 4 月 14 日，王某（作为 H 公司授权代表）、代某玲、王某青、张某辉签订《协议书》，约定 H 公司、王某、代某玲、王某青、张某辉作为合伙人共同发起成立 K 公司，以及各自按责任分工，各合伙人同意预留 12%的股本，用于未来高级管理人才加盟和骨干员工分配，各合伙人的股权比例是：H 公司占 20%，王某占 23%，代某玲占 18%，王某青占 20%，张某辉占 7%。

K 公司于 2013 年 5 月 9 日注册成立，注册资本为 50 万元，投资人为：王某青出资 10 万元，占股权 20%，代某玲出资 36.5 万元，占股权 73%，张某辉出资 3.5 万元，占股权 7%。

2014 年 6 月 17 日，王某（作为 H 公司授权代表）、代某玲、王某青、张某辉签订《科信合伙人协议变更》，就此前约定的各合伙人预留份额及持股比例变更为：H 公司占 22.71%，王某占 26.14%，代某玲占 20.46%，王某青占 22.73%，张某辉占 7.96%。H 公司减持 15% 的股份，减持后 H 公司持有 K 公司 7.727%股份。通过 H 公司减持而释放出来的 15%的股份，按照各合伙人持股比例进行分配，分配后各合伙人的持股比例如下：王某占 31.21%，代某玲占 24.43%，王某青占 27.14%，张某辉占 9.49%，H 公司占 7.73%，本协议生效后，即作为合伙人协议的变更页，为合伙人协议不可分割的一部分，与原协议具有同等法律效力。

2015 年 3 月 8 日，王某与代某玲签订《协议书》，约定代某玲同意将以往代持的王某的 31.21%和 H 公司 7.73%的 K 公司股权返还给王某和 H 公司，后续在公司章程变更时予以体现。代某玲同意将 13%的股份在股东会的表决权授权给王某代为执行，授权期限为两年（2015 年 3 月 8 日至 2017 年 3 月 7 日），王某同意以下两个条款作为授权生效条件：1. 王某承诺不干预 K 公司日常经营，除非团队发生了约定的 5 种情形；2. 王某承诺 2015 年 3 月 9 日对 K 公司财务冻结。王某履行承诺的情况下，代某玲同意在 2015 年

12月31日前退出K公司经营层、全职加入智联工作。王某同意对K公司放手经营两年，双方同意由代某玲担任总经理（章程层面），由王某青担任K公司董事长。

此后，代某玲将持有的K公司19.47万元出资转让给宣某锋。2015年4月，K公司股东变更登记为：代某玲出资12.215万元、王某青出资13.57万元、宣某锋出资19.47万元、张某辉出资4.745万元。

2017年11月16日，H公司（甲方）与宣某锋（乙方）签订股权代持协议，约定甲方委托乙方作为自己对K公司7.73%股权的名义持有人，并代为行使相关股东权利，包括乙方以自己名义将代持股权作为在K公司股东登记名册上具名、在工商机关予以登记、以股东身份参与相应活动、代为收取股息或红利、出席股东会并行使表决权，以及行使与K公司章程授予股东的其他权利。乙方代持股权期间以股东身份参与公司活动行使股东权利的，应由甲方就具体事项每次分别出具书面授权书，明确授权范围及内容。乙方代持股权期间，甲方与他人或K公司其他股东发生法律纠纷，与乙方无关，但乙方应按本协议约定给予必要协助和配合。

2018年4月3日，K公司召开股东会并形成决议，会议召集及主持人为王某青，股东王某青、代某玲、张某辉、宣某锋委托代表张某出席股东会；H公司委托代表范某苒列席股东会。对所表决事项股东王某青、代某玲、张某辉投赞成票，宣某锋委托代表、H公司委托代表投否决票，并提出会后公司出具相关书面说明后，再由宣某锋作出表决。

2018年7月6日，王某青、张某辉分别与代某玲签订转让协议，将己方持有的K公司股权转让给代某玲。2018年8月8日，K公司股东变更登记为：代某玲出资30.53万元、宣某锋出资19.47万元，并修改了公司章程。

现H公司以多次要求K公司及股东配合将宣某锋代持的股权变更登记至H公司名下，但都被拒绝为由，向法院提起诉讼，请求：1. 确认H公司为K公司的股东，确认H公司出资额为38650元，占K公司注册资本的7.73%；2. K公司及代某玲、宣某锋配合H公司办理股权登记手续。

宣某锋对H公司所诉事项无异议。K公司及代某玲称，因为H公司与K公司此前有过诉讼，双方有利益冲突，如果将H公司登记为K公司显名股东，可能会损害K公司的利益。股东代某玲不同意将H公司变更登记为公司股东，请求法院根据《最高人民法院关于适用〈中华人民共和国公司法〉若干问题的规定（三）》的规定，驳回H公司的诉讼请求。

一审判决作出后，因H公司关于要求显名的诉讼请求未获支持，H公司上诉称：1. H公司是K公司的发起股东，曾以股东身份多次参加了K公司的会议并投票表决，K公司、代某玲对此知晓并认可。2. 在2015年3月8日的《协议书》中，代某玲认可H公司股东身份并同意将其持有的股份返还H公司，即代表股东过半数同意H公司成为K公司股东，因此股权变更时无须其再次同意。3. 《最高人民法院关于适用〈中华人民共和国公司法〉若干问题的规定（三）》第二十四条第三款是针对股东不知晓实际出资人的情况所作的规定。本案中，K公司、代某玲知晓H公司身份，故应当支持H公司有关配合办理股权登记手续的诉讼请求。

4. H公司已经向宣某锋送达了《股权代持解除函》与其解除股权代持关系，K公司应当配合办理股东变更登记。

【案件焦点】

对隐名出资人要求显名的诉讼主张如何进行认定。

【法院裁判要旨】

北京市海淀区人民法院经审理认为：《最高人民法院关于适用〈中华人民共和国公司法〉若干问题的规定（三）》第二十四条规定，有限责任公司的实际出资人与名义出资人订立合同，约定由实际出资人出资并享有投资权益，以名义出资人为名义股东，实际出资人与名义股东对该合同效力发生争议的，如无法律规定的无效情形，人民法院应当认定该合同有效。前款规定的实际出资人与名义股东因投资权益的归属发生争议，实际出资人以其实际履行了出资义务为由向名义股东主张权利的，人民法院应予支持。名义股东以公司股东名册记载、公司登记机关登记为由否认实际出资人权利的，人民法院不予支持。

H公司与代某玲签订协议，约定代某玲将代持H公司在K公司的7.73%股权返还给H公司。代某玲将持有的K公司19.47万元出资转让给宣某峰后，H公司又与宣某峰签订股权代持协议，由宣某峰代持H公司在K公司的7.73%股权。现宣某峰与H公司均认可上述代持事实，故该院确认H公司为K公司的实际出资人，出资额为38650元，占K公司注册资本的7.73%，宣某峰为H公司的名义出资人，H公司在K公司享有投资权益。

虽然宣某峰同意将代持的H公司在K公司的股权变更登记到H

公司名下，但另一股东代某玲明确表示反对。从法院查明的事实可见，H 公司虽然曾派代表列席 K 公司的股东会，但从股东会决议内容看，仍然系由宣某峰代表行使股东表决权。《最高人民法院关于适用〈中华人民共和国公司法〉若干问题的规定（三）》第二十四条第三款亦规定，实际出资人未经公司其他股东半数以上同意，请求公司变更股东、签发出资证明书、记载于股东名册、记载于公司章程并办理公司登记机关登记的，人民法院不予支持。依据该规定，虽然代某玲对宣某峰代持 H 公司在 K 公司股权的事实知晓，但亦不当然产生 H 公司成为 K 公司显名股东的法律后果。因代某玲不同意将宣某峰代持股份登记在 H 公司名下，故未达到公司其他股东过半数同意的法定条件，该院对 H 公司要求将宣某峰代己方持有的 K 公司股权变更登记到自己名下的诉讼请求不予认可。

综上，一审法院判决如下：

一、确认 H 公司为 K 公司的实际出资人，出资额为 38650 元，占 K 公司注册资本的 7.73%；

二、驳回 H 公司的其他诉讼请求。

H 公司不服原审判决，提起上诉。

北京市第一中级人民法院经审理认为：本案中，H 公司主张 K 公司股东代某玲明知并认可其股东身份，故在 H 公司要求在 K 公司显名之时，无须代某玲再次同意。对此法院认为，首先，尽管 H 公司系 K 公司的发起人，其身份被代某玲等股东知晓，也实际以股东身份参与了公司经营，但上述行为均与代某玲等股东是否同意 H 公司作为 K 公司显名股东无涉，代某玲知晓宣某锋代持 H 公司出资的情况并不代表代某玲同意 H 公司在 K 公司工商登记中予以显名。其次，2015 年 3 月 8 日王某与代某玲签订了《协议书》，尽管《协议书》中有“代某玲同意将以往代持的王某的31.21%和H公司7.73%的K公司股权返还给王某和H公司，后续在公司章程变更时予以体现”，但综合《协议书》内容，系王某与代某玲就股权行权等问题所做的全面安排，并非针对王某或H公司股东显名事宜所做的约定。“在公司章程变更时予以体现”亦不能理解为代某玲无条件同意H公司在公司登记机关登记为K公司显名股东。最后，虽代某玲曾代H公司持有过其出资，但代持之时各方未就H公司显名事宜作出过约定，后H公司的出资转由宣某锋代持，H公司始终以K公司隐名出资人的身份存在。故此，H公司所举事实均不能证明代某玲对其显名持同意态度。H公司未能举证证明代某玲在其要求显名之前或要求显名之时做出过同意其显名的明确意思表示。K公司经营中，H公司一直作为隐名出资人存在，各出资人之间未就H公司隐名出资的显名问题做出过约定，现代某玲作为K公司股东，不同意H公司的显名主张，依照《最高人民法院关于适用〈中华人民共和国公司法〉若干问题的规定（三）》第二十四条第三款的规定，H公司要求将股权变更登记到自己名下的诉讼请求未达到法定条件，故本院对其该项诉讼请求不予支持。

对于H公司解除宣某锋代持股授权一节，法院认为，该事由是H公司与宣某锋之间的法律关系，不影响K公司其他股东的权利。因此，对于H公司在诉讼中以提交证据的形式通知宣某锋解除股权代持协议能否产生解除双方合同关系的法律后果，与本案无关，法院不予评述，对相关证据不予确认。

北京市第一中级人民法院依照《中华人民共和国民事诉讼法》第一百七十条第一款第一项的规定，判决如下：

驳回上诉，维持原判。

【法官后语】

本案为股东资格确认纠纷，H公司欲通过本案诉讼达到两个目的：一是确认其作为K公司的出资人身份及出资份额；二是要求在工商登记中显名。对于实际出资人身份及出资份额问题，在审判中往往属于易查明的事实问题，各方在二审中已无争议。而隐名出资人显名的问题，在《最高人民法院关于适用〈中华人民共和国公司法〉若干问题的规定（三）》出台后，一定程度上避免了适用法律过程中出现争议。

隐名出资所涉的法律关系，不仅涉及隐名出资人与名义出资人之间的法律关系，还涉及公司内部其他股东以及公司外部第三人的权益。对隐名出资人显名权的限制，其一，体现为限制隐名出资人违反法律、行政法规的强制性规定而与名义出资人签订代持协议，通过合法形式掩盖非法目的。此种情况下，代持协议无效，隐名出资人并无成为公司显名股东的可能。其二，限制隐名出资人的显名权源自公司人合性的要求。有限公司的人合性要求各股东之间建立一种相互了解、友好信任的关系。在隐名投资的情况下，公司其他股东并不知晓实际出资人存在，他们所认同的股东是名义股东。如对实际出资人的显名权不加限制，即使其投资并无违法无效之处，也可能对有限公司的日常经营造成障碍。此外，各股东之间存在特别约定，如股东间因为注重某些名义投资人的身份、技能而特别约定其股东身份不能擅自变更，如公司章程对股东资格取得作出了限制性的规定，也应因有限公司人合性的要求而得到确认。此种情形下，即使实际出资人的身份、出资份额已无争议，其显名权亦受限制。《最高人民法院关于适用〈中华人民共和国公司法〉若干问题的规定（三）》第二十四条第三款为此提供了法律依据：“实际出资人未经公司其他股东半数以上同意，请求公司变更股东、签发出资证明书、记载于股东名册、记载于公司章程并办理公司登记机关登记的，人民法院不予支持。”

《最高人民法院关于适用〈中华人民共和国公司法〉若干问题的规定（三）》第二十四条在适用中需要注意如何理解“同意”。如果隐名出资人的身份一直为其他股东知晓并认可，如果隐名出资人实际以参加股东会等形式参与公司经营，是否可以认为其他股东已扫除了隐名出资人显名的障碍？如其他股东在隐名出资人要求显名之诉前即已“同意”，诉讼中其是否还享有否决隐名出资人显名的权利？上述问题即本案较为特殊的争议焦点：名义股东对隐名出资人的股东资格和显名诉求并无异议；诉讼中不同意隐名出资人显名的股东，曾与隐名出资人就发起成立目标公司签订过协议，且曾代持过隐名出资人的出资；隐名出资人曾列席股东会并发表意见。

对于隐名出资人的相关主张，法院未对《最高人民法院关于适用〈中华人民共和国公司法〉若干问题的规定（三）》第二十四条中的“同意”作扩大理解，将前述情形作为“其他股东是否同意显名”这一法律事实的考察要素，而是将“同意”的事项限缩于司法解释明确规定的“请求公司变更股东、签发出资证明书、记载于股东名册、记载于公司章程并办理公司登记机关登记”，并因其他股东并未对上述事项作出过同意的意思表示，而最终驳回了隐名出资人要求显名的诉讼请求。

作出上述裁判的理由主要有：其一，《最高人民法院关于适用〈中华人民共和国公司法〉若干问题的规定（三）》第二十四条的规定是明确的，所赋予其他股东针对相应事项同意或否定的权利是法定的，不宜作扩大解释。其二，商事活动瞬息万变，在某些关键时刻，稳定的公司治理结构关乎公司的生存、发展。在隐名出资人自愿隐去其名义股东身份的情况下，其他股东对隐名出资人出资的接受并不代表认同其作为经营管理伙伴的认可，哪怕曾经在经营过程中出于各种原因允许出资人参与经营管理，在未就“是否同意将隐名出资人变更为公司股东”此等问题表明态度的情况下，隐名出资人以隐名方式参与公司更符合各方合意。其三，公司法律关系具有很强的涉他性，从商事外观主义原则出发，应优先保护外部善意当事人的权利。隐名出资人基于隐名出资享有合法权益，也应承担因其所选择的隐名出资方式所带来的法律责任，包括可能无法显名的法律风险。当然，为扫除显名障碍，享有合法出资权利的隐名出资人可与其他股东就相关事项在事先作出明确的约定。

编写人：北京市第一中级人民法院　刘婷

008　公司是否有权提起股东资格消极确认之诉

——医疗科技公司诉江某股东资格确认案

【案件基本信息】

1. 裁判书字号

江苏省无锡市中级人民法院（2019）苏 02 民终 1581 号民事判决书

2. 案由：股东资格确认纠纷

3. 当事人

原告（被上诉人）：医疗科技公司

被告（上诉人）：江某

【基本案情】

江某原系医学影像公司（后企业名称变更为医疗科技公司）股东。医疗科技公司股东莫某理系其法定代表人莫某珏之女，莫某理与江某系甥舅。

1996年1月22日，包含江某在内的医疗科技公司股东签订《股东出资参与个人股协议》，约定股东自行离职则自动取消股东资格，并不得领取其股份、分红及风险基金等。1997年10月25日，医疗科技公司股东签订《协议》，约定江某因1997年10月11日自行离开公司，依照股东之间的《股东出资参与个人股协议》的约定，江某同意取消个人股东资格，其股权归其他个人股东所有，并明确不再享有股东的任何权利，也无须承担股东的任何义务，与医疗科技公司不再有任何法律、经济、业务等关系。同日，医疗科技公司其他全体个人股东给予江某、吴某丽夫妇18万元的补偿款。江某自1997年离开起，再未就医疗科技公司股东的权利、义务关系，与医疗科技公司发生过任何往来。2001年11月医疗科技公司股东根据上述《协议》，依据公司章程及《股东出资参与个人股协议》的约定，以股东会决议的形式，将登记于江某名下的股份转让给股东莫某珏，并据此办理了工商变更登记手续。

2017年8月至9月，莫某理多次与江某商谈，莫某理要求江某签订《确认函》，确认1997年10月江某因个人原因从医疗科技公司离职，按照约定江某的股东资格已被取消，江某所持股权归其他个人股东所有等。江某认为其从未与莫某珏发生股权转让，《确认函》所列事项均不是事实，故不同意签字。

2017年11月27日，江某发函给医疗科技公司及其法定代表人，称其为医疗科技公司的创始人与现股东之一，并称医疗科技公司有相关法律事务需要与其接洽等。医疗科技公司接函后，告知江某早已不是医疗科技公司股东，与江某之间已无法律事务需要联系，江某向医疗科技公司发函已构成对医疗科技公司的利益威胁，如江某认为其在医疗科技公司仍具有股东资格，则敦促江某尽快向法院提起公司股东资格确认之诉。江某回函继续主张其系医疗科技公司股东，从未放弃股东权益。经催告后，江某仍强调其系医疗科技公司股东，但并未提起股东资格确认之诉。医疗科技公司遂诉至法院要求确认江某不具有医疗科技公司股东资格。

江某辩称：第一，医疗科技公司不具备诉讼主体资格。第二，医疗科技公司的起诉不符合民事诉讼法规定的起诉条件，医疗科技公司工商登记中未记载其为股东，系在诉请一个表面上已经存在的事实，本案不具有可裁判性。第三，《协议》系医疗科技公司利用留有其签名的空白纸张伪造的，对其不产生效力，其股权被剥夺，但其依法出资，拥有法律上的股东资格。其从未放弃自己的权利，其是否主张权利、何时主张权利均是自身权利，医疗科技公司无权通过诉请要求其确认自己是否有权利。请求驳回医疗科技公司诉讼请求。

【案件焦点】

医疗科技公司是否有权对江某不具有医疗科技公司股东资格提起消极确认之诉。

【法院裁判要旨】

江苏省无锡市新吴区人民法院经审理认为：医疗科技公司提起本案诉讼有明确的被告及具体的诉讼请求和事实、理由，符合民事诉讼法对起诉条件的规定。《最高人民法院关于适用〈中华人民共和国公司法〉若干问题的规定（三）》第二十一条规定，当事人向人民法院起诉请求确认其股东资格的，应当以公司为被告，与案件争议股权有利害关系的人作为第三人参加诉讼。该规定并未禁止公司作为原告提起消极的确认之诉，故医疗科技公司作为原告适格，有权提起本案诉讼。

江某发函及回函的行为导致其是否具有医疗科技公司股东资格这一法律关系处于不明确的状态，影响医疗科技公司正常的经营、规划，可能使其面临较大损失；通过本案判决能够使不明确的状态得到明确，使得双方之间的纠纷得到直接、有效的解决。医疗科技公司已与江某进行了多次诉前协商，亦敦促江某立即提起股东资格确认之诉，但均未解决股权法律关系不明确的状态。医疗科技公司提起本案诉讼，是消除当事人之间法律关系不明确状态的唯一途径。医疗科技公司提起本案诉讼具有诉的利益。

江某虽辩称《协议》是医疗科技公司利用留有其签名的空白纸张伪造的，但并未举证证明，结合江某确认 1997 年 10 月 25 日《协议》中签字是其本人所签，以及江某收到 18 万元，《股东出资参与个人股协议》系江某起草，其对于离职取消个人股东资格是明知的等事实，江苏省无锡市新吴区人民法院认为江某签订 1997 年 10 月 25 日《协议》的事实存在具有高度可能性，应当认定该事实存在。

据此，江苏省无锡市新吴区人民法院依照《最高人民法院关于适用〈中华人民共和国公司法〉若干问题的规定（三）》第二十一条，《最高人民法院关于适用〈中华人民共和国民事诉讼法〉的解释》第九十条、第一百零八条，《中华人民共和国民事诉讼法》第六十四条、第一百一十九条、第一百四十二条之规定，判决如下：

确认江某不具有医疗科技公司股东资格。

江某持原审答辩意见提起上诉。

江苏省无锡市中级人民法院经审理认为：医疗科技公司系与案件有直接利害关系的公司，案件被告、诉讼请求、事实与理由明确，且属于人民法院管辖范围，故医疗科技公司起诉符合民事诉讼法受理案件的规定。一审法院结合江某确认 1997 年 10 月 25 日《协议》中签字是其本人所签，且《股东出资参与个人股协议》系江某本人起草，其对于离职取消个人股东资格是明知的，并且也实际收到医疗科技公司支付的 18 万元款项等一系列事实，因而认定江某签订 1997 年 10 月 25 日《协议》的事实客观存在，江某已不具有医疗科技公司股东资格并无不当。江苏省无锡市中级人民法院认为一审判决认定事实清楚，适用法律正确，应予维持。依据《中华人民共和国民事诉讼法》第一百七十条第一款第一项之规定，判决如下：

驳回上诉，维持原判。

【法官后语】

本案系消极确认之诉。消极确认之诉是纠纷发生后，法律地位被迫处于不稳定或危险状态中的当事人，在没有其他救济的情况下，为了摆脱不安困境，通过行使诉权请求法院以确认判决对悬置的法律关系进行确认，以维护自身合法权益的诉讼。江某在发函及回函中主张其系医疗科技公司股东，但并未提起股东资格确认之诉，使得当事人之间原本明晰的法律关系处于不明确、不稳定的状态中，在无其他解决途径的情况下，医疗科技公司提起本案消极确认之诉，依靠判决的公权性使纠纷双方长时间悬而未决的法律关系得以明确，使当事人不安的法律地位尽快稳定下来，并且通过判决所具既判力使江某今后不能提起相反主张，使纠纷得到直接、有效的解决。

本案对原告提起的消极确认之诉予以支持，具有肯定消极确认之诉价值的重要意义，亦对裁判中如何认定诉的利益及消极确认之诉中举证责任的分配进行了总结和归纳，即认定原告是否具有诉的利益，可以从以下三个角度考量：第一，原告的法律地位具有现实的不安性，即必须有民事权利或法律关系处于客观上不明确的状态；第二，当事人已进行了充分的诉前协商；第三，提起消极确认之诉是解决纠纷的唯一方式。关于举证责任的分配，应由原告对因妨碍、排除、消灭事由造成法律关系不存在的事实承担证明责任，由被告对法律关系的成立或存在的事实承担证明责任。

编写人：江苏省无锡市新吴区人民法院　雷海亮　娄丛英

009　股东出资瑕疵时公司意思自治范畴认定

——李某水诉科技公司等股东资格确认案

【案件基本信息】

1. 裁判书字号

北京市第二中级人民法院（2018）京 02 民终 4090 号民事判决书

2. 案由：股东资格确认纠纷

3. 当事人

原告（上诉人）：李某水

被告（被上诉人）：科技公司

第三人（被上诉人）：史某、罗某、曹某、马某昊、杨某

【基本案情】

科技公司于2012年11月26日注册成立，注册资本为50万元，共有4名股东。其中曹某和马某昊各出资7.5万元，分别占15%股权；罗某和史某各出资17.5万元，分别占35%股权。2013年1月7日，科技公司与史某、罗某、曹某、马某昊及乙方苏某娟、丙方亓某科、丁方李某水共同签订《股权变更协议》，约定：乙、丙双方于本协议签订后七日内，共同出资人民币80万元（捌拾万元整），作为目标公司的货币增资部分，增资后公司的注册资本变更为130万元。丁方以客户资源及渠道资源入股，其对于未来目标公司的销售业绩担负部门业绩增长职责。公司增资后，同意乙方在科技公司占有3%的股份；丙方占有3%的股份；丁方占有5%的股份。新的股权结构为：史某31%，罗某31%，曹某13.5%，马某昊13.5%，李某水5%，亓某科3%，苏某娟3%。协议签订后，苏某娟实际缴纳了80万元增资款。此后，科技公司办理了工商变更登记，将注册资本变更为130万元，股东变更为史某、罗某、曹某、马某昊、李某水、苏某娟、亓某科7人。2013年7月5日，科技公司召开股东会，全体股东同意苏某娟、亓某科分别将实缴3.9万元货币出资转账给杨某。此后，新公司章程规定：曹某出资17.55万元、李某水出资6.5万元、罗某出资40.3万元、马某昊出资17.55万元、史某出资40.3万元、杨某出

资 7.8 万元，出资方式均为货币出资；股东会会议由股东按照出资比例行使表决权。此后，科技公司办理了工商变更登记，将股东变更为曹某、李某水、罗某、马某昊、史某、杨某 6 人。科技公司在经营过程中，认为应对李某水负责的山东分公司进行相应业绩考核，并由法定代表人史某就此事与李某水进行了沟通协商。2014 年 3 月 19 日，因科技公司认为李某水领导的山东分公司未能完成考核指标，科技公司办理了工商变更登记，将科技公司的股东变更为曹某、罗某、马某昊、史某、杨某 5 人，即解除了李某水的股东资格。同时向工商行政管理部门提交的还有 1 份《关于同步办理股权转让手续的申请》（以下简称《申请》）、第三届第二次股东会的 2 份股东会决议、第四届第一次股东会决议。此后，科技公司又进行了多次增资和股权变更。目前，杨某仍为科技公司股东，认缴出资 7.8 万元，持股比例 2.885%。

李某水主张，该申请上的签字并非其本人所签，其本人也未参加第三届第二次股东会议。科技公司认可签字系史某代为签署，主张史某的上述行为已经取得了李某水的同意，李某水则认为，科技公司未经其同意取消了其股东资格，故诉至法院，请求判令：1. 确认原告李某水在被告科技公司的股东资格；2. 确认原告李某水持有科技公司 5%的股权；3. 被告承担全部诉讼费用。

【案件焦点】

1. 李某水是否履行了向科技公司出资的义务及是否实际获得了科技公司的股东资格；2. 科技公司将李某水所持股份转让给股东杨某的行为是否有效。

【法院裁判要旨】

北京市丰台区人民法院经审理认为：就李某水是否履行了向科技公司出资的义务及是否实际获得了科技公司的股东资格的问题，股东资格的确认应同时考察形式要件和实质要件，并区分公司内部的对内原则和公司外部的对世原则。从形式要件上看，李某水系科技公司在工商行政管理部门登记的股东，公司章程中亦确定了李某水的股东资格，李某水具备股东资格的形式要件，对外能够依照公司法的相关规定行使权利、履行义务。从实质要件上看，一方面，2013 年 1 月 7 日签订的股权变更协议系各方当事人真实意思表示，不违反法律法规的强制性规定，应属有效。尽管李某水以客户资源和渠道资源入股的形式不符合公司法规定的出资形式，但这是各方当事人对各自掌握的经营资源、投入成本及预期收入进行综合判断的结果，在科技公司的注册资本符合法定要求的前提下，各股东的实际出资数额和持有股权比例属于公司股东意思自治的范畴，有限责任公司的全体股东内部可以约定不按实际出资比例持有股权，该约定不影响公司资本对公司债权担保等对外基本功能实现，股东按照约定持有的股权应当受到法律的保护。另一方面，公司法也确立了股东出资形式的原则，即财产属性和可转让性。而涉案股权变更协议中约定“李某水以客户资源及渠道资源入股，其对于未来目标公司的销售业绩担负部门业绩增长职责”，这种出资并不符合公司法规定的出资形式。因此，李某水的出资具有一定瑕疵。股权的本质是股东和公司之间的法律关系，既包括股东对公司享有的权利，也包括股东对公司的出资义务。股东享有权利的前提是股东承担义务，这亦是民法中权利与义务统一、利益与风险一致原则的具体体现。本案中，李某水的出资具有瑕疵，故其股东权利的行使应当受到一定的限制。

就科技公司将李某水所持股份转让给股东杨某的行为是否有效的问题，法院认为：尽管《申请》、第三届第二次股东会决议上的签字并非李某水本人所为，但从李某水与史某、罗某的聊天记录中能够表明李某水知晓科技公司所谓的回购股份是将其股份转由股东杨某持有并同意上述转让行为及工商变更。决议内容未违反法律、行政法规的规定，且自决议作出之日起六十日内，李某水亦未请求人民法院撤销，该决议具有法律效力，李某水已经将股份转让与杨某。综上所述，关于李某水要求确认其具有科技公司股东资格及具有5%股权的诉讼请求，缺乏事实和法律依据，法院不予支持。北京市丰台区人民法院依照《中华人民共和国民事诉讼法》第六十四条第一款之规定，判决如下：

驳回原告李某水的全部诉讼请求。

一审判决后，李某水提起上诉。北京市第二中级人民法院对一审法院查明的事实予以确认并同意一审法院裁判意见，对一审判决予以维持。

【法官后语】

本案中，李某水的诉讼请求为确认其股东身份，在确认其股东身份的逻辑演绎中，涉及关于股东出资形式、股东权利限制、公司意思自治等相关法律问题的分析。瑕疵出资是否直接导致股东资格丧失，股东资格与完整的股东权利之间是否能够画等号，股东权利限制的范围如何界定？任何权利都需要遵循社会规则并被合理约束与制衡，在公司法特殊的价值取向下，法官对以上种种问题作出了巧妙的逻辑判断和分析回应。

一、履行出资义务：股东享有股东身份和权利的前提

出资是股东最基本的义务，公司资本是公司运营和股东权益存

续的基础。2013年《中华人民共和国公司法》修订后，降低了对公司资本的要求。资本制度的改革，极大地激发了社会资本的投资热情，但也要注意避免公司资本制度逐渐弱化的这一趋势可能引发的股东瑕疵出资问题。

《中华人民共和国公司法》第二十七条对股东出资形式作出了规定：股东可以用货币出资，也可以用实物、知识产权、土地使用权等可以用货币估价并可以依法转让的非货币财产作价出资；但是，法律、行政法规规定不得作为出资的财产除外。由此可见，该法对股东的非货币出资形式作出了较为严格的规定。从《中华人民共和国公司法》第二十七条的规定也可以看出我国对非货币出资规定了两个前提条件：可以用货币评估可以依法转让。就本案而言，除却原告李某水之外的其他股东，均采取的货币出资形式。

二、股东瑕疵出资：不影响股东身份认定及股权比例分配

股东出资瑕疵是股东违反出资义务的出资行为方式的特殊性总结，作为股东，特别是发起人股东具有严格的出资义务，必须实际完成履行出资义务，不得以任何形式违反此项义务。实践中，股东出资瑕疵的表现形式有不履行出资义务、不适当履行出资义务和抽逃出资三种形态。

（一）李某水出资瑕疵的行为认定

本案中，李某水主张其已经履行现金出资义务，苏某娟缴纳的80万元增资款中已经包含了其名下的6.5万元货币出资，其已经合法取得了科技公司的股东资格。然而，从本案事实认定上看，李某水实际上是以“客户资源及渠道资源入股，其对未来目标公司的销售业绩担负部门业绩增长职责”作为其出资形式。该种出资形式显然不符合我国公司法中关于股东出资的规定。从性质上看，李某水

的出资应认定为非货币财产，我国关于非货币财产要求用货币估价并可以依法转让的非货币财产，且无论李某水在本案中的出资形式是否可以估价及转让，实际上在出资过程中也并未履行相应的非货币财产出资形式。综合对瑕疵出资相关概念的确认，应当认定李某水的出资是存在重大瑕疵的。

（二）出资瑕疵不影响股东身份认定

就李某水是否具备科技公司股东身份而言，虽然实质上李某水出资存在瑕疵，但依然不能否认李某水的股东身份，具体分析如下：

我国公司法中并无对出资与股东资格的取得之间因果关系的明确规定。学界对此主要有“否定说”“肯定说”和“有限资格说”三种观点。从顺应资本制度变革及维护商事活动秩序的角度而言，笔者同意“有限资格说”，即股东实际享有的股东权利和其具体出资的数目相匹配。[①] 事实上，“有限资格说”限制的是股东权利，而非股东资格，其实质与“肯定说”无异。本案也正是秉持着该种价值理念，对李某水的股东身份予以了认定。从股东资格的形式要件看，依照《中华人民共和国公司法》第三十二条第二款“记载于股东名册的股东，可以依股东名册主张行使股东权利”的规定，李某水系科技公司在工商行政管理部门登记的股东，公司章程中亦对李某水的股东资格进行了确认，李某水具备股东资格的形式要件。综上分析，即使李某水出资存在瑕疵，仍不可据此否定其股东资格。

三、平衡权利义务：股东出资瑕疵语境下的权利限制

《中华人民共和国公司法》不否认瑕疵出资股东的法律地位，不等于认同其享有和其他股东同等的权利。就本案而言，虽然股东出

---

① 田溪：《浅析瑕疵出资中的股东资格认定》，载《今日湖北》2014年第11期。

资并不影响股东资格的取得，但其享有股东权利的前提是承担股东义务；违反出资义务也就不享有股东的相应权利，这是民法中权利与义务统一、利益与风险一致原则的具体体现。股东行使股权的大小依据持股的比例而有所区别，因此出资瑕疵股东享有的股权大小就要受到限制，否则就违反了股东平等原则的要求。[①] 本案中，法院秉持的该种理念对李某水的鉴定申请未予准许。就类型而言，法院予以默认限制的权利范围突破了当前《中华人民共和国公司法》对股东在新股认购权和利润分配请求权方面的限制，而拓展到表决权。虽然，李某水未在涉及转让其股权的相关《申请》和股东会决议中签字确认，但上述《申请》和股东会会议决议内容并不违背李某水的真实意思表示，综上，股东会实际上也并未对其表决权作出实质上的限制，而仅仅是形式上的限制。

四、反思与检视：公司法控制的公司治理的理性范围

就股东出资而言，本质上属于各个投资人自由协商的范畴，只要公司股东能够形成合意，能够为公司实现资本增值的财产理应为法律允许，成为有效的出资形式。对于不同行业、不同地区的企业而言，何为有用的资源，其评判标准也无法统一。只有公司自身才能对该种资源作出最准确无偏差的判断。商法的制度上固然应兼顾效率和安全，但不同的具体制度应当各有侧重，并相互联系制约，从而在整体上实现效率与安全的并重。

编写人：北京市丰台区人民法院　吕慧敏　赵晓蕾

---

① 叶林：《公司法研究》，中国人民大学出版社2008年版，第157页。

010 股份合作制企业股东资格的认定
——塑料薄膜厂诉陈某敏股东资格确认案

【案件基本信息】

1. 裁判书字号

浙江省台州市中级人民法院（2018）浙10民终2069号民事判决书

2. 案由：股东资格确认纠纷

3. 当事人：

原告（上诉人）：塑料薄膜厂

被告（被上诉人）：陈某敏

【基本案情】

原告塑料薄膜厂成立于1992年12月4日，原系集体所有制（合作经营）企业，1998年2月24日变更为股份合作制企业。陈某安是塑料薄膜厂的法定代表人，与被告陈某敏系父子关系。陈某安、被告陈某敏现为塑料薄膜厂工商登记股东，出资占比各为50%。被告陈某敏是医生。原告塑料薄膜厂认为其为股份合作制企业，企业章程规定本企业的股东必须是本厂的职工，被告陈某敏是医生，不是原告塑料薄膜厂的职工，因此不具有原告塑料薄膜厂的股东资格。被告陈某敏认为，被告具有股东资格，享有股权，2003年被告取得塑料薄膜厂股东资格，股东陈某安与被告陈某敏各出资75万元，上述事实已经经工商行政部门变更登记，被告实际上也参与了该厂的经营管理，履行了股东义务，被告是医生属实，但法律未对医生在业余时间经商作出禁止性规定，所以，被告在业余时间经商并不违反禁止性规定，其受让股份合法有效，可以担任该厂的股东，具有该厂股东资格。

【案件焦点】

如何认定股份合作制企业中个人股东的资格。

【法院裁判要旨】

浙江省临海市人民法院经审理认为：本案属于股份合作制企业股东资格确认纠纷，股份合作制企业兼具公司制企业或者合伙制企业组织的部分特征，但其既不是公司企业，也不是合伙企业，因此有关股份合作制企业纠纷的处理，应首先尊重企业内部的规定、决定或者约定等，在企业内部没有约定的情况下，可以参照公司法或者合伙企业法的相关规定。2003 年 6 月 20 日的塑料薄膜厂章程第十条规定，“股东是工厂的出资人，股东享有以下权利：（一）根据出资额享有表决权……”第十一条规定，“股东负有下列义务：（一）缴纳所认缴的出资；（二）依其所认缴的出资额承担工厂债务；（三）工厂办理工商登记后，不得抽回出资；（四）遵守工厂章程规定；（五）维护本工厂利益，不得从事危害工厂利益的活动”。被告陈某敏系原告塑料薄膜厂的出资人，目前其在工商部门登记的出资额为 75 万元，占比为 50%。另经查明，在（2017）浙 1002 行初 114 号案件审理过程中，陈某敏作为塑料薄膜厂的特别授权委托诉讼代理人参加诉讼，授权委托书中载明陈某敏系塑料薄膜厂员工。现原告主张被告不具有原告的股东资格，并未提供有效证据予以证明，故对其诉讼请求不予支持。据此判决：驳回原告塑料薄膜厂的诉讼请求。

原告不服一审判决，提起上诉。

浙江省台州市中级人民法院经审理认为：上诉人在（2017）浙1002 行初 114 号案件审理过程中，特别授权委托陈某敏作为塑料薄膜厂的诉讼代理人参加诉讼，并明确载明陈某敏系塑料薄膜厂职工，而在本案中又主张被上诉人不是企业职工系违背诚实信用原则，且上诉人提供的多份企业章程和验资报告中，均载明被上诉人已经履行了出资义务，另在上诉人股东会决议书中，均有陈某安和陈某敏参会的签名，甚至最近两年的企业员工李某红的工资也是通过被上诉人的妻子账号支付的。被上诉人称虽然目前就职于医院，但其以业余时间参与企业经营管理也并不违反相关法律规定。综上，上诉人以被上诉人不是企业职工为由要求确认被上诉人不具有股东资格没有事实和法律依据，予以驳回。

浙江省台州市中级人民法院判决：驳回上诉，维持原判。

【法官后语】

我国的股份合作制企业起源于二十世纪八十年代初、中期的农村，经过多年发展，在农村和乡镇企业中呈现出旺盛的生命力。

职工股有如下特点，其一，职工身份是取得职工股份的前提。职工股份是职工依据其职工身份出资而持有的。其二，如果职工丧失其职工身份，其拥有的职工股必须留在企业中，丧失职工身份就会丧失职工股份。由此可见，股份合作制企业的股东与其职工的身份直接相关，一旦丧失职工身份，股东身份已无存在的基础。劳动合作为股份合作的前提，没有劳动关系就不应持有企业的股权。

职工身份是股东身份的前提，职工身份是基础地位，那么，职工身份的确定就非常重要。长期以来，我国的企业中长期存在正式职工和非正式职工的区分，两类职工在权利上有着很大的差异，甚至在股份合作制企业组建的时候，也只有正式职工才有资格出资成为职工股的股东。但是，就现行法而言，对于正式职工和非正式职工的划分都已经不再采用，取而代之的是劳动法所调整的与企业形成劳动关系的劳动者，所有的劳动者都享有同等的权利。因此，职工就是与企业之间形成了劳动关系的劳动者。股份合作制企业的职工身份的确定也应该按照劳动法关系进行调整，只要与企业之间具有了劳动法律关系，就是其职工，也就取得了职工股份的前提。如果职工因为某种原因与企业解除了劳动关系，则当然失去了职工股的持有前提，不再成为企业的持股职工。

本案中，陈某敏已经履行了出资义务，股东会决议书中亦有陈某安和陈某敏参会的签名，近两年的企业员工李某红的工资也是通过陈某敏的妻子账号支付的。2017 年另一案件审理过程中，陈某敏作为塑料薄膜厂的特别授权委托诉讼代理人参加诉讼，授权委托书中载明陈某敏系塑料薄膜厂员工。陈某敏虽是医生，但其以业余时间参与企业经营管理并不违反法律禁止性规定。现塑料薄膜厂以陈某敏不是企业职工为由要求确认陈某敏不具有股东资格没有事实和法律依据，应予以驳回。

编写人：浙江省临海市人民法院　李珍

011 有限责任公司行使股东除名权之法律构成要件
——建材公司诉李某股东资格确认案

【案件基本信息】

1. 裁判书字号

北京市第三中级人民法院（2018）京03民终12505号民事裁判书

2. 案由：股东资格确认纠纷

3. 当事人

原告（上诉人）：建材公司

被告（被上诉人）：李某

第三人：林某一、林某二

【基本案情】

建材公司成立于1995年，公司类型为有限责任公司。公司成立时，注册资本为30万元，股东刘某、李某、林某一，工商设立登记申请书显示上述三股东的出资额均为10万元，公司章程规定出资方式均为货币出资。审计事务所出具了《开业登记验资报告书》，在"缴纳出资额验证"栏记载各股东应缴金额各10万元，确认金额为10万元。工商设立登记档案中有《交存入资资金报告单（第二联）》，分别记载上述三位股东各交存10万元到银行并开立账户，用于注册建材公司。

1999年，建材公司进行了公司变更登记，公司注册资本变更为500万元，原股东刘某变更为林某二。林某一为公司法定代表人。

建材公司提交的《申请登记验资报告书》记载原实收资本（个人资本金）30万元，附件1为北京中则会计师事务所的《验资事项说明》，“注册资本变更情况”项记载建材公司原注册资本30万元，新增470万元，其中李某以实物资产出资165万元、货币出资10万元……“实际验证情况”项记载变更后的注册资本500万元已全部到位，符合建材公司新的公司章程要求。此外，清华资产评估事务所出具《资产评估报告》，评估结果为，所评估的实物价值为471万元，其中李某为165万元。该评估报告附件有资产购入发票、资产评估明细等。1999年4月1日，李某与建材公司签订了《财产权转移协议》，李某将其在公司登记注册时认缴出资的实物资产165万元转移到建材公司的财产内，李某不再对实物资产享有所有权，仅以其出资额为限，享有股东权利，承担股东义务。

2017年8月22日，建材公司召开临时股东会，会议形成决议：一、会议通过了公司管理层提交《出资情况报告》和《经营情况报告》；二、会议通过了股东补缴出资的决定：……2. 股东李某亮应补缴出资175万元……4. 以上股东补缴出资应在2017年10月9日前完成；5. 如果股东未按规定期限缴纳上述出资，公司将依法解除该股东的股东资格。出席股东林某一签字，林某二代表林某三签字；李某代表朱某于会前与林某一发生争议离开会场未参会。决议附件1《出资情况报告》主要内容为：首先，公司设立之时以公司名义向装饰工程公司借款30万元，以林某一、李某、刘某的名义分别存入验资账户，取得开业登记验资报告后，公司将30万元还给了装饰工程公司。结论是公司实际没有收到林某一、李某、刘某的货币出资。其次，公司增资后，各股东应缴纳实物出资，但公司没有收到各股东的实物出资，虚构了《资产评估报告》，通过代理公司向工商局取得公司变更注册资本500万元，结论是公司没有实际收到李某等人实物出资。

2017年8月24日，建材公司制作《关于补缴股东出资的通知》，内容为根据建材公司上述股东会决议，李某应于2017年10月9日前补缴出资175万元。建材公司向李某、朱某分别邮寄出上述通知，但李某未收到；朱某表示未收到通知，且李某未授权朱某收件。

2017年10月12日，建材公司形成2017年第二次临时股东会议决议：1. 通过了公司提交《补缴出资情况报告》……确认李某实缴出资为零；2. 由于李某没有按照2017年8月22日公司临时股东会会议决议规定履行出资义务，依法从即日起解除李某公司股东资格。其他股东签字并加盖公司公章，经办人公司总经理吕某签字。

【案件焦点】

建材公司解除李某股东资格的行为是否有效，是否符合行使股东除名权之法律构成要件。

【法院裁判要旨】

北京市朝阳区人民法院依照《最高人民法院关于适用〈中华人民共和国民事诉讼法〉的解释》第九十条之规定，判决：驳回建材公司的诉讼请求。

建材公司不服一审判决，提起上诉。

北京市第三中级人民法院经审理认为：《最高人民法院关于适用〈中华人民共和国公司法〉若干问题的规定（三）》第十七条第一

款规定："有限责任公司的股东未履行出资义务或者抽逃全部出资，经公司催告缴纳或者返还，其在合理期间内仍未缴纳或者返还出资，公司以股东会决议解除该股东的股东资格，该股东请求确认该解除行为无效的，人民法院不予支持。"

首先，关于李某是否存在未履行出资义务或者抽逃全部出资行为。《最高人民法院关于民事诉讼证据的若干规定》第七十三条第一款规定，双方当事人对同一事实分别举出相反的证据，但都没有足够的依据否定对方证据的，人民法院应当结合案件情况，判断一方提供证据的证明力是否明显大于另一方提供证据的证明力，并对证明力较大的证据予以确认。本案中，依据李某提交的建材公司的工商档案材料，在建材公司 1995 年注册成立时，李某缴纳了 10 万元出资款，建材公司提交的交存入资资金报告单亦可以证明当时李某通过现金缴纳出资的事实。建材公司虽上诉主张该笔出资实际是由公司从装饰工程公司借款 30 万元用于验资，故李某并没有履行出资义务；但其现有证据不足以证明其前述上诉主张。另外，关于建材公司上诉主张李某在 1999 年公司增资时存在虚假出资一节，依据李某提交的建材公司工商档案显示，李某系以实物资产出资 165 万元，并提供了资产转移协议及《验资事项说明》等确认其实物出资的事实。建材公司虽辩称实物出资的销售发票均系当时的公司会计一人出具，但该辩解意见并不构成否认李某出资的有效抗辩。此外，建材公司提交的由公司总经理吕某签字或加盖公司公章的相关情况报告系建材公司单方制作，上述证据材料并不足以否认公司工商登记档案的证明效力。综上所述，在建材公司未提交其他有效证据的情况下，其现有证据尚不足以证明李某在 1995 年公司成立时以及 1999 年公司增资过程中没有履行出资义务的事实，故对建材公司的该项上诉意见不予支持。

其次，即便股东存在未缴纳出资或者未足额缴纳出资的情况，公司应当穷尽一切合理方式通知股东履行出资义务，并给予其缴纳或者返还出资的合理期间。本案中，鉴于建材公司现有证据无法证明其已经向李某有效送达了补缴出资的通知，故认定建材公司未尽到积极、合理的通知义务并无不当。

最后，公司解除未履行出资义务或者抽逃全部出资股东的股东资格，应当依法召开股东会，作出股东会决议。现行《中华人民共和国公司法》对有限责任公司股东会或临时股东会的召集程序、表决程序等均有明确规定。本案中，建材公司虽然在2017年10月12日通过第二次临时股东会决议解除李某股东资格，但本案审理期间，李某明确其未收到关于临时股东会召开的通知，建材公司亦未能提交有效证据证明其履行了合法通知程序。在此情况下难以认定建材公司就解除李某股东资格形成了有效的股东会决议。建材公司关于其解除李某股东资格程序合法的上诉主张不能成立应不予采信。

综上，本案中，建材公司以李某未履行出资义务为由解除其股东资格的法定条件均未成就，故其要求确认解除李某股东资格的上诉请求亦缺乏事实和法律依据，应不予支持。北京市第三中级人民法院依照《中华人民共和国民事诉讼法》第一百七十条第一款第一项之规定，判决如下：

驳回上诉，维持原判。

【法官后语】

一、股东除名权概述

股东除名权是公司法所规定的在特定情形下公司享有的可解除

与特定股东之间法律关系的一项权能。股东除名权具有以下法律特征：

1. 股东除名权的行使主体是公司。当特定股东的行为影响到其他股东的共同利益或者公司的整体利益时，有限责任公司的人合性已经不能容忍，亦无法消除冲突；法律赋予公司除名权，将特定股东强制性退出公司，以和缓的方式解决矛盾冲突，使得公司能够继续存续。

2. 股东除名权是形成权。形成权是指“依权利者一方之意思表示，得使权利发生、变更、消灭或生法律上效果之权利也”。[①] 股东除名权就是依据公司的意思表示，当特定股东符合特定情形时单方面解除其与公司之间的法律关系。股东除名权是公司单方意思表示，不需要被除名股东的同意或考虑其意思表示。

二、股东除名权构成要件

股东除名权实际上赋予了公司一项特权，能够使得特定股东丧失其股东资格；因此它必须具有严格的条件限制。根据《最高人民法院关于适用〈中华人民共和国公司法〉若干问题的规定（三）》第十七条的规定，有限责任公司股东除名构成要件包括实体要件和程序要件。司法审查中亦主要审查有限公司行使股东除名权是否符合下列构成要件，从而判定股东除名决议的有效性和合法性。

（一）实体要件

1. 除名事由仅限于股东未履行出资义务或者抽逃全部出资

股东除名相较于其他股东责任更具严厉性和终局性[②]，产生的后果严重，对于股东具有一定的影响。如果不加以严格限制，可能成

---

① 史尚宽：《民法总论》，中国政法大学出版社2000年版，第25页。

② 宋晓明、张勇健、杜军：《〈关于适用公司法若干问题的规定（三）〉的理解与适用》，载《人民司法》2011年第5期。

为个别股东滥用股东权利谋取私利的工具，或股东逃脱股东责任侵害债权人利益的手段。因此，《最高人民法院关于适用〈中华人民共和国公司法〉若干问题的规定（三）》对于股东除名的情形仅限于股东重大违约或根本违约情形。根据合同法理论，根本违约是指一方当事人未履行主要合同义务，致使另一方当事人的订约目的不能实现的违约。在股东与公司之间的契约中，股东对公司唯一义务可以说就是出资。① 因此股东重大违约或根本违约行为即未履行出资或抽逃全部出资。② 股东履行了部分出资义务或者抽逃部分出资均不属于除名事由。本案中，建材公司主张李某未履行出资义务或者抽逃全部出资，但其并未提交充分有效证据予以证明，故难以认定李某存在上述除名事由。

2. 主体要件仅限于有限责任公司股东

股东除名权在于保护公司免受股东个人的不利影响，说明股东个人因素与公司正常经营紧密相关，这体现了人合性特征。在人合性公司中，股东之间的关系建立在相互信任的基础之上，所以股东的进入和退出机制规定较为严苛。而股份有限公司资合性较为突出，股东与公司呈现高度分离，公司具有高度公开性和开放性特征，股份的自由转让是股份有限公司的基本原则。③ 换言之，股东除名权制度对于股份有限公司来说并无必要，亦不具有可操作性。对于人合

① 李建伟：《公司法学》，中国人民大学出版社2011年版，第227页。

② 关于公司章程是否可以规定股东除名的事由，有学者认为公司章程规定的除名事由须具有“正当性”与“重大性”，即此事由必须危害到或者可能危害到公司和其他股东的共同利益。这种说法具有一定的合理性，但是目前我国公司法司法解释三并没有放开口子，仅采取列举式立法模式，因此司法实践中公司章程约定的其他股东除名事由应属无效。

③ 刘德学：《股东除名权法律问题研究——以大陆法系国家的公司法为基础》，中国政法大学2008年博士学位论文，第11页。

性较为显著的有限责任公司而言，需要股东除名权来保护股东之间的合理信赖和互相良好的平衡关系。当股东之间出现信任危机或合作危机，有限责任公司赖以生存的人合性基础被破坏，必将导致公司的利益整体受损。

（二）程序要件

1. 催告前置程序，通知股东自我补救

公司在对股东除名前应该给股东补正的机会，如果股东能够补正，能够最大限度地弥补损失，降低社会成本，符合商事交易效率性原则，亦限制了股东除名权的滥用。根据合同法理论，承担违约责任的方式包括继续履行、采取补救措施、修理、重作或更换等。债权人最为期待的就是债务人能够履行债务。《最高人民法院关于适用〈中华人民共和国公司法〉若干问题的规定（三）》对于未出资或抽逃出资股东的催告规则参照了合同法理论中的债务人迟延履行，债权人行使法定解除权的催告规则。[①] 债权人催告是指债权人向债务人请求履行债务的通知。催告既可以采用口头方式，也可以采用书面方式。[②] 催告内容包括适用除名的具体情形、不消除除名事由的后果、向公司申辩的权利等。催告因到达相对人股东而发生效力。催告应进行有效送达，可以参照民事诉讼法关于送达的规定。股东除名的催告就是要告诉拟除名的股东即将启动除名程序，并告知其逾期不履行义务的法律后果，保障股东的知情权。

2. 给予股东合理宽限期补缴或返还

《最高人民法院关于适用〈中华人民共和国公司法〉若干问题

---

① 《中华人民共和国民法典》第五百六十三条第三项规定，当事人一方迟延履行主要债务，经催告后在合理期限内仍未履行；当事人可以解除合同。

② 韩世远：《合同法总论》，法律出版社 2011 年版，第 398 页。

的规定（三）》给予股东合理宽限期或补正期，要求股东在合理期间内按照公司催告通知补缴出资，但是并没有对合理期间进行明确规定。催告在合同法中较为常见，但是合同法中对于催告宽限期亦没有较多明确规定。《中华人民共和国合同法》第四十八条关于相对人催告代理人追认的宽限期为一个月，《中华人民共和国民法典》第一百七十一条将该催告追认的宽限期调整为 30 日。[①] 股东除名制度系借鉴德国公司法，《德国有限责任公司法》第二十一条规定："股东迟延缴纳出资的情况下，可以以警告取消相应的营业份额的方式再次要求迟延缴纳的股东在特定宽限期内缴纳出资。催缴以挂号信的方式作出。宽限期必须至少为一个月。"故司法实践中法官可参照相关法律规定行使自由裁量权判定合理期间。本案中建材公司亦未举证证明其解除李某股东资格履行了催告和宽限期程序，故其除名权行使存在程序瑕疵。

3. 形成股东除名的有效股东会决议

(1) 满足公司法或公司章程规定的股东召集程序和表决程序。

在有限责任公司中，股东会、董事会和监事会均是公司权力机关。为了保护股东的利益，防止个人股东滥用权利，对于股东除名即股东资格的重大事项，应仅由公司最高权力机关股东会作出决议。有效的股东会决议需要满足公司法或公司章程规定的股东会召集程

---

① 《中华人民共和国合同法》第四十八条规定："行为人没有代理权、超越代理权或者代理权终止后以被代理人名义订立的合同，未经被代理人追认，对被代理人不发生效力，由行为人承担责任。相对人可以催告被代理人在一个月内予以追认。被代理人未作表示的，视为拒绝追认。合同被追认之前，善意相对人有撤销的权利。撤销应当以通知的方式作出。"《中华人民共和国民法典》第一百七十一条第二款规定，相对人可以催告被代理人自收到通知之日起三十日内予以追认。被代理人未作表示的，视为拒绝追认。行为人实施的行为被追认前，善意相对人有撤销的权利。撤销应当以通知的方式作出。

序、通知程序和表决程序。《中华人民共和国公司法》第四十一条第一款规定："召开股东会会议，应当于会议召开十五日前通知全体股东；但是，公司章程另有规定或者全体股东另有约定的除外。"按照公司法和公司章程的规定召开股东会，并应当通知全体股东参加并对决议事项进行表决。

(2) 拟除名股东表决权应予回避。

首先，从法理上分析，任何人不能成为自己案件的法官。表决权回避制度，是指"在特定股东与股东大会所讨论决议事项有特别利害关系时，该股东或代理人不得行使所持有股份的表决权制度"。其次，从公司法立法精神分析，《中华人民共和国公司法》第十六条在关于公司为股东或实际控制人提供担保规定时，股东会决议排除了担保股东的表决权。《中华人民共和国公司法》第七十一条关于股东向公司以外的第三人转让股权时，须经其他股东过半数同意。公司法的精神表明在股东会决议中，拟被除名的股东表决权应当予以排除。最后，从股东除名制度目的分析，在未出资股东处于绝对控股的地位下，该股东可以利用资本多数决行使表决权，滥用股东权利，会使得股东除名制度形同虚设，损害公司利益和少数股东利益。

(3) 表决权通过比例采用简单资本多数决。

关于表决权方式和比例，《中华人民共和国公司法》第四十三条规定："股东会的议事方式和表决程序，除本法有规定的外，由公司章程规定。股东会会议作出修改公司章程、增加或者减少注册资本的决议，以及公司合并、分立、解散或者变更公司形式的决议，必须经代表三分之二以上表决权的股东通过。"公司法理论采用私法自治和法不禁止皆自由的原则，《最高人民法院关于适用〈中华人民共和国公司法〉若干问题的规定（三）》并没有明确限制股东除名大会表决权方式与比例，在司法审查中根据《中华人民共和国公司法》一般规定简单资本多数决即二分之一以上表决权通过即可，当然公司章程对于表决权另有严格限制的除外。

本案中，建材公司亦未能提交有效证据证明其履行了合法通知程序，李某亦主张其没有收到关于建材公司临时股东会召开的通知。虽然拟除名股东表决权应予回避，但是该除名股东在其仍具有股东资格下建材公司召开的股东会其应当被通知并有权出席，提出异议或者抗辩。该拟被除名股东仅是表决权应予以回避，其他股东权利仍应享有。故建材公司亦未提交证据证明其对李某除名形成了有效的股东会决议，程序上亦存在瑕疵。综上，从实体上分析，建材公司未提交证据证明李某存在未履行出资义务或者抽逃全部出资除名事由；从程序上分析，建材公司亦未履行催告和宽限期、有效股东会决议正当程序，故而其解除李某股东资格不符合股东除名构成要件。

编写人：北京市第三中级人民法院　田璐　张清

012　股权让与担保效力的认定

——投资公司诉置业公司股东资格确认案

【案件基本信息】

1. 裁判书字号

江苏省无锡市中级人民法院（2018）苏02民终954号民事判决书

2. 案由：股东资格确认纠纷

3. 当事人

原告（上诉人）：投资公司

被告（被上诉人）：置业公司

第三人（被上诉人）：信托公司

【基本案情】

投资公司系置业公司股东，出资金额为3476万元。2011年12月5日，信托公司与置业公司签订《债务确认协议》，约定置业公司负有向信托公司支付信托项下特定资产收益、违约金等款项的义务，债务总额为37700万元。为此，投资公司与信托公司签订《股权转让协议》，协议约定：本次股权转让的标的为投资公司持有的置业公司12.5%的股权；本次股权转让的价款为0万元；信托公司系为担保之目的受让转让标的，在置业公司履行完毕《债务确认协议》项下的全部债务后，信托公司应及时将转让标的，无偿转让给投资公司；置业公司发生《债务确认协议》项下的违约情形时，信托公司有权处分转让标的，并以处分所得款项为限代置业公司履行《债务确认协议》项下的债务后相关款项仍有剩余的，剩余款项中按照标准计算的金额归属于投资公司。2011年12月23日，投资公司与信托公司办理了置业公司股东变更登记，置业公司股东由投资公司变更登记为信托公司。因置业公司发生违约，信托公司于2017年4月委托拍卖机构将其持有的对置业公司债权及相应附属权利（包括以让与担保方式持有的置业公司股权）进行拍卖，后已成交。因投资公司认为系出于担保之目的而非真正的股权转让，相关让与担保约定无效，遂诉至法院，要求确认股东资格并办理相应工商变更登记。置业公司则认为，股权转让成立并已完成工商变更登记，对股权转让有争议不应涉及目标公司。第三人信托公司述称，投资公司持有的股权自担保设立之日起归信托公司，约定依法有效，且由于未清偿债务，故不享有赎回权，不能确认为股东。

【案件焦点】

股权让与担保约定是否有效。

【法院裁判要旨】

江苏省无锡市滨湖区人民法院经审理认为：投资公司、信托公司签订的《股权转让协议》系双方当事人的真实意思表示，未违反我国法律、行政法规的禁止性规定，应为有效。虽然我国现行担保法和物权法未涉及该协议指向的担保方式，但也未明令禁止。并且，投资公司、置业公司和信托公司事实上均已按照此协议完成了股权变更登记，信托公司持股置业公司。事后，由于置业公司未履行债务，信托公司根据约定有权不予返还股权并通过对股权的处分来代置业公司履行《债务确认协议》项下的债务。在投资公司提起本案诉讼之前，无论在置业公司工商登记的形式要件上还是信托公司持有的对置业公司债权及相应附属权利的实体处理上，均已与投资公司无涉。投资公司主张确认其为置业公司股东并要求置业公司、信托公司协助办理工商变更登记将信托公司名下股权份额变更登记至其名下无法成立。

江苏省无锡市滨湖区人民法院依照《中华人民共和国合同法》第八条之规定，判决如下：

驳回原告投资公司的诉讼请求。

投资公司持原审起诉意见提起上诉。

江苏省无锡市中级人民法院经审理认为：我国现行法律并未禁止当事人用转移标的物所有权的方法担保债务的履行。债务人与债权人以股权转让方式为债权实现担保的，属于市场经济发展中的特殊担保类型，其能够弥补典型担保和其他非典型担保方式之缺陷，为股权质押方式之有益补充。债权人与债务人签订的名为股权转让实为股权让与担保的合同，系双方当事人真实意思表示，未违反法律及行政法规的强制性规定。该合同并未约定如置业公司违约，则案涉股权归信托公司所有，而是约定信托公司可以处分股权，并以处分所得款项清偿债务，仍有剩余的，剩余款项归属于投资公司。实质上是赋予债权人信托公司负有清算义务，该约定不是流质或流押条款，合法有效。

江苏省无锡市中级人民法院依照《中华人民共和国民事诉讼法》第一百七十条第一款第一项之规定，判决如下：

驳回上诉，维持原判。

【法官后语】

一、让与担保的认定

让与担保，是指债务人或第三人为担保债务人之债务，将担保标的物的权利移转于担保权人，待债务清偿后，标的物返还于债务人或第三人，债务不履行时，担保权人就该标的物受偿之非典型担保。其中债务人或者第三人与债权人签订的以股权转让方式为债务提供担保的合同，属于让与担保中较为常见的形式。此类行为的核心在于所有权的占有改定，而占有改定作为我国法律所认可的所有权转移方式，并不违反物权法定原则。因此，在此类合同的整体效力认定方面，人民法院应充分尊重当事人意思自治，只要不存在法定合同无效之情形，就不轻易否定让与担保合同的效力。《中华人民共和国民法典》第三百八十八条规定了“其他具有担保功能的合同”，使得让与担保这一非典型担保制度，实现了有法可依。

二、让与担保的实现

在让与担保权的具体实现上，存在流质型和清算型两种形式。流质型是指当债务人不能履行到期债务时，约定股权归债权人所有，由于明显侵犯了债务人或者让与担保人的合法权益，违反了法律关于禁止流质的规定，故应认定为无效。需要说明的是，并不能以流质型条款无效为由，全盘否定让与担保合同的整体效力。即使让与担保合同中存在流质型条款，合同其余部分并不受流质条款无效的影响。清算型则可进一步细分为处分型、归属型两种形式，两者均需要在清算后将差额向让与担保人返还，本案即为典型的处分型清算。在设有清算型条款的情况下，能够充分保障各方合法利益，该约定合法有效。由此可见，对担保权人设有清算义务是确保股权让与担保约定能够有效实现的核心条款。对此，《最高人民法院关于适用〈中华人民共和国民法典〉有关担保制度的解释》第六十八条已经详细规定了让与担保的实现程序。

三、股权让与担保

股权是股东因出资行为而对公司享有的获取经济利益和参与公司经营管理的各项权利的总称。股权让与担保操作方便灵活，交易成本极低，特别是能够阻却或削减第三人出现的可能性。由于其能够克服其他各类典型或非典型担保方式公示的经济成本与难题，故已经逐步取代股权质押等，成为信托等行业普遍采纳的履约保障方式。股权作为可以登记的财产性权利，具有交易外观，故对股权让与担保应注意区分对外效力和对内效力之别。对外，登记具有对抗效力，故应遵循商事外观主义，以公示来判断和保护相对方的交易安全，存在善意取得的适用空间；对内，充分保护担保之目的，故应遵从当事人之间的真实意思表示，担保权人享有相应的担保物权。因此，在债权债务关系未消灭的情况下，担保人无权要求变更登记、确认权属等直接或者间接的单方改变股权这一财产性权利变动的公示，否则将完全架空股权让与担保之目的。

编写人：江苏省无锡市滨湖区人民法院　张磊

013　隐名股东之资格确认

——黄某银诉服饰公司股东资格确认案

【案件基本信息】

1. 裁判书字号

北京市第二中级人民法院（2017）京02民终第8190号民事判决书

2. 案由：股东资格确认纠纷

3. 当事人

原告（上诉人）：黄某银

被告（被上诉人）：服饰公司

【基本案情】

黄某银系黄某金之弟。2009年4月25日，黄某金、黄某银、邹某销签订关于在服装市场的“合作协议书”，协议中约定原告拥有35%的股份，黄某金拥有35%的股份，邹某销拥有30%的股份。同年，黄某银之妻王某珍向黄某金汇款120万元，汇款凭证上所注用途为“货款”。

2011年10月28日，黄某金与邹某销登记成立了服饰公司，股东为黄某金和邹某销，其中黄某金出资7万元，邹某销出资3万元。公司经营范围为：销售服装、鞋帽、皮具、电子产品等。

2012年9月，黄某金因病死亡。

2013年1月8日，服饰公司股东由黄某金、邹某销变更为全某和邹某销。其中全某出资7万元，邹某销出资3万元。但在企业变更（改制）登记（备案）申请书、服饰公司第三届第三次股东会决议以及黄某金与全某的出资转让协议书上均出现了已逝者黄某金的签名。2016年3月4日，全某与熊某秀签订转让协议，约定：全某将服饰公司中的股权7万元转让给熊某秀。服饰公司办理了工商变更登记，公司章程显示熊某秀出资7万元、邹某销出资3万元，同时服饰公司法定代表人变更为熊某秀。

黄某银认可其并未参与服饰公司的经营管理。

【案件焦点】

黄某银和黄某金之间是否存在股权代持关系。

【法院裁判要旨】

北京市丰台区人民法院经审理认为：原告黄某银以其与服饰公司前股东黄某金之间存在股权代持协议为由要求确认其享有服饰公司35%的股权，在服饰公司股东先后由黄某金变更为全某而后又变更为熊某秀的情况下，除涉及黄某银与黄某金内部的股权代持关系外，亦涉及服饰公司以及其他股东是否同意黄某银享有股权的外部关系。从内部关系上看，黄某银主张存在股权代持关系即应承担相应举证责任。本案中，黄某银的举证情况不能证明其与黄某金之间存在股权代持关系，理由如下：第一，黄某银无证据证明其与黄某金之间签订过书面股权代持协议，亦无证据证明黄某金有书面遗嘱确认双方之间存在股权代持关系。第二，从《合作协议书》与服饰公司成立的关联性上看，合作协议书签订于 2009 年 4 月，黄某金、黄某银、邹某销三方约定在服装市场，但未提及成立服饰公司。时隔两年半有余，服饰公司方才成立，工商登记的股东仅为黄某金和邹某销，经营范围中除服装外还有其他诸多事项，故不足以确定《合作协议书》系黄某金、黄某银、邹某销三方设立服饰公司的意思表示。第三，虽然黄某银之妻王某珍曾于 2009 年向黄某金汇款 120 万元，但汇款凭证上所注用途为“货款”，服饰公司注册资本仅为 10 万元（其中黄某金出资 7 万元），黄某银未能证明上述汇款系实际出资，且黄某银亦认可其从未参与服饰公司的经营管理，故无证据表明黄某银在服饰公司行使过股东权利、履行过股东义务。第四，关于黄某银提交的 2015 年 7 月 6 日制作的《股东转让协议》。该协议书中虽然写明“黄某银作为隐名股东将 35%的股份登记在哥哥黄某金的名下，黄某金在工商局注册的 70%的股份，其中 35%的股份系黄某银所有”，但须注意的是，该协议系黄某金去世后邹某销及邹某霞的表述，而并非股权代持合同关系中相对一方黄某金的认可；且该协议中表述为“邹某霞将服饰公司 35%的股份以 130 万元转让给邹某销”，但该协议出具时服饰公司的股东为全某和邹某销，邹某霞并非服饰公司登记的股东，并不一定享有服饰公司 35%的股权，故该协议的商定不排除有其他因素的综合商定，难以产生确认股权的效力。

从外部关系上看，有限责任公司具有人合性，实际出资人要被确认为股东，需要经过公司其他股东认可，以保护有限责任公司的人合性不被其破坏。《最高人民法院关于适用〈中华人民共和国公司法〉若干问题的规定（三）》第二十四条第三款规定：实际出资人未经公司其他股东半数以上同意，请求公司变更股东、签发出资证明书、记载于股东名册、记载于公司章程并办理公司登记机关登记的，人民法院不予支持。本案中，服饰公司的现任股东为熊某秀和邹某销。熊某秀系通过受让工商登记股东全某的股权而成为服饰公司股东，工商登记是对股权情况的公示，与公司交易的善意第三人有权信赖依据工商机关登记的股权情况作出判断，黄某银未能提供证据证明熊某秀非善意，故熊某秀的信赖利益受法律保护。即使黄某银与黄某金存在股权代持关系，在熊某秀和邹某销均不同意黄某银享有35%股权的情况下，黄某银的主张，人民法院不予支持。

北京市丰台区人民法院依照《最高人民法院关于适用〈中华人民共和国公司法〉若干问题的规定（三）》第二十四条第三款、《中华人民共和国民事诉讼法》第六十四条第一款之规定，判决如下：

驳回原告黄某银的全部诉讼请求。

黄某银不服一审判决，提起上诉。

北京市第二中级人民法院经审理认为：黄某银提供的《股东转让协议》、汇款凭证、证人证言等证据不足以证明其与黄某金之间存在股权代持关系，黄某银对服饰公司具有投资行为，是服饰公司隐名股东的事实，黄某银亦认可其未参与服饰公司的经营管理，从服饰公司的工商登记情况亦无法认定黄某银的股东身份及持股比例。

北京市第二中级人民法院依照《中华人民共和国民事诉讼法》第一百七十条第一款第一项之规定，判决如下：

驳回上诉，维持原判。

【法官后语】

在隐名股东和显名股东之间，隐名股东与显名股东签订股权代持协议，就权利义务的分配所达成的契约与一般民法或普通法所规定的契约并无本质区别，一般民法或普通法上的契约理论完全适用于这种股东间的协议，只要该契约建立在双方合意和善意的基础上，就会对契约当事人产生约束力，在这种情况下，应当依据当事人双方的真实意思表示认定二者之间的法律关系，如债权债务关系、赠与关系或者行纪、信托关系等，但是该契约关系只能约束合同的相对方，不能据此对抗第三人。在隐名股东与其他股东或公司之间，当隐名股东与其他股东或公司之间发生权益纠纷，其他股东对隐名股东的股东资格的存在知情的，可以确认实际出资的隐名股东的股东资格，从而保护其应具有的实际的股东权益；如果隐名股东仅仅有出资，但是根本不尽股东义务也不享有股东权利，其他股东对隐名股东的股东资格的存在是不知情的，仅仅名为隐名股东，实际上却仅仅是投资借款人的身份，在这种情况下，显名股东应当具有股东资格，而与此相对的隐名股东在公司内不应该具有股东资格。

在处理公司内部法律关系时，应当遵循契约自由、意思自治的原则，着重进行实质性审查，对代持股协议书、是否实际出资、是否实际参与公司管理等都应进行重点审查；在处理公司外部法律关系时，为了维护交易秩序和保护善意第三人的利益，应当遵循公示主义原则，着重审查工商登记、公司章程、股东名册的内容及第三人是否善意。

编写人：北京市丰台区人民法院　吕慧敏　夏玉婷

014 股东资格的反向判断规则

——许某文诉投资公司股东资格确认案

【案件基本信息】

1. 裁判书字号

北京市第一中级人民法院（2017）京01民终字第2107号民事判决书

2. 案由：股东资格确认纠纷

3. 当事人

原告（上诉人）：许某文

被告（被上诉人）：投资公司

第三人：华某明、许某标

【基本案情】

在投资公司企业设立登记申请材料中，附有"许某文"签名或表明其为发起人、股东以及填写其个人信息的相关文件；投资公司取得的《企业法人营业执照》中，法定代表人姓名为"许某文"；其后，投资公司历次工商登记变更申请中，亦附"许某文"签名或表明其为股东以及附其个人信息的相关文件。2012年，投资公司因未在规定的期限内接受企业年检，被吊销营业执照。

其后，第三人华某明就其与投资公司、德人公司、邓某云、许某文、许某标、徐某娟等之间的纠纷提起诉讼，无锡市中级人民法院（2015）锡民初字第97号纠纷一案审理中，法院确认许某文为投资公司股东，并判决许某文在对投资公司未出资的200万元本息范围内对投资公司的责任承担补充赔偿责任，对德人公司在其未出资的3800万元本息范围内对投资公司的责任的补充赔偿责任承担连带责任。该民事判决书在本案一审阶段尚未生效。

许某文称其系在华某明对其提起民间借贷诉讼后方得知其为投资公司的股东，经与其父本案第三人许某标核实后，确认投资公司工商登记档案中“许某文”的签字为许某标或他人代签；但其未实际出资，也未实际参与投资公司的日常经营和管理，故请求确认其非投资公司股东。

【案件焦点】

在确认非公司股东纠纷中，如何认定有限责任公司股东资格。

【法院裁判要旨】

北京市海淀区人民法院经审理认为：有限责任公司股东资格的认定，需要结合如下因素综合判定：一是是否有出资设立公司的意思表示；二是是否在对外具有公示性质的工商登记、公司章程和股东名册的记载中被列为公司股东；三是是否履行了股东出资义务；四是是否实际行使了股东权利。以上判断标准应结合具体个案有所侧重。本案中，结合《投资公司章程》记载“许某文”为投资公司股东以及投资公司工商登记档案材料列明“许某文”为公司股东等事实，可以初步认定许某文的股东身份。

对于如工商登记档案材料的签字并非许某文本人所签是否能否定其股东资格，即便投资公司工商登记档案材料中的“许某文”签名均非其本人所签，许某文也未提出证据证明“代签者”未经其同意“冒用或盗用”其身份。另外，许某文作为具备完全行为能力的公民，结合其关于许某标为投资公司的实际股东并参与公司实际经营管理的陈述及其与许某标系父女关系这一事实，许某文与第三人华某明产生纠纷近五年间对其父许某标冒用其身份设立并经营投资公司完全不知情亦不符合常理；相反，其同意许某标利用自己身份设立并经营公司的可能性更大。因此，即便投资公司工商登记档案材料的签字非许某文本人所签，现有证据也不能达到否定其股东资格的程度。

投资公司的公司章程载明许某文为公司股东。投资公司的工商登记档案材料亦显示许某文为投资公司的股东，在没有证据证明许某文签名确被他人“冒用”或“盗用”的前提下，许某文在工商登记档案材料中的签名即便非其本人所签，也不能否定工商登记的公示公信效力。如果许某文认为工商行政管理机关作出的登记信息有误，可以依法提起行政诉讼。法院对许某文投资公司股东资格予以确认。

北京市海淀区人民法院判决如下：

驳回原告许某文的全部诉讼请求。

许某文不服一审判决，提起上诉，北京市第一中级人民法院判决如下：

驳回上诉，维持原判。

【法官后语】

本案虽系股东资格确认之诉的非典型类型，但其判断规则的确定有两个重要意义，一是确定了在何种情形下股东资格确认之诉须充分考虑案外人之利益。二是有限责任公司股东资格认定的反向判断标准的确定，尤其是代签是否足以否定股东资格。

股东资格确认之诉虽系公司内部纠纷的性质，但当公司以及股东与案外人有其他争议，尤其是纠纷已进入司法程序的情形下，股东提出公司股东资格确认反向之诉，不能排除逃逸债务之责任，应充分注意该因素，以避免损害公司已知或未知的债权人的合法利益。有限责任公司股东资格的认定，需要结合如下因素综合判定：实质上，一是是否有出资设立公司的意思表示，二是是否履行了股东出资义务，三是是否实际行使了股东权利；形式上，是否在对外具有公示性质的工商登记、公司章程和股东名册的记载中被列为公司股东。以上判断标准应结合具体个案有所侧重。

当事人在公司设立登记等工商登记档案相关材料上签字是证明其作为公司股东的最直接证据之一，如签字并非股东本人所签，经登记的公司股东系被他人冒用或盗用身份进行公司登记，应确认其非公司股东。但如该股东在知道被冒用或盗用身份后不作反对表示，或虽未明确表示，但实际以股东身份参与公司经营管理、行使股东权利，或同意他人利用自己的身份设立并经营公司的，其关于确认其非公司股东的诉请不应得到支持。亦即公司工商登记档案材料上非本人签字不能得出被登记的股东非股东的结论，需要结合当事人有无作为公司股东的事实或同意他人利用自己的身份设立、经营公司的事实进行判断。而在股东资格确认之诉的反向判断中，主张否定股东资格的股东举证责任应更为严格。

需要注意的是，“代签”可以在被代签者明知或默认的情形下发生，并不等同于被“冒用”或“盗用身份”签名。即便公司工商登记档案材料中的股东签名均非其本人所签，如股东未提出证据证明“代签者”未经其同意“冒用或盗用”其身份，并证明对其身份被用于设立、经营公司一事不知情或不应知情的，股东主张公司工商登记档案材料的签字非其本人所签，不能达到否定其股东资格的程度。

编写人：北京市海淀区人民法院　张璇

015 股权收购前出资是否认定为实际出资人

——廖某华诉某房地产开发公司股东资格确认案

【案件基本信息】

1. 裁判书字号

新疆维吾尔自治区乌鲁木齐市中级人民法院（2015）乌中民二终字第171号民事判决书

2. 案由：股东资格确认纠纷

3. 当事人

原告（被上诉人）：廖某华

被告（被上诉人）：某房地产开发公司

第三人（上诉人）：郭某

【基本案情】

2013年1月31日，第三人郭某与案外人张某新、张某华签订《股权转让合同》，约定张某新、张某华作为出让人向受让人郭某出让二人持有的某房地产开发公司共计71.9039%的股权，股权转让价格为2556.79万元，该转让价格包括转让71.9039%的股权及出让方对某房地产开发公司拥有的债权的价格；受让方应向H公司支付人民币7260万元，经某房地产开发公司与H公司、J公司三方协议，由J公司代某房地产开发公司向H公司支付6260万元（J公司已于2013年12月31日向H公司现行支付1000万元），J公司同时取得对某房地产开发公司7260万元。在《股权转让合同》磋商期间，因完成此次收购所需款项巨大，经介绍，郭某与原告廖某华相识，共同商议筹资事宜，双方未对股权比例作出明确约定。2012年12月4日至2013年5月16日，廖某华向郭某指定的郭某妻子胡某账户付款3000万元。2013年2月7日，出让方张某新、张某华与郭某完成股权交割，将张某新、张某华名下某房地产开发公司71.9039%的股权变更至郭某名下。2013年8月10日，廖某华、郭某、王某然三人签署一份会议纪要，该会议纪要写明参加人员有郭某、廖某华、王某然（房地产开发公司全体股东）；会议纪要对某房地产开发公司账目及分配标准作了记录，其中第6条写明"郭某、廖某华按出资比例承担责任和分红"。该会议纪要由郭某、廖某华、王某然三人共同署名。被告某房地产开发公司不承认廖某华的股东身份，第三人郭某、王某然对廖某华系某房地产开发公司的股东身份无异议，对其持股比例有异议。

另查明，在张某新、张某华向郭某出让股权时公司尚有自有资金1800万元在账。

【案件焦点】

廖某华在郭某收购某房地产开发公司股权时出资是否可以认定为共同收购股权的实际出资人。

【法院裁判要旨】

新疆维吾尔自治区乌鲁木齐市水磨沟区人民法院经审理认为：

本案的争议焦点在于郭某与廖某华是否共同出资收购张某新、张某华持有的某房地产开发公司股权。郭某与廖某华系共同出资收购张某新、张某华持有的某房地产开发公司股权，而非如郭某所称3000万元系其向廖某华转让某房地产开发公司15%股权的股权转让款。理由如下：其一，廖某华在郭某与张某新、张某华签订《股权转让合同》前已向郭某指定的胡某账户打款共计2300万元。其二，2013年8月10日，廖某华、郭某、王某然三人形成的会议纪要中明确载明“郭某、廖某华按出资比例承担责任和分红”，说明郭某、廖某华对二人均出资无异议。其三，郭某未就其所称3000万元系其向廖某华转让15%的股权的股权转让款的事实提供有效证据证明；郭某提供的收据复印件无证据相互印证。在实际投资人履行了出资义务后，在其他股东对实际投资人股东身份无异议的情况下，可以认定其股东资格，其持股比例应当按照实际出资确认。郭某、王某然对廖某华在房地产开发公司的股东身份均予以认可，对其持股比例有异议。欲完成收购张某新、张某华71.9039%的股权，需要筹集的资金包括股权转让款2556.79万元和偿还某房地产开发公司对外债务所需资金7260万元，因公司账户自有资金1800万元，故本次收购需筹集的资金为8016.79万元（5460万元+2556.79万元），其中廖某华筹集3000万元。廖某华对应享有的股权占整个某房地产开发公司的股权比例应为26.9074%（71.9039%×3000万元/8016.79万元）。廖某华未提供证据证明其与王某然之间存在股权转让关系或代持关系，廖某华应当承担其举证不能的不利后果。

新疆维吾尔自治区乌鲁木齐市水磨沟区人民法院依照《最高人民法院关于适用〈中华人民共和国公司法〉若干问题的规定（三）》第二十五条，《中华人民共和国民事诉讼法》第六十四条第一款及《最高人民法院关于民事诉讼证据的若干规定》第二条、第六十九条第四项之规定，判决如下：

一、确认原告廖某华在被告某房地产开发公司的股东身份，原告占有隐名在第三人郭某名下的被告某房地产开发公司 26.9074%的股权；

二、被告某房地产开发公司协助原告廖某华办理上述股权变更登记手续；

三、驳回原告廖某华要求确认第三人王某然的 5%的股权属原告廖某华所有的诉讼请求。

郭某不服一审判决提起上诉。

新疆维吾尔自治区乌鲁木齐市中级人民法院经审理认为：廖某华请求确认其具有某房地产开发公司股东资格，同时请求确认持有股权的具体比例，符合公司诉讼的起诉条件。原审法院确定本案案由为股东资格确认纠纷正确。鉴于郭某根据涉案《股权转让合同》的约定向张某新履行付款义务已使用某房地产开发公司自有资金 1800 万元，原审法院借此认定郭某偿还某房地产开发公司对外债务所需资金 5460 万元，完成涉案股权收购需筹集资金 8016.79 万元（5460 万元+2556.79 万元）并无不妥。关于廖某华是否与郭某共同出资收购涉案股权的问题。根据本案已查证事实，郭某与张某新、张某华签订《股权转让合同》的时间为 2013 年 1 月 31 日，而截至 2013 年 1 月 29 日，廖某华已向郭某指定的收款人胡某累计付款 2300 万元，可见廖某华在郭某与张某新、张某华达成股权收购合意之前已参与出资。关于 2013 年 8 月 10 日会议纪要的效力。该纪要并无其所约定条款以 H 公司成功受让某房地产开发公司股权为生效条件的内容，原审判决借此确认廖某华具有某房地产开发公司股东资格及具体持股比例正确。关于郭某所出示 2013 年 5 月 16 日收据复印件的证据效力。郭某并未提交相关有效证据证明 2013 年 5 月 16 日收据的原件确由廖某华持有，在郭某、王某然、廖某华三人于 2013 年 8 月 10 日所签署会议纪要中亦未得到印证，原审法院据此对该证据的证据效力未予采信正确。某房地产开发公司现登记股东为郭某、王某然，王某然作为某房地产开发公司股东之一，对原审判决第一项不持异议，廖某华请求其某房地产开发公司股东资格及持股比例并办理股权变更登记的主张业经某房地产开发公司股东半数以上同意。郭某所持上诉理由缺乏事实和法律依据，对其上诉请求，不予支持。原审判决认定事实清楚，适用法律正确，予以维持。

新疆维吾尔自治区乌鲁木齐市中级人民法院依照《中华人民共和国民事诉讼法》第一百七十条第一款第一项之规定，判决如下：

驳回上诉，维持原判。

【法官后语】

实际出资人和名义出资人之间应当存在基于双方意思表示的合意，这种合意可以以书面形式形成，如签订股权代持协议或者隐名投资合同，也可以以口头方式形成，以约定实际出资人出资并享有出资利益，名义出资人成为名义股东。该协议在协议双方内部有约束力，对公司及公司其他股东不当然发生效力，该代持协议对外应当遵循商法的外观主义原则，在公司及其他股东知道代持协议或知道代职协议，但并不认可其股东身份时，则实际出资人不当然成为公司股东。实际出资人成为股东，必须经公司其他股东半数以上同意。

本案的争议焦点在于原告廖某华与第三人郭某之间是否存在共同收购股权并由郭某代为持股的合意。在双方无书面代持协议的情况下，如何认定双方之间有无共同出资并由郭某代持股份的合意要考量以下几个因素。

第一，原告廖某华出资的时间。如果廖某华实际出资在股权转让后向郭某付款，此时，郭某已用自己的资金完成股权收购，则不宜认定廖某华系为受让股权出资，郭某为廖某华代持股份亦无从谈起；如果廖某华实际出资在股权转让之前，则廖某华和郭某双方有可能是合意共同收购股权，并由郭某出面收购并代持股份，但仅凭这一点仍不能确定双方存在共同收购的合意，因为双方之间有可能不是股权代持合意，而是借款合意。所以在此情形下需要考虑第二个因素，即投资收益是否由郭某一人独享，如果仅由郭某一人独享投资收益，则在无书面代持协议的情况下，不宜认定廖某华和郭某存在共同收购合意，很有可能双方仅是借贷关系。

第二，原告廖某华与郭某是否存在共同收购股权的合意。双方虽无共同收购股权的书面约定，但如果投资收益共享，则可以认定双方存在共同收购的合意，并且由郭某代持股份。廖某华曾经参与公司收益分配的股东会，并约定廖某华按出资比例承担责任和分红，廖某华在出资后还参与分红，享有出资收益，故此足以认定双方共同出资收购股权，虽然廖某华的股权由郭某代持，但不影响廖某华股东资格的确认。

第三，鉴于廖某华和郭某之间不存在书面代持协议，认定廖某华与郭某有共同收购股份并由郭某代持股份的合意系基于以上两个因素推断而来，则允许郭某通过其他证据予以推翻上述推断，郭某出示的证据系复印件，现有证据无法形成证据链，不足以推翻上述推断，故原审法院认定廖某华与郭某有共同收购股份并由郭某代持股份的合意。

编写人：新疆维吾尔自治区乌鲁木齐市水磨沟区人民法院　马彦玲

016 实际出资人的举证责任

——教育公司诉双语幼儿园股东资格确认案

【案件基本信息】

1. 裁判书字号

北京市高级人民法院（2012）高民终字第1802号民事判决书

2. 案由：股东资格确认纠纷

3. 当事人

原告（上诉人）：教育公司

被告（被上诉人）：双语幼儿园

【基本案情】

关某昌和谢某远夫妇均为教育公司的董事。2005年3月1日，谢某远作为委托人、第三人王某作为受托人，双方签订《委托出资协议书》，约定委托人为双语幼儿园的实际出资人，双方就委托出资达成如下协议：1. 谢某远委托王某用价值人民币1102647.5元的设备设施（清单附后）投资设立双语幼儿园。2. 这些设备、设施专由谢某远购买，与此相关的合同、发票出具给双语幼儿园。3. 王某只是法律意义上的出资人，其行为不改变双语幼儿园设备、设施的所有权，这些设备、设施仍归谢某远所有。4. 王某作为法律意义上的出资人所应承担的法律责任和享有的权利、义务均由谢某远承担。2005年12月6日，谢某远与第三人陈某签订《委托出资协议书》，谢某远委托陈某投资人民币462395元设立双语幼儿园，款项的所有权归谢某远所有，陈某只是法律意义上的出资人，其出资行为不改变款项的所有权，该款项仍归谢某远所有。陈某作为法律意义上的出资人应承担的法律责任和享有的权利、义务均由谢某远承担。2005 年 12 月 12 日，谢某远通过银行汇给陈某人民币 50 万元，汇款用途注明是“划款”。关于委托王某出资的设施设备，协议后没有清单，教育公司称双语幼儿园的《开业验资报告》中所列王某出资的设施、设备即由教育公司出资购买。

教育公司于 2011 年 6 月 28 日出具说明，证明谢某远支付给陈某的人民币 50 万元是代表教育公司支付的委托出资款。

区民政局和区教委有关双语幼儿园的档案登记材料显示以下内容：2004 年 9 月 18 日，王某和陈某签署《合作办学协议书》，约定王某出资人民币 120 万元，陈某出资人民币 30 万元，双方合作举办双语幼儿园。双方按照幼儿园章程和国家有关法律法规取得合理回报。2004 年 10 月 21 日区教委向陈某、王某颁发（2004）第 5 号《行政许可决定书》，同意陈某、王某筹备设立双语幼儿园。筹设期限暂定为 3 年，筹设期间可以开展建设装修、教师招聘、前期宣传等工作。2005 年 10 月 20 日区教委作出《行政许可受理通知书》，受理了王某、陈某提出的设立民办学前教育公司的申请。同年 11 月 22 日区教委做出名称预先核准通知，同意使用“双语幼儿园”名称，法定代表人拟为谢某远。

2005 年 12 月 15 日，会计师事务所出具《开业验资报告》。确认拟设立双语幼儿园，开办资金人民币 150 万元，投资人为王某、陈某，其中王某以实物投资价值人民币 1037605 元，占投资比例的69.17%，陈某以货币方式出资人民币462395元，占投资比例的30.83%。2006年2月13日，区民政局向双语幼儿园颁发《民办非企业单位登记证书》，双语幼儿园依法成立，法定代表人顾某。2006年3月20日，区教委授权区教育国有资产管理中心负责对承办居住区配套幼儿园的双语幼儿园进行资产管理，负责签订、履行承办协议。

另查明，在双语幼儿园成立时向主管机关申报的材料中，其董事会成员为谢某远、高某华、关某昌、陈某和王某。双语幼儿园第一届董事会会议通过了董事会章程。该章程19条规定，如幼儿园在经营发展中获取利润，应由董事会通过认可，并全额纳入教育的继续投入，原则上任一部门不得擅自抽走或挪用。2009年10月8日，双语幼儿园召开第四届第二次董事会，全体董事同意免去顾某法人及园长职务，同意选举赵某梅为新的法人和园长。根据2010年6月12日最新的双语幼儿园章程记载，双语幼儿园是王某、陈某自愿出资举办，从事非营利性社会服务活动的社会组织，举办者不要求取得合理回报。收入分配按照《中华人民共和国民办教育促进法》及有关法律法规的规定执行。

双语幼儿园于区民政局备案的2010年年度检查案卷中，其董事会成员变为陈某、王某、王某2、田某和赵某梅。教育公司称谢某远和关某昌一直不知道此情况，双语幼儿园也从未召开过董事会来变更董事。双语幼儿园也未能提供变更董事的相关会议记载。双语幼儿园称谢某远、关某昌和关某欣管理幼儿园期间，财务管理混乱。2011年1月陈某和王某接手了幼儿园的管理，让谢某远、关某昌和关某欣办理了职务交接。双语幼儿园为此提供了相关部门的《责令限期改正通知书》和教职员工签名的文件。教育公司不认可双语幼儿园的说法，其认为是陈某和王某采用暴力手段把教育公司的工作人员强行轰出了幼儿园。

教育公司在一审诉讼中提供了一些购物发票和邮政快递单，时间为2006年至2010年，抬头为双语幼儿园或幼稚园（北京校），证明教育公司为双语幼儿园购买了大量设备及教学用品。同时教育公司还提供了2005年至2007年银行汇款凭证9张，证明教育公司在举办幼儿园期间又追加投入资金港币1 375000元。双语幼儿园对上述证据不认可，认为发票上体现不出购买人是谁，汇款凭证是从谢某远在我国香港特别行政区的账户汇至其银行账户，不能证明教育公司为双语幼儿园支付了上述费用。

【案件焦点】

教育公司是否为双语幼儿园的实际出资人，教育公司能否依据实际出资取得双语幼儿园的权益。

【法院裁判要旨】

北京市第二中级人民法院经审理认为：关于法律适用，教育公司和双语幼儿园均选择适用中华人民共和国法律，陈某和王某未到庭，亦未进行选择。因本案合同履行地和被告住所地均在中华人民共和国境内，根据最密切联系原则，确定适用中华人民共和国法律作为处理本案争议的准据法。

关于教育公司是否向双语幼儿园出资的问题，第一，教育公司提供了其授权谢某远与王某、陈某签订的《委托出资协议书》。根据《中华人民共和国民事诉讼法》的规定，当事人有答辩并对对方当事人提交的证据进行质证的权利。本案第三人陈某、王某经本院合法传唤无正当理由拒不出庭应诉，视为其放弃了相关答辩和质证的权利。故法院对《委托出资协议书》的真实性予以确认。协议约定教育公司委托陈某和王某代其投资设立双语幼儿园。从教育公司提供的证据看，谢某远于 2005 年 12 月 12 日向陈某汇款人民币 50 万元，同一时间陈某向双语幼儿园出资人民币 462395 元，陈某未到庭陈述也未提供其他的证据，结合《委托出资协议书》，可以证明该款项与出资具有关联性。但对于王某投入幼儿园中的价值人民币 1037605 元的设施设备，教育公司没有证据证明是由其出资购买的。教育公司所提银行汇款凭证，只能证明相关款项从谢某远在我国香港特别行政区的账户汇至其北京的银行账户，与双语幼儿园无关。即使教育公司为双语幼儿园购买了设备、教学用品等，该购买行为与出资行为也不是同一概念。教育公司没有证据证明其为履行《委托出资协议书》向双语幼儿园投入了全部出资款，其要求确认其是实际出资人、继而主张投资权益，缺乏事实依据。第二，是否实际出资是当事人依协议或依法律从事的事实行为。《中华人民共和国民办教育促进法》中规定了学校举办者，《中华人民共和国公司法》及其解释中规定了当事人可以起诉请求确认股东资格。但相关法律中均没有规定“实际出资人”这一概念。教育公司要求确认其是双语幼儿园的“实际出资人”的诉讼请求，没有法律上的依据，也不符合法律确认之诉的条件。关于教育公司主张的享有包括资产所有权、经营管理权等在内的投资权益的问题，《中华人民共和国民办教育促进法》第三十五条规定：民办学校对举办者投入民办学校的资产、国有资产、受赠的资产以及办学积累，享有法人财产权。第三十六条规定：民办学校存续期间，所有资产由民办学校依法管理和使用，任何组织和个人不得侵占。双语幼儿园最新的章程中亦规定：举办者不要求取得合理回报，收入分配按照《中华人民共和国民办教育促进法》及有关法律法规的规定执行。依照上述规定，双语幼儿园对举办者投入的资产享有法人财产权，依法进行管理和使用。法律和章程中均没有约定“投资权益”。教育公司要求享有投资权益，无法律和事实依据。

综上，对教育公司要求确认其为双语幼儿园的实际出资人、享有投资权益的诉讼请求，不予支持。

关于教育公司变更举办人的诉讼请求，首先，如前所述，教育公司不能证明其完全依照《委托出资协议书》的约定出资设立了双语幼儿园。

其次，《中华人民共和国民办教育促进法》第五十四条规定：民办学校举办者的变更，须由举办者提出，在进行财务清算后，经学校理事会或董事会同意，报审批机关核准。《中华人民共和国中外合作办学条例》第四十三条规定：中外合作办学机构合作办学者的变更，应当由合作办学者提出，在进行财务清算后，经该机构理事会、董事会或者联合管理委员会同意，报审批机关核准，并办理相应变更手续。第六十二条规定：外国教育公司、其他组织或者个人不得在中国境内单独设立以中国公民为主要招生对象的学校及其他教育公司。根据上述规定，双语幼儿园变更举办者应履行财务清算、董事会同意、报批等程序，同时其举办者应符合法律法规规定的资格条件。教育公司直接要求法院判决变更幼儿园举办者，既没有合同依据，也没有事实依据，更不符合法律规定，该项请求法院不予支持。

北京市第二中级人民法院依照《中华人民共和国民事诉讼法》

第六十四条、第一百三十条之规定，判决如下：

驳回教育公司的诉讼请求。

教育公司不服一审判决提起上诉。

北京市高级人民法院经审理认为：关于教育公司是否向双语幼儿园出资的问题，教育公司应当证明其在双语幼儿园设立之前依据与陈某、王某签订的《委托出资协议》分别履行了实际出资义务。

关于登记于陈某名下的出资问题。一审法院认为，陈某经合法传唤未到庭，视为放弃了陈述和质证的权利，结合教育公司提供的证据，可以证明教育公司给陈某的款项与出资具有关联性。本案二审中，陈某仍未到庭对此陈述意见，故结合本案证据，对一审法院上述认定予以确认。关于登记于王某名下的出资问题。教育公司向法院提供了购买教学用品、幼儿园设备的购物发票、相关合同、票据及清单，并指出所提供的收款明细清单上所列价值人民币95850元的物品与双语幼儿园《开业验资报告》中评估明细表内部分物品名称、数量、金额一致，以此证明王某向双语幼儿园提供的价值人民币1037605元实物是由教育公司自行购买。该收款明细清单没有收款单位加盖的印章，教育公司亦未能提供与之相对应的付款凭证。故该收款明细清单不具有证据效力，其不能证明教育公司关于登记在王某名下价值人民币1037605元的实物出资系教育公司自行购买的主张。故本案现有证据不能证明教育公司关于双语幼儿园登记在王某名下的实物出资系教育公司实际出资的主张，教育公司的该项上诉理由法院不予采纳。

关于教育公司能否取得对双语幼儿园投资权益的问题。实际出资仅是一种事实行为，实际出资人依据其出资行为可以主张其相应的投资权益。但本案中教育公司要求取得双语幼儿园全部投资权益的主张不能得到支持。首先，如前所述，教育公司未能举证证明其对双语幼儿园投入了全部出资款。其次，根据本案已查明的事实及相关法律规定，双语幼儿园依据区教委颁发的《民办学校办学许可证》以及区民政局颁发的《民办非企业单位登记证书》依法设立，系民办学前教育公司。2010 年双语幼儿园最新的章程中规定：举办者不要求取得合理回报，收入分配按照《中华人民共和国民办教育促进法》及有关法律法规的规定执行。根据《中华人民共和国民办教育促进法》第三十五条和第三十六条的规定，双语幼儿园存续期间，其所得收入应纳入教育的继续投入。教育公司以谁投资谁受益要求享有双语幼儿园投资权益，无事实依据及法律依据，对其该项上诉理由，法院不予采纳。

关于教育公司请求法院判决办理变更双语幼儿园举办者登记的问题。首先，教育公司未能证明其向双语幼儿园全部出资的事实，故其关于办理举办者变更登记的请求缺乏事实基础。其次，双语幼儿园系民办学前教育公司，教育公司作为在我国香港特别行政区注册的公司，其申请作为双语幼儿园的举办者应当符合《中华人民共和国民办教育促进法》及《中华人民共和国中外合作办学条例》等法律、法规的有关规定，并依照相关程序办理。其请求法院判决双语幼儿园、陈某、王某办理变更教育公司为双语幼儿园的举办者没有依据。其该项上诉主张法院不予支持。

北京市高级人民法院依照《中华人民共和国民事诉讼法》第一百四十四条、第一百七十条第一款第一项之规定，判决如下：

驳回上诉，维持原判。

【法官后语】

因实际出资人的认定是确认股东资格并享有股东权益的必经环节，人民法院在审理该类纠纷时对实际出资人举证责任等内容要有客观的审查标准及明晰的确认思路。

一、实际出资人应对其与名义出资人签订委托出资协议或代持股协议以及实际出资的事实承担举证责任

2019年《全国法院民商事审判工作会议纪要》第二十八条指出："实际出资人能够提供证据证明有限责任公司过半数的其他股东知道其实际出资的事实，且对其实际行使股东权利未曾提出异议的，对实际出资人提出的登记为公司股东的请求，人民法院依法予以支持。公司以实际出资人的请求不符合公司法司法解释（三）第二十四条的规定为由抗辩的，人民法院不予支持。"本案中，教育公司主张其为实际出资人，不仅要证明其与陈某和王某存在委托出资协议，还应当举证证明其存在实际出资的事实。根据双语幼儿园的设立登记记载，陈某、王某为双语幼儿园的举办者。陈某以人民币462395元向双语幼儿园出资，王某以实物资产价值人民币1037605元向双语幼儿园出资，该出资行为经双语幼儿园的《开业验资报告》所确认。现教育公司依据其授权谢某远与陈某、王某分别签订的《委托出资协议》，主张陈某和王某仅为名义的出资人，而实际出资人为教育公司。对此主张，教育公司应当举证证明其依据与陈某、王某签订的《委托出资协议》向双语幼儿园履行了实际出资义务，即存在教育公司向幼儿园出资的事实。经一审、二审审理，虽然法院对《委托出资协议》的真实性予以确认，但教育公司所提供的证据不足以证明双语幼儿园登记于王某名下的出资与教育公司具有关联性，教育公司提出其曾经为双语

幼儿园购买过其他教学用品、设备，但该购买行为与其本案诉争的对幼儿园设立的出资行为并不是同一概念。现有证据不能证明教育公司关于双语幼儿园登记在王某名下的实物出资系教育公司实际出资的主张，结合《最高人民法院关于适用〈中华人民共和国公司法〉若干问题的规定（三）》第二十三条、第二十四条、第二十五条的规定，在股东资格确认纠纷中，隐名出资人主张其为实际出资人需要举证证明其与名义出资人签订委托出资协议或代持股协议以及实际出资的事实；如该实际出资人请求确认股东资格并享有股东权益则还需举证证明该出资人满足实际享有股东权利，有限责任公司的出资人还需证明已经获得公司其他股东过半数的同意等实质要件，教育公司要求法院确认其为双语幼儿园实际出资人的主张不能成立，其诉讼请求不能得到支持。

二、民办教育公司实际出资人主张依据出资取得汇报应当符合法律和章程规定

《中华人民共和国民办教育促进法》第三十六条规定：民办学校对举办者投入民办学校的资产、国有资产、受赠的财产以及办学积累，享有法人财产权。第三十七条规定：民办学校存续期间，所有资产由民办学校依法管理和使用，任何组织和个人不得侵占。双语幼儿园最新的章程中亦规定：举办者不要求取得合理回报，收入分配按照《中华人民共和国民办教育促进法》及有关法律法规的规定执行。本案中，双语幼儿园取得民政部门颁发的《民办非企业单位登记证书》，系民办学前教育公司。民办教育事业属于公益性事业，国家为鼓励兴办公益性质的民办教育，允许民办教育公司的举办者从中取得合理回报。但是否要求取得回报关系到该民办教育公司所享受税收政策的不同，因此，民办教育相关法律、

法规要求举办者对是否要求取得合理回报应当在民办教育公司的章程中予以明确。故本案中对教育公司主张依据出资而取得回报，以及办理变更举办者的手续的诉讼请求，都应当以我国民办教育的相关法律规定和双语幼儿园的章程规定作为依据予以考量。教育公司请求法院直接判决双语幼儿园、陈某、王某办理变更教育公司为双语幼儿园举办者的请求也缺乏事实和法律依据，不能得到法院的支持。

三、当事人请求确认实际出资人资格不具备诉的利益

确认之诉具有两个基本特点：一是当事人提出确认之诉的目的，不是要求法院判令对方当事人履行一定的给付义务；二是要求法院明确某一争议的民事法律关系是否存在或者存在的具体状态，法院对确认之诉进行审理后所作出的判决，本身没有给付内容，不具有可执行性；三是当事人所请求确认的争议的民事法律关系，既可以是原告已经受到实际侵害的民事法律关系，也可以是原告尚未受到实际侵害的民事法律关系。本案中，教育公司以其出资行为请求法院确认其为实际出资人，对此，需要说明的是，出资是一种行为，即通过证据予以确认的事实状态，出资人可以根据其出资行为主张相应的股东权益，但该行为或事实状态本身并非某项权益，不符合法律上确认之诉的特征。实际出资人可以在被认定出资这一事实的前提下主张具备股东资格并享有相应的股东权益，但不能仅仅要求请求法院确认其为实际出资人。《中华人民共和国公司法》及其相关解释中规定了当事人可以起诉请求确认股东资格。但相关法律中均没有规定“实际出资人”这一概念，所谓的实际出资人只有通过确认股东资格才具有法律意义，因此教育公司的关于确认其为实际出资人的诉请，不具有法院对其作出判

决的必要性和时效性，从而不具备诉的利益，故该项诉请不属于法院的受理范围，也无法得到法院支持。

编写人：北京市高级人民法院　陈丰

017　向公司投入资金并签订投资分红协议是否构成出资
——黄某春诉进出口公司股东资格确认案

【案件基本信息】

1. 裁判书字号

福建省厦门市中级人民法院（2011）厦民终字第2270号民事判决书

2. 案由：股东资格确认纠纷

3. 当事人

原告（上诉人）：黄某春

被告（被上诉人）：进出口公司

【基本案情】

2005年4月，第三人黄某城等向工商部门申请设立进出口公司企业名称预先核准登记，2005年5月经核准正式成立了被告进出口公司，注册资本为50万元，第一期出资15万元，股东为黄某城（持股比例占95%）、翁某（持股比例占5%），法定代表人为第三人黄某城，公司成立时间为2005年5月11日。2009年12月，被告进出口公司增加注册资本至100万元，股东不变。2005年4月25日，第三人黄某城代表被告进出口公司（甲方）与原告黄某春（乙方）签订一份《投资分红协议书》，就原告出资20万元注入被告公司后双方各自的权益达成了协议：甲方代表（黄某城）负责公司的总体运营，甲方每年1月31日前将提取上一年度业务销售总额的2%-3%作为股东分红基金，乙方自2005年2月1日起享有甲方分红基金的20%股份，此分红基金将每年分发一次，乙方将不参与甲方公司的经营。原告分别于2005年1月9日和2005年1月24日将20万元存入第三人黄某城的账户，被告向原告支付2005年、2006年度分红计8万元，2011年1月15日，原告在收据上签字，表明收到被告支付的2007年至2010年投资分红款（由黄某城个人账户代转）22万元，并备注2007年至2010年总分红款24万元。

原告黄某春认为，2005年年初，原告与第三人黄某城协商筹备设立被告进出口公司，商定公司注册资本100万元，由第三人出资80万元占股权80%，原告出资20万元占股权20%。其已向进出口公司出资，依法应为进出口公司股东，进出口公司应将原告作为公司股东予以登记并将原告应享有的公司股权登记在自己名下。被告认为，原告关于2005年年初与黄某城协商筹备设立进出口公司及分配股权比例的相关陈述不属实，亦无相关证据证实，原告并非进出口公司的股东，投资分红协议不能成为原告具有进出口公司股东身份及法律地位的依据，投资分红协议表明双方实际上是一种名为合作实为借贷的关系。

黄某春提交了企业基本信息、公司设立登记申请书、公司设立登记审核表、存款凭单、《投资分红协议书》和收据，以证明其主张。进出口公司及黄某城向法院提交了收据、工商局公司年检材料等，拟证明黄某春非公司股东，进出口公司在黄某春骚扰之下按黄某春要求支付黄某春款项；进出口公司 2005 年至 2009 年连年亏损并无盈余可供分配。进出口公司及黄某城还补充提交了公司税审报告，拟证明 2006 年至 2009 年公司财务状况，公司连年处于亏损，无盈余可供分配。

【案件焦点】

向公司投入资金并签订投资分红协议，是否为股东出资关系。

【法院裁判要旨】

福建省厦门市思明区人民法院经审理认为：2005 年 4 月 25 日签订的《投资分红协议书》，系第三人黄某城代表被告进出口公司与原告签订的协议，该协议书中并未体现原告与第三人合作设立公司相关事项，亦无关于原告作为公司股东以及所占公司股权份额的表述。根据协议约定，原告获得分红是以公司上一年度的销售总额为计算基数提取，而非以公司盈余利润为分配依据，表明原告非以股东身份分配公司利润。因此，该协议约定不符合股东身份特征所应具备的内容，原告仅依据《投资分红协议书》主张其支付的 20 万元为股东出资，缺乏依据。

一审法院依照《中华人民共和国民事诉讼法》第六十四条第一款的规定，判决：驳回原告黄某春的诉讼请求。

一审宣判后，黄某春不服，提起上诉：

福建省厦门市中级人民法院经审理认为：2005 年 4 月 25 日第三人黄某城代表被告进出口公司与原告签订的《投资分红协议书》，未约定黄某春与黄某城合作设立公司的相关事项，也未明确约定黄某春作为进出口公司的股东所占的股权份额；且该协议约定黄某春不参与公司经营管理；黄某春所享有的分红不是以公司盈余利润为分配依据，与公司股东不符。原审法院认定《投资分红协议书》的约定不符合股东身份特征所应具备的内容，黄某春与进出口公司之间不是股东出资关系，并无不当。黄某春的上诉请求事实和法律依据不足，法院不予支持。

二审法院依照《中华人民共和国诉讼法》第一百五十三条第一款第一项的规定，判决如下：

驳回上诉，维持原判。

【法官后语】

本案值得探讨的问题在于是否向公司投入资金就能成为公司股东？实践中，经常出现名为出资实为借贷的情形。

从有关法律的规定来看，一个规范运作的有限责任公司的股东应具备下列特征：1. 在公司章程上被记载为股东，并在公司章程上签名盖章，表明自己受公司章程的约束；2. 向公司投入在章程中承诺投入的资本，实际履行了出资义务；3. 在工商行政机关登记的公司文件中列名为股东；4. 在公司成立后取得公司签发的出资证明书；5. 被载入公司股东名册；6. 在公司中享有资产收益、重大决策和选择管理者等权利。

本案中，原、被告的分歧在于向公司投入资金是否就构成出资并因此成为公司股东。在许多场合下，出资是个相当模糊的概念，只说明行为人向公司支付了资金。然而不仅股东可能向公司出资，股东以外的其他人也可能以出资的名义向公司支付资金。

在处理股权确认纠纷案中，要结合股东的形式和实质要件，综合认定当事人是否具备相应的股东资格。工商行政部门对股东的登记、公司章程和股东名册的记载属于形式特征，实际出资、取得出资证明书及实际享有股东权利属于实质特征。形式特征的功能主要是对外的，在与企业以外的第三人的争议中对于股东资格的认定比实质特征更有意义。实质特征的功能主要是对内的，在解决股东之间的争议时其意义优于形式特征。

编写人：福建省厦门市思明区人民法院　刘丽碧

018　国企职工退休医疗费、抚恤金等安置费是否已债转股量化为改制后公司的股份

——肖某会等诉化工公司股东资格确认案

【案件基本信息】

1. 裁判书字号

云南省昭通市中级人民法院（2011）昭中民三终字第261号民事判决书

2. 案由：股东资格确认纠纷

3. 当事人

原告（上诉人）：肖某会、王某章、王某聪

被告（上诉人）：化工公司

【基本案情】

2000年1月5日，经政府批复同意，国有“化工公司”改制成立股份合作制的“化工公司”。改制方案载明：新公司股金分为量化股和现金股。量化股中安置退休人员144800元（当时退休人员含3原告在内共计4人），量化股合计53.8万元，现金股18.4

万元，共计 71.98 万元。因原告肖某会、王某章、王某聪系退休人员，讨论改制方案及公司章程时未通知其参加会议及签名，工商注册登记中亦无原告姓名。2000 年 12 月 31 日公司资产负债表、总分类账、明细分类账载明，其他应付款包括肖某会国有资产量化股本 16830.83 元，王某章国有资产量化股本 19545.48 元，王某聪国有资产量化股本 13573.25 元，三原告合计 49949.56 元，但公司章程及申请工商登记时未将肖某会、王某章、王某聪列为股东。2008 年 10 月 18 日股东大会讨论关于如何一次性安置退休人员，股东大会决定，一次性补偿原告各 5 万元（含丧葬费、抚恤费），王某章在同意栏签名，肖某会、王某聪在不同意栏签名，以上所述补偿费至今未实际履行。肖某会、王某章、王某聪称公司将退休医疗费、抚恤金等安置费 144800 元已债转股作为现行公司股份，同时公司对原告及其他人员的股本进行量化。化工公司称公司改制时将国有资产量化为安置费，不存在债转股。

【案件焦点】

国企职工退休医疗费、抚恤金等安置费是否已债转股量化为改制后公司的股份。

【法院裁判要旨】

云南省盐津县人民法院经审理认为：原告肖某会、王某章、王某聪系被告化工公司改制成立前化工公司退休职工，公司改制时已将其应得医疗费、抚恤金等计算后列入新公司股金中，但公司章程及申请工商登记时未将三原告列为股东，与实际情形不符，客观上侵害了原告的合法权益。虽然双方曾经对如何补偿安置原告进行过协商，但协商内容并未涉及股金问题，且未实际履行。故原告要求确认股东身份的诉讼请求成立，应予以支持。依照《中华人民共和国公司法》第三十条、第三十一条、《最高人民法院关于适用〈中华人民共和国公司法〉若干问题的规定（三）》第二十四条的规定，判决如下：确认原告肖某会、王某章、王某聪为被告化工公司股东；驳回原告肖某会、王某章、王某聪的其他诉讼请求。

双方均不服一审判决，提起上诉。

云南省昭通市中级人民法院经审理认为：肖某会、王某章、王某聪系化工公司改制前化工公司退休职工，公司改制时已将其应得医疗费，抚恤金计算后列入新公司股金中，但公司章程及申请工商登记时未将肖某会、王某章、王某聪列为股东，是公司的行为所致，且在公司成立多年后，都未对三人的股金如何解决的问题作出决定。2008 年 10 月 18 日股东大会讨论关于如何一次性安置退休人员，肖某会、王某聪均在不同意栏签名。直到 2010 年 9 月 27 日股东大会决定一次性补偿肖某会、王某章、王某聪各 5 万元，但协商内容并未涉及股金的问题，且未实际履行，侵犯了三人的合法权益，所以三人系公司的股东。二审法院判决如下：

驳回上诉，维持原判。

【法官后语】

本案是一起国企改制后原退休职工要求确认其在公司股东资格的典型案件。退休职工与改制后的公司之间的纠纷，属于企业内部争议的范畴。因此，在判断当事人是否属于企业股东时，应遵循实质要件优先于形式要件适用的原则进行认定。形式特征的功能主要是对外的，是为使相对人易于判断和辨识。实质特征的功能主要是对内的，最能反映行为人作为股东的真实意思表示，解决内部争议时其意义优于形式特征。本案中，肖某会、王某章、王某聪在工商登记文件、公司章程或股东花名册中都未被记载为公司股东，也无出资证明书，所以形式要件方面无法得出系被告化工公司股东的结论。但是从实质特征可以显示出来，在国企改制方案中对肖某会、王某章、王某聪等退休人员根据个人工龄、职务、劳绩、厂龄等核算为安置费，安置费量化为新公司股金，是新公司募股方式之一，结合国企改制这一特殊性，退休职工自然便已实际享有股东权利，成为新公司股东。综上，一审、二审法院依据实质要件确定肖某会、王某章、王某聪具备化工公司的股东资格的判决是符合法律规定精神的。

此类纠纷从宏观角度来讲，改制过程中经验不足与不规范操作等多种因素都容易造成企业改制遗留问题。从微观角度来讲，持股类别与持股方式先天不足。通常，以安置费折价量化给退休职工个人的量化股最容易引发争议，特别是在具体实践中出现的虚量化形式。虚量化是指只作为在岗职工分红依据，其所有权归公司所有，导致公司内部股权结构混乱，背后所代表的职工权益很难得到实现。退休或上岗职工仅为名义上的股东，长期不参与管理和经营，无法实现股东权利，更谈不上调动职工积极性发挥其主人翁意识的积极作用，退休职工持股制度流于形式，形同虚设。法院处理这些职工持股纠纷案件过程中往往由于缺乏足够的法律依据而陷入困境。

解决企业改制导致的股东资格问题最关键的解决方法是尽快出台相关法律法规，对改制企业职工股权的法律性质、身份属性及权利义务进行明确。承认企业因改制存在退休或下岗职工进行量化安置的股份，对其股东身份依法予以保护，并确认其享有正常股东的权利、义务。从企业改制的特殊性予以考虑，从立法上完善法律规范，确立处理规则，才能正确和妥善处理好改制企业股权这一问题，保护广大改制企业退休或下岗职工的利益。

编写人：云南省盐津县人民法院　蔡山

二、请求变更公司登记纠纷

019 公司与法定代表人不存在实质关系后应办理变更法定代表人

——赵1诉甲公司、乙公司请求变更公司登记案

【案件基本信息】

1. 裁判书字号

北京市房山区人民法院（2019）京0111民初23212号民事判决书

2. 案由：请求变更公司登记纠纷

3. 当事人

原告：赵1

被告：甲公司、乙公司

【基本案情】

乙公司是法人独资有限责任公司，唯一股东为甲公司，2015年12月10日乙公司章程记载："第九条公司设董事会，成员三人，由股东决定产生，任期届满，可连选连任；董事会设董事长一名，由董事会选举产生。第十条董事会行使下列职权……（八）决定公司内部管理机构的设置，（九）决定聘任或者解聘公司经理及其报酬事项，并根据经理的提名决定聘任或者解聘公司副经理……第十二条公司设经理，由董事会决定聘任或者解聘，经理对董事会负责……第十五条执行董事为公司的法定代表人，由股东

决定产生。”乙公司工商登记信息记载，自 2015 年 12 月 10 日起，股东甲公司股权比例 100%，主要人员：董事长甄 1，董事胡 1，董事赵 1，经理赵 1，监事胡 1。

2013 年 1 月 1 日，原告赵 1 和乙公司签订劳动合同，约定原告担任乙公司总经理。2017 年 1 月 1 日续订劳动合同，续订期限至 2020 年 12 月 31 日。2018 年 12 月，原告向乙公司提出辞职。2018 年 12 月 10 日，甲公司总裁办发出任免书：经集团公司研究决定，现对以下人员任免，原告免去原乙公司总经理职务；胡 1 拟聘任为乙公司总经理，经董事会决议后再正式聘任。此任免自 2018 年 12 月 10 日起生效。2019 年 1 月 18 日，甲公司召开董事会，对于《公司董事兼全资子公司乙公司总经理赵 1 辞职的议案》，审议结果：建议原告担任公司副董事长。

2019 年 1 月，乙公司对原告停止发放工资、交纳社保，原告自行负担社保交纳，原告不再参与乙公司经营管理工作。2019 年五六月，乙公司为原告办理社保迁出手续。

2019 年 9 月 5 日，原告向乙公司发出律师函，要求乙公司到工商部门协助原告办理法定代表人变更事宜。当月，原告即起诉本案。

【案件焦点】

1. 赵 1 与乙公司是否存在实质关系；2. 根据公司法规定乙公司是否应变更法定代表人，涤除赵 1 作为法定代表人登记。

【法院裁判要旨】

北京市房山区人民法院经审理认为：《中华人民共和国公司法》

第十三条规定，公司法定代表人依照公司章程的规定，由董事长、执行董事或者经理担任。乙公司章程规定执行董事为公司的法定代表人，由股东决定产生。但是乙公司存在董事会，董事会成员三人，且存在董事长职务。根据《中华人民共和国公司法》的规定，只有公司在不设立董事会的情况下，才有执行董事职务。原告作为董事之一，没有被选择为执行董事，也不是董事长。原告担任法定代表人不符合乙公司自身章程和公司法规定。

原告与乙公司没有股权关系，原告作为乙公司总经理，是基于与乙公司的劳动合同约定担任总经理职务，且负责公司日常经营管理。原告在担任总经理期间被登记为法定代表人，是基于乙公司对原告的委托和受托关系。原告与乙公司劳动合同虽然没有到期，但是原告于2018年年底提出辞职，唯一股东甲公司以任免书形式告知原告免去其总经理职务，且乙公司对其停止发放工资和交纳社保，后又办理了社保迁出手续，表明乙公司与原告已经解除了劳动合同和委任关系。原告继续被登记为乙公司法定代表人不符合公司法规定，也不符合公司章程规定。因乙公司章程规定，法定代表人由股东决定，即甲公司应该决定乙公司的新法定代表人，故甲公司对于乙公司办理法定代表人变更登记具有协助义务。原告主张乙公司变更原告在乙公司作为法定代表人的登记，主张甲公司予以配合办理，本院予以支持。

本案审理中，当庭已经释明当事人，变更后的法定代表人人选确定是公司自治事项，必须由乙公司按照公司章程决定人选，如甲公司或者乙公司不能决议出新的法定代表人，在原告诉讼请求成立的情况下，应涤除原告的法定代表人登记，乙公司自行承担因工商登记必备要素欠缺导致的不利后果，即如不及时变更新的人选，其登记事项将不符合《中华人民共和国公司登记管理条例》，可能存在被工商行政管理部门依法吊销公司营业执照的风险。

依据《中华人民共和国公司法》第十三条之规定，判决如下：

被告乙公司于本判决生效之日起三十日内至注册登记所属市场监督管理局申请变更法定代表人登记，被告甲公司应予协助履行；如被告乙公司届时未予办理变更法定代表人登记，被告乙公司则于本判决生效之日起四十五日内至注册登记所属市场监督管理局办理涤除原告赵1作为被告乙公司法定代表人的登记事项，被告甲公司应予协助履行。

判决后，双方当事人均未上诉，本判决现已生效。

【法官后语】

《中华人民共和国公司法》关于法定代表人的规定，公司法定代表人依照公司章程的规定，由董事长、执行董事或者经理担任，并依法登记。公司法定代表人变更，应当办理变更登记。法定代表人是公司登记的必备事项，也是公司章程的必备内容，变更登记法定代表人需要修改公司章程，修改公司章程是公司股东会决议事项，由股东会作出决议修改公司章程中的法定代表人进而办理变更登记。《中华人民共和国公司法》规定了公司主动变更法定代表人的条件和程序，但没有规定作为个人的法定代表人要求公司涤除或者修改其法定代表人身份的条件和程序。但实践中，法定代表人本人请求公司变更其法定代表人身份该类纠纷客观存在，需要司法裁判。

首先，从程序角度出发，关于法定代表人请求公司办理变更法定代表人工商登记的可诉性问题，之前有裁判观点认为法定代表人的变更属于公司自治事项，法定代表人与公司并非平等的民事主体之间的争议，故不符合人民法院受理民事诉讼的范围，应裁定不予受理。2020年4月29日最高人民法院作出（2020）最高法民再88号裁定①，即王1诉某公司变更公司登记纠纷一案裁定，关于法定代表人请求公司办理变更法定代表人工商登记的诉讼请求应否受理的问题，最高人民法院认为王1该项诉讼请求系基于其已离职之事实，请求终止与公司之间法定代表人的委托关系并办理法定代表人变更登记，该纠纷属于平等主体之间的民事争议。因王1并非某公司股东，其亦无法通过召集股东会等公司自治途径，就法定代表人的变更事项进行协商后作出决议。若最高人民法院不予受理王1的起诉，则王1因此所承受的法律风险将持续存在，而无任何救济途径，故法定代表人起诉公司变更登记法定代表人的诉讼请求具有诉的利益，该纠纷系平等主体之间的民事争议，属于法院受理范围。

其次，从实体审理角度出发，法定代表人与公司之间系委任关系，有公司股东会决议任命法定代表人，但不是任何人都可以经股东会决议任命为法定代表人或者任命后一直持续。其一，法定代表人需与公司之间存在股权关系，或者劳动关系，或者委托管理关系。避免挂名"法定代表人"的存在，避免实际控制人以挂名"法定代表人"作为公司清算责任或者失信或者违法责任的"替罪羊"，达到解脱实际控制人责任的目的。其二，公司与法定代表人系委任关系，属于双向关系，公司委任、法定代表人接受委任才能成立并存

---

① 参见《王某请求变更公司登记纠纷再审民事裁定书》，载中国裁判文书网，https：//wenshu. court. gov. cn/website/wenshu/181107ANFZ0BXSK4/index. html? docId=3b9F7TAbsXvbR1lKkOMyKcp6H8N5sRHOLtD8qc8BHeeS6xi7SvG0kJO3qNaLMqsJUTWcuuSWqFJ96SkfFRQOVSuNTTmgdEm9M0smPnGSjWQQGWdPGVtD69bbsH6a3Adv，最后访问时间：2023年1月3日。

续，公司通过股东会决议可以撤销原法定代表人变更新的法定代表人，法定代表人也可以辞任，在与公司解除劳动关系且不属于公司股东，亦不承担主要管理职责的情况下，应认为法定代表人与公司脱离实质关系，公司应及时作出股东会决议变更法定代表人。

最后，法院审理此类案件过程中应释明当事人，变更后的法定代表人人选确定是公司自治事项，必须由公司按照公司章程自行决定新的法定代表人人选，如公司不能决议出新的法定代表人，在原告诉讼请求成立的情况下，应涤除原告的法定代表人登记，公司自行承担因工商登记必备要素欠缺导致的不利后果。

编写人：北京市房山区人民法院　栾林林

020　董事辞职的权利及其行使

——刘某云诉T公司请求变更公司登记案

【案件基本信息】

1. 裁判书字号

北京市通州区人民法院（2019）京0112民初14649号民事判决书

2. 案由：请求变更公司登记纠纷

3. 当事人

原告：刘某云

被告：T公司

【基本案情】

T公司成立于2004年，为非上市、自然人投资或控股的股份有限公司，公司注册资本为人民币8514万元。《公司章程》第九十一条规定：董事由股东大会选举或更换，任期3年。董事任期届满，可连选连任。董事在任期届满以前，股东大会不得无故解除其职务。第九十五条规定，董事可以在任期届满以前提出辞职。董事辞职应向董事会提交书面辞职报告。如因董事的辞职导致公司董事会低于法定最低人数时，辞职报告应当在下任董事填补因其辞职产生的空缺后方能生效。在改选出的董事就任前，原董事仍应当依照法律、行政法规、部门规章和本章程规定，履行董事职务，但公司应当在2个月之内完成新任董事的改选或补选。除前款所列情形外，董事的辞职报告于送达董事会时生效。

2017年9月6日，T公司召开股东会，刘某云被选举为公司第二届董事会董事，任期三年。2018年12月5日，刘某云向董事会提交《辞职报告》，申请辞去公司董事职务。2018年12月21日，公司召开2018年第四次临时股东大会，审议通过了选举新董事的议案，免除了刘某云的董事职务。后因股东大会该项议案的召集程序违反公司章程规定，股东大会形成的该项决议被法院依法予以撤销。2019年9月20日，公司在报纸发布通知公告后召开2019年第三次临时股东大会，决议增补新的董事。

刘某云向本院提出诉讼请求：1. 判令T公司在工商登记机关办理刘某云董事职务的变更登记手续；2. 本案诉讼费用由T公司承担。

【案件焦点】

1. 刘某云辞去董事的《辞职报告》是否生效；2. T公司是否应当办理工商登记变更。

【法院裁判要旨】

北京市通州区人民法院经审理认为：股份公司的章程对董事辞职作出相应的规定。刘某云向T公司董事会提出辞职申请，T公司依据法院生效裁判文书要求，于2019年9月20日召开临时股东大会并增补新董事。按照公司章程的规定，刘某云的辞职申请已生效。股份公司理应及时进行工商登记信息变更。

北京市通州区人民法院依照《中华人民共和国公司法》第十二条、第十三条之规定，判决如下：

T公司于判决生效之日起30日内到工商登记机关办理刘某云董事职务的变更登记手续，涤除刘某云作为T公司董事的登记事项。

判决后，双方当事人均未上诉，本判决现已生效。

【法官后语】

《最高人民法院关于适用〈中华人民共和国公司法〉若干问题的规定（二）》第十八条明确有限公司董事作为清算义务人的对公司债务的赔偿责任后，清算责任成为悬在董事头上的一把利刃。辞职成为董事避免清算责任的可行途径。审判实践中，董事特别是仅仅挂名而不实际承担管理责任的董事通过辞职方式要求公司进行登记变更的诉讼案件日渐增多。董事辞职在法律上如何认定成为审判实践中热点和难点问题。

一、董事是否有权辞职

我国公司法对公司内部组织机构采取了股东会、董事会和监事会的设置模式。董事会由董事组成，代表公司行使经营决策权、执行权与监督权。董事的权利义务决定于公司与董事之间的关系，董事辞职的权利也以董事与公司之间的关系为基础。

第一，董事是董事会的组成人员，是担任公司董事职位的人。由此可见，董事是公司的一种职位，任何位居该职位的人均被称为董事。作为一种职位，董事除受到公司章程、法律规定的任职资格限制外，并没有任何法律规定可以强迫任何人担任该职务。无论任期是否届满，董事可随时提出辞职。虽然公司法没有单独列明董事辞职的权利，但《中华人民共和国公司法》第四十五条第二款“董事任期届满未及时改选，或者董事在任期内辞职导致董事会成员低于法定人数的，在改选出的董事就任前，原董事仍应当依照法律、行政法规和公司章程的规定，履行董事职务”的规定可以确定董事在任期内享有辞职的权利。

第二，董事辞职的基础源于董事与公司之间的关系。学理上关于董事与公司之间的关系众说纷纭，我国公司法没有对此进行明确界定。由《中华人民共和国公司法》第三十七条第一款第二项、第九十九条的规定可知，股东会或股东大会选举和更换非由职工代表担任的董事。公司与董事之间的关系依据股东大会的选任决议和董事本人答应任职而成立。据此，董事因股东会的委任而通过董事会行使对公司事务的经营决策权、执行权和监督权，董事受托处理公司事务。在这一层面而言，公司与董事之间是委托合同关系。委托双方依照《中华人民共和国民法典》第九百三十三条之规定享有任意解除权。该任意解除权是一种特殊的法定解除权，在法律和公司章程没有相反或限制性规定的情况下，无论任期是否届满，也无须提供证明事由，董事可以随时辞职，公司也可以随时解除董事职务。

第三，董事辞职区别于普通员工辞职，其辞职权利会受到公司章程和法律法规的特别规制。一般而言，董事辞职是单方民事法律行为，依据董事对公司的单方意思表示而发生效力，无须公司批准。但是，董事辞职可能带来董事会、股东会无法召开进而影响公司正常运转的后果。同时，董事作为公司重要事务的建议者、决策者、执行者，是核心事项、商业机会及秘密等的知情者，其辞职可能给公司带来不确定的风险或损失。董事辞职的特殊性要求辞职权利被合法限制，因此公司可通过章程对辞职的程序、生效条件作出限制性规定，法律也明确规定董事辞职的“后合同义务”，即在董事辞职导致公司董事低于法定最低人数时，公司有权要求原董事在过渡期间继续履行董事职务。这并不意味着董事辞职需要经过董事会或者股东会的同意，而是出于董事人数法定、维持公司运营、保护公司正当权益的考虑。需要注意的是，依据《中华人民共和国公司法》第一百八十三条的规定，股份有限公司的董事被要求担任清算组成员的，在其履行完毕清算义务之前不得辞职。

二、董事辞职权利的行使

董事在任期内可以单方提出辞职，无须公司的批准和同意，但应当通知公司，否则其辞职无法产生相应的法律效力。这涉及董事辞职权利的行使问题。

第一，辞职如何通知。由于董事辞职对公司治理和运营影响较大，原则上应当以辞职报告书的形式书面通知。如果在股东会、董事会会议上口头提出辞职，公司股东会或者董事会决议批准，可以认为已通知公司。

第二，辞职向谁通知。董事辞职应该向董事会还是股东大会提出在理论和实践上存在争议。一般而言，董事会作为公司的常设机构，处理公司内部与外部的日常活动，可以方便董事行使辞职的权利，也使得公司较快处理经营管理主体的变更所带来的问题。董事辞职通知董事会，董事会通过一定形式告知全体股东，方便董事办理辞职后续手续，符合便捷效率原则。如董事辞职导致公司董事人数低于法定最低人数，也应由董事会召集股东会会议及时增补选任。

第三，辞职何时生效。董事的辞职权是形成权，其特点就在于不需要相对方同意。在法律和公司章程没有相反规定的情况下，董事辞职一般应于董事辞职书送达公司董事会（包括董事长或者执行董事或者董事会秘书）时发生法律效力。法定代表人依法代表公司，其认可收到董事辞职书，董事辞职生效。公司在制定章程时明确约定董事辞职需要经过董事会或者股东会的同意，董事将辞职报告递交董事会仅产生通知效力，董事辞职在股东大会或者董事会同意时生效。需要注意的是，《中华人民共和国公司法》第四十五条第二款关于董事“延期离职”而继续履行董事职务，仍属于董事辞职报告通知董事会即已发生法律效力的情形。

本案中，T公司为股份有限公司，按照法律规定，其董事会由5~19人组成。公司于2017年9月6日形成的股东会决议确定公司董事为7人，任期三年。公司章程明确了董事辞职的权利，同时对董事辞职后导致董事人数低于法定最低人数时辞职的效力作出了规定。刘某云在任期内提出辞职，公司认可收到刘某云的辞职报告。刘某云辞职并未导致公司董事人数低于法定最低人数，其《辞职报告》在2017年9月6日即已经发生法律效力。T公司理应办理涤除刘某云为董事的工商变更登记。

编写人：北京市通州区人民法院　智耀军　秦运瑞

021 股东资格存在争议的前提下当事人能否直接提起请求公司变更登记之诉

——王某飞等诉科技公司请求变更公司登记案

【案件基本信息】

1. 裁判书字号

北京市第二中级人民法院（2016）京02民终字第9667号民事判决书

2. 案由：请求变更公司登记纠纷

3. 当事人

原告（被上诉人）：王某飞、刘某美、刘某庆

被告（被上诉人）：科技公司

第三人（上诉人）：余某中

第三人（被上诉人）：余某阵

【基本案情】

2012年，余某中（甲方）、王某飞（乙方）、刘某美（丙方）、刘某庆（丁方）、余某阵（戊方）签订了《扩股协议书》，该协议书主要约定：甲方、戊方同意吸收乙方、丙方、丁方为公司股东，并对各自持有的股份进行调整……经各方友好协商，达成协议如下：1. 鉴于本项目前期主要由戊方全职负责、在乙方和丙方协助下完成，经甲方、戊方协商，甲方同意在前期实际投资不变的情况下，将甲方持有的科技公司股权份额从60%调整为45%，

将戊方持有的科技公司股权从40%调整为48%。2. 鉴于乙方、丙方前期已经实质参与了本项目并为本项目作出了实质贡献，甲方、戊方同意乙方、丙方各自出资50万元购买科技公司2.5%的股权。该100万元以刘某美名义开户，优先用于本项目的经营所需。3. 甲方、戊方同意丁方出资50万元购买科技公司2%股权。该50万元以刘某美名义开户，优先用于本项目经营所需……5. 自本协议生效之日起30日内，由科技公司办理股东及公司章程工商变更登记手续，为登记简便，按照股权转让的方式办理……7. 本协议自协议各方签字之日起生效。

2012年2月23日，刘某庆将389000元转账汇款至刘某美的账户。刘某庆述称，经各方同意，其先行将10万元转账江国生账户，用于购买外汇兑换券，另有11000元现金存入刘某美账户。同日，王某飞将45万元经转账汇款至刘某美的前述账户。王某飞述称，其余5万元经各方同意，作为加班费和补助直接发放给了研发人员。刘某美将50万元由其名下的其他账户转账汇款至前述刘某美的账户。科技公司认可三人的付款及相关陈述，并述称除外汇兑换券被余某中拿走，其余款项均用于公司经营。

2012年8月11日，科技公司召开临时股东会，作出了股东会决议。与会股东签字处有：余某阵、王某飞、刘某美、刘某庆、余某中的签名。

2012年8月，科技公司向西城工商局提交了将公司股东变更为余某中、余某阵、王某飞、刘某美、刘某庆的申请材料，包括：指定（委托）书、2012年股东会决议、章程修正案、股权转让协议。同日，该局作出准予设立（变更、注销、撤销变更）登记（备案）

的决定。后，余某中认为西城工商局依据非余某中签名的股东会决议、股权转让协议办理变更登记，缺乏事实依据，已构成错误的行政登记行为，请求法院撤销变更登记。生效判决撤销了相应的变更登记。

【案件焦点】

在股东之间对股权是否转让、受让人是否具有股东资格存在争议的前提下，当事人能否直接提起请求公司变更登记之诉。

【法院裁判要旨】

北京市西城区人民法院经审理认为：《扩股协议书》约定了余某中股权份额下降的比例与王某飞、刘某美、刘某庆所获得的股权份额比例及余某阵增加的份额比例之和具有对应关系，且股权份额乃王某飞、刘某美、刘某庆出资购买所得，并按照股权转让办理。协议书约定王某飞、刘某美、刘某庆支付的款项存入刘某美名义开立的账户并用于支付科技公司运营的项目，亦应认定为买受人履行股权转让对价支付义务的约定。

王某飞、刘某美、刘某庆已经根据协议书的约定将款项打入刘某美名下的账户，且科技公司认可其对账户内该部分价款享有了相应权益，则受让人已经履行了股权转让的对价支付义务。此外，《科技公司 2012 年临时股东会决议》系各方行使股东权的表现。王某飞、刘某美、刘某庆支付对价从余某中处分别继受取得科技公司的股权，科技公司应当办理相应的登记。

北京市西城区人民法院依照《中华人民共和国公司法》第三十二条、《最高人民法院关于适用〈中华人民共和国公司法〉若干问题的规定（三）》第二十三条之规定，判决如下：

科技公司在判决生效后十日内向公司登记机关办理将余某中所持科技公司 7%（出资额 35 万元）的股权分别变更至王某飞名下 2. 5%（出资额 125000 元）、刘某美名下 2. 5%（出资额 125000 元）、刘某庆名下 2%（出资额 10 万元）的登记。

余某中不服一审判决，提起上诉。

北京市第二中级人民法院经审理认为：当事人向公司请求变更登记的前提是依法履行出资义务或者依法继受取得股权之后。就本案而言，王某飞、刘某美、刘某庆应举证证明已经合法取得了股权，已具备了办理股东变更登记的条件下而科技公司拒绝到工商部门办理变更手续。根据查明的事实，余某中对与王某飞、刘某美、刘某庆之间是否具有股权转让关系以及王某飞、刘某美、刘某庆是否具有股东资格存在异议。

根据查明的事实，科技公司已经到工商部门办理了变更登记手续，后该变更登记被法院判决撤销。因此，科技公司并没有拒绝办理变更手续，而是办理后被撤销。此外，《扩股协议书》第五条约定"自本协议生效之日起 30 日内，由科技公司办理股东及公司章程工商变更登记手续，为登记简便，按照股权转让的方式办理"。当事人之间能否签订股权转让协议属于当事人意思自治的范畴，公司股东是否作出股东会决议，是否修改章程，属于公司自治范畴。

王某飞、刘某美、刘某庆在没有举证充分证明已经具备了办理股东变更登记的条件而科技公司拒绝变更的情况下，其诉讼请求不应得到支持。王某飞、刘某美、刘某庆与余某中之间如有争议，可另行解决。

北京市第二中级人民法院依照《中华人民共和国公司法》第三

十二条，《最高人民法院关于适用〈中华人民共和国公司法〉若干问题的规定（三）》第二十三条，《中华人民共和国民事诉讼法》第一百七十条第一款第二项之规定，判决如下：

一、撤销北京市西城区人民法院（2016）京 0102 民初 8950 号民事判决；

二、驳回王某飞、刘某美、刘某庆的诉讼请求。

【法官后语】

公司股东资格的取得和工商变更登记的关系问题在几年前存在一定的争议，目前的主流观点是工商登记不是股权获得的必要条件。股东资格的认定要结合出资情况、股权转让合同、公司章程、股东名册、出资证明书、工商登记等证据综合考虑。[①] 实践中，股权转让纠纷、股东资格确认纠纷和请求公司变更登记纠纷，都会涉及公司股权的认定，对于股东资格的取得和请求公司变更登记纠纷之间的内在关系，现实中争议很大，实践中做法也不径相同。有的法院把股权转让纠纷和变更登记纠纷放在同一个案由中处理，有的则分开处理。笔者认为，这三类案件中，股东和公司的诉讼地位以及股东之间的诉讼地位都会由于原告的不同诉讼请求而有较大的区别，笔者认为应有先后顺序，分开处理为宜。理由如下：股权的获得和股权变更登记如同火车的头尾。股权变更登记是以“股东变动”为条件的，而股东变动显然是以股权发生转移为基础的。在逻辑上应是股东资格获得在先，工商登记变更在后。

---

① 《全国法院民商事审判工作会议纪要》第八条规定：“当事人之间转让有限责任公司股权，受让人以其姓名或者名称已记载于股东名册为由主张其已经取得股权的，人民法院依法予以支持，但法律、行政法规规定应当办理批准手续生效的股权转让除外。未向公司登记机关办理股权变更登记的，不得对抗善意相对人。”

《最高人民法院关于适用〈中华人民共和国公司法〉若干问题的规定（三）》第二十三条规定："当事人依法履行出资义务或者依法继受取得股权后，公司未根据公司法第三十一条、第三十二条的规定签发出资证明书、记载于股东名册并办理公司登记机关登记，当事人请求公司履行上述义务的，人民法院应予支持。"根据《中华人民共和国市场主体登记管理条例》的规定，有限责任公司变更股东，应当自股东变动之日起三十日内申请变更登记。通过以上的法律规定，笔者认为，当事人向公司请求变更登记的前提应是依法履行出资义务或者依法继受取得股权后；随后，阐述了请求公司变更登记的另一要件是公司拒绝变更。

本案的特殊性在于公司没有拒绝变更登记，是公司申请变更登记后，法院行政判决撤销了变更登记。在股东之间对股权是否转让、受让人是否具有股东资格存在争议的前提下，当事人能否直接提起请求公司变更登记之诉，是本案的最大审理难点。本案实际上确立了股权纠纷和变更登记纠纷的内在前后关系，如果股东间存在纠纷的应先行解决股东之间的纠纷，只有在股东之间纠纷已经解决，已经具备变更条件时,.公司仍拒绝变更的情况下，才能提出申请公司变更登记纠纷。这样在法理上，才能实现两方相抗的局面，也不会发生像本案原被告之间没有对抗，原告和第三人之间才有实质对抗的情形。也较好的协调了股东资格认定和请求公司变更登记之间的关系。

编写人：北京市第二中级人民法院　王国才

022 存在争议的股权受让不能诉请变更公司登记

——宋某平诉科技公司请求变更公司登记案

【案件基本信息】

1. 裁判书字号

北京市第一中级人民法院（2014）一中民终字第5045号民事裁定书

2. 案由：请求变更公司登记纠纷

3. 当事人

原告（被上诉人）：宋某平

被告（被上诉人）：科技公司

第三人（上诉人）：陈某霖

【基本案情】

陈某霖与宋某平均为科技公司股东，其中宋某平为科技公司法定代表人。2012年12月31日，宋某平与陈某霖签订《借款协议》，约定宋某平以科技公司所欠宋某平的工资收入共计112.2万元借给陈某霖，陈某霖在借款到期日2013年3月31日偿还给宋某平119.4万元。陈某霖以其所持有的科技公司全部股权的18%（陈某霖共持有科技公司股权34%）及科技公司股东之间签订的“房屋产权和债务的说明”所对应的房产权益抵押给宋某平。当日，双方另签了一份《股权转让协议书》，约定陈某霖保证按上述时限返还借款，如未偿还，陈某霖愿意向宋某平转让上述抵押的股权（包括对应的房产收益），所签订的《股权转让协议书》自动生效；如陈某霖在规定期限将借款归还，双方签订的《股权转让协议书》自动失效。同日，陈某霖出具收据，载明今收到宋某平112.2万元。

宋某平起诉称，宋某平已经履行了《借款协议》，陈某霖到期未偿还借款，双方签订的《股权转让协议书》自动生效，可是科技公司却不予过户，遂将科技公司诉至法院，要求科技公司将登记在陈某霖名下18%的股权变更登记在宋某平名下。

科技公司答辩称：科技公司认可宋某平陈述的事实，亦同意变更公司登记，只因宋某平与陈某霖存在纠纷，且工商登记机关明确告知科技公司，除非有法院的生效法律文书，否则不能办理股东变更登记。

第三人陈某霖陈述称：《借款协议》、收据、《股权转让协议》是宋某平乘人之危要求陈某霖签订的，《借款协议》并未实际履行，《股权转让协议》也并未生效，故不同意进行股权变更。

【案件焦点】

在股权转让协议未确定效力之前，当事人是否可以直接请求变更公司登记。

【法院裁判要旨】

北京市海淀区人民法院经审理认为：根据宋某平所提交《借款协议》的记载内容显示，宋某平向陈某霖出借112.2万元，为保证按期足额清偿借款，陈某霖将自愿签署一份到期违约自动生效的《股权转让协议书》。同时，根据宋某平所提交收据记载，陈某霖确认实际收到了宋某平所出借的112.2万元。另外，宋某平与陈某霖之间又确实签署一份落款时间与借款清偿日期相符的《股权转让协议书》。对于上述证据内容，陈某霖本人均表示认可其真实性，但却抗辩称其从未实际自宋某平处取得借款，故并不存在合法有效的股权转让，且其在宋某平乘人之危的情况下签订的上述文件。上述三份书面证据的内容可以相互印证，完整体现了借款的发生与给付过程，以及其未获清偿情况下的股权变动情况，陈某霖在对上述证据真实性不持异议的情况下，却提出了否定全部证据所显示内容的相反主张。此种情况下，按照举证责任的分配原则，陈某霖除单方否认上述证据的证明力外，还应进一步承担与其上述抗辩相符的举证责任。然而，陈某霖现却并未能就此提供充足的相反证据，故应由其承担举证不能的法律后果。

北京市海淀区人民法院依据《中华人民共和国公司法》第三十三条第三款、第七十二条第一款，《中华人民共和国民事诉讼法》第六十四条第一款之规定，判决如下：

科技公司负责将第三人陈某霖在该公司所持18%的股权变更登记在宋某平名下，于该判决生效后十日内执行。

陈某霖持一审抗辩意见提起上诉。

北京市第一中级人民法院经审理认为：民事诉讼成立的要件之一是原、被告之间有诉的利益。宋某平起诉科技公司要求变更公司股权登记，对于宋某平主张的事实和法律依据，科技公司均不持异议，宋某平与科技公司之间不存在诉的利益。科技公司不能进行股权变更登记的原因是陈某霖与宋某平之间就《股权转让协议书》的效力存在争议，故宋某平应先行解决与陈某霖之间的股权转让纠纷，后再行主张公司变更登记。一审处理结果有误，应予以纠正。依照《民事诉讼法》第一百一十九条、第一百五十四条第一款第三项之规定，裁定如下：

一、撤销北京市海淀区人民法院（2013）海民初字第13383号民事判决；

二、驳回宋某平的起诉。

【法官后语】

在股权转让协议未确定效力之前（未有股权确权判决之前），当事人不能直接请求变更公司登记。

第一，从工商登记的公示效力和维护市场交易安全考虑。从工商登记的效力来看，变更公司登记具有对外宣示性，为了保护善意第三人和交易的稳定性，工商登记宣示的前提就是股权确权，股权应当是确定状态，不能存在争议，变更公司登记之诉中涉及的股权应当是确权状态。

第二，从变更公司登记纠纷之诉设立的立法本意考虑。变更公司登记纠纷是股东对于公司登记中记载的事项请求予以变更而产生的纠纷。这个诉的设立主要是针对公司违反登记义务，只要股东能提供证据证明其已履行了出资义务或者依法继受了股权，可以要求公司履行其记载或者变更的义务。如果公司拒绝或者怠于办理，股权转让人和受让人均可以公司为被告提起办理转让手续请求之诉，如果转让人不予协助的，受让人可以将转让人和公司作为共同被告。

第三，从变更公司登记的诉讼程序考虑。股权受让人与股权出让人存在股权转让纠纷的情况下，股权受让人所追求的最终目的以及权利体现就是公司股权在工商部门的股权变更。如果直接在变更公司登记纠纷之诉中解决股权转让纠纷，那么股权转让纠纷之诉设立就毫无必要。另外，变更公司登记纠纷的诉讼费是70

元，股权受让方出于诉讼成本的考虑，也会直接诉变更公司登记纠纷。

变更公司登记诉设立的初衷是公司违反登记义务，不予配合变更公司登记，或者第三人不配合，在当事人通过股东资格确认程序等获得法院就股东资格、股权持有数额、比例等事项的确权判决后，依据确权判决再向法院提起变更之诉，请求法院判决变更公司登记。对于股权转让协议存在争议，也就是股权未确权的情况下，当事人起诉公司要求变更公司股权登记的，法院应当裁定驳回，同时释明当事人先进行股权确权。

编写人：北京市第一中级人民法院　杨清惠

023　公司股权重新分配合同的性质，股东未另行出资或损害公司利益是否为有效的抗辩理由

——蔡某诉周某利、科技公司请求变更公司登记案

【案件基本信息】

1. 裁判书字号

北京市第二中级人民法院（2012）二中民终字第182号民事裁定书

2. 案由：请求变更公司登记纠纷

3. 当事人

原告（被上诉人）：蔡某

被告（上诉人）：周某利、科技公司

【基本案情】

2008 年 7 月 21 日，科技公司依法注册成立，公司类型为有限责任公司，注册资本为 30 万元，股东为周某利和蔡某。其中周某利持股 55%，蔡某持股 45%，周某利任法定代表人。

2009 年 4 月，蔡某作为甲方与乙方周某利、丙方邵某（第三人）签订股份合作协议书，内容为：原科技公司法人周某利，股东蔡某、周某利分别占有公司股份 45%、55%；2009 年 4 月 15 日甲乙丙三方同意共同拥有科技公司以及公司所属产品，乙方、丙方以经营团队形式投资，甲方以现金投资，甲、乙、丙三方所占两个公司股份比例分别为 50%、40%、10%；乙方股份的 40% 中包含 29%是属于个人股份，2%属于郭某辉个人拥有，由乙方代管，9%属于技术团队股份，由董事会决定在合适时期将 9%转让给技术团队有期权合同人员（含郭某辉）；科技公司经营范围［包括计算机公司现拥有产品］为“超级兔子”等 20 个软件产品和 8 个网站产品，与上述软件、网站产品功能相近的产品以及公司继而在研发的产品和代码都属于科技公司所有，产品著作权和产品归属权都归科技公司所有；甲、乙、丙三方共同成立科技公司董事会，乙方为科技公司法定代表人；甲、乙、丙三方同意委派丙方办理公司注册或变更事宜，丙方应按照国家有关政策依法为科技公司办理注册或变更；三方同意甲、乙、丙三方拥有公司的所有权，分别持股 50%、40%、10%；公司清算时，按照股份比例分配，在公司出现股份变更情况时，所有股东拥有优先购买权等。

该协议签订后，邵某到科技公司任职，后邵某于 2010 年 4 月 28 日通过电子邮件向周某利和蔡某发送辞职信。邵某称，因科技公司不配合，所以未能办理股权变更登记。科技公司和周某利则称，蔡某未全面履行合同义务，尚有11个软件产品和全部网站产品的著作权和归属权仍在蔡某和计算机公司名下。

关于股东出资问题。第一，蔡某主张科技公司设立时的30万元全为蔡某所出，蔡某汇款给周某利后，由周某利办理的注册登记；周某利则称，科技公司的30万元注册资本是用蔡某与周某利在计算机公司的红利所付，并非蔡某个人出资。第二，科技公司称，蔡某应在签署股份合作协议书后，在不改变公司注册资本的情况下，以现金补偿周某利原有现金出资165000元；周某利则称，股份合作协议书签署后，因计算机公司账上还有很多现金，蔡某不需要再出资；蔡某主张，股份合作协议书系对科技公司股份的分配协议，股份分配未附条件。

另查明，计算机公司系依法设立的有限责任公司，注册资本100万元，蔡某为该公司股东和法定代表人。蔡某曾以科技公司侵犯“超级兔子及图”的商标专用权为由诉至法院，后北京市第二中级人民法院作出（2011）二中民终字第06649号民事判决书，判决驳回了蔡某的诉讼请求。在该案中，科技公司在答辩意见中表示：“蔡某系科技公司大股东，曾主持科技公司的全面工作……”

【案件焦点】

公司股权重新分配合同的性质，股东未另行出资或损害公司利益是否为有效的抗辩理由。

【法院裁判要旨】

北京市朝阳区人民法院经审理认为：蔡某、周某利和邵某签署的股份合作协议书系各方当事人的真实意思表示，且内容不违反法律、行政法规的强制性规定，应为合法有效。现该协议已对科技公司的股份比例进行了重新分配，各方应依约办理相应的股权变更登记。因蔡某于科技公司设立时已履行出资义务，该协议也未约定蔡某需另行出资，且该协议已经实际履行，故科技公司和周某利关于办理公司登记的条件不成就的答辩意见，没有事实依据，不予采纳。如果蔡某有损害公司利益的行为，科技公司和周某利可另行主张，其以此为由拒绝办理股权变更登记，于法无据，对科技公司和周某利的该项答辩意见亦不予采纳。故蔡某要求科技公司办理股权变更登记，周某利予以协助的诉讼请求，于法有据，证据充分，予以支持。

北京市朝阳区人民法院依照《中华人民共和国合同法》第六十条第一款、《中华人民共和国公司法》第三十二条的规定，判决如下：

科技公司于判决生效后三十日内办理股权变更登记，即将周某利名下5%的股权变更至蔡某名下，周某利对此予以协助。

科技公司、周某利提起上诉，后撤回上诉。北京市第二中级人民法院依照《中华人民共和国民事诉讼法》第一百五十六条的规定，裁定如下：

准许科技公司、周某利撤回上诉，各方当事人均按一审法院判决执行。

【法官后语】

公司设立后股权发生变动，多以公司增资加入新的股东或股权转让的形式，上述两种形式中，合同中会明确约定新加入的股东应支付的出资款或股权转让款，合同中亦可能将先支付相应对价作为办理股权变更登记的先决条件。但本案中各方签订的股份合作协议书，系股权分配协议，这种形式在公司的经营中越来越多的出现，如作为员工激励所用。与前述两种形式不同，此种行使不必然需要新加入的股东支付相应对价。

股权分配协议系公司对股权进行重新分配，对其合同性质存在不同的观点。一种观点认为，股权的重新分配，与股权转让合同不同，不用支付股权转让对价或继续出资，故该合同属于赠与合同，系实践性合同，在合同实际履行即进行股权变更登记前，赠与人可以随时撤销。另一种观点则认为，在公司经营一段期间以后形成的股权重新分配合同，其内容往往考虑到了各股东在经营过程中的贡献，不单以现金出资作为持有股权的考量，还包括技术、管理经营、理念等，作为一种激励或奖励手段，不应视为赠与合同，应为诺成合同，合同一旦形成合意，应当按照约定办理股权变更手续。

在本案中，法院采用了第二种观点。蔡某、周某利、邵某三方签订的股份合作协议书，不存在法定的合同无效情形，应属有效，各方均应依约履行合同义务，对科技公司的股权进行了重新分配，约定三方分别以经营团队形式和现金形式进行投资，未约定三方现金投资金额，公司也没有增资，应视为三方不应仅依据该协议另行出资，现三方均在该协议上签字确认，就应按照该协议约定办理变更登记。该股份分配协议书并非双务合同，没有约定三股东获得股权的先期条件，不存在先履行抗辩权，所以科技公司和周某利关于蔡某损害公司利益故不为其办理变更登记的答辩没有法律依据。邵某作为三方合同的一方，即使其明确表示放弃股权，也不影响合同的效力，合同也应继续履行。

公司股权重新分配的情况普遍存在，许多公司为激励员工、高管等，以重新分配股权的形式将员工变为股东，出资形式则多为劳务、技术、管理经验等，有的甚至以股权激励作为吸引人才的重要手段。前述两种观点的差别对合同签订主体的影响极大，如持第一种观点，导致虽签订合同，但是原股份持有人在实际办理股权变更登记前可随时撤销合同中将其股权分配给他人的意思表示，这样对合同其他主体来说，存在很强的不确定性，也有失公平。若坚持第二种观点，那么合同不存在其他法定无效情形，成立即生效，相关合同义务主体应按照合同约定履行办理变更登记的合同义务，有利于对员工的保护，更有利于公司的稳定发展和社会的稳定。

编写人：北京市朝阳区人民法院　孟妍

三、股东出资纠纷

024 股权多轮转让后未履行出资义务的转让股东仍应履行出资义务

——浙江某某公司诉卢某某等股东出资案

【案件基本信息】

1. 裁判书字号

浙江省台州市椒江区人民法院（2019）浙 1002 民初 4371 号民事判决书

2. 案由：股东出资纠纷

3. 当事人

原告：浙江某某公司

被告：卢某某、王某某、杨某甲、徐某某

【基本案情】

浙江某某公司成立于 2005 年 1 月 11 日，注册资本为 50 万元。原股东为徐某某占股 33%；杨某 1 占股 33%；杨某 2 占股 34%。2012 年 11 月 12 日，股东持股变更为徐某某占股 33%；杨某甲占股 33%；卢某某占股 34%。同日，浙江某某公司法定代表人由杨某乙变更为卢某某。2012 年 12 月 18 日，股东持股变更为徐某某占股 4%；杨某甲占股 8%；王某某占股 39%；卢某某占股 49%。

2013年1月22日，被告卢某某、王某某、杨某甲、徐某某分别转账至浙江某某公司账户719.32万元、572.52万元、117.44万元、58.72万元。同日，会计师事务所出具验资报告，确认浙江某某公司已收到股东缴纳的新增注册资本1468万元，变更后的注册资本为1518万元。浙江某某公司章程也进行相应变更。上述增资款系向金某某公司所借。2013年1月23日，浙江某某公司开具本票三份，将1468万元归还金某某公司指定的人员。

2013年1月28日、5月29日、7月4日、8月23日，2014年4月28日，浙江某某公司股东及持股份额又经过多次变更。

2014年4月8日，浙江某某公司曾委托另一会计师事务所对公司资产进行审计，并出具审计报告，反映了浙江某某公司2014年3月31日的财务状况及2014年度1~3月的经营成果和现金流量。其中资产负债表载明资产总计为14707776.06元。现金流量表载明年末现金及现金等价物余额为1087247.62元。

2015年11月5日，王某某、王某华作为转让方，程某某、徐某军、应某富、徐某友、王某、陈某德作为受让方签订《股权转让协议》一份，约定：甲方将其所持有的浙江某某公司50%的股权分别转让给程某某12.5%、徐某军13%、应某富12.5%、徐某友5%、王某4%、陈某德3%。程某某于2015年12月30日出具欠条一份，载明今欠王某某627500元，利息按月利一分计算，该款项在2018年12月底前还清。

2015年11月16日，浙江某某公司股东及持股份额再次变更。同日，浙江某某公司法定代表人由王某某变更为程某某。

因程某某未支付股权转让款，王某某、王某华将程某某起诉至椒江法院，要求程某某支付股份转让款及利息。椒江法院于2019年8月21日作出（2019）浙1002民初2767号民事判决书，判决：程某某支付给王某某、王某华股份转让款627500元及利息。

【案件焦点】

1. 浙江某某公司现有资产情况及现有资产能否认定各被告已履行出资义务；2. 浙江某某公司现股东受让股权时，是否明知浙江某某公司资产情况，在明知受让股权存在瑕疵的情况下，是否有权以浙江某某公司名义主张原股东补足出资；3. 如各被告要承担补足出资义务，被告卢某某是否要承担连带责任。

【法院裁判要旨】

浙江省台州市椒江区人民法院经审理认为：浙江某某公司2013年1月22日增资的1468万元来源于中介机构，该款项已于2013年1月23日转回到中介机构，该行为构成抽逃出资。本案的争议焦点有以下几点：1. 浙江某某公司现有资产情况及现有资产能否认定各被告已履行出资义务。2. 浙江某某公司现股东受让股权时，是否明知该公司资产情况，在明知受让股权存在瑕疵的情况下，是否有权以该公司名义主张补足出资。3. 如各被告要承担补足出资义务，被告卢某某是否要承担连带责任。

关于焦点一，浙江某某公司股权经过多次转让，2013年1月22日增资之后又于2013年1月28日、5月29日、7月4日、8月23日，2014年4月28日，2015年11月16日发生过股权变更登记。被告王某某提供了2014年4月8日委托会计师事务所出具的审计报告，认为浙江某某公司资产有1500万元左右，是各股东陆续投入形成。对此，椒江区人民法院认为，公司资产的累积既有股东投入原因，也有公司经营过程中产生利润增值的原因。且从浙江某某公司增资到审计报告制作期间，股份变动过多次，存在非四被告的股东加入浙江某某公司的情况。故仅凭审计报告，只能反映一定时期公司的资产状况，无法证明各被告在抽逃出资后分别向浙江某某公司投入了多少。而本案账册原来在王某某丈夫徐某谊处，其陈述已将账册全部交给浙江某某公司，但未举证证明该事实，且从原告提供的程某某与股东应某富、徐某友的通话录音反映，该两名股东认为徐某谊并未将账册交给公司。从原告与徐某谊的通话录音反映，程某某要求徐某谊提供以前的账册，徐某谊并未否认账册在其处，只是回答“可以”“没事”等内容。故各被告是否在后续经营中补足了出资，浙江某某公司无法提供公司账册证明，各被告应进一步举证证明其对公司进行了出资。现各被告未举证证明，本案无法认定各被告已履行出资义务。

关于焦点二，浙江某某公司现股东共八名，于 2015 年 11 月 16 日股权发生变更。其中程某某占股 12.5%，徐某友占股 12.5%，该两名股东在受让股权前，曾于 2015 年 6 月 23 日与浙江某某公司签订承包经营合同，应认为两人对公司资产情况较为了解。其受让浙江某某公司股权是在对浙江某某公司现有价值有充分了解的基础上作出的决定。但本案是以浙江某某公司名义提起的诉讼，有限责任公司股东对公司的出资义务为法定义务，未尽出资义务即转让股权，转让股东的出资义务并不因此免除，公司仍有权请求转让股东承担相应责任。正因如此，浙江某某公司向未履行出资义务的股东起诉主张权利，并不以其他股东的意思表示为前提，因为即使其他股东同意未出资股东无须履行出资义务，也不能构成对原股东法定义务的免除。

关于焦点三，原告要求被告卢某某对其他被告的出资义务承担连带责任，是依据《最高人民法院关于适用〈中华人民共和国公司法〉若干问题的规定（三）》第十四条的规定，原告认为，卢某某使用了印章。根据查明事实，卢某某印章是加盖在原告出具的三张本票上，至于本票交给他人时，并无证据证明卢某某也提供了协助义务。故对原告要求被告卢某某对其他被告的出资义务承担连带责任的诉讼请求，本院不予支持。

综上，浙江省台州市椒江区人民法院依照《中华人民共和国公司法》第二十八条、第一百七十八条，《最高人民法院关于适用〈中华人民共和国公司法〉若干问题的规定（三）》第十二条、第十三条第一款，《中华人民共和国民事诉讼法》第六十四条第一款、第一百四十四条及《最高人民法院关于适用〈中华人民共和国民事诉讼法〉的解释》第九十条的规定，判决如下：

一、被告卢某某于本判决发生法律效力之日起十日内返还给原告浙江某某公司出资款7193200元；

二、被告王某某于本判决发生法律效力之日起十日内返还给原告浙江某某公司出资款5725200元；

三、被告杨某甲于本判决发生法律效力之日起十日内返还给原告浙江某某公司出资款1174400元；

四、被告徐某某于本判决发生法律效力之日起十日内返还给原告浙江某某公司出资款587200元；

五、驳回原告浙江某某公司的其他诉讼请求。

判决后，双方当事人均未上诉，本判决现已生效。

【法官后语】

本案关键点在于：股东抽逃出资后将股权转让他人，公司是否仍可要求其返还出资款。在案件审理过程中，我们主要考虑了两个问题，一是公司有无权利主张返还出资款；二是瑕疵股份已实际被转让是否影响公司主张返还出资款。

一、关于公司有无权利主张返还出资款的问题

股东出资义务不仅具有约定义务的性质，还具有较强的法定义务性质，是股东对公司需履行的法定义务。公司成立后具有独立人格，股东的出资构成公司的法人财产，这个财产是公司开展经营活动、承担相应法律后果的保证。如果股东违反出资义务，实际上就是损害了公司的法人财产权，从而侵犯了公司的权利。因此，股东存在抽逃出资行为的，公司可以向股东主张返还出资款。即使公司其他股东同意免除四被告的出资义务，也不影响公司上述主张。

二、关于瑕疵股份已实际被转让是否影响公司主张返还出资款的问题

《最高人民法院关于适用〈中华人民共和国公司法〉若干问题的规定（三）》第十八条第一款规定："有限责任公司的股东未履行或者未全面履行出资义务即转让股权，受让人对此知道或者应当知道，公司请求该股东履行出资义务、受让人对此承担连带责任的，人民法院应予支持……"该司法解释首先明确了瑕疵股权转让情况下，公司仍有权要求转让股东履行出资义务。但考虑到本案需要补足出资金额很高，而各轮股权转让约定的股份转让款相比较而言明显较低。同时，从各轮股权转让情况来看，转让方与受让方都是对企业现状有充分了解后才确定转让价款，应该说双方的权利义务达到了一定平衡。如果四被告向浙江某某公司补足出资款后，

公司的资产将大幅增加，其现有股东持有的股份含金量将不可同日而语，转让股东与受让股东之间的利益天平将会被打破。那么为重新实现转让股东与受让股东之间的利益平衡，转让股东可在履行补足出资义务后要求撤销原股权转让合同，并要求受让股东补充股权转让款。

股权转让价款的确定以当事人真实意思表示为依据，本案股权转让价格是针对瑕疵股权由双方自行协商达成，在补足出资后，交易的股权已发生变化，如以原来的价格确定转让价款，符合显失公平的认定。当然，四被告主张补充股权转让款，要以其实际补足出资为前提，仅凭法院判决确定履行义务，并不当然享有该权利。本案还有一个难点是，涉案股权经过多轮转让，中间的受让股东实际上并未受益，真正的受益人是公司现有股东。那么如果按照合同相对性原则，一层一层主张将非常烦琐，且中间股东又得在补足合理的股权转让款后再要求下一层受让人补足，也不尽合理，故我们认为可以突破合同相对性，在得到中间受让股东的认可下，直接向现有受益股东主张。

综上，瑕疵股东需向公司补足出资是法定义务，具有法律上的支撑；同时，瑕疵股东在补足出资后请求受让股东补充股权转让款也可以解决转让股东与受让股东利益失衡的问题，故该案判决支持公司要求四被告补足出资的诉讼请求。

编写人：浙江省台州市椒江区人民法院　杜鹃

025 认缴期限届满前股东出资所享的期限利益受法律保护

——陈某诉建筑机械科技公司等股东出资案

【案件基本信息】

1. 裁判书字号

广西壮族自治区南宁市西乡塘区人民法院（2020）桂0107民初2875号民事判决书

2. 案由：股东出资纠纷

3. 当事人

原告：陈某

被告：建筑机械科技公司、闫某、王某

【基本案情】

建筑机械科技公司成立于2017年1月18日，工商登记的股东为张某（认缴出资450万元，持股比例为45%）、闫某（认缴出资550万元，持股比例为55%），出资期限为2025年12月31日。闫某持有的建筑机械科技公司55%股权是代王某持有，王某是隐名股东，闫某是显名股东。

陈某于2017年7月24日至2018年12月30日累计向建筑机械科技公司出资1250710元。

因陈某将闫某的股权变更登记至陈某名下，闫某于2019年1月31日向柳北区法院起诉，诉请要求陈某向闫某返还其所持有的建筑机械科技公司55%的股权并办理变更登记，柳北区法院于2019年4月24日作出（2019）桂0205民初680号民事判决书，支持了闫某的诉讼请求。陈某对以上判决不服上诉至柳州中院，柳州中院于2019年12月14日作出（2019）桂02民终4801号民事判决书，判决维持原判。在以上两份民事判决书中确认了陈某已累计向建筑机械科技公司出资1250710元的事实，并对陈某关于其与闫某之间属于代持股权关系的主张不予支持。

因建筑机械科技公司未将陈某登记为股东，陈某遂诉至法院，要求建筑机械科技公司返还投资款1250710元并支付利息，同时要求闫某在未履行出资义务的范围内对本案债务承担连带清偿责任、王某在被告闫某所承担连带赔偿责任的范围内承担连带清偿责任。

【案件焦点】

有限责任公司股东的认缴出资期限未届满时，股东对公司的债务应否承担责任。

【法院裁判要旨】

广西壮族自治区南宁市西乡塘区人民法院经审理认为：陈某已向建筑机械科技公司出资1250710元，却无法获得建筑机械科技公司的股东资格，建筑机械科技公司也未进行增资程序，故陈某要求建筑机械科技公司退回投资款1250710元并从2019年1月3日起计付资金占用利息的诉讼请求合法有据，本院予以支持，本院确定利息按全国银行间同业拆借中心发布的一年期贷款市场报价利率计算。闫某辩称陈某是建筑机械科技公司的隐名股东，上述投资款是代另一股东张某出资，但未提交股权代持协议等证据予以佐证，法院不予采信。

建筑机械科技公司股东的出资期限为2025年12月31日，现尚未到期，建筑机械科技公司也未出现破产或者因公司解散被强制清算等会导致股东出资期限提前到期的情形，因此陈某要求闫某、王某对建筑机械科技公司的上述债务承担连带清偿责任没有依据，本院不予支持。

广西壮族自治区南宁市西乡塘区人民法院依照《中华人民共和国公司法》第二十八条、第三十二条，《中华人民共和国企业破产法》第三十五条，《中华人民共和国民事诉讼法》第六十四条第一款，《最高人民法院关于适用〈中华人民共和国公司法〉若干问题的规定（二）》第二十二条，《最高人民法院关于适用〈中华人民共和国民事诉讼法〉的解释》第九十条之规定，判决如下：

一、被告建筑机械科技公司返还原告陈某投资款1250710元；

二、被告建筑机械科技公司支付原告陈某资金占用利息（计算方式：以1250710元为基数，按全国银行间同业拆借中心发布的一年期贷款市场报价利率，从2019年1月3日起计算至被告建筑机械科技公司清偿之日止）；

三、驳回原告陈某对被告闫某、王某的诉讼请求。

判决后，双方当事人均未上诉，本判决现已生效。

【法官后语】

公司一旦成立，即独立于股东、发起人，并且享有法律赋予的民事能力，以其全部财产对公司债务承担无限清偿责任。股东是否在认缴期限内按照认缴的出资额履行出资义务，对债权人利益有重大影响。2013年《中华人民共和国公司法》修改后使“资本认而不缴”成为可能。在认缴资本制下，股东可以约定出资期限，那么如何在债权人利益与股东期限利益之间寻求平衡点、股东的出资责任在什么条件下可以加速到期值得深究。

笔者认为，从认缴制设立初衷、债权人利益保障等方面分析，在公司股东认缴出资期限未届满时，债权人要求股东在认缴出资范围内对公司债务承担连带或补充赔偿责任的，不应得到法院支持。

一、认缴制设立初衷

改革后资本的缴纳事宜交由股东和公司自治，何时缴足由股东自主约定并记载于公司章程，且通过企业信用信息系统进行公示。认缴制扩大了市场主体的意思自治范围，通过减少对出资事项的干预，激发了市场活力，赋予了股东出资的期限利益。股东出资认缴制系现行公司法的明文规定，股东依法获得分期缴纳出资的期限利益应当予以保护。因此，在股东出资缴纳情况已公示的情况下，以损害股东期限利益为代价保障债权人权利实现，有悖设立认缴制的初衷。

二、债权人利益保障

在经济活动中，债权人基于自己的商业判断评估经营风险、选择交易对手，同时通过多种方式审查债务人公司的资信、财产状况以防范经营风险，如通过设定担保、放弃交易、合同约束等保护自己的权利。认缴制虽加大了债权不能如期实现的风险，但这种交易风险已事先进行了公示，债权人对此应当知道或者稍加注意就可获悉。因此，债权人如果怠于履行注意义务导致债权受损，属于经营风险问题。

而就公司法所担负的保护债权人功能而言，除资本制度外，还规定了公司人格否认制度。当公司资本构成中存在较多长期缴纳的资本，且此种资本比例与公司日常经营需要已明显不符，抑或公司已经不能清偿对外债务，在此情况下，债权人可以向法院请求否认公司的法人人格，追究股东们企图利用认缴资本制来转移风险、逃避债务的责任。

此外，除法律规定的在公司破产或解散时股东出资可加速到期外，《全国法院民商事审判工作会议纪要》第六条亦在认可注册资本认缴制下股东依法享有期限利益的前提下，规定了两种允许债权人主张债务人的股东出资加速到期的两种情形，即在公司执行不能或者恶意延长股东出资期限时，债权人可以要求股东出资加速到期以实现债权的保护与清偿。

回到本案中，陈某认为根据《最高人民法院关于适用〈中华人民共和国公司法〉若干问题的规定（三）》第十三条之规定，公司其他股东应在未履行出资义务的范围内对本案债务承担连带清偿责任，是对该条文的误解，出现了断章取义的错误，应当结合立法目的以及文义隐含的前提条件对其加以解释，因此在建筑机械科技公司非破产或清算情形下，要求股东在其未届期的认缴出资范围内对建筑机械科技公司债务承担责任，缺乏基础前提，换言之，即认缴期限届满前股东出资所享有的期限利益受法律保护。

编写人：广西壮族自治区南宁市西乡塘区人民法院　许晓彤　吴杨

026 有限公司股东会适用资本多数决规则作出缩短股东出资期限决议的效力审查

——魏某诉朱某、黄某股东出资案

【案件基本信息】

1. 裁判书字号

上海市第一中级人民法院（2020）沪 01 民终 2922 号民事裁定书

2. 案由：股东出资纠纷

3. 当事人

原告（上诉人）：魏某

被告（被上诉人）：朱某、黄某

【基本案情】

天某公司成立于 2006 年 7 月 6 日，注册资本为 100 万元；2017 年 8 月 18 日，天某公司增加注册资本至 600 万元，投资人为原告魏某一人。2019 年 3 月 1 日，原告及两被告制定天某公司章程，两被告入股天某公司，成为公司股东，增加注册资本至 4000 万元，原告出资 2000 万元（股权比例 50%）、两被告各出资 1000 万元（股权比例各为 25%），出资时间为 2026 年 6 月 6 日前。同日，天某公司三股东就上述事宜作出股东会决议，全体股东签字同意。2019 年 3 月 12 日，天某公司完成了工商变更登记，法定代表人变更为黄某。2019 年 2 月 27 日，被告黄某在群聊中称“之后我朋友假如有投资意向的话，4000 万元会好看一点，而且比较容易分配”，原告回复“好的”。2019 年 6 月 22 日，被告黄某在天某公司群聊中称“23 日上午 10 时召开临时股东会议的信函想必已经收到，敬请准时参加，届时需商讨公司经营重要事项”。被告朱某回复“收到”。2019 年 6 月 23 日，天某公司召开股东会，商议对各股东认缴的注册资本中的 30%提前至十日内缴纳事宜。就上述事项，会议作出股东会决议，决议内容为：三位股东以现金或货物的形式注资，并在十日内完成，注资数额为注册认缴资金的 30%。原告及被告黄某表示同意并签字，被告朱某不同意且未签字。2019 年 7 月 4 日，原告向两被告发函，要求及时履行出资义务。2019 年 7 月 6 日，被告黄某回函，承诺尽快完成出资义务。但之后，两被告均未完成出资义务，故原告向法院提起本案诉讼。现请求：1. 要求确认股东会决议有效；2. 要求两被告依法履行股东会议关于注（出）资决议的义务，即被告朱某出资 300 万元、被告黄某出资 400 万元。

【案件焦点】

本案被告公司股东会适用资本多数决规则作出缩短股东出资期限决议是否合法有效。

【法院裁判要旨】

上海市奉贤区人民法院经审理认为：我国实行公司资本认缴制，我国公司法规定股东应当按期足额缴纳公司章程中规定的各自所认缴的出资额，即法律赋予公司股东出资期限利益，允许公司各股东按照章程规定的出资期限缴纳出资。本案中天某公司原章程作出时间为 2019 年 3 月 1 日，而诉争决议形成时间为 2019 年 6 月 23 日，即在原章程作出后短短三个多月时间突然要求全体股东提前缴纳30%的出资，将完成缴纳的期限从七年左右缩减于十日内，却未向股东说明提前缴纳出资的紧迫性及必要性，显然缺乏合理性。股东的出资期限利益，是公司资本认缴制的核心要义，系公司各股东的法定权利，如果公司股东会以多数决的方式决议修改出资期限，则占资本多数的股东可随时随意修改出资期限，这显然剥夺了其他中小股东的合法权益，不符合公司法的立法宗旨。因此，本院对涉及被告朱某的股东会决议内容认定无效；对于原告要求被告朱某提前缴纳出资的诉讼请求，本院不予支持。至于被告黄某，其对股东会决议内容无异议，且愿意继续提前缴纳出资400万元，系其对自己权利的处分，于法无悖，故本院对原告要求被告黄某提前缴纳出资的诉讼请求予以支持。

原告魏某不服一审判决，提起上诉。

上海市第一中级人民法院以上诉人魏某收到缴纳上诉费用通知后仍不予缴纳为由作出裁定：该案按上诉人魏某自动撤回上诉处理。一审判决自裁定书送达之日起发生法律效力。

【法官后语】

资本多数决，又称股份多数决，是指在符合法定人数或表决权数的股东会或股东大会上，决议经出席股东会的股东表决权的多数通过才能生效，法律将股东会中多数股东的意思视为公司的意思，并对少数派股东产生拘束力。资本多数决规则作为公司决策机制的基础，其宗旨是维护股东实质上的平等，使持有多数股份的股东能够直接或间接行使支配权，保证公司决策的高效性。在司法实践中，有限公司股东会适用资本多数决规则修改股东出资期限的情形屡见不鲜。

虽然《中华人民共和国公司法》规定了修改公司章程须经代表公司三分之二以上表决权的股东通过才可，但多数股东如滥用股东权利，利用其优势地位强行通过股东会决议，恶意修改股东出资期限，该公司决议形式上虽符合资本多数决规则，但实体上不具有合理性，违背了公司法“禁止股东权利滥用”原则，侵犯了中小股东的合法权益，司法对此应当予以规制，给予否定性评价。多数股东作出的缩短股东出资期限的股东会决议是否在实体上具有合理性，从而构成多数股东滥用股东权利的行为，可以从以下四个方面进行审查，予以综合判断：

一、决议起因是否具有现实必要性

公司章程中约定的出资期限是股东之间对出资安排的一致合意，股东对此安排享有合理期待，缩短出资期限要求股东提前出资就意味着股东出资期限利益的丧失，因此不应轻易改变。只有当公司在经营活动中出现资金不足，且外部融资渠道受阻等影响公司持续运营的情况下，公司要求股东提前出资具有现实必要性，才可以考虑修改公司章程。一般情况下，公司要求股东提前缴纳出资可能基于商业目的考虑，如调整公司战略布局、投资重大项目等急需资金，也可能基于维系公司正常运营，避免公司陷入经营困境，如公司经营管理面临严重困难，急需资金破解当前困局。因此，公司多数股东欲修改公司章程，应当举证证明公司客观上存在影响公司持续运营的特殊情形，要求股东提前出资确有必要，而非多数股东主观臆测或编造的事由。在公司无证据证明公司客观上存在影响公司持续运营的特殊情形，多数股东以表决权优势通过股东会决议的情况下，极有可能被认定为多数股东滥用股东权利。本案中，天某公司股东会虽作出修改出资期限决议，但在召开股东会时以及庭审中均未提供任何证据证明公司客观上存在影响公司持续运营的特殊情形，提前出资确有现实必要性，故可能涉及多数股东滥用股东权利。

二、决议目的是否具有正当性

资本多数决规则的宗旨是维护股权平等，保证公司经营决策的高效性，但该规则容易被多数股东滥用。当少数股东的意志与多数股东的意志发生冲突时，多数股东为实现己方意志，通常会不正当地利用资本多数决将己方意志上升为公司意志。因此，公司多数股东欲要求股东提前出资，应当举证证明其具有正当目的，即以维护公司整体利益、确保全体股东利益实现为目的。否则，其动机便可疑。审判实践中，经常出现公司股东之间产生矛盾后，多数股东欲将小股东排挤出公司，便滥用手中的股权优势，借提前缴纳出资手段让中小股东知难而退，不同意提前出资的股东将可能因未提前出资而被限制或剥夺股东权益。判断公司决议目的是否具有正当性，主要从公司多数股东是否具有拥有滥用股东权利的动机入手，具体还应当结合本文的其他因素进行综合判断。本案中，天某公司股东会在原章程作出后短短三个多月时间，要求全体股东在十日内将认缴注册资本的30%全部投入到位，公司多数股东却未提供任何证据证明其要求股东提前出资是为了维护公司整体利益的正当目的，故公司多数股东修改股东出资期限的动机存疑。

三、决议内容是否具有合理性

公司通过股东会决议，修改公司章程等缩短股东出资期限，应当体现公平合理原则。具体表现在三个方面：1. 对象是否具有普遍性。提前缴纳出资期限的对象应当是全体股东，而不能仅针对个别股东或部分股东，不应给个别股东或部分股东加重额外负担。如多数股东利用资本多数决规则，针对个别股东或部分股东的出资加速，既违背了该股东的真实意志，也违反了公司法“同股同权”原则，损害了其他股东的合法利益。2. 内容是否具有同等性。股东会决议要求股东提前缴纳出资的，应当做到各股东之间的出资义务对等，提前缴纳出资的比例相同、期限相同，各股东原则上应当按照各自认缴的出资比例缴纳出资。3. 时间是否具有合理性。这要求作出公司决议时，应当考虑提前缴纳的出资额大小、不同股东的资金实力、必要的筹资期限等因素而设立一个相对合理的筹资期限。要求全体股东均按相同期限和相同比例出资，但出资期限过短，未考虑不同股东的经济能力和合理的筹资期限，可能导致中小股东须在较短时间内筹措资金实缴出资，加重了中小股东的出资义务负担，进而因出资不实影响中小股东的股东权利，则可能涉及多数股东滥用股东权利。本案中，天某公司股东会作出的修改出资期限决议，虽符合对象普遍性、内容同等性要求，但不符合时间合理性要求。在原章程作出后短短三个多月时间，公司多数股东便要求小股东朱某在十日内提前缴纳300万元出资。通常情况下，自然人股东并不具有如此多的流动性资金，故要求股东朱某在十日内即完成出资，显然不具有合理性。

四、决议程序是否具有合法性

由于注册资本的实缴期限关系到每一位股东的根本利益，故多数股东如希望单方面修改各股东之前协商一致所确定的注册资本认缴期限，必须依照法律和公司章程规定的程序召开股东会会议。首先，其应当在召开股东会决议前，依法将提前缴纳出资的会议议题通知公司其他股东，并与公司其他股东进行必要的协商，争取公司股东对公司决策的理解与认同，避免因误会和猜忌而产生纠纷。多数股东在未经必要协商，获得公司其他股东认同的情况下，利用其优势地位，以资本多数决规则强行通过股东会决议，有可能涉及多数股东滥用股东权利。其次，公司以股东会决议形式修改股东出资期限，实质即为修改公司章程。故对股东出资期限进行修改时，应当严格按照《中华人民共和国公司法》以及公司章程中关于修改公司章程规定的程序进行。不符合法定程序的公司决议，可能导致公司决议被撤销。本案中，天某公司股东会召集程序和表决程序虽然合法，但公司多数股东在作出股东会决议前，并未就提前缴纳出资议题向公司其他股东进行必要的说明，亦未进行必要的协商，程序上存在一定瑕疵，可能涉及多数股东滥用股东权利，具体应结合其他因素综合判断。

综上，本案天某公司多数股东适用资本多数决规则于2019年6月23日通过股东会决议，要求全体股东在十日内将认缴注册资本的30%全部投入到位，但公司未举证证明决议起因具有现实必要性、决议目的具有正当性，且作出的决议内容明显缺乏合理性，决议程序尚有瑕疵，综合以上四个方面因素，可认定为该决议在实体上不具有合理性，对小股东朱某明显不利，构成公司多数股东利用优势地位滥用股东权利，损害公司其他股东权益的行为，该股东会决议应被认定为无效。

编写人：上海市奉贤区人民法院　谭文忠　王蕾

027 将实缴出资转出用于支付股东在公司成立前期所支出的费用是否构成抽逃出资

——王某芳诉尼某涛股东出资案

【案件基本信息】

1. 裁判书字号

福建省厦门市中级人民法院（2019）闽02民终2473号民事判决书

2. 案由：股东出资纠纷

3. 当事人

原告（上诉人）：王某芳

被告（被上诉人）：尼某涛

第三人：教育科技公司

【基本案情】

教育科技公司于2016年5月12日成立，公司章程载明，股东为案外人李某欣与尼某涛，执行董事为李某欣，公司注册资本为300万元，实缴资本为100万元，其中，李某欣认缴出资额为120万元，出资比例占40%，实缴资本40万元，尼某涛认缴出资额为180万元，出资比例占60%，实缴资本60万元。2016年12月14日，李某欣与王某芳、尼某涛分别订立股权转让协议，将持有的教育科技公司35%、5%的股权，分别转让给王某芳、尼某涛。同日，教育科技公司召开股东会形成决议，免去李某欣公司执行董事职务，选举王某芳为执行董事，免去李某欣公司经理职务，聘任王某芳为公司经理，继续选举尼某涛为公司监事，并将公司章程修正为；王某芳认缴出资额为105万元，出资比例占35%，实缴资本40万元，尼某涛认缴出资额为195万元，出资比例占65%，实缴资本60万元。

另查明，教育科技公司于2016年6月17日及6月20日向机电公司转款60万元，该款由机电公司转与尼某涛。

在本案审理中，尼某涛提出为教育科技公司的开业准备代垫款项100余万元，已超出从公司转出的60万元，王某芳对此不予认可，此节事实是否成立，成为本案的事实争点。据此，王某芳向法院提出诉讼请求：1. 依法判令被告尼某涛返还从教育科技公司抽逃的出资60万元；2. 本案诉讼费用由被告承担。

【案件焦点】

1. 将实缴资本转出用于支付股东在公司成立前期所支出的费用，是否符合抽逃出资的法定构成要件；2. 尼某涛在公司成立前期所支出的费用是否达到60万元。

【法院裁判要旨】

福建省厦门市集美区人民法院经审理认为：

一、将实缴资本转出用于支付股东在公司成立前期所支出的费用，是否符合抽逃出资的法定构成要件

王某芳提出，被告没有证据证明机电公司与本案的关系，实缴资本60万元已通过机电公司转与被告，依照《最高人民法院关于适用〈中华人民共和国公司法〉若干问题的规定（三）》第十二条规定，被告通过虚构债权债务关系将其出资转出，其行为构成抽逃出资。

尼某涛提出，《最高人民法院关于适用〈中华人民共和国公司法〉若干问题的规定（三）》第十二条规定在具有5个具体表现的同时，还要求公司权益受到损害，本案中，将实缴资本转出用于支付股东在公司成立前期所支出费用的行为，不会损害到公司利益，故不构成抽逃出资。

本院认为，《最高人民法院关于适用〈中华人民共和国公司法〉若干问题的规定（三）》第十二条规定："公司成立后，公司、股东或者公司债权人以相关股东的行为符合下列情形之一且损害公司权益为由，请求认定该股东抽逃出资的，人民法院应予支持……"该条文规定要件有两个，一个是形式要件，具体表现为该条罗列的"通过虚构债权债务关系将其出资转出"等情形；另一个是实质要件，即"损害公司利益"，倘若尼某涛所述"将实缴资本转出系用于支付股东在公司成立前期所支出的费用"情况属实，则该笔资金转出系公司就尼某涛所代垫资金的偿还，不会损害到公司的利益，故实质要件难以成立，该项资金的转出不构成抽逃出资。

二、尼某涛在公司成立前期所支出的费用是否达到60万元

尼某涛提出，根据其提供的相关书证、电子证据及证人证言，可证实其在公司设立前期支出的费用超过60万元。

王某芳提出，以上证据无法证实待证事实，且在公司设立前期尼某涛有收益，应通过清算来核算收入支出情况，才能确定尼某涛的代垫资金数额。

本院认为，欲判断尼某涛在公司成立前期所支出的费用是否达到60万元，需对尼某涛所主张的各项支出项目进行核查：1. 关于公司成立的装修项目支出。尼某涛举证有工程施工合同、装修预算书、收款收据及证人刘某辉的证言，证实其支出费用为31万元，王某芳

质证认为，对各份书证及证人证言的表面真实性予以认可，但是不知道合同相对方是谁，付款原因是什么，只能证明刘某辉和潘某红给尼某涛开了收据，无法确定该证据与本案的关联性。本院认为，审查涉案之施工合同、预算书、收款收据，其内容真实，能够相互印证，结合证人刘某辉当庭所作的证言，可证实该项费用的支出系为教育科技公司装修所用，金额为31万元，本院对此节事实予以确认。2. 关于房租支出。尼某涛举证有证人王某玲的证言及承租房屋不动产权证书、房屋租赁协议，证明王某玲系涉案公司所在地的房屋所有权人的代理人，尼某涛于2016年4月向其交纳房租及定金62405元，王某芳质证认为，该份证据只能证明尼某涛有开支，但与本案没有关联性。本院认为，结合证人王某玲的证言及涉案公司所在地房屋所有权人的权属证明、房屋租赁协议，可证明尼某涛在公司设立前期为公司支出租金62405元，本院予以确认。3. 关于向S科技公司支出代理费用支出，尼某涛举证有《合作协议》及证人陈某燕的证言，证实其支出费用为12万元，王某芳质证认为，对合作协议真实性予以认可，但与本案无关联性，同时认为证人证言不实，无法证明待证事实。本院认为，审查涉案之合作协议与证人陈某燕的工作证明及证言（其当庭陈述："我就职于S科技公司……这个协议是我代表签订的……我有跟对方谈这个事情，价格是12万元……我看到尼某涛现金支付给我公司财务"），可证实尼某涛曾代表教育科技公司与S科技公司订立协议并支付12万元，本院对此予以确认。4. 关于购买乐器支出，尼某涛举证有《乐器购买委托协议》《乐器设备照片》等证据，王某芳质证认为，对该组证据的真实性、合法性、关联性均不予认可，未经清算无法确认照片中的物资为个人物资或公司物资。在本案审理期间，经尼某涛申请，本院审判人员到涉案公司所在地进行现场勘察，经比对《乐器购买委托协议》与现场乐器，发现现场所摆放的乐器中，佩卓夫125钢琴1台、佩卓夫116钢琴1台、古筝4台、吉他13把、行进大鼓4个、小军鼓10个、架子鼓（电）2个、架子鼓（红色）1个、葫芦丝19个等乐器与《乐器购买委托协议》所载明的情况相符，由此可证明尼某涛确曾采购过相关乐器，经比对《扩声设备系统方案》与现场音箱等设备，发现现场摆放的音箱、卡拉OK合并式功放、电脑点歌机、无线手持话筒及触摸屏系统等设备，与《扩声设备系统方案》中的相关设备基本相符，前述价值按照《乐器购买委托协议》《扩声设备系统方案》中载明的价格核算，支出至少应在11万元。综合以上各项支出，尼某涛的支出已达60万元以上。至于王某芳提出，公司在成立前期亦有收益一节，经查尼某涛提供的证人李某成证言，其在庭审中在回答王某芳代理人询问“开支七八万元，收学员多少”时陈述：“（共招收学员）200多个。两百个学生活动价是一人198元。”此项陈述虽有述及公司在成立前期亦有收入情况，但前提仍是建立在员工等开支为七八万元之上，故无法径行认定尼某涛的收益情况。

综合以上两个方面的分析，本院认为，尼某涛所述“将实缴资本转出系用于支付股东在公司成立前期所支出的费用”情况属实，该行为未损害到公司的利益，不应认定为抽逃出资。

据此，依据《中华人民共和国公司法》第三十五条、《公司法司法解释（三）》第十二条、《中华人民共和国民事诉讼法》第六十四条第一款之规定，判决如下：

驳回原告王某芳的全部诉讼请求。

王某芳不服原审判决，提起上诉。

福建省厦门市中级人民法院经审理认为：根据在案证据及庭审

查明的事实，尼某涛作为教育科技公司的股东，在公司设立时已经履行了股东的出资义务。对于公司设立后转出的60万元款项，尼某涛也举证证实系用于支付其个人在公司创立初期垫付用于租赁场地、装修场所、购买乐器设备等的资金，该做法并未违反法律法规的强制性规定，也未损害公司利益，一审法院据此认定尼某涛的行为不构成抽逃出资，合理合法，并无不当。王某芳的上诉理由缺乏事实和法律依据，不能成立，依法予以驳回。一审判决认定事实清楚，适用法律正确，依法予以维持。依照《中华人民共和国民事诉讼法》第一百七十条第一款第一项之规定，判决如下：

驳回上诉，维持原判。

【法官后语】

资本制度是公司制度的核心，公司的信用基础取决于公司资本。因此，资本维持原则要求公司在存续过程中保持与公司资本相当的公司财产，具体表现之一就是禁止抽逃出资。实践中，个别股东在实缴出资后通过各种方式将出资抽回，用于个人周转或其他目的；但由于抽逃出资通常具有模糊性和隐蔽性，与公司正常使用资金行为之间的界限不明晰，这使得抽逃出资在个案中很难被认定。本案对股东将实缴资本转出用于支付股东在公司成立前期所支出的费用这一行为进行认定，从特殊到一般，总结出抽逃出资的构成要件，对于统一抽逃出资的认定标准具有积极意义，同时也有利于公司资本维持原则的践行。

一、抽逃出资行为的认定

认定抽逃注册资金的要件有两个，一个是形式要件，包括“将出资款转入公司账户验资后又转出”“通过虚构债权债务关系将其出资转出”等《最高人民法院关于适用〈中华人民共和国公司法〉若干问题的规定（三）》第十二条规定的各种具体情形。另一个是实质要件，即“损害公司权益”。若仅符合法律规定的形式要件，但不符合“损害公司权益”这一实质要件，不应认定该行为构成抽逃出资。判断是否符合“损害公司权益”这一实质要件，就要判断是否违反了资本维持原则，体现为公司资本或股本的减少。

本案中，形式构成要件上，尼某涛为公司成立前期垫付的资金，均有相应的合同和资产佐证，与公司构成债权债务关系，不符合“通过虚构债权债务关系将其出资转出”的行为构成要件。实践中造成该种争议的原因在于有限责任公司经营权与所有权分置不明确，公司成立初期需要购置大量的经营性资产，资金来源紧张且紧迫，除了股东缴纳实际出资，仍需要外部资金投入，方能保证公司运转。股东此时既是股权所有者也是公司经营者，一方面享受公司的利润分配；另一方面负责公司的正常经营。而公司的正常运营与股东的利益密切相关，股东在公司成立初期相较于外部投资人更愿意为公司垫付资金购置资产或者签订与经营相关的合同。实质构成要件上，尼某涛前期垫付资金与其实缴资本之间是性质相异的两笔资金，前者使尼某涛成为公司的债权人，后者使其成为公司的股东。因尼某涛前期垫付的资金，公司获得了相应的资产，包括房屋装修成果、房屋使用权、合作协议上之利益、乐器等，公司后期返还相应费用，并不会导致资产减少。若是返还实缴出资，而尼某涛仍享有股东权利，公司仍要向尼某涛分配利润，此时公司资产减少，构成抽逃出资。因此，本院认定本案案涉资金的转出不构成抽逃出资。

二、对于抽逃出资行为的举证责任分配

基于股东抽逃出资义务存在隐蔽性和欺诈性等特点，其行为很难为作为原告的公司、其他股东、债权人知晓（三者按照举证能力强弱排列，公司最强，其他股东次之、债权人举证能力最弱)，证明抽逃出资义务的证据距离原被告的远近不同（被告距离近，原告距离远)，原、被告对于抽逃出资义务的信息获取也明显不对称，故如果按照举证责任分配的一般规则即“谁主张，谁举证”，让原告对被告股东是否抽逃出资义务的事实承担举证责任，将会产生明显不公平的结果，导致诉讼利益的失衡。故《最高人民法院关于适用〈中华人民共和国公司法〉若干问题的规定（三）》第二十条规定，当事人之间对是否已履行出资义务发生争议，原告提供对股东履行出资义务产生合理怀疑证据的，被告股东应当就其已履行出资义务承担举证责任。依据该条规定，一方面，考虑到原告在举证上处于劣势，而被告股东具有举证上的优势，应由被告股东举证证明其已经履行义务。另一方面，为防止原告滥诉未简单规定为举证责任倒置，同时要求原告应提供能够产生合理怀疑的初步证据后再将举证责任倒置。在司法实践中，初步证据一般是仅要求原告能提出对股东存在抽逃出资产生合理怀疑的表面证据或者证据线索即可。本案中，原告初步举证证明在账面上60万元从公司账户转入尼某涛账户，产生抽逃出资的合理怀疑。尼某涛举证证明该金额系公司返还其垫付的前期费用，不构成抽逃出资，尼某涛须举证证明其垫付的前期金额大于60万元。因尼某涛能够证明其垫付的金额大于60万元，所以本院对其抽逃出资的行为不予认定。

在证明对象上，判断是否存在虚假债权债务关系，商业交易是否真实正常，要调查交易对象是否存在、与涉嫌侵占人有无非正常关系，交易标的、数量是否为生产经营所必需，交易价格与市场价格有无巨大悬殊，交易方式是否符合市场规则和法定规则，等等。具体到本案中，本院对案件的关键证据进行严格审查。本案从尼某涛提出其为公司成立初期经营垫付资金所涉及的交易本身真实性出发，严格审查证据链条的完整性，对合同存在的真实性、合同生效要件、约定商品与实际交付商品是否相符、多个法律关系的客观事实是否相符、证据印证规则、关联性认证等一系列方面进行综合分析，发现被告尼某涛前期垫付资金所涉交易皆存在真实性，最终驳回了原告的诉讼请求。

将实缴资本转出用于支付股东在公司成立前期所支出的费用的行为并未损害公司的利益，不违反资本维持原则，不应认定为抽逃出资。在认定该行为是否构成抽逃出资时，应严格证据证明规则，要求形成完整的证据链条，尤其要判断案涉交易是否真实存在、交易合同与交易标的是否相符等。举证责任分配上，原告必须举出初步证据，让法官产生对被告的合理怀疑；然后再施行举证责任倒置，由与交易密切相关的被告进行举证。

编写人：福建省厦门市集美区人民法院　黄湧

厦门大学法学院在读研究生　李玲玉

028　出资人以合同目的不能实现为由解除出资协议的司法认定

——田某虎诉电气公司股东出资案

【案件基本信息】

1. 裁判书字号

北京市第三中级人民法院（2018）京 03 民终 12995 号民事判决书

2. 案由：股东出资纠纷

3. 当事人

原告（被上诉人）：田某虎

被告（上诉人）：电气公司

【基本案情】

电气公司成立于2015年，注册资本为4888万元。田某虎原系电气公司员工。2017年3月22日、23日、27日，电气公司先后向田某虎出具三张收据，载明收到入资款20万元、7万元、5万元，收款单位处均加盖电气公司财务专用章，共计32万元。银行交易明细显示田某虎向电气公司股东牛某国、李某转账共计25万元；田某虎称电气公司欠付其工资和提成共计7万元直接转为入资。

一审中，电气公司提交股东名册和出资证明书，载明田某虎为电气公司股东，出资32万元，已实际到位，出资日期为2017年5月17日。

工商登记信息显示，电气公司股东为牛某国和李某，牛某国出资3421.6万元，李某出资1466.4万元，合计为4888万元。工商登记的股东中并无田某虎。

田某虎称其多次要求电气公司办理出资证明和变更股东工商登记，电气公司一直未予办理，导致合同目的无法实现，故起诉至法院，请求：解除田某虎与电气公司之间的口头入股协议，并判令电气公司返还田某虎出资款32万元。电气公司辩称田某虎已获得电气公司的股东身份，双方口头协议并未约定变更工商登记，故不同意田某虎的诉讼请求。

【案件焦点】

1. 在欠缺书面出资协议的情况下，如何认定投资款的性质；2. 诉争口头出资协议是否因合同目的无法实现而解除。

【法院裁判要旨】

北京市通州区人民法院经审理认为：电气公司未明确田某虎出资性质，亦未明确将哪位股东的股权转让给田某虎，且未将田某虎的股东身份向公司登记机关办理登记，故田某虎向电气公司出资的权益无法得到保障，其出资的目的亦无法实现，其有权行使解除权。

北京市通州区人民法院依照原《中华人民共和国公司法》第三十一条、第三十二条，原《中华人民共和国合同法》第九十四条第四项、第九十七条，作出如下判决：

一、确认田某虎与电气公司的入股协议于 2018 年 7 月 24 日解除；

二、电气公司退还田某虎入资款 32 万元。

电气公司不服一审判决，提起上诉。

北京市第三中级人民法院经审理认为：从股权取得的途径来看，股权取得包括原始取得和继受取得。电气公司否认系通过股权转让，田某虎亦非在公司设立时认购股份；则可排除继受取得和设立时原始取得股权的途径，那么田某虎应为公司设立后原始取得股权，即通过公司增资而入股公司。增资系公司的重大变更，须严格遵循法定程序。现电气公司的注册资本金并未增加，电气公司亦未提交增资的股东会决议或履行了增资的法定程序。故电气公司未能对田某虎的出资提供合法依据。

从入资协议的合同目的来看，第一，田某虎在向电气公司交付出资款后，电气公司并未对田某虎的股东身份向公司登记机关进行变更登记；第二，虽电气公司向法院提交了出资证明书及股东名册，但田某虎否认在诉讼前收到上述文件，故不排除上述文件系电气公司为了应对本案诉讼而临时制作；第三，自田某虎交付出资款后，电气公司未曾召开股东会，田某虎亦无法知晓公司的实际经营管理状况。因电气公司的上述行为，致使田某虎入资电气公司、实际行使股东权利、保障股东权益的合同目的无法实现，田某虎有权要求解除诉争入股协议。

北京市第三中级人民法院依照《中华人民共和国民事诉讼法》第一百七十条第一款第一项的规定，作出如下判决：

驳回上诉，维持原判。

【法官后语】

本案是一起典型的投资人因出资协议合同目的不能实现而主张解除出资协议的股东出资纠纷。仅同意或者实际向公司转移财产权利并不构成出资，财产移转的背后可能指向多种法律原因，在判断双方之间是否存在出资协议时，关键要看当事人之间是否存在让渡财产权利换取公司股权和股东资格的出资合意，同时还需结合双方的后续履行情况予以考察。

一、欠缺书面出资协议时对出资合意的认定

在欠缺书面出资协议的情况下，仅有投资人向公司转移财产，不足以认定构成出资，须审查是否存在出资的合意。本案中，虽然目标公司向投资人出具收据载明为出资款，但由于缺乏书面出资协议，投资人与目标公司对出资的性质、股权的份额均未能明确。

对于股权的来源，学理上可分为原始取得与继受取得。[①] 股权的来源决定了股权变动模式、股权性质及具体的交易结构。在欠缺书面协议的情况下，可通过分析股权的来源来审查和还原交易的合意。本案中，电气公司虽对田某虎出具入资款收据，但对出资的性质未能明确。对此，合议庭分析：首先，电气公司否认系股权转让，故排除了股权的继受取得；其次，田某虎出资时电气公司已经设立，故排除了公司设立时原始取得。那么田某虎出资的性质只能是公司设立后的原始取得，即通过电气公司增资扩股而直接向公司认购股份。而本案中，电气公司并未提交相关证据证明其进行过增资扩股，故田某虎的出资实际并无对应的股权。

二、出资协议合同目的不能实现的认定

出资系股东向公司让渡财产权而换取股权、获得股东资格的行为[②]。出资人签订出资协议的合同目的不仅包含完成股权的交易，更包含出资人能实际享有股东权利。对股权交易合同目的能否实现的判断需通过相应的形式要件和实质要件进行判断。形式要件的审查包括对公司章程、股东名册、出资证明书、工商登记等形式载体的审查；而且实质要件的审查主要体现在能否实际行使股权对应的社员权和财产权方面。

第一，形式要件审查。首先，在内部登记上，需审查公司是否颁发出资证明书和记载于股东名册。通说认为，出资证明书和股东名册具有证权效力[③]，其效力及于公司与股东之间，以此可以推定登

① 李建伟：《公司法学》，中国人民大学出版社 2011 年版，第 231 页。

② 王军：《中国公司法》，高等教育出版社 2015 年版，第 109 页。

③ 最高人民法院民事审判第二庭编：《最高人民法院关于公司法解释（三）、清算纪要理解与适用》，人民法院出版社 2016 年版，第 360~361 页。

记之人为股东，但并不具有设权效力。本案中，电气公司虽在诉讼中提交了出资证明书和股东名册，但田某虎否认在诉讼前收到过上述文件，故不能排除上述文件系为了应对本案诉讼而临时制作。其次，在外部登记上，需审查是否变更工商登记。股东工商登记亦属证权性登记，可以作为证明股东资格和对抗第三人的表面证据。本案中，田某虎出资的性质应为认购公司增资。公司增资系重大事项，须严格遵循法定程序。但工商登记显示电气公司并未进行注册资本的变更，电气公司亦未提交增资的股东会决议。故电气公司未能对田某虎的出资提供公示公信之保障。

第二，实质要件审查。法院需审查出资人是否实际享有股东权利及参与公司治理。实际行使股权和参与公司治理是获得股东资格的结果，但并不妨碍"实际行使股权"这一事实特征作为认定股东身份的依据。[①] 本案中，田某虎交付出资款后，电气公司并未召开股东会或作出股东会决议，田某虎难以通过参与公司治理实际行使股东权利。

编写人：北京市第三中级人民法院　田璐　王天冕

① 李建伟：《公司法学》，中国人民大学出版社2011年版，第167页。

029 未依法履行出资义务的股东对公司债权人承担何种责任

——投资公司诉煤炭公司股东出资案

【案件基本信息】

1. 裁判书字号

北京市高级人民法院（2016）京民终字第139号民事判决书

2. 案由：股东出资纠纷

3. 当事人

原告（上诉人）：投资公司

被告（被上诉人）：煤炭公司

【基本案情】

投资公司受让取得对L公司的债权。法院对L公司强制执行，因L公司无财产可供执行，法院终结本次执行程序。上海市第一中级人民法院（以下简称上海一中院）他案生效判决确认，L公司于2000年7月5日注册设立，注册资本为1.2亿元，法定股东包括设备公司（应出资600万元）等5家法人股东，但该5家股东均没有将出资款项直接交付给L公司的记录，其他某公司曾于2000年6月7日支付L公司1.2亿元，同日又转回该公司账户内。基于上述事实，上海一中院判令设备公司等股东在各自应出资范围内对该案确认的L公司债务承担连带清偿责任。

投资公司主张因煤炭公司吸收合并设备公司，故依照《最高人民法院关于适用〈中华人民共和国公司法〉若干问题的规定（三）》

第十三条第二款及第三款的相关规定，煤炭公司应在其对L公司不实出资的600万元本息范围内，就L公司债务承担赔偿责任，并就其他股东对L公司不实出资所应承担的赔偿责任承担连带责任。投资公司提交了相关的裁判文书及《煤炭公司改制项目资产评估报告书》《关于注销设备矿产进出口公司的批复》《企业注销登记申请书》《关于煤炭公司企业改制方案的批复》《企业变更（改制）登记（备案）申请表》予以证明。

煤炭公司抗辩称，1. 煤炭公司未并购设备公司。2. 设备公司在注销时已刊登公告，但投资公司未申报债权。3. 上海一中院的判决已就本案相同的事实对煤炭公司与其他股东的责任作出生效判决。4. 煤炭公司不应对其他股东的责任承担连带责任。5. 煤炭公司不是L公司的发起人，不应适用《最高人民法院关于适用〈中华人民共和国公司法〉若干问题的规定（三）》的规定。煤炭公司提交了《设备公司清算审计报告》、注销公告等予以证明。

【案件焦点】

1.《最高人民法院关于适用〈中华人民共和国公司法〉若干问题的规定（三）》是否适用于本案；2. 煤炭公司是否应在其对L公司未出资的600万元本息范围内，就L公司的债务向投资公司承担赔偿责任；3. 煤炭公司是否应对L公司其他股东未履行出资义务所应承担的赔偿责任承担连带责任。

【法院裁判要旨】

北京市第二中级人民法院经审理认为：双方提交的关于设备公司改制、注销的材料均显示设备公司于2006年整体合并到煤炭公司，可以认定煤炭公司吸收合并设备公司，故根据《中华人民共和国公司法》(2013 年修正)［以下简称《公司法》(2013)］第一百七十四条的规定，设备公司的债权债务由煤炭公司承继。

因 L 公司于 2000 年 7 月 5 日注册成立，故确定 L 公司股东未履行出资义务的法律后果，应依据 L 公司设立时正在施行的法律法规和司法解释，而不应依据《公司法》(2013) 及《最高人民法院关于适用〈中华人民共和国公司法〉若干问题的规定（三）》的规定。

《中华人民共和国公司法》(2004 年修正)［以下简称《公司法》(2004)］第二十五条第一款规定了股东的出资义务，明确规定股东向公司足额缴纳出资是其法定义务。故煤炭公司在设立 L 公司时对出资义务应当是明知的。该法第三条第二款及第四条第二款规定了公司的法人财产权，其法人财产是对外承担债务的责任财产。煤炭公司未依法履行出资义务，使得 L 公司的法人财产权处于不确定和不充实的状态，降低了 L 公司偿债能力，煤炭公司的行为客观上侵害了投资公司的利益。故煤炭公司在对 L 公司未出资的 600 万元本金范围内，就 L 公司未能清偿的债务承担赔偿责任，并未给煤炭公司带来额外的负担，亦未超出煤炭公司的合理预期，对投资公司该项主张，应予支持。但其关于煤炭公司还应以该未出资本金 600 万元所产生的利息，对 L 公司的债务承担赔偿责任的主张，缺乏法律依据，不予支持。

因《最高人民法院关于适用〈中华人民共和国公司法〉若干问题的规定（三）》并不适用于本案，且《公司法》(2004) 中没有公司发起人应对其他未出资股东的赔偿责任承担连带责任的相关规定，上述责任已经超出了煤炭公司的合理预期。故对投资公司该项主张，不予支持。综上，北京市第二中级人民法院作出如下判决：

一、煤炭公司于判决生效之日起十日内，在其未出资的 600 万元范围内，对北京市第二中级人民法院（2007）二中民初字第01131号民事判决确定的朗润控股有限公司债务中未清偿的部分，向投资公司承担赔偿责任；

二、驳回投资公司的其他诉讼请求。

投资公司认为本案应适用《最高人民法院关于适用〈中华人民共和国公司法〉若干问题的规定（三）》，故提起上诉。

北京市高级人民法院经审理认为：L公司于2000年7月设立，当时的法律及司法解释均没有有限责任公司未缴纳出资的设立股东补缴出资时应当支付利息，以及要对其他未出资股东的补充赔偿责任承担连带责任的规定。根据《中华人民共和国民法通则》第八十七条的规定，连带债务应当依法律规定或当事人约定而发生。L公司设立时的公司法并未有未缴纳出资的设立股东补缴出资时要支付利息，以及对其他未缴纳出资股东的补充赔偿责任承担连带责任的规定，L公司章程中亦未有相应规定。因此，投资公司的上诉主张，已经超出了煤炭公司在设立L公司时对其所应承担的股东责任的合理预期。

北京市高级人民法院判决如下：

驳回上诉，维持原判。

【法官后语】

本案是债权人因债务人的发起人股东未依法全面履行出资义务而要求发起人股东承担相应责任的纠纷。

从公司法条文来看，股东未依法全面履行出资义务，有权要求该股东承担相应责任的主体包括公司及其他股东，并不包括公司的债权人。但是，如果股东未依法全面履行出资义务，违反了公司资本维持原则和资本充实原则，使得公司资本处于不确定和不充实状态，既损害公司利益，也损害公司债权人利益。最高人民法院根据公司法的原则和精神，并借鉴学理上已被广为接受的债权人代位权理论和侵害债权理论，通过《最高人民法院关于适用〈中华人民共和国公司法〉若干问题的规定（三）》第十三条和第十四条的规定，完善了督促股东依法全面履行出资义务的制度，明确规定公司债权人就其未获清偿的债权有权要求未依法全面履行出资义务的股东承担相应责任，包括在未出资本息范围内对公司债务未清偿的部分承担补充赔偿责任，发起人股东还应对上述补充赔偿责任承担连带责任。公司注册资本实行认缴制后，出资期限未届满的股东享有期限利息，但在特定情形①下，股东也可能对公司不能清偿的债务承担补充赔偿责任。

法律的价值就在于平衡各方主体的利益，法律责任不能超出当事人的正当预期，不能损害其信赖利益，基于此，《中华人民共和国立法法》第一百零四条明确规定了法不溯及既往的基本原则。本案中，L 公司成立于 2000 年 7 月 5 日，设备公司作为其股东未依法全面履行出资义务所应承担的法律责任，应当依照当时施行的法律法规和司法解释，否则，要求设备公司承担额外的责任，超出了其合理预期。股东应当依法全面履行出资义务，这是公司法条文本身的应有之义，投资公司要求设备公司在其应出资的 600 万元范围内承担相应责任，并未超出设备公司的合理预期。而无论是关于利息的主张还是对其他有关股东的责任承担连带责任的主张，当时的法律

① 《全国法院民商事审判工作会议纪要》第六条规定了 2 种情形，包括：(1) 公司作为被执行人的案件，人民法院穷尽执行措施无财产可供执行，已具备破产原因，但不申请破产的；(2) 在公司债务产生后，公司股东（大）会决议或以其他方式延长股东出资期限的。

法规和司法解释均没有规定，设备公司对此无法预见，投资公司的上述两项主张，既缺乏法律依据，也缺乏合同依据，不应得到支持。

编写人：北京市第二中级人民法院　陈洋

030　对专有技术出资的认定
——聚氨酯公司诉段某芦、邹某仙股东出资案

【案件基本信息】

1. 裁判书字号

上海市第一中级人民法院（2015）沪一中民四（商）终字第1759号民事判决书

2. 案由：股东出资纠纷

3. 当事人

原告（上诉人）：聚氨酯公司

被告（被上诉人）：段某芦

被告（被上诉人）：邹某仙

【基本案情】

2001年4月，案外人塑料公司作为甲方，两被告作为乙方，签署了《聚氨酯公司合同》（以下简称合资合同），约定甲乙双方共同投资设立原告，投资总额为500万元，注册资本为500万元，其中甲方以设备和现金出资325万元；乙方以D-001专有技术作价175万元投入合资公司。合同附件三名称为《水性聚氨酯胶粘剂专有技术作价出资协议书》（以下简称作价出资协议书），内容涉及：两被告向原告转让D-001产品系列技术，并对专有技术内

容、工艺文件、性能、作价等进行了约定。

2001 年 4 月，塑料公司和两被告依照合资合同约定，共同制定了原告的公司章程，章程中载明两被告认缴的出资额为 175 万元，其中专有技术 175 万元。2002 年 4 月 8 日，上海市外国投资工作委员会作出了设立原告的批复。2002 年 6 月 30 日，原告、两被告及案外人塑料公司共同签署了《专有技术投入交接书》，确认 D-001 专有技术作为对原告的投资，已移交给原告。2002 年 7 月 25 日，资产评估事务所出具评估说明，结论为系争专有技术价值为 177.99 万元。

2002 年 1 月 18 日，两被告向国家知识产权局提交了发明专利申请。2009 年 6 月 10 日，国家知识产权局授予两被告《发明专利证书》，发明名称为“用作胶粘剂和涂料的水性聚氨酯分散液及其制备”。

2010 年，因两被告与案外人塑料公司就合资合同产生争议，两被告作为申请人，以案外人塑料公司作为被申请人，向中国国际经济贸易仲裁委员会上海分会提出仲裁申请，仲裁庭制作了裁决书认为：申请人已经将其专有技术投入合资公司，而被申请人未按约定投入第二期资金。申请人投入的是专有技术，申请人依赖其技术获取收益只能来源于与被申请人共同投资设立的合资公司投资回报。最终裁决《聚氨酯公司合同》自本裁决作出之日起终止。

2014 年 1 月 2 日，两被告以化工公司侵犯其专利权为由，向二中院提起诉讼，在该案 2014 年 2 月 13 日的证据交换过程中，被告段某芦述称：专利技术和专有技术范围不一样，专利范围比专有技术窄。

另，原告已成立了清算组，2014 年 8 月 20 日，清算组作为询证人、两被告及案外人塑料公司作为被询证人，召开了询证会，并形成一份《关于聚氨酯公司相关无形资产情况询证会决议》（以下简称询证会决议），内容涉及：被询证人达成一致意见，根据双方合同，原告拥有对水性聚氨酯胶粘剂 D-001 专有技术在中国境内的使用权。两被告拥有包含该项技术的所有权。2014 年 12 月 8 日，案外人塑料公司向原告的清算组出具一份说明，内容涉及：询证会决议并不表示该公司放弃对水性聚氨酯胶粘剂 D-001 专有技术所有权的权益主张，一切应以双方合资签订的合同和相关文件为最终依据。

原告认为，被告在获得专利证书后，一直隐瞒该事实，故意不将涉案专利变更权属至原告名下，利用原告的财产对外牟取不当利益，故诉至法院，请求判决：1. 两被告自判决生效之日起 30 内，向有关机关申请将专利号为 ZL02110585.5 的发明专利权属变更至原告名下；2. 两被告向原告支付违约赔偿金 50 万元；3. 本案诉讼费用由两被告承担。

被告段某芦、被告邹某仙辩称：不同意原告的诉讼请求。第一，被告用于出资的是专有技术，不是发明专利，原告要求被告将发明专利权属变更至原告名下没有依据。被告已经完成了出资义务，所有的专有技术已经投入原告公司。第二，原告与两被告之间没有任何约定，不存在违约金的问题。

【案件焦点】

1. 双方当事人争议的专有技术 D-001 出资是使用权出资还是所有权出资，两被告是否履行了相应的交付义务（两被告出资是否到位）；2. 本案系争专利与专有技术 D-001 是否为同一项技术，原告要求变更权属的诉讼请求是否能够得到支持。

【法院裁判要旨】

上海市浦东新区人民法院经审理认为：

关于第一个争议焦点。首先，从作价出资协议书来看，各方约定两被告向原告“转让专有技术”，使用的动词为“转让”并非“授权”，其标的指向是“专有技术”而非“专有技术使用权”。其次，合资合同签订于2001年，根据当时的《中华人民共和国公司法》第三条和第四条的规定，公司享有由股东投资形成的全部法人财产权，依法享有民事权利，承担民事责任。公司以其全部资产对公司的债务承担责任。如果两被告仅以D-001专有技术使用权出资，则原告在对外承担责任时相应的财产权是无法转让的，难以保障原告的权利以及原告债权人的权利。最后，对于两被告提出依照《关于以高新技术成果出资入股若干问题的规定》第六条的规定和合资合同第十七条的约定，两被告系以D-001专有技术使用权出资的意见，因“专有技术”具有“无形性”“非独占性”的特点，上述规定和约定仅是对原告所有的D-001专有技术所有权进行了一定的限缩，不能据此认为两被告是以专有技术使用权出资，否则会将两被告对原告的出资变为许可使用，不符合法律规定，也不符合中外双方的本意。另外，在两被告与案外人塑料公司的仲裁争议中，仲裁庭也认为两被告依赖其技术获取收益只能来源于合资公司（原告）的投资回报。也就是说，仲裁庭也认为两被告将D-001专有技术投入原告公司后，除依法收取投资回报外，已经没有其他获取收益的途径。因此，两被告应当是以D-001专有技术的所有权作为出资投入原告公司。对于两被告提供的询证会决议，法院认为，该决议系股东内部协议，可能会损害公司债权人的利益，不符合有关法律规定，案外人塑料公司此后也明确予以否认，故法院对该决议不予认可。

关于两被告是否履行了出资义务。首先，从原告提供的《专有技术投入交接书》来看，两被告已经将 D-001 专有技术移交给原告。其次，双方在庭审中均确认，原告已经使用上述专有技术生产了 D-001 产品。另外，在两被告与案外人塑料公司的仲裁争议中，仲裁庭也认定两被告已将 D-001 技术投入原告公司中。因此，可以认定两被告已经履行了出资义务。

关于第二个争议焦点。法院认为，两被告是将 D-001 专有技术的所有权作为出资投入原告公司，根据法律规定，D-001 专有技术应属于原告的公司财产，两被告不得取回。专有技术最为关键的特征在于它的秘密性，专有技术之所以有出资价值，也在于它具有秘密性。如果两被告将 D-001 专有技术申请了专利权，由于其技术的内容已经以专利说明书和权利要求书的方式向公众公开，已经失去了秘密性，也丧失了作为专有技术的价值，其价值就从原来依托于其秘密性而转化为依托于专利权的排他性的特权。因此，假如 D-001 专有技术的内容与系争专利权所涉及的权利内容相一致，由于专利权在两被告手中，那么，这项专有技术的价值就会因依托于专利权的排他性特权而重新回到两被告手中，实质上就相当于两被告收回了对原告的出资，属于违反法律规定的行为。因原告的诉讼请求是要求将系争专利的权属变更至原告名下，原告认为系争专利与两被告用于出资的专有技术具有同一性，而两被告并不认可，根据举证责任分配的原则，原告应当对其主张承担举证责任。因原告撤回了对系争专利和专有技术的一致性进行司法鉴定的请求，法院在听取了双方意见、研读了系争的作价出资协议书、评估说明、发明专利的权利要求书和说明书之后，认为从现有证据来看，D-001 专有技术与系争专利并不完全相同，原告要求将系争专利权属变更至原告名下的理由并不充分。

综合以上两个争议焦点，因两被告已经向原告交付了 D-001 专有技术，履行了相应的出资义务，而 D-001 专有技术与系争专利并不完全一致，故对于原告要求两被告变更专利权属、承担违约责任的诉讼请求难以支持。

上海市浦东新区人民法院作出判决：驳回原告聚氨酯公司的诉讼请求。

一审判决后，原告不服提起上诉。

上海市第一中级人民法院经审理认为：原告聚氨酯公司作为主张系争专利和专有技术具有同一性的一方，应就此承担举证责任。根据在案证据，不能认定系争专有技术和专利等同。理由主要如下：1. 聚氨酯公司作为权利主张方，应当提供原始的专有技术交接技术资料，以供比对，但聚氨酯公司未能提交。并且，双方在一审法院的主持下，也未能就当初移交的专有技术资料的核心内容事后达成一致意见。2. 双方在合资合同中约定的专有技术内容，和专利权利要求书载明的核心技术不同。3. 专有技术和专利技术在固化剂、涂料使用方面存在区别。4. 聚氨酯公司提供的测试报告等资料，是对产品性能是否达标的测试数据，并不涉及产品配比核心内容，因此对于证明两者关系方面，不具有证明力。

综上所述，系争专有技术和专利不具有同一性。

上海市第一中级人民法院判决：驳回上诉，维持原判。

【法官后语】

一、对专有技术出资的认定

专有技术，又称非专利技术，一般是指未经公开，也未申请专利，但为发明人所拥有、并采取措施予以保密的，具有实用价值的各种技术和经验。非专利技术曾出现在1987年《中华人民共和国技术合同法》和1993年《中华人民共和国公司法》之中。1999年《中华人民共和国合同法》出台后，使用了“技术秘密”一词，《中华人民共和国民法典》继续沿用了这一表述。《中华人民共和国公司法》于2005年修订后，开始以知识产权涵盖非专利技术。

专有技术出资应当符合非货币财产出资的要件。因专有技术不具备公示手段，无法办理变更登记，在审查技术交付情况时，可以通过审查相关图纸、数据、技术成品、配方、工艺程序等技术资料的转移情况来判断股东是否已向公司交付专有技术。本案中，根据《专有技术投入交接书》，结合系争技术已经投入公司生产使用的事实，可以认定被告已经向公司移交了相关技术，履行了出资义务。

二、对抽逃出资的认定

专有技术具有保密性的特点。股东以专有技术出资以后，如就同一技术申请专利，将使得原专有技术失去保密性，从而导致其价值减损，甚至丧失殆尽。同时，股东基于技术专利重新取得对技术的控制权，相关的经济利益重新归属股东，实际上达到取回出资的效果。如果股东就同一技术申请专利，应当认定其行为构成抽逃出资。

三、关于举证责任的分配

在双方就股东申请专利行为是否构成抽逃出资发生纠纷时，首先应当审查专有技术和专利技术是否具有同一性。根据“谁主张，谁举证”的规则，原告应当就专有技术和专利技术同一性承担举证责任。但在上述案件中，原告未能完成举证责任。法官通过审查系争的作价出资协议书、评估说明、发明专利的权利要求书等相关文件，将两者的技术内容进行比对，认定两项技术不具有同一性，故驳回了原告要求被告将相关专利权变更至原告名下的诉讼请求。假设本案原告举证证明系争专有技术和发明专利具有同一性，则原告可以据此要求被告承担相应的责任。

编写人：上海市浦东新区人民法院　陈巨澜

四、新增资本认购纠纷

031 未经授权控股股东代表公司签字行为的法律效力认定

——左某诉某投资公司、任某新增资本认购案

【案件基本信息】

1. 裁判书字号

北京市第三中级人民法院（2020）京03民终2510号民事判决书

2. 案由：新增资本认购纠纷

3. 当事人

原告（上诉人）：左某

被告（被上诉人）：某投资公司、任某

【基本案情】

2016年12月31日，某投资公司（甲方）与左某（乙方）签订《增资扩股协议》，约定基于目标公司已参与了北京某科技公司的股份改制，甲方通过向北京某科技公司增资1000万元获得5%的股份（以下简称A股份），同时又向某生物技术股份公司以货币形式出资1000万元购买其所拥有北京某科技公司的5%股份（以下简称B股份），基于甲乙双方协商同意乙方出资200万元货币金额增资甲方股份，作为定向资金购买乙方在B股份中的20%股份比率。

2018年10月17日，任某与左某等5人签订《补充协议》，该

协议首部列明甲方为某投资公司，法定代表人为任某，乙方为左某等5人，丙方为任某，约定某投资公司行使退出权利后，收到足额退还的增资款1000万元和股权出资款1000万元后，在10个工作日内，按照《增资扩股协议》乙方每个人的实际投资款本金数额，转账划款到乙方指定账号；丙方对上述条款承担担保责任。任某在该协议甲方处及丙方处签字。

左某提交一份《承诺书》，内容为：2019年3月1日，某投资公司负责人任某在股东会议承诺将集团公司返回的投资款本金、投资收益，投资本金2000万元、投资收益400万元，按照年化率10%，2年期，返还投资人，基金公司扣除收益2%。2019年3月31日前返还投资人，逾期未退回则按照金额0.5%收取滞纳金。该《承诺书》落款处打印了“投资基金公司（公章）负责人签字：2019年3月1日”的内容，任某在负责人处签字。

左某主张其只收到退回的投资款200万元，故诉至法院，要求某投资公司给付左某投资收益40万元及逾期付款违约金，任某承担连带责任。某投资公司、任某表示任某虽为控股股东，但公司法定代表人为胡某，签署《承诺书》时具备法定代表人签字及盖章的条件，正因《承诺书》不被某投资公司认可，因此没有法定代表人签字及盖章，任某的签字行为不发生法律效力。

【案件焦点】

1. 控股股东任某在《承诺书》中的签字行为是否对某投资公司发生法律效力；2. 任某是否应承担责任。

【法院裁判要旨】

北京市朝阳区人民法院经审理认为：第一，左某与某投资公司签订的《增资扩股协议》，以及左某与某投资公司、任某签订的《补充协议》，系当事人的真实意思表示，并不违反法律、行政法规的强制性规定，应属有效。第二，上述两份协议中，并未约定某投资公司、任某应当在2019年5月31日前给付左某投资款本金及投资收益40万元，现左某要求某投资公司、任某支付投资收益及违约金的依据是《承诺书》，该《承诺书》并未加盖某投资公司的公章，而是由任某在某投资公司负责人处签字，但某投资公司和任某均主张任某并未取得某投资公司的授权，左某也不能证明任某已取得某投资公司的授权，故该《承诺书》对某投资公司没有约束力，左某要求某投资公司支付投资收益及违约金缺乏依据，一审法院不予支持。三、任某在《承诺书》上签字，并不是表示其个人给付左某投资款本金、投资收益，左某要求任某支付投资收益及违约金也没有充分依据，一审法院不予支持。

北京市朝阳区人民法院依照《最高人民法院关于适用〈中华人民共和国民事诉讼法〉的解释》第九十条的规定，判决如下：

驳回左某的诉讼请求。

左某不服一审判决，提起上诉。

北京市第三中级人民法院经审理认为：在签署《承诺书》时，任某既不是法定代表人也未取得授权，此种情形下左某主张任某有权代表某投资公司签署《承诺书》缺乏事实与法律依据。左某主张任某构成表见代理成立的前提是左某举证证明其有理由相信任某有代理权。左某系作为投资人购买某投资公司的股份，其作为投资人对某投资公司的法定代表人、股权结构等可以公开查询的工商登记信息应较为关注和了解，其应当知晓任某并非某投资公司的法定代表人。根据各方陈述的《承诺书》签署场景，签署《承诺书》时明显具备由某投资公司法定代表人签字和加盖公章的条件，在左某要求加盖某投资公司公章而被拒绝时，左某亦没有审查某投资公司是否向任某出具授权委托书，左某没有合理的理由认为仅有任某签字的《承诺书》系某投资公司的真实意思表示，其认为任某构成表见代理缺乏依据。同时，左某不知道任某没有代理权并非善意且无过失的，其并非《中华人民共和国民法总则》第一百七十一条第三款规定的善意相对人，故法院对其要求任某就无权代理的行为承担赔偿责任的请求亦不予支持。

北京市第三中级人民法院依照《中华人民共和国民事诉讼法》第一百七十条第一款第一项的规定，判决如下：

驳回上诉，维持原判。

【法官后语】

本案系一起较为典型的当事人在经济活动中出于对控股股东能够代表公司的信赖，认为控股股东所作承诺即可代表公司但被否认而产生的纠纷。控股股东究竟能否当然代表公司，控股股东未经公司授权代表公司实施的如签订合同、作出承诺等民事法律行为是否有效，控股股东就其行为是否应承担责任是本案所映射出的共性法律问题。

一、控股股东是否能够代表公司

在公司人格独立制度下，公司为拟制的法人，系独立作出意思表示。法定代表人无须另行授权，即可一般性地代表公司从事民事活动。虽然股东和公司之间是天然利益共同体，但在公司人格独立制度下，股东和公司是相互独立的主体，股东参与公司治理只能按照法律和公司章程规定通过股东会进行，公司股东会或股东不能以自己的名义直接代表公司作出意思表示或承受相关后果。故除法定代表人外，其余人代表公司作出意思表示均需得到公司授权，公司股东亦不例外，未取得授权的股东无论持股比例大小均不能直接代表公司。

二、控股股东未经授权代表公司对外实施的法律行为能否构成表见代理

本案中，左某主张其信赖任某能够代表某投资公司的基础即为任某是持股90%的大股东。实践中，控股股东代表公司在经济活动中对外磋商、签订合同的情况也较为普遍。控股股东在未取得公司授权的情况下对外实施的，如签署合同、作出承诺等法律行为能否构成表见代理，是类似案件中的常见争议焦点。笔者认为，根据现代公司治理要求，公司人格独立，控股股东不当然具有代理权的外观，判断控股股东是否有代理权外观仍应结合具体案情运用构成表见代理的普适标准进行审查。

关于表见代理，《中华人民共和国民法典》第一百七十二条规定："行为人没有代理权、超越代理权或者代理权终止后，仍然实施代理行为，相对人有理由相信行为人有代理权的，代理行为有效。"《最高人民法院关于适用〈中华人民共和国民法典〉总则编若干问题的解释》第二十八条规定："同时符合下列条件的，人民法院可以认定为民法典第一百七十二条规定的相对人有理由相信行为人有代理权：（一）存在代理权的外观；（二）相对人不知道行为人行为时没有代理权，且无过失。因是否构成表见代理发生争议的，相对人应当就无权代理符合前款第一项规定的条件承担举证责任；被代理

人应当就相对人不符合前款第二项规定的条件承担举证责任。”前述条文对于表见代理的定义、审查要件及举证责任进行了较为明晰的规定。在类似案件中，控股股东持有的股权比例能够控股目标公司并不能当然证明相对人即有合理理由信赖控股股东具有代理权，相对人仍应当对控股股东存在代理权的外观进行举证。可以结合控股股东是否曾经取得公司授权、磋商过程、签署合同的场景、合同上有无公章、合同内容等情况，综合判断控股股东具有代理权的外观能否达到民事诉讼高度盖然性的证明标准。相对人完成前述举证责任后，若目标公司不能举证证明相对人非无过失地相信行为人具有代理权，则可以认定行为人构成表见代理。

三、股东承担责任的基础条件

《中华人民共和国民法典》第一百七十一条第三款、第四款规定：“行为人实施的行为未被追认的，善意相对人有权请求行为人履行债务或者就其受到的损害请求行为人赔偿。但是，赔偿的范围不得超过被代理人追认时相对人所能获得的利益。相对人知道或者应当知道行为人无权代理的，相对人和行为人按照各自的过错承担责任。”《最高人民法院关于适用〈中华人民共和国民法典〉总则编若干问题的解释》第二十七条规定：“无权代理行为未被追认，相对人请求行为人履行债务或者赔偿损失的，由行为人就相对人知道或者应当知道行为人无权代理承担举证责任。行为人不能证明的，人民法院依法支持相对人的相应诉讼请求；行为人能够证明的，人民法院应当按照各自的过错认定行为人与相对人的责任。”由此可知，如公司控股股东对外代表公司实施法律行为系无权代理且不构成表见代理，相对人要求该股东履行债务或者就其受到的损害请求行为人赔偿的基础条件应是相对人系善意相对人。根据“谁主张，谁举证”

的原则，相对人要求该股东履行债务或者就其受到的损害请求行为人赔偿时，相对人应举证证明其系善意相对人，即其不知道该股东没有代理权，且对其不知道不存在过失。因当事人难以就不存在的事实进行举证，按照前述司法解释精神，我们认为相对人首先应对其在签订合同时认为控股股东有代理权的事实进行举证，举证内容可参考表见代理构成要件中有代表权的外观部分的情形。相对人完成该初步举证责任后，行为人如抗辩称相对人并非善意相对人，行为人应就相对人知道或者应当知道行为人无权代理承担举证责任。行为人提供相应证据证明其主张后，相对人仍应就其系善意相对人承担举证责任。

编写人：北京市第三中级人民法院　龚勇超　郭妍子

五、股东知情权纠纷

032 存在业务竞争关系时股东知情权行使目的的正当性的认定标准

——丁甲诉家具公司股东知情权案

【案件基本信息】

1. 裁判书字号

江苏省南通市中级人民法院（2020）苏06民终2575号民事判决书

2. 案由：股东知情权纠纷

3. 当事人

原告（被上诉人）：丁甲

被告（上诉人）：家具公司

【基本案情】

家具公司成立于2017年5月，持股情况为：丁甲15%、丁乙15%、张甲10%、张乙60%。丁甲系公司监事，张甲为总经理（法定代表人）。经营范围为：家具、木制品、沙发、纺织品加工、销售，室内装饰设计服务，建筑装潢材料销售，船舶配套工程施工。

家具公司股东为丁乙、吴甲，经营范围为：家具、沙发的生产加工，木制品，室内装潢；批发，零售，代购供销。丁甲系上海家具公司分公司负责人。丁甲与丁乙系父子关系。

2020年1月7日，张甲向丁甲邮寄了关于2020年1月22日上午9时30分召开家具公司2020年第一次股东会会议的通知，议案为……解散家具公司；成立清算组，清算组由全体股东组成。为了解公司真实经营状况，丁甲分别于2020年1月13日、17日向家具公司或张甲提出要求查阅公司的会计账簿等，但时至庭审时家具公司仍未提供。

2020年1月22日，家具公司召开股东会会议，丁甲、丁乙均未参加。会议形成两份股东会决议，决议内容涵盖解散家具公司，并成立清算组对公司资产进行清算。启东市行政审批局已登记家具公司注销备案/公告。

张甲与张乙于2020年4月又重新设立了船舶家具公司，经营范围与家具公司相似。

现丁甲以行使股东知情权、了解公司真实经营状况为由，要求查阅、复制公司相应财务会计报告、会计账簿、会计凭证等，并将家具公司诉至法院。家具公司则以丁甲自营或为他人经营的业务与公司业务存在竞争关系，行使知情权目的不正当，可能损害公司利益为由予以拒绝。

【案件焦点】

1. 丁甲提起股东知情权诉讼是否符合规定；2. 丁甲行使股东知情权是否存在不正当目的；3. 丁甲请求查阅的范围是否合理。

【法院裁判要旨】

江苏省启东市人民法院经审理认为：丁甲行使股东知情权依法有据，理由如下：

首先，其已按照《中华人民共和国公司法》第三十三条的规定，以发律师函、微信通知等方式，明确请求提供公司会计账簿等以供查阅，但家具公司并未予以回复，实际拒绝了其查阅申请。遂丁甲提起本案诉讼符合规定。

其次，《最高人民法院关于适用〈中华人民共和国公司法〉若干问题的规定（四）》第八条规定，有证据证明股东存在下列情形之一的，人民法院应当认定股东有公司法第三十三条第二款规定的“不正当目的”：（一）股东自营或者为他人经营与公司主营业务有实质性竞争关系业务的……家具公司认为家具公司和其经营地址、范围相同，而丁甲父子一直在从事家具公司的业务，其行使股东知情权目的不正当，但未举证证明双方之间存在何种具体利益冲突。家具公司已无法继续经营，并决议解散，丁甲行使股东知情权不可能损害公司利益。

最后，丁甲请求的查阅范围并无不当。如果仅允许丁甲查阅三大会计报表而不能查阅原始凭证等，其必然无法充分、真实、全面了解公司信息，行使股东知情权的目的亦难以实现。

江苏省启东市人民法院依照《中华人民共和国公司法》第三十三条、第九十七条，《最高人民法院关于适用〈中华人民共和国公司法〉若干问题的规定（四）》第七条第一款、第十条的规定，判决如下：

一、家具公司于本判决生效之日起十日内提供自 2018 年 6 月 1 日至 2020 年 1 月 31 日家具公司的财务会计报告，供丁甲进行查阅和复制；

二、家具公司于本判决生效之日起十日内提供自 2018 年 6 月 1 日至 2020 年 1 月 31 日家具公司的会计账簿（含总账、明细账、日记账、其他辅助性账簿）和会计凭证（含记账凭证、相关原始凭证及作为原始凭证附件入账备查的有关资料），供丁甲进行查阅；

三、上述材料由丁甲在家具公司正常营业时间内查阅，查阅地点在家具公司办公区域内，查阅时间为二十个工作日；丁甲委托的会计师、律师可予以辅助（会计师、律师辅助查阅时，须丁甲在场，出示相应的会计师、律师证书后，方可进行）。

家具公司不服一审判决，并提起上诉。

江苏省南通市中级人民法院经审理认为：家具公司上诉称上海家具公司与其经营地址、经营范围相同，推定丁甲行使股东知情权存在不正当目的的理由不能成立。首先，丁甲系家具公司监事与股东，竞业禁止义务不是公司一般股东的法定义务。其次，家具公司对上海家具公司的经营范围、经营地址、员工相同已然明知。再次，家具公司确认其已处于完全歇业状态，丁甲行使股东知情权的目的可能损害公司利益，缺乏相应依据。最后，既然张甲可另行设立经营范围雷同的公司，又怎可以同业竞争为由排斥丁甲行使股东知情权。

江苏省南通市中级人民法院依照《中华人民共和国民事诉讼法》第一百七十条第一款第一项的规定，判决如下：

驳回上诉，维持原判。

【法官后语】

股东知情权是实现股东其他权利的基础和前提。实践中，股东行使知情权，要求查阅公司会计账簿等资料时，公司可能以股东自营或为他人经营的业务与公司主营业务存在实质性竞争关系，进而可能损害公司利益为由予以拒绝。在此情形下，人民法院如何判定股东知情权行使目的是否正当。

首先，应结合工商信息、涉案主体日常商业交易的竞争性与排斥性、涉案主体之间是否明知和默许等对股东自营或为他人经营业务与公司主营业务是否存在实质性竞争关系进行初断。股东自营或为他人经营业务与公司主营业务范围一致、类似，非一定构成《最高人民法院关于适用〈中华人民共和国公司法〉若干问题的规定(四)》规定的实质性竞争关系。我国公司法及其司法解释并未禁止公司股东自营或为他人经营同类业务。非章程及股东明确约定下，公司股东并非竞业禁止的义务主体。本案中，虽然丁甲父子所在的上海家具公司及分公司的经营范围与家具公司存在高度相似，但两者之间存在何种具体的互相排斥且已损害公司利益的竞争关系仍需家具公司举证，而不能以形式上的登记经营范围直接认定为存在实质性竞争关系。况且，本案家具公司对上海家具公司搬迁至同址经营、员工一致亦明知，彼此已然存在一种默许，在实际经营中并不一定构成竞争，亦可能为合作。因此，不能仅凭外观直接认定丁甲行使股东知情权存在不正当目的。

其次，应考察股东知情权行使义务主体的公司经营状况。比如，本案中，家具公司已停止业务活动，并已决议解散清算，申请了注销/公告。此时，即便丁甲通过行使知情权，获悉了公司经营信息，可能为其所用，业已无法与家具公司再发生实质性竞争关系。事实上，原告丁甲行使股东知情权主要为了解家具公司解散清算前的经营状况。因此，认定其行使股东知情权存在不正当目的缺乏事实依据。

最后，应查明公司管理层及控股股东是否亦存在自营或为他人经营业务与公司主营业务存在实质性竞争关系的情形。家具公司控股股东张乙与股东张甲（法定代表人、执行董事兼总经理）共同设立的船舶家具公司的经营范围与家具公司存在雷同之处。公司管理层或控股股东利用优势地位，一般可便利地获取公司核心经营信息，如果其自身可违反法律规定，同时又以该规定对抗其他股东行使知情权，显然有违公平原则，事实上也损害了其他股东的合法权益。基于此，人民法院继续严格按照《最高人民法院关于适用〈中华人民共和国公司法〉若干问题的规定（四）》第八条的规定，认定丁甲在本案中行使知情权存在不正当目的显然失之偏颇。

基于对公司董事、高级管理人员提名与任免话语权的劣势，与控股股东相比，企业中小股东对公司日常经营情况，尤其是核心经营信息缺乏有效和便利的获悉渠道，进而无法积极、全面的行使其他各项股东权利。充分保障股东，特别是中小股东行使知情权，对最终维护其合法权益，乃至稳定现代企业制度具有重要的社会价值。公司法规定了公司董事、高级管理人员负有忠实和勤勉义务，并设定了其同业禁止的义务，但对作为公司出资人的股东并未设定此义务。因此，即使股东自营或为他人经营业务与所在占股公司主营业务相同或类似，在非有内部章程（需获得行使知情权股东同意）明确约定禁止的情形下，相关公司并不能以形式上的主营业务类同、近似而径行剥夺或对抗股东行使知情权。人民法院在审查判断上述情形下股东知情权行使目的是否正当时，应综合多方因素通盘认定，一方面维护公司经营信息获悉群体范围有限性的管控需要，以最终维护全体股东及公司的合法权益；另一方面则应秉持衡平理念，避免公司控股股东或董事、高级管理人员滥用权利，主观异化中小股东行使股东知情权的目的，妨碍股东正当行使知情权。

编写人：江苏省启东市人民法院　王同武

033 股东因抽逃出资被股东会决议除名的，该股东不具有提起知情权诉讼的资格

——汪甲诉科技公司股东知情权案

【案件基本信息】

1. 裁判书字号

江苏省无锡市中级人民法院（2020）苏02民终1831号民事判决书

2. 案由：股东知情权纠纷

3. 当事人

原告（上诉人）：汪甲

被告（被上诉人）：科技公司

【基本案情】

2010年3月16日，科技公司设立，注册资本为51万元。其中，汪甲认缴出资15.3万元（持股30%）、陈甲认缴出资35.7万元（持股70%）。科技公司未设立董事会和监事会，由陈甲担任法定代表人、执行董事兼总经理，汪甲担任监事。

2019年7月12日，汪甲向科技公司邮寄《查阅会计账簿请求函》1份，内容为：汪甲系科技公司股东，为全面了解公司运营及财务状况，要求科技公司：1. 提供自2010年3月16日至2019年6月30日的公司章程、股东会会议记录、董事会会议决议、监事会会议决议、财务会计报告给汪甲查阅、复制；2. 提供自2010年

3月16日至2019年6月30日的会计账簿（包括总账、明细账、日记账和其他辅助性账簿及税务局2018年税务年报表）和会计凭证（含记账凭证、相关原始凭证、附件入账备查的有关资料复印件）给汪甲查阅。

2019年8月8日，汪甲诉至法院，要求行使其作为科技公司股东的知情权。诉讼中，科技公司提供企业存款对账单以及银行凭证，证明科技公司于2010年3月19日将51万元出资入账后于当日转至陈甲账户，陈甲于同日将51万元转至验资代办公司经办人账户，并表示其公司于2019年9月5日书面通知汪甲补足出资15.3万元，但汪甲未补缴。2019年10月8日，科技公司召开临时股东会并作出股东会决议，决议内容为免去汪甲股东身份。科技公司认为上述股东会决议有效，但尚未变更股东名册，也未完成工商变更登记手续。汪甲则对上述股东会决议不认可，并表示其在科技公司设立时即已经实际出资到位，但其尚未提起公司决议效力确认之诉。

【案件焦点】

汪甲是否有行使科技公司股东知情权的资格。

【法院裁判要旨】

江苏省无锡市惠山区人民法院经审理认为：对于股东资格和股东权利的判断，不仅应当根据工商登记的对外公示记载，还应当结合股东之间的约定以及公司内部决议等证据进行判断。虽然科技公司的股东名册及工商登记信息中，汪甲系科技公司股东，但科技公司提供的证据显示该公司已于2019年10月8日召开股东会并形成决议，解除了汪甲的股东资格，若汪甲认为该股东会决议不成立、无效或者可撤销，或对该除名行为的效力有异议，可另行提起诉讼。股东会是公司的权力机构，在有关股东会决议效力未被否定之前，应尊重股东会这一公司自治机构所作之决议。因此，目前汪甲的股东资格存在争议，汪甲也未能举证证明其在持股期间合法权益受到损害，故其不具备股东知情权诉讼的主体资格，应当驳回起诉。

江苏省无锡市惠山区人民法院依照《中华人民共和国公司法》第三十三条，《最高人民法院关于适用〈中华人民共和国公司法〉若干问题的规定（三）》第十七条，《最高人民法院关于适用〈中华人民共和国公司法〉若干问题的规定（四）》第七条、第九条，《中华人民共和国民事诉讼法》第一百一十九条之规定，裁定如下：

驳回汪甲的起诉。

汪甲不服一审判决，向江苏省无锡市中级人民法院提起上诉。

江苏省无锡市中级人民法院经审理后认为：关于股东资格的争议是公司内部纠纷，股东资格及权利的判断应主要考虑股东内部之间的决议，而非对外公示的工商登记信息。本案中，虽然科技公司工商登记的股东有汪甲，但科技公司已于 2020 年 10 月 8 日作出将汪甲除名的股东会决议，在该决议未被确认不成立、撤销或无效之前，应依据该股东会决议确认相应股东身份。在 2020 年 10 月 8 日股东会决议未被确认不成立、宣告无效或撤销前，汪甲起诉要求行使股东知情权，主体不适格。

江苏省无锡市中级人民法院依照《中华人民共和国民事诉讼法》第一百七十条第一款第一项之规定，判决如下：

驳回上诉，维持原判。

【法官后语】

公司中小股东常常不能掌握公司如会计账簿等财务资料的核心信息，故为维护中小股东的合法权益，法律赋予中小股东行使股东知情权的权利。股东行使知情权的证明责任相对较轻，仅需证明其系公司股东，且行使知情权不具有不正当目的即可。因此，具有股东资格是行使知情权最基本的条件。

一、股东不因瑕疵出资而当然丧失其行使股东知情权的资格

虽然股东未实际出资或者出资后抽逃，但其在未经法定程序除名前仍具有股东身份，其只是需要向公司承担资本充实的责任。既然股东身份还持续存在，其当然还享有股东知情权，尤其是股东知情权是股东享有的对公司经营管理等重要情况或信息真实了解和掌握的权利，是股东依法行使资产收益、参与重大决策和选择管理者等权利的基础性权利，是股东最为根本的权利。事实上，虽然法律对出资瑕疵的股东进行了一定限制，但主要限制的是利润分配请求权、新股优先购买权、剩余财产分配请求权等以财产利益为直接目的的权利，而知情权并非直接源于公司之经营收益，不应因出资瑕疵而被当然剥夺。而且，如仅因瑕疵出资就直接剥夺股东行使股东知情权的权利，显然会使知情权的行使处于不稳定的状态，因为只要补足出资，瑕疵出资的情形就可以消除。

二、公司有权以股东会决议形式对瑕疵出资的股东除名

虽然瑕疵出资并不直接导致丧失股东资格，但是，公司可以按照法定程序将瑕疵出资的股东予以除名，从而导致股东资格的丧失。《最高人民法院关于适用〈中华人民共和国公司法〉若干问题的规定（三）》第十七条第一款规定：“有限责任公司的股东未履行出资义务或者抽逃全部出资，经公司催告缴纳或者返还，其在合理期

间内仍未缴纳或者返还出资，公司以股东会决议解除该股东的股东资格，该股东请求确认该解除行为无效的，人民法院不予支持。”据此，公司对瑕疵出资的股东可以催告缴纳或者返还出资，该股东未缴纳或返还出资的，公司有权以股东会决议的形式将该股东除名。股东一旦因抽逃全部出资而被除名，自始就不具有公司股东身份。根据《最高人民法院关于适用〈中华人民共和国公司法〉若干问题的规定（四）》第七条第二款关于“公司有证据证明前款规定的原告在起诉时不具有股东资格的，人民法院应当驳回起诉，但原告有初步证据证明在持股期间其合法权益受到损害，请求依法查阅或者复制持股期间的公司特定文件材料的除外”的规定，不具有股东资格的人员也就不具有提起知情权诉讼的资格。其理论基础在于，股东权是一种社员权，股东权利不能与股东身份相分离。一旦丧失股东资格，基于股东身份所享有的财产收益权、参与公司治理权随之丧失。主要的股东权既已消灭，股东知情权也就无须加以保障了。因此，从原则上讲，股东丧失身份后无权再行使知情权。而且，股东丧失身份并不局限于诉讼前，如诉讼中丧失股东身份，一样带来股东知情权行使资格的丧失。

三、股东资格的确认应以内部有效决议为准

关于股东身份是否已丧失，不以工商登记机关是否完成股东的变更登记为准，而是以公司内部的除名决议为准。这是因为法律尊重公司的自治，涉及公司股东之间的内部纠纷时，应以公司内部资料（出资证明书、股东名册、公司章程、股东会决议等）记载判断是否具有股东资格，外部工商登记是股权变动的对抗要件，且工商登记信息会有一定的滞后性，不宜作为股东知情权纠纷中原告是否具有股东身份的决定性证据。因此，在公司已经作出除名决议的情况下，工商变更登记仅是对该决议的履行程序，而非对除名决议效力的确认。如果被除名的股东对除名决议有异议，其应另行起诉。但在该决议未被确认不成立、撤销或无效之前，被除名的股东要求行使股东知情权，属于主体不适格。

就本案而言，汪甲提起本案知情权诉讼时，尚为科技公司的股东。但是，在诉讼过程中，科技公司催告汪甲缴纳抽逃的出资，汪甲未予缴纳。据此，科技公司有权根据法律规定作出将汪甲除名的股东会决议。在汪甲并未对该除名决议的效力提起确认之诉之前，除名的股东会决议将处于有效的状态，即推定汪甲不具有科技公司股东身份，暂时没有提起知情权诉讼的资格。但是，通过分析《最高人民法院关于适用〈中华人民共和国公司法〉若干问题的规定(三)》第十七条第一款的规定，可以发现除名行为有三个适用条件和程序：一是股东未履行出资义务或者抽逃全部出资；二是经公司催告缴纳或则会返还，该股东在合理期间内仍未缴纳或者返还出资；三是公司以股东会决议解除该股东的股东资格。上述三要件缺一不可，如汪甲认为其并未抽逃出资，或者科技公司召开股东会的程序不合法等，其当然有权提起要求否定上述除名决议效力的诉讼。但是，基于该效力确认之诉与知情权诉讼并非同一法律关系，不能在一个案件中一并予以处理，而应由汪甲另案主张。而在除名决议未经法定程序否定其效力之前，汪某自始的股东资格是存疑的，当然不能允许其在当下行使股东知情权，否则会侵害科技公司以及科技公司其他股东的合法权益。

编写人：江苏省无锡市中级人民法院　王俊梅

034 与有限公司董事会会议决议、会计账簿联系极其紧密的公司文档，应允许股东查阅

——周某见诉贸易公司股东知情权案

【案件基本信息】

1. 裁判书字号

湖北省武汉市中级人民法院（2020）鄂01民终6546号民事判决书

2. 案由：股东知情权纠纷

3. 当事人

原告（被上诉人）：周某见

被告（上诉人）：贸易公司

【基本案情】

贸易公司系成立于2001年4月3日的有限责任公司，周某见系贸易公司股东。2019年12月1日，周某见向贸易公司邮寄《关于要求查阅公司相关资料的函》，载明：贸易公司的股东周某见等12人，持有公司超过22%的股权，为了了解公司经营状况，以便更好地参与公司事务，根据《中华人民共和国公司法》以及公司章程赋予的权利，要求公司在收到本函之日起三日内，提供自公司成立以来的公司章程、股东会会议记录及决议、董事会会议记录及决议、监事会会议记录及决议、财务会计报告、会计账簿、会计凭证（含记账凭证、原始凭证等）、财务报表等材料供委托的专业人员查阅、复制。同时请公司财务人员回答质询。因贸易公司未予提供，故周某见诉至法院，请求判如所请。

【案件焦点】

1. 周某见行使股东知情权是否具有目的正当性；2. 周某见行使股东知情权查阅公司文档的范围有哪些；3. 周某见如何行使查阅复制等股东知情权。

【法院裁判要旨】

湖北省武汉市青山区人民法院经审理认为：周某见自贸易公司成立至今一直系公司股东，根据《中华人民共和国公司法》第三十三条的规定，股东享有查阅、复制公司章程、公司股东会会议记录、董事会会议决议、财务会计报告与公司会计账簿的权利。与董事会会议决议、会计账簿联系极其紧密的董事会会议记录、会计凭证等，在解释上也属于股东知情权涵盖的范围。因此，周某见要求查阅、复制董事会会议记录、公司财务会计报告，查阅会计账簿（含总账、明细账、日记账、其他辅助型账簿）和会计凭证（含记账凭证、相关原始凭证及作为原始凭证附件入账备查的有关资料），均于法有据；贸易公司并未提供证据证明周某见申请查阅会计账簿具有不正当目的，故贸易公司应当履行相关信息报告义务。

根据《最高人民法院关于适用〈中华人民共和国公司法〉若干问题的规定（四）》第十条第二款的规定，对于周某见委托专业人员辅助查阅会计账簿、会计凭证的诉讼请求，人民法院应予以支持。但依据上述司法解释的严格规定，辅助查阅的“专业人员”仅限会计师、律师等依法或者依据执业行为规范负有保密义务的中介机构执业人员，而且要求申请人周某见必须在场并承担相关费用。

湖北省武汉市青山区人民法院依照《中华人民共和国公司法》第三十三条、《最高人民法院关于适用〈中华人民共和国公司法〉

若干问题的规定（四）》第十条、《中华人民共和国民事诉讼法》第一百四十二条之规定，判决如下：

贸易公司将包括董事会会议记录、会计凭证在内的公司文档提供给周某见查阅、复制；并在判决中列明了可供查阅复制及仅供查阅的公司特定文件材料名称，明确了股东行使查阅权的地点为公司现办公地点，查阅时限为贸易公司正常运行的七个工作日；并满足了股东需在其委托的专业会计人员辅助下查阅财务报表的合理要求。

贸易公司不服一审判决，提起上诉。

湖北省武汉市中级人民法院经审理认为：首先，就查询时间是否超过法律规定范围的问题，虽然会计档案的保存期限类型依法分为永久保存和定期保存类型，但各企业单位可以根据自身需求和技术手段自行确定财务会计报告、银行账单原始凭证的保管期限。周某见自贸易公司成立至今一直系该公司股东。因此，周某见基于股东知情权要求贸易公司提供自公司成立至今实际客观保存的财务会计报告，具有事实与法律依据。

其次，在查询范围上，因贸易公司在一审陈述中其仅有董事会会议记录而无决议，由于法律并未对股东要求查阅、复制董事会会议记录权加以明确禁止，故查阅董事会会议记录并未超出法律规定的查询范围。同样，《中华人民共和国公司法》第三十三条虽然没有明确规定股东可以查阅会计凭证，然而，基于利益平衡以及确保信息真实的考虑，尤其是对于人合性较高的有限责任公司，不宜将知情权范围限定在一个不可伸缩的区域，这有悖知情权制度设置的规范目的。故会计凭证也属周某见是否有权查阅的范围。一审法院对此的实体处理并无不当。

最后，至于周某见行使股东知情权的目的正当性问题，由于贸易公司未提供实质性证据证明周某见会凭借股东身份滥用股东知情权，继而干扰公司的经营秩序，危害公司和其他股东的利益，贸易公司因此应承担举证不能的不利后果，故不予支持贸易公司否认周某见行使股东知情权的上诉请求。

湖北省武汉市中级人民法院依照《中华人民共和国民事诉讼法》第一百七十条第一款第一项之规定，判决如下：

驳回上诉，维持原判。

【法官后语】

公司法下的股东知情权主要是查阅权，就是查看公司档案的权利。[①]《中华人民共和国公司法》自2005年10月修订增加查阅权条款以来，查阅权诉讼频频发生。诉讼争议焦点通常是：原告是否具有股东资格；股东查阅目的是否正当；股东是否有权查阅会计凭证，是否有权复制会计账簿或会计凭证，是否有权邀请专业人员协助查阅；股东是否有权基于查阅权启动对公司的独立审计等[②]。本案判决集中体现了法院对上述争议的司法态度及裁判观点。

一、查阅文档范围

1.《中华人民共和国公司法》第三十三条规定的查阅范围不限于董事会会议决议，还包括董事会会议记录。董事会是公司的执行机构，董事会决议是董事会会议记录的结果，董事会会议记录系与董事会决议有着等值性或紧密性联系的公司文档；且公司于庭审时自述仅有董事会会议记录而无决议。如限制股东查阅董事会会议记录，股东将无从知晓董事会掌管公司内部事务、代表公司经营决策

---

① 朱锦清：《公司法学》，清华大学出版社2019年版，第375页。

② 王军：《中国公司法》，高等教育出版社2017年版，第321页。

所采取的行动，有悖法律设置股东查阅权的规范目的，这表明，股东作为公司资本的提供者和经营风险的最终承担者，有权知悉公司的人事、财务、经营、管理等方面情况。故本案中股东有权查阅、复制公司董事会会议记录。

2.《中华人民共和国公司法》第三十三条规定的查阅范围不限于会计账簿本身，还包括会计凭证。该凭证包括原始凭证和记账凭证。[①] 在既往判决书中，针对股东查阅会计凭证的诉讼请求，不支持股东查阅会计凭证的理由是：根据《中华人民共和国会计法》第十五条的规定，会计账簿包括总账、明细账、日记账和其他辅助性账簿，循此定义，会计账簿并不包括会计凭证。

本案中，法院将《中华人民共和国公司法》第三十三条规定的“会计账簿”解释为会计账簿和会计凭证，属于超越法律文义的目的性扩张。从法律方法上说，这里的“目的性扩张”实际上是填补法律漏洞。[②] 而法院采用该解释的依据在于，将《中华人民共和国公司法》规定的“会计账簿”延伸开去包括公司法没有规定的会计凭证，是因为两者的联系极其紧密。如果没有这种紧密的联系，法院就不会作扩大性的解释，而严格限制在公司法的明文列举[③]。譬如，原告龚某某诉被告上海某装潢建材超市有限公司股东知情权纠纷案[④]中，原告要求被告提供2004年1月1日至今的全部装潢合同、会

① 原始凭证是在经济业务发生时取得或填制的进行会计核算的初始资料和依据，如发票、收料单、领料单、差旅费报销单等。记账凭证是会计人员根据审核无误后的原始凭证或原始凭证汇总表填制的，据以登记会计账簿的会计凭证。参见刘桔主编：《会计学基础》，大连出版社2006年版，第130~132页。

② 王军：《中国公司法》，高等教育出版社2017年版，第322页。

③ 朱锦清：《公司法学》，清华大学出版社2019年版，第379页。

④ 朱锦清：《公司法学》，清华大学出版社2019年版，第379页。

计账簿及原始凭证供原告查阅，上海市黄浦区人民法院认为，查阅被告对外签订的全部装潢合同，超越了法定的文件范围，故对原告此项诉请不予支持。该案中，法院之所以将装潢合同排除在查阅的范围之外，是因为它们与会计账簿的联系不如会计凭证那么紧密。①

3.《中华人民共和国公司法》第三十三条规定的查阅范围不限于在一定时期之内的文档。实践中，各公司对文档保管的需求和技术手段不尽相同，故应以公司实际依法客观保存的文档为限，供股东查阅。但是，笔者认为，需要确定一个时间界限对股东知情权作出合理限制，如只允许股东查阅其成为股东之后的公司文档等条件，避免股东向公司索求大量文件②。

二、正当查阅目的

《最高人民法院关于适用〈中华人民共和国公司法〉若干问题的规定（四）》第八条列举了同业竞争、向他人通报信息等四种不正当目的的情形，但是并没有从正面阐述什么样的目的属于正当的查阅目的。通过本案可见，一般如果股东查阅的目的与保护股东的利益具有直接关系。例如，希望了解公司的财务状况、调查可能存在的管理不善、通过行使知情权对管理者的错误行为提起诉讼等，法院都应当认定股东具有正当目的。③ 至于正当查阅目的的证明，《中华人民共和国公司法》只要求股东说明目的即可，但公司若拒绝，需要说明理由。因此，公司应承担股东行使查阅权非正当的证明责任。贸易公司提交处罚决定书、证人证言，证明周某见滥用股

---

① 朱锦清：《公司法学》，清华大学出版社 2019 年版，第 380 页。

② 施天涛：《公司法论》，法律出版社 2014 年版，第 269 页。

③ 朱锦清：《公司法学》，清华大学出版社 2019 年版，第 392 页。

东查阅权干扰公司的经营秩序，危害公司和其他股东的利益，但该事由并不在《最高人民法院关于适用〈中华人民共和国公司法〉若干问题的规定（四）》第八条列举的不正当目的范围之内，故法院对贸易公司关于周某见不具有正当查阅目的的抗辩意见及上诉请求，均未予支持。

三、查阅权的行使

为便利胜诉股东行使查阅权，《最高人民法院关于适用〈中华人民共和国公司法〉若干问题的规定（四）》第十条第一款要求，人民法院对股东诉讼请求予以支持的，“应当在判决中明确查阅或者复制公司特定文件材料的时间、地点和特定文件材料的名录”。同时，因股东可能不具备查账所必需的财务知识，故可聘请一名会计师作为助手或顾问一同查阅会计账簿，或者委托专业人员查阅，这在通常情况下也是一个合理的要求。[①] 第十条第二款规定，“股东依据人民法院生效判决查阅公司文件材料的，在该股东在场的情况下，可以由会计师、律师等依法或者依据执业行为规范负有保密义务的中介机构执业人员辅助进行”。本案判决列明了公司特定文件材料名称，并明确了股东行使查阅权的地点为公司现办公地点，时限为七个工作日；且满足了股东需在其委托的专业会计人员辅助下查阅财务报表的合理要求。

编写人：湖北省武汉市青山区人民法院　王明华

---

① 王军：《中国公司法》，高等教育出版社2017年版，第326页。

035 股东查阅会计账簿具有不正当目的的认定标准

——张 1 诉制冷设备公司股东知情权案

【案件基本信息】

1. 裁判书字号

北京市第一中级人民法院（2020）京 01 民终 7710 号民事判决书

2. 案由：股东知情权纠纷

3. 当事人

原告（上诉人）：张 1

被告（被上诉人）：制冷设备公司

【基本案情】

1999 年，制冷设备公司成立，股东为杜 1、杜 2、张 1、王 1，法定代表人为杜 1，经营范围为：制造风机、销售家用电器、制冷空调设备、仪器仪表、建筑材料。2019 年 1 月，张 1 向制冷设备公司邮寄了律师函，要求制冷设备公司置备自 1999 年成立之日至查阅之日的会计账簿及会计凭证，供张 1 查阅。查阅目的如下：1. 了解公司财务实际状况，核查股权投资损益情况；2. 核实海淀区某小区的房屋出售情况，需通过会计账簿及会计凭证了解拆迁款项的用途及流向。2019 年 2 月，制冷设备公司召开股东会，以空气净化公司与其具有同业竞争关系，张 1 实际参与空气净化公司经营为由拒绝提供。

2005年，张1以其还有其他股东身份为由从制冷设备公司离职，并设立空气净化公司，担任股东和法定代表人。空气净化公司建筑风机系列产品与制冷设备公司建筑通风机系列产品在产品说明方面基本一致，后张1虽不再担任空气净化公司股东，但其姐夫马1、其妻卢1仍为空气净化公司股东，并分别担任法定代表人、监事；张1曾在2017年以空气净化公司经理身份参与诉讼。证人盛1出庭作证称，其原在制冷设备公司任职，2005年随张1进入空气净化公司，两公司产品种类相同，都是风机设备，且张1从制冷设备公司离职时带走部分销售人员进入空气净化公司。

【案件焦点】

1. 张1是否存在为他人经营之情形；2. 空气净化公司与制冷设备公司是否存在实质竞争关系。

【法院裁判要旨】

北京市海淀区人民法院经审理认为：张1要求查阅会计账簿有两个前提：一是需要张1履行完毕公司的内部救济程序；二是张1查阅公司会计账簿并不具有不正当目的。

关于第一个前提，该院认为，张1向制冷设备公司邮寄了律师函，其中载明了张1查阅的范围及目的，故张1已经完成了公司的内部救济程序。

关于第二个前提，张1查阅会计账簿是否存在不正当目的。该院认为，第一，从主体来看，空气净化公司由张1申请设立，在设立初期，张1为股东，现空气净化公司股东已变更为马1、卢1。在判断股东查询公司账簿目的正当性与否时，需结合公司经营情况和股东个人行为、转让时间、受让对象等客观事实综合审查，在本案中，张1在庭审中认可马1是其姐夫，卢1为其爱人，2017年空气净化公司与设备公司合同纠纷案件中，张1仍作为空气净化公司经理出庭应诉，故其仅于2005年至2007年在空气净化公司工作，现已不再从事空气净化公司经营管理行为的主张与事实不符，该院不予认可。即便张1现已不在空气净化公司任职，但其与空气净化公司股东仍具有极其密切的身份关系，且因股东身份不符合要求才退出公司的理由，使得张1实际参与公司经营活动更具合理性，符合"以自营或为他人经营"的构成要件。故空气净化公司与张1存在主体上的关联。第二，从经营业务方面来看，制冷设备公司工商登记材料中记载的营业范围为：制造风机、销售家用电器、制冷空调设备、仪器仪表、建筑材料。空气净化公司工商登记材料中记载的营业范围为：销售机械设备、电子产品、机械加工、家用电器修理、仪器仪表维修。一审庭审中，张1主张空气净化公司的主营业务为"销售中央空调、净化设备、机电控制设备"，亦认可空气净化公司曾经销售过风机产品，与制冷设备公司营业执照中"销售制冷空调设备"有过重合。此外，根据常识，中央空调系统一般主要由制冷压缩机系统、冷媒循环水系统、冷却循环水系统、盘管风机系统、冷却塔风机系统等组成。盘管风机作为中央空调系统的末端，其生产、销售亦与中央空调有着密切的关联性，综上，该院认定空气净化公司与制冷设备公司存在同业竞争的情形。

北京市海淀区人民法院依照《中华人民共和国公司法》第三十三条、《最高人民法院关于适用〈中华人民共和国公司法〉若干问题的规定（四）》第八条、《最高人民法院关于适用〈中华人民共和国民事诉讼法〉的解释》第九十条之规定，判决如下：

驳回张 1 的诉讼请求。

张 1 不服一审判决，提起上诉。

北京市第一中级人民法院经审理认为：二审法院同意一审法院的裁判意见，一审法院认定空气净化公司与制冷设备公司存在实质竞争关系的认定并无不当。

北京市第一中级人民法院依照《中华人民共和国民事诉讼法》第一百七十条第一款第一项之规定，判决如下：

驳回上诉，维持原判。

【法官后语】

有限责任公司股东在行使账簿查阅权时需要股东以出于正当目的为前提条件。实践中，对于目的正当与否的理解与判定往往产生诸多争议。结合本案，本文针对《最高人民法院关于适用〈中华人民共和国公司法〉若干问题的规定（四）》第八条第一项的情形阐述具体理解以及司法实践的适用，现分述如下：

一、"为他人经营"的认定标准应重点关注股东实际参与公司经营活动是否具有合理性

该规定中的"他人"往往是指公司的竞争者或诉讼对手，但不排除其他第三人。判断股东是否为他人经营，应从股东主体的角度来审查其是否具有为他人经营的合理性，即股东是否与他人公司存在利益关系、是否与他人公司股东存在亲朋等密切的身份关系等能够让人合理怀疑股东为他人经营的因素，该因素的合理程度至少需要达到让法官内心确信的标准。本案中，空气净化公司最初由张 1 申请设立，且张 1 曾系空气净化公司的股东和法定代表人，结合 2017 年张 1 曾作为空气净化公司经理出庭应诉的情形，法院认定张

1与空气净化公司存在利益关系无可非议。考虑到空气净化公司现任法定代表人及股东分别系张1的姐夫和爱人，与张1存在十分密切的身份关系的情形，张1甚至大概率为空气净化公司背后的实际控制人，因此认定张1实际参与空气净化公司经营活动完全具有合理性，其为空气净化公司经营亦符合正常逻辑。

二、可从双方销售的产品以及常识的角度认定双方是否具有“实质性竞争关系”

所谓实质性竞争关系是指股东和公司之间存在利益冲突，最典型的如股东或与股东有直接利益关系的企业与公司同事参加同一竞标。[①] 但现实情况纷繁复杂，难以对“实质性竞争关系”进行类型化、标准化、统一化的处理，因此需要具体问题具体分析，法官在自由裁量时需考虑各项因素。审判人员在审查营业执照经营范围的基础上，还可进一步审查双方公司的固定资产、库存商品、原材料、销售合同等能够证明双方实际生产或交易的产品是否具有关联性、同一性，并结合双方的实际经营情况来审查双方是否存在竞争关系。本案中，张1系从制冷设备公司离职后设立了空气净化公司，张1曾作为制冷设备公司的股东，理应了解并掌握制冷设备公司的商业秘密，包括经营理念、供货渠道、销售方式、客户资源等与企业经营相关的重要信息。并且从张1设立的空气净化公司的经营产品和范围来看，空气净化公司曾经销售过风机产品，与制冷设备公司生产的制冷空调设备明显重合。同时，从常识角度上看，空气净化公司生产的风机是制冷空调设备的核心部件，双方的产品明显具有关

---

① 最高人民法院民事审判第二庭编著：《最高人民法院公司法司法解释（四）理解与适用》，人民法院出版社2017年版，第192页。

联性、同一性，结合张1曾作为制冷设备公司股东的情况，可以认定空气净化公司与制冷设备公司存在“实质性竞争关系”。

综上，由于“不正当目的”属于主观心理，因此在认定股东是否符合《最高人民法院关于适用〈中华人民共和国公司法〉若干问题的规定（四）》第八条第一项情形时，应借助股东的客观行为来合理认定或进行法律推定，提高《中华人民共和国公司法》第三十三条第二款在实践中的可操作性。

编写人：北京市第一中级人民法院　杨颜金

036 公司有权拒绝股东查阅申请书中未记载的公司账簿中的材料

——J公司诉Y公司股东知情权案

【案件基本信息】

1. 裁判书字号

北京市第一中级人民法院（2019）京01民终10528号民事判决书

2. 案由：股东知情权纠纷

3. 当事人

原告（被上诉人）：J公司

被告（上诉人）：Y公司

【基本案情】

2013年12月2日，Y公司依法注册成立。J公司系Y公司的股东。2019年3月1日，J公司员工刘某向刘某、谭某章等人发送了一份主题为“请提供：Y公司公司章程及修正案、股东大会决议等文件”的邮件，要求Y公司在收到函件之日起两个工作日向其提供2017年1月至今的全部公司章程及修正案、股东大会决议、监事会会议决议及财务会计报告。Y公司认可收到上述邮件，但认为此邮件并非书面申请。2018年3月5日，J公司员工贾某苗向Y公司员工冯某发送了一份主题为“请协助提供Y公司2017年度审计报告”的邮件。2018年6月19日，冯某回复该邮件，并附pdf版的Y公司12月财务报表一份。同日，冯某向刘某发送了一份邮件，并附pdf版的北京2017年度审计报告扫描件一份。J公司当庭表示确已收到Y公司向其提供的2017年的财务会计报告。一审庭审中，J公司明确表示要求Y公司向其提供自2013年12月2日至2019年4月30日的相关材料。

J公司主张Y公司未向其提供相关资料，故向一审法院起诉请求判令：1. Y公司向J公司提供自2013年12月2日至2019年4月30日的公司章程及修正案、股东会会议记录及决议、董事会会议记录及决议、监事会会议记录及决议供J公司查阅、复制；2. Y公司向J公司提供自2013年12月2日至2019年4月30日的财务会计报告及会计账簿（包括总分类账、现金日记账、明细账对应的记账凭证及原始凭证、现金流量表、利润分配表、损益表、资产负债表、财务情况说明书等）供J公司查阅、复制。

Y公司辩称：不同意J公司的诉讼请求。1. J公司掌管Y公司自2013年12月2日至2016年11月21日的公司章程及修正案、股东会会议记录及决议、董事会会议记录及决议、监事会会议记录及决议，其他的记录、决议其可前往相关部门自行查询；2. Y公司已于2018年3月20日向J公司提供了2017年的财务报告表和财务会计报告；3. Y公司并未收到J公司提出的要求查阅会计账簿的书面申请。

【案件焦点】

J公司未在行使股东知情权的书面申请中记载查阅公司账簿的内容，Y公司是否有权拒绝其查阅。

【法院裁判要旨】

北京市海淀区人民法院经审理认为：《中华人民共和国公司法》第三十三条规定，股东有权查阅、复制公司章程、股东会会议记录、董事会会议决议、监事会会议决议和财务会计报告。股东可以要求查阅公司会计账簿。股东要求查阅公司会计账簿的，应当向公司提出书面请求，说明目的。公司有合理根据认为股东查阅会计账簿有不正当目的，可能损害公司合法利益的，可以拒绝提供查阅，并应当自股东提出书面请求之日起十五日内书面答复股东并说明理由。公司拒绝提供查阅的，股东可以请求人民法院要求公司提供查阅。本案中，J公司系Y公司工商局登记备案的股东，Y公司称J公司曾系公司大股东，掌管自2013年12月2日至2016年11月21日的公司章程及修正案等材料，但依法不影响J公司对其行使股东知情权，J公司依然有权通过行使股东知情权向Y公司主张查阅、复制相关材料。本案中，J公司已通过邮件形式向Y公司提出书面请求并说明目的，并合理要求在公司住所地行使权利，J公司可以依据上述法律规定的内容，向Y公司要求行使其股东知情权，对J公司要求的超出法律规定范围内的诉讼请求不予支持。

北京市海淀区人民法院依照《中华人民共和国公司法》第三十三条、《中华人民共和国民事诉讼法》第六十四条之规定，判决如下：

一、Y公司于判决生效后十日内，将该公司自2013年12月2日至2019年4月30日的公司章程、股东会会议记录、董事会会议决议、监事会会议决议，以及自2013年12月2日至2016年12月31日、2018年1月1日至2019年4月30日的财务会计报告备于公司住所地，供J公司进行查阅、复制；

二、Y公司于判决生效后十日内，将该公司自2013年12月2日至2019年4月30日的会计账簿备于公司住所地，供J公司进行查阅；

三、驳回J公司的其他诉讼请求。

Y公司不服原审判决，提起上诉。

北京市第一中级人民法院经审理认为：《中华人民共和国公司法》第三十三条第一款规定："股东有权查阅、复制公司章程、股东会会议记录、董事会会议决议、监事会会议决议和财务会计报告。"第二款规定："股东可以要求查阅公司会计账簿。股东要求查阅公司会计账簿的，应当向公司提出书面请求，说明目的。公司有合理根据认为股东查阅会计账簿有不正当目的，可能损害公司合法利益的，可以拒绝提供查阅，并应当自股东提出书面请求之日起十五日内书面答复股东并说明理由。公司拒绝提供查阅的，股东可以请求人民法院要求公司提供查阅。"根据前述规定，股东有权查阅、复制公司章程、股东会会议记录、董事会会议决议、监事会会议决议和财务会计报告，同时，股东要求查阅公司会计账簿的，应履行书面向公司申请查阅的前置程序，公司拒绝提供查阅的，股东方有权在法定期限内向人民法院提起诉讼行使查阅权利。本案中，J公司提起诉讼，要求查阅、复制Y公司自2013年12月2日至2019年4月30日的公司章程及修正案、股东会会议记录及决议、董事会会议记录及决议、监事会会议记录及决议及前述期间内财务会计报告和会计账簿，Y公司则以J公司未履行行使股东知情权前置程序为由，拒绝J公司查阅、复制公司相关材料，对此二审法院认为，应依据J公司要求行使查阅权查阅公司资料类别的不同，分别审查其诉讼请求是否成立。

针对J公司要求查阅、复制Y公司自2013年12月2日至2019年4月30日的公司章程及修正案、股东会会议记录及决议、董事会会议记录及决议、监事会会议记录及决议和财务会计报告的诉讼请求，据前述，《中华人民共和国公司法》第三十三条第一款中并未规定股东查阅、复制公司章程、股东会会议记录、董事会会议决议、监事会会议决议和财务会计报告需提前以书面形式通知公司，股东可随时要求查阅复制上述材料，亦可在不经提前书面通知的情况下直接提起诉讼行使该项权利，故Y公司以J公司未履行行使股东知情权的前置程序为由拒绝J公司查阅、复制公司章程、股东会会议记录、董事会会议决议、监事会会议决议的主张缺乏事实和法律依据，二审法院不予支持。关于J公司要求查阅Y公司公司章程及修正案、股东会会议决议、董事会会议记录和监事会会议记录一节，二审法院认为，股东知情权系股东的法定权利，是股东行使股东权利和保护自身权益的基本权利和重要途径，亦为股东行使其他权利的前提，故在不影响公司正常经营管理以及不存在过分加重公司负担的情况下，不应过于严苛地限制股东查阅一般文件档案材料的范围，同时，《中华人民共和国公司法》第九十七条规定，股东可以查阅公司股东大会会议记录、董事会会议决议和监事会会议决议，该条款虽然并非针对有限责任公司的股东作出的规定，但上述材料属于应当置备于公司且公司内部需要公开的材料，因此允许有限责任公司股东查阅复制上述材料并未超过股东行使知情权的合理范畴，至于公司章程修正案，该材料实质上属于公司章程的组成部分，股东进行查阅复制应属其行使知情权的当然之意。综上，J公司要求查阅、复制上述材料具有事实和法律依据，其诉讼请求应予支持。因J公司认可已收到Y公司2017年度财务会计报告，故对J公司要求Y公司提供该年度财务会计报告的请求，二审法院不予支持。Y公司虽主张J公司掌握2013年12月2日至2016年Y公司的相关资料，但对此并未提供证据予以证明，应承担举证不能的不利后果，其主张缺乏事实和法律依据，二审法院不予支持。针对Y公司主张因未进行2018年度审计而无法提供2018年财务报告一节，Y公司该主张与有限责任公司应保证公司资料真实、完整的义务相悖，且该事由不足以对抗股东行使查阅、复制公司材料的权利，故对Y公司该项主张，二审法院不予支持。《最高人民法院关于适用〈中华人民共和国公司法〉若干问题的规定（四）》第十条第一款规定："人民法院审理股东请求查阅或者复制公司特定文件材料的案件，对原告诉讼请求予以支持的，应当在判决中明确查阅或者复制公司特定文件材料的时间、地点和特定文件材料的名录。"现J公司同意前往Y公司住所地查阅相关材料，Y公司亦予以确认，二审法院对此不持异议，Y公司应于指定时间将前述资料置备于其住所地，保证J公司行使股东知情权。

关于Y公司主张，J公司未就查阅公司会计账簿提出申请，故不同意其进行查阅一节。根据《中华人民共和国公司法》第三十三条第二款的规定，股东查阅公司会计账簿的，应履行向公司提出书面通知的前置程序，否则公司有权拒绝。就本案而言，经查，J公司于2019年3月1日向Y公司相关人员发出电子邮件，要求行使股东知情权，但J公司在上述邮件中要求查阅的材料为公司“2017年1月至今的全部公司章程及修正案、股东大会决议、监事会会议决议及财务会计报告”，其中并未涉及公司会计账簿，故J公司并未就查阅公司会计账簿向Y公司提出请求，未履行前述法律规定的必要程序，J公司以直接提起诉讼的方式要求查阅Y公司会计账簿缺乏法律依据，对其该项诉讼请求不予支持。Y公司该上诉主张成立。一审法院判令Y公司向J公司提供会计账簿进行查阅有误，应予以纠正。

综上所述，北京市第一中级人民法院依照《中华人民共和国公司法》第三十三条、《最高人民法院关于适用〈中华人民共和国公司法〉若干问题的规定（四）》第十条、《最高人民法院关于适用〈中华人民共和国民事诉讼法〉的解释》第九十条、《中华人民共和国民事诉讼法》第一百七十条第一款第二项的规定，判决如下：

一、撤销北京市海淀区人民法院（2019）京0108民初34337号民事判决；

二、Y公司于判决生效后十日内将自2013年12月2日起至2019年4月30日止的公司章程及修正案、股东会会议记录及决议、董事会会议记录及决议、监事会会议记录及决议、财务会计报告（除Y公司2017年度财务会计报告）置备于Y公司住所地，供J公司查阅、复制，自查阅之日起不得超过十个工作日；

三、驳回J公司的其他诉讼请求。

【法官后语】

股东知情权是公司股东的法定权利。现代公司制度中，出资人将财产交付公司形成公司资产，且公司将其确认为股东后，股东对其用于出资的财产即不再享有所有权，而只能依据该财产对应的份额享有股东权利。股东向公司投入财产的目的在于实现财产增值，而公司日常的经营管理由董事、经理等高级管理人员负责，股东为了实现出资目的，需要通过查阅公司财务会计报表、资料、账簿和财会原始凭证等实现对公司经营情况的监督和管理，故各国公司法均将股东知情权作为股东的法定权利予以确定。

公司相对于股东而言，具有独立的人格和权利，对外承担独立责任，股东虽然对公司享有各项权利，但不应滥用权利侵害公司利益。股东查阅的公司会计账簿、凭证等公司资料，不仅体现股东出资的价值，也包含公司经营管理的整体情况和商业秘密，故有必要对股东行使知情权作出一定限制，以平衡股东之间的利益以及股东与公司之间的利益。

我国公司法规定股东行使股东知情权应履行前置程序以及说明目的，该种制度设计即考虑到保证股东权利和维护公司利益的现实需求。公司在经营管理中会形成不同种类的公司资料，如对外签订的各类合同、公司机构形成各类会议决议、公司账户交易记录和凭证等，不同性质的资料，对公司经营管理的影响程度亦有不同，故对于股东行使知情权查阅复制不同材料的程序亦存在不同的标准。

根据《中华人民共和国公司法》第三十三条的规定，股东有权查阅、复制公司章程、股东会会议记录、董事会会议决议、监事会会议决议和财务会计报告，而股东要求查阅公司会计账簿时，则应向公司提出书面请求并说明目的。究其原因，在于公司章程、会议决议属于公司进行日常经营管理的依据，而财务会计报告反映公司经营的整体情况，且需要向工商管理部门等主体进行报备，对于股份有限公司而言，甚至需要向不特定多数主体公示，故这些文件在性质上属于相对公开的材料，在公司内部，并非仅有股东有权获取，故股东查阅这些材料无须受到限制。而公司会计账簿，以及形成会计账簿所必需的原始凭证，如银行交易记录，关系到公司经营的具体情况，包括公司对外交易具体数额、交易对象、交易价款等信息，属于公司的商业秘密，如不当对外披露，将可能对公司交易机会、盈利能力等产生重大影响，故需要赋予公司审查股东行权目的的机会，防止股东不当行使权利损害公司利益。在此情况下，股东要求查阅公司会计账簿，应按照前述法律规定的内容，向公司提出书面申请，并明确查阅的内容和目的，该前置程序属于法定条件，股东要求查阅会计账簿的，应严格履行。据前述，股东在书面申请时，其要求查阅的内容应当是明确和具体的，包括所需查阅材料的名称、时间范围、具体的行权要求等，公司针对股东书面申请的内容进行答复和行为。当股东与公司就股东行使知情权产生争议并提起诉讼后，法院亦应根据股东在申请行使股东知情权时形成的书面申请的内容认定其主张是否成立。因此，股东履行前置程序时是否严谨准确，将直接关系到其诉讼请求能否成立。

就本案而言，J公司主张，其已向Y公司发送邮件，要求查阅公司资料，但Y公司未提供相关资料供其查阅复制，故提起诉讼要求行使股东知情权，其诉讼请求既包括要求查阅、复制公司章程及修正案、公司“三会”的会议记录及决议、财务会计报告，亦包括查阅、复制会计账簿及凭证。根据公司法的规定，该两部分诉讼请求的审查标准并不相同，故应对J公司的诉讼请求分别认定。针对其诉讼请求中要求查阅、复制公司章程、会议记录及决议和财务会计报告的部分，如前述，该部分材料属于公司内部的公开文件，不涉及公司的商业秘密，参与公司经营、管理的人员均可获得，股东当然可随时要求查阅，对上述材料的复制亦与公司经营安全无涉。《中华人民共和国公司法》第三十三条规定，股东无须事先提出申请，即可随时要求公司提供材料以供查阅、复制，本案中，Y 公司亦未对 J 公司该部分要求提出抗辩。

J 公司亦要求查阅、复制 Y 公司的会计账簿及相应凭证，据前述，该部分公司资料因涉及公司商业秘密，在公司内部也并非公开文件，《中华人民共和国公司法》第三十三条针对股东查阅该部分资料亦设置了特别的规定，即股东行权的前置程序。本案中，J 公司主张已通过向 Y 公司发送电子邮件的方式履行了前置程序，Y 公司予以否认，故本案需对其中涉及的两个问题进一步审查：其一，发送电子邮件提出行使股东知情权的形式可否认定为提出书面申请；其二，J 公司在邮件中提出申请查阅的内容是否为一项符合法律规定的申请，即 J 公司要求查阅资料的范围是否与其提起诉讼要求查阅的内容一致。针对第一个问题，虽然公司法设置前置程序对股东利益与公司利益进行平衡，但股东知情权毕竟是股东监督管理公司经营、判断自身权利价值的途径和法定权利，而法律规定前置程序的直接目的系给予公司核实、准备的机会，公司知悉即可，因此在书面申请的形式上，不必过于苛责，在股东提出的申请存在明确文字内容的情况下，即可认定提出书面申请，而无须认定必须通过纸质或其他实体载体的形式提出，故 J 公司以电子邮件提出行权申请符合法理和法律的本意，应认定为符合法律规定的形式。第二个问题则是本案的核心问题。根据已经查明的事实，J 公司虽然提出了书面申请，但其在邮件中要求Y公司提供的材料为“2017年1月至今的全部公司章程及修正案、股东大会决议、监事会会议决议及财务会计报告”及“2017年度审计报告”，其中并未涉及公司财会账簿及凭证的内容。J公司上述行为履行了前置程序的形式，却忽视了前置程序的内容，即在书面申请中提出查阅、复制的内容为无须履行前置程序即可要求公司提供的材料，而真正需要通过履行前置程序进行查阅的内容，却未在书面申请中记载，这种“张冠李戴”的行为当然无法产生已就查阅公司会计账簿及凭证履行了法定程序的效果，其书面申请并不产生法律上的后果，其该部分诉讼请求缺乏事实和法律依据，不应予以支持。一审法院并未区分J公司书面申请的内容，在J公司未就查阅公司会计账簿及凭证的请求履行法定前置程序的情况下，判令Y公司提供上述材料，系对法律规定的误解，处理结果有误，故二审法院予以纠正，驳回J公司要求Y公司提供自2013年12月2日至2019年4月30日的财务会计报告及会计账簿（包括总分类账、现金日记账、明细账对应的记账凭证及原始凭证、现金流量表、利润分配表、损益表、资产负债表、财务情况说明书等）供J公司查阅、复制的诉讼请求。

在此需引申说明的是，股东起诉要求公司提供的材料的范围，应与其在书面申请中要求公司提供资料的范围一致，包括材料形成的时间、材料的名称等。本案中，J公司在邮件中要求Y公司提供2017年1月至提出申请之日的公司材料，而其诉讼请求为要求Y公司提供自2013年12月2日起至2019年4月30日止的相关材料以供查阅、复制，除去J公司未在书面申请中提出查阅公司会计账簿及凭证一节不谈，仅在查阅会计账簿及凭证的时间范围上，J公司诉讼请求的范围也超出了其书面申请的范围，超出部分当然不应得到支持。至于J公司诉讼请求中要求提供的章程、决议、记录等资料亦超出书面申请范围一节，如前述，股东查阅该部分材料无须提前书面申请，即股东就此提起诉讼并不以是否事先书面申请以及申请的内容作为条件，就该部分材料而言，股东诉请是否超出书面申请的范畴，并非法院认定阻却其行使查阅、复制权的依据，审查诉讼请求的范围即可，在没有证据证明股东该请求具有滥用知情权或恶意行使知情权的情况下，原则上应予以支持。

编写人：北京市第一中级人民法院　徐硕

037　股东设立关联公司从事同类业务则行使知情权具有“不正当目的”

——K公司诉Y公司股东知情权案

【案件基本信息】

1. 裁判书字号

江苏省苏州市中级人民法院（2019）苏05民终4947号民事判决书

2. 案由：股东知情权纠纷

3. 当事人

原告（被上诉人）：K公司

被告（上诉人）：Y公司

【基本案情】

Y公司成立于2006年6月，经营范围为生产医疗器械：三类6846植入材料和人工器官、二类6810矫形外科（骨科）手术器械。

2007年12月，K公司入股Y公司。K公司股东为刘某波、刘某云、W实业公司；法定代表人为刘某波；注册有某注册商标；K公司经营范围为三类医疗器械（6846植入材料和人工器官、6865医用缝合材料及黏合剂）、二类医疗器械的销售，医药、生物制品专业领域内的技术开发、技术咨询，技术服务，技术转让。

D公司成立于2009年6月，股东为刘某波、刘某云、W实业公司等，上述三位股东合计出资比例为91%；法定代表人为刘某波；经营范围为医疗器械生产、经营［三类6846植入材料和人工器官、二类6810矫形（骨科）外科用其他器材、一类6810类……］；从事货物及技术的进出口业务的生产经营许可。

K公司向一审法院提起诉讼请求：1. Y公司提供自2009年至判决之日的公司会计账簿和会计凭证供K公司及其委托的法律及财务专业人员查阅、复制、审计；2. 诉讼费用由Y公司负担。Y公司则主张K公司查账有不正当目的，可能损害其合法利益，其有权拒绝。K公司成为Y公司股东后，在Y公司不知情的情况下，K公司三股东刘某波、刘某云、W实业公司以91%的绝对控股权成立了D公司。刘某波同时为K公司和D公司法定代表人。D公司许可生产销售等14种医疗器械产品，其中6种与Y公司相同。K公司与D公司系关联公司，K公司实际控制并参与D公司经营。而D公司经营与Y公司主营业务有实质性竞争关系的业务，Y公司有理由相信K公司一旦取得Y公司有关生产、销售数据、客户信息、产品价格等商业秘密，将会向D公司通报，损害Y公司合法权益，故请求驳回K公司的诉请。

【案件焦点】

1. K 公司行使股东知情权是否具有可能损害 Y 公司合法利益的不正当目的；2. K 公司的行为是否属于为他人经营与公司主营业务有实质性竞争关系业务的情形。

【法院裁判要旨】

江苏省苏州市吴中区人民法院经审理认为：K 公司非 D 公司股东，Y 公司亦未举证证明 K 公司直接参与 D 公司经营，不属于法律规定股东自营或为他人经营的范畴。Y 公司认为 K 公司查阅会计资料后会向 D 公司通报，但未举证证明。故判决如下：

一、Y 公司于判决生效之日起十日内提供会计账簿和会计凭证供 K 公司查阅；

二、驳回 K 公司其他诉讼请求。

宣判后，Y 公司提起上诉。

江苏省苏州市中级人民法院经审理认为：从股权结构来看，K 公司是 Y 公司的股东之一，K 公司的股东刘某波、刘某云、W 实业公司以 91%的股权绝对控股 D 公司，刘某波同时为 K 公司和 D 公司法定代表人，可以认定 K 公司与 D 公司为关联公司，K 公司拥有对 D 公司的控制权；从公司业务范围来看，Y 公司主营生产医疗器械，K 公司主营销售医疗器械，K 公司网站显示其关联工厂即 D 公司，K 公司负责销售 D 公司生产的医疗器械，而 Y 公司、D 公司生产的医疗器械在种类上高度相似，可以认定 D 公司和 Y 公司主营业务存在实质性竞争关系，K 公司作为 D 公司的关联公司，与 Y 公司存在利益冲突；从查阅公司会计账簿的理由来看，虽然 K 公司并非 D 公司股东，Y 公司亦未提供证据证明 K 公司实际参与 D 公司经营，但 K

公司入股Y公司在先，K公司的三名股东投资设立D公司在后，K公司与D公司之间这种特殊的参股并控股关系，无法得出K公司仅系为了确保或行使股东权利而请求查阅的结论。综上，Y公司的股东K公司通过设立关联公司D公司，从事与Y公司主营业务有实质性竞争关系的业务，属于为他人经营与公司主营业务有实质性竞争关系业务的情形，应当认定K公司行使知情权存在《中华人民共和国公司法》第三十三条第二款规定的“不正当目的”，对K公司的诉讼请求不予支持，判决如下：

一、撤销苏州市吴中区人民法院（2018）苏0506民初9380号民事判决；

二、驳回K公司的诉讼请求。

【法官后语】

股东知情权的行使需以正当目的为基础。《最高人民法院关于适用〈中华人民共和国公司法〉若干问题的规定（四）》第八条明确了四种情形应当认定为股东有“不正当目的”，其中第一种情形为“股东自营或者为他人经营与公司主营业务有实质性竞争关系业务的，但公司章程另有规定或者全体股东另有约定的除外”。案涉公司股权结构复杂，主营业务专业性强，也无判例可以参考，故在新情形下查明案件事实、准确适用法律更具难度，法官从以下三个角度予以突破：

一、查明关联公司的股权结构、经营范围，厘清“实质性竞争关系”的内涵

“实质性竞争关系”是指股东和公司之间存在利益冲突。因此，法官首先查实了案涉三公司的股权结构，查明K公司在入股Y公司以后，K公司的三名股东以合计出资91%的比例，成立D公司。据

此可以认定K公司间接持股D公司，两者具有关联关系，存在利益一致性。

随后，法官考察了案涉公司的“主营业务”，查询营业执照以及经食品药品监督管理部门注册许可生产的医疗器械产品型号，详细比较其中的异同，发现Y公司、D公司生产的医疗器械在种类上存在高度相似。K公司作为一家医疗器械销售型企业，在入股Y公司之后，虽未直接从事医疗器械生产，但其设立的关联公司D公司是一家典型的医疗器械生产型企业。在登录K公司网站后，亦可知K公司主要销售的产品即D公司生产的医疗器械。

综上，可以认定K公司作为D公司的关联公司，与Y公司存在利益冲突。

二、准确适用法律条文，科学划分“股东自营或者为他人经营”的情形

“股东自营”是指股东直接从事的业务，股东为直接获益方；“他人”往往是指公司的竞争者或者诉讼对手。本案中，Y公司和D公司互为医疗器械生产行业的竞争对手，K公司虽未生产相关产品，但K公司通过设立关联公司D公司，从事与Y公司主营业务有实质性竞争关系的业务。故本案中K公司的间接持股行为属于为他人经营与公司主营业务有实质性竞争关系业务的情形。

三、严谨把握证明标准，审慎判断“可能损害公司合法权益”的程度

《中华人民共和国公司法》第三十三条第二款规定对“不正当目的”进行了限缩，即同时要求“可能损害公司合法利益”。此处不能要求公司举证证明股东此时行使知情权必然会或已经损害公司利益，公司只需证明股东行使知情权可能导致公司的合法利益受损，

即完成了举证证明责任。同时，由于“不正当目的”属于主观心理，只能借助于股东的客观行为来合理认定或法律推定。法官重点考察了K公司入股Y公司和间接控股D公司的时间节点，以及K公司查阅公司会计账簿的理由，再结合K公司与Y公司存在利益冲突的客观事实，认定K公司存在将Y公司的商业秘密等信息通报给竞争对手D公司的可能性，即已达到“可能损害公司合法权益”的程度。

本案能够科学认定“不正当目的”，对类案审理具有探索性和引导性，同时对平衡股东知情权和公司合法权益也具有指导意义。

编写人：江苏省苏州市中级人民法院　许嘉云

038　股东查阅权范围的认定与裁量

——杜某诉M公司股东知情权案

【案件基本信息】

1. 裁判书字号

福建省厦门市思明区人民法院（2019）闽0203民初5087号民事判决书

2. 案由：股东知情权纠纷

3. 当事人

原告：杜某

被告：M公司

【基本案情】

M公司成立于2016年7月14日，股东为李某和杜某。目前，该公司的法定代表人为李某。

2018 年 12 月 27 日，杜某委托律师事务所律师向 M 公司发出《律师函》，以杜某的股东知情权、经营参与权受到侵害，公司股东李某擅自挪用公司资金进行大额投资、个人资产与公司资产混同、隐瞒公司实际经营收入等为由，要求 M 公司在收到函件 3 日内将会计账簿、合同文本、税收凭证、债权债务凭证、公司职位薪水证明等与公司经营管理相关的文件交给杜某查阅。该函件被寄往 M 公司的住所地，并于 2018 年 12 月 28 日被签收。

杜某表示，此后 M 公司并未作出回复，亦未提供相关资料。杜某于 2019 年 1 月 14 日向本院递交诉状。杜某向本院提出诉讼请求：1. 判令 M 公司向杜某提供自 2016 年 7 月 14 日起至判决生效之日止的会计账簿、税收凭证、债权债务凭证、公司职位薪水证明等与公司经营管理相关的文件以供杜某查阅（查阅时允许会计师辅助进行）；2. 本案诉讼费用由 M 公司承担。

【案件焦点】

税收凭证、债权债务凭证和公司职位薪水证明等其他与公司经营管理相关的文件是否属于《中华人民共和国公司法》第三十三条第二款规定的“公司会计账簿”。

【法院裁判要旨】

福建省厦门市思明区人民法院经审理认为：股东知情权是股东享有的重要权利，杜某作为 M 公司的股东，依法享有了解公司经营状况的权利。《中华人民共和国公司法》第三十三条第二款规定，股东可以要求查阅公司会计账簿。股东要求查阅公司会计账簿的，应当向公司提出书面请求，说明目的。公司有合理根据认为股东查阅会计账簿有不正当目的，可能损害公司合法利益的，可以拒绝提供查阅，并应当自股东提出书面请求之日起十五日内书面答复股东并说明理由。公司拒绝提供查阅的，股东可以请求人民法院要求公司提供查阅。杜某作为M公司股东，已依法向M公司书面请求查阅公司会计账簿的要求，并说明其行使股东权利的原因和目的。M公司在无证据证明杜某查阅会计账簿有不正当目的，可能损害公司合法利益的情况下，拒绝杜某查阅会计账簿不符合法律规定。因此，杜某要求在会计师陪同下查阅会计账簿的诉讼请求，有事实和法律依据，法院予以支持。关于杜某主要要求查阅税收凭证、债权债务凭证和公司职位薪水证明等其他与公司经营管理相关文件的诉讼请求，则缺乏法律依据，法院不予支持。

福建省厦门市思明区人民法院依照《中华人民共和国公司法》第三十三条第二款，《最高人民法院关于适用〈中华人民共和国公司法〉若干问题的规定（四）》第十条，《中华人民共和国民事诉讼法》第六十四条第一款、第一百四十四条之规定，判决如下：

一、被告M公司应于本判决生效之日起十五日内提供2016年7月14日起至本判决生效之日止的会计账簿供原告杜某查阅；前述查阅活动应于被告M公司的住所地进行，原告杜某有权在其本人在场的情况下，由会计师辅助进行查阅；

二、驳回原告杜某的其他诉讼请求。

判决后，双方当事人均未上诉，本判决现已生效。

【法官后语】

一、股东知情权概述

股东知情权是指公司股东了解公司经营信息的权利，其主要功能在于解决股东与管理层之间的信息不对称，以便于监督管理层，降低代理成本，以利于维护股东的合法权益。作为公司的投资人、出资者，股东有权了解公司的一切情况，特别是公司经营决策和公司财产使用的情况。自公司法1994年施行尤其于2006年修订以来，股东知情权诉讼逐渐发展成为司法实践中一种非常活跃的公司诉讼类型，但是，这类诉讼也是一直存在诸多争议点的公司诉讼类型。[①]2016年至2018年全国法院共审结股东知情权纠纷6600件，仅次于股权转让纠纷和股东资格确认纠纷，股东知情权诉讼已成为与公司有关的第三大诉讼类型。[②]股东知情权的权利结构包括查阅权、质询权与信息接收权，分别对应公司法上的查阅权制度、质询权制度以及公司法、证券法上的公司信息披露制度。[③]本案争议的焦点正是查阅权的范围，即《中华人民共和国公司法》第三十三条规定的股东有权查阅的“会计账簿”是否包括本案原告杜某所主张的“税收凭证、债权债务凭证和公司职位薪水证明等文件”。

二、股东查阅权范围下的“会计账簿”争议

《中华人民共和国公司法》第三十三条第二款规定，股东可以要求查阅公司会计账簿。根据《中华人民共和国会计法》第十五条规定可知：(1)“会计账簿”包括总账、明细账、日记账和其他辅助性账簿；(2)各单位发生的各项经济业务事项应当在依法设置的会

① 参见刘俊海：《新公司法的制度创新：立法争点与解释难点》，法律出版社2006年版，第201~210页。转引自李建伟：《股东知情权诉讼研究》，载《中国法学》2013年第2期。

② 陈洪磊：《有限责任公司股东知情权行使中的利益衡量——基于〈公司法解释四〉实施后的291份裁判文书的整理分析》，载《法律适用》2019年第16期。

③ 李建伟、姚晋升：《论股东知情权的权利结构及其立法命题》，载《暨南学报》(哲学社会科学版) 2009年第31期。

计账簿上统一登记、核算，不得违反法律和国家统一的会计制度的规定私设会计账簿登记、核算；（3）会计账簿记录应与实物及款项的实有数额相符、与会计凭证的有关内容相符、与会计报表的有关内容相符，会计账簿之间相对应的记录也应相符。

虽然“会计账簿”似乎有明确的法律定义，但司法实践中，原告股东诉求查阅某些文件能否扩大解释为“会计账簿”，常成为股东知情权诉讼的主要争议焦点之一。有学者整理研究我国1993年至2011年的股东知情权诉讼，发现股东知情权诉讼的原告股东所主张查阅的公司文件中，原始会计凭证和其他公司文件（主要包括财务账册、对账单、合同书、资金进出凭证等）的比例达11.92%，[①]但对这两类文件法律没有明文规定，审判中常生争议。[②]其中，关于股东查阅原始会计凭证的裁判争议，学者有专门的分析：在2015年以前的司法审判中对会计账簿查阅权中是否包括会计凭证问题的77件案例中，52件同意查阅，占比68%；25件不同意查阅，占比32%；出现这样的结果是基于法院对公司法上“会计账簿”的扩张解释和对《中华人民共和国会计法》第十四条和第十五条的适用。[③]法院支持查阅原始会计凭证案例的主要理由为：会计凭证是判断会计账簿内容的真实性和完整性的必不可少的依据，或支持查阅能使股东更好地实现其经营管理权；法院反对查阅则是基于对公司法上“会

---

① 其余公司文件类型为：(1)《中华人民共和国公司法》第三十三条第一款规定的有限公司的章程、股东会会议记录、董事会会议决议、监事会会议决议和财务会计报告等基本文件；(2) 第三十四条第二款规定的会计账簿。

② 李建伟：《股东知情权诉讼研究》，载《中国法学》2013年第2期。

③ 李美云：《〈会计法〉在民事诉讼运用中的理论基础与制度优化》，载《法学杂志》2019年第40期。理论上，会计凭证分为原始凭证和记账凭证，故该学者研究的“会计凭证”也就包含原始凭证，或称原始会计凭证。

计账簿”的文义解释。因此，原告股东诉求查阅某些文件能否扩大解释为“会计账簿”在实际法律适用上有一定的自由裁量空间。

三、本案股东查阅权范围的认定

在股东知情权诉讼中，只有原告股东满足了以下要件后，法院才会进一步认定原告股东主张的查阅权范围：(1) 符合股东知情权诉讼的前置程序。股东应先提出书面请求，说明目的；(2) 股东自行查阅或委托专业人员查阅；(3) 股东查阅会计账簿必须具有“正当目的”；[①] (4) 公司没有行使拒绝权或其拒绝权不成立。即公司有合理根据认为股东查阅会计账簿有不正当目的，可能损害公司合法利益的，可以拒绝提供查阅，并应当自股东提出书面请求之日起十五日内书面答复股东并说明理由。本案中，杜某作为M公司股东，已依法向M公司书面请求查阅公司会计账簿，并说明其行使股东权利的原因和目的。M公司在无证据证明杜某查阅会计账簿有不正当目的，可能损害公司合法利益的情况下，拒绝杜某查阅会计账簿不符合法律规定。故本案需要再进一步认定：“税收凭证、债权债务凭证和公司职位薪水证明”是否属于股东查阅权的范围。

依在案证据，本案原告杜某与被告M公司未就股东知情权的范围另作约定，故法院依据有关法律及司法解释来认定原告杜某的查阅权范围：(1) 杜某要求查阅的“公司职位薪水证明”不是“工资条”这样的在公司经营往来过程中直接产生的原始凭证，也不是公司会计人员用于编制会计账簿的记账凭证，因此法院认为其不属于会计凭证，更不属于“会计账簿”，故不支持该查阅请求。(2) 杜

---

① 关于股东“不正当目的”的认定，《最高人民法院关于适用〈中华人民共和国公司法〉若干问题的规定（四）》第八条有明确规定。

某要求查阅的“税收凭证、债权债务凭证”属于“原始会计凭证”，因税收和债权债务涉及公司的收支情况，依法必须如实反映在公司的会计账簿上。(3) 作为原始会计凭证的“税收凭证、债权债务凭证”可能涉及被告M公司的商业秘密，公司为维持正常的经营秩序，需要得到股东对公司决策的理解支持。现无明确法律依据且在案证据未表明查阅上述会计凭证是原告股东行使经营管理权的必要的手段，因此法院认为，“税收凭证、债权债务凭证”这类会计凭证，在本案中不宜扩张解释为《中华人民共和国公司法》第三十三条规定的“会计账簿”。故判决：驳回杜某主张查阅“税收凭证、债权债务凭证”的诉讼请求。

编写人：福建省厦门市思明区人民法院　邱瑛　罗彬

039 有限责任公司股东无权以行使股东知情权为由查阅公司原始凭证

——吴某诉H公司股东知情权案

【案件基本信息】

1. 裁判书字号

北京市第二中级人民法院（2019）京02民终15365号民事判决书

2. 案由：股东知情权纠纷

3. 当事人

原告（被上诉人）：吴某

被告（上诉人）：H公司

【基本案情】

H 公司成立于 2008 年 5 月 8 日，工商登记信息显示吴某系其股东。吴某与 H 公司均确认 H 公司章程并未约定股东知情权的查阅范围。

2019 年 3 月 28 日，吴某向 H 公司邮寄《股东知情权告知函》，要求 H 公司于 2019 年 3 月 30 日前向吴某提交公司经营情况报告、重大事项报告、2017 年及 2018 年全年财务报告（包括财务报表、资产负债表、损益表、现金收支明细表、会计报表详细附注和说明）及原始财务凭证、公司营业执照及相关批文、金额在 5 万元及 5 万元以上的合同、公司所有投资协议、公司章程及章程修正案供吴某查阅或复制。H 公司确认收到该告知函，但未予书面答复。

后吴某诉至一审法院，要求：1. H 公司提供 2017 年、2018 年的会计账簿，包括总账、明细账、日记账（包括现金日记账、银行存款日记账）、现金收支明细表、自 2008 年成立之日起至 2019 年 9 月 30 日止的银行账户交易明细、银行对账单交易明细供吴某查阅；2. H 公司提供 2017 年、2018 年财务会计报告，包括会计报表、会计报表附注、财务情况说明书、资产负债表、损益表供吴某查阅、复制；3. H 公司提供自 2017 年 1 月 1 日起至 2019 年 9 月 30 日止的股东会会议记录（包括股东会会议笔录纪要、投资协议、公司经营情况报告、重大事项报告、相关批文、金额在 5 万元及 5 万元以上的合同）供吴某查阅、复制。

【案件焦点】

1. 吴某是否有权行使股东知情权；2. 股东知情权的查阅范围是否包括公司会计凭证；3. 吴某行使股东知情权是否具有不正当目的。

【法院裁判要旨】

北京市东城区人民法院经审理认为：首先，吴某作为H公司的股东，有权按照《中华人民共和国公司法》的规定行使股东知情权。吴某向H公司邮寄了《股东知情权告知函》，H公司亦确认收到，吴某在该函中要求查阅的范围虽未明确会计账簿，但其实质也属书面请求公司提供查阅财务账簿的方式之一，故吴某提起股东知情权诉讼已经履行法定的前置程序。其次，关于股东知情权的查阅范围是否包括原始凭证。根据《中华人民共和国会计法》的相关规定，会计凭证包括原始凭证和记账凭证，而原始凭证既是会计账簿形成的基础，又是验证会计账簿对公司财务状况的记录是否完整准确的依据，故吴某有权要求查阅原始凭证。最后，对于H公司提出吴某提起本案诉讼是为了干扰其正常经营，有破坏H公司商业信誉等不当目的的抗辩意见，因H公司未提供证据予以证明，法院对此不予采信。综上，北京市东城区人民法院于2019年10月28日作出如下判决：

H公司提供2017年、2018年会计账簿，包括总账、明细账、日记账（包括现金日记账、银行存款日记账）、现金收支明细表、2017年1月1日至2019年9月30日的银行账户交易明细、银行对账单交易明细供吴某查阅，提供2017年、2018年财务会计报告（包括会计报表、会计报表附注、财务情况说明书、资产负债表、损益表）、自2017年1月1日起至2019年9月30日止的股东会会议记录（包括股东会会议笔录纪要）供吴某查阅、复制。

H公司不服一审判决，提起上诉。

北京市第二中级人民法院经审理认为：因吴某自认现金收支明细表、银行账户交易明细、银行对账单交易明细均属于会计凭证中的原始凭证，且亦未能提供证据证明其该部分查阅请求属于《中华人民共和国公司法》第三十三条规定的股东有权查阅的公司会计账簿范围，故一审法院对于吴某该部分请求予以支持欠妥，二审法院依法予以改判，同时一审法院未对查阅与复制的地点予以确定，二审法院予以明确。其他裁判意见同一审法院。二审判决如下：

一、撤销北京市东城区人民法院（2019）京0101民初13341号民事判决；

二、自本判决生效之日起十日内，H公司在其办公场所提供该公司2017年、2018年的会计账簿，包括总账、明细账、日记账（包括现金日记账、银行存款日记账）供吴某查阅；

三、自本判决生效之日起十日内，H公司在其办公场所提供2017年、2018年财务会计报告，包括会计报表、会计报表附注、财务情况说明书、资产负债表、损益表供吴某查阅、复制；

四、自本判决生效之日起十日内，H公司在其办公场所提供自2017年1月1日起至2019年9月30日止的股东会会议记录（包括股东会会议笔录纪要）供吴某查阅、复制；

五、驳回吴某的其他诉讼请求。

【法官后语】

股东知情权是指公司股东了解公司经营信息的权利，其权利创设价值取向在于中小股东便于及时监督管理层处理公司事务，维护自身权益。《中华人民共和国公司法》第三十三条第一款规定了有限责任公司股东行使股东知情权的一般查阅复制范围，包括公司章程等，该条第二款亦对有限责任公司股东查阅会计账簿的前置程序和必备条件进行了特别规定，股东应先向公司提出书面请求，说明其查阅目的，且以没有不正当目的和不会损害公司合法利益为前提，才得以查阅与其查阅目的相关的公司账簿。此外，《最高人民法院关于适用〈中华人民共和国公司法〉若干问题的规定（四）》亦对有限责任公司股东知情权相关问题进行了规定。但关于有限责任公司股东是否有权查阅公司原始凭证这个问题，现有立法并未对此进行过明确规定，学理界存在观点纷争，司法实践中的裁判观点也未完全一致，有观点认为中小股东在脱离公司原始凭证的情况下很难准确了解公司的实际经营状况，故股东有权查阅公司原始凭证。但从原始凭证的法定类别、公司法领域的利益平衡原则及相关立法背景资料多重角度而言，股东知情权的法定查阅范围并不包括原始凭证，具体理由如下：

首先，根据《中华人民共和国会计法》第十三条第一款和第十四条第一款的规定，原始凭证包含会计凭证，而会计凭证与会计账簿又相互区别，故即便原始凭证与会计账簿存在一定关联性，但从法定类别而言，会计账簿并不包括原始凭证，同时鉴于《中华人民共和国公司法》第三十三条对股东可查阅的财会资料范围仅限于财务会计报告和会计账簿，故原始凭证已超出现有立法对股东行使股东知情权所规定的查阅范围，不可随意对该条进行扩大解释，将股东知情权的法定允许查阅范围扩大至原始凭证。

其次，从公司法领域的利益平衡原则而言，股东知情权的立法目的系维护中小股东合法权益，但基于股东与公司之间的利益平衡原则，结合原始凭证相较于其他财务资料之特殊重要性，为避免因股东知情权被滥用而出现公司负担过重、影响公司日常运营、损害公司商业秘密等公司利益严重受损情形，不宜将原始凭证纳入股东知情权的法定查阅范围，公司有权拒绝向股东提供原始凭证。

综上，有限责任公司股东无权以行使知情权为由查阅原始凭证。

此外，在司法实践中，还应严格按照《最高人民法院关于适用〈中华人民共和国公司法〉若干问题的规定（四）》第十条的规定，判决支持原告诉讼请求的，在判决书中明确查阅或复制公司特定文件材料的时间、地点和特定文件材料的名录，切勿遗漏细节问题。

编写人：北京市第二中级人民法院　石东　贾凯迪

040　有限责任公司股东知情权的程序和实体规制思考

——李某华诉T公司股东知情权案

【案件基本信息】

1. 裁判书字号

北京市第二中级人民法院（2019）京02民终14806号民事判决书

2. 案由：股东知情权纠纷

3. 当事人

原告（被上诉人）：李某华

被告（上诉人）：T公司

【基本案情】

原告于1999年12月成为被告公司股东，被告每年都给股东股份分红款。但是2016年、2017年、2018年被告扣发原告的股份分红款。原告依据《中华人民共和国公司法》和《T公司章程》向被告提出书面查账申请，要求查阅并复制以下内容：1. 查阅和复制2016、2017、2018年度由股东大会通过的利润分配方案；2. 查阅和复制2000年1月1日至2019年1月30日的公司董事会决议、监事会决议、股东大会记录、股东名册、公司的债券存根；3. 查阅和复制2000年至2018年公司的财务会计报告；4. 查阅公司2015年1月1日至2019年1月30日的会计账簿、记账凭证。查阅和复制目的：了解公司的整体经营状况；取得利润分配方案讨要股份分红款。原告的查账申请书于2019年1月30日以挂号信方式寄达，被告庭审辩称未收到。2019年5月29日原告又以国内标准快递方式送达，被告拒收。

原告李某华向一审法院提出的诉讼请求为：1. 查阅和复制T公司2016年、2017年、2018年由股东大会通过的利润分配方案；2. 查阅和复制T公司2000年至2018年的财务会计报告；3. 查阅和复制T公司2000年1月1日至2019年1月30日的公司董事会决议、监事会决议、股东大会会议记录、股东名册、公司的债券存根；4. 查阅2015年1月1日至2019年1月30日的会计账簿、记账凭证；5. 由被告承担诉讼费及本案诉讼的合理费用。

【案件焦点】

1. 李某华是否已经依照法律规定履行了股东知情权的前置程序；2. 李某华行使股东知情权的范围。

【法院裁判要旨】

北京市西城区人民法院经审理认为：《中华人民共和国公司法》第三十三条规定：股东有权查阅、复制公司章程、股东会会议记录、董事会会议决议、监事会会议决议和财务会计报告。股东可以要求查阅公司会计账簿。股东要求查阅公司会计账簿的，应当向公司提出书面请求，说明目的。公司有合理根据认为股东查阅会计账簿有不正当目的，可能损害公司合法利益的，可以拒绝提供查阅，并应当自股东提出书面请求之日起十五日内书面答复股东并说明理由。公司拒绝提供查阅的，股东可以请求人民法院要求公司提供查阅。《最高人民法院关于适用〈中华人民共和国公司法〉若干问题的规定（四）》第八条规定：有限责任公司有证据证明股东存在下列情形之一的，人民法院应当认定股东有公司法第三十三条第二款规定的“不正当目的”：（一）股东自营或者为他人经营与公司主营业务有实质性竞争关系业务的，但公司章程另有规定或者全体股东另有约定的除外；（二）股东为了向他人通报有关信息查阅公司会计账簿，可能损害公司合法利益的；（三）股东在向公司提出查阅请求之日前的三年内，曾通过查阅公司会计账簿，向他人通报有关信息损害公司合法利益的；（四）股东有不正当目的的其他情形。

现李某华已经按照上述法律规定履行了前置程序，且T公司亦未举证证明李某华行使股东知情权有上述法律规定之不正当目的，其仅辩称李某华妨碍公司正常经营并非拒绝李某华行使法定权利的合理理由，故对于T公司的抗辩意见，本院不予采纳。

关于股东可以查阅的材料范围。李某华要求查阅和复制的2016年、2017年、2018年由股东大会通过的利润分配方案属于股东会决议的内容，T公司认可制作有上述文件并一直要求原告查阅，故该项请求本院予以支持；其要求查阅和复制的2000年至2018年的财务会计报告符合法律规定，本院予以支持；其要求查阅和复制的2000年1月1日至2019年1月30日的公司董事会决议、监事会决议、股东大会会议记录、股东名册、公司的债券存根，T公司称未发行债券没有债券存根，李某华亦未举证证明公司保有债券存根，故该项请求本院不予支持，其余材料T公司认可制作并持有，故本院予以支持；其要求查阅的2015年1月1日至2019年1月30日的会计账簿、记账凭证符合法律规定，本院予以支持。

综上所述，依照《中华人民共和国公司法》第三十三条，《中华人民共和国会计法》第九条第一款、第十四条、第十五条第一款，《最高人民法院关于适用〈中华人民共和国公司法〉若干问题的规定（四）》第八条，《中华人民共和国民事诉讼法》第六十四条之规定，判决如下：

一、被告T公司于本判决生效之日起十五日内提供被告T公司2016年、2017年、2018年由股东大会通过的利润分配方案，提供2000年至2018年的财务会计报告，提供2000年1月1日至2019年1月30日的公司董事会决议、监事会决议、股东大会会议记录、股东名册供原告李某华查阅及复制；

二、被告T公司于本判决生效之日起十五日内提供被告T公司2015年1月1日至2019年1月30日的会计账簿、记账凭证供原告李某华查阅。

T公司不服一审判决，提起上诉。

北京市第二中级人民法院经审理认为：李某华作为T公司股东，有权行使股东知情权，要求查阅、复制T公司股东会会议记录、董事会决议、监事会决议等，并有权查询T公司会计账簿。李某华向T公司提出了书面申请，并说明了目的。T公司拒绝李某华的查阅请求，但并无证据证明李某华存在法定的不正当目的。但李某华要求查阅T公司的记账凭证，缺乏法律依据，《中华人民共和国公司法》与《最高人民法院关于适用〈中华人民共和国公司法〉若干问题的规定（四）》中均未规定股东可以查阅公司的记账凭证，一审法院判决李某华可以查阅T公司记账凭证，于法无据，本院予以纠正。另，依据《最高人民法院关于适用〈中华人民共和国公司法〉若干问题的规定（四）》第十条第一款的规定，人民法院审理股东请求查阅或者复制公司特定文件材料的案件，对原告诉讼请求予以支持的，应当在判决中明确查阅或者复制公司特定文件材料的时间、地点和特定文件材料的名录。一审法院并未明确查阅地点，本院予以纠正。

综上所述，T公司的上诉请求部分成立，本院依照《中华人民共和国公司法》第三十三条，《中华人民共和国会计法》第九条第一款、第十四条、第十五条第一款，《最高人民法院关于适用〈中华人民共和国公司法〉若干问题的规定（四）》第八条、第十条，《中华人民共和国民事诉讼法》第一百七十条第一款第二项之规定，判决如下：

一、变更北京市西城区人民法院（2019）京0102民初31429号民事判决第一项为T公司于本判决生效之日起十五日内在其办公场所提供T公司2016年、2017年、2018年由股东大会通过的利润分配方案，提供2000年至2018年的财务会计报告，提供2000年1月1日至2019年1月30日的公司董事会决议、监事会决议、股东大会会议记录、股东名册供李某华查阅及复制；

二、变更北京市西城区人民法院（2019）京0102民初31429号民事判决第二项为T公司于本判决生效之日起十五日内在其办公场所提供T公司2015年1月1日至2019年1月30日的会计账簿供李某华查阅。

【法官后语】

公司股东作为公司的出资者，对公司享有知情权是当代各国公司法都共同承认的权利。《中华人民共和国公司法》区分有限责任公司和股份有限公司两种类型，分别在第三十三条和第九十七条予以明确规定。然而由于公司法对股东知情权的规定过于笼统和原则化，必然导致法官依此确定涉及股东知情权范围的公司文件材料时无法找到明晰的法律规则指引，此时有些法官往往会援引《中华人民共和国会计法》等经济法规则加以分析确定。而另一些法官则认为，股东知情权规定于《中华人民共和国公司法》，表明该权利属于私法赋予的权利。《中华人民共和国会计法》属于公法中的经济法分支，依公法规则来界定私法权利的范围，混淆了公法、私法的不同调整对象，属法律适用不当，因此在审理股东知情权案件时仅依据《中华人民共和国公司法》规定来确定股东可以查阅的文件材料范围，由此导致股东知情权案件裁判标准产生了差异。围绕有限责任公司的股东知情权诉讼存在的前置程序争议、查阅范围争议，不仅困扰诉讼各方当事人，也给法院审判工作带来了较大挑战。

关于前置程序争议。根据《中华人民共和国公司法》第三十三条的规定，股东要求查阅公司会计账簿的，应当向公司提出书面请求，说明目的。公司有合理根据认为股东查阅会计账簿有不正当目的，可能损害公司合法利益的，可以拒绝提供查阅，并应当自股东提出书面请求之日起十五日内书面答复股东并说明理由。公司拒绝提供查阅的，股东可以请求人民法院要求公司提供查阅。

笔者通过在中国裁判文书网检索相关判例，反映出的法院裁判尺度差异主要在于股东书面请求查阅会计账簿的送达效力、送达时间及书面请求能否以起诉方式替代。部分案例对股东书面请求的送达效力及送达时间进行了细致入微的审查，体现出了严格审查前置程序的立场。但也有部分案例对前置程序持宽松立场，认为股东提起诉讼，法院向公司送达起诉材料后，公司便知悉股东的查阅会计账簿请求，从而满足了上述股东书面请求程序的要求。

总结审判实践中对于前置程序的处理意见，可归类为三种不同观点。第一种观点认为，前置程序是法院起诉受理的条件，未履行该程序法院应裁定不予受理或驳回股东起诉；第二种观点认为，前置程序是股东知情权受保护的实体要求，未达成法院应判决驳回股东诉讼请求；第三种观点认为，股东起诉应视作向公司提出书面申请，若公司拒绝，法院应支持股东的诉讼请求。笔者赞成第二种观点。该观点蕴含了公司自治优先的理念，符合公司治理规则宽松化、自由化的时代需要。股东履行该前置程序可看作民法上的私力救济，而求诸诉讼则属公力救济，将私力救济置于公力救济之前，既尊重了公司法的自治原则，也体现了谦抑司法的理念。

关于查阅范围争议。股东知情权指向的公司“特定文件材料”，依据《中华人民共和国公司法》第三十三条的规定，包含两种类型：其一是股东享有绝对知情权的资料，包括公司章程、股东会会议记录、董事会会议决议、监事会会议决议和财务会计报告，对此股东可以无条件地查询并复制；其二是股东享有相对知情权的资料，法律规定的是会计账簿，对此股东仅能查询，且需说明正当目的。然而实践中经常出现股东起诉要求查询公司会计凭证、原始凭证和其他非法定材料的案件。

会计凭证、原始凭证与公司法规定的会计账簿并不相同，但又属于公司会计账簿的记账基础。《中华人民共和国会计法》第十四条第一款规定，会计凭证包括原始凭证和记账凭证。第十五条第一款规定，会计账簿登记，必须以经过审核的会计凭证为依据，并符合有关法律、行政法规和国家统一的会计制度的规定。会计账簿包括总账、明细账、日记账和其他辅助性账簿。第十七条规定，各单位应当定期将会计账簿记录与实物、款项及有关资料相互核对，保证会计账簿记录与实物及款项的实有数额相符、会计账簿记录与会计凭证的有关内容相符、会计账簿之间相对应的记录相符、会计账簿记录与会计报表的有关内容相符。

对股东要求查询公司会计凭证、原始凭证和其他非法定材料的请求是否支持，不同案件给出了截然不同的终审判决结果。部分案件认为，虽然公司法没有明确规定股东可以查阅会计凭证和原始凭证，但基于利益平衡及确保信息真实的考虑，股东知情权范围不宜作限缩解释，且有限责任公司是人合性公司，严格限定股东知情权范围不符合股东知情权制度的设置目的，故认为会计凭证、原始凭证可以纳入知情权范围。部分案件还将股东知情权扩大到了其他非法定材料范围。包括本案在内的部分案件则明确将会计账簿与会计凭证、原始凭证、其他非法定材料予以区分，以法无明文规定为由驳回了股东要求查阅会计凭证、原始凭证、其他非法定材料的诉讼请求。

对此笔者认为，针对股东要求查询公司会计凭证、原始凭证和其他非法定材料的案件，可以遵循以下思路进行处理：一是章程有规定的，依照章程规定。章程是股东意思自治的产物，若章程扩张知情权范围，则不存在限制、消解股东权利的问题，故应该予以准许，依照章程规定进行裁判，此与《最高人民法院关于适用〈中华人民共和国公司法〉若干问题的规定（四）》第七条有关股东可以依据章程主张股东知情权的规定是一致的。二是即使章程未规定，对于依据会计法与会计账簿直接关联的资料，其作为印证、核实法定资料真实性的依据，应当结合股东要求查阅的必要性、其查阅目的正当性，以及是否属于公司商业秘密等情形，综合判断应否纳入股东知情权范围，而非一概以法无明文规定为由予以驳回，以确保股东知情权的有效行使。

编写人：北京市西城区人民法院　杨晓龙

041 股东起诉要求查阅公司会计账簿不受“一事不再理”原则的限制

——张某臣、王某强诉J公司股东知情权案

【案件基本信息】

1. 裁判书字号

天津市第二中级人民法院（2019）津02民终1250号民事裁定书

2. 案由：股东知情权纠纷

3. 当事人

原告（上诉人）：张某臣、王某强

被告（被上诉人）：J公司

【基本案情】

张某臣、王某强系J公司的股东，其二人于2018年4月9日向J公司提出书面请求，申请查阅公司账目。2018年4月16日，J公司出具书面答复，分别驳回张某臣、王某强上述申请。2018年7月4日，张某臣、王某强诉至天津市河西区人民法院，请求法院判令：1. 查看从2005年7月至2018年6月的原始账簿；2. 诉讼费用由J公司承担。2018年8月9日，天津市河西区人民法院作出（2018）津0103民初8904号民事判决：J公司于判决生效后三十日内协助王某强、张某臣查阅自2005年7月至2018年6月的公司原始账簿。判决生效后，张某臣、王某强于2018年9月27日申请强制执行［执行案号：（2018）津0103执4874号］，该案已于2018年11月14日执行完毕。

2018年12月6日，张某臣、王某强就查阅J公司账目的事项，再次起诉至天津市河西区人民法院。J公司辩称，不同意张某臣、王某强相应的查阅请求。

【案件焦点】

股东起诉要求查阅公司会计账簿是否受到“一事不再理”原则的限制，股东就知情权诉讼并已执行完毕后再行起诉是否构成重复起诉。

【法院裁判要旨】

天津市河西区人民法院经审理认为：就查阅公司账目的事项，已经在（2018）津0103民初8904号民事判决中作出处理，并已执行完毕。现张某臣、王某强以与前诉相同的当事人、相同的诉讼标的、相同的诉讼请求再次起诉，属于重复起诉。

天津市河西区人民法院依照《中华人民共和国民事诉讼法》第一百五十四条第一款第三项，《最高人民法院关于适用〈中华人民共和国民事诉讼法〉的解释》第二百四十七条之规定，裁定如下：

驳回张某臣、王某强的起诉。

张某臣、王某强不服一审裁定，提出上诉。

天津市第二中级人民法院经审理认为：本案不适用“一事不再理”原则，不构成重复起诉。1. 本案与（2018）津0103民初8904号案件，虽然诉讼请求的内容相同，但表现为要求公司提供会计账簿以便查阅的前后两个独立的行为请求，且后诉的诉讼请求不是在实质上否定前诉裁判结果，不存在否定前诉既判力的问题；2. 本案查阅会计账簿的请求权基础为股东知情权，该权利是一种与股东资格相联系的基础性权利，为一个持续的权利，以该权利为基础派生出的查阅账目的行为请求权必然也应为一个持续存在的权利，只要股东在具有正当目的及合理理由的情况下，其行使知情权不应受次数与期间的限制；3. 基于股东知情权的特殊性，前诉判决的执行完毕并不导致后诉诉讼请求权的灭失，行为请求权在判决执行完毕后，其权利基础犹在，股东若想再次查阅会计账簿以保护其股东知情权，公司若不同意其申请，依然可以再次起诉。综上所述，张某臣、王某强起诉要求查阅J公司会计账簿（2005年至2018年房屋租赁合同及收入的明细账与4名注册股东乔某斌、庞某顺、姜某生、王某恭在2005年至2018年领取工资及缴纳五险一金数额的明细账），不构成重复起诉。

天津市第二中级人民法院依照《中华人民共和国民事诉讼法》第一百六十九条第一款、第一百七十条第一款第二项、第一百七十一条，《最高人民法院关于适用〈中华人民共和国民事诉讼法〉的解释》第三百三十二条之规定，裁定如下：

一、撤销天津市河西区人民法院（2018）津0103民初15816号民事裁定；

二、本案指令天津市河西区人民法院审理。

【法官后语】

随着经济社会的发展，公司股东对自身权益愈加重视。实践中，对股东已经通过诉讼行使知情权查阅公司账目并已执行完毕，能否再次起诉的问题有两种观点。第一种观点认为属重复诉讼，第二种

观点认为不构成重复起诉。笔者同意第二种观点。理由如下:

1. 不构成重复诉讼。“一事不再理”是民事诉讼的基本原则,是法院对于法院既判力的认可,指的是当事人不得就已经判决的同一案件再行起诉。就既判力的时间范围来看,针对的是法院确定终局判决时所判断的当事人之间诉争事实状态或权利状态。本案张某臣、王某强对前诉所判决的结果并无异议,再次起诉亦不是否认原判决,而是终审判决生效并执行完毕后,基于新的请求再次起诉,非重复诉讼。一审法院对于该诉的审查应是一种形式的审查,而对于实质审查则需要在实体审理后加以判断,且后诉法院无论判决结果如何均不会与前诉生效判决相悖,不存在否定前诉既判力的问题。

2. 裁定驳回起诉不利于股东权利保护,实体审理更为符合立法精神。知情权是股东行使资产收益权与参与公司经营管理权的基本前提,股东基于其与公司的该身份关系,有权要求随时查阅公司会计账簿,《中华人民共和国公司法》第三十三条第二款第一句规定:股东可以要求查阅公司会计账簿。但是对于查阅的次数,《中华人民共和国公司法》并未作出限制,因此可以理解为股东可就同一事项多次行使知情权,毕竟《中华人民共和国公司法》对于会计账簿只允许查阅而不允许复制,但基于公司人格的独立性,法律亦需要考量公司利益的保护,故《中华人民共和国公司法》第三十三条亦规定,“公司有合理根据认为股东查阅会计账簿有不正当目的,可能损害公司合法利益的,可以拒绝提供查阅”。综上,可以看出,股东查阅公司会计账簿为基于知情权的基本权利,可以查阅是常态,只有在特殊情形下,公司才可对其查阅申请予以拒绝,而且这种拒绝不是绝对的,《中华人民共和国公司法》第三十三条规定,“公司拒绝提供查阅的,股东可以请求人民法院要求公司提供查阅”。但股东要求查阅公司会计账簿应否得到支持，需要法院综合股东事由与公司理由在平衡股东与公司利益间作出判断，而该项判断属于实体审查的范畴，若简单地以重复诉讼为由将股东要求查阅公司会计账簿的诉请挡在实体审查门外，则不利于股东权利的保护。

3. 裁定驳回起诉与股东知情权的权利属性相悖，本案进入实体审理具有充足的法理依据。知情权是基于股东身份而享有的权利，因此基于其实体法中的身份属性，故在民事诉讼中其存在一定的特殊性。(1) 查阅公司会计账簿的基础为股东知情权，该权利是与股东资格相联系的基础性权利，为一种持续的权利，以该权利为基础派生出的要求公司提供会计账簿供其查阅的行为请求权也应为一种持续存在的权利，股东在具有正当目的及合理理由的情况下，其要求查阅公司会计账簿不应受次数与期间的限制。(2) 股东要求查阅会计账簿的知情权纠纷，有其不同于普通民商事诉讼的特殊性，不能简单套用针对契约关系的调整方法来解决。一般的契约关系，在前诉判决执行完毕后，其权利基础通过判决执行已处于圆满状态，权利人即丧失了再次提出诉讼请求的基础。而关于查阅公司会计账簿的前诉判决的执行完毕并不导致后诉请求权的灭失，行为请求权即使在判决执行完毕后，其权利基础犹在，股东若想再次查阅公司会计账簿以保护其股东知情权，公司若不同意，股东可以再次起诉。(3) 参照民事诉讼中抚养、探视等基于身份关系的诉讼，虽然通过法院诉讼离婚时会对子女抚养、探视权等纠纷有生效判决加以确认，但是基于身份关系的特殊性，如一方要求变更抚养权、增加抚养费或调整探视次数等再次诉讼的，亦不受“一事不再理”原则的限制。

编写人：天津市第一中级人民法院　余庆

天津市第二中级人民法院　王兴哲

042 股东知情权的行使范围与行使规则

——投资公司诉金融服务公司股东知情权案

【案件基本信息】

1. 裁判书字号

广东省广州市中级人民法院（2018）粤01民终18414号民事判决书

2. 案由：股东知情权纠纷

3. 当事人

原告（被上诉人）：投资公司

被告（上诉人）：金融服务公司

【基本案情】

2015年4月3日，投资公司与J公司等共同设立了金融服务公司，公司注册资本为1亿人民币。2015年5月27日投资公司完成首期出资300万元。自金融服务公司成立以来，投资公司从未参与其重大决策和经营管理，也并不了解其经营及财务状况。为行使股东权利、了解财务和经营状况，投资公司于2016年11月9日通过电话及短信的形式通知金融服务公司实际控制人李某安，于2016年11月11日通过电话及短信的形式通知金融服务公司法定代表人陈某通，于2016年11月14日前往金融服务公司现在的办公地址书面通知金融服务公司要求其提供公司章程、股东会会议记录、执行董事决定、监事会决议、财务报告、会计账簿等资料供投资公司查阅、复制，以行使股东知情权，但金融服务公司均不配合。2017 年 4 月投资公司向广州市公安局经济犯罪侦查大队报案要求金融服务公司提供相关资料以保证股东知情权。投资公司诉至法院要求金融服务公司完整提供公司自成立至 2017 年 12 月 31 日的会计账簿（包括总账、明细账、日记账、其他辅助性账簿、原始凭证和记账凭证）供投资公司进行查阅和复制等诉讼请求。金融服务公司认为投资公司自公司设立至今面对公司的经营困难情况没有履行包括实缴出资、改善公司经营状况等股东义务，反而自 2016 年起至今一直通过影响公司经营及向法院诉讼、公安经侦部门虚假报案等手段，影响公司的正常经营运作，具有不正当目的，另会计账簿应该作现实性解释。所以不同意原告的全部诉讼请求。

【案件焦点】

1. 投资公司要求金融服务公司提供公司的会计账簿供其查阅是否具有不正当目的；2. 会计账簿是否应包含原始凭证和计账凭证。

【法院裁判要旨】

广东省广州市天河区人民法院经审理认为：投资公司是金融服务公司依法登记在册的股东，依法享有股东知情权。根据金融服务公司提供的工商登记内档显示，金融服务公司 2016 年 5 月 23 日的这次股权变更缺乏公司股东会决议，投资公司要求查阅相关资料的请求合情合理。金融服务公司抗辩投资公司要求查阅会计账簿的诉讼请求具有不正当目的，但是未能举证说明不正当目的的内容，故对其抗辩理由不予采信。

广州市天河区人民法院依照《中华人民共和国公司法》第三十

三条，《最高人民法院关于适用〈中华人民共和国公司法〉若干问题的规定（四）》第十条，《中华人民共和国民事诉讼法》第六十四条第一款之规定，判决如下：

一、被告金融服务公司于本判决生效之日起十日内，向原告投资公司提供公司自成立至2017年12月31日的公司章程（包括章程修整案）、股东会会议记录、执行董事决定、监事决议和财务会计报告，供原告进行查阅和复制，原告委托的会计师、律师等中介机构执业人员可以辅助进行；

二、被告金融服务公司于本判决生效之日起十日内，向原告投资公司提供公司自成立至2017年12月31日的会计账簿（包括总账、明细账、日记账、其他辅助性账簿、原始凭证和记账凭证）供原告进行查阅，原告委托的会计师、律师等中介机构执业人员可以辅助进行；

三、被告金融服务公司提供上述资料给原告投资公司查阅和复制的地点为其实际经营的办公场所，查阅和复制的时间不少于两个月；

四、驳回原告投资公司的其他诉讼请求。

金融服务公司不服原审判决，提起上诉。

广东省广州市中级人民法院经审理认为：《中华人民共和国公司法》第三十三条第二款规定："股东可以要求查阅公司会计账簿。股东要求查阅公司会计账簿的，应当向公司提出书面请求，说明目的。公司有合理根据认为股东查阅会计账簿有不正当目的，可能损害公司合法利益的，可以拒绝提供查阅，并应当自股东提出书面请求之日起十五日内书面答复股东并说明理由。公司拒绝提供查阅的，股东可以请求人民法院要求公司提供查阅。"《中华人民共和国会计法》第十五条规定：会计账簿登记，必须以经过审核的会计凭证为依据，并符合有关法律、行政法规和国家统一的会计制度的规定。会计账簿包括总账、明细账、日记账和其他辅助性账簿。《最高人民法院关于适用〈中华人民共和国公司法〉若干问题的规定（四）》第八条规定："有限责任公司有证据证明股东存在下列情形之一的，人民法院应当认定股东有公司法第三十三条第二款规定的'不正当目的'：（一）股东自营或者为他人经营与公司主营业务有实质性竞争关系业务的，但公司章程另有规定或者全体股东另有约定的除外；（二）股东为了向他人通报有关信息查阅公司会计账簿，可能损害公司合法利益的；（三）股东在向公司提出查阅请求之日前的三年内，曾通过查阅公司会计账簿，向他人通报有关信息损害公司合法利益的；（四）股东有不正当目的的其他情形。"鉴于此，投资公司有权据此要求金融服务公司提供公司的会计账簿供其查阅。金融服务公司主张投资公司要求查阅公司会计账簿有不正当目的，但金融服务公司向公安机关报案的行为属于依法行使有关权利的行为，并不属于上述法律、司法解释规定的"股东查阅会计账簿有不正当目的"的情形，现金融服务公司亦没有提交其他充分证据可以证实投资公司存在其他"不正当目的"的情形，故金融服务公司以此为由提起上诉，据理不足，法院不予支持。另外，鉴于上述法律规定的会计账簿仅包括总账、明细账、日记账和其他辅助性账簿，而没有包括原始凭证和记账凭证，现投资公司诉请扩大查阅会计账簿的范围，经审查，投资公司的理据并不充分，一审判决对此认定错误，法院依法予以纠正。

综上所述，金融服务公司的上诉请求部分成立。一审判决认定事实基本清楚，适用法律部分不当，该院依法予以纠正。广东省广州市中级人民法院依照《中华人民共和国民事诉讼法》第一百七十条第一款第二项的规定，判决如下：

一、维持广东省广州市天河区人民法院（2017）粤0106民初24351号民事判决第一项、第三项；

二、撤销广东省广州市天河区人民法院（2017）粤0106民初24351号民事判决第四项；

三、变更广东省广州市天河区人民法院（2017）粤0106民初24351号民事判决第二项为：金融服务公司于本判决生效之日起十日内，向投资公司提供公司自成立至2017年12月31日的会计账簿（包括总账、明细账、日记账、其他辅助性账簿）供投资公司进行查阅，投资公司委托的会计师、律师等中介机构执业人员可以辅助进行；

四、驳回投资公司的其他诉讼请求。

【法官后语】

现代企业制度的建立，导致股东和公司在财产上相互独立，在人格上彼此分开，实行所有权和经营权相互分离的经营管理模式，股东知情权正是建立在这种经营管理模式上的必然产物。股东知情权，是法律赋予股东了解公司经营状况和监督高管人员活动的权利，是股东行使资产收益、参与重大决策和选择管理者等权利的基础性权利，是现代公司制度下，中小股东维护自身权益的前提条件。正确行使股东知情权要平衡好股东和公司两者的关系，对股东而言，既要保护股东的知情权，又要防止权利行使的过滥；对公司而言，既要防止侵害股东知情权，又要防止泄露商业秘密，影响公司利益。

一、行使股东知情权应当具有正当性

根据《中华人民共和国公司法》第三十三条第二款的规定，股东行使知情权前应当向公司提出书面查阅请求，并详细阐述正当目的，但对于何为正当目的，如何判断查阅是否可能损害公司利益则未作进一步阐释。鉴于一般情况下，公司相对于股东处于明显优势地位，对于股东行使知情权的正当目的说明不应克以严格标准，只要股东是基于了解公司经营状况以充分实现自身投资利益的目的而要求查阅，就应当推定为具有正当性和合理性。《最高人民法院关于适用〈中华人民共和国公司法〉若干问题的规定（四）》第八条规定："有限责任公司有证据证明股东存在下列情形之一的，人民法院应当认定股东有公司法第三十三条第二款规定的'不正当目的'：(一）股东自营或者为他人经营与公司主营业务有实质性竞争关系业务的，但公司章程另有规定或者全体股东另有约定的除外；(二）股东为了向他人通报有关信息查阅公司会计账簿，可能损害公司合法利益的；(三）股东在向公司提出查阅请求之日前的三年内，曾通过查阅公司会计账簿，向他人通报有关信息损害公司合法利益的；(四）股东有不正当目的的其他情形。"根据"谁主张，谁举证"的证据规则，如公司认为股东查阅会计账簿具有"不正当目的"，应由公司进行举证。在公司举证证明股东查阅会计账簿可能存在不正当目的进而可能损害公司合法利益时，股东则需进一步举证证明其查阅行为不会对公司的合法权益造成损害，否则其查阅的请求将不能得到支持。

二、会计账簿应包含原始凭证和计账凭证

原始凭证和计账凭证等会计凭证是否属于可查阅范围，因《中华人民共和国公司法》及其司法解释均未作出明确规定，实践中多有争议，司法审判中亦存在支持与否定的态度。否定说认为：会计账簿并不包括原始计账凭证，且原始凭证、计账凭证多与商业秘密有关，关系公司重大商业利益，主张严格按照法律与司法解释规定对股东知情权的行使范围予以限制。能有效地防止少数股东滥用权利损害公司利益。支持说则认为，会计账簿的真实性和完整性只有通过原始凭证才能反映出来，应当然地及于原始凭证和记账凭证，若不允许股东查阅公司的原始凭证，股东的知情权难以实际落实。笔者认为，否定说限制性地理解法律条文，可能使股东知情权的“知情”目的无法真正实现，笔者同意支持说的观点，理由如下：

第一，从设置股东知情权的立法目的来看。股东知情权是法律赋予股东了解公司经营状况和监督高管人员活动的权利，是股东行使资产收益、参与重大决策和选择管理者等权利的基础性权利。虽然股东查阅会计账簿可以了解一定的会计信息，但会计账簿的真实性和完整性只有通过原始凭证才能反映出来。从立法的本意和公司制度良性运行的角度出发，股东通过查阅与会计账簿记载内容有关的原始凭证、记账凭证，才能真正地掌握公司的经营及管理信息，对公司管理层进行有效监督，并进一步行使其他股东权利。

第二，从相关法律的规定来看。《中华人民共和国会计法》第九条第一款规定：各单位必须根据实际发生的经济业务事项进行会计核算，填制会计凭证，登记会计账簿，编制财务会计报告；第十四条规定：会计凭证包括原始凭证和记账凭证。办理本法第十条所列的经济业务事项，必须填制或者取得原始凭证并及时送交会计机构……记账凭证应当根据经过审核的原始凭证及有关资料编制。第十五条第一款规定：会计账簿登记，必须以经过审核的会计凭证为依据，并符合有关法律、行政法规和国家统一的会计制度的规定。会计账簿包括总账、明细账、日记账和其他辅助性账簿。根据上述法律规定，登记会计账簿以会计凭证为依据，而会计凭证包括原始凭证和记账凭证，如果股东仅能查阅会计账簿而不能查阅会计凭证，则无法核实会计账簿与会计凭证的内容是否相符，是否存在造假等损害股东利益的情形。

第三，从现实状况来看。我国财务会计报告造假问题较为严重，在此情形下股东很难通过仅查阅公司会计账簿了解知悉公司的经营情况，股权知情权往往形同虚设。而原始凭证和记账凭证系记录公司业务额最原始单据，还涉及与公司进行经济业务往来的其他企业，能够相互形成牵制关系，造假可能性小，造假成本很高，其真实性要远远大于会计账簿，能够更加全面、真实地反映出公司经营情况。

三、查阅公司账簿应具有必要性、合理性、针对性

一份真实的公司会计账簿能够反映公司一段时间内的所有经营行为，包含公司各种交易往来记录，关系公司重大经营信息或商业秘密，不受约束的会计账簿查阅权不仅可能给公司带来极大的负担，而且可能被用于不当目的。因此，查阅公司账簿必须具有必要性、合理性、针对性。必要性、合理性，即股东能够从公司运营现状、财务报表数据等角度对财务会计报告提出合理怀疑，或者有初步证据证实财务会计报告存在不真实、不完整或造假的情形。针对性，即财务会计报告中的哪个项目存在问题，需要进一步核实哪项会计凭证以确定真实性，而并非对公司账簿的全面审计。此外，股东查阅会计账簿不能随意复制，一般最多只可摘抄而已，股东通过查阅获取公司商业秘密后还负有保密义务，不得泄露公司机密，否则应当对造成公司损失承担赔偿责任。

编写人：广东省广州市天河区人民法院　陈美丹　田天宝

043 股东知情权纠纷案件原、被告主体资格的审查
——邹某孟诉胡某丽、高某伟股东知情权案

【案件基本信息】

1. 裁判书字号

浙江省宁波市中级人民法院（2018）浙02民终3949号民事裁定书

2. 案由：股东知情权纠纷

3. 当事人

原告（上诉人）：邹某孟

被告（被上诉人）：胡某丽、高某伟

【基本案情】

净水设备公司成立于2009年12月15日，系原告邹某孟与案外人卓某欣、陈某庆共同出资设立。2011年6月10日，原告邹某孟、案外人卓某欣、陈某庆与被告胡某丽、案外人徐某萍签订《净水设备公司收购协议》（以下简称《收购协议》）一份，约定原告邹某孟、案外人卓某欣、陈某庆将净水设备公司100%的股权转让给被告胡某丽、案外人徐某萍。同年8月22日，净水设备公司对公司股东等工商登记情况进行了变更登记，变更后净水设备公司的股东为被告胡某丽、案外人徐某萍。2013年11月19日，徐某萍将其名下净水设备公司10%的股权转让给被告高某伟，并于同年11月20日办理了工商变更登记手续。2015年5月20日，净水

设备公司因股东会决议解散而注销。净水设备公司注销时的股东系两被告。原告诉至法院，要求两被告向原告提供净水设备公司自成立起至注销时止的会计账簿（含会计凭证）供原告查阅。

【案件焦点】

原告是否有权行使股东知情权。

【法院裁判要旨】

浙江省慈溪市人民法院经审理认为：本案系股东知情权纠纷。《中华人民共和国公司法》第三十三条规定，股东有权查阅、复制公司章程、股东会会议记录、董事会会议决议、监事会会议决议和财务会计报告。根据该规定，行使知情权的主体是公司股东。原告在提起本案诉讼前已经转让净水设备公司的股权，其已经不是净水设备公司的股东。原告也未提供证据证明在持股期间其可能行使的知情权受到侵害，公司相关信息被隐瞒。同时，净水设备公司已依法注销，法人资格已消亡，股东对公司享有的股东权也因公司的消亡而消灭。股东知情权的义务主体是公司，公司其他股东不能成为知情权的义务主体，故原告要求两被告履行相关义务无法律依据。综上，本案的原、被告主体均不适格。

浙江省慈溪市人民法院依照《最高人民法院关于适用〈中华人民共和国公司法〉若干问题的规定（四）》第七条，《中华人民共和国民事诉讼法》第一百一十九条之规定，裁定如下：

驳回原告邹某孟的起诉。

原告邹某孟不服，提起上诉。

浙江省宁波市中级人民法院经审理认为：本案邹某孟在起诉前

已经转让了净水设备公司的股权，其在起诉时已不具有净水设备公司股东资格。且邹某孟未提供证据证明在持股期间其合法权益受到损害，邹某孟关于其依据《最高人民法院关于适用〈中华人民共和国公司法〉若干问题的规定（四）》第七条，享有股东知情权纠纷原告主体资格的上诉理由，不能成立。与此同时，净水设备公司已被依法注销，其法人资格已消亡，股东对公司享有的股东权也因公司的消亡而消灭。邹某孟要求对已被注销的净水设备公司行使知情权，依据不足。此外，股东知情权的义务主体是公司，邹某孟上诉主张净水设备公司的其他股东也能成为股东知情权的义务主体，亦缺乏法律依据。

浙江省宁波市中级人民法院依照《中华人民共和国民事诉讼法》第一百七十条第一款第一项、第一百七十一条之规定，裁定如下：

驳回上诉，维持原裁定。

【法官后语】

股东知情权是法律规定股东享有的一项固有权利，也是股东实现其他股东权的基础性权利。《中华人民共和国公司法》第三十三条第一款规定："股东有权查阅、复制公司章程、股东会会议记录、董事会会议决议、监事会会议决议和财务会计报告。"第九十七条规定："股东有权查阅公司章程、股东名册、公司债券存根、股东大会会议记录、董事会会议决议、监事会会议决议、财务会计报告，对公司的经营提出建议或者质询。"当股东在公司行使知情权受阻时，有司法救济的权利，可以依法向人民法院提起诉讼。本案即系典型的股东知情权纠纷。

一、原告主体资格

"股东知情权"，顾名思义，行使知情权的主体是股东，即在股东知情权纠纷案件中，原告必须具有公司股东身份，而非其他民事主体。本案中，原告邹某孟在起诉前已将其持有的净水设备公司的股权转让给胡某丽、徐某萍，那么，股份转让后的股东能否查阅其持股期间的相关公司文件呢？《最高人民法院关于适用〈中华人民共和国公司法〉若干问题的规定（四）》第七条规定："股东依据公司法第三十三条、第九十七条或者公司章程的规定，起诉请求查阅或者复制公司特定文件材料的，人民法院应当依法予以受理。公司有证据证明前款规定的原告在起诉时不具有公司股东资格的，人民法院应当驳回起诉，但原告有初步证据证明在持股期间其合法权益受到损害，请求依法查阅或者复制其持股期间的公司特定文件材料的除外。"由此可见，第一，公司股权既是财产权也是身份权，当股东转让股权后，其即丧失了股东身份，失去股东资格，就不应再享有股东知情权。本案中，原告邹某孟在起诉前已经转让净水设备公司股权，其已经不是公司的股东，在起诉时其已不具备净水设备公司股东资格，不应再享有知情权。第二，在实务中，需要根据个别情况作出公平合理的安排，如脱离股东身份的原股东主张股权价值或者公司经营状态等被控制公司的控制方或者股权受让方隐瞒，是错误的信息导致其放弃股东身份、转让股权，其合法利益受到侵害的，其请求行使知情权的目的是了解持股期间的公司相关文件，以便获取真实情况及证据等，这时若原告有初步证据证明在持股期间合法权益受到损害的，可以行使知情权。但在本案中，原告邹某孟并未提供证据证明在持股期间其可能行使的知情权受到侵害、公司的相关信息被隐瞒，故其不应享有知情权。

故原告提起知情权之诉时，可以提交公司股东名册、出资证明书、公司登记机关登记、公司发行的记名股票及无记名股票、证券登记结算机构出具的持股证明或者其他书面文件证明其为公司股东。

二、被告主体资格

本案中，净水设备公司已依法注销，原告邹某孟起诉了净水设备公司注销时的股东，即本案两被告，此种情况下原告的请求是否能得到支持？

第一，股东知情权是针对公司而言的，其义务主体必须是存续的公司，公司其他股东或者法定代表人、高级管理人员不能成为知情权的义务主体，即股东知情权纠纷案件的被告必须为存续公司，股东不能以其他股东、董事、监事或者高级管理人员作为被告提起诉讼。第二，公司办理工商注销手续后，一方面，公司的独立法人人格不再存续，而公司的诉讼主体资格又与公司的独立法人人格直接相关。公司因注销工商登记而丧失独立法人资格后，其诉讼主体资格亦发生消灭；另一方面，公司注销登记也会导致原有股东身份的消灭，股东对公司享有的股东权也因公司的消亡而消灭，股东主张其享有知情权将缺乏事实依据。因此，本案中，原告邹某孟要求两被告履行知情权的义务无事实和法律依据。

综上所述，股东转让股权后即丧失了股东身份，不应再享有知情权，有证据证明在持股期间其合法权益受到损害的除外。公司注销后，股东对公司享有的知情权因公司的消亡而消灭。

编写人：浙江省慈溪市人民法院　张潇芳　陈幸科

044 股东知情权纠纷中原则上只对股东身份进行形式审查，不宜直接对股东资格争议进行认定

——郭某荣诉机电设备公司股东知情权案

【案件基本信息】

1. 裁判书字号

四川省成都市中级人民法院（2018）川01民终17130号民事判决书

2. 案由：股东知情权纠纷

3. 当事人

原告（上诉人）：郭某荣

被告（被上诉人）：机电设备公司

【基本案情】

1996年3月12日，聂某政向工商登记机关申请设立机电设备公司。1996年3月28日，机电设备公司成立。工商登记信息显示：股东为聂某政、郭某荣二人，聂某政为公司执行董事，郭某荣为监事等事项；聂某政以货币出资10万元，以实物出资30万元，郭某荣以实物出资10万元；成都市锦江审计事务所出具的《验资报告》亦载明机电设备公司由聂某政、郭某荣两名股东以货币资金和实物形式共同出资兴办，截至1996年3月12日，公司已筹集资本50万元，其中聂某政以货币10万元和实物30万元出资，郭某荣以实物10万元出资。另，机电设备公司1996年3月及2006年3月的公司章程均载明公司不设董事会，只设执行董事一名，不设监事会，只设监事一名。

2018年4月25日，郭某荣向机电设备公司提出书面查阅申请，要求机电设备公司将自1996年3月28日起至今的财务会计报告等资料提供给郭某荣查阅或复制。机电设备公司未予同意。

诉讼中，机电设备公司辩称郭某荣并非公司真实股东，因公司设立时不允许一人股东，聂某政当时只是借用了郭某荣的身份信息办理工商设立登记，主张公司设立登记资料中“郭某荣”的签字均非郭某荣本人所签，并对“郭某荣”的签字提出笔迹鉴定申请。郭某荣对此不予认可，但自认公司设立时基于对聂某政的信任，将身份证、户口本等交由聂某政全权办理，故工商登记材料中的笔迹可能确非本人所签，并陈述其是用10万元的现金出资。

【案件焦点】

郭某荣对机电设备公司的股东知情权诉求应否得到支持。

【法院裁判要旨】

四川省成都市金牛区人民法院经审理认为：股东知情权是法律赋予股东享有的一项重要权利，是股东实现其他股东权利的基础性权利，也是股东参与公司管理的前提和基础，公司不得限制或剥夺股东的此项权利。本案中，双方争议的焦点实际是郭某荣是否是机电设备公司的真实股东。股东资格的取得包括原始取得和继受取得两种方式，原始取得通常包含设立取得和增资取得两种情形，继受取得则包括转让、继承、赠与及因公司合并等方式取得股东资格。实践中，还存在挂名股东这类不出资但拥有股东资格的情况。本案中，显然可以排除郭某荣通过继受方式取得股东资格的情况，那么郭某荣是否是通过原始出资方式取得股东资格是本案需要审理的重点。首先，根据双方当事人的陈述，机电设备公司设立时的工商登记手续全是由公司法定代表人聂某政一人办理，郭某荣系将其身份证等资料交由聂某政办理，其本人并未实际参与机电设备公司的设立登记。其次，机电设备公司自 1996 年设立至今，已正常经营 20 余年，其间郭某荣从未参与过公司的经营管理、盈余分红等事宜，也从未向机电设备公司主张过股东权益，如郭某荣是机电设备公司的真实股东，与常理不符。最后，从机电设备公司设立时的验资报告来看，郭某荣是以实物出资 10 万元，而诉讼中郭某荣却陈述系 10 万元现金出资，其陈述前后矛盾，且郭某荣并未举证证明向聂某政交付了 10 万元现金。综上，仅凭工商登记资料中的记载，不能证明郭某荣是机电设备公司的真实股东，对郭某荣的知情权请求，不予支持。

四川省成都市金牛区人民法院依照《中华人民共和国公司法》第三十三条，《中华人民共和国民事诉讼法》第六十四条，《最高人民法院关于适用〈中华人民共和国民事诉讼法〉的解释》第九十条第二款之规定，判决如下：

驳回郭某荣的诉讼请求。

郭某荣不服一审判决，提起上诉。

四川省成都市中级人民法院审理认为：在股东知情权纠纷中，法院对当事人股东资格的审查应以形式审查为一般标准。股东资格确认纠纷与股东知情权纠纷并非同一法律，若当事人就股东资格存在争议，可通过其他诉讼或纠纷解决方式予以救济，但后者并不影响法院在现有证据的基础上对股东知情权纠纷进行审理。股东在丧失公司股东身份前仍可按照公司法或章程的规定行使股东知情权。本案中，《出资协议》、机电设备公司章程、验资报告均载明郭某荣的出资情况，股东会决议也体现了郭某荣的股东身份，应当确认上述文件及材料的证明效力。聂某政称，郭某荣未实际出资，当初聂某政为了使公司股东不少于两名才以郭某荣名义办理相关手续。即使聂某政所述属实，对于聂某政与郭某荣就相关股权是否存在实际出资人和显名股东的关系，以及是否应否认郭某荣的股东身份而确认聂某政的股东身份，也应通过另案诉讼或其他纠纷解决方式处理，不宜在股东知情权纠纷案件中直接对股东资格争议进行认定，也不宜直接否定郭某荣的股东权利。郭某荣要求查阅、复制机电设备公司自 1996 年 3 月 28 日起至判决生效之日止的财务会计报告、股东会会议记录的诉讼请求，符合《中华人民共和国公司法》第三十三条第一款的规定，予以支持。其中财务会计报告的组成，以《中华人民共和国会计法》的规定为准。鉴于机电设备公司未设立董事会和监事会，故不存在董事会会议决议、监事会会议决议，对郭某荣要求查阅、复制机电设备公司董事会会议决议、监事会会议决议的诉讼请求不予支持。《中华人民共和国公司法》第三十三条第二款规定，股东可以要求查阅公司会计账簿，股东要求查阅公司会计账簿的，应当向公司提出书面请求，说明目的；公司拒绝提供查阅的，股东可以请求人民法院要求公司提供查阅。郭某荣于 2018 年 4 月 25 日通过代理人向机电设备公司提出的书面申请中，要求查阅的公司文件材料不包括会计账簿。现无证据表明郭某荣就要求查阅公司会计账簿完成了通知的前置程序，故对郭某荣要求查阅公司会计账簿的诉讼请求，不予支持。综上所述，郭某荣的上诉请求部分成立。

四川省成都市中级人民法院依照《中华人民共和国公司法》第三十三条第一款、第二款，《中华人民共和国民事诉讼法》第一百七十条第一款第二项之规定，判决如下：

一、撤销成都市金牛区人民法院（2018）川 0106 民初 6091 号民事判决；

二、机电设备公司在本判决生效之日起十五日内，在公司住所地向郭某荣提供自1996年3月28日起至判决生效之日止的财务会计报告（包括资产负债表、损益表、现金流量表、利润分配表、财务情况说明书）、股东会会议记录，供郭某荣查阅、复制；郭某荣在机电设备公司正常营业时间内查阅，查阅时间不得超过十个工作日；

三、驳回郭某荣其他诉讼请求。

【法官后语】

股东知情权是指法律赋予公司股东了解公司信息的权利。股东知情权包括股东了解公司的经营状况、财务状况以及其他与股东利益有密切关系的权利。《中华人民共和国公司法》第三十三条规定："股东有权查阅、复制公司章程、股东会会议记录、董事会会议决议、监事会会议决议和财务会计报告。股东可以要求查阅公司会计账簿。股东要求查阅公司会计账簿的，应当向公司提出书面请求，说明目的。公司有合理根据认为股东查阅会计账簿有不正当目的，可能损害公司合法利益的，可以拒绝提供查阅，并应当自股东提出书面请求之日起十五日内书面答复股东并说明理由。公司拒绝提供查阅的，股东可以请求人民法院要求公司提供查阅。"从上述规定来看，股东知情权在形式上主要表现为股东查阅公司章程、股东会议记录、董事会会议决议、监事会会议决议、财务会计报告和会计账簿的权利。从《中华人民共和国公司法》第九十七条"股东有权查阅公司章程、股东名册、公司债券存根、股东大会会议记录、董事会会议决议、监事会会议决议、财务会计报告，对公司的经营提出建议或者质询"的规定来看，股东的知情权实质上还包括股东对公司提出建议或质询的权利。可以说，知情权是股东实现其他股东权的基础性权利，也是股东参与公司管理的前提和基础。

司法实践中，股东提起知情权之诉大多数情况下归因于公司在经营过程中，小股东被大股东排挤，对公司经营状况无法掌握或者股东之间因各自的利益冲突，矛盾难以平衡。而针对股东提起的知情权诉讼，公司则往往以行使知情权的股东有不正当目的，可能损害公司合法利益为由拒绝提供公司档案资料，也有的以股东在向人民法院提起诉讼之前未按照法律规定，以书面形式向公司提出请求并说明目的为由，抗辩股东的知情权之诉未经过前置程序。像上述案例中，公司以登记股东并非实际出资人，不是公司的真实股东进行抗辩的比较少见。这种情况下，支持股东的知情权诉求就等于认可了其股东身份。那么，在股东知情权纠纷诉讼中，对股东资格问题进行直接认定是否适宜呢？从民事案由的规定来看，股东资格确认纠纷与股东知情权纠纷分属于与公司有关的纠纷项下两个不同的三级案由，二者在法律关系上是两个完全不同的法律概念。股东资格确认纠纷是股东与股东之间或者股东与公司之间就股东资格是否存在，或者具体的股权份额等发生争议而引起的纠纷。对应的请求权基础是《中华人民共和国公司法》第二十八条、第三十一条、第三十二条以及《最高人民法院关于适用〈中华人民共和国公司法〉若干问题的规定（三）》第二十二条之规定。而股东知情权纠纷是股东了解公司经营状况、财务状况以及其他与股东利益有密切关系的权利，对应的请求权基础是《中华人民共和国公司法》第三十三条、第九十七条以及《最高人民法院关于适用〈中华人民共和国公司法〉若干问题的规定（四）》第七条至第十二条之规定。因此，股东资格确认与股东知情权是两个完全不同的权利。在股权知情权纠纷中，原告只需要在形式上证明其具有股东资格即可，如在股东知情权诉讼中对股东资格进行了实质性的审查和认定，无疑是剥夺了当事人针对股东资格单独进行举证质证和辩论的权利。且当事人如果对股东资格确有实质争议，完全可以通过其他诉讼或者纠纷解决方式予以救济。但后者不应当影响法院基于现有证据对股东知情权作出判决，股东在丧失公司股东身份前仍有权按照公司法或公司章程的规定行使股东知情权，法院不宜在审理股东知情权纠纷中直接对股东的资格争议问题进行认定。法官在审理股东知情权纠纷中，如遇到公司以登记股东非实际出资人，不是公司真实股东进行抗辩，可通过释明的方式告知公司对股东资格另行解决，引导公司针对是否具有阻碍股东行使《中华人民共和国公司法》第三十三条规定的知情权利进行答辩和举证。

编写人：四川省成都市金牛区人民法院　郭雅丽

045　申请查阅公司相关合同的，一般不予支持

——杨某诉科技公司股东知情权案

【案件基本信息】

1. 裁判书字号

北京市第三中级人民法院（2017）京 03 民终第 12720 号民事判决书

2. 案由：股东知情权纠纷

3. 当事人

原告（被上诉人）：杨某

被告（上诉人）：科技公司

【基本案情】

1999 年 6 月，杨某和杨某威共同投资设立了科技公司，杨某持股 26.7%、杨某威持股 73.3%，由杨某威担任法定代表人，杨某参与公司经营。科技公司章程规定股东有了解公司经营状况和财务状况的权利，但未对股东如何行使知情股权以及知情权的行使范围进行约定。2006 年，杨某威将科技公司 23.3%的股权转让给杨某，双方各持股 50%。2012 年 2 月，智明公司注资成为科技公司的新股东，注资后杨某、杨某威、智明公司各持股 40%、40%、20%。2012 年 11 月，杨某与杨某威形成股东会决议，认为 2011 年财务报表显示科技公司存在未分配利润，同意按照持股比例多次向杨某、杨某威各分配 2011 年红利 50 万元。此后，因照顾生病妻子，杨某退出科技公司经营，科技公司由杨某威实际控制。2014 年 6 月，智明公司将其持有的科技公司股权转让给杨某、杨某威，转让后杨某、杨某威各持股 45%和 55%，修改后的公司章程对于股东知情权未进行约定。

2016 年 8 月，杨某向科技公司的注册地和科技公司财务、销售部门所在地邮寄了《关于要求查阅科技公司会计账簿和财务会计报告的申请》，申请书中写明杨某威利用股东身份以及总经理职务便利篡改公司账册、侵占公司财产，且科技公司被税务机关稽查偷税、虚开增值税发票事宜，要求查阅科技公司自 1999 年 6 月至 2016 年 8 月的会计账簿（包括但不限于总账、明细账、日记账、其他辅助性账簿、记账凭证、相关合同等）及财务会计报告。上述邮件均被科技公司拒收。杨某遂向法院提起诉讼，要求查阅科技公司 1999 年 6 月至 2016 年 12 月的会计账簿（包括原始凭证、记账凭证、总账、明细账、日记账、其他辅助性账簿、相关合同等）和财务会计报告。

【案件焦点】

1. 杨某是否有权查阅科技公司的会计账簿和财务会计报告；2. 杨某是否有权查阅科技公司的相关合同。

【法院裁判要旨】

北京市通州区人民法院经审理认为：杨某有权查阅科技公司的会计账簿、财务会计报告以及相关合同。理由在于：虽然杨某自科技公司成立至2012年年底一直参与公司经营，了解公司经营状况，但相关法律并未限制了解公司经营状况的股东行使股东知情权、查阅公司会计账簿和财务会计报告。杨某同意公司进行分红及与智明公司转让股权的行为不能证明杨某对公司经营状况完全知晓，其有权主张行使股东知情权。科技公司提供的证据不能证明杨某要求查阅科技公司会计账簿及财务会计报告有不正当目的。且虽然法律没有明确规定股东可以查阅相关合同，但公司经营过程中部分资金往来的基础为公司履行与他人签订的合同，合同是否存在及合同的相关约定是公司会计账簿记载内容的依据，应视为公司会计账簿的一部分，杨某有权要求查阅。

北京市通州区人民法院判决：

一、科技公司于判决生效之日起十日内在其住所地将1999年6月14日至2016年12月8日的科技公司的会计账簿（包括总账、日记账、明细账、其他辅助性账目）、会计凭证（包括记账凭证和原始凭证）和相关合同供杨某查阅；

二、科技公司于判决生效之日起十日内在其住所地将1999年6月14日至2016年12月8日的科技公司的财务会计报告供杨某查阅、复制。

科技公司不服原审判决，提起上诉。

北京市第三中级人民法院经审理认为：一审法院支持杨某查阅科技公司会计账簿和财务会计报告符合法律规定。关于杨某能否查阅科技公司相关合同的问题，因《中华人民共和国公司法》第三十三条并未明确规定股东可以查阅公司的合同，故结合诉辩意见该问题可进一步限缩为合同是否属于公司会计账簿的一部分从而可以纳入股东知情权的范围。首先，《中华人民共和国会计法》第十五条规定，会计账簿包括总账、明细账、日记账和其他辅助性账簿。该法条中并没有合同的相关表述，据此难以认定合同属于会计账簿的一部分。其次，有限责任公司股东有权查阅的公司会计账簿包括记账凭证和原始凭证。杨某主张合同属于会计原始凭证故其有权查阅，科技公司不予认可。在法律规定未明确会计原始凭证包括合同的情况下，杨某就其该项主张应当承担证明责任，现杨某既未能举证证明强制性的财务会计操作规范要求将合同作为会计原始凭证入账，亦未能举证证明科技公司的会计原始凭证中确实包括合同，亦难以认定合同属于会计原始凭证的一部分。最后，《最高人民法院关于适用〈中华人民共和国公司法〉若干问题的规定（四）》第七条规定，股东依据《中华人民共和国公司法》第三十三条、第九十七条或者公司章程的规定，起诉请求查阅或者复制公司特定文件材料的，人民法院应当依法予以受理。据此可以认为，股东通过诉讼要求行使知情权的内容应当是明确的、可以特定化的，杨某起诉要求查阅科技公司的相关合同，但其对于“相关合同”的指向既不明确，亦未能特定化，不符合法律规定的形式要件。因此，一审判决确认杨某可以查阅科技公司的“相关合同”确有不妥。科技公司的上诉请求部分成立。

北京市第三中级人民法院依照《中华人民共和国民事诉讼法》第一百七十条第一款第二项之规定，判决如下：

一、变更北京市通州区人民法院（2017）京0112民初61号民事判决第一项内容为：科技公司于本判决生效之日起十日内在其住所地将1999年6月14日至2016年12月8日的科技公司的会计账簿（包括总账、明细账、日记账、其他辅助性账簿）和会计凭证（包括记账凭证和原始凭证）供杨某查阅；

二、维持北京市通州区人民法院（2017）京0112民初61号民事判决第二项；

三、驳回杨某的其他诉讼请求。

【法官后语】

合同不属于《中华人民共和国公司法》允许股东查阅的公司文件范围。

《中华人民共和国公司法》规定，有限责任公司股东知情权的范围分为两类：一类是允许查阅和复制且没有目的限制的文件，包括公司章程、股东会会议记录、董事会会议记录、监事会会议决议、财务会计报告等；另一类是只允许查阅，且股东应说明正当理由的文件，只有一项内容，即公司会计账簿。可以看出，《中华人民共和国公司法》对于有限责任公司股东可以要求查阅文件内容的规定是相对封闭的，即明确了几种文件的范围，且并无兜底条款的设置。相关合同并不在《中华人民共和国公司法》规定股东可以查阅的文件范围之内，且从实践来看，亦无相关指导意见或者办案规范规定可以支持股东查阅公司相关合同的请求。

股东行使知情权合理性的司法审判标准，应当考虑以下因素：

第一，公司商业秘密的保护；第二，公司的运行效率；第三，权益的平衡保护。

“相关合同”不必然属于股东能够查阅公司文件的范围。

“相关合同”是否能够纳入会计账簿成为股东可以查阅的文件呢？从财务意义上的界定来说，“原始凭证，又称单据，是指在经济业务发生或完成时取得或填制的，用以记录或证明经济业务的发生或者完成情况的原始凭证，常见的原始凭证有现金收据、发货票、银行进账单、差旅费报销单、产品入库单、领料单等。合同不能证明经济业务已经发生，不属于原始凭证，可以作为原始凭证的附件”。据此，合同作为原始凭证不是强制性的会计操作规范。因此，在允许股东查阅公司会计原始凭证的前提下，如果股东能够证明公司的相关合同系会计原始凭证的组成部分，则可以支持股东要求查阅相关合同的请求，但应当注明仅限于纳入会计原始凭证中的合同。

因此，“相关合同”作为一个不确定的概念，不必然属于有限责任公司股东知情权的范围。一方面，纳入会计原始凭证、作为会计凭证附件的“相关合同”，属于有限责任公司股东可以查阅的文件，对此人民法院可以在判项中予以支持；另一方面，综合考量《公司法》第三十三条、《最高人民法院关于适用〈中华人民共和国公司法〉若干问题的规定（四）》第七条规定的内容，在对“相关合同”特定化之后，且在审查股东请求查阅特定合同的必要性、正当性、合理性的基础上，人民法院在个案裁判中可以考虑支持股东的请求。这种支持是有限度的，需要结合个案的具体情况综合进行判断，而不能简单机械地将合同认定为“属于”或者“不属于”股东知情权的范围。

编写人：北京市第三中级人民法院　熊静

046　股东知情权纠纷中股东资格的审查尺度

——李某河诉商贸公司股东知情权案

【案件基本信息】

1. 裁判书字号

北京市第一中级人民法院（2017）京01民终第9358号民事判决书

2. 案由：股东知情权纠纷

3. 当事人

原告（被上诉人）：李某河

被告（上诉人）：商贸公司

【基本案情】

2000年8月1日，商贸公司成立，注册资本30万元。公司股权结构为：李某里出资10万元，占33.34%股份；李某河出资10万元，占33.33%股份；李某勤出资10万元，占33.33%股份。李某勤与李某河系姐弟关系，李某勤与李某里系夫妻关系。商贸公司章程规定，公司设执行董事一人，设监事一人。公司未设立董事会和监事会，不存在董事会会议决议和监事会会议决议。

李某河主张行使股东知情权，向一审法院起诉请求：1. 判令商贸公司向李某河提供自2000年8月1日起至判决生效之日止的财务会计报告、股东会会议记录、董事会会议决议、监事会会议决议以供李某河查阅、复制；2. 判令商贸公司向李某河提供自2000年8月1日起至判决生效之日止的会计账簿以供李某河查阅、复制。商贸公司辩称，不同意李某河的诉讼请求，公司章程上李某河的签名不是本人签字，李某河没有设立公司的意思表示，也没有出资行为，商贸公司不认可李某河的股东身份。

庭审中，李某河认可公司章程并非其本人签字，而是由他人代办，但其履行了出资义务，以现金的方式出资10万元，并一直参与公司经营。李某河认可未就其主张的要求商贸公司提供会计账簿以供其查阅、复制提出书面申请，但其曾以向公司股东李某勤发送短信的方式提出申请。

【案件焦点】

李某河是否具有行使股东知情权的股东身份。

【法院裁判要旨】

北京市海淀区人民法院经审理认为：本案商贸公司对李某河的股东身份不认可，但根据工商企业登记信息载明，李某河为商贸公司的股东，虽然双方均确认公司章程并非李某河本人签字，但并不能据此否认李某河的股东身份，商贸公司亦未就李某河未出资的主张出示相应的证据，故应当以工商企业登记的股东信息确认股东的身份。

根据《中华人民共和国公司法》的相关规定，股东有权查阅、复制公司章程、股东会会议记录、董事会会议决议、监事会会议决议和财务会计报告。本案李某河系商贸公司的股东，其要求查阅、复制商贸公司自 2000 年 8 月 1 日起至本判决生效之日止的公司财务会计报告、股东会会议记录的主张，于法有据，该院予以支持，但其要求查阅、复制董事会会议决议、监事会会议决议的主张，因该公司未成立董事会和监事会，因此不存在董事会会议决议和监事会会议决议，故李某河该项主张的标的物并不存在，故该院不予支持。

就李某河要求复制商贸公司会计账簿的主张，于法无据，该院不予支持；就其要求查阅公司会计账簿的主张，根据公司法的规定，股东要求查阅公司会计账簿的，应当向公司提出书面请求，说明目的。李某河未向商贸公司提出书面申请并说明目的，因其尚未完成查阅公司会计账簿的必要程序，故其该项主张缺乏事实及法律依据，该院亦不予支持。

北京市海淀区人民法院依照《中华人民共和国公司法》第三十三条、《中华人民共和国民事诉讼法》第六十七条第一款之规定，判决如下：

一、商贸公司于判决生效之日起十日内将本公司自 2000 年 8 月 1 日起至判决生效之日止期间的本公司的全部财务会计报告、股东会会议记录备于本公司住所地内，供李某河查阅、复制；

二、驳回李某河的其他诉讼请求。

商贸公司不服原审判决，提起上诉。

北京市第一中级人民法院经审理认为：股东知情权依附于股东身份而存在，当事人诉请行使股东知情权的，应对其具有股东身份承担举证责任。本案中，李某河提交的商贸公司章程、股东名录等证据，能够证明李某河的股东身份，故李某河依法享有股东知情权。

在股东知情权诉讼中，法院对当事人股东资格的审查应以形式审查为一般标准，只有在对方提出的相反证据足以导致当事人股东身份动摇的状态下，法院才应进一步实体审查当事人股东身份的真伪。本案中，商贸公司以李某河没有设立公司的意思表示、没有实际出资为理由否认李某河的股东身份，但没有提出确切证据，并不足以导致否认李某河在本案股东知情权诉讼中的股东身份。同时，股东知情权纠纷与股东资格确认纠纷、股东出资纠纷均非同一法律关系，就股东资格是否存在，或股东对公司是否存在出资瑕疵的情形，均可通过其他的纠纷解决方式予以救济，但该类争议并不必然影响法院在现有证据的情况下对股东知情权进行审理，即在股东未丧失公司股东身份之前仍可按照公司法或章程的规定行使相应的股东权，除非章程或股东与公司之间另有约定。

综上所述，北京市第一中级人民法院依照《中华人民共和国民事诉讼法》第一百七十七条第一款第一项之规定，判决如下：

驳回上诉，维持原判。

【法官后语】

公司类诉讼之所以复杂，一个重要原因在于其具有的综合性，“剪不断，理还乱”，与特定案由之纠纷类型化存在固有张力。股东知情权是股东权的一项重要权利，是法律赋予公司股东了解公司信息的权利，包括股东了解公司的经营状况、财务状况以及其他与股东利益存在密切关系的公司情况的权利。本案系股东知情权纠纷，本不复杂，但难在双方对股东资格产生争议，而对此争议的解决，已经超越典型股东知情权纠纷所能处理的范畴。对此如何处理，本案提供了一种可供参考、借鉴的思路。

在股东知情权纠纷中，股东资格的审查应当分两步走：第一，对股东资格进行形式审查，即以工商登记、股东名册、公司章程等为准。股东只要提交股东名册或工商登记等，原则上应当认定为具有股东资格。第二，当公司对股东名册或工商登记的记载提出异议，但未能提供有效证据佐证时，对公司的抗辩不予采信，原则上认定原告具有股东资格。但当公司提供足以动摇原告股东身份的证据时，法院则需要进一步实质审查当事人股东身份的真伪，如经查明股东系被冒名登记，即无出资的事实，亦无成为股东的合意，即需要先行解决股东资格的问题，再来判断是否具有股东知情权。需要明确的是，此时“足以动摇原告股东身份的证据”并非指形式上的不是本人签字、本人未履行出资义务等证据，而是足以证明缺乏成立公司合意、登记错误等根本否定股东资格的重大瑕疵。因于股东知情权纠纷与股东资格确认纠纷等并非同一法律关系，一些复杂的案件可能无法在股东知情权诉讼中彻底解决股东资格的认定问题，此时，应当向双方释明，先解决股东资格问题，在股东身份没有争议的情况下再行使股东知情权。

本案中，商贸公司对李某河的股东身份提出质疑，认为公司章程上李某河的签名不是本人签字，亦没有出资行为。但现实生活中，公司代办现象普遍，非本人签字并不是否认具有股东资格的核心要素，李某河亦认可公司章程并非其本人签字。关于是否出资，双方表述不一，但现有证据并未表明商贸公司股东存在出资不到位的情况，在工商登记等资料证明已经足额出资的情况下，商贸公司对此负有举证不能的责任。综上，商贸公司提供的证据未达到足以动摇李某河股东资格的标准，因此不足以导致否认李某河在本案股东知情权诉讼中的股东身份。当然，如商贸公司及其股东事后有其他证据足以否认李某河的股东资格，可以另行提起股东资格确认纠纷等予以解决，但并不影响法院在现有证据的情况下对股东知情权进行审理。

编写人：北京市第一中级人民法院　郭帅

047 股权质押是否限制股东知情权的行使

——投资公司诉能源科技公司股东知情权案

【案件基本信息】

1. 裁判书字号

北京市第三中级人民法院（2016）京03民终字第551号民事判决书

2. 案由：股东知情权纠纷

3. 当事人

原告（被上诉人）：投资公司

被告（上诉人）：能源科技公司

【基本案情】

2010年8月20日，投资公司作为甲方与作为乙方的燃气公司签订《合资经营合同》，约定甲方、乙方共同出资在中国境内设立中外合资企业能源科技公司；合资公司的投资总额为1亿元，注册资本为5714万元；增资后，各方出资数额及比例为：甲方出资2000万元，占35%；乙方出资3714万元，占65%。

2010年11月23日，燃气公司作为甲方与作为乙方的投资公司签订《股权质押贷款合同》，乙方应当为本合同项下的贷款，以其所持有的能源科技公司35%合资权益，向甲方提供股权质押担保；质押股权为乙方所持有的能源科技公司35%合资权益；质权的效力除及于上款所述质押股权的权利本身，还及于股息红利、送股、转增部分、配股权、股票代表物以及质押股权所产生的表决权等其他权益和孳息；本合同适用中华人民共和国香港特别行政区法律，任何有关本合同的争议均由香港特别行政区法院独家管辖。

2011年1月13日，能源科技公司企业类型由法人独资企业变更为中外合资经营企业。2011年5月11日，投资公司作为甲方与作为乙方的燃气公司签订《股权出质合同》，第二条质押合同标的：(1) 质押标的为甲方在能源科技公司投资的股权及其派生权益。质押范围，即质押股权为乙方所持有的能源科技公司35%合资权益；(2) 质押股权金额为2000万元；(3) 质押股权派生权益，系指质押股权应得红利及其他收益，必须计入甲方在乙方开立的保管账户内，作为本质押项下贷款偿付的保证。

2011年6月10日，北京市朝阳区商务委员会作出《关于能源科技公司股权质押的批复》。2011年6月23日，北京市工商行政管理局朝阳分局向燃气公司、投资公司作出《股权出质设立登记通知书》。

2013年10月25日，香港特别行政区高等法院就燃气公司诉投资公司借款合同纠纷作出2013年374号终审判决。2015年4月20日，北京市第三中级人民法院作出(2014)三中民特字第08249号民事裁定书，对香港特别行政区高等法院于2013年10月25日作出的2013年374号民事判决予以认可和执行。

2014年9月24日，能源科技公司向投资公司发出函件：你公司虽为我公司工商登记之股东，但你公司所持35%股权已经全部质押用于你公司经营性流动资金贷款，且质押担保的贷款至今未能实际偿还，并被债权人/质押权人通过法律程序申请执行。因此，你公司因持有该部分股权而享有的股东权应当受到质押权约束，无权自行行使。

庭审中，能源科技公司认可以下事实：截至2015年9月1日庭审，投资公司仍为能源科技公司股东，其所持35%股权尚未进入执行拍卖或变卖程序。

【案件焦点】

股权质押是否构成公司限制或剥夺股东行使知情权的有效抗辩，即投资公司股权质押后其股东知情权的行使是否受限。

【法院裁判要旨】

北京市朝阳区人民法院经审理认为：投资公司作为能源科技公司股东，依法享有股东知情权。能源科技公司以投资公司的股权存在对外质押为由，拒绝投资公司行使股东知情权，于法无据，不予采信。根据投资公司提交的《申请书》，投资公司要求行使股东知情权的目的为“了解公司的详细经营情况、财务状况和影响我们股权价值变化的具体会计事项”，该目的正当，不构成对能源科技公司合法权益的损害，能源科技公司主张投资公司要求查阅会计账簿没有合理理由，其目的是侵害公司权益，证据不足，不予采信。能源科技公司的其他答辩意见，没有事实和法律依据，不予采信。

北京市朝阳区人民法院依照《中华人民共和国公司法》第三十三条、第二百一十七条之规定，判决如下：

一、能源科技公司于本判决生效后十五日内置备公司自 2011 年 1 月 1 日起至 2015 年 6 月 30 日止的财务会计报告、董事会会议决议于公司的经营场所供投资公司查阅、复制；

二、能源科技公司于本判决生效后十五日内置备公司自 2011 年 1 月 1 日起至 2015 年 6 月 30 日止的会计账簿（包括总账、明细账、日记账和其他辅助性账簿）于公司的经营场所供投资公司查阅；

三、驳回投资公司的其他诉讼请求。

能源科技公司持原审答辩意见提起上诉。

北京市第三中级人民法院经审理认为：虽然投资公司作为能源科技公司的股东，其持有股权因存在对外质押而进入强制执行阶段，但双方均认可目前该诉争股权尚未被拍卖或变卖，即投资公司仍持有该股权，其具有能源科技公司的股东身份，故其有权依法行使股东知情权。能源科技公司现以投资公司的股权存在对外质押为由，拒绝投资公司行使股东知情权的该项上诉意见，于法无据，不予采信。

能源科技公司的上诉理由均不成立，不予支持。一审法院的判决认定事实清楚，适用法律正确，应予维持。

北京市第三中级人民法院依照《中华人民共和国民事诉讼法》第一百七十条第一款第一项之规定，判决如下：

驳回上诉，维持原判。

【法官后语】

股东知情权是股东的基本权利，是股东行使其他权利的前提和基础。股东知情权的行使有助于股东高效、低成本地行使其他股权，提高公司在股东中间的透明度，也是对各方当事人利益冲击最小的救济途径。

公司治理实践中，基于种种原因，股东知情权的行使并不理想，纠纷较多作为融资重要担保形式之一，股权质押亦非常广泛。股东之间产生纠纷后，公司在大股东或实际控制人的控制下，往往以种种理由拒绝小股东行使股东知情权。本案中，投资公司、燃气公司因债权债务发生纠纷后，能源科技公司以投资公司已将股权质押给燃气公司等为由，拒绝投资公司行使股东知情权。依法理，股权可分为固有权与非固有权。固有权（法定股权），指未经股东同意，不得以章程或者公司决议限制或剥夺的权利。固有权与股东的地位紧密相连，密不可分，自股东取得股东的地位或资格之日起当然取得。股东知情权属于股东的固有权，非因法律规定或股东同意不受任何组织机构和个人限制。本案中，投资公司享有的能源科技公司股权虽已进行质押登记，并进入执行程序，但在股权未变卖、拍卖或折价前，其作为能源科技公司股东的地位或资格未发生变更，依法享有股东知情权。本案明确股东知情权为股东的固有权利，股权质押不影响股东知情权的行使。

司法实务中，最高人民法院此后颁布的司法解释亦强调了上述原则。《最高人民法院关于适用〈中华人民共和国公司法〉若干问题的规定（四）》第九条明确规定“公司章程、股东之间的协议等实质性剥夺股东依据公司法第三十三条、第九十七条规定查阅或者复制公司文件材料的权利，公司以此为由拒绝股东查阅或者复制的，人民法院不予支持”，举重以明轻，股权质押原则上当然不应构成对股东知情权行使之障碍。

编写人：北京市朝阳区人民法院　李泽帅

048 查阅公司会计账簿的不正当目的的认定

——张某娟诉D公司股东知情权案

【案件基本信息】

1. 裁判书字号

北京市第三中级人民法院（2015）三中民（商）终字第13365号民事判决书

2. 案由：股东知情权纠纷

3. 当事人

原告（被上诉人）：张某娟

被告（上诉人）：D公司

【基本案情】

张某娟系D公司股东，持股比例为10%。2014年12月17日，张某娟为了解D公司的经营状况，向D公司发出了《关于要求查阅公司文件的函》要求查阅D公司会计账簿等文件，该邮件因被D公司拒收而退回。故张某娟起诉至法院，要求判令：1. D公司向张某娟提供公司自2010年2月至今的股东会会议记录、股东会会议决议，董事会会议记录、董事会会议决议、监事会会议决议、财务会计报告、会计账簿（包括记账凭证、电子账簿、原始会计凭证）等文件，供张某娟或其委托的律师、会计师查阅、复制；2. D公司承担本案全部诉讼费用。D公司主张，张某娟以另一名字张某越出资1300万元作为控股股东成立了商贸公司，商贸公司的经营范围与D公司的大部分经营范围相同，双方存在同业竞争关系，因此张某娟查阅D公司账簿会泄露D公司商业秘密，有损D公司利益，故不同意张某娟查阅D公司会计账簿。

【案件焦点】

1. 股东是否可以委托他人行使股东知情权；2. 股东投资经营的公司与被查阅公司经营范围有交叉或重合，能否认定股东具有不正当目的。

【法院裁判要旨】

北京市朝阳区人民法院经审理认为：张某娟系D公司股东，应当享有D公司的股东权利。根据《中华人民共和国公司法》第三十三条之规定，公司有合理根据认为股东查阅会计账簿有不正当目的，可能损害公司合法利益的，可以拒绝提供查阅，并应当自股东提出书面请求之日起十五日内书面答复股东并说明理由。D公司拒绝张某娟查阅公司会计账簿的请求，应举证证明张某娟查阅会计账簿存在不正当目的，并可能损害D公司的合法利益。法院认为，股东通过查阅公司会计账簿虽可能会获悉公司的交易信息及客户信息，但在市场经济活动中，企业应当以其提供的商品、服务的质量和价格等方面的优势来参与市场竞争，市场也是基于此方面来选择、认可企业。企业间通过正常的市场竞争获得交易机会不属于不正当行为，不能仅以股东所持股的公司之间经营范围有交叉或重合认定股东查阅公司会计账簿有不正当目的，可能损害公司合法利益，公司也不能以此拒绝股东查阅公司会计账簿的要求，否则将严重限制股东查阅公司会计账簿的权利，损害股东的利益，背离市场经济的规律。本案中，D公司与张某娟控股的商贸公司经营范围重合部分属于行业大类的重合，D公司未举证证明张某娟有其他通过查阅公司会计账簿欲达到的不正当目的或存在损害公司合法利益的行为。故D公司现提交的证据，未达到证明张某娟查阅会计账簿有损害D公司合法利益的不正当目的具有高度盖然性的证明标准，对D公司拒绝张某娟查阅公司会计账簿的答辩意见，法院不予采信。需要指出的是，如果张某娟利用查阅会计账簿的便利，在未来实施了损害D公司合法利益的行为，则需对D公司承担相应的损害赔偿责任。

股东通过行使股东知情权了解公司的经营状况，是股东参与公司经营管理、依照法律和公司章程行使和维护其权利的基础。股东行使股东知情权过程中，所触及的公司文件和资料在法律和财务等方面有较高的专业性，如果不允许股东获得具有法律和财务等专业知识人员的辅助，则股东无法真正了解公司的经营情况，股东知情权也无法起到保护股东利益的作用。因此，股东在行使股东知情权的过程中，应当允许股东委托外部专业人员在法律规定的股东知情权范围内查阅、复制公司文件。因此，对于张某娟要求委托律师或者会计师在其股东知情权范围内查阅、复制公司文件的诉讼请求，予以支持。

北京市朝阳区人民法院依照《中华人民共和国公司法》第三十三条，《最高人民法院关于适用〈中华人民共和国民事诉讼法〉的解释》第九十条之规定，判决如下：

一、被告D公司于本判决生效之日起十日内置备自2010年2月1日至置备当日的股东会会议记录、董事会会议决议、监事会会议决议和财务会计报告于其办公场所供原告张某娟或原告张某娟委托的律师、会计师查阅、复制；

二、被告D公司于本判决生效之日起十日内置备自2010年2月

1 日至置备当日的含原始凭证、记账凭证的会计账簿及电子账簿于其办公场所供原告张某娟或原告张某娟委托的律师、会计师查阅；

三、驳回原告张某娟的其他诉讼请求。

D 公司持原审答辩意见提起上诉。

北京市第三中级人民法院经审理认为：一审法院认定 D 公司应置备含原始凭证、记账凭证的会计账簿及电子账簿供张某娟或张某娟委托的律师、会计师查阅，并无不当，予以维持。

北京市第三中级人民法院依照《中华人民共和国民事诉讼法》第一百七十条第一款第一项之规定，判决如下：

驳回上诉，维持原判。

【法官后语】

《中华人民共和国公司法》对公司董事和高管规定了竞业禁止义务，即禁止董事和高管未经股东同意为与公司从事同类业务的公司提供服务，但对股东无此限制，股东可以投资与公司经营范围类似或相同的其他公司。之所以对二者限制有不同系因董事和高管直接负责公司的经营管理，掌握公司核心信息，并且直接从公司获取报酬，与公司具有较强的人身依附关系，因此需要对公司有较高的忠实义务。而股东与公司仅为投资关系，股东不直接参与公司日常经营和管理，获取公司信息的渠道有限，对公司影响也有限。在经济活动高度发达的社会，投资者投资多家经营范围类似或者相同公司的情形非常普遍，如果仅以此即认定股东查阅公司账簿具有不正当目的，则将不合理地限制股东的知情权，不符合市场经济发展规律。但股东投资经营与被查阅公司经营范围类似的公司，股东查阅公司会计账簿，确实可能存在不正当目的，损害被查阅公司合法利益，在此种情况下，应具体分析股东投资经营的公司与被查阅公司经营范围的类似程度。①

公司经营范围相同或者类似，并不代表其间必然会发生竞争关系，公司登记的经营范围一般都是行业大类范围，行业大类相同的公司之间，从事的可能是行业细化的不同业务，因此经营范围在行业大类重合的公司之间并不必然存在竞争关系。但是，如果公司经营范围类似程度非常高，在具体经营业务上存在同业竞争，或者经营范围均属于同一许可经营的范围，则公司之间构成实质竞争，此时股东查阅公司账簿，就可能存在以此获得客户信息或者其他商业秘密用于其投资经营的公司，从而损害被查阅公司的合法利益，在此种情况下，应认定股东查阅公司会计账簿存在不正当目的，即股东投资经营与被查阅公司经营范围重合的公司，股东不正当目的的认定应以股东投资经营的公司与被查阅公司之间是否构成实质竞争为标准。

编写人：北京市朝阳区人民法院　韩跃东

---

① 本判决作出时，关于股东有投资经营与公司经营范围重合的公司，股东查阅公司会计账簿是否存在不正当目的，法律法规并没有明确规定和认定标准，2017 年 9 月 1 日生效的司法解释对此予以明确，认定标准采用的是本判决所论述的“实质竞争”。《最高人民法院关于适用〈中华人民共和国公司法〉若干问题的规定（四）》第八条规定：有限责任公司有证据证明股东存在下列情形之一的，人民法院应当认定股东有公司法第三十三条第二款规定的“不正当目的”：（一）股东自营或者为他人经营与公司主营业务有实质性竞争关系业务的，但公司章程另有规定或者全体股东另有约定的除外……

049 有限责任公司股东知情权的行使
——吕某阳诉文化发展公司股东知情权案

【案件基本信息】

1. 裁判书字号

北京市第二中级人民法院（2014）二中民（商）终字第11500号民事判决书

2. 案由：股东知情权纠纷

3. 当事人

原告（被上诉人）：吕某阳

被告（上诉人）：文化发展公司

【基本案情】

文化发展公司在北京市工商行政管理部门备案的材料中显示，该公司的注册资本自2012年1月时已登记为300万元。2012年12月11日，吕某阳从案外人处受让了文化发展公司的股权，持股比例为51%。2013年12月21日，吕某阳向文化发展公司发出《关于申请查阅2012年1月1日起公司会计账簿的函》，吕某阳提出为了解文化发展公司于2012年1月的增资情况，从而了解其所持股权之价值，故吕某阳要求文化发展公司自收到函件之日起15日内提供自2012年1月1日至2013年8月31日的会计账簿（包括总账、明细账、日记账和其他辅助性账簿）供其查阅。

文化发展公司认为吕某阳自2012年12月11日通过受让他人股权才成为文化发展公司股东，故其对加入公司之前的财务状况无权查阅。另因吕某阳在经营与文化发展公司存在同业竞争的公司，查阅会计账簿有可能损害文化发展公司的利益。故文化发展公司不同意吕某阳查阅公司的会计账簿。

【案件焦点】

1. 吕某阳作为后续股东是否有权要求查阅其加入公司前的公司信息；2. 吕某阳同时作为多家同行业公司股东，是否构成查阅公司会计账簿目的不正当。

【法院裁判要旨】

北京市西城区人民法院经审理认为：吕某阳向公司发函表示其行使知情权的目的在于了解文化发展公司的增资情况，从而了解其所持股权之价值，并无不当。但因吕某阳向文化发展公司发函要求查阅会计账簿的时间段为2012年1月1日至2013年8月31日，故对其要求查阅超出此时间段范围的部分，法院不予支持。

北京市西城区人民法院依照《中华人民共和国公司法》第三十四条之规定，判决如下：

一、判决生效之日起七日内，文化发展公司备置该公司自2012年1月1日至今的财务会计报告供吕某阳及吕某阳委托的注册会计师查阅、复制；

二、判决生效之日起七日内，文化发展公司备置该公司自2012年1月1日至2013年8月31日的会计账簿（包括原始凭证）供吕某阳及吕某阳委托的注册会计师查阅；

三、驳回吕某阳的其他诉讼请求。

文化发展公司持原审答辩意见提起上诉。

北京市第二中级人民法院经审理认为：文化发展公司系有限责任公司，吕某阳作为文化发展公司的股东，依法享有相应的知情权。公司经营是一个整体、延续的过程，吕某阳要求知悉公司在2012年1月的增资情况，以便对公司的运营状况和财务信息予以全面了解，属于其正当行使知情权的范围。文化发展公司未提交能够证明吕某阳要求查阅公司会计账簿具有不正当目的或可能损害公司合法权益的证据，仅以吕某阳经营同业公司为由而限制其行使知情权，缺乏事实依据和法律根据。

北京市第二中级人民法院依照《中华人民共和国民事诉讼法》第一百七十条第一款第一项之规定，判决如下：

驳回上诉，维持原判。

【法官后语】

对于“后续股东是否可以查阅其加入公司前的公司信息”问题，本案的一二审法院都对此持肯定观点。第一，《中华人民共和国公司法》规定股东享有对公司的知情权，有限责任公司的股东有权要求查阅公司会计账簿等文件，并未限制被查阅文件的时间范围，亦未禁止后续股东查阅其加入公司前的会计账簿等。第二，《中华人民共和国公司法》规定了有限责任公司的股东以其认缴的出资额为限对公司承担责任。这里并未区分原始股东或后续股东，即只要是有限责任公司的股东，就应当以其出资额为限对公司承担责任，而并不是后续股东只对其加入公司后的债务承担责任。根据权利义务对等的原则，也不应当限制后续股东基于正当目的行使查阅公司账簿的权利。第三，公司经营是一个整体延续性的过程，本案中，吕某阳要求知悉其所入股的公司在2012年1月的增资情况，以便对公司的运营状况和财务信息予以了解，如果不允许其查阅，将会导致吕某阳获得公司关键信息的缺失，减损法律所赋予的股东知情权的权利价值。第四，吕某阳已声明其查阅公司账簿的目的是了解文化发展公司的持续经营状况及财务状况，这一目的本身并不存在不正当性。故不应当仅以吕某阳是后续股东而拒绝其查阅加入公司前的公司信息。

对于“应如何界定财务账簿查阅权行使之查阅目的的正当性”问题，一二审法院对此所持观点也基本一致。第一，《中华人民共和国公司法》对界定股东行使知情权的正当目的判断采用的是概括式立法，即股东行使知情权必须出于正当目的。通说认为，目的的正当性是指股东提出查阅要求时怀有善意、正当目的，其所要查阅的资料与其目的有直接联系，并在查询前应详细阐述该目的。吕某阳已声明其要求查阅公司账簿的目的是了解文化发展公司在2012年1月的增资情况及公司的经营状况、财务状况，这一目的本身是正当的。第二，《中华人民共和国公司法》中规定，公司有合理根据认为股东查阅会计账簿有不正当目的，可能损害公司合法利益的，可以拒绝提供查阅。根据举证责任的分配，公司应当对股东要求查阅会计账簿存有不当目的承担举证责任。而在本案中，文化发展公司并未提交能够证明吕某阳行使股东知情权具有不正当目的或可能损害公司合法权益的证据。第三，我国法律并未作出一个股东在同行业只能投资一家公司的限制性规定，股东投资多家同行业公司的行为，并不能当然得出允许股东查阅公司会计账簿就必然会损害公司利益的结论。文化发展公司仅以吕某阳同时担任其他相同行业公司的股东为由而拒绝吕某阳查阅公司会计账簿的意见，缺乏事实和法律依据。

编写人：北京市第二中级人民法院　周晓莉

050 职工持股会会员知情权的范围和实现方式

——郑某桥诉商业公司工会委员会股东知情权案

【案件基本信息】

1. 裁判书字号

浙江省舟山市中级人民法院（2014）浙舟商终字第 213 号民事判决书

2. 案由：股东知情权纠纷

3. 当事人

原告（被上诉人）：郑某桥

被告（上诉人）：商业公司工会委员会①

第三人（上诉人）：商业公司

【基本案情】

原告郑某桥起诉称：其为被告商业公司工会委员会持股会成员，被告为第三人商业公司的股东。根据《职工持股会暂行办法》（以下简称《持股会暂行办法》）规定，其作为被告持股会成员享有知情权和获取收益权。原被告为信托法律关系，其作为委托人有权了解信托财产的处置情况，并有权要求受托人作出说明。数年来，被告没有向原告披露其作为受托人在第三人处可以获取的财务信息，也没有按照约定进行分红。原告不能直接作为第三人

① 本案中，商业公司职工持股会由商业公司工会委员会托管，并以商业公司工会委员会名义从事相关民事活动。

的股东行使股东权利，但有权作为委托人查阅、抄录或复制与信托财产有关的信托账目以及处理信托事务的其他文件。商业公司工会委员会因被告系其股东之一，且本案诉讼处理结果与其股东权利行使保障方面有法律上的利害关系，应作为第三人参加诉讼。故，请求责令被告向原告披露2004年1月12日至2013年12月31日被告在第三人处所获取的包含但不限于股东分红等权益类财务会计报告、会计账簿；第三人对上述义务履行有协助配合义务。

被告商业公司工会委员会辩称，原告投入在被告处的股份并不符合信托财产特征，根据持股会性质的定义，被告与原告之间形成委托代理关系。被告已多次向原告等会员披露了股份收益经营情况及公司盈亏材料，充分保证会员应有的知情权。被告作为第三人股东，即使需要查阅公司会计账簿也需明确合理理由，并且应由职工持股会内部表决通过。

第三人商业公司述称，原告将其作为第三人起诉没有法律依据，第三人更没有向原告方所请求的诉讼请求予以配合的义务，请求驳回原告对第三人的诉讼请求。

【案件焦点】

持股会会员享有的知情权的范围及实现知情权的程序设定方面的争议。

【法院裁判要旨】

浙江省舟山市普陀区人民法院经审理认为：关于郑某桥作为工会持股会成员对商业公司工会委员会享有知情权的范围问题。郑某桥作为工会持股会成员基于其出资而享有相应的知情权，商业公司工会委员会代表工会持股会成员行使股东权利应尽到相应的勤勉尽责义务。商业公司经营状况的相关信息直接关系到持股会会员的切实利益，商业公司工会委员会应根据持股会成员的要求积极行使《中华人民共和国公司法》及商业公司章程规定的股东知情权，并向工会持股会成员及时披露商业公司经营信息包括但不限于其所掌握的情况。

关于商业公司工会委员会作为商业公司股东行使其知情权的程序问题。商业公司工会委员会基于其出资而对商业公司享有的知情权系其基本权利，不需要经过持股会成员表决通过，如果由多数表决通过容易损害个体职工的权益。根据郑某桥原审中提供的证据材料显示，其为督促商业公司工会委员会行使知情权采取过多种方式，包括委托律师发函、向有关部门反映问题等，但商业公司工会委员会、商业公司均未予以回应。在此情况下，为保护自身合法权益，作为工会持股会成员的郑某桥有权向法院提起诉讼。

浙江省舟山市普陀区人民法院判决：被告商业公司工会委员会向原告郑某桥披露在第三人商业公司获取的财务会计报告、会计账簿、会计凭证（包含原始凭证）；第三人商业公司对上述义务履行协助配合义务。

商业公司、商业公司工会委员会提起上诉。浙江省舟山市中级人民法院依法维持原审判决。

【法官后语】

职工持股会会员知情权，是指法律赋予和章程约定会员通过查阅相关财务会计报告、会计账簿等财务资料，实现了解资产的管理运用、处分及收支的情况。对会员知情权范围的判断标准应是资产管理过程发生的对会员利益有影响的信息。从权利的来源来说，职工持股会代表会员作为公司股东行使权利，应按照会员的意志行使其股东权利；从义务的履行来说，职工持股会应为会员的最大利益行使股东权利，必须恪尽职守，履行诚实信用义务；从法律后果的承担来说，职工持股会并非权利义务的直接承受人，其行使权利义务的法律后果由会员承受。故仅凭职工持股会公布的信息，会员难以了解其财产真实状况。商业公司工会委员会应将其作为商业公司股东有权获取的财务信息完整报告给会员，并非选择性的告知部分信息。

会员知情权属于会员基本权利，是会员行使间接的经营控制权等其他权利的基础，不应设置会员多数表决通过等限制性条件；会员知情权属于个体权利，不会对其他会员权益造成损害，也不属于持股会章程规定的重要事项，不需经过持股会成员大多数表决通过。现实中，持股会基本被公司管理层所控制，如果设置过半数会员表决同意等限制性条件，会员行使知情权将缺乏现实可行性。为使会员知情权得到实质性保护，法院对会员行使知情权应保持宽容的态度，在职工持股会怠于行使知情权的情况下，应给予会员相应的救济途径，即允许会员以个人名义提起诉讼。

编写人：浙江省舟山市中级人民法院　冷海波

六、请求公司收购股份纠纷

051 公司法第七十四条中“转让主要财产”的标准认定

——实业公司诉房地产公司请求公司收购股份案

【案件基本信息】

1. 裁判书字号

上海市第二中级人民法院（2020）沪02民终2746号民事判决书

2. 案由：请求公司收购股份纠纷

3. 当事人

原告（上诉人）：实业公司

被告（被上诉人）：房地产公司

第三人：卓某实业公司、置业公司

【基本案情】

被告房地产公司经营范围包括房地产开发经营、建筑装潢材料。其原股东情况为原告实业公司持股10%，第三人置业公司持股90%。原告于2016年10月前为第三人置业公司的控股股东，之后转让了持有的第三人置业公司的全部股份。2018年8月，第三人置业公司将持有的被告公司90%的股权转让给了其新设的全资子公司即第三人卓某实业公司，原告持股10%不变。被告公司章程明确股东会行使下列职权：决定公司的经营方针和投资计划等。

2018年9月21日，第三人置业公司召开股东大会，审议通过决议并发布公告：出售被告公司所有的本市T大厦101室、102室、201室、301室、401室、1301室、1901室、2001室房产，建筑面积为7118.15平方米。被告公司于2018年9月在资产负债表中将上述房产由投资性房产调整记载为存货，在未召开公司股东会的情况下，于2018年9月28日将上述房产转让给偲邑公司等八家物业管理公司，转让价共计132397589.63元（含税）。第三人置业公司于2018年11月14日公告，出售房产的款项已于2018年11月12日履行完毕，本次出售为公司增加约35000000元净利润，为公司主营业务发展提供资金支持。

另外，2016年9月，在原告作为第三人置业公司、被告公司实际控制人期间，被告公司未经股东会决议，出售了大厦9384.32平方米房产，转让价159533440元，案涉房产为该次出售后剩余的房产。2017年被告公司营业收入8592943.23元，其中租金收入6820000元，当时被告公司在大厦的房产的出租率约90%。2018年被告公司营业收入132131906.67元。2018年9月30日，因被告转让房产，委托银信资产评估有限公司对被告资产作了评估，评估报告确认被告公司总资产为296064800元，总负债为30510700元，所有者权益为265554000元，转让房产可变现价值为78610000元（不含税费53790600元）。2019年上半年被告的营业收入为198521.14元。2019年9月19日，被告公司账上有资金98805479.44元。被告出售案涉房产后仍继续经营房屋租赁等与房地产经营相关的业务。

2019年3月6日，原告向被告经营地寄送快递，要求被告收购原告股权。但被告否认收到该函。原告遂认为，其于2019年2月才知悉上述2018年9月案涉房产出售，被告及第三人处理被告公司主要财产却不召开被告公司的股东会，致原告未能提出异议，原告有权根据《中华人民共和国公司法》第七十四条的规定要求被告收购股权，故诉请被告以26555400元的价格收购原告持有的被告公司10%的股权。

被告辩称：不同意原告的诉讼请求。1. 被告转让案涉房产属公司正常的经营行为，无须召开股东会讨论决定，公司章程中明确的股东会职权并不包含讨论案涉情形。2. 案涉房产并非公司主要财产，其占公司资产的比重尚未达到50%，转让房产也并不涉及公司经营方针的变更，更不涉及损害小股东利益的问题。3. 本案原告主张时已过法律规定的九十天期间，该权利已归于消灭。

二第三人共同述称，同意被告的答辩意见，请求法院驳回原告的诉讼请求。

【案件焦点】

被告出售房产是否属于转让《中华人民共和国公司法》第七十四条第一款第二项所规定的主要财产，原告是否有权请求被告收购其股权。

【法院裁判要旨】

上海市静安区人民法院经审理认为：

1. 被告公司章程规定股东会的职权包括决定公司的经营方针和投资计划等，被告转让公司案涉房产的事项符合被告公司关于股东会职权的相关规定，应当提交股东会讨论表决。理由如下：第一，被告公司原来的经营方式以自有房产出租为主，其出售房产后，转为以转租方式经营，与原有的经营方式相比发生了重大的变化，符合经营方针转变的评价标准。第二，被告公司原将案涉房产记载为投资性房产，从持有变为出售就是对投资计划的变更。第三，从小股东权利保护角度来看，作为房产实际所有人的被告公司的小股东应有权参与讨论表决。因此，被告转让公司案涉房产的事项应当提交股东会讨论表决。

2. 原告主张由被告收购股权时未过法律规定的主张期间。《中华人民共和国公司法》第七十四条第二款规定的期间应以异议股东参加股东会并提出异议为前提，在公司应召开而未召开股东会进行表决的情况下，则应以异议股东知道或者应当知道异议事项时起算主张期间。就本案来看，应以被告通知原告转让房产的事实这一时间点作为判断原告主张期间起算的时点。鉴于被告始终未正式通知原告，而原告自认于 2019 年 2 月 28 日知悉该事实，故应以该时点起算主张期间。

3. 被告转让房产的行为并不足以被认定为公司法意义上的转让公司主要财产。判断是否属于公司法意义上的公司主要财产，应当以转让财产是否导致公司发生根本性变化，即对公司的设立目的、存续等产生实质性影响，作为判断的主要标准，以转让财产价值占公司资产的比重、转让的财产对公司正常经营和盈利的影响作为辅助性判断依据。从本案来看，被告转让房产尚未达到造成公司产生根本性变化的程度：首先，从转让房产价值占比角度来看，被告转让的房产价值占被告公司实有资产价值的比重尚未达到 50%，故认定其为公司法意义上的公司主要财产，依据尚不够充分。其次，从公司是否正常经营角度来看，被告公司转让房产实际上是一次性兑现收益还是分期实现收益的商业判断问题，被告公司仍可以转让房产所得收益用于投资经营。原告对房产转让价格也未提出异议，因此不能就此认为公司利益受损、经营不可持续。最后，从被告公司设立目的来看，被告公司章程从未将公司经营业务范围限定为从事自有房产的出租业务这一项，且原告公司在作为被告公司实际控制人期间也曾出售房产获取大量资金，因此被告公司此次转让房产的行为不能被认定为违背公司设立的目的。被告公司因此次房产出售发生的变化都谈不上是根本性的变化。综上，法院认为，被告转让房产的行为并不足以被认定为公司法意义上的转让公司主要财产，原告不能据此获得要求公司收购股权的权利。

综上所述，本案中原告主张异议股东收购请求权，法律上的依据并不充分，依照《中华人民共和国公司法》第七十四条之规定，判决如下：

驳回原告实业公司的诉讼请求。

原告不服一审判决，提起上诉。

上海市第二中级人民法院经审理认为：一审认定本案被告转让房产的行为并不足以构成公司法意义上的“转让主要财产”，论证充分、合理。此外，被告将其名下房产用于出售，并不违反法律规定，亦未损害原告的股东权益。故原告的主张，缺乏相应依据，依法不能成立。一审关于原告不得要求被告收购其股权之认定，并无不当。遂判决：

驳回上诉，维持原判。

【法官后语】

《中华人民共和国公司法》第七十四条规定股东在对“有限责

任公司转让主要财产”的股东会决议有异议时，可以请求公司回购股权。但实践中，一方面存在有公司以不召开股东会进行决议的方式，来规避异议股东行使股权回购请求权；另一方面公司法未对“转让主要财产”进行定义，导致在司法实践中对该条款适用难以把握。笔者认为从法理及具体法律规定两个角度出发，可以明确以下标准：

第一，异议股东在公司应召开股东会决议事项却未召开时，有权行使股权回购请求权。有限责任公司转让财产，属于公司章程规定的股东会职权的，应当提交股东会讨论表决，如未召开，异议股东仍可通过其他途径表示反对，并有权自知道或应当知道异议事项之日起九十日内要求公司收购其股权。

第二，对于“主要财产”的认定，应以转让财产是否导致公司发生根本性变化为主要的判断标准，以转让财产价值占公司资产的比重、转让的财产对公司正常经营和盈利的影响为辅助性判断依据。一是从法理上来说，资本维持不变始终是公司法上的基本原则，法律规定中小股东可请求公司收购自身股权是基于保护异议中小股东的例外安排，该安排突破了资本维持原则，因此必须是以公司的重大决议导致公司发生根本性的变化，从而将使异议股东遭受重大损失为前提。二是从具体的法律规定来看，《中华人民共和国公司法》第七十四条规定异议股东可以主张公司收购股份的事由仅包括三项，充分体现了法律对异议股东请求公司收购股份这一例外安排的严格把握。其中第一款第二项规定异议股东反对公司合并、分立、转让主要财产的，可以要求公司收购股权。公司合并、分立导致了责任主体的变动，因此是根本性的变化无疑。对转让主要财产的评价也应符合前述严格把握的法律精神。因转让主要财产与公司合并、分立并列作为异议成立的理由，故应将该行为对公司的影响程度与公司合并、分立造成的影响程度相当作为判断标准。

第三，值得注意的是，依法妥善处理股东之间的权益纠纷，平等保护各方主体的合法权益，对保障民营企业的合法投资利益、塑造法治化营商环境具有重要意义。在民营企业的发展进程中，股东为了满足自己利益最大化，通常会在企业重大事项的决策上产生意见对垒。此时，中小股东需要制度保障其退出企业的意思表示得以顺利实现，防止因“资本多数决”原则使其利益受到严重侵害；反之民营企业也需要防止中小股东随意退出的制度保证，排除某些中小股东滥用回购请求权威胁其正常运营，对其整体发展造成不良影响。本案的判决，保障了民营企业异议股东回购请求权的正确行使，最大限度地保护了企业的合法投资利益，提高企业运营效率，以期民营企业能持续健康经营，从而平等地维护民营企业所涉各方主体的合法权益，为今后此类案件的处理提供了重要参考。

编写人：上海市静安区人民法院　朱建国　孙鸿波

052　异议股东行使股份回购请求权时公司主要财产的认定

——薛某诉医药科技公司请求公司收购股份案

【案件基本信息】

1. 裁判书字号

北京市第二中级人民法院（2012）二中民终字第 2333 号民事判决书

2. 案由：请求公司收购股份纠纷

3. 当事人

原告（上诉人）：薛某

被告（被上诉人）：医药科技公司

【基本案情】

医药科技公司由薛某、扈某等11人共同出资设立，经营范围为销售医用高分子材料及制品、卫生材料及敷料、医用电子仪器设备、包装食品，自营和代理各类商品及技术的进出口业务等；公司注册资本7128万元，薛某等10人分别出资641.52万元，分别占出资比例的9%，扈某出资712.8万元，占出资比例的10%。2010年医药科技公司资产合计1095090616.36元，营业收入1630384155.16元，所有者权益合计257314308.03元，所有者净利润26067512.54元。

医药科技公司成立后，医药科技公司、扈某、薛某等共同出资设立医药公司，公司经营范围包括销售中成药、化学药制剂、化学原料药、生化药品、医用高分子材料及制品、医用电子仪器设备、医用卫生材料及敷料等。公司注册资本8000万元，其中医药科技公司出资4800万元，占出资比例的60%。2010年医药公司资产总计786825028.49元，营业总收入1510795357.44元，归属于母公司所有者权益合计135438233.56元，归属于母公司所有者的净利润32540217.30元。

2010年12月13日，医药科技公司召开股东会会议，会议讨论通过变更二级公司股权投资的决议，即转让医药科技公司持有医药公司51%的股权。薛某代理人在股东会决议上签字表示不同意该项决议，其余股东均表示同意该项决议。

原告薛某认为，由于医药公司51%的股份相对应的资产总额、营业收入、归属于母公司所有者权益和归属于母公司所有者的净利润分别占医药科技公司（不含少数股东权益）资产总额、营业收入、所有者权益、所有者净利润的51%、75%、27%和127%，故医药科技公司转让其持有的医药公司51%的股权系医药科技公司的主要财产。根据《中华人民共和国公司法》第七十五条的规定，对转让公司主要财产的股东会决议投反对票的股东可以请求公司按照合理的价格收购其股权，故诉至法院，请求依法判令医药科技公司以人民币23158287.72元的价格收购薛某持有的医药科技公司9%的股权。

【案件焦点】

医药科技公司持有的医药公司51%的股权是否为医药科技公司的主要财产。

【法院裁判要旨】

北京市丰台区人民法院经审理认为：公司转让的财产是否为主要财产，取决于公司转让该财产是否影响了公司的正常经营和盈利，导致公司发生了根本性变化。医药科技公司的经营范围为销售医用高分子材料及制品、卫生材料及敷料、医用电子仪器设备、包装食品，自营和代理各类商品及技术的进出口业务等，从现有证据表明，医药科技公司转让其持有的医药公司51%的股权的行为并未影响公司的正常经营和盈利，亦没有证据表明公司发生了根本性变化，故法院认为医药科技公司转让其持有的医药公司51%的股权不能视为医药科技公司的主要财产。故对于薛某的该项主张，法院不予支持。

北京市丰台区人民法院依据《中华人民共和国公司法》第七十五条、《中华人民共和国民事诉讼法》第六十四条第一款之规定，判决如下：

驳回薛某的诉讼请求。

薛某持原审意见提起上诉。

北京市第二中级人民法院认为：薛某主张医药公司51%股权属于医药科技公司主要财产，但并未提交充分证据加以证明，薛某亦不能证明其股东权益在转让后将受到损害，且转让医药公司51%股权后，医药科技公司的正常经营亦未发生根本性变化，故对其该项上诉主张，不予支持。综上，一审法院判决认定事实清楚，适用法律正确，处理并无不当，应予维持。

北京市第二中级人民法院依照《中华人民共和国民事诉讼法》第一百五十三条第一款第一项之规定，判决如下：

驳回上诉，维持原判。

【法官后语】

《中华人民共和国公司法》以及相关法律、司法解释没有明确指出“主要财产”的具体标准，但是，笔者认为，从文义上来解释，“主要财产”应当指对公司“起决定作用的”或者“影响公司存续基础的”财产。具体从如下两个方面来界定：

第一，从量的维度衡量来看，转让的财产应当是价值占公司资产总额的比重较大的财产，也可以说是公司的重大资产，这是判断主要财产的基础。《中华人民共和国公司法》第一百二十一条规定，上市公司在一年内购买、出售重大资产或者担保金额超过公司资产总额百分之三十的，应当由股东大会作出决议，并经出席会议的股东所持表决权的三分之二以上通过。因此，从保持公司经营的稳定性来说，主要财产或者重大资产所占公司总资产的比例不应低于30%，否则，允许股东动辄即可以请求公司回购股权，不但不利于公司的长远发展，亦不符合公司法立法的目的。

本案中，医药科技公司转让的系其持有的医药公司51%的股权，股权的价值具有不确定性，往往需要参照公司净利润或根据证券市场上的行情来确定，一般应当是资产扣除所承担负债后的利润即为股权所体现的现金价值。因此，在没有评估的情况下，医药公司作为有限公司，其股权价值可以参照其公司的净利润来确定。根据审计报告，2010年度，医药公司净利润为32540217.30元，该数额基本可以确定为医药公司的股权价值。而该年度医药科技公司的资产总额为1095090616.36元，51%的医药公司股权价值仅占医药科技公司资产总额的2%不到，仅从数额上来说，不可能构成医药科技公司的主要财产。

第二，从质的维度衡量来看，转让的财产应当是影响公司存续基础的财产，这是判断主要财产的关键性因素，也就是说，该财产的转让将对公司生产经营产生重大影响，如公司因财产转让而无法维持营业或者不得不大幅度地缩减营业规模等。判断的标准可以从公司的经营范围和经营业务入手，如果公司转让该财产后，其持续的实质性商业活动受到不利影响，改变了公司的经营范围或者经营业务，甚至实质性影响了公司设立之目的及公司存续，损害了公司和股东利益等，则该财产属于公司的主要财产。

本案中，医药科技公司核准登记的经营范围为销售医用高分子材料及制品、卫生材料及敷料、医用电子仪器设备、包装食品，自营和代理各类商品及技术的进出口业务等，医药科技公司转让其持有的医药公司51%的股权的行为并非医药科技公司主营业务所涉范围，并未明显影响到公司的正常经营，亦未使其公司经营状况发生根本性的变化。另外，医药科技公司是将51%的医药公司股权转让给包括薛某在内的医药科技公司的自然人股东，该转让行为未明显损害薛某的股东权益，因此，从该角度出发，薛某的主张亦无法得到法院的支持。

编写人：北京市丰台区人民法院　李宝乾

053　在公司拒不提供财务账册的情况下可依据其他证据酌情确定股权回购价格

——侯某功诉自动控制公司股份收购请求权案

【案件基本信息】

1. 裁判书字号

江苏省无锡市中级人民法院（2011）锡商终字第159号民事判决书

2. 案由：股份收购请求权纠纷

3. 当事人

原告（上诉人）：侯某功

被告（上诉人）：自动控制公司

【基本案情】

侯某功系自动控制公司股东，其出资额为12.5万元，占自动控制公司注册资本的25%。自动控制公司章程载明的经营期限为10年，即自1998年12月1日至2008年12月1日。2008年12月2日，除侯某功之外的代表自动控制公司75%股权的股东通过股东会决议，变更自动控制公司的经营期限至2018年12月30日。2009年2月20日，侯某功致函自动控制公司，表示其不同意延长公司经营期限，要求公司回购其持有的25%的股权。2009年4月1日，自动控制公司召开股东会，除侯某功持反对意见外，其他股东表决通过了公司经营期限变更至2018年12月30日的决议，并决议修改公司章程。

2009年2月26日，侯某功诉至无锡高新技术产业开发区法院，要求自动控制公司以资产评估的价格为基数收购其持有的25%的股权。诉讼期间，侯某功向他人转让了1%的股权，故将收购的股权的份额变更为24%。诉讼中，经法院多次释明，自动控制公司拒绝提供所有的财务账册及记账凭证，故无法按照正常程序进行资产审计。侯某功为此提供了自动控制公司2008年12月的资产负债表1份以及自动控制公司的拆迁补偿协议1份，用以证明自动控制公司2008年12月账面净资产为982421.45元以及自动控制公司获得拆迁补偿款11056747元。自动控制公司对上述资产负债表以及拆迁补偿协议的真实性予以认可。

【案件焦点】

在侯某功有权要求自动控制公司回购其股权但自动控制公司又不提供财务账册以供审计的情况下，自动控制公司回购侯某功股权的价格如何认定。

【法院裁判要旨】

江苏省无锡高新技术产业开发区法院经审理认为：侯某功系因不同意延长公司经营期限而要求自动控制公司回购其股份，故应以

2008 年 12 月 1 日自动控制公司的资产状况为基础计算侯某功股权的价值。因自动控制公司拒不提供公司财务凭证，无法进行审计，故只能以现有材料确定自动控制公司的资产状况，以此作为计算侯某功股权金额的依据。因双方均认可 2008 年 12 月自动控制公司的资产负债表和拆迁补偿协议，故依据上述两项证据酌情确定 2008 年 12 月 1 日自动控制公司的净资产总额。在考虑自动控制公司 2008 年 12 月 1 日净资产中包含了房屋建筑物的价值，而该部分价值与拆迁补偿协议中对应的资产价值重复，以及拆迁补偿协议所涉及的一次性补助费、二次搬迁停工停产费、过渡费、奖励等费用不应计算入 2008 年 12 月 1 日净资产等因素后，酌定自动控制公司 2008 年 12 月 1 日的净资产为 9003907. 45 元。

江苏省无锡高新技术产业开发区法院依照《中华人民共和国公司法》（2005 年修正）第七十五条的规定，判决如下：

自动控制公司于判决发生法律效力之日起十日内回购侯某功所持有的自动控制公司 24% 的股权，并支付侯某功股权收购款 2160937. 79 元。

侯某功不服一审判决，自动控制公司亦不服一审判决，提起上诉。

江苏省无锡市中级人民法院经审理认为：侯某功已明确表示反对自动控制公司延长经营期限，自动控制公司作出的变更公司经营期限的决议对侯某功没有约束力，其有权要求自动控制公司回购其持有的 24%的股权。侯某功主张的 9 张收条（总计 130 余万元）和 239 余万元的银行卡资金，因缺乏完整的财务资料，不能认定该两部分资金系账外结余资金。自动控制公司虽然上诉称原审法院确定的净资产总额明显偏高，但在二审法院限定期限内仍拒绝提供相应财务资料，故结合本案实际情况，一审法院依据双方确认的资产负债表和拆迁补偿协议酌情确定自动控制公司 2008 年 12 月 1 日的净资产总额，符合客观实际，并无不当。

江苏省无锡市中级人民法院依照《中华人民共和国民事诉讼法》第一百五十三条第一款第一项之规定，判决如下：

驳回上诉，维持原判。

【法官后语】

《中华人民共和国公司法》第七十四条规定："有下列情形之一的，对股东会该项决议投反对票的股东可以请求公司按照合理的价格收购其股权：(一）公司连续五年不向股东分配利润，而公司该五年连续盈利，并且符合本法规定的分配利润条件的；（二）公司合并、分立、转让主要财产的；(三）公司章程规定的营业期限届满或者章程规定的其他解散事由出现，股东会会议通过决议修改章程使公司存续的。自股东会会议决议通过之日起六十日内，股东与公司不能达成股权收购协议的，股东可以自股东会会议决议通过之日起九十日内向人民法院提起诉讼。"上述条款对有限责任公司的异议股东在何种情形可以行使股权回购请求权以及行使条件进行了原则性规定，但并未明确股权回购的"合理价格"如何认定，这需要审判实践中根据个案具体把握。

一、对延长公司经营期限的股东会决议投反对票的股东有权要求公司回购股权

根据《中华人民共和国公司法》第一百八十条第一项的规定，公司章程规定的营业期限届满是公司解散的原因之一，但该法第一百八十一条又规定，有限责任公司经持有三分之二以上表决权的股

东通过，可以通过修改公司章程延长公司营业期限而使公司继续存续。因此，公司营业期限届满并非一定解散，持有三分之二以上表决权的股东完全可以延长公司经营期限。但是，对不赞成延长公司经营期限的股东，虽然其必须接受公司继续经营而不进入解散清算程序的后果，但其仍有权决定是否愿意继续做该公司的股东。如其不愿意再继续作为已延长经营期限的公司的股东，法律也为其设置了权利保护路径，即其有权依据公司法第七十四条规定要求公司回购其股权，从而实现其完全从公司退出的意愿。

从《中华人民共和国公司法》第七十四条的规定可以得知，股东行使股权回购请求权的条件是其在相关股东会决议上投出反对票。如果股东表示异议但未在股东会上投出反对票，比如弃权或者同意票，一般不得再主张异议股东股权回购。但是，例外情形是，如果非因自身过错未能参加股东会的股东，虽未对股东会决议投反对票，但对相关决议明确提出反对意见的，还是应赋予其异议股东回购请求权。不过，现行公司法对股份有限公司的回购请求权则并未明确要求异议股东需对股东会决议投反对票，仅是要求股东对相关决议持异议即可。这是因为，股份有限公司特别是上市公司具有开放性，股东人数众多且较分散，如果强制要求异议股东一定投反对票，显然不太现实，而有限责任公司人数较少，具有人合性和封闭性，投票较为容易实现。

就本案而言，自动控制公司的营业期限届满，该公司三分之二以上有表决权的股东通过了延长营业期限的股东会决议，但侯某功明确表示反对，其作为异议股东当然有权要求自动控制公司回购其持有的股权。

二、异议股东应在法律规定的期限内向法院提起股权回购诉讼

根据《中华人民共和国公司法》规定，异议股东在向法院提起

股权回购诉讼之前，应首先与公司进行协商，以确定股权回购事项。这是因为，法律最大程度尊重公司的意思自治，股东与公司之间的股权回购系公司内部事项，应允许股东与公司自主作出意思表示，以鼓励公司与异议股东之间通过契约自由的谈判手段，寻求双方共同接受的合理回购价格。只有在股东与公司自主协商不成，即双方未能在股东会决议通过之日起六十日内达成股权回购协议时，司法强制力才会予以介入，赋予异议股东提起股权回购诉讼的权利。需要注意的是，异议股东的股权回购请求权并非永久存在，如其与公司协商不成时，应在股东会决议通过之日起九十日内向法院提起诉讼。从性质上看，异议股东的回购请求权属于形成权，《中华人民共和国公司法》第七十四条规定了“九十日”异议股东起诉的期限，但并未规定该期限可以中止、中断或者延长，故该“九十日”期限系不变期间，受除斥期间的限制。如异议股东超出上述期限提起股权回购诉讼，应驳回起诉。但是，在某些情况下，比如异议股东并未收到股东会通知，导致未参加股东会，也不知道存在相应的股东会决议，无法依据对股东会决议投反对票要求公司进行股权回购，那么该“九十日”的期限应自异议股东知道股东会决议之日起计算，这也是保护实质正义的正常路径。

本案中，在自动控制公司作出延长经营期限的股东会决议后，侯某功向自动控制公司发出了要求该公司回购其股权的书面通知，但自动控制公司未予回购。侯某功在股东会决议通过之日起的九十日内向法院提起了股权回购的诉讼，法院应予受理。

三、关于股权回购“合理价格”的确定

《中华人民共和国公司法》第七十四条仅是原则性地规定了“按照合理价格收购其股权”，并没有对“合理价格”的确定标准作出具体的规定。从文义解释看，“合理”一词显然要求考虑某一股权的实际情况。有观点认为，如果公司章程没有相关的规定，应以股份的市场价格确定补偿金的数额。但是，公司股权的价值受多种因素的影响，股份市场价格并非一成不变，还往往包含对未来收益的预估值，且封闭公司也不存在公开的交易市场，市场价格也很难确定，即使是公众公司，公开市场的价格偏离股份价值也是经济生活的常态。我们认为，如异议股东与公司自行协商不成时，应由双方均认可的有资质的中介机构对当时的资产负债情况进行审计、评估或估值后出具的报告载明的净资产值为参考，在此基础上由双方协商。如双方还协商不成，法院按照“净资产值/股权数”认定公司回购股权的价格。但是，采取该方法的前提应是财务资料持有方（一般为公司）能提供完整的财务账册。事实上，在能对股权价值进行评估的情况下，法院依据专业评估机构的评估结果判断股权的现有价值最稳妥，亦最能体现股权的真正价值，但股权价值的评估判断依赖于财务账册对资产、负债等的记载以及增值因素的考虑，如账册持有人拒不提供财务账册，或异议股东无法提供全面的财务资料以供中介机构对股权价值进行专业评估，基于法院不得拒绝裁判的原则，法院应在考虑其他证据的基础上酌情认定公司的净资产值，从而继续按照“净资产值/股权数”的方式确定股权回购价格。

本案中，自动控制公司作为财务账册持有方，拒不提供财务账册，导致法院无法通过审计评估的方式确定自动控制公司的净资产值，但通过自动控制公司 2008 年 12 月 1 日的资产负债表以及拆迁补偿协议，还是基本能看出自动控制公司的资产情况，此时法院可适当发挥自由裁量权综合认定净资产值，从而确定回购价格。

编写人：江苏省无锡市中级人民法院　蔡利娜　王俊梅　叶涛

054 异议股东股份收购请求权的条件认定

——工贸公司诉餐饮公司股份收购请求权案

【案件基本信息】

1. 裁判书字号

上海市第二中级人民法院（2010）沪二中民四（商）终字第1406号民事裁定书

2. 案由：股份收购请求权纠纷

3. 当事人

原告（被上诉人）：工贸公司

被告（上诉人）：餐饮公司

【基本案情】

被告于2001年11月23日设立，注册资本为50万元，工商登记股东为工贸公司、原告，持股比例分别为60%及40%。2002年5月15日，工贸公司将持有的被告60%股权作价30万元转让给刘某，并办理了工商变更登记。2003年6月7日，刘某昌（第三人）、刘某签订股权转让协议约定，刘某将其所持有的被告60%股权作价28.5万元转让给第三人，根据被告章程的规定，原告、第三人股权比例为40%、60%。被告的工商登记材料证明被告的股权比例为原告40%、第三人60%。

根据被告资产负债表显示，2003年12月31日，被告的未分配利润3789.60元，负债及所有者权益总计1258295.85元；2004年12月31日，被告的未分配利润114974.27元，负债及所有者权益总计 885708.02 元；2005 年 12 月 31 日，被告的未分配利润 128106.52 元，负债及所有者权益总计 1039011.28 元；2006 年 12 月 31 日，被告的未分配利润 167625.23 元，负债及所有者权益总计 908435.47 元；2007 年 12 月 31 日，被告的未分配利润 241257.95 元，负债及所有者权益总计 1552625.56 元；2008 年 12 月 31 日，被告的未分配利润 299701.30 元，负债及所有者权益总计 4864053.21 元；2009 年 12 月 31 日，被告的未分配利润 352902.43 元，负债及所有者权益总计 1205097.85 元。2009 年 8 月 6 日，原告就公司利润分配等其他重大事项，函请被告、第三人召开股东会，被告、第三人未召开股东会。2009 年 11 月，因被告经营地址改建，被告与房屋出租方签订退租补偿协议。被告拒绝提供退租补偿协议。审理中，被告、第三人明确表示不召开股东会，不与原告商量股权收购事宜。

另查，2009 年 5 月，王某良、张某艳分别对原告提起诉讼称，2003 年 10 月 27 日，王某良、张某艳与原告签订股权转让协议约定，原告将其所持有的被告 18%及 20%股权分别转让给王某良、张艳艳，故要求法院确认被告 18%及 20%股权分别归王某良、张某艳所有。法院在审理中，应王某良、张某艳申请，对两份股权转让协议上的原告公章（印文）真伪进行司法鉴定。2009 年 12 月 8 日，司法鉴定机构认为，检材印文与样本印文大小不同，但考虑到检材与样本印文形成的时间差（检材印文后形成一年半多），在缺少相近时间样本印文的情况下，故难以作出明确的鉴定意见。2010 年 5 月 14 日，王某良、张某艳分别申请撤诉，法院准许撤诉。

原告诉称，原告系被告的原始股东，占43%股权。2003年6月，被告的原股东刘某将被告57%股权转让给第三人。自此，第三人为法定代表人，一直以种种理由拒绝原告参与餐饮公司管理，隐瞒营业收入，拒不提供财务报表，并以亏损为名不分配利润。原告多次要求被告、第三人召开股东会、董事会，被告均不予理睬。2009年年底，酒店因静安寺整体改造、扩建而退租，被告与出租人签订退租补偿协议，被告共获19000000元补偿款，并已领取了几百万元。2009年12月30日的净资产约为85万元，有盈余可供分配。故请求判令被告收购原告43%的股权，支付原告股权转让款430万元（按被告当前净资产1000万元计算）；第三人对被告的付款承担连带责任；诉讼费、保全费由被告、第三人承担。

被告辩称，2003年10月，原告与案外人签订股权转让协议，原告已经转让了股权，不再是被告的股东，被告仅未办理工商变更登记手续；原告提供的资产负债表不能真实反映被告真实财产状况，原告没有证据证明被告的净资产为1000万元，故原告的诉讼请求应该予以驳回。

第三人述称，原告要求其对被告的付款承担连带责任缺乏法律依据。其他意见同被告的答辩意见。

【案件焦点】

1. 原告的股东资格以及股权比例如何确定；2. 被告收购原告股权的条件是否成就；3. 原告股权收购的价格如何确定。

【法院裁判要旨】

上海市静安区人民法院经审理认为：

第一，关于原告的股东资格和股权比例：被告主张的案外人王某良、张某艳与原告的股权转让协议中，约定的股权转让的比例与原告实际持有的比例有所不同；且上述案外人要求法院确认股东之诉，以撤诉告终。原告持有被告的40%股权，经工商登记，具有法律公示效力，故被告的辩称，缺乏事实与法律依据，不予采信。

第二，关于被告是否具备收购原告股权的条件：根据被告资产负债表显示，2003 年 12 月至 2009 年 12 月，每年均有未分配利润，具备分配利润的条件；此间，被告未召开股东会，也未分配利润。2009 年 8 月 6 日，原告要求召开股东会，讨论公司利润分配等重大事项，被告也未予召开。按照法律有关规定，公司连续五年不向股东分配利润，而公司该五年连续盈利，并且符合法律规定的分配利润条件的，对股东会该项决议投反对票的股东可以请求公司按照合理的价格收购其股权。但是本案被告只有两名股东，其中第三人作为公司控制股东，在本案审理中明确表示不同意召开股东会，不同意与原告协商利润分配和股权公司回购问题，使得股东会是否召开已无实际意义，故本院认为原告已经具备要求被告收购原告股权的条件 。

第三，关于原告的股权收购的价格：审理中，本院提请上海市高级人民法院指定的会计师事务所对被告的相关会计账簿等进行审计，被告有提供会计账簿和退租补偿协议的义务，但被告无正当理由仍拒不提供完整的会计账簿和退租补偿协议，致使审计、评估被告资产的目的无法实现，被告应对此承担不利的后果；且原告主张的会计账簿和退租补偿协议等证据的内容不利于被告，可以推定原告主张的被告当前净资产 1000 万元的事实成立，即原告股权价值为 400 万元。

第四，关于其他事项。1. 第三人为被告的控制股东、法定代表人，并无收购原告股权的意思表示，法律上也无收购原告股权的规定，故原告要求第三人对被告的付款承担连带责任，不予采信。2. 被告收购原告股权，应按法律规定，办理工商变更登记。一审法院依照《中华人民共和国公司法》第七十五条第一款第一项和《最高人民法院关于民事诉讼证据的若干规定》第二条、第七十五条的规定，判决如下：

一、原告工贸公司持有的被告餐饮公司的40%股权由被告餐饮公司收购；

二、被告餐饮公司应在本判决生效之日起十日内支付原告工贸公司股权收购款人民币400万元；

三、原告工贸公司其余诉讼请求，不予支持。

被告不服一审判决，提起上诉，后撤回上诉。上海市第二中级人民法院依照《中华人民共和国民事诉讼法》第十三条、第一百五十六条之规定，裁定如下：

准许上诉人撤回上诉，各方当事人按原审判决执行。

【法官后语】

公司法赋予股东请求公司收购其股权的权利，如何认定公司回购股权的条件成就，关系到小股东权益保障和公司稳定运作，是案件的审理焦点。本案法官将异议股东股份回购请求权的法律要件与具体案情结合分析，巧妙化解大股东和公司的种种障碍，依法保护了小股东权利。

股东请求公司回购股权的条件是否成熟是本案审理的焦点之一。本案被告公司股东仅两人，其中第三人作为公司控制股东，在本案审理中已明确表示不同意召开股东会，也不同意与原告协商利润分配和公司回购股权的方案，即便公司不分配利润的行为未经股东会决议的程序，但实质上已经可以说明公司不分配利润的态度，股东会的召开也仅是形式。而被告的资产负债表也已说明被告公司连续五年盈利的事实。另外，本案被告及第三人在反对原告异议股东主张时，并未提供相应证据予以支持，应承担举证不能的不利后果。在大股东和被告公司不合作的情况下，虽未实际召开股东会，但已经满足“连续五年不分配利润”和“连续五年盈利”的回购条件，法官以此认定股东要求被告公司收购其股权的条件已经成立。

异议股东股份收购请求权条款的立法初衷在于兼顾资本多数决机制下大股东与小股东的利益平衡。召开股东会以及起诉时间的程序规定，其本意是督促小股东及时行使权利，防止公司经营长时间处于未决状态，为协商解决问题和维护公司稳定提供机会，应视为一种除斥期间。此外，股东请求收购权是小股东权益的最后救济措施，且多在协商不成的情况下才诉诸法院，股东会的召开也不是小股东可以决定和控制的，因此，法院对回购条件的审查应着重在实质上的条件成立，并不能局限于法条的字面含义。本案中控股股东的明示不分配利润行为使得股东会是否召开已无实际意义，股东回购请求符合法律规定。

《中华人民共和国公司法》并未对确定收购股权价格作出规定，从立法原则和行为性质来看，股权价格的确定应由异议股东和目标公司先行协商确定，然审判实践中大多无法协商的情况则多需借助资产评估程序。本案审理中提请上海市高级人民法院指定的会计师事务所对被告的相关会计账簿等进行审计，被告有提供会计账簿和退租补偿协议的义务。但经本院多次释明，被告无正当理由仍拒不提供完整的会计账簿和退租补偿协议，致使审计、评估被告资产的目的无法实现，被告应对此承担不利的后果。另外，原告主张的会计账簿和退租补偿协议等证据的内容不利于被告，法院由此推定原告主张的被告当前净资产1000万元的事实成立，即原告股权价值为400万元，从而确定收购价格。

异议股东股份收购制度是公司法对异议股东利益的矫正性保护机制，使中小股东获得合理而公平的补偿。但当相对弱势的中小股东提出回购请求时，大股东可能利用其强势地位消极、怠于履行。此时，应从公司实际盈利、股东会召开情况等认定股权回购的实体及程序要件是否成就，以保护中小股东合法权益，兼顾资本多数决机制下大股东与小股东的利益平衡。

编写人：上海市静安区人民法院　张志良　皮妍蓉

七、股权转让纠纷

055 “零元”价格处分股份并不必然是赠与

——张1诉张2、王1股权转让案

【案件基本信息】

1. 裁判书字号

河北省石家庄市裕华区人民法院（2020）冀0108民初3925号民事判决书

2. 案由：股权转让纠纷

3. 当事人

原告：张1

被告：张2、王1

【基本案情】

原告张1系商贸公司的原股东，被告王1与被告张2系夫妻。原告与二被告就商贸公司的转让事宜多次协商，2019年3月21日，被告王1与原告签订了《收购协议》，协议约定收购款共计18万元，2019年3月21日支付定金10万元，剩余部分于2019年9月30日前付清。原告有义务协助被告王1办理相关手续。另约定2019年3月21日至付清尾款之前的销售额及顾客2019年3月21日前所配机器应付补交费用（不受取机器日期限制）归原告张1所有。协议签订当日，被告王1通过银行转账向原告支付转让款10万元整。

2019年3月25日，原告与被告王1就股权转让事宜补充签订了《公司转让合同》，双方就剩余8万元股权转让款的支付方式进行了补充约定。被告王1于同日出具《欠条》，明确写明欠原告8万元，承诺自2019年10月31日起利息按照年利率的10%计算，且原告因追债产生的律师费、诉讼费、仲裁费、交通费、误工费等费用或其他损失由被告王1承担。从该日起商贸公司实际由两被告经营管理。2019年4月3日，原告依约配合被告完成了股权变更登记。

截至2019年10月30日，两被告未按照协议的约定向原告支付剩余的股权转让款8万元。《收购协议》中约定的应属于原告的机器补交费用1万元已由被告收取，也未依约返还给原告。另外，被告应向原告返还的房屋租金押金8832元也未予以支付。上述款项经原告多次催要，被告均以各种理由推辞。为维护自身的合法权益，原告特起诉至法院。

【案件焦点】

1. 如何确认零元处分股权的性质是赠与还是转让；2. 以夫妻一方名义所负债务的责任承担问题。

【法院裁判要旨】

河北省石家庄市裕华区人民法院经审理认为：2019年3月21日、25日分别签订的《收购协议》《公司转让合同》及《欠条》，系原告张1与被告王1的真实意思表示，不违反法律、行政法规的强制性规定，合法有效。关于8万元股权转让款及利息的问题。原告张1称，双方约定以零元转让公司股权的《股权转让协议》及

《股东决定》，系双方为办理股权转让登记而签订，并非双方真实意思表示。根据原、被告提交的《收购协议》《公司转让合同》《欠条》以及被告王 1 向原告支付的 10 万元转让定金和原、被告之间的通话录音内容等证据，可以证实原告张 1 与被告王 1 系以 18 万元转让的公司股权。因被告王 1 已经向原告张 1 支付了 10 万元，故还应向原告张 1 支付剩余转让款 8 万元。对于利息问题，因被告王 1 向原告张 1 出具的欠条中约定，利息自 2019 年 10 月 31 日起按照年利率 10%计算，该约定不违反法律规定。

关于被告张 2 是否应当承担责任的问题。首先，根据商贸公司的企业信用信息公示报告显示，2019 年 4 月 3 日商贸公司的高级管理人员变更为张 2。其次，根据原告张 1 提交的电话录音可知，被告张 2 与原告多次就收购商贸公司后续工作进行协商讨论。最后，根据《最高人民法院关于审理涉及夫妻债务纠纷案件适用法律有关问题的解释》第三条的规定，夫妻双方共同签字或者夫妻一方事后追认等共同意思表示所负的债务，应当认定为夫妻共同债务。根据本案证据可知，被告张 2 对被告王 1 收购商贸公司的事实清楚并进行参与，属于法律规定应当认定为夫妻共同债务的情形。综上，被告张 2 应对本案债务承担偿还责任。

综上所述，河北省石家庄市裕华区人民法院依照《中华人民共和国合同法》第七条、第八条、第六十条，《中华人民共和国民事诉讼法》第六十四条，《最高人民法院关于审理涉及夫妻债务纠纷案件适用法律有关问题的解释》第三条，《最高人民法院关于审理民间借贷案件适用法律若干问题的规定》第二十六条的规定，判决如下：

被告王 1、被告张 2 于本判决生效后十日内共同向原告张 1 支付股权转让款 8 万元及利息（利息计算为，以 8 万元为基数，自 2019

年10月31日起至清偿之日止，按年利率10%计算）。

判决后，双方当事人均未上诉，本判决现已生效。

【法官后语】

股权自由转让制度，是现代公司制度的基本精神。但实践中，过度的“自由”恰恰预示着更高的法律风险。特别是处于创业期的企业，因为法律风险防控意识不强，股东在处分股份时，出于自觉或不自觉的原因，通过签署《股权转让协议》的方式明确约定了股权交易的价格为“零元”，但又并未明确表示该等股权处分的性质是转让还是赠与，这就给事后法律纠纷留下了隐患，可能损害交易各方的合法利益。

通常来说，这类案件具备如下几个特征：（1）双方签署有形式上具有“转让”特征的协议，如协议名称即为“股权转让协议”，协议通篇语义表达为“转让”；（2）协议约定的“转让价”为零元，这就使协议具有了“赠与”的表面特征；（3）该等股权未完成工商变更登记，双方在股权是否“实际交付”问题上各执一词。本案中，原告张1出具的两份《股东决定》载明，股东张1将所持有的占公司100%的股权（认缴500万元，实缴零元），以零元人民币的价格无偿转让给王1，并委托公司员工王1办理公司变更手续。商贸公司在决定上盖章，王1、张1签字。同日，双方签订商贸公司《股权转让协议》，约定内容同上，张1、王1在该协议上签字。表面上具有赠与意思表示。但根据原、被告提交的《收购协议》《公司转让合同》《欠条》，以及被告王1向原告支付的10万元转让定金和原、被告之间的通话录音内容等证据，可以证实原告张1与被告王1系以18万元转让的公司股权。并且双方对工商登记变更事项不存在争议，即张1与王1之间零元交易股权并非赠与而是买卖转让。

所以“零元”价格处分股份并不必然是赠与。股权对价的表现形式多种多样，货币现金仅仅是股权对价的一种表现形式。另外，“零元”价格受让标的股权的收益未必为正，也可能是负收益。因股权的权利与义务的集合性、风险的不确定性等因素，所以并不能仅凭股权转让的对价为“零元”来推测其赠与性质。

随着时代的发展，夫妻共同债务的认定愈显重要，特别是对以夫妻一方名义对外举债的债务性质的认定。从意思自治的角度看，夫妻一方以个人名义与债权人形成约定之债时，债权人信赖的是举债方的信用和偿还能力，他所依赖的是借贷方的隐性担保即举债方的个人全部财产。但在我国一般将夫妻一方以个人名义所负债务认定为夫妻共同债务，夫妻双方对该类债务承担连带清偿责任，即不仅要求用举债方的个人全部财产清偿，而且还要求用举债方配偶的全部财产清偿。《最高人民法院关于适用〈中华人民共和国婚姻法〉若干问题的解释（二）》第二十四条让夫妻之间非举债方承担连带责任的规定，实际上将债务的担保延伸到举债方的配偶的个人财产上，对债权人的债权给予了充分的保护。

本案中涉及的合同或协议均以夫妻中一方名义即王1一人名义签订，如《收购协议》《公司转让合同》《欠条》《股东决定》等，关于被告张2是否应当承担责任的问题，首先应明确此项债务是否为夫妻共同债务。所谓夫妻共同债务，通常是指在婚姻关系存续期间，夫妻一方或者双方为维持共同生活需要，或出于共同生活目的而从事经营活动所引起的债务。即主要是夫妻在婚姻关系存续期间为解决共同生活所需的衣、食、住、行等活动以及共同生产、经营过程中所负的债务。判断是否属于夫妻共同债务，一看夫妻有无共同举债的合意。如果夫妻有共同举债的合意，则不论该债务所带来的利益是否为夫妻共享，该债务均应视为共同债务。二看夫妻是否分享了债务带来的利益。尽管夫妻双方事先或事后均没有共同举债的合意，但该债务发生后，夫妻双方共同分享了该债务所带来的利益，则同样应视其为共同债务。根据商贸公司的企业信用信息公示报告显示，2019 年 4 月 3 日商贸公司的高级管理人员变更为张 2，被告张 2 也多次就收购商贸公司后续工作与原告进行协商讨论。可以看出被告张 2 对被告王 1 收购商贸公司的事实清楚并进行参与，属于法律规定应当认定为夫妻共同债务的情形。

编写人：河北省石家庄市裕华区人民法院　高云

056　显名股东依据代持股协议履行权利受法律保护

——谢 1、温 1 诉钟甲、赖 1 股权转让案

【案件基本信息】

1. 裁判书字号

广西壮族自治区崇左市扶绥县人民法院（2020）桂 1421 民初 1261 号民事判决书

2. 案由：股权转让纠纷

3. 当事人

原告：谢 1、温 1

被告：钟甲、赖 1

第三人：曾 1、钟乙、许 1、石灰岩矿

【基本案情】

2014 年 5 月 9 日，D 建材召开股东会，出席人员为该公司全体股东（谢 1、温 1、杨 1、曾 1、许 1、东滕投资、钟甲），会议内容：1. D 建材采取认缴 100 万元方式注册成立石灰岩矿（性质：个人独资）。2. 将石灰岩矿的 100%股权交由自然人赖 1 代为持有，同时聘请赖 1 担任拟成立的石灰岩矿（个人独资）的法人代表。3. 由 D 建材同赖 1 签订代持股协议。4. 东腾建材的股权结构为创始股东许 1 占 20%、曾 1 占 19%、谢 1 占 18%、杨 1 占 16%、温 1 占 16%，新进股东钟甲占 6%、钟乙占 5%。于 2015 年 9 月 16 日召开关于石灰岩矿股权问题会议，并通过以下决议：1. 石灰岩矿股东股权比例为谢 1 占 22%、温 1 占 19%、曾 1 占 7%、钟甲占 14%、钟乙占 19%、许 1 占 19%（其中赖 1 作为法人持有该股份 2%的干股）。2. 由许 1 授权曾 1 代持，两人股权合计 26%，温 1 授权谢 1 代持，两人股权合计 41%，钟甲授权钟乙代持，两人股权合计 33%，由谢 1、曾 1、钟乙行使公司管理权和运营的相关文件，委托人钟甲、温 1、许 1 均认可，但委托人钟甲、温 1、许 1 有知情权。3. 石灰岩矿由 D 建材全资控股，由曾 1 作为董事长。但决策权必须经曾 1、钟乙、谢 1 三人一致同意，方可生效，即一票否决制。4. 钟甲同时为石灰岩矿法人赖 1 的授权代表，参加会议，具有法律效力。会议制作了会议纪要，参会人员（曾 1、钟甲、谢 1、钟乙、温 1、许 1、赖 1）均在会议纪要上签字确认。2014 年 5 月 21 日重新注册成立石灰岩矿。营业执照注明投资人是赖 1，属个人独资企业。2015 年 11 月 6 日，赖 1 与钟甲签订《石灰岩矿股权转让协议》，将所持有石灰岩矿 100%的股权全部转让给钟甲，企业注册登记投资人于 2015 年 11 月 26 日变更为钟甲。

【案件焦点】

谢1、温1是否有权行使撤销权，撤销由第三人许1代理赖1与其于2015年11月6日签订的《石灰岩矿股权转让协议》。

【法院裁判要旨】

广西壮族自治区崇左市扶绥县人民法院经审理认为：根据《中华人民共和国个人独资企业法》第八条、第十七条的规定，“设立个人独资企业应当具备下列条件：（一）投资人为一个自然人……”“个人独资企业投资人对本企业的财产依法享有所有权，其有关权利可以依法进行转让或继承”。在本案赖1签订转让协议前，石灰岩矿工商登记的投资人为赖1。赖1作为石灰岩矿工商登记的投资人，授权许1与钟甲签订关于《石灰岩矿股权转让协议》，将所持有石灰岩矿股权全部转让给钟甲，企业注册投资人已变更为钟甲，故谢1、温1主张赖1无权处分股权转让没有法律依据。对于谢1、温1主张赖1对石灰岩矿股权是对外代持人，无权处分转让行为，《中华人民共和国合同法》第四十八条规定：“行为人没有代理权、超越代理权或者代理权终止后以被代理人名义订立的合同，未经被代理人追认，对被代理人不发生效力，由行为人承担责任。相对人可以催告被代理人在一个月内予以追认。被代理人未作表示的，视为拒绝追认。合同被追认之前，善意相对人有撤销的权利。撤销应当以通知的方式作出。”从《代持股协议书》看出，该持股协议书是D建材与赖1所签订，赖1并非代谢1、温1持有股份，D建材是依法登记成立的有限责任公司，具有独立法人资格，谢1、温1无权行使撤销的权利。

综上，广西壮族自治区崇左市扶绥县人民法院依照《中华人民共和国个人独资企业法》第八条、第十七条和《中华人民共和国合同法》第八条、第四十八条的规定，判决如下：

驳回谢1、温1的诉讼请求。

判决后，双方当事人均未上诉，本判决现已生效。

【法官后语】

随着市场经济向纵深发展，法律关系也在发生着深刻变革。正如善意取得制度对绝对物权的否定而保护交易人一样，市场经济的发展程度导致了对交易价值的保护程度不断加深。这点在代持股方面体现得尤为明显，投资者作为公司的实际出资人，可能因为种种原因而不愿意让外界知晓其投资的事实，通过代持股协议让受托人就投资的股份进行持有，这种以受托人名义持股的现象在当前的市场环境下十分常见。但是代持股过程中因为实际投资人是隐名的，导致在股东资格的认定、股东的出资责任、对于债权人的责任等方面问题频发，往往是利益主导时投资人和名义股东争当实际股东，责任主导时两方都拒当股东。这些都是司法实践中的疑难问题。

本案纠纷涉及显名股东和实际出资人关系。显名股东和实际出资人因代持股协议而产生权利义务，显名股东和实际出资人是协议的主体，两者是合同关系。也可以认为两者是委托关系，实际出资人委托显名股东持有股份，显名股份根据代持股协议来完成报告义务或管理公司的义务。显名股东进行商业活动时则属于隐名代理，为实际出资人的利益，以自己的名义对外从事相关的管理或其他活动。

代持股行为属于私法领域，当事人的意思自治极为重要。实际出资人通过代持股协议约束显名股东的行为，显名股东和实际出资人的权利义务主要就是通过代持股协议来约定。但是在外部对于公司以及公司的债权人则应当以显名股东来履行相关的责任，显名股东在承担责任之后，若代持股协议有约定的则按照代持股协议的约定执行，若协议没有约定则要向实际出资人追偿。若实际出资人或显名股东违反协议，如显名股东随意处分股份等，违约方应当承担赔偿损失、承担违约金的责任。本案中，从《代持股协议书》可以看出，该持股协议书是D建材与赖1所签订，赖1并非代谢1、温1持有股份，D建材是依法登记成立的有限责任公司，具有独立法人资格，谢1、温1无权行使撤销的权利。赖1作为石灰岩矿工商登记的投资人，根据法律的规定，个人独资企业投资人对本企业的财产依法享有所有权，其有关权利可以依法进行转让或继承。赖1将所持有石灰岩矿股权全部转让给钟甲的行为合法有效。

编写人：广西壮族自治区崇左市扶绥县人民法院　黄全红

057　为目标公司上市而虚增经营业绩的“对赌协议”应为无效

——翁1诉王1、王2股权转让案

【案件基本信息】

1. 裁判书字号

北京市海淀区人民法院（2018）京0108民初16427号民事判决书

2. 案由：股权转让纠纷

3. 当事人

原告：翁1

被告：王1、王2

【基本案情】

2016年6月30日，翁1（甲方）与乙方（王1、王2）、丙方（马1、王3）共同签订了《股权转让协议》，约定王1、王2将其合计持有的商贸公司100%股权转让给翁1，翁1支付的对价为5000万元。同时乙方保证，科技公司通过与商贸公司的合作将获得专属于科技公司的利润如下：（1）2016年会计年度净利润达到5000万元；（2）2017年会计年度净利润达到7500万元；（3）2018年会计年度净利润达到1.1亿元。2016年度商贸公司给科技公司带来的净利润未达到乙方承诺的条件。翁1认为，王1、王2应当依约回购商贸公司的股权。

王1、王2认为，双方签订的《股权转让协议》无效，翁1要求支付转让款无事实和法律依据。2016年2月，科技公司持股比例最大的股东周1之子周2、唐1与王1协商一致，拟将科技公司在新三板挂牌上市，为满足挂牌所需“企业具有持续经营能力”的条件，采取受让王1持有的商贸公司股权的方式，以股权转让款的名义将资金汇入王1的账户。王1累计通过经销商账户向科技公司汇款4996万元。之后，因翁1未再向王1汇款，王1不再向科技公司汇款，科技公司终止申报新三板挂牌。

为此，王1提交其与科技公司王3的微信聊天记录，该记录显示在2016年8月至2017年2月，王3曾多次与王1沟通，告知其每月打款任务（月均600万元至700万元）及由20家至25家公司构成，每家 20 万元至 40 万元即可。此外，王 1 提交加盖有科技公司财务专用章的《K2 服务费收入表》，该表显示从 2016 年 5 月至 2017 年 2 月，科技公司从多家公司及个人处收款共计 4996 万元。该表格显示科技公司每月收款客户在 15 家至 25 家。翁 1 称该表格上的款项对应有真实的基础贸易，但并未提交证据予以证明。

【案件焦点】

1. “对赌协议”设立目的是否为合法投资行为抑或隐匿包含有虚假意思表示的民事行为；2.《股权转让协议》中“对赌”条款的效力认定审查标准应如何确定。

【法院裁判要旨】

北京市海淀区人民法院经审理认为：结合翁 1 自认系受周 1 委托与王 1、王 2 签订《股权转让协议》，以及王 1 与科技公司法定代表人王 3 的微信聊天记录可知，在翁 1 无法提交案外经销商与科技公司存在真实交易的情况下，王 1 存在与科技公司相关人员合谋，在没有真实交易的情况下，通过案外经销商向科技公司汇款，虚增科技公司业绩的行为。北京市第一中级人民法院（2019）京 01 民终 4391 号民事判决书中亦认为该案中所涉的 750 万元并非借款，该笔款项与王 1 的抗辩意见，即其收到的 750 万元是为了科技公司达到在新三板挂牌上市所需的利润数额，由唐 1、周 2 等人预设每月利润数额，再由王 1 负责寻找经营商与科技公司签订信息服务协议，进而实现预设利润的抗辩意见高度相符。可见，王 1、王 2 与翁 1 虽通过签署《股权转让协议》，从形式上完成了对商贸公司股权转让的交易，但签署《股权转让协议》的真实目的并非股权转让，而系通过此种交易模式将周1所持有的资金由王1通过案外经销商最终汇入科技公司账户，以此虚增业绩，进而获得新三板挂牌的可能。此种行为不仅违反了新三板挂牌的相应规则，同时依照《中华人民共和国会计法》第二十六条第四项之规定，公司、企业进行会计核算不得随意调整利润的计算、分配方法，编造虚假利润或者隐瞒利润，故前述行为亦违反现行法律规定。虽然科技公司最终并未在新三板挂牌，但并不能据此否定此种交易模式所掩盖的非法目的。据此，《股权转让协议》中约定的翁1与王1、王2之间权利义务的条款应为无效。

结合《K2服务费收入表》载明的收款情况，王1已将其收到的4996万元款项汇至科技公司，基于周1在科技公司所处第一大股东的身份及委托翁1代其签订本案《股权转让协议》的事实，王1、王2无须向翁1返还该4996万元。对于剩余的4万元，王1虽称经销商扣除10%的税款后以信息服务费的名义向科技公司汇款，但依照其所提交的相关汇款单据，无法体现出10%的税款，故王1、王2应将该4万元向翁1返还。同时，翁1应将其持有的商贸公司股权向王1、王2返还。综上，一审法院判决如下：

一、翁1与王1、王2、马1、王3于2016年6月30日签订的《股权转让协议》中有关翁1与王1、王2之间权利义务的约定条款无效；

二、王1、王2于本判决生效之日起十日内返还翁1 4万元；

三、翁1于本判决生效之日起十日内将其持有的商贸公司股权向王1、王2返还（将持有的出资4500万元返还王1、将持有的出资500万元返还王2）；

四、驳回原告翁1的其他诉讼请求。

判决后，双方当事人均未上诉，本判决现已生效。

【法官后语】

本案单纯从双方签订的《股权转让协议》内容来看，双方对于转让方承诺的案外公司业绩及回购条件作出约定。从表面证据而言，回购条件作为双方约定事项，当事人应当按照约定内容履行各自权利义务。但基于本案查明事实，回购约定并非单纯的业绩承诺，通过协议隐含规避了上市交易所对于拟上市挂牌企业的既往业绩要求，进而对投资者产生误导。那么，针对该类合同，在实践中应当如何认定合同性质，成为审判工作的难点问题。

一、“对赌协议”的性质认定

所谓“对赌协议”，实践中又称估值调整协议，是指投资方与融资方在达成股权性融资协议时，为解决交易双方对目标公司未来发展的不确定性、信息不对称以及代理成本而设计的包含股权回购、金钱补偿等对未来目标公司的估值进行调整的协议。对于该类协议的效力判断，《最高人民法院全国法院民商事审判工作会议纪要》（以下简称《九民纪要》）明确规定，对于投资方与目标公司的股东或者实际控制人订立的“对赌协议”，如无其他无效事由，认定有效并支持实际履行，实践中并无争议。可见，通常情况下，该类合同效力并不存在异议。但应当注意到，《九民纪要》同时强调，人民法院应当针对“对赌协议”是否存在其他无效事由予以审查。

二、虚假意思表示行为的效力认定

《中华人民共和国民法典》第一百四十六条规定针对通谋虚伪行为的法律效力作出了规定。可见，该行为的认定标准把握，对当下该类案件的审判具有重要借鉴意义。实践中，行为人与相对人通谋以虚假的意思表示实施的民事法律行为，该行为意在以假意掩盖真意。该种虚假意思表示通常包含两个行为：一是伪装行为，即行为人和相对人通谋表示虚假意思的行为；二是隐藏行为，即被伪装行为所掩盖的，代表行为人和相对人真实意思表示的行为。

笔者认为，规避上市交易所上市规则的虚假意思表示行为应认定为无效。就本案而言，在翁1无法提交案外经销商与科技公司存在真实交易的情况下，王1存在与科技公司相关人员合谋，在没有真实交易的情况下，通过案外经销商向科技公司汇款，虚增科技公司业绩的行为。北京市第一中级人民法院相关判决中亦认为双方所涉其他诉讼中涉及的款项，与王1的抗辩意见，即由其负责寻找经销商与科技公司签订信息服务协议，进而实现预设利润的抗辩意见高度相符。可以看出，王1、王2与翁1虽通过签署《股权转让协议》，从形式上完成了对商贸公司股权转让的交易。但签署《股权转让协议》的真实目的并非股权转让，而系通过此种交易模式将周1所持有的资金由王1通过案外经销商最终汇入科技公司账户，以此虚增业绩，进而获得新三板挂牌的可能。此种行为不仅违反了新三板挂牌的相应规则，同时也违背了《中华人民共和国会计法》第二十六条第四项规定，即公司、企业进行会计核算不得随意调整利润的计算、分配方法，编造虚假利润或者隐瞒利润，故前述行为亦违反现行法律规定。一旦企业上市成功，不仅会对投资者产生误导，亦会严重影响资本市场交易秩序。虽然科技公司最终未能在新三板挂牌上市，但并不能据此否定此种交易模式所掩盖的非法目的。因《股权转让协议》中丙方已与乙方（即本案被告）在判决前调解，故《股权转让协议》中约定的翁1与王1、王2之间权利义务的条款应为无效。

编写人：北京市海淀区人民法院　宋硕

058 员工股权激励法律关系性质认定及离职补偿和股权回购问题

——陆某、某信息技术公司诉王某股权转让案

【案件基本信息】

1. 裁判书字号

北京市第三中级人民法院（2020）京03民终4781号民事裁定书

2. 案由：股权转让纠纷

3. 当事人

原告（被上诉人）：陆某、某信息技术公司

被告（上诉人）：王某

【基本案情】

某信息技术公司成立于2005年4月4日，公司成立时的类型为有限责任公司，后变更为股份有限公司（非上市）。公司成立时的注册资本为人民币300万元，后经多次增资变更为人民币675576000元。股东为上海某投资管理有限公司、陆某、王某等。

王某于2007年5月16日受让某信息技术公司0.10%的股权，此后由于某信息技术公司进行股份制改革及增资，王某所持有某信息技术公司的股份数量及持股比例也随之发生相应变化。2019年9月，某信息技术公司的总股本增加至675576000股，王某的持股比例变更为0.0309%。

2007年5月16日，陆某作为甲方与乙方王某签署《股权转让协议》，主要条款包括：甲方按照本协议约定的条件和条款向乙方

转让甲方所持有的某信息技术公司一定比例的股权，是某信息技术公司现时和将来实施的股权激励机制的一部分。乙方承诺，将遵守某信息技术公司现时和将来制订的股权激励计划（为避免歧义，股权激励计划的判断应基于其实质内容，而无论名称是不是股权激励计划），只要该等股权激励计划的全部或部分适用。协议就双方权利义务进行具体约定，同日，某信息技术公司全体股东签署了公司章程。章程的第三章记载，公司的注册资本为人民币300万元，其中股东王某的出资额为人民币3000元，持股比例为0.10%。

2014年5月16日，甲方（转让方）陆某、王某等15名自然人与乙方（受让方）昆山某公司、丙方某信息技术公司签订《股份转让协议》，其中王某转让50000股，转让份额为0.0079%，转让价款为人民币943396.23元。2014年5月23日，昆山某公司支付上述股权转让款。此后，王某出具《转让款收到确认》，确认收到转让款。

2014年7月，某信息技术公司制定《股权管理办法》，2014年7月29日，王某签字并确认已经阅读《股权管理办法》（2014年7月版），同意遵守该管理办法的规定。

同日，王某向某信息技术公司出具《承诺函》，约定：本人承诺，自本人收到款项之日起，若本人于本次股份转让完成之日起的一定时限内，无论因何种原因，与某信息技术公司（包括某信息技术公司现有的关联方以及未来某信息技术公司的任何关联方）解除劳动关系（包括不再建立新的劳动关系、雇佣关系终止），则本人将于雇佣关系终止之日起的十五日之内，以人民币的形式向某信息技术公司支付特殊补偿金。

2016年5月31日，某信息技术公司向王某发送《回购某信息技术公司股份的通知函》，主要内容为因王某已经于2016年5月19日与某信息技术公司终止劳动关系，因此要求王某根据2007年5月签署的《股权转让协议》，在2016年6月30日之前办理相关股权回购的转让手续。但双方最终未能达成一致意见。

庭审中，关于王某获得某信息技术公司0.10%的股权支付股权转让款情况，某信息技术公司、陆某称按照《股权转让协议》，当时王某仅支付了人民币3000元获得相应股权，完全低于市场价值。

2007年5月21日，某信息技术公司作为甲方与乙方王某签订《劳动合同》和《劳动合同补充协议》，2007年9月21日，王某入职我国香港特别行政区的某信息技术公司，2016年5月19日，王某与我国香港特别行政区的某信息技术公司解除劳动关系。各方认可王某与某信息技术公司解除劳动关系即为与某信息技术公司终止劳动关系。

现某信息技术公司、陆某向法院起诉请求：1. 王某支付激励股份转让的特殊补偿金人民币754716.98元；2. 王某支付延期支付特殊补偿金的利息损失（以人民币754716.98元为基数，按照中国人民银行1~3年期贷款利率年化4.75%的标准，自2016年6月4日起计算至实际给付之日止）；3. 王某以人民币1136172.84元的价格向陆某转让208905股某信息技术公司股份，并配合办理股份转让的工商变更手续；4. 诉讼费用由王某承担。

【案件焦点】

1. 案涉股权激励纠纷是否属于劳动争议；2. 王某是否应当向某

信息技术公司支付特殊补偿金，以及王某持有的信息技术公司股份回购价格如何确定。

【法院裁判要旨】

北京市朝阳区人民法院经审理认为：股权激励是一种通过让公司董事、监事、高级管理人员或普通员工持有公司股权，分享公司的剩余索取权，进而对其形成长效激励，并以此促进公司绩效的制度安排。由于被激励者通常具有劳动者和公司股东的双重身份，并且股权激励纠纷的产生往往与劳动关系的存续密切关联。因此，如何认定股权激励纠纷的法律性质直接决定了纠纷解决机制的选择和法律适用，是解决股权激励纠纷的首要问题。

关于争议焦点一，一审法院认为因股权激励产生的法律关系与劳动关系具有独立性，双方法律关系的主体、客体、权利义务内容，以及法律依据均不同。股权激励合同的主体是公司与被激励者，劳动关系的主体是用人单位和劳动者。股权激励关系中被激励者在劳动者的范围中一般是不确定的，通常是公司的董事、监事、高级管理人员或者关键员工，虽然二者主体存在重合的情形，但并不相同。本案中，虽然股权激励合同和劳动关系的双方均为某信息技术公司和王某，但是王某在两种法律关系中具有不同的主体身份。《股权转让协议》中明确表示实施股权激励的目的是“保留住对某信息技术公司的长远发展和营利性有关键性贡献的关键人士”“将乙方的利益和某信息技术公司股东的利益更好地联系起来，以培养某信息技术公司内部的所有者文化”。由此可知，某信息技术公司的股权激励并非面向全体劳动者，而是针对部分对某信息技术公司的发展能够做出特殊贡献的人士，这与王某担任某信息技术公司我国香港特别行政区

CEO（首席执行官）暨高级管理人员的身份相符合，其方式是通过将这些关键人士发展为公司的“所有者”即公司股东，即使我们认为高级管理人员也属于劳动者，但其已经不是严格意义上普通的劳动者，并且王某在获得股权激励之后将获得某信息技术公司的股东身份。不可否认，王某获得股权激励建立在其与某信息技术公司存在劳动关系的基础上，王某实现股权激励的利益也与王某的劳动关系存续密切相关，但两种法律关系的产生、消灭到王某因不同法律关系而具有的权利义务均存在差异，具有独立性。王某与某信息技术公司之间因股权激励合同产生的争议系民事合同纠纷，主要受到《中华人民共和国合同法》《中华人民共和国公司法》的调整。王某与某信息技术公司因为劳动合同的履行而发生的争议则属于劳动争议，应当受到《中华人民共和国劳动法》及《中华人民共和国劳动合同法》的调整。

关于争议焦点二，第一，《承诺函》及《股权管理办法》是王某和某信息技术公司的真实意思表示，不存在违反法律、行政法规的强制性规定的情形，合法有效，王某应当按照《承诺函》的约定以及《股权管理办法》的规定支付特殊补偿金。第二，王某持有的某信息技术公司 208905 股股份应当按照其所持有财产份额所对应的某信息技术公司经审计 2015 年年末净资产值为对价，转让给陆某，并应当配合办理股份转让的工商变更手续。

综上，一审法院判决如下：

一、被告王某于本判决生效之日起十日内向原告某信息技术公司给付特殊补偿金人民币 754716. 98 元；

二、被告王某于本判决生效之日起十日内向原告某信息技术公司给付延期给付特殊补偿金的利息（以人民币 754716. 98 元为基数，自2016年6月4日至2019年8月19日按照中国人民银行同期同类贷款利率计算，自2019年8月20日起至实际给付之日止按照同期全国银行间同业拆借中心公布的贷款市场报价利率计算)；

三、被告王某于本判决生效之日起十日内以人民币1136172.84元的价格向原告陆某转让208905股原告某信息技术公司的股份，并配合办理该股份转让的工商变更手续。

判决作出后，王某不服，向北京市第三中级人民法院提起上诉。二审期间，王某申请撤回上诉，二审法院对王某撤回上诉的申请予以准许。

【法官后语】

股权激励系以本公司股权为标的，对公司董事、高级管理人员及其他核心人员进行附带条件的激励，使管理层和核心岗位员工直接或间接成为公司股东，从而在大股东和职业经营团队之间建立起长期稳定的利益共享和风险共担机制，以达到发挥高级管理人员的工作积极性和创造性，留住核心人才，促进业绩提升等多重目的的一种现代公司治理制度。本案属于非上市公司股权激励的一种较为典型的模式。本案主要争议焦点为：(1)因股权激励纠纷产生的法律关系认定问题；(2)享受股权激励政策的员工离职产生的特殊补偿金及股权回购问题的认定。

一、涉案股权激励模式的法律性质认定

因股权激励纠纷的产生往往与劳动关系的存续以及工作业绩的达成等密切关联，被激励者亦通常具有劳动者和股东的双重身份。因此，该类纠纷的法律性质成为实践中首要的认定难点。笔者认为，对此问题应当结合股权激励模式的一般属性特点作出分析和认定。

（一）股权激励模式的一般属性分析

第一，从股权激励对象来看，享受股权激励的主体一般是与公司建立劳动关系或聘用关系的员工，通常为公司的董事、监事、高级管理人员、对公司整体业绩和持续发展有直接影响的核心业务人员和管理骨干，以及公司认为应当激励的其他员工。因此，股权激励的对象一般以存在劳动、雇佣关系为前提，但并非面向全体劳动者，人员范围的确定系公司人员管理自主权的体现，而是否参与股权激励及具体方案的设定亦体现了员工的自主自愿选择。

第二，从制度设置目的来看，一般情况下系维持与激励对象劳动关系稳定及提高激励对象工作积极性和能动性，促进公司业绩和提升公司价值。因此，在制度设计上，股权激励的行权条件往往与劳动关系的存续及特定工作业绩的达成存在紧密的关联，公司往往会需要配置相应的业绩考核体系和股权管理计划，这在一定程度上亦体现了用人单位的劳动管理。

第三，从股权激励方式来看，实践中，公司往往会根据实际情况选择不同层面的股权激励措施，包括股权实权激励、股权期权激励、限制条件性股权激励、隐名股权激励等，上述激励方式在员工是否享有完整的股东权利、行权条件内容设置、是否改变公司股权结构等方面存在一定差异，这直接影响了双方权利义务的法律性质更偏向于劳动关系属性，还是股权关系属性，抑或合同关系属性。

实践中对于股权激励纠纷的法律关系性质认定仍然存在不同的观点：一种观点认为因员工股权激励产生的经济性利益本质上属于提供劳动给予的对价，股权激励具体的实施、履行与双方劳动关系建立、履行、解除紧密相连，因此应当属于劳动争议而非合同纠纷，应经仲裁前置程序。① 另一种观点则认为股权激励纠纷不属于劳动争议，应当按照合同纠纷予以处理，本案一审判决即持此种观点。

笔者认为，股权激励纠纷在法律关系认定上的复杂性一方面来自司法裁判对于该问题尚未达成统一观点，另一方面来自股权激励模式在实践中的多种表现形式，单一路径不足以覆盖和解决复杂多样的实践类型。实际上，无论是在劳动关系还是股权关系中，都不应排除用人单位与劳动者在不违反法律或行政法规强制性规定的情况下，基于自愿协商通过签署协议设置股权激励的具体行权条件，对双方的权利义务关系作出处分。而判断与股权激励协议相关纠纷的性质，亦应根据具体请求事项的依据来源于劳动关系、股权关系，还是一般合同关系进行，即是基于劳动关系中对劳动相关权利的主张，还是在相关劳动合同履行情况及劳动关系的权利义务已经确定的情况下基于股权关系对相关权利的主张。

（二）案涉股权激励模式的法律性质

对于本案股权激励模式，王某的行权条件与劳动关系的存续紧密关联，但是某信息技术公司对王某进行股权激励并非由一个单一的法律行为完成，而是通过王某与陆某签署《股权转让协议》。王某向某信息技术公司出具《承诺函》以及签署《股权管理办法》作为一个合同组合，共同构成了王某与某信息技术公司之间因股权激励而产生的法律关系。

其一，在股权激励方式上，双方产生了实际的股权转让，王某

---

① 北京市第一中级人民法院裁判的一个案件中，用人单位在向劳动者发出的《入职通知书》中载明：在入职后享受集团针对企业核心高管所设计的长期持股计划，持有1.2%的公司股权/期权，具体的持股方式以及相关限制条件，将在公司整体持股计划完成后统一实施（时间应在三个月内确定）。

直接取得了某信息技术公司工商登记载明的股东资格，其一部分经济性收入直接与某信息技术公司的股权价值挂钩，该类经济性收入与一般的劳动报酬相比具有不确定性和附条件性，其与某信息技术公司之间的法律关系内容也随之超越传统的劳动关系，而具备了明显的股权关系属性。

其二，在诉讼标的内容上，某信息技术公司主张的特殊补偿金请求来源于王某自股权转让中获取的受让款，股权回购请求来源于王某的股东身份，均指向的是劳动关系解除后股权回购及收益分割的问题，而双方对于劳动关系解除本身均不存在争议。

其三，在双方的一般劳动关系范畴上，根据《劳动合同补充协议》，王某的经济性收入包括年薪（月薪）收入、年终奖、销售额提成、住房补贴、股票期权等，具有明显的类别及结构性划分。除股权外，其他直接指向劳动要素的给付对价，均未有证据显示双方就此存在争议。

因此笔者认为，虽然股权激励收益的获得及股权回购条件的成就，均以劳动关系的存续为前提，但是，劳动关系的建立并不意味着双方不可以存在其他法律关系，也不意味着劳动关系吸收了双方之间所有的法律关系。在未有证据显示双方在一般劳动关系属性相关权利义务存在争议，而主要诉争内容来源于股权关系的情况下，一审判决以民商事纠纷对本案作出处理，并适用《中华人民共和国民法典》《中华人民共和国公司法》作出认定，并无不妥。

二、员工离职后产生的特殊补偿金及股权回购问题的法律认定

王某签署《股权管理办法》并向某信息技术公司出具《承诺函》，就其因股权激励而取得的收益限制以及离职后的股权处分进行了约定，通过将劳动期限与股权激励的收益相关联的方式，来调整

王某所获得的股权激励利益，与股权激励制度的目的是一致的，该约定并不违反法律行政法规的强制性规定。王某在诉讼中主张特殊补偿金在性质上属于离职违约金，违反了劳动法及劳动合同法的强制性规定，缺乏事实和法律依据。

同时，基于用人单位已经建立了较为完善的股权管理机制，对劳动者离职之后股权回购价款明确约定为“经审计上一年末净资产值”，虽然该约定并未明确是账面价值还是评估价值，一审判决从相关会计准则规定的文义解释、审计制度的目的设置、公司经营管理以及王某取得股权激励时的计算方式等综合判断，认定应当按照某信息技术公司上一年度《审计报告》记载的净资产值确定回购价格，王某要求按照股权实际评估价值，缺乏合理性和必要依据，理由充分合理。

编写人：北京市第三中级人民法院　田璐

北京金融法院　张禾

059　有限责任公司股东行使优先购买权应具备条件的认定

——陈1诉郑1等股权转让案

【案件基本信息】

1. 裁判书字号

广东省广州市中级人民法院（2020）粤01民终24121号民事判决书

2. 案由：股权转让纠纷

3. 当事人

原告（上诉人）：陈1

被告（被上诉人）：郑1、互联网科技公司、投资管理公司

【基本案情】

投资管理公司的股东为郑1、潘1、林1、陈1，其中郑1认缴出资550万元，占股55%，潘1认缴出资250万元，占股25%，林1认缴出资100万元，占股10%，陈1认缴出资100万元，占股10%。

2015年8月6日，郑1（甲方）与互联网科技公司（乙方）签订了《股权转让及委托持股协议书》，约定鉴于：1. 投资管理公司是一家以关务管理、通关作业及保税仓储物流的投资与专业服务为主营业务的企业，投资报关公司为投资管理公司独资设立以报关报检为主营业务的企业。甲方持有投资管理公司55%的股权，间接持有投资报关公司55%的股权。乙方为一家“互联网+”战略落地一站式服务机构，为传统企业提供互联网模式和市值管理的企业。2. 投资报关公司根据不同情况定向增发部分股份给乙方，为了保证乙方的权利，甲方自愿将持有的投资管理公司4%的股权转让给乙方（即将甲方间接持有的投资报关公司的4%股权转让给乙方），乙方同意受让上述目标股权；同时乙方购买目标股权后自愿委托甲方继续以甲方名义代为持有目标股权。协议第一条约定了转让的股权及返还：1. 甲方将其持有的投资管理公司4%的股权以人民币零元的价格转让给乙方。2. 如果投资报关公司未能在本协议签订后的两年内在全国中小企业股份转让系统挂牌交易，则乙方将其持有的投资管理公司的4%的股权无偿返还给甲方。3. 乙方在合法合规的情况下，对投资报关公司进行市值管理。如果

投资报关公司新三板做市后二年内年均市盈率（交易所年度数据为准）低于新三板做市企业平均年市盈率，则乙方将其持有的投资管理公司的4%的股权无偿返还给甲方；如果投资报关公司新三板做市后二年内年均市盈率低于新三板做市企业平均年市盈率的1.2倍，则乙方将其持有的投资管理公司的2%的股权无偿返还给甲方；如果投资报关公司新三板做市后二年内年均市盈率高于或等于新三板做市企业平均年市盈率的1.2倍，则4%股权仍归乙方所有。4. 当投资报关公司新三板做市起连续二年年均市盈率都高于或等于新三板做市企业平均年市盈率的1.2倍，则投资报关公司增发4%的股份给乙方后，乙方将持有的投资管理公司的4%的股权无偿返还给甲方。协议第二条约定了委托事项及委托权限：乙方自愿委托甲方以甲方名义代为持有目标股权，并以甲方名义代为行使相关股东权利。甲方自愿接受乙方委托，并以自身名义代为行使该相关股东权利。协议第六条保密条款约定双方保证对所有该等资料绝对保密，而在未得到双方同意前，不得向任何第三者披露任何相关资料。同日，投资管理公司、互联网科技公司、投资报关公司签订了《关务——互联网转型合作框架协议》。

2020年5月7日，原告向郑1发出邮件，告知其转让股权的行为并未以任何形式通知原告，未经全体股东过半数同意，违反公司章程，侵害了股东知情权、否决权及优先购买权利，并表示不同意郑1向股东以外的人转让郑1持有的投资管理公司4%的股权，明确要求购买该4%股权，并与其他股东要求购买愿意协商购买比例，明确本案原告主张优先购买的股权比例为1%。

【案件焦点】

1. 涉案股权转让协议是否无效；2. 原告能否以零元的价格优先购买投资管理公司1%的股权。

【法院裁判要旨】

广东省广州市黄埔区人民法院经审理认为：股东优先购买权的行使目的在于通过保障其他股东优先获得拟转让股份而维护公司内部信赖关系。因此，法律所要否定的是股东以外的股权受让人在同等条件下优先于公司其他股东取得公司股份的行为，而不是否定转让股东与股东以外的股权受让人之间订立的股权转让合同的效力。因此，在股权转让协议本身不存在其他影响合同效力的事由，且转让股东和股东以外的股权受让人亦不存在恶意串通以损害其他股东优先购买权的情况下，股东向公司以外的受让方转让股份的协议效力应当得到肯定。合同虽有效，但不必然产生股权变动的结果，有限责任公司股东向股东以外的人转让股权，未就其股权转让事项征求其他股东意见的，其他股东享有同等条件下购买该转让股权的权利，可达到阻却股权变动的效果，但有限责任公司股东行使优先购买权应当同时具备前提条件、资格条件、购买条件、时间条件。其中“同等条件”为股东行使优先购买权的购买条件。“同等条件”作为对优先购买权人行使优先购买权的限制，要求优先购买权人提出的受让条件与第三人之间的交易对价相同。因此，转让人与第三人之间的交易对价应当是能被替代或复制的，不应包含无法替代履行的给付。在判断是否符合《中华人民共和国公司法》第七十一条第三款所称的“同等条件”时，应当考虑转让股权的数量、价格、支付方式及期限等因素，而非机械以合同约定的“零元的转让价格”

视为转让价格。故判决：驳回原告全部诉讼请求。

陈1不服一审判决，向广东省广州市中级人民法院提起上诉。

广东省广州市中级人民法院经审理认为：陈1上诉要求实际履行优先购买权的请求缺乏履行的现实基础和法律依据，对此不予支持。一审判决认定事实清楚，适用法律正确，应予维持，故判决如下：

驳回上诉，维持原判。

【法官后语】

本案原告诉请涉及两个问题，一是未经其他股东同意的股权转让协议的效力问题；二是有限责任公司股东行使优先购买权应当具备的条件。

一、未经其他股东同意的股权转让协议的效力问题

《中华人民共和国公司法》第七十一条规定："有限责任公司的股东之间可以相互转让其全部或者部分股权。股东向股东以外的人转让股权，应当经其他股东过半数同意。股东应就其股权转让事项书面通知其他股东征求同意，其他股东自接到书面通知之日起满三十日未答复的，视为同意转让。其他股东半数以上不同意转让的，不同意的股东应当购买该转让的股权；不购买的，视为同意转让。经股东同意转让的股权，在同等条件下，其他股东有优先购买权……"由此可见，股东优先购买权的行使目的在于通过保障其他股东优先获得拟转让股份而维护公司内部信赖关系，法律所保护的是公司其他股东的优先购买权，而非禁止向公司股东以外的第三人转让股权，其所设立股权须经其他股东过半数同意的限定，只影响到股权最终是否能够实际转让于股东外的第三人，而并不阻却转让人与公司股东外的第三人签订股权转让协议的行为，应严格区分股

权转让的合同行为和股权转让实际履行两者的关系，股东未经上述程序向股东以外的人转让股权与股权转让协议的效力无涉。虽然公司章程可以对股权对外转让作出限制性规定，但该限制仅能对股权权属的变动即股权转让合同的履行构成影响，最终达到维护既有股东结构的目的，而不应违反合同自由原则，干涉当事人的意思自治，故股权转让协议是否有效应当按照协议自身的内容，根据合同法关于合同效力的规定加以认定。因此，本院根据对涉案股权转让协议的效力进行审查后，认定郑1与互联网科技公司签订的涉案股权转让协议系双方的真实意思表示，原告也未提交证据证明存在其他无效情形，原告主张涉案股权转让协议无效不予支持。

二、有限责任公司股东行使优先购买权应当具备的条件

《最高人民法院关于适用〈中华人民共和国公司法〉若干问题的规定（四）》第二十一条第一款规定："有限责任公司的股东向股东以外的人转让股权，未就其股权转让事项征求其他股东意见，或者以欺诈、恶意串通等手段，损害其他股东优先购买权，其他股东主张按照同等条件购买该转让股权的，人民法院应当予以支持，但其他股东自知道或者应当知道行使优先购买权的同等条件之日起三十日内没有主张，或者自股权变更登记之日起超过一年的除外。"可见，有限责任公司股东行使优先购买权应当同时具备资格条件、时间条件、购买条件、前提条件。

1. 资格条件。有限责任公司股东行使优先购买权的资格条件为有限责任公司股东。原告系互联网科技公司股东，是行使优先购买权的适格主体。

2. 时间条件。原告应自知道或者应当知道行使优先购买权的同等条件之日起三十日，或者自股权变更登记之日起一年内主张优先购买

权。互联网科技公司主张原告作为投资管理公司股东应该知晓股权转让合作流程及协商过程，已超过主张优先购买权的法定期限，但其以及郑1均未提供证据证明已向原告告知股权转让事宜，故本院以关联案件中，原告作为该案第三人收到诉讼材料之日即2020年4月30日为原告知道行使优先购买权的同等条件之日，原告于2020年5月7日向郑1发出优先购买权的主张，未超出主张优先购买权的法定期限。

3. 购买条件。“同等条件”为股东行使优先购买权的购买条件。“同等条件”作为对优先购买权人行使优先购买权的限制，是平衡转让人与优先购买权利益的关键。“同等条件”要求优先购买权人提出的受让条件与第三人之间的交易对价相同。因此，转让人与第三人之间的交易对价应当是能被替代或复制的，不应包含无法替代履行的给付。《最高人民法院关于适用〈中华人民共和国公司法〉若干问题的规定（四）》第十八条规定：“人民法院在判断是否符合公司法第七十一条第三款及本规定所称的‘同等条件’时，应当考虑转让股权的数量、价格、支付方式及期限等因素。”本案中，从涉案股权转让协议约定的内容看，互联网科技公司为一家“互联网+”战略落地一站式服务机构，为传统企业提供互联网模式和市值管理的企业，协议第一条约定了转让的股权及返还条件。虽然第一条第一款约定了“甲方将其持有的投资管理公司4%的股权以人民币零元的价格转让给乙方”，但结合第二款、第三款、第四款中投资报关公司要两年内在全国中小企业股份转让系统挂牌交易、互联网科技公司对投资报关公司要进行市值管理、新三板做市后保证一定的市盈率等股权返还条件约定，可见郑1以零元价格将4%的投资管理公司股权转让给互联网科技公司，是附条件、附有服务对价的。如果约定返还条件成就时，互联网科技公司以人民币零元受让的目标股权就要予以返还。该作价既有对于互联网科技公司为传统企业提供互联网模式和市值管理能力的信任，又存在通过股权转让获得商业利益的预期。结合原告提交的《关于同意投资管理公司股票终止在全国中小企业股份转让系统挂牌的函》及交易情况截图、互联网科技公司提供的《关务——互联网转型合作框架协议》亦能佐证互联网科技公司存在的服务义务。零元的转让价格并非本次转让的"同等条件"，原告主张以零元价格，按照与其他股东协商确定的购买比例优先购买投资管理公司1%的股权，不符合优先购买权行使的"同等条件"。

4. 前提条件。即有限公司股东对外转让股权。郑1与互联网科技公司签订了涉案股权转让协议，郑1、投资管理公司主张目标股权返还条件已成就，股权已返还给郑1，转让行为已不存在，而互联网科技公司主张目标股权返还条件未成就，目标股权仍属互联网科技公司，郑1无权主张收回。针对上述主张，本院认为，如果目标股权返还条件已成就，根据《最高人民法院关于适用〈中华人民共和国公司法〉若干问题的规定（四）》第二十条"有限责任公司的转让股东，在其他股东主张优先购买后又不同意转让股权的，对其他股东优先购买的主张，人民法院不予支持，但公司章程另有规定或者全体股东另有约定的除外。其他股东主张转让股东赔偿其损失合理的，人民法院应当予以支持"的规定，则在郑1未同意转让股权的情况下，对于原告优先购买权的主张法院不予支持。如果目标股权返还条件未成就，此时虽符合有限责任公司股东对外转让股权的前提条件，但原告主张优先购买权仍需满足前述的"同等条件"。因此，无论目标股权的转让条件是否成就，原告关于以零元价格优先购买投资管理公司1%股权的主张，均不能得到支持。

编写人：广东省广州市黄埔区人民法院　胡梓苑

060 上市公司股权隐名代持合同效力与投资收益分配

——李1诉肖1股权转让案

【案件基本信息】

1. 裁判书字号

广东省深圳市中级人民法院（2019）粤03民终24176号民事判决书

2. 案由：股权转让纠纷

3. 当事人

原告（被上诉人）：李1

被告（上诉人）：肖1

【基本案情】

2014年11月13日，肖1签订《股权转让合同》。该合同约定肖1系实业公司实际控股股东，持有后者64.5896%股权；肖1亦向李1转让其所持实业公司1.45%股权（200万股），股权转让款为1000万元；双方自签订协议之日起，李1即成为案涉股权实际所有者，李1委托肖1亦代持股权直至双方交易完成；双方按照IPO（首次公开募股）公开发行满一年后连续10个交易日的收盘均价为每股单价计算李1总收益，且肖1同意IPO公开发行满一年后回购总收益（扣除税费）的30%，公开发行满二年后再回购总收益（扣除税费）的30%，余款扣除税费在公开发行满三年后一次付清；目标公司不能在2015年12月30日前完成IPO，则肖1应按李1购买价（扣除因股权所获收益）回购股权，同时按照年利率12%支付李1投资资金使用利息。2014年11月13日，李1向肖1转账支付股权转让款1000万元。2015年6月11日，实业公司IPO公开发行。根据合同约定，肖1已于2016年10月及2017年7月向李1支付了前两期的收益人民币38362200元，履行了合同部分义务。收益余款付款期限届满后，肖1并未按时支付余款收益人民币25574900元，后李1多次要求肖1履行合同义务，但肖1一直未予理会，故李1起诉至法院，请求法院判令肖1支付李1股权收益及逾期支付的利息。

【案件焦点】

1. 涉案《股权转让协议》的效力应如何认定；2. 李1诉请肖1支付的股权收益应否得到支持。

【法院裁判要旨】

广东省深圳市罗湖区人民法院经审理认为：根据案涉合同，李1向肖1购买其所持实业公司股权而不转移登记，如实业公司实现IPO则按IPO公开发行满一年后连续10个交易日的收盘均价回购股权；如实业公司不能在2015年12月30日前完成IPO，则肖1应按李1购买价回购股权，并按照年利率12%支付利息。由此可见，李1的合同目的并非取得案涉股权而是获取投资收益，该收益在实业公司未能在约定时间前完成IPO的情况下为年利率12%的利息，在实业公司完成IPO的情况下为股权价值（即回购款），具体金额则取决于特定时段的股票交易价格。因此，案涉《股权转让协议》实系李1与作为实业公司实际控制人的肖1之间的“对赌协议”。该合同系双方当事人真实意思表示，合同履行过程中实业公司股权未作转移登记，外观上未发生股权转让，李1亦不主张取得案涉股权，并不导致实业公司在上市前后的股东发生变化，合同内容不违反法律和行政法规的强制性规定，合法有效，本院对肖1有关案涉合同无效的主张不予采纳。现实业公司已在2015年6月11日实现IPO公开发行，肖1应按实业公司IPO公开发行满一年后连续10个交易日的收盘均价每股39.59元向李1支付回购款。李1承认肖1已经支付前两笔共计60%回购款，肖1还应于实业公司公开发行满三年后（2018年6月11日）一次性付清剩余40%回购款。因肖1逾期支付上述40%回购款，李1主张肖1自应付款之日按年利率6%计收逾期付款利息，符合法律规定，本院予以支持。

广东省深圳市罗湖区人民法院依照《中华人民共和国合同法》第四十四条第一款、第一百零七条之规定，判决如下：

肖1应于本判决生效后十日内清偿李1人民币25334840元及逾期付款利息（该利息按照年利率6%自2018年6月11日计至清偿之日）。

肖1不服一审判决，提出上诉。

广东省深圳市中级人民法院经审理认为：关于第一个争议焦点，案涉《股权转让协议》约定的交易安排实质构成了案涉股份的隐名代持。本案中，双方当事人均未提交证据证明在实业公司首次公开发行股票并上市时曾向实业公司或监管部门披露过代持情况，实业公司发行上市后案涉股份一直登记在肖1名下。依据《中华人民共和国证券法》第七十八条、第八十二条第三款以及中国证券监督管理委员会（以下简称证监会）于2006年5月17日颁布的《首次公开发行股票并上市管理办法》（现已失效）第十三条，发行人应当如实披露股份权属情况，禁止发行人的股份存在隐名代持属于证券市场中应当遵守的公共秩序。本案中，实业公司上市前肖1代李1持有案涉股份，以自身名义参与实业公司的上市发行，隐瞒了实际投资人的真实身份，李1与肖1的行为构成了发行人股份隐名代持，违反了证券市场的公共秩序，损害了证券市场的公共利益。故依据《中华人民共和国合同法》第五十二条第四项的规定，案涉《股权转让协议》应认定为无效。

关于第二个争议焦点。如前所述，案涉《股权转让协议》应认定为无效。根据《中华人民共和国合同法》第五十八条的规定，无效合同财产利益的处理旨在恢复原状和平衡利益，亦即优先恢复到合同订立前的财产状态，不能恢复原状的则应当按照公平原则在当事人之间进行合理分配。按照上述原则，首先，案涉实业公司的股份应归肖1所有，其作为实业公司股东围绕公司上市及其运营所实施的一系列行为有效。其次，本案中不存在投资亏损导致案涉股份价值贬损而应适用过错赔偿的情形，故从理论上来说，如案涉股份归肖1所有，则李1向肖1支付的投资款应予返还，但李1在本案中仅请求肖1支付《股权转让协议》约定的总收益的剩余部分，故本院仅审查李1诉请肖1支付的股权收益能否成立。最后，案涉实业公司股份的收益包括因分红以及上市而发生的大幅增值，并非合同订立前的原有利益，而是合同履行之后新增的利益，显然不属于恢复原状之适用情形，如何分配应由双方当事人协商确定，协商不成的应当适用公平原则合理分配。股份投资是以获得股份收益为目的并伴随投资风险的行为，在适用公平原则时应当着重考虑以下两方面的因素：一是对投资收益的贡献程度，即考虑谁实际承担了投资期间的机会成本和资金成本，按照“谁投资、谁收益”原则，应将收益主要分配给承担了投资成本的一方；二是对投资风险的交易安排，即考虑谁将实际承担投资亏损的不利后果，按照“收益与风险相一致”原则，应将收益主要分配给承担了投资风险的一方。本案中，虽然《股权转让协议》无效，但无效之原因系损害社会公共利益而非意思表示瑕疵，故协议中关于收益与风险承担的内容仍体现了双方的真实意思。一方面，肖1仅为名义持有人，实际作出投资决策和承担投资后果的系李1，若发生实业公司上市失败或经营亏损情形，最终可能遭受投资损失的亦是李1，故应由李1获得系争股份投资收益的大部分。另一方面，肖1在整个投资过程中起到了提供投资信息、配合公司上市等作用，为投资增值做出了一定贡献，可以适当分得投资收益的小部分。根据公平原则，二审法院酌定李1与肖1各获得投资收益的70%与30%。根据一审中李1提交的股权收益表格，其中记载的李1应得的案涉200万股股权收益净值已经扣除了相应的分红及税费，双方对肖1已履行完毕双方约定的李1应得的收益净值总额的60%不持异议。故按上述酌情比例，肖1还应补足李1收益净值总额的10%计6393710元（6393.71万元×10%）。实业公司于2015年6月11日IPO（首次公开募股）公开发行，《股权转让协议》约定肖1按年分三期支付案涉收益款项，超出前两期30%部分的剩余款项应于实业公司IPO公开发行满三年后一次付清，故对于前述还应由肖1承担的10%的部分肖1逾期支付已构成违约，李1诉请肖1自2018年6月11日起，按年利率6%支付逾期利息至付清之日止并未超过相关司法解释规定的上限，二审法院予以确认。

广东省深圳市中级人民法院依照《中华人民共和国合同法》第五十二条第四项、第五十八条，《中华人民共和国民事诉讼法》第一百七十条第一款第二项，《最高人民法院关于适用〈中华人民共和国民法典〉时间效力的若干规定》第一条第二款之规定，判决如下：

一、变更广东省深圳市罗湖区人民法院民事判决为：肖1应于本判决生效后十日内清偿李1股权收益6393710元及逾期付款利息

（利息以 6393710 元为基数，按年利率 6%，自 2018 年 6 月 11 日起计至清偿之日止）；

二、驳回被上诉人李 1 的其他诉讼请求。

【法官后语】

上市公司股权隐名代持合同的效力问题一直是各方关注的焦点，各级法院尚未形成统一观点和做法，本案对上市公司股权隐名代持合同的效力与投资收益分配问题作出了有效探索。

一、《股权转让协议》因损害社会公共利益而无效

系争《股权转让协议》虽然从形式上看包括股份认购和股份回购两部分内容，但双方约定李 1 向肖 1 认购股份，又同时约定认购的股份不实际过户，仍登记在肖 1 名下，肖 1 以自己名义代李 1 持有股权，故上述交易安排实质构成了系争股份隐名代持，李 1 是实际出资人，肖 1 是名义持有人。本案系争股份隐名代持涉及公司发行上市过程中的股份权属，其效力如何应当根据现行民事法律关于民事法律行为效力的规定，以及证券市场、上市公司相关法律规定综合判断。《中华人民共和国民法典》第八条规定："民事主体从事民事活动，不得违反法律，不得违背公序良俗。"第一百四十三条规定："具备下列条件的民事法律行为有效：（一）行为人具有相应的民事行为能力；（二）意思表示真实；（三）不违反法律、行政法规的强制性规定，不违背公序良俗。"第一百五十三条第二款进一步规定："违背公序良俗的民事法律行为无效。"需要注意的是，《中华人民共和国民法总则》系我国第一次在民事立法中采用"公序良俗"这一概念，并用以取代之前《中华人民共和国民法通则》和《中华人民共和国合同法》等一直采用的"社会公共利益"的概念，

《中华人民共和国民法典》沿用之。民事法律行为因违背公序良俗而无效，体现了法律对民事领域意思自治的限制，但由于公序良俗的概念本身具有较大弹性，故在具体案件裁判中应当审慎适用，避免其被滥用而过度克减民事主体的意思自治。公序良俗包括公共秩序和善良风俗，其中公共秩序是指政治、经济、文化等领域的基本秩序和根本理念，是与国家和社会整体利益相关的基础性原则、价值和秩序。不同领域存在不同的公共秩序，首先应当根据该领域的法律和行政法规具体判断所涉公共秩序的内容。在该领域的法律和行政法规没有明确规定的情况下，判断某一下位规则是否构成公共秩序时，应当从实体正义和程序正当两个方面考察。其中，实体正义是指该规则应当体现该领域法律和行政法规所规定的国家和社会整体利益；程序正当是指该规则的制定主体应当具有法定权威，且规则的制定与发布应当符合法定程序，具体可以从法律授权、制定程序、公众知晓度和认同度等方面综合考量。

第一，就实体层面而言，《中华人民共和国证券法》是我国证券市场的基本法，其第一条规定的立法目的是规范证券发行和交易行为，保护投资者的合法权益，维护社会经济秩序和社会公共利益，促进社会主义市场经济的发展。因此，证券市场的公共秩序应是体现《中华人民共和国证券法》立法宗旨，属于证券市场基本交易规范，关涉证券市场根本性、整体性利益和广大投资者合法权益，一旦违反将损害证券市场基本交易安全的基础性秩序。一方面，股票发行上市是证券市场的基本环节，经此环节，公司的股权结构发生重大变化，股东范围扩至公开市场上潜在的广大投资者，证券市场严格的监管标准也对公司治理能力提出更高要求，因此发行人的股权结构清晰就显得十分重要。如果发行人的股权不清晰，不仅会影响公司治理的持续稳定，影响公司落实信息披露、内幕交易和关联交易审查、高管人员任职回避等证券市场基本监管要求，还容易引发权属纠纷，如本案。另一方面，上市公司披露的信息是影响股票价格的基本因素，要求上市公司在股票发行上市的过程中保证信息的真实、准确、完整，是维护证券市场有效运行的基本准则，也是广大投资者合法利益的基本保障。发行人的股权结构是影响公司经营状况的重要因素，属于发行人应当披露的重要信息。对此，《中华人民共和国证券法》第七十八条规定："发行人及法律、行政法规和国务院证券监督管理机构规定的其他信息披露义务人，应当及时依法履行信息披露义务。信息披露义务人披露的信息，应当真实、准确、完整，简明清晰，通俗易懂，不得有虚假记载、误导性陈述或者重大遗漏……"《中华人民共和国证券法》第八十二条第三款规定："发行人的董事、监事和高级管理人员应当保证发行人及时、公平地披露信息，所披露的信息真实、准确、完整。"综合上述两方面的分析可以看出，发行人必须股权清晰，股份不存在重大权属纠纷，且上市需遵守如实披露的义务，披露的信息必须真实、准确、完整。申言之，即发行人应当如实披露股份权属情况，禁止发行人的股份存在隐名代持情形。上述规则属于证券市场基本交易规范，关系到以信息披露为基础的证券市场整体法治秩序和广大投资者合法权益，在实体层面符合证券市场公共秩序的构成要件。

第二，就程序层面而言，《中华人民共和国证券法》第十一条规定："设立股份有限公司公开发行股票，应当符合《中华人民共和国公司法》规定的条件和经国务院批准的国务院证券监督管理机构规定的其他条件……"《中华人民共和国证券法》本身并未对股份公司公开发行股票的具体条件作出规定，而是明确授权证监会对此加以规范。证券市场具有创新发展快、专业性强等特点，欲实现《中华人民共和国证券法》规范目的，离不开专业监管机构的依法监管。因此，《中华人民共和国证券法》第七条第一款也规定：“国务院证券监督管理机构依法对全国证券市场实行集中统一监督管理。”证监会作为由《中华人民共和国证券法》规定，经国务院批准，对证券行业进行监督管理的专门机构，在制定股票发行上市规则方面具有专业性和权威性。《中华人民共和国证券法》授权证监会对股票发行上市的条件作出具体规定，实质是将立法所确立之原则内容交由证监会予以具体明确，以此形成能够及时回应证券市场规范需求的《中华人民共和国证券法》规则体系。发行人信息披露义务由《中华人民共和国证券法》明文规定，经严格的立法程序制定。因此，发行人应当如实披露股份权属情况，禁止发行人的股份存在隐名代持情形，从程序层面亦符合证券市场公共秩序的构成要件。

结合上述两点分析，发行人应当如实披露股份权属情况，禁止发行人的股份存在隐名代持情形，属于证券市场中应当遵守，不得违反的公共秩序。本案中，实业公司上市前，肖1代李1持有股份，以自身名义参与公司上市发行，隐瞒了实际投资人的真实身份，肖1代李1持有股份的行为构成了发行人股份隐名代持，违反了证券市场的公共秩序，损害了证券市场的公共利益，故依据《中华人民共和国民法典》第八条、第一百四十三条和第一百五十三条第二款的规定，应认定为无效。

二、《股权转让协议》无效而产生的投资收益分配问题

系争《股权转让协议》因涉及发行人股份隐名代持而无效，根据《中华人民共和国民法典》第一百五十七条的规定，无效合同财产利益的处理旨在恢复原状和平衡利益，亦即优先恢复到合同订立

前的财产状态，不能恢复原状的则应当按照公平原则在当事人之间进行合理分配。按照上述原则，首先，案涉实业公司的股份应归肖1所有，其作为实业公司股东围绕公司上市及其运营所实施的一系列行为有效。其次，本案中不存在投资亏损导致案涉股份价值贬损而应适用过错赔偿的情形，故从理论上来说，如案涉股份归肖1所有，则李1向肖1支付的投资款应予返还，但李1在本案中仅请求肖1支付《股权转让协议》约定的总收益的剩余部分，故本院仅审查李1诉请肖1支付的股权收益能否成立。最后，案涉实业公司股份的收益包括因分红以及上市而发生的大幅增值，并非合同订立前的原有利益，而是合同履行之后新增的利益，显然不属于恢复原状之适用情形，如何分配应由双方当事人协商确定，协商不成的应当适用公平原则合理分配。股份投资是以获得股份收益为目的并伴随投资风险的行为，在适用公平原则时应当着重考虑以下两个方面的因素：一是对投资收益的贡献程度，即考虑谁实际承担了投资期间的机会成本和资金成本，按照“谁投资、谁收益”原则，应将收益主要分配给承担了投资成本的一方；二是对投资风险的交易安排，即考虑谁将实际承担投资亏损的不利后果，按照“收益与风险相一致”原则，应将收益主要分配给承担了投资风险的一方。本案中，虽然《股权转让协议》无效，但无效之原因系损害社会公共利益而非意思表示瑕疵，故协议中关于收益与风险承担的内容仍体现了双方的真实意思。首先，系争实业公司股份的收益，包括因上市而发生的大幅增值，并非合同订立前的原有利益，而是合同履行之后新增的利益，显然不属于恢复原状之适用情形，如何分配应由双方当事人协商确定，协商不成的应当适用公平原则合理分配。其次，本案中不存在投资亏损使得股份价值相当的投资款贬损而应适用过错赔偿的情形，故李1向肖1支付的投资款应予返还。一方面，肖1仅为名义持有人，实际作出投资决策和承担投资后果的系李1，若发生实业公司上市失败或经营亏损情形，最终可能遭受投资损失的亦是李1，故应由李1获得系争股份投资收益的大部分。另一方面，肖1在整个投资过程中起到了提供投资信息、配合公司上市等作用，为投资增值做出了一定贡献，可适当分得投资收益的小部分。

根据上述几方面的考虑，本案应由李1获得系争股份投资收益的大部分，同时肖1在整个投资过程中起到了提供投资信息，配合公司上市等作用，为投资增值做出了一定贡献，可以适当分得投资收益的小部分。根据公平原则，本案酌定李1与肖1各获得投资收益的70%与30%。

编写人：广东省深圳市中级人民法院　陈朝毅

061　第三人能否确认股权转让协议无效

——投资公司诉L公司等股权转让案

【案件基本信息】

1. 裁判书字号

北京市高级人民法院（2018）京民终407号民事判决书

2. 案由：股权转让纠纷

3. 当事人

原告（上诉人）：投资公司

被告（被上诉人）：L公司、F公司、X公司、T公司

第三人：北京L公司

【基本案情】

L公司于1991年7月25日在我国香港特别行政区注册成立，投资公司持股30%，X公司持股70%。中外合作企业北京L公司中方股东为T公司，外方股东为L公司。L公司持有北京L公司100%的股权，T公司作为中方合作方仅享有每年人民币10万元的固定报酬，而不承担北京L公司的任何风险和亏损。1993年11月12日，北京L公司买受位于×××村、面积为216600平方米的土地使用权进行开发建设。F公司于2002年11月29日在×××群岛注册成立，自2003年2月14日起至2003年2月26日止，L公司持有F公司100%的股份。2003年2月18日，北京L公司形成董事会决议，同意L公司将其在北京L公司的全部权益，包括全部注册资本800万美元的出资额，以及享有的全部权利和承担的全部义务转让给F公司。2003年2月18日，L公司与F公司签订《北京L公司股权转让协议》（以下简称《股权转让协议》），约定：L公司同意将其持有的北京L公司全部注册资本800万美元的出资额以股权成本价即800万美元转让予F公司。T公司出具《同意声明》，放弃对上述股权的优先购买权。2003年3月24日，北京市对外经济贸易委员会批复同意L公司将其所持北京L公司的全部权益转让给F公司。投资公司请求确认L公司与F公司签订的《股权转让协议》无效并请求判令恢复L公司在北京L公司中的100%投资权益。

【案件焦点】

1. L公司与F公司之间订立的《股权转让协议》是否存在恶意串通行为；2.《股权转让协议》的签订是否损害了投资公司的利益。

【法院裁判要旨】

北京市第四中级人民法院经审理认为：

1. 关于L公司与F公司之间订立的《股权转让协议》是否存在恶意串通行为。恶意串通是指当事人双方互相勾结，以某种明示或暗示的方式，为牟取私利而实施损害国家、集体或者第三人利益的民事行为。构成恶意串通，必须证明：（1）主观上当事人须有恶意通谋的故意；（2）当事人事先存在通谋；（3）对国家、集体、第三人的利益具有损害。具体到本案，L公司将其在北京L公司的全部权益转让给F公司经过北京L公司董事会决议同意，且该转让亦取得上级主管机关的批准。至于在涉案股权转让协议履行过程中L公司与F公司之间是否发生800万美元股权转让款项流动的情形，也只是L公司与F公司之间的债务问题。投资公司不能提供充分证据证明L公司与F公司之间存在恶意通谋的故意并具有串通行为。

2. 关于《股权转让协议》的签订是否损害了投资公司的利益。投资公司作为L公司的股东，根据我国香港特别行政区规定及L公司章程的规定享有股东权益，投资公司的股东利益遭受损害并非本案的审理范围。L公司将其在北京L公司的全部权益转让给F公司，系L公司的正常经营行为。根据法律规定，当事人对自己提出的诉讼请求所依据的事实或者反驳对方诉讼请求所依据的事实，应当提供证据加以证明。当事人未能提供证据或者证据不足以证明其事实主张的，由负有举证证明责任的当事人承担不利的后果。现投资公司不能证明涉案股权转让协议的订立和履行给其造成了实际的损害，应对此承担不利后果。

综上，依据《中华人民共和国合同法》第五十二条，《中华人民共和国涉外民事关系法律适用法》第四十四条，《最高人民法院关于适用〈中华人民共和国涉外民事关系法律适用法〉若干问题的解释（一）》第一条第一项之规定，判决如下：

驳回投资公司的诉讼请求。

投资公司不服原审判决，提起上诉。

北京市高级人民法院经审理认为：二审法院同意一审法院裁判意见。判决：

驳回上诉，维持原判。

【法官后语】

股东基于对公司股权的持有，享有公司资产收益权，但对于公司与第三人签订合同的行为，股东的直接利益并不因此受到影响。若股东认为被侵权，可以发起股东代表诉讼。但股东代表诉讼的条件仅适用于在我国内地设立的公司，而不适用于在境外设立的公司。

1. 股东请求确认公司与第三人签订的合同无效之诉，属于确认之诉。股东作为合同外的第三人，能否提起确认合同无效之诉？依据合同法的原则，合同具有相对性，也即合同只对缔约当事人具有法律上的约束力，对合同关系以外的第三人不产生法律效力。但某些特殊情况下，可以突破合同相对性原则，由合同外的第三人提起确认合同无效的诉讼，并需要满足具有直接利害关系的条件。

2. 公司股东基于对公司股权的持有，享有公司的财产收益权，但股东与第三人签订合同的行为与公司股东之间是否具有直接利害关系？根据《中华人民共和国公司法》规定，公司是企业法人，有独立的法人财产，享有法人财产权。公司以其全部财产对公司的债务承担责任。公司与股东是两个独立的市场主体。公司利益受损并不等同于股东利益受损。案涉北京 L 公司股权的持有人是 L 公司，投资公司、X 公司均不曾直接持有北京 L 公司的股权。L 公司持有的北京L公司的股份与投资公司持有的L公司的股份在法律上是两个不同公司的股份，F公司收购的是L公司持有的北京L公司的股份。投资公司与L公司是两个独立的市场主体，因此L公司与他人签订的合同，与投资公司之间并不当然具有直接利害关系。

3. 投资公司如果认为上述收购行为侵害了自身的利益，是否可以提起股东派生诉讼？股东派生诉讼又称股东代位诉讼、股东代表诉讼。股东派生诉讼是指当公司的董事、监事、高级管理人员违反法律规定的忠实、勤勉义务，侵害了公司的利益，而公司怠于追究其责任时，符合条件的股东可以自己的名义代表公司提起诉讼。根据《中华人民共和国公司法》第一百五十一条的规定，股东代表诉讼适格被告的范围不仅包括董事、监事、高级管理人员，还包括“他人”，立法虽然没有对“他人”的范围予以明确，但对于“他人”应做宽泛的解释，凡是对公司实施了不正当行为而对公司负有民事责任的人，在公司怠于对其行使诉权的情形下，都可以成为股东代表诉讼的被告。同时公司法对于股东代表诉讼规定了前置程序。本案的特殊之处在于，L公司、投资公司均系在我国香港特别行政区注册的公司，股东代表诉讼的条件仅适用于在我国内地设立的公司，而不适用于在境外设立的公司。对投资公司来说，其认为L公司处置名下持有的资产即将其在北京L公司的全部权益转让给F公司损害了其利益，构成侵权，可提起侵权之诉，而不能提起股东代表诉讼。至于投资公司主张上述交易属于双方恶意串通损害国家、集体或第三人的利益则未能提交证据予以证明。投资公司作为L公司股东，根据我国香港特别行政区规定及L公司章程的规定享有相应的股东权益，投资公司认为X公司滥用股东权利致使其在L公司中的股东利益遭受损害并不是本案的审理范围。

编写人：北京市第四中级人民法院　王翔

062 股权受让人不得抽回股权转让协议解除前对公司的出资，但可向股权出让人主张赔偿

——刘某莉诉 H 公司股权转让案

【案件基本信息】

1. 裁判书字号

江苏省无锡市中级人民法院（2019）苏 02 民终 3102 号民事判决书

2. 案由：股权转让纠纷

3. 当事人

原告（被上诉人）：刘某莉

被告：H 公司

第三人（上诉人）：朱某华、于某萍

【基本案情】

朱某华、于某萍于 2017 年 9 月 28 日设立 H 公司，公司注册资本为 500 万元，朱某华认缴出资 300 万元、于某萍认缴出资 200 万元，出资时间均为 2047 年 12 月 31 日。2018 年 4 月 25 日，刘某莉与 H 公司股东朱某华、于某萍分别签订了股权转让协议，约定：朱某华向刘某莉转让其持有的 H 公司 30%的股权、于某萍向刘某莉转让其持有的 H 公司 21%的股权；转让价款均为 1 元；自协议生效日起，该转让股权实际转为受让方所有，本协议一经签署，双方负有义务和责任共同采取包括但不限于及时修改公司章程、办理工商变更登记手续等一切必要行动，促使受让方完整合法

地拥有该转让股权；协议生效后，在股权变更登记之前，出让方严重违反本协议所规定的义务和/或出让方在本协议中所作的任何声明、保证与事实不符或有误导成分，受让方有权单方面解除或终止本协议。案涉股权转让协议签订后，刘某莉于2018年4月28日向H公司转账10万元，备注投资款。之后，H公司股东朱某华、于某萍并未按约办理股权变更登记。2018年8月6日，刘某莉分别向朱某华、于某萍发出律师函，告知对方签订股权转让协议后已支付股权转让款对价1元，但是朱某华、于某萍至今未配合办理股权变更登记手续，要求朱某华、于某萍在收函后3日内履行变更登记手续，否则将依约解除转让协议。2018年8月13日，朱某华、于某萍签收该律师函。2018年8月30日，刘某莉再次向朱某华、于某萍发出律师函，告知2018年8月6日发函后因二人仍未能履行股权变更义务，刘某莉单方面解除股权转让协议。2018年9月3日，朱某华、于某萍签收该律师函。2019年1月18日，经变更登记，H公司股东由朱某华、于某萍变更为朱某华一人。刘某莉向锡山区人民法院提出诉讼请求：1. 确认刘某莉并非H公司股东；2. H公司返还出资款10万元。诉讼中，经锡山区人民法院释明，刘某莉变更第2项诉讼请求为：请求判令第三人朱某华、于某萍赔偿其损失10万元。

【案件焦点】

1. 股权转让协议解除后，出让股东和受让股东的股东身份如何认定；2. 受让股东在股权受让后、合同解除前对公司的出资，在股权转让协议解除后能否抽回。

【法院裁判要旨】

江苏省无锡市锡山区人民法院经审理认为：本案纠纷系双方履行股权转让协议而发生的纠纷，涉及转让协议解除后股东身份的认定及损失的赔偿，本案案由应确定为股权转让纠纷。关于股权转让价款，刘某莉陈述其已以现金方式向股权出让人朱某华、于某萍各支付1元，H公司及朱某华则陈述刘某莉并未实际支付。对此，法院认为，朱某华、于某萍向刘某莉转让的案涉股权系认缴出资，出资期限尚未届满且股权出让人朱某华、于某萍亦未实际缴纳出资款，股权转让协议约定的转让价款1元本就属于象征性对价，法院依法采信刘某莉所述转让协议签订当日已现金支付转让款。本案中，朱某华、于某萍怠于办理股权变更登记手续，且经刘某莉委托律师发函催促后，二人仍未履行变更登记义务。据此，朱某华、于某萍已以其行为明确表明其将不再履行案涉股权转让协议，朱某华、于某萍的行为已构成根本违约，刘某莉有权行使合同解除权，要求解除案涉股权转让协议。H公司所述因刘某莉未按约出资300万元故未办理股权变更登记，H公司就该辩解意见并未提供相应的证据予以证明，法院不予采信。法院认为，合同自解除通知到达对方时解除。朱某华、于某萍于2018年9月3日签收刘某莉的解除通知，案涉两份股权转让协议即于当日解除。另，从H公司之后的股权变更登记情况可知，朱某华、于某萍非但未将名下股权变更登记至刘某莉名下，于某萍还将其名下股权转让给朱某华并办理了相应的变更登记，亦充分佐证朱某华、于某萍的违约行为。

关于合同解除的后果。《中华人民共和国合同法》第九十七条规定，合同解除后，尚未履行的，终止履行；已经履行的，根据履行情况和合同性质，当事人可以要求恢复原状、采取其他补救措施，并有权要求赔偿损失。本案中，案涉股权转让协议解除后，转让标的即刘某莉分别受让的30%、21%H公司股权仍归朱某华、于某萍所有，刘某莉不再持有H公司股权亦不具有H公司股东身份。关于刘某莉主张的10万元赔偿款，法院认为，刘某莉在签订案涉两份股权转让协议并支付股权转让价款后，即成为H公司股东，其向H公司转账的10万元，系刘某莉履行股东义务以股东身份缴纳的出资款，该款项性质亦符合刘某莉转账时自行备注的出资款性质。法院认为，股东出资后非经合法程序不得抽回出资。现因朱某华、于某萍的违约行为导致股权转让协议解除、刘某莉丧失股东身份，刘某莉此前以股东身份向公司实缴的出资款亦与刘某莉相脱离而相应地成为恢复股东身份的朱某华、于某萍的出资款，朱某华、于某萍取得10万元实缴出资对应的H公司股权权益。法院认为，刘某莉丧失股东身份后无权要求H公司返还10万元出资款，其因股权转让而未能取回的10万元，系因朱某华、于某萍违约行为所致的损失，理应由朱某华、于某萍予以赔偿。综上，依照《中华人民共和国合同法》第九十四条第四项、第九十七条，《中华人民共和国民事诉讼法》第一百四十四条之规定，判决如下：

一、确认自2018年9月3日起刘某莉并非H公司股东；

二、朱某华、于某萍于本判决生效之日起3日内向刘某莉连带赔偿10万元。

朱某华、于某萍不服一审判决，提起上诉。

江苏省无锡市中级人民法院同意一审法院裁判意见，判决：

驳回上诉，维持原判。

【法官后语】

股权转让合同因出让股东的违约而解除后：受让股东丧失股东身

份，相应地出让股东恢复股东身份；受让股东在股权受让后、合同解除前对公司的出资，应认定为股东对公司履行的出资义务，即使受让股东在后又丧失股东身份仍不得抽回该出资，但可向出让股东主张赔偿。

第一，股权转让合同解除后，丧失股东身份的股权受让人无权要求公司返还出资。其一，从合同理论的角度出发。《中华人民共和国民法典》第五百六十六条第一款规定，合同解除后，尚未履行的，终止履行；已经履行的，根据履行情况和合同性质，当事人可以请求恢复原状或者采取其他补救措施，并有权请求赔偿损失。合同解除的法律后果之一就是双返还，也就是转让、受让双方将转让标的及对价相互返还，受让股东将其受让后持有的股权返还给出让人，出让股东相应地将受让人支付的转让对价返还给受让人。本案中，股权转让合同的相对方是朱某华、于某萍和刘某莉，而非公司和受让股东，故负有返还义务的亦是转让人和受让人而非公司和受让人。其二，从公司法理论的角度出发。股东的实缴出资形成公司最基本的财产和对外信用基础。根据公司资本维持原则，公司在其存续过程中，应维持与其资本额相当的实有资产。为使公司的资本与公司资产基本相当，切实维护交易安全和保护债权人的利益，《中华人民共和国公司法》第三十五条明确规定，公司成立后，股东不得抽逃出资。对于因受让股权而成为公司股东的刘某莉而言，非经合法程序同样不得抽回其向公司的出资。司法实践中，退出股东多会将公司作为求偿对象，要求公司返还其投入公司的款项。而能否返还，取决于款项性质。本案中，刘某莉转账 10 万元时自行备注出资款，彼时刘某莉的出资义务期限尚未届满，其备注表明该 10 万元系履行股东义务以股东身份缴纳的出资款，公司当然不能返还。如刘某莉转账备注 10 万元为借款，在无其他相反证据的情况下亦应尊重当事人的明示意思表示认定 10 万元为借款，两者关系为借贷关系，出借人有权要求公司返还。

第二，股权转让合同解除后，受让股东不能取回的实缴出资为其损失，可向出让股东主张赔偿。受让人在受让股权后以股东身份实缴部分出资，该实缴出资的权益附着于相应的股权，因出让人的违约行为导致股权转让合同解除、受让人股东身份丧失后，股权持有者身份发生变更，出让人取得实缴出资对应的股权权益，即转让股东因转让合同解除而实际获益。笔者认为，受让股东因股权转让而未能取回出资款，属于因转让股东违约行为所致的损失，理应由转让股东予以赔偿。本案起诉时受让股东作为原告向法院诉请要求公司返还出资款，法院向权利人进行释明，告知其要求公司返还出资的主张不予支持，但可以要求义务人进行赔偿，原告遂变更诉讼请求为要求转让股东进行赔偿。

编写人：江苏省无锡市锡山区人民法院　蔡永芳

063 受让方主张转让方存在欺诈行为的，既要符合民事欺诈的一般构成要件，又要结合股权转让的特性来认定

——黎某红诉张某飞、C 公司股权转让案

【案件基本信息】

1. 裁判书字号

福建省厦门市中级人民法院（2019）闽 02 民终 2820 号民事判决书

2. 案由：股权转让纠纷

3. 当事人

原告（反诉被告、上诉人）：黎某红

被告（反诉原告、被上诉人）：张某飞

被告：C 公司

【基本案情】

2008 年 4 月 9 日，C 公司登记设立，注册资本 10 万元，经营范围为文化艺术活动策划、广告设计等，住所地为×××。2015 年 5 月，张某飞受让股权成为 C 公司的唯一股东，持有公司 100%股权，为公司法定代表人。2015 年 5 月 15 日，张某飞投资设立 T 公司，持股 100%，为 T 公司法定代表人，T 公司经营范围为文化艺术活动策划、广告设计等，住所地为×××。

2018 年 2 月 6 日，张某飞作为出让方，黎某红作为受让方，C 公司作为目标公司，三方共同签订《股权转让协议》及《股权出让方的声明与保证》，约定：C 公司系于 2008 年 4 月 9 日登记注册的公司，注册资本 10 万元；张某飞系 C 公司持有 100%股权的股东，现将其所持 C 公司 10%的股权（认缴股本 10 万元，实缴股本 0 万元）转让给黎某红，股权转让价款为 81633 元；合同标的为 C 公司 10%的股权，依目标公司章程规定，张某飞应完成出资 10 万元，截至协议签订日张某飞实际出资 0 万元；双方同意在黎某红收到声明文件时将股权转让款的 30%（24489.9 元）支付至张某飞指定账户，在目标公司 10%的股权过户至黎某红名下后支付剩余股权转让款的 70%（57143.1 元）；若黎某红未按约定向张某飞支付股权转让款，则按中国人民银行同期同类银行贷款利率的两倍向张某飞计付利息损失，逾期超过 30 日的，张某飞有权解除合同；

自C公司临时股东会表决通过10个工作日内，张某飞应配合黎某红办理股权变更登记手续；张某飞承诺股权未被法院冻结、拍卖等可能影响黎某红利益的瑕疵，张某飞及C公司均没有未向黎某红披露的现存或潜在的重大债务、诉讼、索赔和责任等；任何一方违约导致协议解除，给守约方造成损失的，除应赔偿守约方受到的损失外，还应向守约方支付违约金5万元；损失指受损害方产生的损害、成本与花费，包括但不限于诉讼费、律师费等为实现债权支出的费用等；如因张某飞陈述不实，未配合办理登记等行为给黎某红造成损失的，应返还黎某红已支付的股权转让款并支付转让价款日万分之十的违约金；C公司作为张某飞投资设立的公司，为确保协议的履行，自愿为张某飞履行合同义务和承诺内容，与张某飞共同承担连带担保责任。

2018年2月6日、3月19日、5月2日，黎某红分三次共向张某飞支付股权转让款61633元。

2018年3月7日，C公司提交了载有黎某红与张某飞签字的《股权转让协议》，向厦门市市场监督管理局申请办理工商变更登记。该协议载明，C公司注册资本10万元，实收资本10万元，现张某飞将公司10%的股权以81633元的价格转让给黎某红，黎某红应于协议签订之日起30日内向张某飞支付股权转让款等。2018年3月12日，厦门市市场监督管理局准予变更C公司的出资成员（股权、成员）登记申请，黎某红成为C公司的股东，持有C公司10%的股权。

之后，黎某红与张某飞多次对课程的开展、办理执照、注册商标、工资发放、退还投资款等事宜进行协商，但双方对部分事项未能达成一致意见并发生纠纷。2019年1月23日，黎某红提起本案诉讼。黎某红向本院提出诉讼请求：1. 撤销黎某红与张某飞、

C公司于2018年2月6日签订的《股权转让协议》；2. 张某飞、C公司立即返还黎某红股权转让款61633元并支付利息（以61633元为基数，按中国人民银行发布的金融机构同期人民币贷款基准利率，从起诉之日起计至法院判决确定的支付之日止）；3. C公司立即返还黎某红陆续为C公司垫付的款项4877.8元并支付利息（以4877.8元为基数，按中国人民银行发布的金融机构同期人民币贷款基准利率，从起诉之日起计至法院判决确定的支付之日止）；4. 本案诉讼费由张某飞、C公司承担。

【案件焦点】

张某飞是否存在欺诈行为。

【法院裁判要旨】

福建省厦门市思明区人民法院经审理认为：1. 有关张某飞设立C公司的问题，因C公司于2015年5月15日即成立，并非黎某红受让股权后才设立，双方在签订《股权转让协议》时张某飞作出的承诺并未包括不存在同业禁止等事项，且该事实的存在并不影响黎某红受让股权。2. 有关张某飞负债的问题。黎某红提交的证据仅能证明张某飞系银谷公司的债务人，并未能证明C公司对外存在债务，故黎某红的证据无法证明张某飞在签订协议时隐瞒C公司存在重大债务的事实。3. 有关转让协议内容的问题，双方于《股权转让协议》中对于转让的10%股权、注册资本10万元、股权转让款81633元均明确载明，载明的注册资本、股东信息等资料均与工商登记相符，且C公司在办理股权变更登记后亦在微信群通知了黎某红，黎某红并未对此提出异议。此外，协议对于张某飞应出资的时间并未进行约定，且明确载明其实际出资0万元，并未对黎某红隐瞒该事实。4. 有关财务、工资、搬迁等问题，均系公司内部治理过程中产生的纠纷，黎某红可通过相应的途径解决，该问题并非撤销协议的理由。综上，黎某红提交的证据不足以证明张某飞在签订《股权转让协议》时存在欺诈行为，故黎某红要求撤销《股权转让协议》的主张，缺乏事实和法律依据，不予支持。对于黎某红主张C公司返还代垫款项的诉讼请求，因与本案股权转让纠纷并非同一法律关系，不予处理。张某飞、C公司的答辩意见，于法有据，予以采纳。

黎某红与张某飞、C公司之间签订的《股权转让协议》系双方当事人真实意思表示，内容不违反法律、行政法规的强制性规定，应为合法有效。根据《股权转让协议》的约定，黎某红应于C公司10%的股权过户至黎某红名下后支付剩余股权转让款的70%（57143.1元），若逾期支付则应按中国人民银行同期同类银行贷款利率的两倍向张某飞计付利息损失，现张某飞已于2018年3月12日将10%的股权变更登记至黎某红名下，黎某红仅向张某飞支付61633元，尚欠股权转让款20000元，该行为已构成违约，故张某飞反诉要求黎某红支付剩余股权转让款20000元的诉讼请求，有事实和法律依据，予以支持。对于张某飞主张律师费8000元的诉讼请求，协议仅约定若黎某红逾期支付股权转让款应按中国人民银行同期同类银行贷款利率的两倍向张某飞支付利息损失，协议约定的其他损失适用于违约行为导致协议解除的情形，与本案继续履行协议的情形不同，故对张某飞该诉求，不予支持。黎某红提出其不应支付剩余股权转让款的意见，于法无据，不予采纳。综上所述，黎某红的本诉诉讼请求，依据不足，不予支持。张某飞的反诉诉讼请求，部分有事实和法律依据，予以部分支持。依照《中华人民共和国民法总则》第一百四十八条，《中华人民共和国合同法》第五十四条、

第六十条、第一百零七条，《中华人民共和国民事诉讼法》第六十四条第一款，《最高人民法院关于贯彻执行〈中华人民共和国民法通则〉若干问题的意见》第六十八条之规定，判决如下：

一、驳回黎某红的全部诉讼请求；

二、黎某红应于本判决生效之日起十日内向张某飞支付股权转让款20000元及利息（以20000元为基数，按照中国人民银行同期同类银行贷款利率的两倍，自2018年3月12日起计至实际支付之日止）；

三、驳回张某飞的其他诉讼请求。

宣判后，黎某红提出上诉。

福建省厦门市中级人民法院经审理认为：一审判决认定事实清楚，审判结论正确，应予以维持。依照《中华人民共和国民事诉讼法》第一百七十条第一款第一项之规定，判决如下：

驳回上诉，维持原判。

【法官后语】

黎某红以张某飞欺诈为由主张撤销《股权转让协议》，故案例的争议焦点在于审查张某飞是否存在欺诈行为。笔者将从民事欺诈的法理基础入手，结合案例谈谈股权转让纠纷中转让方欺诈的认定问题。

一、股权转让纠纷中欺诈的认定

股权转让纠纷中的转让方是否构成欺诈，一方面，需要依据民事欺诈认定的共性标准。实践中，证明转让方存在欺诈的故意具有较大难度，因此受让方可以先通过证明转让方存在欺诈的行为来推断其具有欺诈的故意。另一方面，也要结合股权转让的特性进行判断。

1. 股权转让方的欺诈行为

股权转让方的欺诈行为包括积极欺诈和消极欺诈。积极欺诈行为是指转让方故意告知受让方虚假信息，致使受让方作出错误意思表示的行为。在（2017）最高法民申1848号“宗某云与刘某圆股权转让纠纷案”① 中，转让方提供了内容不实且没有法律效力的公司资产报告，致使受让方对目标公司的股权及权益判断造成了误导，是股权转让中典型的积极欺诈行为。

消极欺诈行为即转让方依据法律规定、协议约定、交易习惯等负有真实信息的披露义务而故意不告知，致使受让方作出错误意思表示的行为。如最高人民法院（2014）民申字第1184号“周某奇、投资公司等股权转让纠纷案”② 中，转让方存在未披露目标公司虚假出资及未将受让方投入资金全部用于购买设备和公司生产经营等事实。尽管转让方作为专业投资公司，亦应对目标公司的资产状况进行尽职调查、尽到合理审慎的注意义务，但并不能因此而免除转让方等签约主体披露真实信息的合同义务，由此认定转让方隐瞒了签订股权投资协议的重要事实，致使受让方基于错误认识签订协议进行投资，转让方构成欺诈。

2. 本案股权转让方张某飞是否存在欺诈行为

一审法院从四个角度分析张某飞的行为：C公司在黎某红受让股权前就已经设立；张某飞系银谷公司的债务人不代表C公司对外负债；

---

① 参见《宗某云股权转让纠纷再审审查与审判监督民事裁定书》，载中国裁判文书网，https：//wenshu. court. gov. cn/website/wenshu/181107ANFZ0BXSK4/index. html？docId=48Erh84j6ykcuFFh9GbkZyDrVkKFeLmQciBspYsbhaVlcw5k0DsT25O3qNaLMqsJUTWcuuSWqFJE3z3XhifmxiN05NRB6QgWvb77MR4zDn5aePpBjQMiVoT8a8uol8lF，最后访问时间：2023年2月1日。

② 参见《周某奇、投资公司等股权转让纠纷申请再审民事裁定书》，载中国裁判文书网，https：//wenshu. court. gov. cn/website/wenshu/181107ANFZ0BXSK4/index. html？docId=zD9uQTa5PrAxWtEozgFszFxjJr2cKH+yZd/Y4xBByUpSDG1Ku1f+Y5O3qNaLMqsJUTWcuuSWqFJE3z3XhifmxiN05NRB6QgWvb77MR4zDn7i37+hKMN6lANwoBK4ewgf，最后访问时间：2023年2月1日。

《股权转让协议》的内容与工商登记相符；公司内部治理产生的纠纷并非撤销协议的理由。黎某红举示的证据既不能证明张某飞故意告知黎某红虚假信息，又不能证明张某飞隐瞒了应该披露的信息，从而导致黎某红基于错误认识签订了《股权转让协议》。因此黎某红要求撤销《股权转让协议》的主张，缺乏事实和法律依据，不予支持。

二、股权转让的注意事项

除了股东优先受让权的规定，当前公司法对有限责任公司的股权转让没有其他限制，因此股权转让需要贯彻意思自治和诚实信用原则。在签订股权转让合同的过程中，转让方应告知受让方公司在经营中存在的影响股份转让价格的情况，受让方作为与转让方平等的商事主体，在商事活动中应尽到谨慎合理的注意义务，通过合理途径对转让方就公司经营状况的陈述及公司其他情况进行审慎调查后，再作出是否受让股权的意思表示。

编写人：福建省厦门市思明区人民法院　李莹　沈冰芸

064　股权转让中约定“股权回归”条款应为有效

——刘某军诉孙某股权转让案

【案件基本信息】

1. 裁判书字号

北京市丰台区人民法院（2019）京0106民初33081号民事判决书

2. 案由：股权转让纠纷

3. 当事人

原告（反诉被告）：刘某军

被告（反诉原告）：孙某

【基本案情】

2014 年 5 月 1 日，刘某军与孙某签订《股份转让协议书》，约定孙某以 900 万元收购刘某军持有的通信公司 30%的股份，在 2015 年 7 月 30 日前给付 150 万元，在 2016 年 7 月 30 日前给付 150 万元，在 2017 年 12 月 30 日前给付剩余的 600 万元（2017 年 1 月 1 日至 2017 年 6 月 30 日，孙某按照银行活期存款利息支付利息，2017 年 6 月 30 日以后按照月利率 3%支付利息），本剩余款在 2017 年 12 月 30 日前不能按时支付时，协议终止，股份归回给刘某军（此时刘某军应该持有的股份按照视讯公司收购后重新测算）。

2014 年 7 月 3 日，视讯公司以自有资金 1960 万元收购 Y 公司持有的通信公司 40.83%的股权，公司持有通信公司的股权将增至 51.03%。2015 年 12 月 8 日，视讯公司与孙某、Y 公司签署《通信公司的增资协议》，约定孙某对通信公司增资 8500 万元，通信公司的股权结构变更为：孙某持股 74.46%、视讯公司持股 21.92%，Y 公司持股 3.62%。2015 年 12 月 7 日，视讯公司将持有通信公司 21.92%的股权以 3800 万元的价格协议转让给自然人郝某。

孙某主张双方签订《股份转让协议书》的背景是 2014 年年初，视讯公司欲收购通信公司股份，为简化手续故将原告刘某军股权转让给孙某，由孙某统一转让给视讯公司，考虑到视讯公司在收购协议中约定的股权转让款为分期支付，并且目标公司对视讯公司有“对赌协议”和业绩承诺，因此存在后期股权转让款不能收到的可能。故此双方签订《股份转让协议书》约定了股份归回的条款。刘某军称知道视讯公司收购股权一事，但对收购协议具体内容不知情。

通信公司公布的工商登记资料显示，公司成立时注册资本808万元（孙某出资565.6万元；持股比例为70%，刘某军出资242.4万元，持股比例为30%），后经过变更为：孙某持股比例74.46%；郝某持股比例21.92%；Y公司持股比例3.62%。刘某军与孙某确认，孙某分三次共支付股权转让款180万元，最后一笔转让款的支付时间在2016年11月底。原告刘某军向本院提出诉讼请求：1. 判令孙某给付刘某军拖欠的股权转让费720万元；2. 判令孙某给付刘某军拖欠的利息563万元；3. 判令诉讼费及律师费2.5万元由孙某承担。

【案件焦点】

1. 股权转让协议中约定“股份回归”条款的效力问题；2. “股权回归”条款如何履行及可执行性问题。

【法院裁判要旨】

北京市丰台区人民法院经审理认为：刘某军与孙某签订的《股份转让协议书》系双方真实意思表示，且不违反法律及行政法规的强制性规定，应为合法有效，双方均应恪守履行。本案中，双方在协议书中明确约定“本剩余款在2017年12月30日前不能按时支付时，协议终止，股份归回给刘某军（此时刘某军应该持有的股份按照视讯公司收购后重新测算）”，实际上是约定了在一定条件下双方对合同的解除权，而且根据本案事实情况，双方转让股权的目的也是考虑到视讯公司意图收购通信公司股权的背景。因此，在刘某军未提供明确证据证明孙某未如期支付股权转让款系恶意造成合同解除条件成就的情况下，双方股权转让协议应当终止。对孙某关于双方合同应当解除的意见，本院予以采纳，解除时间确认为协议约定解除之日 2017 年 12 月 30 日。据此，刘某军请求孙某继续履行合同并支付股权转让款 720 万元的主张，缺乏法律依据，本院不予支持。

《中华人民共和国合同法》第九十八条规定，合同的权利义务终止，不影响合同中结算和清理条款的效力。故双方在协议中约定的合同终止后启动股份归回的条款合法有效。争议的焦点为该条款应当如何履行。对此本院认为，虽然刘某军在股权转让后，确实存在通信公司资本结构、股东身份发生较大变动等情况，也存在协议约定的股权返还方法不完整，股权份额难以确定等问题，但股份归回条款的本质仍是股权转让，只要符合公司法相关规定，在满足下述条件情况下，股权归回的条款亦具有可执行性：一是通信公司目前其他股东无异议且放弃优先购买权，二是根据出资比例和股权结构，可以合理确定刘某军股权回归后的所持公司股权比例，三是不违反公司章程的有关规定。本案中，根据庭审中孙某提交的 Y 公司、郝某出具的《承诺函》，通信公司其他两名股东对刘某军重新成为公司股东无异议，并放弃行使优先购买权，孙某亦同意股权返还并提出按照 24. 83%的比例归还的方案。该方案从目前通信公司注册资本、刘某军实际出资数额及返还后所占公司出资比例情况看，应属公允，并无不当，本院予以认可。此外，通信公司章程对股份归回并未有其他禁止性规定，故本院认定孙某可以将涉案股权返还给刘某军，归还的比例为 24. 83%。股权回归的同时，对孙某已支付的 180 万元股份转让款，刘某军应予返还。

北京市丰台区人民法院依照《中华人民共和国合同法》第九十

三条、第九十七条、第一百一十四条之规定，判决如下：

一、孙某于本判决生效之日起十日内将其所持有通信公司股权中24.83%的份额返还给刘某军；

二、刘某军在孙某返还其上述股权后三日内返还孙某股权转让款1800000元；

三、孙某于本判决生效之日起十日内赔偿刘某军损失（计算至2017年12月30日前为736450元，此后以600万元为基数，按照年利率6%的标准，计算至上述股权实际返还刘某军之日止）；

四、孙某于本判决生效之日起十日内支付刘某军律师费25000元；

五、驳回刘某军的其他诉讼请求。

判决后，双方当事人均未上诉，本判决现已生效。

【法官后语】

本案涉及的争议焦点为股权转让协议中约定股份回归条款的效力及如何履行的问题。表现形式通常为股权转让双方之间签订股权转让合同，约定转让方将目标公司股权转让给受让方，受让方向转让方支付股权转让款，如受让方存在违约行为，转让方可要求将案涉股权回归。该类争议焦点处理涉及两个法律问题，其一为股权转让合同的解除问题；其二为约定股权回归的效力问题。这类纠纷主要适用合同的有关规定进行审理，同时个案审理也要兼顾公司法上的特别规定及原则。

关于股权转让合同是否认定解除的问题，一方面根据《中华人民共和国民法典》第五百六十二条第二款规定，当事人可以约定一方解除合同的事由，解除合同的事由发生时，解除权人可以解除合同，法律规定了合同可以约定解除。另一方面从股权转让协议中关于“股权回归”的表述来看，即明确违约结果系将股权全部归回给转让方，实质上是对转让合同解除后果的一种表述，是合同权利义务终止后的结算和清理条款，因此如果股权转让双方在股权转让协议中约定了“股权回归”，则应当视为双方对股权转让合同的解除条件进行了约定，如果在履行股权转让协议过程中出现了“股权回归”的情形，应当构成约定解除，原股权转让协议应当被认定解除。

关于“股权回归”条款的效力及可执行性，在根据原合同法规定认定股权转让协议解除后，在考察“股权回归”的效力和可执行性时，应当综合考虑公司法的特别规定。股权转让协议中的“股权回归”实质是股权转让的再转让，其根本性质也是股权转让。关于“股权回归”的效力问题，从合同法角度，根据《中华人民共和国民法典》第五百六十七条的规定，合同的权利义务关系终止，不影响合同中结算和清理条款的效力，因此双方在协议中约定的合同终止后启动股权回归的条款应属有效。从公司法角度，本质上要理解股权转让的效力问题，理论界对此有四种观点：有效说、无效说、效力待定说、撤销权说。有效说认为法律关于股权转让的规定为内行规定，不影响合同的效力；无效说认为法律的有关规定为强制性规定，违反强制性规定应为无效；效力待定说主张经过其他股东事后追认，转让合同有效；撤销权说主张合同有效，但其他股东可以申请撤销。针对该问题，法律和司法解释并未作出明确规定，但笔者更同意第四种观点，因为未经其他股东过半数同意或侵害其他股东优先购买权的股权转让，其所侵害的仅仅是其他股东的利益，而非社会公共利益，因此只要当事人之间意思表示真实，就不应否定股权转让合同的效力，如果机械地认定无效，不符合维护交易稳定、讲求诚实信用的原则，也不符合社会活动的经济与效率原则，不利于社会资源的优化配置。综上，股权转让双方在股权转让协议中约定“股权回归”的条款是有效的。

关于“股权回归”条款的最终可执行性，要综合考虑三个方面的因素：第一，公司其他股东对该股权转让是否申请优先购买权而主张撤销；第二，该约定是否违反公司章程的规定；第三，归回股权是否能够明确。本案中，在原告将股权转让给被告后，目标公司通信公司的股权及股东虽然经过多次变化，但其现有其他股东对该“股权回归”并无异议且表示放弃优先购买权。同时，虽然目标公司的出资情况、股权结构发生变化，但可以合理确定刘某军股权回归后所持公司股权比例，通信公司章程中也没有限制性规定，故应按照“股权回归”条款处理本案，关于被告违约给原告造成的损失，根据双方之间的合同约定进行综合认定。

编写人：北京市丰台区人民法院　胡润涵　徐冲

065 违反《中华人民共和国公司法》关于股份有限公司董、监、高股份转让限制性规定的合同效力认定及相应法律后果

——崔某斌诉胡某会股权转让案

【案件基本信息】

1. 裁判书字号

北京市丰台区人民法院（2019）京 0106 民初 29369 号民事判决书

2. 案由：股权转让纠纷

3. 当事人

原告：崔某斌

被告：胡某会

【基本案情】

S公司成立于2010年12月28日。胡某会系该公司董事长，同时为该公司股东，持有股份5080万股。崔某斌系该公司董事，同时为该公司股东，持有股份700万股。2013年9月17日，崔某斌（甲方）与胡某会（乙方）签订内部股权协议，协议主要约定了以下内容：甲方将持有S公司7%（700万股）的股权以700万元的价格转让给乙方。乙方承诺，700万元资金最晚在2013年10月31日前全部支付。本次股权转让完成后，乙方即可享受7%的股东权利并承担义务，甲方不再享受股东权利和承担义务。甲方收到上述转让股份本金和利息后，应配合该公司及乙方办理相关审批、变更登记等法律手续并提供必要的协作与配合。

内部股权协议签订后，胡某会并未依约支付股权转让款，双方亦未办理股权转让的相关变更登记。至2017年9月12日，崔某斌与胡某会再行签订股份转让协议，约定：崔某斌将其持有的S公司的700万股股份转让给胡某会，价款支付方式为2017年9月30日前支付250万元，2017年11月30日前支付250万元，2017年12月30日前支付250万元，2018年4月30日前支付250万元，2018年6月30日前支付3401333.33元以及利息（以700万元为基数，自2017年9月12日起至上述价款支付完毕之日止，按照年利率12%计算）；在胡某会向崔某斌支付了本协议约定的全部转让价款后的30个工作日内，崔某斌和胡某会配合签署目标公司的章程修正案，完成目标公司股东名册的变更，配合办理上述股份转让的工商变更登记；如胡某会到期未付转让款大于等于总金额的50%，则崔某斌有权要求胡某会支付全部转让款，并要求胡某会以应付未付价款为基数，按照年利率24%支付违约金。

同日，双方在利息明细及利息计算表上签字，确认应付本金余额700万元，利息6401333.33元，应付崔某斌本金利息合计13401333.33元。庭审中，崔某斌认为利息应为股权增值比例产生的收益，胡某会不予认可。双方明确其中的86万元利息系由另外的借款所产生，本案中崔某斌亦未主张，实际利息为5541333.33元。协议签订后，胡某会未履行付款义务，双方也未办理股权变更登记。故崔某斌诉至本院。

原告认为：被告未如约支付股权转让款，故请求判令：1. 被告向原告支付股权转让款700万元；2. 被告向原告支付股权增值收益5541333.33元；3. 被告向原告支付违约金（以12541333.33元为基数，按照年利率24%计算，自2017年9月30日起至实际支付之日止）；4. 被告承担本案诉讼费。

被告认为：第一，原、被告签订的股权协议违反公司法强制性规定，属于无效协议，对双方不具备法律效力；第二，原、被告签订的股权协议违反公司章程，应属无效；第三，原、被告之间名为股权转让，实为原告退股，以还款+利息的方式计算股权转让金，没有法律依据，原告转让股权应首先经过专业评估公司对公司现状进行评估，再拟定合理的股权转让金数额，才符合公平公正的法律原则；第四，原告诉状中违约金计算基数不正确，存在重复计息，明确的股权转让金是700万元，计算利息的基数却为12541333.33元，将股权转让的利息也作为基数计算，超出法定范围。

【案件焦点】

1. 股份转让协议是否因违反公司法相关规定或者公司章程而无效；2. 如果协议有效，双方应当如何履行协议及承担相应的违约责任。

【法院裁判要旨】

北京市丰台区人民法院经审理认为：关于焦点一，《中华人民共和国公司法》第一百四十一条规定："发起人持有的本公司股份，自公司成立之日起一年内不得转让。公司公开发行股份前已发行的股份，自公司股票在证券交易所上市交易之日起一年内不得转让。公司董事、监事、高级管理人员应当向公司申报所持有的本公司的股份及其变动情况，在任职期间每年转让的股份不得超过其所持有本公司股份总数的百分之二十五；所持本公司股份自公司股票上市交易之日起一年内不得转让。上述人员离职后半年内，不得转让其所持有的本公司股份。公司章程可以对公司董事、监事、高级管理人员转让其所持有的本公司股份作出其他限制性规定。"该条规定为效力性强制性规定还是管理性强制性规定，是确认本案两份协议效力的关键。对此本院认为，公司法该条规定的主要目的是将股份公司尤其是上市公司的董事、监事、高级管理人员股东与公司的利益捆绑，防止其不安心于公司经营管理，或者利用管理公司机会从中获利，从而损害公司中小股东或外部债权人的利益。该规定意图在于加重公司董事、监事、高级管理人员股东对公司的责任，通过拖延转让股份的时间，控制其谋取不法利益的可能性。因此，该规定系对股份有限公司的发起人、公司董事、监事、高级管理人员转让股份作出的时间上的强行限制，而并未禁止股份转让，并不否定该民事行为的效力。故该条规定应属管理性强制性规定，而非效力性强制性规定。因此，崔某斌与胡某会的内部股权协议与股份转让协议的效力并未违反法律、行政法规的效力性强制性规定，且系双方真实意思表示，故均应属有效。

关于胡某会抗辩与崔某斌签订的协议违反公司章程应认定无效的问题，经查，S 公司的章程中并未对股东之间转让股份作出额外限制，胡某会认为 S 公司章程中第四十四条的“转债”应为“转让”，但并未对此提供证据加以证明。此外，公司法并未赋予公司章程对股东之间转让股份可以另行作出额外限制，故即使 S 公司的章程第四十四条系限制股东之间转让股份，其也因违反公司法规定而不具有效力。因此，本院对该抗辩意见不予采纳。

关于焦点二，双方协议的履行方式。首先，对股权转让款的支付，因双方股份转让协议对股权转让款支付的时间作了明确约定，且均已到期，在协议合法有效的情况下，胡某会按期支付股权转让款的行为亦不与上述管理性强制性规定相违背，故其应依据协议向崔某斌支付股权转让款。至于胡某会应付款数额，双方在股份转让协议、利息明细及利息计算表中对胡某会应付款的各项组成予以了明确。因此，崔某斌请求胡某会支付股权转让款 700 万元及股权增值收益（实为利息）5541333.33 元的诉讼请求具有事实与法律依据，本院予以支持。关于违约金，因崔某斌对所签协议违反公司法规定导致履行存在障碍亦有过错，且双方在已约定股权转让款利息的基础上，再行约定年利率24%的违约金，数额明显过高，本院予以调整，对合理部分予以支持。

关于胡某会抗辩S公司从2013年一直处于亏损状态，涉案股权应首先经过专业评估公司对公司现状进行评估，再拟定合理的股权转让金数额的意见，本院认为，S公司从2013年至2017年是否处于亏损状态，属于经济形势变化产生的商业风险。双方在内部股权协议以及股份转让协议中均已经对涉案的700万股股权的价值达成一致确认，胡某会在签订该两份协议时应当对股权价值予以充分考虑。现协议已经生效，胡某会未能提供阻却合同生效的相关事实和法律依据，故本院对其该项抗辩意见亦不予采纳。

其次关于工商登记变更，根据股份转让协议约定，在胡某会向崔某斌支付了本协议约定的全部转让价款后的30个工作日内，崔某斌和胡某会配合签署目标公司的章程修正案，完成目标公司股东名册的变更，配合办理上述股份转让的工商变更登记。而根据公司法规定，崔某斌作为S公司的董事，自其向胡某会转让己方名下持有的S公司股权时，每年均不得超过700万股的25%即175万股。因此双方股权变更受到该强制性规定的限制，亦即胡某会履行付款义务后，崔某斌应当协助胡某会办理股份转让手续，每年以公司法规定的可转让份额为限，直至将己方名下的700万股股权全部转让至胡某会名下。但因崔某斌、胡某会均未在本案中就股权登记变更的办理提出要求，且股权转让款尚未支付，故关于股权登记变更一事双方可另行解决，本院对此不作处理。

综上，北京市丰台区人民法院作出如下判决：

一、胡某会于本判决生效之日起十日内向崔某斌支付股权转让款700万元；

二、胡某会于本判决生效之日起十日内向崔某斌支付股权转让利息5541333.33元；

三、胡某会于本判决生效之日起十日内向崔某斌支付逾期付款违约金（以12541333.33元为基数，自2018年7月1日起至2019年8月19日止按照中国人民银行发布的同期同类贷款基准利率计算，自2019年8月20日起至实际支付之日止按照同期全国银行间同业拆借中心公布的贷款市场报价利率计算）；

四、驳回崔某斌其他诉讼请求。

判决后，双方当事人均未上诉，本判决现已生效。

【法官后语】

该案的核心问题在于股权转让协议中股权出让一方为股份有限公司董事或监事、高级管理人员，其转让名下股份的约定违反《中华人民共和国公司法》第一百四十一条关于股份有限公司的董事、监事、高级管理人员转让数量限制规定时，其股权转让协议的效力如何认定以及相应的法律后果。由此进一步引申出，《中华人民共和国公司法》第一百四十一条关于股份有限公司董、监、高股权转让数量限制的规定属于效力性强制性规定还是管理性强制性规定？倘若该规定属于效力性强制性规定，则违反该规定的合同的直接法律后果是合同相关约定无效，甚至可能导致合同整体无效。若该规定仅为管理性强制性规定，则违反该规定的合同本身仍具有效力，只是在履行过程中应当遵守公司法的规定继续进行。

笔者认为，《中华人民共和国公司法》该条规定的主要目的是将股份公司尤其是上市公司的董事、监事、高级管理人员股东与公司的利益捆绑，防止其不安心于公司经营管理，或者利用管理公司机会从中获利，从而损害公司中小股东或外部债权人的利益。该规定的立法意图应在于加重公司董事、监事、高级管理人员股东对公司的责任，通过拖延转让股份的时间，控制或降低其谋取不法利益的可能性。因此，该规定系对股份有限公司的发起人、公司董事、监事、高级管理人员转让股份作出的时间上的强行限制，而并未禁止股份转让，并不否定该民事行为的效力。故而该规定应属管理性强制性规定，而非效力性强制性规定。

当明确了《中华人民共和国公司法》关于股份有限公司董、监、高股权转让数量限制的规定性质后，再回到本案来，即可判断原、被告之间的股权转让协议应属有效。对于合同如何履行，应进一步梳理当中的各项约定，对于其中违反公司法规定的部分，应按照公司法的规定实际履行。本案中股权出让方与受让方之间关于股权转让价款支付的约定并未违反公司法，故仍应如约履行。而关于股权转让变更登记的约定违反了公司法的数量限制，故在实际履行中应按照公司法规定进行，股权出让方应持续向受让方转让名下股权，办理变更登记，但每年变更登记的股权份额不得超过出让方名下持有份额的25%，直至出让方股权全部变更登记至受让方名下。

编写人：北京市丰台区人民法院　黄昊　徐冲

066 未经股东本人同意依据公司章程强制转让股权效力判定标准

——林某华诉Z公司、Z公司委员会股权转让案

【案件基本信息】

1. 裁判书字号

安徽省高级人民法院（2019）皖民申3172号民事裁定书

2. 案由：股权转让纠纷

3. 当事人

原告（被上诉人、再审申请人）：林某华

被告（上诉人、再审被申请人）：Z公司、Z公司委员会

【基本案情】

林某华于1986年为Z公司改制前的企业职工，Z公司设立时林某华为股东，持有该公司0.672%的股份。2009年7月林某华办理退休手续。根据Z公司《章程》规定，作为公司员工的股东退休、辞退后，该股东要转让其股权，在三个月内无人受让的，由股东会决定代其转让。2009年12月3日，Z公司形成《股东会决议》，将苏某、杨某宝、章某、陈某持有的Z公司各1.344%的股份，焦某强、林某华、谷某民、迟某祥、孙某林、陶某秋持有的公司各0.672%的股份，李某民、曹某持有的公司各1.904%的股份，陶某革持有的公司1.792%的股份，戴某持有的公司0.784%的股份，芦某持有的公司2.912%的股份，以原价180400元转让给工会

（持股会）。在该决议的股东签名栏，林某华没有签名。同时，在Z公司工商档案材料中存有时间为2009年12月3日的《股权转让协议》，甲方林某华自愿将其持有Z公司的0.672%股份（折合人民币67200元）以平价转让给乙方Z公司委员会，在该协议甲方签字栏有“林某华”字样，乙方签章栏盖有“Z公司委员会”印章。后Z公司持上述《股东会决议》《股权转让协议》及章程修正案等向工商行政管理机关申请股东变更登记。在Z公司2009年12月3日的章程修正案中，股东姓名、出资方式及出资额栏中没有林某华名字。另，2011年12月9日，林某华以在Z公司的67200元股权作为抵押，向Z公司借款80000元。同时，林某华以其该年度在Z公司的分红30%部分结转事项未定为由，又向Z公司借款20000元。上述两项借款期限为一年。2011年12月13日，Z公司向林某华履行上述出借100000元义务。林某华至今未归还该借款。再有，Z公司工商档案材料反映，该公司在2010年年初的所有者权益合计为114334872.44。诉讼中，Z公司自认2009年12月3日的《股权转让协议》中甲方签字栏“林某华”字样系Z公司工作人员冒签，并不是林某华本人所签。林某华起诉请求判令Z公司及委员会支付其转让股权造成的损失及利息。

【案件焦点】

1. 依据公司章程强制转让股权行为是否有效；2. 林某华诉请Z公司、Z公司委员会赔偿股权转让造成的损失是否有依据。

【法院裁判要旨】

安徽省马鞍山市花山区人民法院经审理认为：召开股东会议应按照《中华人民共和国公司法》及公司章程的规定通知所有股东。Z

公司于2009年12月3日未通知林某华参加股东会议，林某华也未委托他人代为参加股东会议，更未在《股东会决议》及《股权转让协议》上签名，即Z公司用作办理工商变更登记的《股东会决议》并非股东林某华所签，也非林某华真实意思，故该股权转让协议及股东会决议中关于转让林某华股权的部分应属无效，Z公司应赔偿林某华因此所受损失。一审法院遂判决：

Z公司向林某华支付768330.34元，并以768330.34元为基数，按年利率6%为计算标准，支付利息。

Z公司、Z公司委员会不服一审判决，提起上诉。

安徽省马鞍山市中级人民法院经审理认为：股东依据出资享有资产收益、参与重大决策和选择管理者等诸多股东权利，股东权具有财产权与身份权的双重属性，非经权利人的意思表示或法定的强制执行程序不能变动。本案中，Z公司在林某华没有作出同意意思表示的情况下作出通知及股东会决议，将林某华的股份转让到Z公司委员会名下，侵犯了林某华对其股份的自由转让权，转让行为无效。林某华主张806400元及相应利息损失，缺乏证据支持。原审法院判令Z公司赔偿林某华股权价值损失，不符合公司法和公司章程的规定，属适用法律错误，应予纠正。二审法院判决：

一、撤销安徽省马鞍山市花山区人民法院（2018）皖0503民初615号民事判决；

二、驳回林某华的诉讼请求。

林某华不服二审判决，申请再审。

安徽省高级人民法院审查认为：林某华申请再审的主要理由是二审法院在认定案涉股权转让无效的前提下驳回其赔偿损失的诉讼请求错误。经查，双方当事人对案涉股权转让无效并无实质异议，且林某华对一审认定该股权变更登记至Z公司委员会（持股会）后，其仍得于2011年12月9日以该67200元股权作为抵押向公司借款8万元，及以其该年度在Z公司的分红30%部分结转事项未定为由向公司借款2万元的事实并无异议，可以印证Z公司、Z公司委员会所称林某华仍系公司持股会中隐名股东的事实，故林某华所主张的损失并不实际存在。二审驳回其诉讼请求并无不当。安徽省高级人民法院裁定：

驳回林某华的再审申请。

【法官后语】

有限责任公司章程关于“强制股东转让股权”的条款一般认定有效，但涉及转让价格、付款时间等有关股权财产属性的条款，应遵循私有财产不可侵犯的民法基本原则。股东会决议内容不应包含股东自治内容，在股东未参加股东会议、事后也未追认的情况下，股东会议作出转让该股东股权的决议应当无效。

本案是典型的强制转让股权案件纠纷，案件的争议焦点在于股东大会未经股东本人同意转让股权行为是否有效。《中华人民共和国公司法》第七十一条第四款规定，公司章程对股权转让另有规定的，从其规定。但该条未明确界定章程自治的界限，在实践中对公司章程限制股权转让仍有很多适用争议，主要体现在公司自治和股东个人利益的适用冲突。一方面，公司章程是公司股东意思自治的表现形式，章程的制定和实施得到了全体股东的认可，是全体股东之真实意愿，股东对此知情且受此约束，公司章程有关股权强制转让的规定当然有效，应当予以执行。另一方面，虽然公司法赋予了公司章程对于有限责任公司股权转让的特别约定权，但就其特别约定的范围应当具实分辨，不应剥夺股权固有的权利。股权具有财产性和身份性的双重属性，虽然股权中部分权能的行使会受限于公司的意思，但对于具有财产属性的自益权，如股权转让价格、转让方式、付款时间等仍应遵循私有财产不受侵犯的民法基本原则。

在判断章程“强制股东转让股权”是否有效应当从公平诚信的角度，结合案件的实际情况综合予以考虑。公司章程是经股东会讨论通过的，对公司及全体股东具有约束力。章程条款强制离职股东转让股权，在不违反法律或社会公共利益的前提下，将股东资本出资与人力劳动紧密相连，对雇员股东具有激励作用，有助于增强公司的人合性和凝聚力。但对侵害股东财产权益的章程和股东会决议，公司法应适度介入。具体到本案中，林某华在公司设立时就为该公司股东，对公司章程中规定的“离职、退休必须转让股权”是知情的并受其约束。但该公司章程对股东的股权如何转让，以什么价格转让并没有约定，而是规定未在规定期限内办理，股东大会代其决定。股权作为一种综合性财产权利，股权转让的价格是多少、股权转让方式是什么，不应当被章程或股东大会所剥夺，应当以股权转让发生之时股东的意思表示为准，否则会出现大股东侵害小股东权益的情形。本案中公司股东大会未与林某华协商股权转让的方式和价格就作出了决议，并伪造签名办理股权转让行为无效。

在现实中，有很多有限责任公司的股东兼具员工和股东的双重身份，这些公司往往在公司章程中作出强制离职股东转让股权的规定。这种强制转让行为需综合判断，要在尊重公司自治和保护股东合法权益中寻找平衡点。

编写人：安徽省马鞍山市中级人民法院　周真真

067 矿业公司股权转让与矿业权转让之辨及对合同效力的影响

——Q 公司诉刘某等股权转让案

【案件基本信息】

1. 裁判书字号

北京市高级人民法院（2018）京民终 111 号民事判决书

2. 案由：股权转让纠纷

3. 当事人

原告（上诉人）：Q 公司

被告（上诉人）：刘某

被告（被上诉人）：王某梅、北京 G 公司

【基本案情】

2013 年 6 月 23 日，转让方（甲方）刘某与受让方（乙方）Q 公司签订《协议书》，确认方（丙方）为王某梅，协议约定：鉴于甲方、丙方分别持有北京 G 公司 99.9%和 0.1%的股权，北京 G 公司依法对青海 G 公司实际控股，青海 G 公司分别与油矿管理局、油田分公司合作进行民和油田、西宁油田项目的油气勘探、开采并分享收益。各方签订本协议书，通过股权转让，北京 G 公司的股权结构将为：甲方 48.9%、乙方 51%、丙方 0.1%，合作项目民和油田、西宁油田甲方、乙方的权益比例为 49%、51%。北京 G 公司作价 8 亿元，乙方应向甲方支付股权转让款 4.08 亿元，并约定

了股权转让款的支付时间、付款方式、合同解除的条件及违约责任的承担等。

2014年2月22日，由于Q公司未按《协议书》约定付款，刘某与Q公司、煤业公司签订了《补充协议书》，就剩余款项的支付进行了约定。

截至本案一审，Q公司共支付股权转让款90136160元，尚未付清合同约定的股权转让款。2014年4月20日，北京G公司的股东变更为Q公司和投资公司，分别持股51%、49%。

Q公司主张《协议书》名为股权转让，实为探矿权转让，属于以合法形式掩盖非法目的，严重损害了国家利益，违反国家涉及矿产资源转让的强制性及禁止性法律规定，应属无效。

Q公司起诉请求：1. 解除Q公司与刘某于2013年6月23日签订的《协议书》；2. 刘某、王某梅、北京G公司返还Q公司股权转让款90136160元，利息损失6378497.27元；3. 刘某、王某梅、北京G公司支付Q公司从本案起诉之日至实际付清上述款项期间的利息损失。

刘某、王某梅共同反诉请求：1. 确认刘某与Q公司签订的股权转让《协议书》已经解除；2. Q公司支付刘某、王某梅违约金4549.2万元；3. Q公司在原有违约金数额基础上增加支付违约金8000万元；4. Q公司支付延期未付款利息15147275.6元。

【案件焦点】

案涉《协议书》《补充协议书》的性质系矿业公司股权转让合同抑或探矿权转让合同，其效力应如何认定。

【法院裁判要旨】

北京市第三中级人民法院经审理认为：《协议书》约定青海 G 公司与案外人合作勘探、开采油气并分享收益，合同未记载其为探矿权人；约定的转让款系北京 G 公司 51%的股权价值。《协议书》《补充协议书》系股权转让而非探矿权转让，且系各方当事人真实意思表示，内容不违反法律、行政法规的强制性规定，应为合法有效。

Q 公司在合同履行中，存在迟延付款的违约行为，刘某、王某梅有权解除《协议书》并要求其承担违约责任。依《协议书》约定，Q 公司应向守约方支付的违约金为“股权转让款及项目补偿费总额的 10%”。Q 公司主张违约金约定过高，应承担举证责任，非违约方主张违约金约定合理，亦应提供相应证据。违约金是否调整，除以实际损失为基础，还应兼顾合同履行情况、当事人过错程度及预期利益等因素。

Q 公司签约时明知转让款系刘某为偿还债务，其迟延付款会增加对方的债务负担且因其未按期付款，致使对方遭受额外利息损失；自《协议书》签订至解除，国际油价大幅下降，目标公司股权价值受到影响；本案系商事主体间大额股权转让，其在订立合同时应具有更强的判断力和审慎态度。Q 公司未就约定违约金过高予以举证，应向刘某支付约定的违约金。《协议书》解除后，刘某应依约定将 Q 公司所付款项扣除违约金后予以返还。

依照《中华人民共和国合同法》第六十条、第九十一条、第九十六条、第九十七条、第一百零七条、第一百一十四条，《最高人民法院关于适用〈中华人民共和国合同法〉若干问题的解释（二）》第二十九条之规定，判决如下：

一、确认刘某与 Q 公司于 2013 年 6 月 23 日签订的《协议书》

（确认方为王某梅）于2015年3月20日解除；

二、刘某、北京G公司于判决生效后十日内向Q公司返还股权转让款49336160元；

三、驳回Q公司的其他诉讼请求；

四、驳回刘某、王某梅的其他反诉请求。

Q公司、刘某均不服一审判决，提起上诉。

北京市高级人民法院同意一审法院裁判意见。判决：

驳回上诉，维持原判。

【法官后语】

一、矿业公司股权转让与矿业权转让之辨

本案中当事人的争议集中于案涉《协议书》，该协议是矿业公司股权转让合同，抑或矿业权转让合同，对于合同效力的认定、法律适用具有重要意义。

股权是股东基于其对公司出资而对公司享有的获取分红等经济利益、参与公司经营管理的权利。[①] 矿业权是权利人在经国土资源部门依法批准登记的矿区范围内进行勘探或开采矿产资源并取得矿产品的权利。[②] 该两种民事权利的转让存在诸多区别：首先，适用法律不同。股权转让适用公司法、公司登记管理条例等，除受发起人股权转让年限、竞业禁止、上市公司股权转让的特殊审批等限制外，股权转让自由；矿业权转让则适用物权法、矿产资源法和探矿权采矿权转让管理办法等，在转让方式、转让条件及受让主体的资质等

---

① 施天涛：《公司法论》，法律出版社2018年版，第254页。

② 古钰钦：《矿业公司股权转让与矿业权转让的区别》，西南政法大学2017年硕士学位论文。

方面均有限制。其次，法律后果不同。股权转让产生公司股东或股东持股比例的变更；矿业权转让产生矿业权主体的变更。

矿业权转让合同与矿业公司股权转让合同的本质区别在于矿业权主体是否发生变更。矿业公司的股东成员、股权比例发生变更并不必然导致矿业权主体的变更。合同约定的转让款与转让标的密切相关，考察转让款的指向对象对于探知当事人的真实意思表示、判断合同性质亦具有重要意义。

本案中，首先，《协议书》中无任何文字记载青海G公司为探矿权人，其系通过与相关权利人合作，对油田项目进行开发并分享收益，《协议书》未涉及探矿权主体的变更。其次，《协议书》约定的转让款对应的是北京G公司51%股权，且《协议书》签订后北京G公司股东亦发生变更，Q公司作为受让方成为目标公司股东，持有北京G公司51%的股权，该持股情况亦符合《协议书》约定。根据合同约定内容及履行情况，《协议书》约定的转让款的对价系股权价值，而非探矿权价值。《协议书》性质为矿业公司股权转让合同。

二、矿业公司股权转让合同效力的认定

《中华人民共和国矿产资源法》对探矿权、采矿权倒卖牟利的行为进行了禁止性规定，《最高人民法院关于审理矿业权纠纷案件适用法律若干问题的解释》规定了矿业权转让合同的无效事由。矿业公司股权转让合同是否适用上述规定，其效力应如何认定。

根据《最高人民法院关于审理买卖合同纠纷案件适用法律问题的解释》（法释〔2012〕8号）第四十五条第一款的规定，矿山法人企业的股权转让合同，未变更矿业权主体的，可参照适用买卖合同的相关规定，自成立之日起生效，不应受国务院《探矿权采矿权转让管理办法》第十条第三款的限制，不因未经国土资源主管部门批准而产生效力瑕疵。[1] 矿业公司股东的股权转让行为只要符合公司法等法律规定的条件，不存在《中华人民共和国合同法》第五十二条关于合同无效的情形，法院应当充分尊重当事人的意思自治，认定股权转让合同的效力。[2] 本案中，《协议书》系矿业公司股权转让合同，不涉及矿业权主体的变更，对其效力的认定应以合同法、公司法等作为依据，不适用上述关于矿业权的法律法规及司法解释。其系各方当事人的真实意思，且内容不违反法律、行政法规的强制性规定，应为合法有效。

本案审理于《中华人民共和国民法典》颁布和施行前，《中华人民共和国民法典》颁布后，《最高人民法院关于审理买卖合同纠纷案件适用法律问题的解释》亦随之进行了修订。但新修订的《最高人民法院关于审理买卖合同纠纷案件适用法律问题的解释》第三十二条第一款与原司法解释第四十五条第一款规定的内容基本相同。《中华人民共和国民法典》施行后，矿业公司股权转让合同，未变更矿业权主体的，仍参照适用买卖合同的相关规定，自合同成立之日起生效，合同效力的认定不应适用关于矿业权的法律法规及司法解释，其只要符合法律规定的条件，不存在《中华人民共和国民法典》规定的无效情形，则应当尊重当事人的意思自治，认定股权转让合同的效力。

编写人：北京市第三中级人民法院　巴晶焱　石艳明

---

① 刘牧晗：《矿山法人企业股权转让合同的性质和效力认定》，载《人民法院报》2016年12月7日。

② 李志：《矿山企业股权转让与矿业权转让的区别》，载《人民司法案例》2017年第32期。

068 出资瑕疵股东转让股权依法受保护

——陈某洪诉万某强股权转让案

【案件基本信息】

1. 裁判书字号

江西省九江市中级人民法院（2018）赣 04 民终 1748 号民事判决书

2. 案由：股权转让纠纷

3. 当事人

原告（被上诉人）：陈某洪

被告（上诉人）：万某强

【基本案情】

2015 年 1 月 20 日，陈某洪与万某强签订股权转让协议，约定由陈某洪将其持有的瑞昌市增强实业有限公司 25%股权转让给万某强，股权作价 25 万元。协议签订后次日陈某洪依约将其持有的 25%的股权在工商部门办理了变更登记，登记在万某强名下。但万某强以陈某洪未出资不是公司法意义上的股东和本案股份转让系零元转让为由拒绝支付股权转让款 25 万元。陈某洪为维护其自身合法权益，诉至法院，要求万某强支付股权转让款 25 万元。

【案件焦点】

1. 未实际出资或出资不到位的股东能否转让股权；2. 瑕疵股权转让协议的法律效力问题。

【法院裁判要旨】

江西省瑞昌市人民法院经审理认为：陈某洪与万某强签订的股权转让协议是双方当事人的真实意思表示，不违反法律规定，合法有效。陈某洪作为股东，虽对公司出资不到位，但在双方签订股权转让协议时，万某强已明知上述情形，万某强作为完全民事行为能力人，在明知陈某洪未完成出资的情况下，仍与陈某洪签订该协议，其应承担相应的法律责任。

江西省瑞昌市人民法院依照《中华人民共和国合同法》第六十条之规定，判决如下：

由万某强于本判决生效之日起十日内一次性偿付陈某洪股权转让金 25 万元。

万某强不服一审判决，提起上诉。

江西省九江市中级人民法院经审理认为：原判决对于陈某洪是否依约履行了购买瑞昌市增强实业有限公司出资款事实不清。江西省九江市中级人民法院依照《中华人民共和国民事诉讼法》第一百七十条第一款第三项之规定，裁定如下：

一、撤销江西省瑞昌市人民法院（2017）赣 0481 民初 1753 号民事判决；

二、本案发回江西省瑞昌市人民法院重审。

重审中，江西省瑞昌市人民法院经审理认为：公司法规定未履行出资义务或未足额出资的股东对公司负有补缴出资或补足出资额、对其他股东负有违约责任，并未规定未履行出资义务的股东因此而丧失股东资格。公司法规定有限责任公司记载于股东名册的股东，可以依股东名册主张行使股东权利。可见，股东即使未出资，仍可依据经工商行政管理机关登记的股东名册、公司章程等主张股东权利。原、被告均是增强实业公司股东，原告有权将其股权转让给被告。原、被告合伙经营增强实业公司时，关于陈某洪的出资情况，万某强是明知且认可的，在签订案涉股权转让协议时，原告将其股权作价 25 万元，被告自愿接受，可见原、被告签订的股权转让协议是双方当事人的真实意思表示，且没有违反法律、行政法规的强制性规定，合法有效。

江西省瑞昌市人民法院依照《中华人民共和国合同法》第六十条、第一百零七条，《中华人民共和国公司法》第三十二条第三款、第七十二条第一款，《中华人民共和国民事诉讼法》第六十四条第一款之规定，经审判委员会讨论决定，判决如下：

万某强于本判决生效之日起十日内向陈某洪支付股权转让款 25 万元。

万某强不服一审判决，提起上诉。

江西省九江市中级人民法院同意一审法院裁判意见，依照《中华人民共和国民事诉讼法》第一百七十条第一款第一项之规定，判决如下：

驳回上诉，维持原判。

【法官后语】

该案例涉及未出资股东或出资不到位股东能否转让股权的问题。被告万某强自始至终都认为原告没有出资，不是公司法意义上的股东，不能行使股权转让的权利，因此应当驳回原告陈某洪的诉讼请求。对此，司法实践中也有争议，有不同案例，有的认为应当支持，有的则认为不应支持。但根据我国公司法的规定，股东即使未出资，仍可依据经工商行政管理机关登记的股东名册、公司章程等主张股东权利，股东未出资或出资不到位不影响其行使股权转让的权利，且有权收取股权转让价款。

关于出资瑕疵股东转让股权的合法性。《中华人民共和国公司法》第七十一条规定，有限责任公司的股东之间可以相互转让其全部或者部分股权。第三十二条规定，有限责任公司记载于股东名册的股东，可以依股东名册主张行使股东权利；公司应当将股东的姓名或者名称向公司登记机关登记。依照该规定，记载于股东名册的股东可依股东名册行使包括股权转让在内的各项权利，但并未规定未履行出资义务的股东因此而丧失股东资格。因此，出资瑕疵股东转让股权没有违反公司法的相关规定，具有合法性。

关于出资瑕疵股东收取股权转让款是否会导致利益失衡。本案二审发回重审，理由就是出资不清将可能导致受让方与转让方之间利益失衡。笔者认为，出资瑕疵股东收取股权转让款不会导致转让方与受让方之间的利益失衡。根据公司法规定，股东应当按期足额缴纳公司章程中规定的各自所认缴的出资额，股东不按照前款规定缴纳出资的，除应当向公司足额缴纳外，还应当向已按期足额缴纳出资的股东承担违约责任。本案中，原告陈某洪虽然出资存在瑕疵，但是其收取股权转让款是其行使股权转让的权利，并不能因其出资瑕疵而剥夺其收取股权转让款的权利，被告万某强不得以原告陈某洪出资瑕疵作为其拒付股权转让款的抗辩事由。在重审中，合议庭综合认定分析了争议焦点，判决被告万某强向原告陈某洪支付股权转让款，得到了二审法院的支持，足以表明股东出资瑕疵不会导致股权转让受让方与转让方之间的利益失衡。

关于瑕疵股权转让合同的效力问题。公司设立的前提条件就是股东应当按期足额缴纳公司章程中规定的各自所认缴的出资额，这也是股东的法定义务。在实践中，公司股东出资瑕疵的情形的存在，致使在其转让瑕疵股权时引发纠纷。其中，瑕疵股权转让合同的效力认定是妥善处理该类纠纷的核心问题和前提条件。认定出资瑕疵股东转让股权的效力时，除了当事人适格、股权可以依法转让等法定条件以外，尤其应当根据受让人的意思表示是否真实来处理。当转让人隐瞒出资瑕疵事实，受让人对此不知亦不应当知道时，股权转让合同属于可变更、可撤销的合同；如果受让人明知或应知转让股东出资瑕疵的事实的，那么股权转让合同应认定为有效合同。

综上所述，法院在处理本案时，充分考虑了该案的特殊性，综合评析双方当事人争议的焦点问题，准确适用公司法规定，使得这起股权转让纠纷得以解决，也为今后类似的案件提供了一定的参考。

编写人：江西省瑞昌市人民法院　章俊棋

069　“夫妻公司”的财产如何分割

——肖某俊、黄某锡诉张某薇股权转让案

【案件基本信息】

1. 裁判书字号

四川省攀枝花市仁和区人民法院（2018）川0411民初825号民事判决书

2. 案由：股权转让纠纷

3. 当事人

原告：肖某俊、黄某锡

被告：张某薇

第三人：肖某

【基本案情】

原告肖某俊、黄某锡系死者肖某父母，被告张某薇系肖某前妻，第三人肖某系肖某、张某薇婚生子；肖某于2017年2月15日身亡。

2016年7月8日，肖某与张某薇协议离婚，并就子女抚养、住房财产、债权债务等问题达成《自愿离婚协议书》。在该份离婚协议书中载明："……三、……生意：攀枝花市宇阳公司资产财产价值叁拾伍万元，由女方张某薇全权经营，并支付男方肖某现金贰万元。四、债务：夫妻共同确认婚姻关系存续期间共同债务（胡某刚批发的预收账款）共计约4万元由女方张某薇负责清偿。"

Y公司系有限责任公司，成立于2012年5月18日，注册资本为叁万元人民币，股东为肖某、张某薇，各持有该公司50%股权，公司住所地为攀枝花市仁和区。

2016年8月10日，肖某（甲方）与张某薇（乙方）签订《股权转让协议》，双方对转让Y公司股权事宜达成以下协议：1. 甲方自愿将所持攀枝花市宇阳商贸有限责任公司股权1.5万元（大写：壹万伍仟元整）转让给乙方；2. 乙方需在本协议生效之日起十五日内将股权转让款以现金形式支付给甲方；3. 本协议经甲乙双方签字生效。肖某、张某薇在该份转让协议上签字捺印予以确认。同日，根据一名股东提交的股权转让协议，Y公司召开股东大会，并形成如下决议：1. 同意肖某将所持公司的股权 1.5 万元转让给张某薇。2. 上述股东将股权转让后，即退出股东会，不再享有股东的权利和义务……2016 年 8 月 16 日，Y 公司的股东变更为张某薇一人。2016 年 9 月 5 日，Y 公司发布《股权转让公告》，该份公告上载明："攀枝花市宇阳产（商）贸有限责任公司股东肖某转让 100%之股权于本公司股东张某薇，本公司之前所有债务和自 2016 年 8 月 16 日后所产生债权债务由股东张某薇承担。"

另查明，2016 年 7 月 11 日，肖某向张某薇出具《收条》一份，该份收条上载明："收到 Y 公司股权转让金壹万伍仟元整。"

【案件焦点】

死者肖某在与被告张某薇离婚时不愿意继续持有 Y 公司的股份。原、被告对被告张某薇要求保留 Y 公司，肖某退出公司并应将股份以货币形式获得对方相应补偿无异议，争议焦点在于股权转让价格如何确定，是按照被告所主张的按出资额确定还是按公司某一时点的净资产值或进行适当的溢价来确定。

【法院裁判要旨】

四川省攀枝花市仁和区人民法院经审理认为：原 Y 公司实为"夫妻公司"，公司股东为肖某、张某薇夫妻二人，夫妻双方将共同共有财产中的一部分作为各自在有限责任公司中的出资，只不过是设立公司的需要，并不是要改变他们之间的夫妻财产制形式，而且公司的股东地位，只是就对外关系而言，在夫妻关系内部，仍根据婚姻法为夫妻共同共有。在庭审中，被告张某薇对此亦予以认同，明确认可 Y 公司的法人资产与夫妻共同财产混同。因此，Y 公司注册的夫妻股权比例不反映夫妻实际权益的分配，工商登记不能当然作为财产所有权人份额的依据。在夫妻关系存续期间，Y 公司的在夫妻各自名下的股份均系夫妻共同共有的股权；在夫妻关系解除后，双方应就共同共有的股权予以分割。肖某与张某薇在离婚协议书中约定“支付男方现金贰万”，仅系夫妻双方对张某薇在离婚后获得 Y 公司的经营管理权达成一致，而非为肖某转让其股份所获得的对价。

本案所审理的《股权转让协议》，各方当事人均承认其属于有偿合同，所约定转让标的为 Y 公司的股份。但是在协议中，约定将肖某所持 Y 公司 1.5 万元股权转让给张某薇，却没有约定对价。依照《中华人民共和国合同法》第十二条规定，有偿合同应当约定价款或报酬。该法第六十一条、第六十二条规定，当事人就价款没有约定或约定不明的，可以协议补充；不能达成补充协议的，按照合同有关条款或交易习惯确定；仍不能确定的，按照订立合同时履行地的市场价格履行。故价款或报酬是有偿合同的必备条款，缺少该内容，合同则无法履行。

公司股份不同于有形财产，其价值由多种因素构成，如固定资产和流动资金、知识产权或专有技术以及产品盈利能力和人员素质等。公司股份只有经过评估机构专门评估后，方能确定其价值，公司股份的价值才能体现或接近客观真实；在该基础上约定股份转让对价，才能体现当事人签订股份转让协议的真实意愿。本案中，肖某已于 2017 年 2 月 15 日去世，被告张某薇个人持有着 Y 公司的财务账册等公司基础资料，故对 Y 公司共同共有股权进行价值评估的条件已不具备，双方进行协商议价也不可能。依据《自愿离婚协议书》中第三条、第四条中可知，肖某、张某薇夫妻对 Y 公司的公司财产价值、公司债务作出了共同的意思表示，可以作为法院确认 Y 公司股权价值的证据，故法院认定 Y 公司的股权价值为 310000 元，被告张某薇应向肖某支付股权转让款 155000（310000 元÷2）元，已支付 15000 元，还应支付 140000 元。二原告作为肖某的第一顺序继承人，主张 66.6%的股权转让款于法有据，法院予以支持 93240 元。被告抗辩称已足额向肖某支付了股权转让款 15000 元，肖某为此配合被告办理了 Y 公司股权变更登记就是证明。法院认为，股东的工商变更登记属于对抗性登记，与实体权利转移无关，不应作为股权变动的标志。因此，法院对其抗辩理由，不予采信。

四川省攀枝花市仁和区人民法院依照《中华人民共和国合同法》第六条、第十二条、第六十条、第六十一条、第六十二条、第一百零七条、第一百零九条和《中华人民共和国民事诉讼法》第一百四十二条之规定，判决如下：

一、被告张某薇应于本判决生效后三十日内支付原告肖某俊、黄某锡股权转让款 93240 元；

二、驳回原告肖某俊、黄某锡的其他诉讼请求。

判决后，双方当事人均未上诉，本判决现已生效。

【法官后语】

“夫妻公司”是指股东仅为夫妻二人的公司。在离婚案件中对这类“夫妻公司”的财产如何分割，各种观点迥异。第一种观点认为，应当否定“夫妻公司”的法人人格，并向工商登记部门提出司法建议，恢复其私营企业或者个体工商户的性质，然后再将其资产作为夫妻共同财产进行分割。理由是：《中华人民共和国公司法》要求有限责任公司的股东人数为二人以上，而《中华人民共和国婚姻法》

规定在无特别约定的情况下，在婚姻关系存续期间所得财产原则上属于夫妻共同财产，之后颁布的《中华人民共和国民法典》也沿袭这一内容，夫妻双方以共同财产投资设立有限责任公司，虽然登记的股东为两人，但实质上是一个集合集体，夫妻之间不构成真正意义的《中华人民共和国公司法》上的股东关系，该类公司仅具有公司的外壳而无公司之实质，以夫妻共同财产设立公司，实为以单一主体设立有限责任公司，势必损害公司财产的独立性，因此在处理离婚案件时，应当否定“夫妻公司”的法人人格。第二种观点认为，《中华人民共和国公司法》规定有限责任公司的股东在二人以上，并没有对股东之间的身份关系作出限制。因此夫妻可以共同出资设立有限责任公司，对于双方在公司中的投资比例可视为夫妻双方对财产的约定。离婚案件中，不应将其系统地认定为夫妻共同财产，而应按照工商登记中确定的比例进行分割。第三种观点认为，《中华人民共和国公司法》对于股东并无身份上的限制，夫妻双方共同投资设立有限责任公司并不违反法律规定。夫妻双方将共同财产中的一部分作为各自在有限责任公司中的出资，只不过是设立公司的需要，并不是要改变他们之间的夫妻财产制形式，结合我国以法定财产制为主的现实国情，也难以认定夫妻双方有改变夫妻财产制形式的意思表示，而且公司的股东地位，只是就对外关系而言，在夫妻关系内部，仍应根据《中华人民共和国民法典》“婚姻家庭编”的有关夫妻财产的规定来处理。

夫妻设立公司非单一主体设立公司，按照我国民事立法的规定，夫妻共同财产制为民法中的共同共有关系，这一共同共有关系并不意味着其法律主体的单一，恰恰相反，共同二字本来即两人以上的法律主体。因此，以未分割的夫妻共同财产设立公司，并非单一主体设立公司。实际上以未分割之夫妻共同财产出资，将形成夫妻共同共有股权的现象。以未分割之夫妻共同财产出资设立公司并不必然构成对公司法人财产独立的损害。当然，由于夫妻之间的特殊关系，夫妻公司容易出现个别股东操纵公司、损害公司法人人格独立性的现象，但并不意味着夫妻公司必然导致这种现象，故对否认“夫妻公司”的法人人格应当采取谨慎的态度。结合到本案，Y公司的资产、债权债务因不属于夫妻共同财产，未在双方离婚时直接分割。

以夫妻共同财产投资的有限责任公司，公司股东仅为夫妻二人，此类公司注册的夫妻股权比例的设置往往带有一定的随意性或是仅仅出于形式上的需要，并不反映夫妻实际权益的分配。工商登记不能当然作为财产所有权份额的依据，工商登记中载明的夫妻投资比例并不等同于财产约定。如果有证据证明夫妻当初在工商登记的股权比例只是为设立公司而做的表面文章，而其真实意思还是夫妻各半持有公司的股份，那么就应按夫妻真实的意思表示去处理，不应简单地根据工商登记中载明的投资比例将公司财产判归各方所有。为规避类似纠纷，笔者建议工商登记机关在夫妻双方登记注册公司时，应要求其提交财产分割证明以判定投资比例，若不能提交，则应认定为夫妻双方共同共有的财产出资设立公司，在夫妻关系存续期间，夫妻名下的公司股份属于夫妻双方共同共有的财产。

在处理有关“夫妻公司”问题时，要注意与《中华人民共和国公司法》的有关规定相衔接，可以考虑：(1) 离婚后夫妻双方都有经营能力，并且也都愿意继续共同经营的，可依照《中华人民共和国民法典》“婚姻家庭编”的有关处理夫妻财产的规定，直接分割双方的股权比例；(2) 夫妻双方都要求解散清算公司，则可以在清算后对公司剩余财产按照民法典中婚姻编的有关规定进行分割；(3) 夫妻一方要求保留公司，另一方要求退出公司并获得相应补偿的，可以考虑通过将股权部分转让给第三人的方法来解决，既能使退出一方的补偿获得实现，又能使公司继续存续下去等。

编写人：四川省攀枝花市仁和区人民法院　赵谦

070　夫妻一方单独转让婚后增值的股权是否构成无权处分，股权转让合同的效力应如何认定

——秦某兰诉顾某君、顾某平股权转让案

【案件基本信息】

1. 裁判书字号

江苏省无锡市中级人民法院（2018）苏02民终768号民事判决书

2. 案由：股权转让纠纷

3. 当事人

原告（上诉人）：秦某兰

被告（被上诉人）：顾某君、顾某平

【基本案情】

金属制品公司系有限责任公司，由顾某平与顾某春共同出资设立，其中顾某平出资41万元，占80.39%的股份，顾某春出资10万元，占19.61%的股份。2006年6月19日，顾某平以25.5万元的金额将其持有的金属制品公司50%的股权转让给顾某君。2007年4月9日，秦某兰与顾某君登记结婚。2015年10月22日，顾某君

与顾某平签订股权转让协议一份，约定顾某君将其在金属制品公司的50%的股权计25.5万元以25.5万元的价格转让给顾某平。双方签订上述股权转让协议后办理了相应的股权变更登记手续。2016年4月1日，顾某君向无锡市惠山区人民法院（以下简称惠山区法院）起诉离婚，惠山区法院经审理后于2016年5月5日作出（2016）苏0206民初1656号民事判决，不准顾某君与秦某兰离婚。2016年12月22日，顾某君再次向惠山区法院起诉离婚，后又于2017年3月20日撤回起诉。秦某兰认为，顾某君持有的金属制品公司股权在双方婚后持续增值，该增值部分应当属于夫妻共同财产。顾某君私自于2015年10月22日与其父顾某平签订案涉股权转让协议，将其持有的金属制品公司50%的股权以25.5万元的价格转让给顾某平，顾某君单方将虽登记在其名下但部分属于夫妻共同财产的金属制品公司股权以不合理的低价转让给顾某平的行为存在主观恶意且侵害了秦某兰的合法权益，为此，秦某兰向无锡市锡山区人民法院起诉请求：确认顾某君、顾某平于2015年10月22日签订的股权转让协议无效。顾某君认为，金属制品公司是由其父顾某平与案外人顾某春共同于2004年出资设立。在其2006年大学毕业后，顾某平就向其转让了金属制品公司50%的股权，其受让该部分股份时尚未与秦某兰登记结婚，故该部分股权系其个人婚前财产，秦某兰在婚后也从未参与金属制品公司生产经营。因近年来金属制品公司经营不善，其就于2015年将金属制品公司50%的股权归还给了顾某平，其与顾某平签订案涉股权转让协议及转让股权的行为均是有效的，请求法院依法驳回秦某兰的全部诉讼请求。

【案件焦点】

顾某君是否有权单独处分登记在其名下的金属制品公司股权。

【法院裁判要旨】

江苏省无锡市锡山区人民法院经审理认为：股权（股东权）是一种综合性权利，是以身份权、管理权、财产权为主要内容，集身份、财产与管理等权利于一体的独立的权利形态。根据公司法的规定，公司股东依法享有资产收益、参与重大决策和选择管理等权利，据此，股权系股东基于其股东资格而享有的权利，非股东不享有上述权利，即便是股东的配偶。股权不能等同于一般财产，股东配偶仅能对因股权所得的财产收益按约或法律规定享有共有权利，而不能与股东共同行使股权。就本案而言，因顾某君与秦某兰登记结婚前即持有金属制品公司50%的股权，其持有的该部分股权系婚前财产，在顾某君与秦某兰婚前关系存续期间亦未有就上述股权由二人共同共有的约定，故应认定顾某君原持有的金属制品公司50%的股权系其个人财产，秦某兰并非该部分股权的共有权人。因顾某君对其原持有的金属制品公司50%的股权享有所有权，其有权在不违反法律及公司章程规定的情况下向他人转让股权。顾某君、顾某平于2015年10月22日签订的股权转让协议，系双方自愿、真实的意思表示，且内容不违反法律、行政法规的强制性规定，合法有效。另，关于秦某兰主张的顾某君原持有的金属制品公司50%的股权在婚姻关系存续期间是否发生增值的问题。法院认为，如顾某君原持有的金属制品公司50%的股权确在婚姻关系存续期间发生了增值，顾某君在转让股权中获得的该增值部分的收益，根据婚姻法的相关规定，应认定为夫妻共同财产，但秦某兰享有的是在离婚时按双方约定或法律规定要求分割该部分共同财产的权利，如因顾某君的行为对其该部分夫妻共同财产份额造成损害，秦某兰亦有权向顾某君提起损害赔偿之诉，但秦某兰并无限制顾某君转让股权的权利。本案并非离婚诉讼，秦某兰提出在本案中对顾某君原持有的金属制品公司50%的股权在婚姻关系存续期间是否发生增值进行司法鉴定，因该鉴定申请与秦某兰的诉讼请求及待证事实并无关联，故法院对该申请不予准许。秦某兰现要求确认案涉股权转让协议无效的诉讼请求，于法无据，法院不予支持。

江苏省无锡市锡山区人民法院依照《中华人民共和国公司法》第七十一条，《中华人民共和国民事诉讼法》第一百四十四条，《最高人民法院关于适用〈中华人民共和国民事诉讼法〉的解释》第一百二十一条第一款之规定，判决如下：

驳回秦某兰的全部诉讼请求。

秦某兰不服原审判决，提起上诉。

江苏省无锡市中级人民法院经审理认为：顾某君有权处分登记在其名下的金属制品公司股份。案涉股份系顾某君婚前取得，且登记在顾某君名下，其向顾某平转让股份的行为系有权处分，而非无权处分，不需要事先征求其配偶秦某兰的同意或者得到事后的追认。本案中秦某兰认为，顾某君经营金属制品公司期间产生的股份增值部分为夫妻共同财产，认为顾某君转让股份应当经由自己同意，否则是无权处分，事实上系主张自己拥有对案涉股份在婚姻关系存续期间的共有权，该观点缺乏法律依据，不能成立。首先，股权是一种具有身份属性和财产属性的复合权利，仅为股东所享有，与股东资格相始终，配偶并不能基于婚姻关系共有股权或者行使股东的任何权利；其次，公司法确认的股权转让主体是股东本人，受让人亦无法定义务审查股权转让是否取得了股东配偶的同意；第三，夫妻财产共有关系仅指向股权的价值利益（如分红款、转让款、清算款等），而非股权本身，生产经营的“收益”归夫妻共同所有。此外，以无权处分为由主张合同无效，亦不符合现行法律规定，自物权法开始，我国立法已经区分处分行为和负担行为，《最高人民法院关于审理买卖合同纠纷案件适用法律问题的解释》第三条第一款明确规定，无权处分影响的是能否实现物权的变动，而不影响物权变动的原因行为即买卖合同的效力。故，秦某兰提出顾某君不具有对涉案股权的单独处分权，股权转让合同侵犯秦某兰对夫妻共有财产的平等处理权而无效的抗辩，本院不予采纳。顾某君转让案涉股份系有权处分，在此情况下，已无通过评估案涉股份是否增值来确定顾某君是否无权处分了夫妻共同财产的必要，对于秦某兰的鉴定申请，本院不予准许。综上，秦某兰的上诉请求不能成立。一审法院认定事实清楚，适用法律正确，应予维持。

江苏省无锡市中级人民法院依照《中华人民共和国民事诉讼法》第一百七十条第一款第一项的规定，判决如下：

驳回上诉，维持原判。

【法官后语】

认定顾某君单独转让婚前即登记在其名下的股权系有权处分还是无权处分，股权转让合同是否有效，需要理解以下内容：

第一，股权的性质。依照《中华人民共和国公司法》第四条的规定，股权可以理解为股东依法享有的资产收益、参与重大决策和选择管理者等权利。从上述规定中可以得出，股权既具有财产属性又具有身份属性，实际上是多重权利的集合，或者理解为是一种复合权利，而正是基于股权的这种权利复合性，股东在进行转让股权等处分行为时，既是处分股权中的财产权属性，又是处分股权中的身份权属性，而正是因为股权的处分行为包含处分身份权的内涵，所以能够处分股权的权利主体只能是股东本人，其他人不能进行处分。从这个角度出发，顾某君既是案涉股权的登记股东，又是实际股东，其有权单独处分股权，其转让股权的行为是有权处分而不是无权处分。

第二，涉及股权的夫妻共有财产如何正确理解。本案中，顾某君持有的股权在婚前即登记在其名下，本身属于婚前财产，但该股权在婚后如产生增值，因股权的增值系公司经营发展的结果，故该股权增值部分不属于《最高人民法院关于适用〈中华人民共和国婚姻法〉若干问题的解释（三）》第五条规定中的“自然增值”，该增值部分的“收益”应当属于夫妻共同财产，即夫妻一方婚前持有的股权本身并不是夫妻共同财产，但该股权在婚后增值部分的收益属于夫妻共同财产，且只有当增值部分通过一定的处分行为转变为财产收益时，该增值的财产收益才属于夫妻共同财产。就本案而言，顾某君在处分其名下的股权时属于有权处分，但当处分股权获得的收益相比婚前有增值部分，该增值部分的收益应当属于夫妻共同财产。如顾某君对秦某兰的该部分共同财产份额造成损害的，秦某兰有权向顾某君提起损害赔偿之诉以救济自身权利。

退一步讲，即使构成无权处分，是否影响股权转让合同的效力。本案中，秦某兰以顾某君无权处分为由主张案涉股权转让合同无效，亦不符合现行法律规定。自《中华人民共和国物权法》开始，我国立法已经开始区分处分行为和负担行为，《中华人民共和国物权法》第十五条（该条款被《中华人民共和国民法典》第二百一十五条继受）、《最高人民法院关于审理买卖合同纠纷案件适用法律问题的解释》第三条第一款中均规定，无权处分影响的是能否实现物权的变动，而不影响物权变动的原因行为即债权行为的效力。本案中，无论顾某君对案涉股权的处分行为是否构成无权处分，均不影响股权转让合同的效力，案涉股权转让合同应为有效。

编写人：江苏省无锡市锡山区人民法院　吕纯阳

071 股东主张优先购买权应以积极主动的形式在合理期间内明确提出，否则应视为放弃其优先购买权

——谭某某诉周某等股权转让案

【案件基本信息】

1. 裁判书字号

湖南省株洲市石峰区人民法院（2018）湘 0204 民初 114 号民事判决书

2. 案由：股权转让纠纷

3. 当事人

原告：谭某某

被告：周某、周某某、程某平、宁某云、龙某辉、邓某保、陈某、易某辉、聂某良、聂某英、彭某波、陈乙、刘某、王某祥、朱某龙、谢某望、魏某良

【基本案情】

J 公司原有注册股东 22 人，原告为股东之一。2017 年 7 月 5 日，J 公司召开股东大会，会议同意授权董事会进行对外股权转让相关事宜的洽谈，并对公司章程进行了部分修改。原告参加了此次

股东大会并在相关决议上签字同意。7 月 26 日，J 公司召开股东会，16 名股东同意按 17 倍价格转让股权，原告参加了此次会议，但不同意按上述价格转让，故未签字同意。8 月 2 日至 8 月 4 日，被告周某分别与被告周某某等 13 名被告签订股权转让协议及补充协议，主要内容为上述 13 名股东同意将持有的股权全部转让给周某，周某同意以 17 倍的价格全部受让。8 月 5 日，J 公司原董事长张某良告知原告，70% 以上股东表决同意对外转让公司股权，原告享有优先购买权，如主张优先购买权，请将收购资金证明及方案在 8 月 9 日前书面提交董事会或法律顾问。原告回复认为公司已剥夺其优先购买权，其会通过法律维权，主张股权买卖无效，其有优先购买权。8 月 9 日，原董事长张某良及法律顾问再次通知原告，表明原告仍有优先购买权，如要行使优先购买权，在公司章程规定期限内、在同等条件下主张优先购买权。8 月 11 日，原告回复其优先购买权已被侵犯。同日，原董事长张某良和法律顾问以短信、微信的方式将优先购买权告知函发送给原告，如行使优先购买权，在收到后十个工作日内向董事会提交行使优先购买权的告知书，并提供银行资信证明，逾期视为放弃。原告回复为一份迟到的函告，公司律师刚刚发了。2017 年 9 月 11 日，J 公司向原告送达定于 9 月 19 日召开临时股东会的相关通知，议题为修改章程及选举执行董事。9 月 19 日，J 公司召开临时股东会，同意部分股东在 J 公司的股权共计注册资本 56 万元转让给周某，同意新增周某为股东，并选举为执行董事。原告到达了会议现场，但未进行会议签到及相关表决签字。11 月 3 日，周某与朱某龙等 3 名被告签订股权转让协议并支付股权收购款项。另查，J 公司已进行了投资人（股权）工商登记变更，法定代表人变更为周某。

【案件焦点】

1. 原告谭某某是否行使了优先购买权；2. 被告周某与周某某等13名被告之间的股权转让是否侵犯了原告谭某某的优先购买权；3. 原告谭某某对被告周某与被告朱某龙、谢某望、魏某良之间的股权转让是否享有优先购买权。

【法院裁判要旨】

湖南省株洲市石峰区人民法院经审理认为：首先，J公司2017年7月5日的股东会，共有19名注册股东同意股东对外转让股权，并授权董事会进行对外股权转让相关事宜的洽谈，原告参加了此次股东会并在决议上签字同意，其对公司股东进行对外股权转让是知情的。其次，出让股权的股东授权董事会告知与第三方股权收购条件以及公司其他股东享有优先权及优先权的主张方式。原告参加了7月26日的股东会，对按股权出资额17倍向外转让股权应是知情的。同时根据原告对公司的复函明确表明公司是以出资额17倍的价格转让股权。最后，股东主张优先购买权应在同等条件下明确提出，否则应视为放弃其优先购买权。原告在本案中仅强调侵犯了其优先购买权，但从未明确表示其要主张优先购买权，因此不能视为原告主张了优先购买权。另，虽然本案股权转让款在签订转让协议时就进行了支付，但双方在协议中明确约定股权变更登记前，公司其他股东仍可行使优先购买权，若其他股东行使导致协议无效，双方互不承担违约责任。原告对股权对外转让条件及其享有优先购买权是知晓的，且公司原董事长及法律顾问已明确告知原告享有优先购买权，但直到2017年10月11日进行股权工商变更，原告仍没有表示其要行使优先购买权。综上，法院认为原告无证据证明其按公司章程的规定主张了自己的优先购买权，应视为其已放弃优先购买权，周某与周某某等13名被告之间的股权转让没有侵犯原告谭某某的优先购买权并已完成工商变更登记；原告对周某与朱某龙等3名被告之间的股权转让不享有优先购买权。被告周某通过前述股权转让成为J公司注册股东，并完成股权变更登记，其与被告朱某龙等3名被告之间的股权转让系公司股东之间的转让，无须征得原告同意，原告对此不享有优先购买权。综上，湖南省株洲市石峰区人民法院判决：驳回原告谭某某的诉讼请求。

判决后，双方当事人均未上诉，本判决现已生效。

【法官后语】

本案是一起典型的股东优先购买权之诉。现行《中华人民共和国公司法》对股东优先购买权制度的规定尚属原则性与指导性规定，缺乏规则性的指导，对实践中股东优先购买权的行使带来了诸多难题和争议，使得股东优先购买权之诉日益增多，并伴随着问题复杂化的趋势。解决此问题需要明确以下两点：一是转股股东是否履行了通知义务；二是股东如何行使优先购买权。

一、转股股东应对其通知方式以及通知发出之后其他股东已经收悉的事实承担举证责任

《最高人民法院关于适用〈中华人民共和国公司法〉若干问题的规定（四）》对公司股东优先购买权制度作了具体规定，该解释第十七条第一款、第二款对股东优先购买权的通知做了详细规定。转股股东应当以“书面或者其他能够确认收悉的合理方式”通知其他股东，并且由此衍生出的举证规则是转股股东要对其通知方式，以及通知发出之后其他股东已经收悉的事实承担举证责任。向股东

以外的人转让股权，就股权转让事项征求其他股东同意的书面通知，应当包括拟受让人的有关情况、拟转让股权的数量、价格及履行方式等主要转让条件。

本案中，原告谭某某在2017年7月26日参加股东大会时就已知晓股权转让的事实，但不同意转让价格，2017年8月5日，公司董事长告知原告享有优先购买权，2017年8月11日，再次通知原告享有优先购买权，并在十个工作日内提交行使优先购买权相关材料。直至2017年9月11日，通知原告参加2017年9月19日临时股东会。公司董事会多次通过多种方式向谭某某进行了通知，谭某某对此是知悉的，且多次进行了回复。

二、股东主张优先购买权应以积极主动的形式在合理期间内明确提出

《最高人民法院关于适用〈中华人民共和国公司法〉若干问题的规定（四）》第十九条明确规定了其他股东行使优先购买权的期间。明确公司章程约定优先，章程中明确规定的就依据公司章程进行，章程中没有规定的依据以下情形确定：(1) 股权转让通知载明了行使期间的，以该期间为准；(2) 股权转让通知未载明期间，或者该期间短于30日的，行使期间为30日。不同意对外转让股权的股东，应当在合理期限内向出让股东购买该部分股权。购买条件与行使优先购买权相同。

本案中，根据原、被告双方提交的证据，结合法院审理查明的事实，法院认为股东主张优先购买权应当在合理期间内并在同等条件下以积极主动的形式明确提出，否则应视为放弃其优先购买权。在原告知晓且公司履行了股权优先购买权的通知义务情况下，原告均未明确主张优先购买权，亦未表示同等条件下购买，只是一味强

调侵犯其优先购买权，原告的行为已经超过行使优先购买权的合理期间。

被告周某与被告周某某、程某平、宁某云、龙某辉、邓某保、陈某、易某辉、聂某良、聂某英、彭某波、陈乙、刘某、王某祥之间的股权转让在签订协议当天即完成了股权转让款的支付，看似侵犯了原告的优先购买权，但上述被告之间的股权转让协议的效力待定，并授权公司董事会通知其他股东享有优先购买权。自J公司召开股东会同意进行股权对外转让以来，原告知情，其虽不同意股权对外转让的价格，拒绝在公司股东会议上签到，但在公司多次告知其享有优先权以及优先购买权的行使方式及要求的情况下，直至股权工商登记变更之前，原告仍未明确表示其要主张优先购买权，也未提交收购股权的资信证明等公司章程规定的方式行使优先购买权，原告这种仅是强调侵犯其优先购买权，但不表示其要行使优先购买权的行为，不能视为其主张了优先购买权。也无证据证明原告按公司章程的规定主张了优先购买权，应视为其已放弃了股权优先购买权，上述被告之间的股权转让未侵犯其优先购买权。

三、股东之间相互转让股权，其他股东无优先购买权

有限责任公司的股东之间相互转让其全部或者部分股权，其他股东要求行使优先购买权的，人民法院不予支持。对于被告周某与被告朱某龙、谢某望、魏某良之间的股权转让，因被告周某与其他被告之间完成了股权转让而成为公司股东，故之后的股权转让系公司股东内部之间转让，原告无权主张优先购买权。

编写人：湖南省株洲市石峰区人民法院　吴灿林

072 股权转让的内部效力适用和多重股权转让中善意取得制度的适用

——陈某诉置地公司股权转让案

【案件基本信息】

1. 裁判书字号

四川省成都市中级人民法院（2018）川01民终1842号民事判决书

2. 案由：股权转让纠纷

3. 当事人

原告（反诉被告、被上诉人）：陈某

被告（反诉原告、上诉人）：置地公司

第三人（上诉人）：李某晶、赵某刚

【基本案情】

2012年8月15日，被告置地公司全资设立农业公司用于农业生产经营，后农业公司与某村村民签订土地流转协议。农业公司在经营过程中亏损严重，出现大面积土地抛荒，引来众多村民投诉，彭州市濛阳镇某村村民委员会多次向农业公司发函要求整改。被告认为流转的土地由于多方面因素不利于从事农业生产经营，因此急于将亏损的农业公司股权转让。2016年7月18日，原告作为乙方、被告作为甲方签订《股权转让协议》，约定由原告受让被告持有的农业公司100%股权，被告在协议签订之日起三十日内完成股权转让工商变更登记，并承担相关费用。同时约定被告按30万元/年的标准于当年7月1日前向原告支付补偿款，时间为2016年7月1日到2022年7月1日，共六年。若甲方无故迟延向乙方支付补偿费的，每逾期1天，甲方按逾期未付款的千分之三向乙方支付违约金。2016年7月19日，被告向原告转账支付了2016年度的补偿款30万元。

2017年5月14日，T公司作为甲方与李某晶、赵某刚作为乙方签订《股权转让协议》，约定乙方受让甲方持有的农业公司的100%股权，其中李某晶受让51%，赵某刚受让49%。受让价格为50万元，由李某晶支付给甲方。同年5月15日，农业公司法定代表人由张某松变更为李某晶。8月16日，李某晶通过银行账户向T公司转款50万元。8月17日，农业公司股东由T公司变更为李某晶、赵某刚。

原告主张被告违约并提起诉讼，请求法院判决被告继续履行《股权转让协议》。T公司提出反诉，请求判令《股权转让协议》已解除，并由原告退还T公司已支付的2016年补偿款30万元并支付资金占用利息。

【案件焦点】

1. 在股权转让纠纷中，在转让人与受让人之间，即使股权没有进行转让登记，只要转让协议合法有效，股权亦产生转让效力；2. 在股权转让纠纷中，转让人将股权转让受让人后，未进行转让登记，又将股权转让给第三人并进行转让登记，可适用善意取得制度判断第三人是否为股权所有人。

【法院裁判要旨】

四川省彭州市人民法院经审理认为：《股权转让协议》明确约定

被告置地公司在协议签订之日起三十日内完成股权转让工商变更登记，并承担相关费用。该约定表明履行股权变更登记的义务方是被告，原告陈某负有配合义务。依照《中华人民共和国合同法》第九十四条规定的法定解除情形，作为违约方，被告无权行使合同解除权。相应其要求原告退还已付30万元的补偿款请求也不能成立。

原告与被告签订股权转让协议后，被告依约支付了首期补偿款30万元，原告实际经营农业公司，已享受了转移资产的受益权，被告完成了股权的交付，原告已取得公司股权。被告再行转让股权，对原告而言，已构成无权处分。就本案而言，第三人李某晶、赵某刚尽管已经变更登记为农业公司股东，也支付了对价，但从其受让身份、受让时间、变更登记时间、交易主体等情形判断，其在受让时并不善意。被告应当协助原告办理股权变更登记。第三人因向村民支付租金而受到的损失，也可通过另外的途径向真正的义务人原告主张。原告在继续履行的诉讼请求中请求被告支付从2016年7月1日到2022年7月1日每年的补偿金30万元，除2017年度外，其余部分支付义务未到期，对未到期部分，不予支持。

被告因在本案中对原告的违约主张提出了根本性抗辩，经一审释明，提出了调低违约金的请求。原告在本案中未举出因被告不支付补偿款受到的损失，而合同约定的延期支付补偿金的违约金标准过高，故应予调整。

四川省彭州市人民法院依照《中华人民共和国公司法》第三十二条，《中华人民共和国合同法》第六十条、第九十四条，《中华人民共和国物权法》第一百零六条，《最高人民法院关于适用〈中华人民共和国公司法〉若干问题的规定（三）》第二十七条第一款，《最高人民法院关于适用〈中华人民共和国合同法〉若干问题的解释（二）》第二十九条第一款，《中华人民共和国民事诉讼法》第六十四条第一款，《最高人民法院关于民事诉讼证据的若干规定》第二条之规定，判决如下：

一、被告置地公司和第三人李某晶、赵某刚于本判决生效后十日内协助原告陈某将T公司100%的股权登记到原告名下；

二、被告置地公司于本判决生效后十日内向原告陈某支付2017年度补偿费30万元及违约金（以30万元为基数，从2017年7月2日始至本判决确定之日止，按中国人民银行同期同类人民币贷款基准利率上浮30%计算）；

三、驳回原告陈某的其他诉讼请求；

四、驳回被告置地公司的反诉请求。

被告置地公司不服一审判决，提起上诉。

四川省成都市中级人民法院经审理认为：T公司连续两个年度净亏损，陈某虽以"零对价"受让农业公司股权，但同时也承受了农业公司未来经营的全部风险。因此，T公司没有证据证明其意思表示系将案涉股权进行赠与，其与陈某签订股权转让协议实质上亦并非单务无偿。故T公司的该项上诉理由不能成立。

T公司系与陈某签订的《股权转让协议》中约定的办理股权转让工商变更登记的义务人，本案中，T公司未提供证据证明其在合同签订后三十日启动了变更登记工作，也未举证证明此期间要求陈某履行配合义务，因此T公司已然违约，其依据《中华人民共和国合同法》第九十四条的规定行使法定解除权于法无据，其关于股权转让协议已经解除的理由不能成立，法院不予采纳。

T公司与陈某签订股权转让协议并生效后，即对当事人双方产生股权转让效力，股权权能由转让方移转至受让方，而股东名册、工商登记仅对应产生对抗目标公司、第三人的效力。因此，陈某已取得农业公司股权，农业公司向他人转让案涉股权的行为构成无权处分。第三人李某晶、赵某刚 T 公司职工，根据其陈述，称其不知道案涉农业公司股权变更至其与赵某刚名下一事明显缺乏合理性，其也应当知道陈某已于 2017 年 7 月 21 日向一审法院提起诉讼、对案涉股权主张权利，其主观上的善意难以成立。另外，赵某刚作为案涉股权的收购人，理应对收购股权情况进行了解，因此将案涉股权变更登记到李某晶、赵某刚名下的行为，不能认定系出于善意，该变更登记行为应视为不正当促成第三人对抗条件的成就，不能对陈某产生对抗效力。李某晶、赵某刚受让案涉股权的行为不能认定为善意，即使该股权已登记到李某晶、赵某刚名下，亦不能对陈某产生对抗效力，案涉股权仍应为陈某所有。

四川省成都市中级人民法院依照《中华人民共和国民事诉讼法》第一百七十条第一款第一项之规定，判决如下：

驳回上诉，维持原判。

【法官后语】

公司股权转让是企业募集资本、产权流动重组、资源优化配置的重要形式。我国公司法和相关法律规定公司股权进行转让后，应当将股东进行更名登记。当发生公司股权多重转让时，或转让人未进行股东变更登记，或先行转让未变更登记，而后次转让却变更登记等，围绕谁是真正的股权实质权利人引发大量纠纷并产生认知分歧和误区。如何认定股权转让效力，如何认定真正的股东，对司法实务而言具有极强的理论需求和应用意义。

一、在股权转让纠纷中，应区分内部、外部的不同情形确认实质权利所有人

股权转让协议的内部效力应当如何认定，在实践中存在不少认识误区。有人认为，因股权转让后应当进行股东变更登记，与不动产交易模式一致，故应遵从物权法的相关原理。甚至在股权转让协议中，也存在原因行为与结果行为的区分原则，即凡未进行股东变更登记的，不发生股权转让效力。本案被告T公司即持此种认识。物权区分原则历经实践和理论的探索，终于被我国物权法所采纳，已成为共识。但该原则主要调整物权变动时的法律关系。股权转让合同与一般的买卖合同并无本质的差异，而特殊性仅在于公司作为市场交易的主体，在促进资源配置，维护交易安全的过程中，需要给予交易对象或第三人明确的公司关键信息，其中就包括股东、资产等。故法律规定了工商登记的管理任务，并进而提出了登记对抗主义。对于股权转让中的转让方和受让方而言，就按一般的买卖合同规则予以规制。换言之，当事人订立股权转让协议后，应当按照合同约定的义务交付股权，比如交付无记名股票、转移资产受益权、共同办理工商变更登记等，即使未完成公司登记、工商登记，合同生效后只要实际交付，股权权能即发生了转移，由转让方移转至受让方。股权转让的内部效力应有两层含义：一是股权转让协议生效并实际交付后，股权发生变更，任何一方不得以未登记为由而否认转让效力；二是转让效力仅发生于协议双方当事人之间，未经变更登记，对公司、第三人无法律约束力，双方当事人均不得以协议生效并实际交付为由，向公司、第三人对抗。

二、受让方依内部协议取得股权后，应审查是否存在变更登记的履行障碍，进而判断合同解除抑或继续履行

公司为交易而产生，交易必然关涉多方交易主体。股权转让仅

在内部协议之间产生效力，如未进行变更登记，缺乏公示效力，在交易市场中必定存在巨大的风险。因此，但凡股权转让协议，无论是公司法的要求，还是交易目的的驱使，双方必然会约定有关股东名册变更、股权变更等事宜的登记义务。而变更登记是否必然能完成，在实践中并不必然。如无法限制转让方的“一权多让”，也无法预测阻却变更的客观事实，故必然存在履行不能的风险。因此，在股权转让纠纷中，即使确认了受让方的实质权利人身份，但能否实现变更登记，还需要依案而论。存在几种可能情形：一是无阻碍情形，依《中华人民共和国民法典》第五百七十七条之规定，当事人一方不履行合同义务或履行合同义务不符合约定的，首先应当承担“继续履行”的违约责任。二是发生多重转让，且后手受让方已获得变更登记的，应先行判定后手受让方是否为善意取得，如为善意取得人，意味着无法完成前手受让方的权利变更登记。三是发生《中华人民共和国民法典》第五百八十条第一款规定的情形，即“法律上或者事实上不能履行”“债务的标的不适于强制履行或者履行费用过高”“债权人在合理期限内未要求履行”，将无法完成变更登记。出现上述第二、三种情形，受让方只能请求解除股权转让协议并有权要求转让方承担违约责任。相关法律后果按解除合同的法定后果确定。

三、善意取得制度在股权转让中适用的识别路径

传统民法理论一般认为，善意取得仅限于动产，《中华人民共和国民法典》规定不动产也适用善意取得，突破了仅适用动产的限制，其理论基础即源于公示公信原则。该原则蕴含了在不动产领域和须登记的动产领域适用登记生效主义以及作为其题中之意的权利推定原则，在一般动产领域则推定占有即有所有权。在无权处分的情形中，第三人的“善意”是对外观上权利公示的信赖因而应予保护。

股权虽非动产，但既然不动产物权已进行了理论的突破和实践的应用，物权之外的权利，包括知识产权、股权等，只要具有一定权利的外观表征为基础，就存在善意取得的可能。正是基于此，《最高人民法院关于适用〈中华人民共和国公司法〉若干问题的规定（三）》第二十七条第一款规定：股权转让后尚未向公司登记机关办理变更登记，原股东将仍登记于其名下的股权转让、质押或者以其他方式处分，受让股东以其对于股权享有实际权利为由，请求认定处分股权行为无效的，人民法院可以参照《中华人民共和国民法典》第三百一十一条的规定处理。

究竟怎样识别股权转让中的善意取得呢？可从四个条件把握：

一是转让人应为无权处分人。《中华人民共和国民法典》第三百一十一条确立的善意取得制度，其前提是无处分权人转让不动产或动产。现实中不动产的“一房多卖”“一地多卖”与股权转让中的“一权多让”有着类似的表现形式，但物权变动的区分原则已揭示了不动产权所有权人在多重买卖关系中，其均是有权处分人，只是依照法律确立的权利认定顺位规则，判定多重买受人谁才能取得最后的物权。而股权所有人的多重股权转让中，除首次转让时为有权处分外，后来的处分行为均为无权处分。因为如前论述，以股权转让协议签订为股权转让的时点，当双方达成转让合意，股权即在双方之间实现转移。在股权转让内部，受让人即为实质权利人。如果原股东再次转让，则实质构成了处分受让人股权，为无权处分行为。正因如此，亦才有善意取得制度在股权转让中适用的前提条件。二是受让人在受让时主观上应当是善意。善意是行为人的主观心理活动，只有通过客观的行为推定判断行为人是否为善意。在判定股权转让中的善意与不动产买卖中的善意时从要件而言并无差异，但对登记产生的信赖利益其法律意义不一样。股权转让登记并非设权性登记，其意义仅仅在于保护善意第三人因为对公司登记制度之信任所产生的信赖利益，如果第三人对转让人达成股权转让合意之前，已经知悉股权发生了移转，则没有信赖利益需要保护，第三人无法取得该股权。从实践而言，判断第三人（后受让人）是否为善意，其逻辑推理是：应先推定第三人善意，然后由实质权利人（先受让人）对后手受让人是否具有恶意进行举证，如不能证明其为恶意，则推定为善意。三是合理对价。善意取得制度本身是价值衡量的结果，形成优先善意第三人的利益。只有善意第三人支付了等价有偿的合理对价，其利益才需要优先保护。四是第三人股权已办理了转移登记。如果没有先行登记，就缺乏对抗前手转让的特殊性和必要性。只有具备了上述四个要件，才能确认后受让人系善意取得。

本案判决所涉法条《中华人民共和国合同法》第六十条严格履行与诚实信用条款，对应《中华人民共和国民法典》第五百零九条，第一项、第二项未作更改，增加第三项“当事人在履行合同过程中，应当避免浪费资源、污染环境和破坏生态”，突出了民法典对于绿色原则的贯彻，具体到本案，被告与村民在签订土地流转协议后，由于亏损严重，出现大面积抛荒，当事人双方已经签订了股权转让合同，双方应当依约尽快办理股权转让，将原本大面积撂荒的土地转给原告作实质经营，尽快盘活农业农村生产经营活动，有利于农村土地资源的有效利用，判决结果符合民法典绿色原则对于资源节约、保护生态环境的需求。

编写人：四川省彭州市人民法院　曾耀林　曹腊月

073 股权转让双方未对转让价款进行明确约定的，应视为股权转让双方未达成合意，股权转让协议不成立

——何某、邓某梅诉胡某华股权转让案

【案件基本信息】

1. 裁判书字号

云南省昆明市中级人民法院（2018）云01民终6513号民事判决书

2. 案由：股权转让纠纷

3. 当事人

原告（上诉人）：何某、邓某梅

被告（被上诉人）：胡某华

【基本案情】

原告何某、邓某梅向法院提出诉讼请求：1. 被告向原告何某支付股权转让款156097.67元；2. 被告向原告邓某梅支付股权转让款312195.33元；3. 诉讼费由被告承担。事实和理由：2017年7月10日，原、被告双方共同出资成立了母婴护理服务公司，被告任法定代表人，原告何某任监事。2017年11月5日，原、被告双方作出股东会决议，被告同意原告何某、邓某梅转股，以第三方公司评估金额为基准，股权转让给被告。2017年11月16日，被告委托的第三方公司出具《母婴护理公司财务处理建议报告》，认定截至2017年11月5日，原告何某的股权转让结算价为156097.67元，原告邓某梅的股权转让结算价为312195.33元。后原、被告双

方就股权转让款的支付时间协商不成，原告多次要求被告按约支付股权转让款，被告均予拒绝，遂成此诉。

被告胡某华答辩称：1. 被告与两原告未签订任何书面股权转让协议，也未口头约定过股权转让；2. 两原告也未实际通过工商变更登记将股权转至被告名下。综上，两原告要求被告支付股权转让款无事实及法律依据，请求驳回两原告的诉讼请求。

【案件焦点】

两原告与被告之间是否形成了股权转让的合意。

【法院裁判要旨】

云南省昆明市五华区人民法院经审理查明：母婴护理服务公司于2017年7月10日登记成立，注册资本为100万元，两原告及被告均为母婴护理服务公司登记在册股东，其中被告胡某华认缴出资42万元，占股比例42%，原告何某认缴出资21万元，占股比例21%，原告邓某梅认缴出资37万元，占股比例37%。2017年11月1日，母婴护理服务公司作出《股东会议》并决议如下："1. 关于邓某梅退股事宜决策：32万元高利贷。①评估店面价值，11月5日前退，请评估公司评估员评估公司制度及现值价格。②工资5~10月。③拒绝错的事务决策和检讨问题。④邓某梅未作出退股书面申请。⑤乙方未作出同意丙方退股书面申请……6. 何某对退股事情：合一起合，不合一起散伙。请评估公司评估后列转股协议，转股，邓某梅同意。如最终退股或转股，请结算在9.14~10.31运营垫资资金，结算入股金额16万（壹拾陆万元整）从5~10月每月1.89分的利息。"全体股东在《股东会议》上签字。2017年11月5日，母婴护理服务公司再次作出《股东会议》并决议："胡某华同意邓某梅、何某转股。以第三方公司评估金额为基准，股权转让给胡某华。"全体股东在《股东会议》上签字。2017 年 11 月 16 日，经母婴护理服务公司委托，云南三闲信息技术有限公司就母婴护理服务公司资产及股权退出额度作出《财务处理建议报告》，上述报告载明了两原告的股权结算款金额，其中建议原告何某股权结算款为 16 万元（股本）+股东分红（-3902.33 元）= 156097.67 元，原告邓某梅股权结算款为 32 万元（股本）+股东分红（-7804.67 元）= 312195.33 元，同时还对母婴护理服务公司股权转让协议提出了建议方案。

云南省昆明市五华区人民法院依照《中华人民共和国合同法》第十二条，《中华人民共和国民事诉讼法》第六十四条、第一百一十八条之规定，判决如下：

驳回原告何某、邓某梅的诉讼请求。

原告何某、邓某梅不服一审判决，提起上诉。

云南省昆明市中级人民法院经审理认为：《中华人民共和国合同法》第四条规定："当事人依法享有自愿订立合同的权利，任何单位和个人不得非法干预。"当事人订立合同应是双方的真实意思表示，合同内容应具体明确。本案中，上诉人主张双方 2017 年 11 月 5 日形成的《股东会议》即股权转让协议，股权转让的价款以"第三方公司评估的金额为基准"，故上诉人依据一审提交的《财务处理建议报告》提起诉讼。被上诉人则主张该《股东会议》的内容不具有股权转让协议的性质，双方并未对股权转让形成最终合意。二审中，双方当事人对委托云南三闲信息技术有限公司就母婴护理服务公司资产及股权退出额度，进行财务数据梳理及相关财务处理建议均无异议，从《财务处理建议报告》的内容来看，该报告不仅对股权结算款作出建议，而且对违约责任的承担也给出了协议方案。在《财务处理建议报告》作出后，双方均未对股权转让的价款等合同条款进一步予以明确，无论按照《股东会议》还是《财务处理建议报告》，双方均未就股权转让价款等主要合同内容达成合意。因此，《股东会议》不发生股权转让的合同效力，亦不产生合同义务，上诉人要求被上诉人支付股权转让款的请求无事实及法律依据，法院不予支持。综上所述，上诉人何某、邓某梅的上诉请求不能成立，应予驳回。一审判决认定事实清楚，适用法律正确，法院依法予以维持。

云南省昆明市中级人民法院依照《中华人民共和国民事诉讼法》第一百七十条第一款第一项之规定，判决如下：

驳回上诉，维持原判。

【法官后语】

本案的争议焦点为：两原告与被告之间是否形成了股权转让的合意。该争议焦点涉及在有限责任公司的股东之间未签订正式书面股权转让协议，仅约定股权转让比例的情况下，如何认定股权转让双方之间的股权转让合意？对此，需要厘清以下问题：

一、有偿合同与无偿合同的区别

以当事人获得权益是否支付代价为标准，合同可以分为有偿合同和无偿合同。[①] 有偿合同，是指双方当事人从合同的缔结到债务的履行整个过程中，均作出相互具有对价性质的付出（并不限于财产的给付，也包括劳务、事务等）的合同。在有偿合同中，当事人一方享有合同规定的权益必须向对方支付相应的对价。无偿合同是指

① 王玉梅：《合同法》，中国政法大学出版社2014年版，第3页。

只有一方当事人作出给付，或虽为双方作出给付，但双方的给付不具有对价意义的合同。在无偿合同中，当事人一方享有合同规定的权益无须向对方支付一定的对价。[①] 除无偿转让股权，视为赠与合同，是无偿合同外，其余股权转让协议因转让双方互付具有对价性质的给付，均为有偿合同。而股权转让的对价则为股权受让方需要在获取股权后向股权转让方给付的财产利益，即股权转让款。

二、股权转让款是否是股权转让协议的必备条款

合同条款分为一般条款和必备条款。必备条款是指依据合同的性质和当事人的特别约定所必须具备的条款，缺少这些条款将影响合同的成立。根据《中华人民共和国民法典》第四百七十条第一款规定："合同的内容由当事人约定，一般包括以下条款：（一）当事人的姓名或者名称和住所；（二）标的；（三）数量；（四）质量；（五）价款或者报酬；（六）履行期限、地点和方式；（七）违约责任；（八）解决争议的方法。"以上这些条款并不是所有合同的必要条款，而是否是合同的必备条款，应依据合同的性质和当事人的特别约定来确定。所以，必备条款主要包括两个方面：一是依据合同的性质所必须具备的条款。二是根据当事人的特别约定所必须具备的条款，对于任何非必要条款来说，只要当事人在合同中特别约定并将其作为合同成立的必备条款，则这些非必要条款都可以成为必要条款。[②] 根据前述对股权转让协议的性质分析，股权转让协议的性质为有偿合同，而价款或者报酬是有偿合同的必备条款，因此，股权转让价款应为股权转让协议的必备条款。

---

① 最高人民法院民事审判第二庭编：《最高人民法院关于买卖合同司法解释理解与适用》，人民法院出版社 2012 年版，第 674 页。

② 江必新：《融资租赁合同纠纷》，法律出版社 2014 年版，第 8 页。

三、双方未对股权转让协议价款达成一致的法律后果

如前所述，股权转让协议是有偿合同，股权转让价款是股权转让协议的必备条款，当股权转让双方未签订正式书面合同，仅在股东会会议或股东会决议中明确除股权转让价款之外的其他股权转让事项时，如股权转让比例、股权转让时间等，是否能够通过第三方评估机构对股权价值的测算或估值认定双方已经就股权转让价款达成合意？股权转让协议的标的为股权，股权又称股东权，是股东基于股东资格而享有的权利。《中华人民共和国公司法》第四条规定："公司股东依法享有资产收益、参与重大决策和选择管理者等权利。"股权的特殊性在于，它并非单一的人身权或者财产权，而是有限责任公司或者股份有限公司的股东对公司享有的人身和财产权益的一种综合性权利。股权价值由多种要素构成，包括股东出资及其增值或贬值部分、公司在经营过程中所获得的有形或无形资产、公司对外债权债务、流动资金、知识产权等，且股权不同于一般商品，而第三方评估机构按照股权转让方实际认缴的投资额、公司资产评估价格，或按照所有者权益，即在考虑投资方实际认缴注册资本的基础上，兼顾资本公积、未分配利润等要素测算或评估的股权价值，因无法涵盖股权价值的所有构成要素而不具有可替代股权转让双方对于股权转让价格所达成的合意的作用。故股权转让双方未就股权转让协议的必备条款达成合意的，股权转让协议应当视为未成立。

四、对案件的评析与探讨

本案中原告何某、邓某梅与被告胡某华之间是否就股权转让达成合意，法院从以下几个方面进行了评判。首先，审查了双方股权转让的行为是否符合《中华人民共和国公司法》等法律法规的规定，

是否符合公司章程约定。原告何某、邓某梅与被告胡某华均系云南好贝母婴护理服务有限公司股东，有限责任公司股东内部转让股权，我国相关法律法规并未作出限制性规定，且公司章程对股东内部之间转让股权也未有特殊约定，故双方虽未签订书面的股权转让协议，但因股权转让协议不是法定的书面要式合同，且双方通过两次股东会决议对于股权转让的事项进行了记载，可视为双方均有股权转让的意思表示。其次，对于股权转让价款，根据两次股东会决议记载的内容可知，原告何某、邓某梅与被告胡某华之间对于股权转让价款的约定仅为“以第三方公司评估金额为基准”，未明确股权转让的具体金额或其计算方式，虽第三方以股东出资额加上公司利润分红的计算方法测算了股权转让价款，但由于股权价值构成要素具有多样性，法院无法也不应对上述计算方法所得金额的合理性进行评判。最后，因股权转让协议是有偿合同，对价即股权转让款是合同必备条款，双方对于合同必备条款未能达成一致的，根据《中华人民共和国民法典》的规定，应当认定合同不成立。综上所述，两原告主张与被告胡某华之间的股权转让协议依法成立并生效，要求被告胡某华依据第三方对股权转让价款的测算或者评估价格支付相应款项的诉讼请求，不能得到法院支持。

由此案得出审理该类股权转让纠纷的要点如下：第一，股权转让行为的合法性及转让双方的意思表示。有限责任公司股东内部进行股权转让的，审查双方转让股权行为是否符合《中华人民共和国公司法》等法律法规规定，是否符合公司章程约定，之后对双方是否达成书面股权转让协议进行审查，若有书面转让协议或虽无书面转让协议，但可以依据有效的股东会决议对于股权转让事项进行约定的，应当视为双方有股权转让的意思表示。第二，对于股权转让价款约定不明时的判定。首先，应当明确，股权转让协议是有偿合同；其次，应当充分尊重双方当事人的意思表示，若双方事后未能达成一致，因股权性质非一般商品，也不能适用《中华人民共和国民法典》对于价格约定不明时的处理的规定，且不能通过第三方评估价格对股权转让价值予以评判。第三，对于股权转让价款约定不明，且事后未能达成一致的股权转让协议应当视为合同不成立；对于转让方依据尚未成立的股权转让协议所做的股权变更登记或公司章程、股东名册的变更等，应当释明当事人予以再次变更，恢复原状。

编写人：云南省昆明市五华区人民法院　符雅琪　段格

074 股权转让中行使合同解除权依据“无法实现合同目的”的认定标准

——徐某明诉朱某刚等股权转让案

【案件基本信息】

1. 裁判书字号

北京市第一中级人民法院（2018）京01民终9639号民事判决书

2. 案由：股权转让纠纷

3. 当事人

原告（上诉人）：徐某明

被告（被上诉人）：朱某刚、夏某栋、肖某舒

【基本案情】

S公司成立于2015年10月，公司注册资本500万元（认缴500万元，已实缴200万元），法定代表人为朱某刚，股东为朱某刚、夏某栋、肖某舒。2016年6月16日，朱某刚、夏某栋、肖某舒与徐某明四方签订《股权转让协议》，约定朱某刚、夏某栋、肖某舒三方分别转让S公司的全部或部分股权于徐某明，徐某明出资436.4万元用于收购股权，并向其他三方出借人民币300万元用于补足S公司出资，其他三方承诺将该笔款项专用于实缴S公司注册资本，且向徐某明完成股权转让手续后，各方对该笔借款再无借贷关系，徐某明合计获得S公司60%的股权。另约定股权出让方保证S公司在股权转让前财务清晰，没有对外进行担保或贷款，没有无法履行的重大合同，没有重大对外负债或“或有负债”的事项。朱某刚和肖某舒承诺在目标公司任职期间，非经本次交易完成后的股东会书面同意，不得到与S公司有竞争关系的其他用人单位任职，或不得自营、参与、投资与目标公司有竞争关系的企业，除非股东会、董事会一致决议或调整，其二人在目标公司的服务期不低于两年。徐某明按照协议约定支付300万元补足S公司出资，出资436.4万元完成股权转让手续，在工商管理部门进行了股东登记事项变更，将股东由“夏某栋、朱某刚、肖某舒”变更为“徐某明、朱某刚、肖某舒”，后变更为徐某明、朱某刚、肖某舒、科技研发中心（有限合伙）。公司法定代表人为朱某刚，并任执行董事。根据S公司公司章程，股东会会议由股东按照出资比例行使表决权，代表十分之一以上表决权的股东可以自行召集和主持股东会会议。2016年12月5日，S公司作出股东会议纪要，决议由肖某舒任 CEO 主持各项工作推进（暂定三个月），朱某刚离任，但对公司决策具有参与权和知情权；朱某刚配合调整期内缩减人员开支及稳定核心团队等各项工作；该纪要关于人员缩减调整没有载明朱某刚的工资支付及调整情况。另，S 公司在经营期间向目标公司转账 35 万元，肖某舒系另外两家公司的股东，且以上公司的经营范围与 S 公司存在部分重合。S 公司于 2017 年 11 月停止经营活动。徐某明认为，S 公司在《股权转让协议》签订后有 35 万元的履行重大债务行为；朱某刚、肖某舒作为公司核心团队成员，未履行在 S 公司服务两年的承诺；肖某舒在另外两家公司投资和工作，违反了《股权转让协议》中关于竞业禁止方面的规定，S 公司已无法开展正常的经营活动，徐某明收购 S 公司的目的已经落空，要求解除《股权转让协议》，恢复股权收购前的原状，同时要求朱某刚、夏某栋、肖某舒返还借款 300 万元，故提起本案诉讼。

【案件焦点】

朱某刚、夏某栋、肖某舒作为股权转让方，是否存在违约行为。

【法院裁判要旨】

北京市石景山区人民法院经审理认为：首先，涉案协议中关于转让前债务情况条款的文义是出让方承诺 S 公司没有未经披露的对外负债或者担保。徐某明未就 S 公司将 35 万元付至目标公司的原因进行查证，也未就交易异常提供初步证据予以证明，仅依据转账行为，无法确定该笔资金的性质，徐某明主张该笔支出违反“无对外负债”约定，依据不足。徐某明以 4364000 元受让 S 公司 60% 的股权，35 万元的或有债务尚不足以导致股权转让合同目的无法实现。

其次，肖某舒一直在S公司任职。S公司于2017年11月停止经营活动，在此情况下，肖某舒不在S公司继续任职，不构成对其服务承诺的违反。关于朱某刚任职时间问题，根据S公司2016年12月5日股东会议纪要，S公司股东会一致同意朱某刚离任，仅有配合调整缩减人员开支、稳定核心团队等工作。在徐某明通过股东会决议表决方式，对朱某刚工作性质、内容以及作用作出了明显有别于《股权转让协议》的约定，朱某刚已不具有核心作用的情况下，又以朱某刚系核心团队成员、任职时间违反《股权转让协议》约定为由，要求朱某刚承担违约责任，缺乏事实和法律依据。最后，根据一审期间徐某明提供的公证书显示，证明肖某舒投资、经营了与S公司存在同业竞争的两家公司，并陈述该证据是朱某刚担任S公司CEO期间制作完成并交给徐某明，该事实表明徐某明自2016年10月底即知晓肖某舒违反《股权转让协议》关于竞业禁止的规定，但并未就此向肖某舒主张违约，而是于2016年12月作出股东会决议，同意由肖某舒继任S公司CEO职务，表明徐某明同意或者认可了肖某舒的行为，现徐某明在S公司停止经营后，又以肖某舒违反竞业禁止为由要求解除《股权转让协议》，缺乏事实依据。

北京市石景山区人民法院依照《中华人民共和国合同法》第六十条、第九十四条，《中华人民共和国公司法》第十一条、第七十一条、第七十三条之规定，判决如下：

驳回原告徐某明的全部诉讼请求。

徐某明不服原审判决，提起上诉。

北京市第一中级人民法院同意一审法院裁判意见，依照《中华人民共和国民事诉讼法》第一百七十条第一款第一项之规定，判决如下：

驳回上诉，维持原判。

【法官后语】

本案系股权转让各方当事人是否完全履行合同义务、存在违约行为，股权转让协议的履行是否存在“不能实现合同目的”的法定解除情形而产生的纠纷。

股权的转让是财产权利在平等主体之间的流转，此时的股权转让合同，作为交易性合同，理应受到《中华人民共和国民法典》。受让方是否享受解除股权转让协议的权利应当区分不同情况分别处理，一是《中华人民共和国民法典》第五百六十二条第二款规定的约定解除权：“当事人可以约定一方解除合同的事由。解除合同的事由成就时，解除权人可以解除合同。”二是《中华人民共和国民法典》第五百六十三条规定的法定解除权：“……（四）当事人一方迟延履行债务或者有其他违约行为致使不能实现合同目的；（五）法律规定的其他情形。”可以看出法定解除权的行使均围绕合同的履行是否能够实现合同目的而展开，“不能实现合同目的”是合同法定解除的实质性条件，判断标准是违约结果的客观严重性，即是否实际剥夺了债权人的履行利益，使得当事人订立合同所追求的履行利益不能实现。故根据股权转让的定义及一般商事规则，股权转让的目的是受让方支付相应对价用以受让目标公司股份，从而取得目标公司的股东地位。

股权作为一种综合性的财产权利，不仅包括财产收益权还包括公司经营决策权等多种权利。股权转让合同的签订与履行不仅直接影响合同当事人的利益，而且还会影响目标公司的员工、债权人及其他相关第三人的利益。因此，解除股权转让合同除应依据法律的明确规定外，还应考虑股权转让合同的特点。尤其在股权已经变更登记，受让方已经支付大部分款项且已经实际控制目标公司的情况下，解除股权转让合同应结合合同的履行情况、违约方的过错程度以及股权转让合同目的能否实现等因素予以综合判断。

本案中，股权受让方徐某明已向朱某刚、夏某栋、肖某舒支付相应股权转让价款，朱某刚、夏某栋、肖某舒所转让的股权已经完成转移并已登记至徐某明名下，徐某明已经通过股权转让的行为获得S公司（目标公司）的股东地位，是持有股东会决议表决权60%的大股东，在公司治理及运营上拥有实际控制权，可以认为股权转让的转让方已经履行合同主要义务。因徐某明无法提供有效证据，涉案35万元转账款无法明确具体性质，因此不属于约定的“未经披露的对外负债或者担保”，且根据查明的事实和股东会决议，朱某刚离任系股权转让后履职行为，肖某舒的竞业禁止行为也经过股东徐某明同意和认可，涉案协议不符合“不能实现合同目的”的情形，因此股权受让方徐某明无权行使合同解除权。

编写人：北京市石景山区人民法院　宋颖　张乃伦

075 个人独资企业的股权份额转让协议其实质为合伙投资关系，受让人不能仅以股权无法转让主张受到欺诈撤销转让协议

——陶某勇诉游某敏、汽车维修中心股权转让案

【案件基本信息】

1. 裁判书字号

四川省成都市中级人民法院（2019）川01民终532号民事判决书

2. 案由：股权转让纠纷

3. 当事人

原告（上诉人）：陶某勇

被告（被上诉人）：游某敏

被告：汽车维修中心

【基本案情】

2017年8月10日，游某敏（转让方、甲方）与陶某勇（受让方、乙方）签订《汽车维修中心股权转让协议》，约定：甲方同意将所持有汽车维修中心20%的股权（认缴注册资本150万元，实缴注册资本265万元）以53万元的价格转让给乙方，乙方同意按此价格和条件购买该股权。乙方同意在本协议签订之日起180日内，将转让费53万元以转账方式分2次支付给甲方（第一次于2017年8月10日支付20万元，第二次于2017年12月31日前支付33万元）。违约方应向协议他方支付股权转让价格10%的违约金。该股权转让协议骑缝处加盖有汽车维修中心公司印章。

协议签订后，2017年8月10日至2017年8月21日，陶某勇分多笔向游某敏支付20万元。2017年10月18日，游某敏向陶某勇出具收条，载明：于2017年10月18日收到陶某勇付房租费11.4万元。陶某勇在庭审中确认11.4万元是以房租名义交的投资款，游某敏认可该款项为投资款。

陶某勇从2017年7月开始与游某敏共同经营汽车维修中心，陶某勇任汽车维修中心运营总监一职。陶某勇作为汽车维修中心联系人与汽车租赁公司签订《车辆定点维护合同及规章》。2017年7月20日，陶某勇向科技公司支付3800元用于汽车维修中心的推广。2017年8月28日，陶某勇为汽车维修中心制作展示牌支付费用450元。

【案件焦点】

1. 案涉《股权转让协议》是否应予撤销；2. 若应撤销，游某敏是否应向陶某勇返还314000元投资款并支付工资损失及资金利息损失58160.4元；3. 若不应撤销，陶某勇是否应向游某敏支付股权转让款216000元及违约金21600元。

【法院裁判要旨】

四川省成都市青羊区人民法院经审理认为：陶某勇在2017年7月开始参与汽车维修中心的经营，且陶某勇的名片上印制的也是汽车维修中心，2017年8月10日双方签订股权转让协议，在该协议骑缝处也加盖的是汽车维修中心印章，由此可以认定陶某勇应当知道游某敏经营的主体是汽车维修中心。故对于陶某勇主张其受欺诈而签订合同，法院不予采信，对陶某勇主张撤销股权转让协议及退还转让费和损失，法院不予支持。

陶某勇与游某敏签订的《股权转让协议》系双方当事人的真实意思表示，且协议内容不违反法律、行政法规的禁止性规定，属合法有效。双方均应按照约定享受权利，履行义务。陶某勇应按照协议约定支付剩余股权转让款21.6万元（53万元-20万元-11.4万元），故游某敏主张陶某勇支付股权转让款21.6万元，法院予以支持。依照《中华人民共和国合同法》第一百一十四条之规定，当事人可以约定一方违约时应当根据违约情况向对方支付一定数额的违约金，也可以约定因违约产生的损失赔偿额的计算方法。本案中，陶某勇未按照约定支付股权转让款，应按照协议约定支付违约金5.3万元（53万元×10%），但鉴于陶某勇已支付股权转让款31.4万元，故法院酌减违约金为未付股权转让款的10%即2.16万元。

四川省成都市青羊区人民法院依照《中华人民共和国合同法》第一百一十四条，《中华人民共和国民事诉讼法》第六十四条、第一百四十二条的规定，判决如下：

一、原告（反诉被告）陶某勇于本判决生效之日起十日内向被告（反诉原告）游某敏支付股权转让款 21.6 万元及违约金 2.16 万元；

二、驳回原告（反诉被告）陶某勇的诉讼请求；

三、驳回被告（反诉原告）游某敏的其他反诉请求。

陶某勇不服一审判决，提起上诉。

四川省成都市中级人民法院经审理，确认一审法院认定的事实和证据，认为陶某勇的上诉请求不成立，一审判决认定事实清楚，适用法律正确，应当维持。

【法官后语】

经济活动中，一些商事主体因缺乏法律专业知识导致签订的合同存在不规范之处，当出现矛盾后，一方易就此提出诉讼。本案就一方当事人能否仅以个人独资企业不存在股权份额，不能进行股权转让为由，主张受到欺诈，从而撤销股权转让协议作出分析。

一、商事主体签订个人独资企业股权转让合同的实质

根据《中华人民共和国个人独资企业法》第二条“本法所称个人独资企业，是指依照本法在中国境内设立，由一个自然人投资，财产为投资人个人所有，投资人以其个人财产对企业债务承担无限责任的经营实体”之规定，个人独资企业并不存在股权，商事主体签订的虽名为股权转让合同，其实质是一种合伙投资关系，法律并未禁止在个人独资企业中实际投资人或隐名合伙人的存在。对于司法领域来说，法无禁止即可为。

根据《中华人民共和国个人独资企业法》第十五条“个人独资企业存续期间登记事项发生变更的，应当在作出变更决定之日起的十五日内依法向登记机关申请办理变更登记”之规定，在性质上该条属于管理性的强制性规范而非效力性的强制性规范。当个人独资企业的投资人发生变更的，应向工商登记机关申请办理变更登记。但该变更登记不属于转让行为有效的前提条件，未办理变更登记，依照法律规定应当受到相应的行政处罚，但并不影响转让的效力。

二、合同民事欺诈行为的认定

（一）合同民事欺诈行为的表现及主要方式

表现为合同当事人一方为了获取非法利益，故意捏造虚假情况，或歪曲、掩盖真实情况，使相对人陷入错误认识，并因此作出不合真意的意思表示，从而订立、履行合同的行为。《最高人民法院关于贯彻执行〈中华人民共和国民法通则〉若干问题的意见（试行）》解释为“一方当事人故意告知对方虚假情况，或者故意、隐瞒真实情况，诱使对方当事人作出错误意思表示”。其主要方式为：(1) 虚假的质量欺诈行为；(2) 虚假的商品标识欺诈行为；(3) 虚假的合同主体欺诈行为；(4) 虚假的宣传欺诈行为；(5) 虚假的价格欺诈行为。

（二）合同民事欺诈行为的构成要素

1. 欺诈人的欺诈故意

欺诈故意是指行为人具有故意欺诈他人的意思，即行为人明知自己的行为会使被欺诈人陷入错误认识，并且希望这种结果发生的一种心理状态。其包括直接故意和间接故意。

2. 欺诈人的欺诈行为

欺诈行为指欺诈人语言、文字或活动有隐瞒事实而告知虚假情况的行为。其可体现为作为和不作为。前者是欺诈人以积极的方式，虚构事实、变更事实，从而使相对人陷入错误的认识行为，其与直接故意相联系。后者指在法律上、契约上或交易习惯上有告知事实真相的义务而故意不履行告知义务，致使相对人陷于错误，加深错误或保持错误的行为，一般与间接故意相联系。

3. 被欺诈人因欺诈而产生错误认识

被欺诈人的错误非因自己疏忽大意，而是因欺诈人的欺诈所致。所谓错误，是指对合同内容及其他重要情况的认识缺陷。

4. 被欺诈人因错误而为意思表示

意思表示是表意人将心理状态表示于外部的行为。被欺诈人在为意思表示时，主观上认为是自己真实意思的表示，会引起法律上的效力，而其事实上正在受对方的欺骗，其表示意思不会发生所希望的效力。可见，被欺诈人的意思表示与陷入错误之间存在因果关系，错误认识是进行意思表示的直接动因，表示意思是错误认识的最终结果。

5. 欺诈违反法律及诚实信用原则

诚实信用原则是为了平衡当事人与当事人、当事人与社会之间的利益关系。欺诈行为破坏了上述两个利益关系的平衡，没有尊重他人利益，未以对待自己事务注意去对待他人事务，保障法律关系的当事人都得到自己应得的利益，从而损害第三人及社会的利益。

三、就案评述

本案中，法律并未禁止个人独资企业中其他投资人的加入，陶某勇与游某敏签订的虽名为股权转让合同，其实质是一种合伙投资关系，该转让合同应是有效的。同时，陶某勇主张受到欺诈，但从本案查明的事实来看，合同民事欺诈行为的要素并未构成。首先，陶某勇是先在汽车维修中心工作，后才签订股权转让协议的，说明陶某勇应对汽车维修中心有一定的了解。其次，汽车维修中心有工商备案信息，该信息属于对外公示的内容，陶某勇作为商事主体应有途径知晓该内容。最后，本案中，没有证据证明游某敏存在欺诈的故意和行为，反而是陶某勇自身存在疏忽大意。故陶某勇主张受到欺诈，受误导签订合同，要求撤销合同的诉请缺乏事实及法律依据，其诉请无法得到法院的支持。

编写人：四川省成都市青羊区人民法院　李琳

076　股权回购协议成立但未生效时股东自愿承担回购款为债的加入

——丁某革诉胡某林、农产品公司股权转让案

【案件基本信息】

1. 裁判书字号

北京市第一中级人民法院（2017）京01民终第4111号民事判决书

2. 案由：股权转让纠纷

3. 当事人

原告（被上诉人）：丁某革

被告（上诉人）：胡某林、农产品公司

【基本案情】

案涉公司名称于2016年8月19日变更为“农产品公司”。许某群于2012年9月25日因病去世，丁某革为许某群妻子，系许某群继承人之一。

2013年4月22日，包括丁某革在内的许某群四名继承人与农产品公司签订《协议书》，确认许某群为农产品公司股东，持有公司25%股份；因许某群过世，农产品公司其他所有股东一致同意全额退还许某群生前对农产品公司的投资款200万元，于2014年3月30日和2014年9月30日之前分别支付100万元。对于退回的许某群投资款，丁某革继承退回款项的八分之五，折合125万元。四名继承人均同意在农产品公司退回200万元款项的前提下，放弃许某群所持有的25%股权。《协议书》另约定，如农产品公司不能按协议约定近期足额支付相关款项，其应对未如期支付的款项按日万分之五承担违约金，同时农产品公司所有股东对于上述债务承担连带担保责任；《协议书》自各方及其他全部股东或其代表签字之日起生效。农产品公司在《协议书》上盖章，四名继承人、王某臣、胡某林、高某斌分别在其上签字，股东付某进、马某先未在《协议书》上签字。

2014年11月6日，胡某林在《协议书》上补充签署如下内容："本协议中200万元退款现由本人负责支付，付款日期：2014年12月31日前付200万元。"2014年12月16日，胡某林在《协议书》上补充签署"逾期按月息2%计取利息"。

2015年1月19日的《农产品公司股东会决议》中载明股东马某先和股东许某群的全部股权分别以50万元和250万元转让给胡某林，变更后胡某林出资450万元，占注册资本总额的45%，末尾股东签名处有胡某林、付某进、马某先、许某群、高某斌、王某臣签字，并加盖农产品公司公章。《股权转让协议》载明胡某林以250万元购买许某群在农产品公司的全部股权，末尾处转让方为许某群，受让方为胡某林。

【案件焦点】

1.《协议书》的效力；2. 胡某林在《协议书》上签署补充内容之行为的性质；3. 农产品公司向丁某革给付的 670000 元是否系股权转让款的部分。

【法院裁判要旨】

北京市海淀区人民法院经审理认为：市场经济的发展使得公司股东变动越发频繁，变动程序也越发多样；股权回购即股东退出公司的重要方式之一，虽然《中华人民共和国公司法》第七十四条仅规定了三种公司回购股权的情形，但在现实生活中，为实现公司的发展及股东利益的保护，股权回购协议不宜一概认定不成立。合同义务有合同准备义务和合同给付义务之分；依法成立但未生效的合同，合同给付义务尚不发生法律效力，但依然有约束双方当事人履行合同准备义务的效力。针对股权回购协议成立但在未生效情形下依法受让并取得退出股东股权的公司股东在回购协议中自愿承担回购款支付的，应认定该股东与退出股东之间在事实上形成了新的股权转让协议，而非债的加入而仅承担担保义务。

北京市海淀区人民法院依照《中华人民共和国合同法》第八条、第四十五条第一款，《中华人民共和国公司法》第七十四条、第七十五条、第一百四十二条，《中华人民共和国民事诉讼法》第六十四条第一款，《最高人民法院关于审理民间借贷案件适用法律若干问题的规定》第二十六条第一款以及《最高人民法院关于适用〈中华人民共和国民事诉讼法〉的解释》第九十条第一款之规定，判决如下：

一、被告胡某林于本判决生效之日起十日内向原告丁某革给付股权转让款 1250000 元及逾期付款利息损失（以 1250000 元为基数，以月息 2% 的利率为标准，自 2015 年 1 月 1 日计算至实际给付之日）；

二、驳回原告丁某革的其他诉讼请求。

胡某林、农产品公司不服一审判决，提起上诉。

二审法院同意一审法院裁判意见，依照《中华人民共和国民事诉讼法》第一百七十条第一款第一项之规定，判决如下：

驳回上诉，维持原判。

【法官后语】

本案为股东继承人在继承股东资格后退出公司的情形，该种情况虽系《中华人民共和国公司法》第七十四条关于股东请求有限责任公司回购股权规定之外的股东请求公司回购股权的情况，但公司成立系股东意思表示一致的结果，公司存在的意义不在于将股东困于公司中不得脱身，而在于谋求股东利益最大化，因此，当股东因自身原因不能正常行使股东权利时，股东与公司达成协议由公司回购股权，既符合有限责任公司封闭性和人合性特点，又可确保公司正常经营的进行，使公司、股东甚至是公司债权人的利益得到平等保护。故而即便是以股东资格继承者身份通过签订协议形式请求公司回购股权，既符合合同法关于合同成立要件的规定，也未违反公司法等相关法律规定，此种协议依法成立。

依法成立的合同，即使未生效，对当事人仍具有法律约束力。未生效合同“不生效力”仅指直接决定合同目的实现的“合同给付义务”的尚未生效；对于合同生效的控制约款以及为控制未生效前合同关系中存在的风险，以满足实现合同预期目的所需具备的条件等“合同准备义务”，已处于受法律约束的有效状态，具备完全的效力。对于股权回购协议亦是如此，股权回购协议依法成立后即使未发生法律效力，也主要是针对协议中退出股东转让并协助变更股权义务及公司回购款的给付义务尚未生效。故本案中，丁某革主张农产品公司向其支付125万元股权转让款之请求系股权回购协议的合同给付义务，因协议未生效而未获支持。

本案中，根据股东会决议及股权转让协议合法受让退出股东所持股权的股东，在股权回购协议中签署自愿承担回购款支付义务的，该种行为性质的判断不宜被认定为债的加入。例如，回购协议成立但未生效，则该种行为应当被视为该股东与退出公司的股东间在事实上形成了新的股权转让协议，支付的回购款应当被视为股权转让款的对价。

编写人：北京市海淀区人民法院　张璇　李思頔

077　公司对股东“对赌”回购义务提供担保的效力

——投资中心（有限合伙）诉王某昌、防水公司股权转让案

【案件基本信息】

1. 裁判书字号

北京市第三中级人民法院（2016）京03民初字第24号民事判决书

2. 案由：股权转让纠纷

3. 当事人

原告：投资中心（有限合伙）

被告：王某昌、防水公司

【基本案情】

2012年7月25日，投资中心与防水公司及其所有股东签订《增资协议》，增资8000万元并取得公司26.23%的股权。同日，投资中心与防水公司及其实际控制人王某昌签订《补充协议》。补充协议约定，最迟在2015年7月31日前，防水公司未能首次公开发行股票并上市，投资中心有权要求防水公司或王某昌立即回购，防水公司和王某昌分别就对方在本协议项下所承担的义务提供无限连带责任保证。

2012年8月27日、2012年8月29日，投资中心向防水公司共支付8000万元增资款，后在工商行政管理局对注册资本、股权情况等进行了变更登记。各方均认可，截至2016年9月，防水公司并未改制上市。

投资中心起诉要求王某昌承担股权回购义务，防水公司对王某昌的回购义务承担无限连带责任保证。

【案件焦点】

防水公司对王某昌回购义务是否需要承担连带保证责任。

【法院裁判要旨】

北京市第三中级人民法院经审理认为：《补充协议》关于防水公司对王某昌回购义务承担连带保证责任的约定无效，这主要基于以下几方面的考虑：

第一，《中华人民共和国公司法》第十六条第二款规定："公司为公司股东或者实际控制人提供担保的，必须经股东会或者股东大会决议。"从2012年7月25日签订的《增资协议》《补充协议》的签约主体看，对于防水公司承担担保责任的情况，除王某昌之外，其他股东是不知情的；同时，各方当事人在诉讼中均未提供有效证据证明防水公司股东会或者股东大会对此担保内容作出过有效的决议或者除王某昌之外的其他股东对此担保内部是知情且认可的，因此，按照《中华人民共和国公司法》的上述规定，防水公司为公司股东王某昌向公司增资入股方投资中心提供担保的行为，缺乏有效的股东会或股东大会的决议，应为无效。

投资中心主张，《中华人民共和国公司法》第十六条规定是针对承担担保责任公司内部，目的是约束担保公司内部，该规定属于管理性规定而不是效力性规定，不能约束担保权人，因此，该担保是有效的。对此，本院认为，担保人防水公司担保的主债务是投资中心入资防水公司成为担保人防水公司的股东而产生的债务，回购义务发生时，无论债务人王某昌还是债权人投资中心均为防水公司股东，因此，《补充协议》签订时设定的防水公司保证责任，本质上是针对防水公司未来股东之间的股权转让提供的担保，担保权人投资中心本身就是防水公司股东，并不是独立于防水公司之外的第三人，因此，《中华人民共和国公司法》第十六条规定对本案具有约束力。

第二，本案性质，本质上是公司为股东内部股权转让提供担保的行为，实际上是以公司资产担保股权转让的实现，一旦需要公司承担担保责任，其后果实质导致公司向受让股权的一方股东退还出资。《中华人民共和国公司法》第三十五条规定："公司成立后，股东不得抽逃出资。"如果防水公司为其股东在公司资产范围内承担连带清偿责任，虽然并非直接抽逃出资，但实际上造成了公司资本的不当减少，显然将以牺牲防水公司广大债权人的利益和社会交易安全为代价，违背了公司法资本维持与不变原则，应当给予否定评价。

第三，《补充协议》在约定了王某昌回购义务的同时，也约定了防水公司的回购义务，防水公司本身就是直接的回购义务人。从《补充协议》签订的目的看，无论哪种选择目的均是让防水公司、王某昌共同对回购义务承担责任。虽然本案投资中心规避了选择防水公司承担回购义务的风险，选择由王某昌承担回购义务，由防水公司承担无限连带保证责任，现王某昌存在涉嫌刑事犯罪的情形，如其不能承担责任的情况下，实质变相发生了公司承担回购义务的后果。对此，我们也不应给予肯定性评价。

北京市第三中级人民法院依照《中华人民共和国合同法》第六十条第一款，《中华人民共和国公司法》第十六条第二款、第三十五条之规定，判决如下：

一、王某昌于本判决生效之日起十日内从投资中心（有限合伙）回购防水公司 22.117%的股份，回购款为增资款 8000 万元加收相应收益（以 8000 万元为基数，自 2012 年 8 月 30 日起至实际清偿之日止，按照年利率 12%计算）；

二、驳回投资中心（有限合伙）的其他诉讼请求。

判决后，双方当事人均未上诉，本判决现已生效。

【法官后语】

股东作为回购方、公司对股东“对赌”回购义务承担连带责任，这是一种变相的投资人与公司之间的“对赌”，这种变相的“对赌”模式效力该如何认定？

第一，从担保条款签订的程序看，本案不符合《中华人民共和国公司法》第十六条第二款的规定，担保条款无效。本案担保权人的身份具有特殊性，其在签订担保条款时，已经通过对公司进行增资入股的方式取得了股东身份。即使增资协议签订在“对赌协议”之后，在担保条款可能发生效力时，担保权人已然是公司股东，其并非独立于担保公司的外部主体，本案实质上是公司为股东之间的股权回购提供担保。故虽然《中华人民共和国公司法》第十六条第二款系管理性规定，也应当对投资人产生约束力。从公司担保条款签订的程序要件看，没有经过股东会或者股东大会决议，应当认定公司担保条款无效。此外，2019年《全国法院民商事审判工作会议纪要》第十八条针对公司对外担保情况也进一步予以明确。具体来说，公司为公司股东或者实际控制人以外的人提供非关联担保，需要依照公司章程提供董事会决议或股东（大）会决议，如果债权人能够证明其对上述决议进行了有效审查，则可以认定担保合同有效；反之，如果债权人没有对上述决议进行有效审查，则应当认定担保合同无效。本案中，无论是从对内还是对外担保角度分析，防水公司的担保行为都缺乏相应的决议要件，应当无效。

第二，担保条款设计的特殊性使得公司担保具有公司回购的性质。协议约定了目标公司或其股东承担股权回购义务，同时双方为对方的回购义务相互提供保证责任，从回购及担保条款的设计来看，目标公司及其股东承担的义务就是一致的。合同的公平性不能单从结果来看，而应从缔结时来认定，从合同中关于回购及担保的设定来看，即使投资人选择由公司股东来承担回购义务，由公司对股东的回购义务承担担保责任，在这种情况下，虽然不是公司直接承担回购义务，但实质上产生了公司回购的效果。故投资人无论哪种选择目的均是让目标公司和股东承担回购义务，虽然投资人用诉讼策略的方式来规避直接要求公司承担回购义务而导致无效的后果，但是对于这种行为不应给予肯定性评价。

第三，本案会实际产生与公司为股东之间股权转让提供担保及公司回购相同的法律后果。首先，在股东无回购履行能力的情况下，一旦需要公司承担担保义务，则无异于以公司资产替股东支付股权转让回购款，本质上发生回购本公司股权的情形，与公司法将有限责任公司回购本公司股权的情形严格限定在三种情形之下的规定相违背；其次，公司向转让股东支付转让款，从而导致股东以股权转让的方式从公司抽回出资的后果，该约定不符合公司法关于股东缴纳出资后不得抽回的规定；最后，本案虽然并非股东直接抽逃出资，但实际造成了公司资本的不当减少，将损害公司及债权人合法权益。综上，本案中，要求目标公司对股东的回购义务承担担保责任，实际上将会发生上述多种与法律规定相违背的后果，故该约定应当是无效的。

编写人：北京市第三中级人民法院　宋毅

078　投资人与被投公司股东约定的由被投公司股东承担回购义务的“对赌”条款应被认定为有效

——科技园公司诉魏某股权转让案

【案件基本信息】

1. 裁判书字号

江苏省无锡市中级人民法院（2016）苏02民终字第265号民事判决书

2. 案由：股权转让纠纷

3. 当事人

原告（被上诉人）：科技园公司

被告（上诉人）：魏某

第三人：教育科技公司

【基本案情】

教育科技公司系股份有限公司，注册资本1000万元，实收资本1000万元，公司股本总额为1000万元。魏某系教育科技公司控股股东并任职教育科技公司董事长。

2012年6月12日，教育科技公司、科技园公司签署《投资合同书》，约定：教育科技公司及教育科技公司控股股东同意科技园公司投资300万元以持有教育科技公司总股本6%的股份；教育科技公司在企业计划上市前可以高于科技园公司投资额10%的价格优先回购科技园公司所持教育科技公司的股份，也允许科技园公司保留股份；在教育科技公司因故不上市的情况下，科技园公司有权选择继续保留或以不低于原始投资额退出教育科技公司所持股份的权利，如科技园公司退出所持教育科技公司股份，则由教育科技公司控股股东负责回购科技园公司所持教育科技公司股份。教育科技公司在《投资合同书》上盖章，魏某作为教育科技公司代表签字。2012年6月28日，科技园公司向教育科技公司支付了300万元。

2013年6月6日，教育科技公司出具《承诺函》，载明：根据双方于2012年6月12日共同签署的《投资合同书》，承诺在未来科技园公司选择退股时，教育科技公司承诺科技园公司所退出的股份价值不低于300万元，如出现不足部分，由教育科技公司的控股股东魏某予以补足和承担相关连带责任。教育科技公司在

《承诺函》上盖章确认，魏某以教育科技公司董事长的名义签字。

教育科技公司因故未能上市。2014 年 8 月 30 日，教育科技公司形成《股东会会议纪要》，载明：董事长魏某认为目前公司经营状况不佳，公司已无法继续经营，作为经营者承担全部责任；股东一致同意公司于 2014 年 9 月 5 日前退出经营用房，公司暂时停业，公司财务委托科技园公司托管；公司无形资产以魏某股东为主负责处理，科技园公司协助，2014 年 10 月底前处理完毕，确保科技园公司 10 月底前以 300 万元的价值完成退股，具体方式由双方协商解决。

后因魏某未能如期接受股份并支付对价，科技园公司提起诉讼，请求判令：魏某支付其公司股权回购款 300 万元及利息损失（按同期银行贷款利率计算，自 2014 年 11 月 20 日起算至实际给付之日止）。魏某答辩称：其并非《投资合同书》的当事人，其系代表教育科技公司出具了《承诺函》并形成了《股东会会议纪要》，故《投资合同书》《承诺函》及《股东会会议纪要》均不能约束其本人；《投资合同书》约定的条款系科技园公司与教育科技公司"对赌"，应为无效。

【案件焦点】

科技园公司与魏某之间是否形成了关于回购教育科技公司股权的"对赌"条款，该约定是否有效。

【法院裁判要旨】

江苏省无锡市滨湖区人民法院经审理认为：控股股东魏某虽非《投资合同书》的直接当事人，但魏某作为教育科技公司的代表在《投资合同书》上签字确认。《投资合同书》明确约定有控股股东回购股权的内容，而作为控股股东魏某对此未曾表示过异议，应视为魏某接受该条款。从《投资合同书》整体内容来看，股权回购是科技园公司投资教育科技公司的重要保证条款，是双方整个投资行为必不可少的部分，魏某身为教育科技公司董事长在经办该项投资时应是明知和认可的。教育科技公司的《承诺函》《股东会会议纪要》，亦再次明确了有关股权回购的内容，魏某均在上签字，亦能说明股权回购是经魏某认可的。故《投资合同书》《承诺函》有关股权回购的条款对魏某具有约束力。根据《投资合同书》的约定，在教育科技公司因故不上市的情况下，魏某负有回购科技园公司股权的义务。教育科技公司于2014年8月30日形成的《股东会会议纪要》对退股的时间、价格均作出了具体、明确的约定，符合契约的特征，魏某应按该纪要的约定向科技园公司回购股权。现魏某未按约定收购科技园公司股权，构成违约，应承担相应的违约责任。科技园公司要求魏某支付股权回购款300万元并承担逾期付款利息损失的诉讼请求，于法有据。

江苏省无锡市滨湖区人民法院依照《中华人民共和国合同法》第八条、第一百零七条，《中华人民共和国公司法》第一百三十七条之规定，判决如下：

魏某于判决生效后三十日内向科技园公司支付股权回购款300万元及逾期付款利息损失（自2014年11月20日起至实际给付之日止，按同期银行贷款利率计算）。

魏某持原审答辩意见提起上诉。

江苏省无锡市中级人民法院经审理认为：魏某虽非《投资合同书》列明的当事人，但是《投资合同书》中明确约定有控股股东魏某回购股权的条款，魏某在《投资合同书》上的签字应理解为双重身份，即魏某既代表教育科技公司与科技园公司签订《投资合同书》，又以其控股股东身份与科技园公司达成了关于回购股权的约定。2014 年 8 月 30 日，教育科技公司形成《股东会会议纪要》，载明“确保科技园公司于 10 月底前以不低于 300 万元的价值完成退股”，魏某和科技园公司均在该会议纪要上签字。虽然该会议纪要并非严格的股权转让协议，但是从该会议纪要的内容来看，该会议纪要对于退股、退股的时间、价格均作出了约定，股权转让的合意十分明确。双方已经通过该会议纪要约定了于 2014 年 10 月底之前完成退股，无论当初《投资合同书》约定的股权回购条件是否成就，魏某都应按照双方的约定承担回购股权的责任。

江苏省无锡市中级人民法院依照《中华人民共和国民事诉讼法》第一百七十条第一款第一项的规定，判决如下：

驳回上诉，维持原判。

【法官后语】

一、股东与股东之间“对赌”有效

投资者和特定股东之间形成回赎的合意，在约定情形产生之后，投资者可以直接请求该股东购买股份，该条款被称为“股东与股东的对赌”，通常这种约定情形为公司未完成一定的业绩目标或者未能上市。无论是《全国法院民商事审判工作会议纪要》出台前还是出台后，实践中对于股东与股东之间“对赌”均是认定有效的。

二、股东与公司“对赌”不当然无效

投资者与目标公司约定在“对赌”失败时由公司回购投资者的股份，公司回购可能会涉及注册资本的减少，在此情况下，就会触及外部债权人的利益。绝对禁止股东与公司之间的“对赌”，是否真正有利于维护交易的效率和公平，笔者认为，从保守的角度讲，股东与公司之间的“对赌”并非绝对会触发资本维持原则，以公司盈余来购买投资者的股份，并不会影响债权人的利益；即便是公司没有盈余，但公司若能通过减资程序为债权人提供了相应的担保，也不会触及资本维持原则或者损害债权人利益，股东与公司之间的“对赌”并非全无出路，仅需要在制度上予以厘清即可。本案判决发生在《全国法院民商事审判工作会议纪要》出台之前，《全国法院民商事审判工作会议纪要》出台后，对于投资方与目标公司的“对赌协议”，法院须根据回购条款是否构成“抽逃出资”来分辨效力，印证了笔者的这一观点。

三、回赎的定价

一般回赎定价是高于投资者进入公司的初始股权价值的，这种溢价应当如何定性，其实是关系到法律所认可的收益范围的。在审判实践中，基本上当事人均会以溢价过高主张降低。实践中，许多法院均是参照民间融资成本予以判定，对不超过本金24%的收益部分予以保护，超出部分不予认可。笔者认为，参照民间融资成本来审查回购价格是否合理，是不值得推荐的。“对赌”通常出现在创投企业的起步阶段，这些企业基本上都是偏人力资源型，公司几乎都是轻资产型的架构，投资者所付出的股权购置成本事实上与公司的资产负债表是脱离的，股东看中的是公司的长期发展，其在进入公司的时候，通常都是数倍，甚至数十倍高于公司资产的价格购买的股份，投资者承担了巨大的成本回收风险，与此相对应的，其谋求超高额收益也并非无理，其次，超高额回购条款对于约束创业者行为，激励创业者尽心投入企业发展也是必不可少，且回赎价格是基于各自的商业判断，法律并无强制，只要双方协商一致均为有效，满足市价机制的合同条款，司法应持鼓励态度。

编写人：江苏省无锡市中级人民法院　王俊梅　包梦丹　尹慧

079 能否依公司资产直接确定股权转让价格

——左某华诉造纸公司、安某滋股权转让案

【案件基本信息】

1. 裁判书字号

山东省青岛市中级人民法院（2016）鲁02民终字第7510号民事判决书

2. 案由：股权转让纠纷

3. 当事人

原告（上诉人）：左某华

被告（被上诉人）：造纸公司、安某滋

【基本案情】

原告与被告安某滋原均系被告造纸公司职工，均于2001年公司改制时成为公司股东。原告入股2万元，占公司注册资本350万元的0.57%。原告于2005年5月18日将上述股权全部转让给被告安某滋，双方签有《股权转让、受让协议》，该协议未约定股权转让价格。同日，被告造纸公司召开股东会并作出《关于转让股权的股东会决议》，同意原告左某华将占公司0.57%的股权转让给新股东被告安某滋，其他股东放弃优先购买权。上述股权转让已在工商机关办理了变更登记。

被告造纸公司于2010年3月27日作出《关于〈关于股东提前转让所持公司股份的有关规定〉补充规定的决议》，说明股东提前转让所持股份，每股按1元价格转让。

被告造纸公司章程第一章第三条规定：本公司经上级有关部门批准，由造纸公司职工集体购买公司整体产权；第三章第一条规定：本公司职工股份总额350万股，每股面值1元，共计人民币350万元，按实收资本注册，第四条规定：股权转让由董事会提出股份转让指导价格，由公司股本管理部门予以公示，按股权管理规定进行转让。

原告要求按照被告造纸公司现资产数额确定股权转让价格，由两被告连带支付股权转让费60万元。两被告不同意，并称应按1股1元计算，被告安某滋同意支付原告股权转让费2万元。

【案件焦点】

能否对原告与被告安某滋股权转让的价格进行确定。

【法院裁判要旨】

山东省青岛市市北区人民法院经审理认为：造纸公司的股东之间可以相互转让其全部或者部分股权。公司章程对股权转让另有规定的，从其规定。根据被告造纸公司章程：股权转让由董事会提出股份转让指导价格，由公司股本管理部门予以公示，按股权管理规定进行转让。原告和被告安某滋均是被告造纸公司股东，双方之间的股权转让符合法律规定和公司章程约定，且已经公司股东会决议通过并在工商机关办理变更登记。因股权转让是股东将自己的股东权益有偿转让给买受人，买受人支付对价并取得股权的民事行为。股权转让的价格是该类合同的重要条款，需转让方和受让方协商确定，在双方未于合同中对股权转让价格明确约定时，法院不宜对双方股权转让的价格予以确定。为此，被告安某滋先支付原告股权转让款 2 万元，原告可再与其协商确定股权转让价格。

山东省青岛市市北区人民法院依照《中华人民共和国公司法》第七十二条，《中华人民共和国民事诉讼法》第六十四条之规定，作出如下判决：

一、被告安某滋于本判决生效之日起十日内支付原告左某华股权转让款 2 万元；

二、驳回原告的其他诉讼请求。

原告对上述判决不服提起上诉。

山东省青岛市中级人民法院经审理认为：本案的争议焦点为如何确定左某华与安某滋之间的股权转让价格？综合本案已查明的事实，被上诉人造纸公司系由内部职工集体出资整体买断国有资本产权改制而来的股份合作制企业，该类企业不同于有限责任公司与股份有限公司，对于该类企业改制过程中出现的纠纷，应依据其章程确定当事人的权利义务。本案中，上诉人左某华与被上诉人安某滋签订的股权转让协议是当事人的真实意思表示，且不违反法律禁止性规定，合法有效。上述协议虽然未约定股权转让价格，但结合公司章程及同时期其他股东转让股权的情形来看，可以确定其他股东股权转让时，均以 1 元 1 股的价格完成股权转让。上诉人左某华与被上诉人安某滋签订的《股权转让、受让协议》、《关于转让股权的股东会决议》与其他股东转让股权时的合同形式一致、内容相同，一审法院按照其他股东转让的价格判令安某滋支付股权转让款并无不当。一审判决认定事实清楚、适用法律正确。

山东省青岛市中级人民法院依照《中华人民共和国民事诉讼法》第一百七十条第一款第一项之规定，判决如下：

驳回上诉，维持原判。

【法官后语】

本案的焦点为能否依据公司资产确定股权转让的价格。

价格是股权转让合同的重要条款，该转让价格需转让方和受让方协商确定。双方确定的股权转让价格因人而异，有的以股权的真实价值为依据来协商股权转让价格，此时的转让价格等同于被转让股权所对应的公司资产的价值；有的以当事人的真实意愿来协商股权转让价格，此时的转让价格可能脱离股权的真实价值，存在高于或低于股权真实价值的情形，甚至会出现股权无偿转让即零元转让的情形。

本案中，原告主张按照被告造纸公司现资产确定股权转让的价格，一、二审法院均未采纳该主张。因为，公司经营活动受市场因素影响较大，公司资产情况并非处于固定不变状态，而是随着市场现行的变化而不断变化，所以，当转让双方未在股权转让合同中对股权转让价格进行明确约定、之后亦未针对股权转让价格协商一致时，法院不宜比照公司资产对该股权转让价格予以确定。此时，如股权转让双方已办理完毕股权变更登记，可结合公司章程和同时期其他股东转让股权的情形来确定股权转让价格。如股权转让双方未办理股权变更登记，股权转让合同因欠缺股权转让价格必备条款而不具有履行性，认定该合同尚未成立比较合适。

编写人：山东省青岛市市北区人民法院　邹岩

080 “阴阳”股权转让合同的效力

——盖某仲诉马某勇、马某强股权转让案

【案件基本信息】

1. 裁判书字号

广东省广州市中级人民法院（2015）穗中法民二终字第1123号民事判决书

2. 案由：股权转让纠纷

3. 当事人

原告（被上诉人）：盖某仲

被告（上诉人）：马某勇

被告：马某强

【基本案情】

C公司是成立于2005年1月25日的有限责任公司，公司股东为董某林、盖某仲，其中董某林出资150万元、持股比例30%，盖某仲出资350万元、持股比例70%。2010年6月28日，马某勇（甲方）与董某林、盖某仲（乙方）签订《技术及股权转让协议书》，约定，甲方分期出资合计300万元，用于收购董某林、盖某仲二人拥有的C公司100%的股权及乙方拥有的节电技术；其中，首期150万元于2010年6月前出资，第二期150万元于2010年7月前出资；乙方承诺于2010年6月28日前在工商部门将上述转让的股权变更登记至甲方名下；自合同生效之日起5年内，董某林需要为C公司服务并接受该企业的管理，且不得以任何方式服务

于其他企业；乙方保证合同签订日前C公司没有任何债务；合同签订之日起五年内，乙方盖某仲不得从事电力节能行业；合同还对乙方出现违约行为时应承担的赔偿责任、违约责任、违约金等进行了详细约定。同日，盖某仲、董某林（转让方）与马某勇（受让方）签订《股东转让出资合同书》，约定，盖某仲将原出资350万元（占公司注册资本的70%）的全部350万元转让给马某勇，转让金350万元；董某林将原出资150万元（占公司注册资本的30%）的全部150万元转让给马某勇，转让金150万元；2010年6月28日前，受让方需将转让金全部付给转让方；从2010年6月28日起马某勇成为公司的股东；公司红利的收益按合同签订之日起计算，转让方享有转让前的红利，受让方享有转让后的红利；盖某仲、董某林自转让之日起，不再是公司股东，不得以公司的名义对外从事任何活动；合同一式五份，交公司登记机关一份。同日，马某勇向盖某仲支付了股权转让款150万元，双方依据《股东转让出资合同书》为上述股权转让在工商行政管理部门办理变更登记。因马某勇未付剩余股权转让款，盖某仲依据《股东转让出资合同书》向法院提起诉讼，诉请要求被告马某勇立即支付原告股权转让款200万元及逾期利息，被告马某强对马某勇的债务承担连带偿还责任。被告马某勇抗辩涉案股权转让法律关系是以《技术及股权转让协议书》，《股东转让出资合同书》则是为履行前述《技术及股权转让协议书》而签订的程序性、形式性文件，是专为过户使用而签订的，不是双方真实意思表示，不能作为双方权利义务的依据。

【案件焦点】

“阴阳”股权转让合同的效力。

【法院裁判要旨】

广东省广州市越秀区人民法院经审理认为：原告向被告马某勇转让其持有的C公司股权，现原告以马某勇欠付股权转让款为由提起诉讼，本案为股权转让纠纷。原告主张股权转让是按照《股东转让出资合同书》的约定执行，被告马某勇则主张涉案股权转让是按照《技术及股权转让协议书》的约定执行，故案件争议的焦点在于确定双方当事人关于股权转让的合同本意。首先，《技术及股权转让协议书》除规定了股权转让的价款及付款时间，还对技术转让事宜、双方当事人除股权转让外的其他权利义务、违约责任等进行了详细的规定，而《股东转让出资合同书》仅就股权转让的价款及付款时间进行了约定，两者相比《技术及股权转让协议书》更为详尽完备。其次，盖某仲、董某林、马某勇、C公司共同确认涉案股权转让是依据《股东转让出资合同书》办理的变更登记备案；《股东转让出资合同书》也约定签订后交公司登记机关，上述事实与马某勇主张的《股东转让出资合同书》签署的目的是用于办理股权变更登记相互印证。最后，在（2012）穗越法民一初字第785号案中，盖某仲、董某林为证明其主张的事实也提交了《技术及股权转让协议书》作为证据，可见盖某仲、董某林也认可《技术及股权转让协议书》的效力及约定。故对马某勇主张的涉案股权转让是按照《技术及股权转让协议书》的约定执行的说法，本院予以采纳。《技术及股权转让协议书》是双方当事人的真实意思表示，内容没有违反法律法规的强制性规定，合法有效，对双方当事人均有法律约束力。《技术及股权转让协议书》约定，盖某仲、董某林将其持有的全部 C 公司股份转让给马某勇，马某勇向盖某仲、董某林支付股权转让款 300 万元。现盖某仲、董某林已经履行将股权转让给马某勇的义务并办理了股权变更工商登记，依约享有收取股权转让款的权利。马某勇在支付了 150 万元股权转让款后尚欠盖某仲、董某林 150 万元股权转让款，其欠付剩余股权转让款 150 万元的行为已经构成违约，应承担相应的违约责任。故马某勇应向盖某仲支付股权转让款 150 万元及逾期利息。

广州市越秀区人民法院依照《中华人民共和国合同法》第八条、第六十条、第一百零七条的规定，判决如下：

本判决发生法律效力之日起十日内，被告马某勇向原告盖某仲支付股权转让款 1500000 元及利息。

被告马某勇不服一审判决，提起上诉。

广东省广州市中级人民法院经审理认为：马某勇、盖某仲和董某林对于原审判决认定双方就涉案的股权转让是依照《技术及股权转让协议书》的约定执行无异议，予以确认。经对被告马某勇拒付剩余股权转让款的理由进行审查、分析，最终认定马某勇的抗辩理由不充分，予以驳回。

【法官后语】

所谓股权转让“阴阳”合同，是指在股权转让过程中，合同双方当事人通过签订两份内容存在差别的股权转让合同，一份提交给工商机关办理股权变更登记，进行对外公开的“阳”合同，另一份存在当事人内部，是反映当事人真实意思表示的“阴”合同。

关于“阴”“阳”合同的辨认。司法实践中对此并没有通用正确的标准，只能通过裁判者针对不同的案情，运用日常经验法则及逻辑推理进行分析。对此，笔者认为可从三方面判断。

一是合同的版本。由于当事人订立“阳”合同的目的多是提交给工商管理部门用于办理股权变更登记手续，而目前国内许多工商管理部门出于规范管理的目的大多会制定通用的股权转让合同范本，因此“阳”合同在签订时多采用工商管理部门提供的版本，而“阴”合同多由当事人自行制定。

二是合同的繁简对比。股权转让协议是以股权转让为内容的合同，其基本的合同条款必然涉及出让方、受让方、价款、标的股权及履行方式这些基本的合同内容，同时股权变动必然涉及公司内部管理、经营调整等方面，在存在“阴”“阳”合同的情况下，由于“阴”合同是双方实际执行的合同，因此在规定内容上除基本的股权转让条款外，或多或少会涉及公司经营管理的约定以及双方当事人其他的权利义务安排，其在合同违约责任的约定上也会更加详尽。而“阳”合同由于当事人出于保密目的、交易效率等考虑，以及工商管理部门格式范本的原因，在规定上要比“阴”合同简单。

三是区分“阴阳”股权转让合同与合同变更。由于“阴阳”股权转让合同与合同变更均存在合同签订的先后顺序，且基于“阴阳”股权转让合同签订的模式及目的，实践过程中基本上均是“阴”合同签订在前，“阳”合同签订在后，从合同签订时间上，“阴阳”股权转让合同与合同变更容易混淆进而作出错误认定。对此，首先从合同目的区分。“阴阳”股权转让合同与合同变更的区别在于只有“阴”合同是双方当事人的真实意思表示，当事人协议执行的是签订在前的“阴”合同，而合同变更中的两份合同均是当事人的真实意思表示，当事人执行的是签订在后的合同。其次从合同的合理性区分。股权转让协议一般是出让方与受让方经过一段时间的磋商后达成的结果，因此其在合同条款的内容，特别是付款期、转让价款上相对固定，除非有特殊原因否则短期不会随意改变。双方在同一天内签订两份价款不同的股权转让合同，且未有合理解释的，明显不符常理。

关于“阴阳”股权转让合同的效力。从民法学上，意思与表示不一致是指表意人内心意思与外在表示不一致，其中包括表意人与相对人通谋，不表示内心真意的意思表示，即伪装表示或假装行为。“阴阳”股权转让合同即构成了民法上的伪装表示。理论通说认为，表意人与相对人通谋所为的意思表示原则上无效。从法律适用上，《中华人民共和国民法典》第一百四十六条规定：“行为人与相对人以虚假的意思表示实施的民事法律行为无效。以虚假的意思表示隐藏的民事法律行为的效力，依照有关法律规定处理。”从上述法条的规定看，“阳”合同属于合同双方以虚假的意思表示事实的民事法律行为，其合同效力应属无效，至于“阴”合同的效力，则应结合合同的具体内容依据合同法或是民法典关于合同无效的规定作出判断。

编写人：广东省广州市越秀区人民法院　陈伟清

081　违反章程对股权转让所作限制的协议应为无效

——丁1诉电子制造公司等股权转让案

【案件基本信息】

1. 裁判书字号

广东省中山市中级人民法院（2015）中中法民四终字第22号民事判决书

2. 案由：股权转让纠纷

3. 当事人

原告（被上诉人）：丁1

被告（上诉人）：电子制造公司、丁2、丁某欧

被告：丁某元

【基本案情】

电子制造公司的工商登记资料反映：电子制造公司的前身是电子厂，成立于1995年11月2日，企业性质是集体企业，注册资本为21万元，注册资金来源于查某群、胡某梅及经济联合社。1997年5月，电子厂改制为电子制造公司，企业性质变更为有限责任公司，注册资金为50万元，股东为胡某杰、丁某元、卢某，三人各占电子制造公司40%、40%、20%的股权。1999年10月，电子制造公司的注册资金增加至200万元，股东变更为胡某杰、丁某元、丁某欧、丁2、丁1及卢某，六人分别持有电子制造公司26.615%、26.615%、11.3625%、11.6925%、11.6925%、11.6925%的股权，公司章程第九条载明，股东之间可以互相转让全部出资或者部分出资，所有股东对该全部或部分出资具有同等的认购权，但无优先权，转让后股东人数不得少于二人；公司董事会是公司的最高权力机构，由股东按照出资比例行使表决权，召开董事会时应于会议召开十五日前通知全体董事，董事会应对所议事项的决议作出会议记录。2007年4月4日，卢某、胡某杰分别与丁某元、丁某欧、丁2签订股份转让协议，将所持有的电子制造公司股权转让给丁某元、丁某欧、丁2。同年4月10日，丁2以丁1的名义与丁某元、丁某欧、丁2签订股权转让协议，将丁1名下的电子制

造公司股权转让给丁某元、丁某欧、丁2。电子制造公司为此召开股东会决议，同意上述股权转让协议并以此办理了工商变更登记，电子制造公司的股东为丁某元、丁某欧、丁2，三人各持有电子制造公司43%、28.5%、28.5%的股权，但公司章程中关于股权转让、董事会议事规则的记载没有改变。2013年1月21日，丁某元、丁2、丁某欧签署一份电子制造公司的股东会决议，同意丁某元将电子制造公司43%的股权平均转让给丁2、丁某欧，各方并签订了股权转让合同，电子制造公司也变更了工商登记，公司的股东变更为丁某欧、丁2，二人各持有公司50%的股权。2014年2月26日，丁1以2007年4月10日的股权转让协议、股东会决议并非其本人签名，相关股权转让协议、股东会决议应为无效为由向法院提起诉讼。

【案件焦点】

丁1并未在涉案股东会决议、股权转让协议上签字，也没有收到召开股东会的通知，而且该股权转让协议违背了公司章程对股权转让的限制，是否构成相关股东会决议、股权转让协议无效的理由。

【法院裁判要旨】

广东省中山市第一人民法院经审理认为：电子制造公司在召开2007年4月10日股东会前并未告知丁1，也没有将股东会的决议告知丁1，在未有效通知丁1到场的情况下，其余股东于2007年4月10日作出决议将丁1持有的股权全部转让，因此该股东会不仅形式不符合公司法的规定及公司章程的规定，更严重损害了丁1的合法权益，故不能认定就该次会议形成了真实有效的股东会决议，电子制造公司据以决定办理公司变更登记、股权转让等事项的所谓股东会决议也当然不能产生法律效力。因不能认定丁1持有的相关股权已转让，而2013年1月23日股东会决议是以2007年4月10日的股东会决议为前提，在前一股东会决议无效而丁1也未获通知参与2013年1月23日股东会的情况下，电子制造公司2013年1月23日作出的股东会决议也不能被认定为符合法定要求的真实有效的决议，相关决议也应归于无效。

本案中，不能认定2007年4月10日股权转让协议中涉及丁1的部分是其真实意思表示，也没有证件反映被告支付了合理对价，因此2007年4月10日涉及丁1的股权转让协议依法不能成立。对于2013年1月23日的股权转让协议，虽然丁某元在电子制造公司享有的股权比例为43%，受让人丁2、丁某欧本是电子制造公司的股东，该股权转让协议没有违反《中华人民共和国公司法》中“有限责任公司的股东之间可以相互转让其全部或者部分股权”的规定。但有限公司毕竟是人合公司，公司法允许公司章程对股东转让股权设定特定条款，《中华人民共和国公司法》（2005年修订）第七十二条第四款即规定“公司章程对股权转让另有规定的，从其规定”。各方均认可2007年4月10日前电子制造公司的公司章程对股东之间的股权转让行为作出了限制，即在股东之间发生的股权转让，各股东对所出让的股权享有平等的认购权，现丁某元、丁2、丁某欧在明知公司章程对股东之间转让股权有限制性规定的情况下，未给予丁1适当通知且向丁1隐瞒了这一股权转让行为，使丁1丧失了认购该股权的机会，侵害了其合法权益，根据上述规定，2013年1月23日的股权协议应认定为无效。

广东省中山市第一人民法院依照《中华人民共和国民法通则》

第五十五条、第一百三十五条、第一百三十七条，《中华人民共和国公司法》（2005 年修订）第二十二条第一款、第二款、第三款，第三十三条第三款，第四十二条、第七十二条第一款、第四款，《中华人民共和国民事诉讼法》第二十六条、第六十四条第一款之规定，判决如下：

确认电子制造公司于 2013 年 1 月 21 日作出的股东会决议及相应的股权转让协议无效，电子制造公司于判决发生法律效力之日起三十日内向登记机关办理撤销登记，恢复原告丁 1 在电子制造公司持有的 11.6925%股权；丁某欧、丁 2、丁某元应协助电子制造公司办理变更登记手续。

电子制造公司、丁 2、丁某欧不服一审判决提起上诉。

广东省中山市中级人民法院根据《中华人民共和国民事诉讼法》第一百七十条第一款第一项之规定，判决如下：

驳回上诉，维持原判。

【法官后语】

公司章程是股东共同制定的有关公司的性质宗旨、经营范围、组织机构、活动方式、运行规范、权利义务的基本规则。公司章程的记载分为必要记载事项及任意记载事项，必要记载事项是指依法必须在公司章程中加以记载的事项，而任意记载事项，我国公司法并未对公司章程有关股权转让所作的限制性规定的法律效力作出明确约定。有观点认为公司法为强制法，股权自由转让是公司法的基本原则，公司章程对股权转让的限制性规定无效，违反公司章程的规定不影响股权转让的效力。第二种观点认为公司法具有任意法的性质，应当允许公司章程对股权转让加以限制，在公司章程中对股东股权转让作出限制的应为有效，违反该限制性规定的股权转让合同应当无效。

笔者同意第二种观点。因为有限责任公司是人合公司，为了保证和维持有限责任公司的人合性，公司章程对股东转让股权设定特定条款符合合同自由原则，当股东订立股权转让合同时，不得违反章程的规定，这是诚实信用原则和当事人意思自治原则的体现。本案中，2013 年 1 月的股权转让发生在公司内部股东之间，公司法规定公司股东之间可以相互转让股份，但既然章程规定了公司股权内部转让时其他股东按持股比例享有平等的购买权，且该规定并不违反法律法规的强制性规定，应该认定为有效，故违反该规定而签订的股权转让合同，因损害了原告的平等购买权，应当认定为无效。

编写人：广东省中山市第一人民法院　朱慧珊

082　非公有制经济股东的平等保护

——实业公司诉电力公司、水利公司股权转让案

【案件基本信息】

1. 裁判书字号

上海市第二中级人民法院（2014）沪二中民四（商）终字第 1566 号民事判决书

2. 案由：股权转让纠纷

3. 当事人

原告（被上诉人）：实业公司

被告（上诉人）：电力公司、水利公司

【基本案情】

能源公司成立于1999年3月16日。实业公司、电力公司系能源公司股东，通过受让分别持股38.2%、61.8%。2012年2月15日，能源公司通过股东会决议，内容为：1. 同意电力公司转让其所持股，转让价以评估价为依据；2. 实业公司不放弃优先购买权。

2012年5月25日，能源公司将股权公开转让材料报送联交所。6月1日，联交所公告能源公司61.8%股权转让的信息：挂牌期为2012年6月1日至7月2日；“标的企业股权结构”一栏载明老股东未放弃行使优先购买权；“交易条件”为挂牌价格人民币48691000元（以下币种均为人民币），一次性付款，继续履行原标的公司员工的劳动合同，支持标的企业长远发展，促进标的公司业绩增长；意向受让方应在确认资格后3个工作日内向联交所支付保证金1400万元，否则视为放弃受让资格；若挂牌期满只征集到一个符合条件的意向受让方，则采用协议方式成交，保证金充作股权转让款；若征集到两个或两个以上符合条件的意向受让方，则采取竞价方式确定受让人；意向受让方在联交所出具产权交易凭证后1个工作日内须代标的公司偿还其对转让方的3500万元债务。标的公司其他股东拟参与受让的，应在产权转让信息公告期间向联交所提出受让申请，并在竞价现场同等条件下优先行使购买权，否则视为放弃受让。电力公司通过手机短信、特快专递、公证等方式通知了实业公司相关的挂牌信息。7月2日，实业公司向联交所发函称，根据框架协议及补充协议，系争转让股权信息披露遗漏、权属存在争议，以及实业公司享有优先购买权，请求联交所暂停挂牌交易，重新披露信息。7月3日，水利公司与电力公司签订产权交易合同，内容为：合同交易的标的为电力公司持有的能源公司61.8%的股权；合同标的产权价值及双方交易价款为48691000元；价款（包括保证金）在签订合同后5个工作日内一次性支付；新标的公司须继续履行原标的公司员工的劳动合同；在联交所出具交易凭证后1个工作日内，水利公司须代能源公司偿还其对电力公司的3500万元的债务，一次性付到电力公司指定账户等。次日，联交所出具产权交易凭证，水利公司亦履行了股权转让款以及债务承担的合同义务。同日，联交所发出不予中止交易决定书给实业公司，称，经审核，股权转让程序符合产权交易相关规定，故决定不同意实业公司的申请。9月11日，能源公司向水利公司出具出资证明书，并将其列入公司股东名册，但未能办理工商登记变更。

实业公司诉称，电力公司擅自转让股份侵害了其股东优先购买权，水利公司和联交所以实业公司未进场交易为由认定实业公司放弃优先购买权没有法律依据，故请求判令：实业公司对电力公司与水利公司转让的能源公司61.8%的股权享有优先购买权，并以转让价48691000元行使该优先购买权。

电力公司辩称，实业公司收到挂牌交易通知后未至产交所行权，等于放弃了优先购买权的行使。水利公司辩称，实业公司怠于到产交所行权，已经放弃了优先购买权的行使。水利公司与电力公司的股权交易过程合法公平公正，且水利公司已经支付股权转让款并完成了股权转让的附随条件，其善意第三人的合法权利应当得到法律保护。能源公司发表意见认为，产交所的交易过程合法，水利公司已经取得能源公司的股东资格。产交所发表意见认为，交易所完全遵循交易规则，实业公司拒绝进场交易，视为其放弃了优先购买权，否则有违同等条件中程序同等的规定。

审理中，实业公司表示愿意接受电力公司、水利公司签订转让合同的条件。

【案件焦点】

在交易所制定的“未进场则视为放弃优先购买权”的交易规则下，是否因其未进场交易而丧失实业公司的股东优先购买权。

【法院裁判要旨】

上海市黄浦区人民法院经审理认为：股东优先购买权是公司法赋予股东的法定权利；不作为的默示效果只有在法律有规定或者当事人双方有约定的情况下，才可视为意思表示；产交所作为依法设立的产权交易平台，法律并未赋予其判断交易标的是否存在权属争议和交易一方是否丧失优先购买权这类法律事项的权力。从商事交易的角度来说，商事交易既要遵循效率导向，也要兼顾交易主体利益的保护。优先购买权股东未进场交易，产交所亦可通知其在一定期限内作出是否接受最后形成的价格的意思表示，不到场并不必然影响交易的效率。实业公司在股权交易前提出了异议，产交所应及时答复。参照《企业国有产权交易操作规则》的相关规定，信息公告期间出现影响交易活动正常进行的情形，或者有关当事人提出中止信息公告书面申请和有关材料后，产权交易机构可以作出中止信息公告的决定。对于提出异议的优先购买权股东而言，其在未被产交所及时答复异议前不知交易是否如期进行，因而不到场，不能视为其放弃受让。

上海市黄浦区人民法院判决：

一、实业公司对电力公司与水利公司转让的能源公司的股权享有优先购买权；

二、实业公司应当在判决生效之日起二十日内行使优先购买权，否则视为放弃；

三、实业公司优先购买权的行使内容、条件，与电力公司和水利公司签订的产权交易合同相同。

电力公司、水利公司不服一审判决，提起上诉。

上海市第二中级人民法院经审理认为：实业公司已明确表示不放弃优先购买权，且权利的放弃需要明示，不能当然地认定实业公司已经放弃或者丧失了股东优先购买权。并且，产交所并非司法机构，当实业公司提出异议时，产交所即应当暂停挂牌交易，不应擅自判断标的公司其余股东提出的异议成立与否，其设定的交易规则也不应与法律规定相矛盾和冲突。判决：

驳回上诉，维持原判。

【法官后语】

本案的典型意义在于在国有产权进场交易的原则下，所涉非公有制性经济主体的合法权益应如何保护。对于公有制经济的电力公司和水利公司之间的股权交易，实业公司作为非公有制经济的优先购买权股东，能否根据产交所制定的“其他股东竞买人没有按规定到场，或没有在规定期限内书面确认的，视为放弃受让”的交易规则认定其未进场则丧失优先购买权。

对此，本案判决认为在平等保护原则下，不能得出这一结论。

一、民事权利的平等保护原则

民法的根本目的是保护民事主体的民事权利，维护经济社会秩序。民事权利的平等保护原则是指，民事主体在法律地位上是平等的，其合法权益受到法律的平等保护。民法典第四条规定："民事主体在民事活动中的法律地位一律平等。"在民商事交易过程中，无论民事主体之间有何性质上的差异，当其权利受到不法侵害时，法律都给予平等的保护，任何主体都不能比其他交易主体享有更优、更多的保护。

平等保护原则是优化营商环境的必然要求，有利于各种市场主体依法平等使用生产要素、公平参与市场竞争。民商事交易中贯彻平等保护原则，就是一视同仁地对待各类市场主体，平等保障其诉讼权利和合法利益。具体而言，包括平等保护公有制经济主体和非公有制经济主体的合法权益；平等保护大企业与中小企业的合法权益；平等保护公司大股东和中小股东的合法权益；平等保护国内民商事交易主体与涉外民商事交易主体的合法权益。本案中，法院遵循的裁判理念就是在依法保护公有制经济主体电力公司、水力公司的合法权益的同时，为非公有制经济主体实业公司提供平等的法律保护。

二、沉默的意思表示规则

意思表示的表示方式分为明示、默示和特定情形下的沉默。民法典第一百四十条规定："行为人可以明示或者默示作出意思表示。沉默只有在有法律规定、当事人约定或者符合当事人之间的交易习惯时，才可以视为意思表示。"明示指以口头语言或书面文字进行意思表达的行为，如通过对话、交谈、订立合同书、出具函件等方式。默示指通过特定行为而非口头、书面等直接表达方式，间接推知行为人意思表示的行为。《最高人民法院关于适用〈中华人民共和国合同法〉若干问题的解释（二）》第二条规定：“当事人未以书面形式或者口头形式订立合同，但从双方从事的民事行为能够推定双方有订立合同意愿的，人民法院可以认定是以合同法第十条第一款中的‘其他形式’订立的合同。但法律另有规定的除外。”

沉默是指单纯不作为，即行为人未明示，亦不能从其行为间接推知行为人的意思表示，沉默原则上不具有意思表示的意义，只有在有法律规定、当事人约定或者符合当事人之间的交易习惯时三种特定情况下才构成意思表示。(1) 有法律规定的情形，如民法典第六百三十八条第一款规定：“试用买卖的买受人在试用期内可以购买标的物，也可以拒绝购买。试用期限届满，买受人对是否购买标的物未作表示的，视为购买。” (2) 当事人约定情形，如当事人双方事先合意约定如一方当事人收货后三日内未提出数量异议，视为对产品数量无异议，则一方收货后的沉默具有确认合同数量无误的意思表示效力。(3) 符合当事人之间的交易习惯时，如双方在数次交易往来中，一方以沉默方式确认了货物数量且支付了相应货款，据此可以认定之后一方再次沉默时，可以视为对货物数量无异议。

本案中，产交所设定的未进场交易则视为放弃优先购买权的规则，不符合上述三种民法典中规定的任何一种情形，故实业公司未进场交易的沉默，不发生放弃优先购买权的意思表示。

三、产交所无权设定剥夺交易主体法定权利的规则

产交所的性质为经省市一级人民政府批准设立，不以营利为目的，仅为产权交易提供场所、设施、信息和市场等配套服务，履行相关职责，并按照规定收取服务费的事业法人。因此，产交所的功能在于提供交易市场和交易促成服务。产交所并非司法机构，并不具有处置法律纠纷的职能，不能对一方交易主体是否享有优先购买

权等做出法律意义上的认定。并且，股东优先购买权系公司法赋予公司股东的法定权利，除法律规定情形或权利主体自己放弃外，产交所无权通过设定交易规则进行剥夺或限缩。

本案中，产交所设定的未进场交易则视为放弃优先购买权的规则，超出了产交所的职能权限，亦与公司法等法律规定冲突，不能依据该规则得出实业公司未进场交易就是放弃了优先购买权的法律效果。

值得一提的是，本案在上海审判实践中未有先例，判决结果对商事交易规则产生了较强的示范效应。在法院判决生效后的20日内，实业公司向产交所提出了行权申请，并交付相应价款，与电力公司重新签订了交易合同，完成了股权交易，使本案的审判、执行取得了社会效果和法律效果的良好统一。

编写人：上海市黄浦区人民法院　李剑

083　私募基金“对赌协议”的效力

——投资中心诉曹某波股权转让案

【案件基本信息】

1. 裁判书字号

北京市第一中级人民法院（2013）一中民初字第6951号民事判决书

2. 案由：股权转让纠纷

3. 当事人

原告：投资中心

被告：曹某波

【基本案情】

2011 年 4 月 26 日，投资中心（有限合伙）与孙某一起与曹某波及生物技术公司签订了增资协议书，投资中心与孙某分别投资生物技术公司 2655 万元和 2100 万元，分别持有生物技术公司 0.76%和 0.6%股权，上述投资及股权已经工商局审核并载入股东名册。2012 年 5 月 31 日，投资中心、孙某经协商与曹某波签订了股权转让协议，协议规定，投资中心、孙某将分别持有的生物技术公司股权全部转让给曹某波，转让价格分别为：投资中心 2867.4 万元、孙某 2268 万元，合同签订后 30 工作日内曹某波支付转让款。股权转让合同签订后至今曹某波未能履行偿付义务。2013 年 4 月 10 日，孙某将对曹某波的股权转让产生的债权全部转让给投资中心，并通知曹某波。后曹某波未依约履行股权转让款支付义务，投资中心诉至法院。

【案件焦点】

1. 股权转让协议的效力是否有效；2. 原告主张的利息损失缺乏合同依据，是否应当支持，如果支持，应当参照何种标准支持。

【法院裁判要旨】

北京市第一中级人民法院经审理认为：生物技术公司与投资中心、孙某、曹某波等签订的《增资协议书》和《补充协议书》，以及曹某波与投资中心、孙某等签订的《股权转让协议》均系各方当事人真实意思表示，上述协议不违反法律、行政法规的强制性规定，应属合法有效，对各方当事人具有法律约束力。投资中心和孙某按照增资协议入资生物技术公司后，因生物技术公司无法按照《补充协议书》预期获准首次公开发行股票并在国内主板证券交易所上市，曹某波与投资中心、孙某等又签订了《股权转让协议》，约定由曹某波收购投资中心、孙某等所持有的生物技术公司股权，并于合同签订后 30 个工作日内全额付清转让款。孙某与投资中心签订《债权转让协议书》，将其持有的对曹某波的债权 2268 万元及相关权益全部转让给投资中心，并通知了曹某波，该债权转让行为合法有效，投资中心取得孙某对曹某波的 2268 万元债权及相关权益。曹某波至今未付清上述股权转让款，其行为构成违约，应承担给付责任并赔偿由此给投资中心造成的利息损失。利息损失应依照双方在《股权转让协议》中关于付款期限的约定，从双方签订协议之日后 30 个工作日即 2012 年 7 月 13 日起算，投资中心所主张的利息损失计算的起始日期即 2012 年 7 月 1 日有误。另，投资中心所主张的利息损失计算标准因无合同依据，酌定按照中国人民银行同期同类贷款基准利率计算。故对投资中心在上述范围内的利息主张，予以支持，对超出范围的利息主张，不予支持。曹某波经合法传唤，无正当理由拒不到庭参加诉讼，应视为放弃相应的诉讼权利。

北京市第一中级人民法院依照《中华人民共和国合同法》第六条、第八条、第八十条、第一百零七条，《中华人民共和国公司法》第七十二条第一款，《中华人民共和国民事诉讼法》第一百四十四条之规定，判决如下：

一、被告曹某波于本判决生效后十日内给付原告投资中心（有限合伙）股权转让款五千一百三十五万四千元并赔偿相应的利息（自二〇一二年七月十三日起至二〇一三年五月一日止，以五千一百三十五万四千元为基数，按照中国人民银行同期同类贷款基准利率计算）；

二、驳回原告投资中心（有限合伙）其他诉讼请求。

判决后，双方当事人均未上诉，本判决现已生效。

【法官后语】

本案是对于涉私募基金"对赌协议"案件作出的判决。

"对赌协议"实质上的内涵为一种"估值调整机制（Valuation Adjustment Mechanism）"，该类型协议的产生，源于目标公司股东或实际控制人在融资过程中，投融资双方对于目标公司估值存在的分歧。其核心内容系在保证融资方融资目的实现的同时，搁置投融资双方的估值分歧，以收益补偿或股权回购条款平衡投资方的投资风险及对于所投资市场的信息劣势，并激励和促成目标公司快速有序成长，力求实现投融资双方对于目标公司上市或获取高额利润的共同追求。

针对对赌协议效力的问题，《全国法院民商事审判工作会议纪要》中明确规定，人民法院在审理"对赌协议"纠纷案件时，不仅应当适用合同法的相关规定，还应当适用公司法的相关规定；既要坚持鼓励投资方对实体企业特别是科技创新企业投资原则，从而在一定程度上缓解企业融资难问题，又要贯彻资本维持原则和保护债权人合法权益原则，依法平衡投资方、公司债权人、公司之间的利益。对于投资方与目标公司的股东或者实际控制人订立的"对赌协议"，如无其他无效事由，认定有效并支持实际履行，实践中并无争议。但投资方与目标公司订立的"对赌协议"是否有效以及能否实际履行，存在争议。对此，应当把握如下处理规则：投资方与目标公司订立的"对赌协议"在不存在法定无效事由的情况下，目标公司仅以存在股权回购或者金钱补偿约定为由，主张"对赌协议"无效的，人民法院不予支持，但投资方主张实际履行的，人民法院应当审查是否符合公司法关于“股东不得抽逃出资”及股份回购的强制性规定，判决是否支持其诉讼请求。投资方请求目标公司回购股权的，人民法院应当依据《中华人民共和国公司法》第三十五条关于“股东不得抽逃出资”或者第一百四十二条关于股份回购的强制性规定进行审查。经审查，目标公司未完成减资程序的，人民法院应当驳回其诉讼请求。投资方请求目标公司承担金钱补偿义务的，人民法院应当依据《中华人民共和国公司法》第三十五条关于“股东不得抽逃出资”和第一百六十六条关于利润分配的强制性规定进行审查。经审查，目标公司没有利润或者虽有利润但不足以补偿投资方的，人民法院应当驳回或者部分支持其诉讼请求。今后目标公司有利润时，投资方还可以依据该事实另行提起诉讼。

实际上，“对赌协议”往往所包含的并不仅是一纸合同，而是以诸如增资合作（进场）、补充（估值调整）、股权转让（退出）协议等一系列合同所呈现出的众多法律关系，而各份协议的效力问题应当作为一个整体来进行看待。本案所处的阶段是既定业绩及国内主板或创业板 IPO 目标未达成，私募基金退出并要求原股东支付股权转让价款的争议，更确切地说，是私募基金诉请主张融资方依约履行“对赌”目标未达成后的回购义务。

本案中，曹某波作为目标公司自然人股东参与“对赌”，并作为回购义务的担责主体，其行为不存在抽逃公司资产及损害公司股东及债权人利益的可能，故合议庭经评议后认为应在充分尊重商事主体意思自治、风险自负原则的基础上，确定涉案股权转让协议有效，进而判决被告曹某波依约履行支付股权转让款的义务。

另，本案在审理过程中合议庭发现原告所主张的利息损失的起算时间同合同约定存在出入，此外其所主张的利息损失计算标准亦缺乏合同依据。故判决针对原告对于合同约定付款时间后的利息主张，酌定按照中国人民银行同期同类贷款基准利率予以支持，对超出范围的利息主张，不予支持。

编写人：北京市第一中级人民法院　陈靖忠

084　有限公司股东对外转让股权的条件

——汤某军、冉某诉李某股权转让案

【案件基本信息】

1. 裁判书字号

北京市第二中级人民法院（2013）二中民终字第17340号民事判决书

2. 案由：股权转让纠纷

3. 当事人

原告（反诉被告、被上诉人）：汤某军、冉某

被告（反诉原告、上诉人）：李某

【基本案情】

2012年2月20日，第三人教育科技公司3位股东李某、付某德、卢某通过《股东会决议》，同意李某将其名下的20%的股份转让给汤某军、冉某，转让价不低于人民币93万元。李某、付某德、卢某在决议上签名。同年2月23日，李某（甲方、转让方法人代表）与汤某军、冉某（乙方、受让方）签订《股权转让协议》

约定：第一条 转让价格与付款方式：1. 经教育科技公司现有股东同意，乙方以人民币93万元整购买教育科技公司20%的股份，其中汤某军出资人民币46.5万元整占公司10%股份，冉某出资人民币46.5万元整占公司10%股份；2. 股权转让支付方式和支付期限：2012年2月29日支付人民币50万元整；2012年3月31日支付人民币30万元整；2012年7月31日支付人民币13万元整；所有支付款项直接存入公司基本账户，以银行盖章确认的付款凭证为准。第二条 保证：1. 由甲方在办理工商登记变更手续前提供本次股权转让所需的原公司股东同意本次股权转让的决议等文件。如果甲方未能按时提供，乙方有权撤出全部投资。2. 本协议生效后，依法办理公司股东、股权、章程修改等相关变更登记手续，甲方应给予积极协助或配合。第三条 双方的权利和义务：1. 甲方须向乙方提供其出资证明或者工商管理部门出具的教育科技公司股东情况表；2. 甲方服务在本协议生效后10日内办理本次股权转让涉及的工商变更登记，并于本协议生效后30日内办理完毕；3. 乙方必须按照合同规定及时支付股权转让价款。第六条 合同的变更或解除：发生下列情况之一时，可变更或解除合同，但双方必须就此签订书面变更或解除合同。1. 由于不可抗力或由于一方当事人虽无过失但无法防止的外因，致使本合同无法履行。2. 一方当事人丧失实际履约能力。3. 由于一方违约或两方违约，严重影响了守约方的经济利益，使合同履行成为不必要。4. 因情况发生变化，经过双方协商同意变更或解除合同。第八条 合同生效的条件和日期：本合同经教育科技公司股东会同意并由各方签字盖章后生效。

2012年2月29日，李某（甲方、转让方）与汤某军、冉某（乙方、受让方）签订《股权转让协议之补充协议（一）》约定：本补充协议（一）作为转让方（教育科技公司）与受让方（汤某军、冉某）于2012年2月23日签署的股权转让协议的补充协议，享有同等法律效力。本协议具体内容如下：第一条 甲方与乙方签订的股权转让协议与补充协议于2012年2月23日零时正式生效。第四条 乙方需按照原合同约定日期转入入股资金，如每逾期1天按照每天承担万分之三的违约金。同日，汤某军的妻子刘迎将汤某军的股权转让款25万元转入教育科技公司账户，冉某也将股权转让款25万元转入教育科技公司账户。

此后，教育科技公司未就公司股东、股权等办理工商变更手续；汤某军、冉某亦未再支付股权转让款。

【案件焦点】

李某向汤某军、冉某转让股权的条件。

【法院裁判要旨】

北京市丰台区人民法院经审理认为：汤某军、冉某与李某签订的《股权转让协议》与《股权转让协议之补充协议（一）》系双方当事人真实意思表示，且未违反有关法律法规的强制性规定，应为有效。双方均应依照协议约定履行各自的义务。同时，当事人对自己提出的诉讼请求所依据的事实或者反驳对方诉讼请求所依据的事实有责任提供证据加以证明。没有证据或者证据不足以证明当事人的事实主张的，由负有举证责任的当事人承担不利后果。根据《股权转让协议》与《股权转让协议之补充协议（一）》的约定，李某及教育科技公司应在协议生效后30日内，即2012年3月24日办理完毕本次股权转让涉及的工商变更登记，并在办理工商登记变更手续前提供本次股权转让所需的原公司股东同意本次股权转让的决议等文件。如果未能按时提供，汤某军、冉某有权撤出全部投资。而汤某军、冉某的第二笔股权转让价款支付的时间为2012年3月31日。现李某及教育科技公司提供的证据既不足以证明其按照协议约定期限提供了相应的文件，又不足以证明至今未办理工商变更登记的责任在于汤某军、冉某不予配合。因此，汤某军、冉某按协议约定，主张解除《股权转让协议》、撤出全部投资的诉请，并无不妥，法院予以支持。而李某要求汤某军、冉某继续支付股权转让款及违约金并协助办理教育科技公司股东工商变更的工商登记手续的反诉请求，缺乏事实和法律依据，法院不予支持。

北京市丰台区人民法院依照《中华人民共和国合同法》第六十条、第九十四条第（四）项、第九十七条、《中华人民共和国民事诉讼法》第六十四条第一款、《最高人民法院关于民事诉讼证据的若干规定》第二条之规定，判决如下：

一、解除汤某军、冉某与李某之间的《股权转让协议》。

二、李某于判决生效之日起十日内返还汤某军、冉某股权转让款五十万元（其中返还汤某军二十五万元、冉某二十五万元）。

三、驳回李某的反诉请求。如果未按判决指定的期间履行给付金钱义务，应当依照《中华人民共和国民事诉讼法》第二百五十三条之规定，加倍支付迟延履行期间的债务利息。

李某上诉。

北京市第二中级人民法院经审理认为：汤某军、冉某与李某签订的《股权转让协议》与《股权转让协议之补充协议（一）》系各方当事人真实意思表示，且未违反法律、行政法规的强制性规定，应属合法有效，各方均应依约履行各自义务。依照《股权转让协议》之约定，李某应在办理工商变更登记手续前提供本次股权转让所需的原公司股东同意本次股权转让的决议等文件，否则汤某军、冉某有权撤出全部投资，工商变更登记办理完毕的时间为《股权转让协议》生效后30日内。李某上诉称其已依约提供上述文件，但其提交的现有证据不足以证明其该项上诉主张，本院对此不予采信。汤某军、冉某请求解除其与李某订立的《股权转让协议》、李某返还股权转让款50万元，于法有据，应予支持。有限责任公司股东向股东以外的人转让股权，应当经其他股东过半数同意，经其他股东同意转让的股权，在同等条件下，其他股东有优先购买权。本案中，李某向汤某军、冉某转让教育科技公司股权时，教育科技公司股东为李某、付某德、卢某，涉案股权转让应经付某德、卢某同意。李某未依约在限定时间内提供其他股东同意股权转让的文件，《股权转让协议》已无法继续履行，李某上诉称汤某军、冉某仍须签署新的股东会决议和公司章程等文件，缺乏事实依据，不予支持。汤某军、冉某在一审中起诉要求李某返还其已支付的股权转让款，而非其向教育科技公司缴纳的出资款，并不导致教育科技公司注册资本的减少。李某上诉称汤某军、冉某已参与教育科技公司经营管理、无权撤资，于法无据，不予支持。一审法院认定事实清楚，适用法律正确，判决处理并无不当，予以维持。

北京市第二中级人民法院依照《中华人民共和国民事诉讼法》第一百七十条第一款第一项之规定，判决如下：

驳回上诉，维持原判。

【法官后语】

相对于股份公司而言，有限公司具有更强的人合性，股权结构应保持相对稳定，而股东向股东以外的人转让股权，将使有限公司股权结构发生重大变动，当然就应加诸更多限制。我国1993年颁布的《中华人民共和国公司法》即在第三十五条明确规定有限公司股东之间可以转让全部或者部分股权，同时明确规定了有限公司股东向股东以外的人转让股权时的限制条件。这一立法态度在《中华人民共和国公司法》之后的历次修正、修订中得以延续。

一、有限公司股东对外转让股权的限制

根据《中华人民共和国公司法》第七十一条之规定，除非公司章程有有限公司股东向股东以外的人转让股权的，应经其他股东过半数同意，经股东同意转让的股权，在同等条件下，其他股东有优先购买权。

在有限公司股东对外转让时，《中华人民共和国公司法》的这一规定赋予了其他股东较大的决定权。一是同意权。即有限公司股东对外转让股权时，应当书面征求其他股东同意，仅在其他股东半数以上同意转让时，股权转让才能继续进行。在赋予其他股东同意权的同时，《中华人民共和国公司法》也对其作出了限制，要求其在三十日内作出是否同意的答复意见，逾期未答复的，视为同意转让。二是优先购买权。其他股东过半数同意股权转让后，如果其他股东中的部分或者全部愿意在同等条件下购买待转让股权，则其他股东有权优先购买。赋予其他股东优先购买权能够最大限度地保持有限公司股权结构的稳定，当然，此处的“同等条件”不仅包括转让对价，更包括支付时间等其他因素。

二、获取其他股东同意等证明文件的义务主体

就获取其他股东同意等证明文件的义务主体，存在股权出让人、股权受让人、有限公司等不同观点。就缔约主体而言，股权转让协议的当事人为出让人、受让人两方，权利义务也只能发生在出让人和受让人之间，与有限公司之间并无法律上的关联。对受让人而言，在有限公司未变更股东名册和工商登记之前，其并未取得股东资格，与股权出让人之外的有限公司其他股东亦无法律上的关联。因此，获取原股东同意等证明文件的义务主体应为股权转让人。

股权转让人之所以须承担获取其他同意等证明文件的义务，原因还包括两点：其一，股权转让是导致有限公司股权结构发生变动的直接原因。有限公司具有较强的人合性，股权结构当然也就应保持相对稳定，但股东对外转让股权将使股东之外的人进入有限公司，从而打破原有的相对稳定的股权结构。按照公司法的一般理论，股权转让人在此种情形下当然也就有义务获取其他股东的同意。其二，从文意解释，《中华人民共和国公司法》已对股权转让人承担该项义务作出了规定。依照《中华人民共和国公司法》第七十一条第二款之规定，股东应就其股权转让事项书面通知其他股东征求同意。此处的“股东”应为股权转让人，因在股权转让协议订立后的履行期间，股权受让人尚未成为有限公司股东，且将其解释为股权转让人，也能在文意上与之后的“其股权转让事项”保持一致。

三、基于本案的分析

本案中，李某（甲方）与汤某军、冉某（乙方）之间的《股权转让协议》订立时，教育科技公司股东分别为李某、付某德、卢某三人。因此，李某在转让其名下的涉案股权时，应当书面征得付某德、卢某的同意，这是李某作为股权转让人的法定义务。且《股权

转让协议》明确约定："由甲方在办理工商登记变更手续前提供本次股权转让所需的原公司股东同意本次股权转让的决议等文件"，从合同上也赋予了李某获取其他股东同意等证明文件的义务。在李某未能提供证据证明付某德、卢某同意其将股权转让给汤某军、冉某的情况下，李某既违反了其作为股权转让人的法定义务，也违反了契约义务，一、二审法院均判令其承担不利后果，具有事实和法律依据。

编写人：北京市第二中级人民法院　唐旭超

085 股权转让协议中未约定转让价款时股权转让对价的认定

——环境工程公司诉和某珍股权转让案

【案件基本信息】

1. 裁判书字号

北京市第二中级人民法院（2013）二中民终字第7315号民事判决书

2. 案由：股权转让纠纷

3. 当事人

原告（上诉人）：环境工程公司

被告（被上诉人）：和某珍

【基本案情】

第三人北京投资公司系2003年6月3日设立的有限责任公司，注册资本1000万元，法定代表人为王某泉。2006年12月18日投资公司进行了增资并修改了公司章程，增资后的股东及出资情况为：和某珍出资165万元、邵某飞出资110万元、王某泉出资495万元、杨某民出资220万元、俞某出资110万元、环境工程公司出资700万元。

2007年10月31日，环境工程公司作为转让方与受让方王某泉、杨某民、和某珍、俞某、原某签订《出资转让协议书》，约定：1. 环境工程公司愿意将投资公司的出资货币315万转让给王某泉；2. 王某泉愿意接收环境工程公司在投资公司的出资货币315万；3. 环境工程公司愿意将投资公司的出资货币140万转让给杨某民；4. 杨某民愿意接收环境工程公司在投资公司的出资货币140万；5. 环境工程公司愿意将投资公司的出资货币105万转让给和某珍；6. 和某珍愿意接收环境工程公司在投资公司的出资货币105万；7. 环境工程公司愿意将投资公司的出资货币70万转让给俞某；8. 俞某愿意接收环境工程公司在投资公司的出资货币70万；9. 环境工程公司愿意将投资公司的出资货币70万转让给原某；10. 原某愿意接收环境工程公司在投资公司的出资货币70万。

同日，投资公司作出第一届第九次股东会决议：同意增加新股东原某；环境工程公司愿意将投资公司的货币315万出资转让给王某泉；环境工程公司愿意将投资公司的货币140万出资转让给杨某民；环境工程公司愿意将投资公司的货币105万出资转让给和某珍；环境工程公司愿意将投资公司的货币70万出资转让给俞某；环境工程公司愿意将投资公司的货币70万出资转让给原某；同意修改章程（章程修正案）。王某泉、杨某民、和某珍、邵某飞、俞某以及环境工程公司在该股东会决议上签字和盖章。

同日，投资公司作出第一届第十次股东会决议：同意王某泉、杨某民、和某珍、邵某飞、俞某、原某组成新的股东会，其中王某泉出资货币810万、杨某民出资货币360万、和某珍出资货币270万、邵某飞出资货币110万、俞某出资货币180万、原某出资货币70万。王某泉、杨某民、和某珍、邵某飞、俞某以及原某在该股东会决议上签字。随后，投资公司到工商部门办理了住所以及股东变更登记，其中和某珍出资由165万元变更为270万元。

2011年11月21日，和某珍（甲方）与王某泉（乙方）签订股权转让协议，约定：甲乙双方系投资公司的股东，该公司注册资本1800万元人民币，其中甲方出资270万元人民币，占公司15%的股份，乙方出资810万元人民币，占公司45%的股份，甲方转让其在该公司中的全部股权，乙方决定购买该转让的股权，双方商定转让价款为300万元。

2012年10月15日，环境工程公司向和某珍发出"关于向环境工程公司交付股权转让款的通知"的电子邮件，要求和某珍于2012年10月31日向环境工程公司交付股权转让款105万元。和某珍未予支付上述款项。环境工程公司认为和某珍一直未支付股权转让款，要求解除2007年10月31日签订的《出资转让协议书》中第5条和第6条。和某珍认为《出资转让协议书》已经履行完毕，股权转让经由全体股东同意是零对价转让，环境工程公司的主张已经超过诉讼时效，故不同意环境工程公司的诉讼请求。第三人投资公司的陈述意见同环境工程公司的起诉意见。

【案件焦点】

《出资转让协议书》中未约定转让价款时，对股权转让对价如何认定。

【法院裁判要旨】

北京市朝阳区人民法院经审理认为：2007年10月31日，环境工程公司作为转让方与受让方和某珍签订《出资转让协议书》系当事人真实意思表示，不违反法律、行政法规的强制性规定，应属合法有效。协议签订后，投资公司依据《出资转让协议书》以及股东会决议到工商部门办理了股东变更登记，根据工商档案显示，和某珍是投资公司的股东，出资270万元。由于《出资转让协议书》仅约定环境工程公司将投资公司的出资货币105万转让给和某珍，并未约定股权转让款为105万元，亦未约定和某珍需向环境工程公司支付股权转让款，且除了上述《出资转让协议书》之外，环境工程公司与和某珍并未签订过其他股权转让协议，故环境工程公司认为和某珍未支付股权转让款已经构成根本违约，要求解除《出资转让协议》中第5、6条的诉讼请求，缺乏事实与法律依据，不予支持。

北京市朝阳区人民法院依照《最高人民法院关于民事诉讼证据的若干规定》第二条之规定，判决如下：

驳回原告环境工程公司的诉讼请求。

环境工程公司不服一审判决，提起上诉：

北京市第二中级人民法院经审理认为：当事人对自己提出的诉讼请求所依据的事实或者反驳对方诉讼请求所依据的事实有责任提供证据加以证明，没有证据或者证据不足以证明当事人的事实主张的，由负有举证责任的当事人承担不利后果。2007年10月31日，环境工程公司与和某珍签订的《出资转让协议书》系双方真实意思表示，内容不违反法律、行政法规的强制性规定，应属合法有效。因《出资转让协议书》未约定和某珍受让股权后，应向环境工程公司支付105万元，环境工程公司亦未提交其他证据证明和某珍应当支付该款项，故环境工程公司以和某珍未支付105万元股权转让款为由，主张解除《出资转让协议书》，缺乏事实和法律依据，不予支持。一审法院判决并无不当，应予维持。

北京市第二中级人民法院依照《中华人民共和国民事诉讼法》第一百七十条第一款第一项之规定，判决如下：

驳回上诉，维持原判。

【法官后语】

《中华人民共和国民法典》第四百七十条：合同的内容由当事人约定，一般包括下列条款：（一）当事人的姓名或者名称和住所；（二）标的；（三）数量；（四）质量；（五）价款或者报酬；（六）履行期限、地点和方式；（七）违约责任；（八）解决争议的方法。当事人可以参照各类合同的示范文本订立合同。那么对于股权转让合同而言，未约定股权转让对价的情况下，该合同效力及股权转让对价应当如何认定？

一、未约定股权转让对价的股权转让合同是否有效

《中华人民共和国民法典》第四百九十条规定，当事人采用合同书形式订立合同的，自当事人均签名、盖章或者按指印时合同成立。在签名、盖章或者按指印之前，当事人一方已经履行主要义务，对方接受时，该合同成立。法律、行政法规规定或者当事人约定合同应当采用书面形式订立，当事人未采用书面形式但是一方已经履行主要义务，对方接受时，该合同成立。《中华人民共和国民法典》第五百零二条规定，依法成立的合同，自成立时生效，但是法律另有规定或者当事人另有约定的除外。依照法律、行政法规的规定，合同应当办理批准等手续的，依照其规定。未办理批准等手续影响合

同生效的，不影响合同中履行报批等义务条款以及相关条款的效力。应当办理申请批准等手续的当事人未履行义务的，对方可以请求其承担违反该义务的责任。依照法律、行政法规的规定，合同的变更、转让、解除等情形应当办理批准等手续的，适用前款规定。《中华人民共和国民法典》第五百一十条规定，合同生效后，当事人就质量、价款或者报酬、履行地点等内容没有约定或者约定不明确的，可以协议补充；不能达成补充协议的，按照合同相关条款或者交易习惯确定。因此，从立法本意来说，合同的成立和生效并不要求所有合同要素必须完整清晰。没有约定股权转让的对价不影响股权转让合同的成立及生效。本案诉争的股权转让协议经双方盖章签字，是双方真实的意思表示，不违反法律、行政法规的强制性规定，并办理了工商变更登记，应属合法有效。

二、股权转让对价如何确定

股权价值与公司注册资本、公司管理人员的经营能力、公司主营业务的发展前景、公司的运营情况，以及公司是否拥有专利、商标等知识产权或者商业秘密等密切相关，不同公司会有不同情况，当事人在签订股权转让合同时，会综合公司经营情况对股权转让的对价作出判断。法院在审理此类案件时，应当以尊重当事人的意思自治为基础，对于股权转让对价的认定不能简单地与出资额相对应，尽量维护商事合同的稳定性，避免过多的事后介入。

本案中，《出资转让协议书》仅约定环境工程公司将投资公司的出资货币105万转让给和某珍，并未约定股权转让款为105万元，亦未约定和某珍需向环境工程公司支付股权转让款，且除了上述《出资转让协议书》之外，环境工程公司与和某珍并未签订过其他股权转让协议。根据民事诉讼法“谁主张、谁举证”的原则，环境工程公司无法举证证明双方对和某珍应当支付的股权转让对价款或其他应当履行的义务形成了合意，亦无法举证证明股权转让时标的股权的价值为105万，应当承担举证不能的法律后果。

此外，在诉争《出资转让协议书》签署之后，2011年11月21日，和某珍与王某泉签订股权转让协议，约定和某珍将其持有的投资公司15%的股权以300万元转让给王某泉，而王某泉又系环境工程公司的法定代表人，其并未就环境工程公司与和某珍之间的《出资转让协议书》的价款问题提出异议，而是愿意以300万元的对价受让和某珍持有的股份。上述事实显示，从当事人的交易惯例来看，股权转让对价并不等同于转让的出资份额。环境工程公司未能提供证据证明其与和某珍就股权转让对价为105万元达成合意，故其主张要求和某珍支付105万元股权转让款缺乏事实和法律依据，应当驳回其诉讼请求。

编写人：北京市朝阳区人民法院　曹琳

086　企业间股权“虚拟回购”如何定性

——投资公司诉建筑工程公司股权转让案

【案件基本信息】

1. 裁判书字号

北京市第二中级人民法院（2013）二中民终字第5810号民事裁定书

2. 案由：股权转让纠纷

3. 当事人

原告（反诉被告、上诉人）：投资公司

被告（反诉原告、被上诉人）：建筑工程公司

【基本案情】

建筑工程公司因融资需要，与投资公司于2011年1月30日签署《股权转让协议》一份，约定建筑工程公司将其所持有的第三人H公司20%的股权转让给投资公司，转让价款总额为1200万元。同时约定建筑工程公司有权在约定期限内以1344万元回购股权，在回购期届满时如建筑工程公司未能行使回购权，则应无条件配合投资公司办理该股权的工商变更登记手续。

此后，因建筑工程公司不能及时回购股权，双方于2011年5月13日签署《补充协议》一份，约定原由建筑工程公司持有并转让投资公司的20%H公司股权中12%股权的回购期延长至2011年6月2日，回购价款为820.44万元加上自2011年5月14日起至建筑工程公司实际支付回购款之日每日增加0.08万元的总和。另，8%的股权因被告未能回购，由双方着手办理股权变更登记手续。

2011年5月30日，双方又签署《进一步补充协议》一份，将原由建筑工程公司持有并转让投资公司的12%H公司股权的回购期再次延长至2011年6月22日，回购价款及支付时间为：2011年6月2日支付338.04万元；2011年6月12日支付224.4万元；2011年6月22日支付293.76万元。并约定如任何一期回购款建筑工程公司未能按期支付，则建筑工程公司应立即配合投资公司办理相关股权变更登记手续。同时双方确认：建筑工程公司未能回购的转让给投资公司的8%H公司股权应即刻办理工商变更登记手续。

建筑工程公司于2011年6月2日、2011年6月16日、2011年9月7日分别向投资公司支付了338.04万元、224.4万元、323万元。2011年6月17日，H公司通过董事会决议，决议同意H公司股东建筑工程公司将其所有的H公司8%股权转让给股东投资公司，并同意对H公司的公司章程进行修改。2011年8月18日，投资公司与建筑工程公司就8%股权的变更登记事宜，再次签订《股权转让协议》，对于股权对价及办理工商变更登记手续等事项进一步做出约定。

因建筑工程公司未能按照双方的约定支付最后一期股权回购款，故投资公司依据双方《进一步补充协议》的约定，起诉要求建筑工程公司办理全部转让给投资公司的H公司20%股权的工商变更登记手续。建筑工程公司认为《股权转让协议》及作为附件的《补充协议》、《进一步补充协议》，均属违反法律规定的无效合同。缔约双方的真实意思是借款，所谓的股权转让协议无论其内容还是履约方式的约定，均是以“虚拟回购”方式体现的企业间借贷关系，故提起反诉要求确认涉诉协议均无效。

【案件焦点】

《股权转让协议》、《补充协议》、《进一步补充协议》的性质问题以及效力认定。

【法院裁判要旨】

北京市顺义区人民法院经审理认为：针对建筑工程公司持有H公司8%股权转让给投资公司一节，H公司已经召开董事会决议通过，且投资公司与建筑工程公司再次签订的《股权转让协议》对建筑工程公司转让给投资公司股权的相关内容，尤其是股权对价及办理工商变更登记手续等事项进一步做出了明确约定。故涉诉协议中

8%股权部分的股权转让的约定系投资公司与建筑工程公司的真实意思表示，该部分内容未违反相关法律法规，合法有效。建筑工程公司主张涉诉协议全部无效的反诉请求，本院不予支持。现H公司董事会已通过了8%股权转让的决议，故投资公司应享有建筑工程公司名下H公司8%的股权。但纵观涉诉协议的全部内容，“回购延展期”实际系对还款期限的约定，股权转让价款及回购款项支付方式的约定实际系对借款利息的变相约定，故涉诉协议中针对建筑工程公司持有之H公司12%股权的回购期以及回购价款的约定的性质系名为股权转让实为借款合同。现建筑工程公司已将从投资公司处所借得的款项连同利息共计885.44万元支付给投资公司，故投资公司依法不能享有建筑工程公司名下H公司12%的股权。

北京市顺义区人民法院依照《中华人民共和国合同法》第五十二条、第六十条第一款、第一百零七条，《中华人民共和国公司法》第七十二条，《最高人民法院关于审理外商投资企业纠纷案件若干问题的规定（一）》第六条之规定，判决如下：

一、被告（反诉原告）建筑工程公司和第三人H公司对被告（反诉原告）建筑工程公司持有的第三人H公司8%的股权转让给原告（反诉被告）投资公司共同履行报批义务，于判决生效之日起七日内执行；

二、如果被告（反诉原告）建筑工程公司和第三人H公司于判决生效之日起七日内不履行报批义务时，由原告（反诉被告）投资公司自行报批；

三、驳回原告（反诉被告）投资公司的其他诉讼请求；

四、驳回被告（反诉原告）建筑工程公司的反诉请求。

投资公司上诉，在二审中，又以同意一审法院判决为由，于

2013年3月12日向二审法院申请撤回上诉。

北京市第二中级人民法院经审查认为：上诉人投资公司申请撤回上诉，理由正当，不违反法律规定，裁定准许上诉人投资公司撤回上诉，双方均按一审判决执行。

【法官后语】

本案处理的重点在于企业间的股权“虚拟回购”如何定性，以及这类合同的效力问题。

本文所称的“虚拟回购”是指双方签订合同后，一方从另一方取得货币，但并不把标的物交给对方，或者根本没有标的物，但到了合同约定的期限，又以更高的价格把“并不存在”的标的物从对方处模拟“买回”。这一过程中，双方给付和收回的只有货币，并无其他标的物，因此这是一种变相的借贷。本案诉争的事实与上述“虚拟回购”的性质一致，究其实质是一种变相的企业借贷。但涉诉协议中属于企业借贷部分的效力问题如何认定，又是本案需要解决的问题。如何探寻出一条既能保护借贷双方利益，又不违背法律、法规的强制性规定的办案思路呢？

在过去的司法实践中，有的法院倾向于将企业间的借贷合同或变相借贷合同判决无效。笔者认为，我国正在深入推进社会主义市场经济体制改革，激活民间资本活力，在这样的政策大背景下，对于企业间借贷不宜一刀切地认定为无效，对不影响国家金融秩序的企业间借贷应当根据案件具体情况有条件地确认其有效性。特别是在股权协议转让、股权回购等作为企业间资本运作形式，已成为企业间常见的融资方式。如果并非以长期牟利为目的，而是出于短期生产经营拆借资金需要而产生的融资，其社会危害性不大，其合法性应予以承认。

本案中，投资公司作为资金提供方，并非以资金融通为常业，建筑工程公司借款目的也是满足生产经营需要，并不违反国家金融管制的强制性规定。如果认定《补充协议》与《进一步补充协议》中属于企业借贷的那部分内容无效，则会导致投资公司需在扣除借款本金后将建筑工程公司已按协议约定的支付标准支付给投资公司的款项返还，这样的判决结果有失公允，不符合公平原则，也不利于维护交易秩序的稳定。由于建筑工程公司提出的反诉请求系确认涉诉协议全部无效，在涉诉协议存在部分有效的情形下，本案未支持建筑工程公司的反诉请求。

编写人：北京市顺义区人民法院　王姗妮

087 国有股权转让时，股东行使优先购买权“同等条件”的认定

——传媒公司诉文化公司股权转让案

【案件基本信息】

1. 裁判书字号

北京市第二中级人民法院（2011）二中民终字第13979号民事判决书

2. 案由：股权转让纠纷

3. 当事人

原告（上诉人）：传媒公司

被告（被上诉人）：文化公司

【基本案情】

传媒公司与文化公司均系B公司的股东，各出资6000万元，分别持有50%股权。传媒公司系中外合资的有限责任公司。

2010年11月5日，B公司作出股东会决议："全体股东一致同意文化公司根据国有资产管理的相关法律法规将其所持本公司6000万元出资额（占本公司注册资本的50%）通过产权交易机构公开挂牌转让。作为原股东的传媒公司在同等条件下有优先受让的权利。"文化公司与传媒公司在决议上盖章。

2010年11月30日，第三人上海联合产权交易所（以下简称上交所）对文化公司所持有的B公司50%股权进行挂牌公告，期满日期为2010年12月28日。在标的企业股权结构的描述中，对"老股东是否放弃行使优先购买权"一栏中声明为"否"。交易条件为："意向受让方须在受让资格确认后3个工作日内，将保证金2400万元支付至上交所指定账户，否则视为自动放弃受让资格……意向受让方须为正常经营且合法存续的国有企业、国有事业法人或法定机构……"

2010年12月24日，传媒公司代理人向上交所发送《关于立即停止B公司50%股权招牌挂程序的律师函》，认为文化公司在上交所的股权交易转让公告中设定的特别受让方资质条件将传媒公司排除在竞拍人之外，其行为严重侵害了传媒公司的权利。2010年12月28日，上交所采用EMS的方式将回函寄往传媒公司工商注册地址，内容为：股权交易转让公告并未影响传媒公司的优先购买权，如传媒公司决定行使优先购买权，应由2010年12月28日24：00前向上交所提出申请。该函因名称有误、原地址查无此人被退回。同日上交所人员向传媒公司法定代表人袁某波发送手机短信，告知传媒公司有优先购买权，并告知其如行使优先购买权应于12月28日24：00之前申请。

2010年12月29日，上交所人员到传媒公司的工商注册地址送达《致传媒公司的告知函》，告知传媒公司将B公司50%股权转让项目的挂牌公告期延长3个工作日，截止至2010年12月31日，并要求传媒公司如行使优先购买权，须在挂牌公告期截止前来上交所办理举牌登记手续。但该办公地址前台人员拒收该函件。2010年12月30日，上交所人员将上述函件寄往传媒公司的工商登记地址。该函件因原地址查无此人被退回。

传媒公司认为文化公司的行为侵害了其优先购买权，诉至法院。

在审理期间，一审法院到传媒公司的工商登记地址进行了调查，未见到传媒公司的标识。一审法院到北湖九号高尔夫球场进行调查，确认传媒公司在135室和129室办公。

庭审中，文化公司与上交所同意接受传媒公司的报名。传媒公司进场报名，上交所确认其受让资格，传媒公司交纳2400万元保证金。

【案件焦点】

国有股权转让时，其他股东行使优先购买权的“同等条件”的认定。

【法院裁判要旨】

北京市朝阳区人民法院经审理认为：B公司系依法成立的有限责任公司，传媒公司作为B公司的股东，在其他股东对外转让股权时享有优先购买权。对此，文化公司与上交所均不持异议，此权利不需要法院判决给予。

文化公司将受让方资格条件限制为国有企业、事业法人或法定机构，传媒公司有合理理由认为自己的优先购买权被排除，文化公司及上交所有义务予以澄清，并在传媒公司有意进场的情况下给予合理的期间以便传媒公司进场。可确认股权转让公告的表述存在瑕疵，且在本案受理前并未采取合理措施补救。在庭审过程中，传媒公司已报名进场，被上交所确认受让资格，股权转让公告的瑕疵已经得到补救。

传媒公司参加挂牌交易，其仅享有在同等条件下的优先购买权，并不在股权转让金支付期限上享有优于其他竞拍人的权利。故传媒公司变更付款期限为3个月的诉讼请求，缺乏法律依据，不予支持。对于传媒公司要求文化公司赔偿其所支付评估费用的诉讼请求，因该支出与文化公司的行为没有因果关系，不予支持；对于其要求文化公司赔偿其他损失的诉讼请求，传媒公司并未提交充分证据予以证明，不予支持。

北京市朝阳区人民法院依照《最高人民法院关于民事诉讼证据的若干规定》第二条，判决如下：

驳回原告传媒公司的诉讼请求。

传媒公司不服一审判决，提出上诉。北京市第二中级人民法院判决：

驳回上诉，维持原判。

【法官后语】

根据《中华人民共和国公司法》的规定，股东向股东以外的人转让股权，应当经其他股东过半数同意，经股东同意转让的股权，在同等条件下，其他股东有优先购买权。本案中，传媒公司依法享有优先购买权。此外，本案诉争股权的性质为国有法人股，根据《中华人民共和国企业国有资产法》的相关规定，企业国有产权的转让应当通过产权交易所公开进行。因此，本案的核心问题是国有股权通过产权交易所公开对外转让时，其他股东行使优先购买权“同等条件”的认定标准。

结合进场交易的一般流程，我们认为国有股权在产权交易所公开转让时，“同等条件”的认定，应当主要从进场交易权、合理准备时间、付款期限等程序性内容予以考虑。

第一，优先购买权人应有进场交易的权利。文化公司通过上交所发布的股权转让公告，虽然在“老股东是否放弃行使优先购买权”一栏中声明为“否”，但将受让方资格条件限制为受让方须为国有企事业法人或法定机构，故传媒公司虽然系法定有优先购买权的股东，但因文化公司在公告表述中的限制，传媒公司有足够理由认为自己的优先购买权被排除，因此，文化公司及上交所，有义务对受让方的条件予以澄清，并在传媒公司有意进场的情况下保障传媒公司进场交易的权利。

第二，应当书面通知优先购买权人，并给予合理的进场时间。根据《中华人民共和国公司法》的规定，股东应就其股权转让事项书面通知其他股东征求同意。关于国有股权的转让，并未超过公司法调整范畴，且国有产权转让的法律法规并无相反的规定，故本案中国有产权的转让方以及上交所应当通过书面形式通知优先购买权人。文化公司与上交所向传媒公司工商登记注册地址送达回函，并通过手机短信方式向传媒公司相关人员解释，履行了合理的送达义务。文化公司在上交所发布的交易条件为意向受让方须在受让资格确认后3个工作日内，将保证金2400万元支付至上交所指定账户。但由于传媒公司受公告限制的影响并未及时进场，因此，与其他潜在竞买者相比，上交所并未给予传媒公司同等的合理准备期间。

第三，挂牌交易过程中的瑕疵应当可以补救。挂牌交易中存在瑕疵，有两种处理方式，一种是重新启动挂牌交易程序，一种是允许采取补救方式。本案最终处理采取的措施是采取补救方式，指定合理期间以便传媒公司进场报名。文化公司同意传媒公司进场，上交所对此予以配合，现传媒公司已报名进场，且被上交所确认受让资格，股权转让公告的瑕疵已经得到补救。

第四，进场且资格被确认之后，优先购买权人并不享有优于其他竞拍人的权利。国有股权转让与一般的股权转让特殊之处在于需要通过交易所公开进行，即存在进场且确认受让资格的前置程序。优先购买权人进场且受让资格得到确认之后，关于“同等条件”的考虑因素，如受让的数量、价格、支付方式、期限等并不优先与其他竞拍人。故传媒公司要求将付款期限变更为3个月的诉讼请求不应得到支持。

编写人：北京市朝阳区人民法院　曹琳

088　公司资产转让与股权转让的区别

——余某生诉贸易公司、朱某股权转让案

【案件基本信息】

1. 裁判书字号

江苏省苏州市中级人民法院（2011）苏中商终字第607号民事判决书

2. 案由：股权转让纠纷

3. 当事人

原告（上诉人）：余某生

被告（被上诉人）：贸易公司

被告：朱某

【基本案情】

2001年3月，余某生、丁某芬、丁某华、陆某共同发起设立Z公司，余某生为公司法定代表人。2004年11月12日，余某生和丁某芬分别受让丁某华和陆某的股权。2005年10月18日，以Z公司为出租方（签字代表为原告），以化工研究所为承租方（以下简称研究所，该研究所为朱某独资的单位，签字代表为被告朱某），签订了《租赁协议》，约定研究所向Z公司租用厂房设备，租金为每年8万元，租期从2005年1月1日至2010年10月31日。

2006年7月24日，以Z公司为甲方（签字代表为余某生），研究所为乙方（签字代表为朱某），签订《转让合同》一份，主要内容为：甲方将位于镇晨北村，东侧为农田，南侧为小河，南侧约30米为老晨北村委，西侧为晨德路，西侧24米处为太字港，北侧为农田，周围100米范围内无村庄住宅转让给乙方。并约定甲方将Z公司，相关手续设备以及上述设计图涉及建造的房屋一次性作价80万元转让给乙方……Z公司转让前的一切债权债务与乙方无关，由甲方代表自行承担等事项。后朱某根据协议约定支付给余某生部分款项，其中余某生在2008年2月5日和3月3日出具的收条中明确“收到朱老板购厂款25000元和10000元”。2006年8月18日，余某生、丁某芬通过公司股东会决议，同意余某生辞去Z公司执行董事职务，选举朱某为公司执行董事，工商登记也明确朱某为公司法定代表人。

2007年1月8日，余某生和朱某签订股权转让协议一份，约定余某生将所持Z公司股权30万元转让给朱某；同日，丁某芬与王英签订股权转让协议一份，约定丁某芬将所持公司股权20万元转让给王英。其中余某生和丁某芬是夫妻关系，朱某和王英是夫妻关系。同日，Z公司通过股东会决议，对上述转让进行确认，并明确余某生和丁某芬退出股东会。但是上述股权转让协议和股东会决议上的余某生、丁某芬的签字并非由他们本人所签。2007年3月15日，朱某和余某生又签订一份协议，就Z公司被关停后的补偿问题进行了约定，明确余某生要获得赔偿款中的40%。

2007年11月，Z公司申请将公司名称变更为贸易公司，工商部门准许公司名称及经营范围的变更，贸易公司通过了新的公司章程。后余某生认为2007年1月8日的股权转让协议系朱某伪造，要求确认该协议不存在。

【案件焦点】

《转让合同》的性质认定。

【法院裁判要旨】

江苏省张家港市人民法院经审理认为：应根据协议所使用的词句、条款、目的确定当事人的真实意思表示，进而确定协议的性质。《转让合同》载明内容表述反映的意思应是转让整个Z公司，未排除股权，并约定了公司债权债务承担，结合内容可以看出《转让合同》目的是将公司整体转让。《转让合同》签订后余某生和丁某芬通过股东会决议，同意余某生辞去公司执行董事，而后选举朱某为公司执行董事和法定代表人，办理工商登记变更手续，履行交接手续。如果仅是公司资产部分转让，根本无须涉及公司法定代表人的变更，公司公章以及营业执照的交接等。故该《转让合同》约定将Z公司进行了整体转让，公司股东的权益自然依附在整个公司之上，协议实质上是股权转让的一种外在表现形式，包括了股权转让。虽然办理工商登记的2007年1月8日的股份转让协议及股东会决议签字存在程序瑕疵，但协议和股东会决议客观反映了公司的股权情况，且没有对余某生的权利造成实质侵害。余某生的诉讼请求缺乏事实和法律基础。

江苏省张家港市人民法院依照《中华人民共和国民法通则》第五条，《中华人民共和国公司登记管理条例》第三十五条第一款，《中华人民共和国民事诉讼法》第六十四条、第一百三十条，《最高人民法院关于民事诉讼证据的若干规定》第二条，判决如下：

驳回原告余某生的诉讼请求。

余某生不服，以原审法院认定转让合同包括股权转让存在错误为由，提起上诉。

江苏省苏州市中级人民法院经审理认为：从合同条款的词句、整体条款看，涉案转让合同的标的物应当包括志翔公司的股权。

江苏省苏州市中级人民法院依照《中华人民共和国民事诉讼法》第一百五十三条第一款第一项，判决如下：

驳回上诉，维持原判。

【法官后语】

买卖双方签订协议对公司资产进行整体转让，但未明确整体转让是否包括股东股权转让。法院不应拘泥于转让协议的名称来区分公司资产转让与股东股权转让的概念，而应当根据签订转让协议的主体身份、转让协议使用的条款、语词表述、公司债权债务处理、协议履行情况及转让对价的合理性等内容对协议性质进行综合判定，一般而言，有限责任公司股东权益依附在公司资产之上，如果公司资产整体转让给他人，而股东股权未予转让，则会出现公司资产所有人支付对价获得公司资产后却无法享受公司生产经营利益、股东出让公司资产享受资产转让利益后仍能不断享有股权利益的不公平现象，因此，在受让人支付合理对价后，经所有股东同意的公司资产整体转让应当视为包括股权转让在内的整体转让。

诚然，资产转让协议与股权转让协议有着显著的区别，主要体现在主体、对象、法律后果等方面。主体方面，资产转让的主体可以是公司与公司，也可以是公司和新的投资人，股权转让的主体一般而言是股东与新的股东。对象方面，资产转让的对象是公司的资产，可以是部分资产，也可以是全部资产，股权转让的对象是公司的股权。法律后果方面，资产转让的法律后果是公司资产的产权发生变更，股权转让的法律后果是股东身份的变更，公司资产仍然属于公司所有。在有限责任公司资产整体转让的情形下，判定整体转让是否包括股东股权转让应当根据具体情况具体分析，主要综合考察代表公司签署资产转让协议的主体、转让公司资产是否经过全体股东同意、受让方支付的对价是否合理、公司债权债务处理情况、转让协议的语词表述及条款内容等因素。

就本案而言，贸易公司的前身Z公司系原告余某生及其妻子丁某芬作为股东的全资公司，转让协议涉及对公司资产的整体转让，出让方是Z公司，代表出让方签字的是作为夫妻的公司两名全资股东之一的余某生，且在签订转让协议后，余某生通过股东会决议辞去在公司的职务，并将公司法定代表人变更为他人，转让协议约定的转让对价80万元远远高出了公司的资产。而转让协议中明确公司转让后，一切债权债务与余某生无关，如果余某生仅仅是出让公司资产，那么公司的债权债务不可能与其无关，其作为股东仍应在出资范围内承担公司债务，享受公司债权利益。因此通过综合分析，本案中所涉的公司资产整体转让协议是一份包括股权转让在内的资产转让协议。

编写人：江苏省张家港市人民法院　吴丹

089　公司章程“强制离职股东转让股权”条款的效力

——电工设备公司诉袁某飞股权转让案

【案件基本信息】

1. 裁判书字号

北京市第二中级人民法院（2010）二中民终字第1739号民事判决书

2. 案由：股权转让纠纷

3. 当事人

原告（上诉人）：电工设备公司

被告（被上诉人）：袁某飞

【基本案情】

电工设备公司系有限责任公司，成立于1998年9月25日。2007年4月27日，袁某飞向电工设备公司出资25万元，成为电工设备公司的股东。2007年9月15日，电工设备公司作出股东会决议，决定公司的实收资本增加到1500万元，袁某飞等46人以非专利技术投资1000万元，其中袁某飞的该项出资额为50万元。2007年9月13日的电工设备公司章程记载公司注册资本1500万元，其中货币出资500万元，知识产权出资1000万元，袁某飞货币出资25万元，知识产权出资50万元，电工设备公司章程同时载明股东与公司解除劳动合同调离后，必须立即向其他股东转让股权，两个以上股东主张行使优先购买权的，协商确定各自的购买比例，协商不成的，按照转让时各自的出资比例行使购买权，前述离职股东履行转让股权的义务，逾期不得超过1年，但若所有股东均不同意购买离职股东的股权时，须由董事会召集临时股东会会议，经其他代表二分之一以上表决权的股东同意，离职股东亦可向原股东以外的人转让股权。上述章程和股东会决议均有袁某飞的签名。

2009年1月15日，袁某飞与华德中心签订期限1年的劳动合同书。后华德中心于2009年7月9日解除了与袁某飞签订的劳动合同书。

2009年12月30日，电工设备公司作出两份股东会决议，其中编号为2009〔010〕的股东会决议内容为：…… 4. 修改新的章程，增加新股东贺某军、科技发展公司……另一份编号为2009〔012〕的股东会决议内容为：1. 会议具体讨论了章程修正内容，主要应包括注册资本2800万元相关内容，把历来约定俗成的做法明确化，即明确员工股东从电力器具公司及其下属工程中心等公司离职的要立即转股，明确转股只转货币出资额部分等相关内容，明确股东名单加入新股东贺某军及创世博源，章程修改后到工商备案；2. 按公司章程规定，作为员工股东袁某飞、郗斯默、葛艺峰、吴华松已离职4人，自离职之日起，应立即办理转股手续…… 5. 原股东袁某飞转让自持股份出资额25万元给股东侯某敏，公司收回原派发的无形资产50万元，留存公司作为公司资本公积，袁某飞与侯某敏签订转让协议，侯某敏给付袁某飞25万元，袁某飞配合公司到工商局办理转股手续……同日，电工设备公司修改公司章程，修改后的公司章程第十一条载明股东与本公司或电力器具公司及其下属公司签订劳动合同，解除或终止劳动合同调离公司后，必须立即向股东会指定的股东转让其股权，逾期不得超过3个月，转让股权价格为该股东对公司投资的货币出资额，股东与电工设备公司或电力器具公司及其下属公司无劳动合同关系，股东转让股权价格为该股东对公司投资的货币出资额。2009年12月30日的电工设备公司股东会决议和公司章程没有袁某飞的签名。

电工设备公司认为其多次通知袁某飞按照2009年12月30日的公司章程和股东会决议的规定转让其股权，但袁某飞至今未办理转让手续。故起诉要求袁某飞以25万元股权转让款的价格向侯某敏转让袁某飞持有的电工设备公司25万元的出资，并配合办理工商变更登记手续。

袁某飞辩称：电工设备公司2009年12月30日的公司章程和股东会决议损害了袁某飞的股东权益，应为无效。华德中心开除袁某飞与本案没有关系，袁某飞不同意电工设备公司的诉讼请求。同时，袁某飞在一审中提出反诉要求确认电工设备公司2009〔010〕号股东会决议第4条、2009〔012〕号股东会决议第1条、第2条、第5条、2009年12月30日的公司章程第11条无效。

电工设备公司在一审中对袁某飞的反诉答辩称：《中华人民共和国公司法》第七十二条第四款规定：公司章程对股权转让另有规定的，从其规定。电工设备公司股东会依据公司章程的规定作出股东会决议，以及依据股东会决议修改章程，并不违反法律规定，电工设备公司要求袁某飞按公司章程和股东会决议转让股权，没有侵犯袁某飞的财产权。不同意袁某飞的反诉请求。

侯某敏在一审中述称：侯某敏同意电工设备公司的诉讼请求，愿以25万元的价格购买袁某飞持有的电工设备公司的货币出资额25万元。不同意袁某飞的反诉请求。

【案件焦点】

公司章程中“强制离职股东转让股权”条款的效力如何认定。

【法院裁判要旨】

北京市朝阳区人民法院经审理认为：电工设备公司要求袁某飞向侯某敏转让股权的依据，即2009年12月30日的股东会决议和电工设备公司章程没有得到袁某飞的同意，却处分袁某飞的财产，损害了作为股东的袁某飞的利益，所以2009年12月30日的电工设备公司股东会决议和电工设备公司章程中涉及处分袁某飞股权的内容因违反法律规定而无效。

《中华人民共和国公司法》第七十二条第四款规定：“公司章程对股权转让另有规定的，从其规定。”该规定中的公司章程系指合法有效的公司章程。公司章程具有契约性质，体现股东的共同意志，应当得到全体股东的同意，而2009年12月30日的电工设备公司章程未经袁某飞同意，其中第十一条关于股东与本公司或电力器具公司及其下属公司签订劳动合同，解除或终止劳动合同调离公司后的股权转让的规定应属无效。之前的电工设备公司章程规定股东与电工设备公司解除劳动合同调离后，必须立即向其他股东转让股权，袁某飞的情况并不适用该电工设备公司章程的规定。电工设备公司提出本案诉讼请求所依据的2009年12月30日的股东会决议和电工设备公司章程的有关条款无效，对电工设备公司的诉讼请求，不予支持。袁某飞的反诉请求合法有据，予以支持。一审法院依照《中华人民共和国民法通则》第四条的规定，判决如下：

一、驳回电工设备公司的诉讼请求；

二、确认2009年12月30日作出的电工设备公司2009〔010〕号股东会决议第4条“修改新的章程”无效；

三、确认2009年12月30日作出的电工设备公司2009〔012〕号股东会决议第1条中“把历来约定俗成的做法明确化，即明确员工股东从电力器具公司及其下属工程中心等公司离职的要立即转股，明确转股只转货币出资额部分等相关内容”、第2条中“按公司章程规定，作为员工股东袁某飞已离职，自离职之日起，应立即办理转股手续”、第5条无效；

四、确认2009年12月30日的电工设备公司章程第十一条“股东与本公司或电力器具公司及其下属公司签订劳动合同，解除或终止劳动合同调离公司后，必须立即向股东会指定的股东转让其股权，逾期不得超过3个月，转让股权价格为该股东对公司投资的货币出资额”的内容无效。

二审判决理由同于一审理由。

北京市第二中级人民法院依照《中华人民共和国民事诉讼法》第一百五十三条第一款第一项之规定，判决如下：

驳回上诉，维持原判。

【法官后语】

本案的焦点问题在于公司章程中“强制离职股东转让股权”的条款效力的认定。当公司章程的具体条款减损了部分股东权益的情形下，此类章程条款是基于侵犯部分股东权益而认定无效，还是视为公司自治而认可其效力，实践中存在两种不同的意见：第一种意见认为，公司章程中规定股东离开公司时必须以股权转让的方式退股的，原则上应认定有效，属公司意思自治的范畴，并不必然违法，应防止司法对公司内部治理的过分干预。第二种意见认为：股东权是股东的合法财产权，非经权利人的意思表示或法律的强制执行程序不能变动，虽然公司法规定公司章程可以对股权转让另行约定，但该约定不能侵犯股东固有的权利。

上述两种意见都有一定的合理性，在判断章程中“强制离职股东转让股权”的条款效力时应当从公平诚信的角度，结合案件的实际情况综合予以考虑。

基于股东制定公司章程的行为是一种民事行为，该行为是否有效，必须依照《中华人民共和国民法典》相关规定加以考察。本案中章程制定和修改的主体均具有相应的民事行为能力，故重点需考察章程条款的意思表示真实性与章程条款内容的合法性。

意思的形成自由和意思表达自由是意思表示真实的前提。股东意思表示是否真实，应区分公司初始章程和后续章程修改分类进行剖析。若公司初始章程已经对股东拥有及转让股权的自由进行限制，表明股东同意表明其接受受限制的股东权利。然而，后续章程修改与标准的、合意充分的契约行为并不相同，一般适用资本多数决原则进行表决，因此要考虑到大股东滥用股东权利的情形。

具体到本案中，修改后的公司章程没有袁某飞的签名，不是其真实的意思表示。公司是先辞退袁某飞，而后修改的公司章程，且修改的内容很大程度上涉及对其股权进行处分，具有明显的针对性，有恶意之虞。若简单适用资本多数决原则认定该章程条款有效，容易导致公司在大股东的控制下随意作出决议损害小股东的利益。

章程条款强制离职股东转让股权，在不违反法律或社会公共利益的前提下，将股东资本出资与人力劳动紧密相连，对雇员股东具有激励作用，有助于增强公司的人合性和凝聚力，这也是目前有限责任公司吸引管理或技术人才的方式。然而，股权其内含的财产权，受物权法保护。股东享有对股权中的财产权益占有、使用、收益、处分等权利。在未得到股东同意的情况下，强制离职股东转让股权，则很可能意味着公司章程对离职股东财产权的侵害。

为了鼓励市场主体的创造性和公司正常运转，避免司法过度介入，在认定公司章程强制转让股权条款是否侵害股东财产权时，主要考虑转让股权的对价是否合理，如是否经过第三方的评估、是否符合当时公司经营状况等。具体到本案中，修改后的公司章程规定强制转让股权的对价为其最初实际出资额。以出资额作为股权转让价格合理与否，需结合公司经营状况进行考虑。如果公司经营状况不佳，亏损严重，则该价格对于股东来说无疑是很乐意接受的，股权转让问题必然不会诉至法院。如果公司连年盈利，前景良好，则该价格势必低于其股权所代表的实际价值，若强制股东以明显低于市场价格的条件转让无疑侵害了股东的财产权。从本案的目标公司经营情况来看，在缺乏一定的评估机制确定股权转让价格的情况下，以出资额作为股权转让的对价存在不合理之处。

有限公司的人合性和股东财产权两者一直都是相互制约的，为保证公司正常经营，股东之间的信任和合作是十分关键的，因此为保证公司的人合性和尊重公司自治，章程中关于“强制离职股东转让股权”的条款一般情况下应认定有效。强制转让离职股东的“股权”，并非剥夺其股权，公平与否关键在于合理的价格，而以公平合理的价格给异议股东退出路径本身是既符合公司发展又有利于异议股东利益的较好的选择。但若修改后的公司章程不是股东真实的意思表示，且侵犯了股东合法权利，则该条款应认定为无效。总之，司法介入公司章程，应立足于公司和股东整体利益，既要保护小股东利益，又要防止对公司内部治理的过分干预。

本案起诉时，当时生效的《中华人民共和国民法通则》第四条规定，民事活动应当遵循自愿、公平、等价有偿、诚实信用的原则。2017 年 10 月 1 日起实施的《中华人民共和国民法总则》中删除了“等价有偿”，对其他三项民事活动的基本原则进行了细化，具体体现在：第五条规定，民事主体从事民事活动，应当遵循自愿原则，按照自己的意思设立、变更、终止民事法律关系。第六条规定，民事主体从事民事活动，应当遵循公平原则，合理确定各方的权利和义务。第七条规定，民事主体从事民事活动，应当遵循诚信原则，秉持诚实，恪守承诺。2021 年 1 月 1 日起实施的《中华人民共和国民法典》第五至第七条延续了《中华人民共和国民法总则》的规定。

编写人：北京市朝阳区人民法院　曹琳

八、公司决议纷纷

090 决议程序存在特定的重大瑕疵是公司决议不成立的前提

——彭1、克某诉医疗装备公司公司决议效力确认案

【案件基本信息】

1. 裁判书字号

江苏省无锡市中级人民法院（2019）苏02民初60号民事判决书

2. 案由：公司决议效力确认纠纷

3. 当事人

原告：彭1、克某

被告：医疗装备公司

【基本案情】

医疗装备公司董事会成员为李1、周1、周2、彭1及克某五人，其《章程》第十三条第（十九）项规定：对公司合并、出售、重组、分立、解散、清算或者变更公司形式作出决议属于股东所能行使的职权。第十八条规定：除本章程另有规定外，全体董事中超过二分之一董事出席董事会构成公司董事会会议的法定人数。董事会作出的决议，需要在正式召集的董事会会议上，由出席会议的超过二分之一董事一致同意。第二十一条规定：所有董事会会议的召开均需要至少提前十五日书面通知所有董事，董事会一致通过的除外。

2019年1月8日，医疗装备公司董事会秘书程1向其董事会、监事会成员及公司高级管理人员发送《临时会议通知》，通知将在2019年1月11日上午10时以电话会议形式召开医疗装备公司临时董事会，讨论医疗装备公司分立事项。2019年1月10日，克某向程1、李1等人发送电子邮件，以未提前十五日书面通知等为由不同意召开董事会。

2019年1月11日凌晨2时02分，李1向克某等人发送电子邮件，就克某在前述邮件中提到的问题进行了回复和说明，同时对彭1进行了指责。彭1在当天上午11时58分通过电子邮件形式针对李1前述指责逐一进行了说明。

涉案决议载明：医疗装备公司于2019年1月11日上午10时在公司会议室召开了董事会临时会议，采取电话会议方式讨论医疗装备公司分立事项。出席本次董事会会议的董事为李1、周1、周2，并有监事会等人员列席。经审议、表决形成了同意《关于公司通过资产分立方式设立土地开发平台公司的议案》的决议。李1、周1、周2签字确认。

2019年3月19日医疗装备公司第二届董事会决议显示，医疗装备公司全体董事审议并一致通过决议，确认不再执行涉案决议。

彭1、克某诉至法院请求确认医疗装备公司2019年1月11日的涉案决议不成立，并由医疗装备公司承担本案诉讼费用。医疗装备公司辩称涉案决议已被主动撤销，无须法院确认决议不成立。

【案件焦点】

1. 医疗装备公司已不再执行涉案决议，本案是否需要继续审理；2. 涉案决议是否成立。

【法院裁判要旨】

江苏省无锡市中级人民法院经审理认为：

关于第一个争议焦点，2019 董办字 02 号董事会决议并未言明撤销涉案决议，所以涉案决议实际并未被撤销，仅是不再执行，故彭1、克某仍有权申请法院对涉案决议是否成立进行审查。

关于第二个争议焦点，涉案决议虽存在瑕疵，但并不满足决议不成立的法定情形。

一、涉案董事会会议召集程序不符合章程规定，存在瑕疵，但该瑕疵严重程度并不足以认定涉案决议不成立

1. 医疗装备公司在 2019 年 1 月 8 日通知中确定的开会时间是 2019 年 1 月 11 日，而医疗装备公司并未提交证据证明董事会成员一致同意该做法，故涉案董事会的召集程序并不符合章程第二十一条的规定。

2. 根据双方所提交的证据，在通知时间上的瑕疵不必然影响到彭 1、克某就该事项行使表决权。双方在董事会会议召开前均已经得到会议通知并对会议议题有所准备，彭 1、克某均发表了反对意见，仅是由于双方矛盾激化、积怨颇深才无法就相关议题达成一致。故本院认为，涉案董事会决议通知程序方面的瑕疵并未严重到导致涉案决议不成立的地步。

二、涉案决议内容虽违反公司章程规定，但该情况并不会导致涉案决议不成立

1. 医疗装备公司章程第十三条第（十九）项的规定明确将对公司分立作出决议纳入股东的职权范围。涉案决议涉及医疗装备公司是否通过资产分立方式设立土地开发平台公司，明显属于公司分立事项而应由股东会表决，董事会无权对此作出决议，故涉案决议内

容违反医疗装备公司章程。

2. 根据公司法第二十二条第二款的规定，涉案决议是否违反公司章程属判断决议是否可撤销时才应审查的实体瑕疵范畴，并非本案中判断涉案决议是否成立时审查的程序瑕疵范畴，故即便涉案决议内容违反医疗装备公司章程，也不导致其不成立。

江苏省无锡市中级人民法院依照《中华人民共和国公司法》第四十八条、《最高人民法院关于适用〈中华人民共和国公司法〉若干问题的规定（四）》第五条第四项之规定，判决如下：

驳回彭1、克某的诉讼请求。

判决后，双方当事人均未上诉，本判决现已生效。

【法官后语】

本案实际焦点为公司瑕疵决议的救济问题，具体而言，涉及确认董事会决议不成立的判断标准，着重体现了人民法院在保护小股东、董事合法权利与尊重公司决策机制之间形成良好的平衡。对于公司瑕疵决议的救济问题，《中华人民共和国公司法》第二十二条将公司决议分为无效和可撤销两种情形，但是上述两种情形均系针对已经成立的决议，未涵盖决议不成立的情形。为此，《最高人民法院关于适用〈中华人民共和国公司法〉若干问题的规定（四）》第五条规定了决议不成立之诉，完善了决议瑕疵救济途径。

一、公司决议成立是评判决议效力的前提

笔者认为，公司决议作为一种特殊的法律行为，即决议行为。决议行为是两个或者两个以上的当事人基于共同的意思表示而意图实现一定法律效果而实施的行为，其满足民事法律行为的所有条件，是一种民事法律行为。[1] 决议行为的特征在于其系多数人意思表示一致就可以成立，且依一定的法律或者章程规定的议事方式和表决程序才能设立，其适用范围原则上仅适用于法人或者非法人组织内部的决议事项。只有在公司决议成立的前提下，才有考虑公司决议是否无效以及可撤销的必要。

二、公司决议不成立的评判标准

《最高人民法院关于适用〈中华人民共和国公司法〉若干问题的规定（四）》第五条明确了公司决议在其议事方式和表决程序等程序方面存在法定五种瑕疵的情形下，法院应当依据当事人主张认定决议不成立，但本案并不符合前述情况。虽然，本案董事会的通知时间与实际开会时间未满足章程中“至少提前十五日书面通知”的要求，存在明显的瑕疵，但是我们认为根据公司法原理，召开董事会要提前通知董事的目的在于使得董事对议题有所准备，以达到开会目的，有效、正确、及时解决公司面临的种种问题。本案中通知方面的瑕疵并非《最高人民法院关于适用〈中华人民共和国公司法〉若干问题的规定（四）》第五条中明确的前四种情形，而且该瑕疵并未影响到彭1、克某就决议事项行使表决权，其对于决议内容及其背景情况有明确的了解，对会议议题有所准备，瑕疵的严重程度不满足第（五）项“导致决议不成立的其他情形”的要求。所以法院认为涉案董事会决议通知程序方面的瑕疵并未严重到导致涉案决议不成立的地步，进而驳回了彭1、克某的诉讼请求。

此外，公司瑕疵决议存在决议不成立、决议无效和决议可撤销

---

① 黄薇主编：《中华人民共和国民法典释义及其适用指南（上）》，中国民主法制出版社2020年版，第270页。

三种情形，虽然已有相关法律和司法解释的明确规定，但在实践中三者之间的联系和区别则存在争议，相关法条的准确适用亦存在一定难度。本案要解决的第二个问题则是决议不成立和决议可撤销的区别问题。决议是否存在程序瑕疵是决议是否成立与决议是否可撤销均需要考虑的因素，而决议是否存在实体瑕疵则只是决议是否可撤销的考虑因素。本案中，涉案决议内容涉及医疗装备公司分立事项，而依据医疗装备公司章程该事项属于股东会的职权范围，董事会无权对此作出决议。根据《中华人民共和国公司法》第二十二条第二款的规定，董事会决议内容违反公司章程的，其救济方式仅是申请人民法院撤销该决议而非由人民法院认定该决议不成立，故即便涉案决议内容违反医疗装备公司章程，也不导致决议本身不成立。

本案还引申出第三个问题，即程序瑕疵严重到何种程度才会导致决议不成立？笔者认为，公司决议本质上属于具有团体性和程序性的特殊多方法律行为，只有当公司决议欠缺成立要件，实际上剥夺了股东、董事行使表决权的机会和可能时，法院才能从根本上否定决议的存在，认定公司决议不成立，其程序瑕疵的严重程度需高于决议撤销，且无法自愈。具体而言，决议不成立情形可以区分为以下三类：一是决议不存在，二是未形成有效表决，三是其他不成立的情形。“决议不成立”表现为未履行通知召集义务而仅有部分代表集会并作出决议，或者伪造签名虚构决议。上述行为严重侵害其他股东的利益，欠缺决议成立的形式要件，属于严重的程序违法。“未形成有效表决”表现包括出席人数或表决权不符合法律或章程规定，或者决议通过比例未到达法律或章程规定。由于公司决议内容与每个股东的利益休戚相关，对于参加会议的代表数量没有达到持股最低比例要求，或者赞成票未达到多数决的要求的决议，其内容必然有违其他股东的意志，并严重损害公司或者股东的利益，决议本身不具有代表公司机关形成公司意志的正当性基础。所以我们认为达不到最低数要求的会议实际上属于“没有开会”，虚假会议只能形成虚假决议，而虚假决议不能产生法律效力。达不到多数决比例的决议，同样不能被视为在事实上形成了“决议”。此外，《最高人民法院关于适用〈中华人民共和国公司法〉若干问题的规定（四）》第五条第五项的兜底条款，亦应当在实践中予以注意。

三、结语

如果公司决议在召集、主持、通知和决议形成中存在程序瑕疵，但是上述瑕疵并没有达到足以认定决议不存在或者未能形成有效决议的标准时，法院应当尊重公司内部意思自治，尊重公司决议安定性以促进公司正常、稳定经营为出发点，妥善处理公司决议效力问题。

编写人：江苏省无锡市中级人民法院　李骏

091 召集人主体资格不适格且召集程序违反法律规定和公司章程规定的股东会会议通过的决议可撤销

——潘1诉资产经营公司公司决议撤销案

【案件基本信息】

1. 裁判书字号

广西壮族自治区贺州市中级人民法院（2020）桂11民终1099号民事判决书

2. 案由：公司决议撤销纠纷

3. 当事人

原告（被上诉人）：潘1

被告：资产经营公司

第三人（上诉人）：唐1

【基本案情】

被告资产经营公司工商登记载明股东为原告潘1（占股34%），第三人唐1（占股51%），案外人沈1（占股15%）。该公司的公司章程第十二条规定："……召开股东会会议，应当于会议召开十五日以前通知全体股东……代表十分之一以上表决权的股东，执行董事，监事提议召开临时会议的，应当召开临时会议。"第十三条规定："股东会会议由执行董事召集和主持。执行董事不能履行或者不履行召集股东会会议职责的，由公司的监事召集和主持；监事不召集和主持的，代表十分之一以上表决权的股东可以自行召集和主持。"2019年10月14日，第三人唐1发出《资产经营公司关于召开2019年第一次临时股东会会议的通知》，通知落款为资产经营公司并盖有该公司公章，落款时间为2019年10月14日。该通知见报日期为2019年10月15日，邮寄时间为2019年10月15日，沈1签收日期为2019年10月17日。2019年10月19日，资产经营公司在广西法治报登报作废印章，并申请了新的印章。2019年10月24日，原告向法院提起诉讼，请求确认原告为被告资产经营公司85%股权的实际股东。2019年10月25日，资产经营公司、潘1、沈1向唐1发《函》，对唐1召开临时股东会会议提出异议。2019年10月29日，案外人沈1到达了临时股东会会议地点某酒店，因通知没有明确开会的具体房号，案外人沈1无法找到具体的会议地点而未能参加会议。同日，唐1以潘1、沈1未到会视为弃权为由作出《资产经营公司2019年第一次临时股东会会议决议》，决议内容：选举周1先生为公司执行董事并兼任公司经理，免去潘1先生公司执行董事职务。表决结果：对以上决议持赞同意见的股东为唐1，代表公司51%表决权。持反对或弃权意见的股东情况：股东潘1代表34%表决权，不到会缺席视为弃权；股东沈1代表15%表决权，不到会缺席视为弃权。以上决议经代表51%表决权的股东同意通过，以上决议自通过之日即时生效并在有抵触时以本决议为准。第三人唐1在决议上签字捺印。2019年11月4日，原告潘1向法院起诉，请求撤销本次临时股东会决议。

【案件焦点】

1. 本案涉及的临时股东会决议是否存在可撤销的情形；2. 本案是否漏列第三人沈1。

【法院裁判要旨】

广西壮族自治区贺州市八步区人民法院经审理认为：第一，关于本案涉及的临时股东会决议是否存在可撤销的情形，关键在于本次临时股东会会议召集程序是否符合法律规定和公司章程规定。1. 前置程序的履行。按照资产经营公司章程，股东应依次向执行董事和监事提议，在执行董事和监事均不履行召集股东会会议职责时，股东才可自行召集和主持。第三人唐1未提交任何证据证明其自行召集和主持股东会会议前，已向执行董事及监事提议过召集和主持股东会会议。因此，第三人唐1未按公司章程规定的召开临时股东会会议的前置程序履行。2. 召集人的适格问题。根据资产经营公司章程的规定，只有代表十分之一以上表决权的股东可以自行召集和主持股东会会议。而根据已生效的一审民事判决书中一审查明的事实，唐 1 成为股东的目的在于实现股权的让与性担保，而不是成为资产经营公司的股东，参与资产经营公司的生产经营，第三人唐 1 不享有资产经营公司股东的实体性权利，无权召集临时股东会会议，即第三人唐 1 不是适格的召集人。3. 召开临时股东会会议通知的送达。资产经营公司章程第十二条第二款明确规定“召开股东会会议，应当于会议召开十五日以前通知全体股东”，第三人唐 1 召集本次临时股东会会议的开会通知，并未达到资产经营公司章程和《中华人民共和国公司法》第四十一条规定的需提前十五天通知全体股东的要求。4. 召集通知的内容。临时股东会会议通知里没有明确具体的会议室地址，会议当天又无会议指示牌或相应接待人员，导致其余股东未能参加会议，不能体现未参会股东的意志，亦无法真正行使股东的实体权利。因此，本次临时股东会会议召集程序违反了法律规定和公司章程规定，根据《中华人民共和国公司法》第二十二条及《最高人民法院关于适用〈中华人民共和国公司法〉若干问题的规定（四）》第四条的规定，原告主张撤销资产经营公司关于召开 2019 年第一次临时股东会会议决议，理据充足，本院予以支持。

第二，关于本案是否存在漏列第三人的情形。本案为公司决议撤销纠纷，该决议涉及的是原告潘 1 在公司的具体职务及地位问题，不涉及案外人兼股东沈 1 在公司的定性及权利，因此，案外人沈 1 不是必须参加诉讼的第三人，本案无须追加其作为第三人参加诉讼。

综上所述，广西壮族自治区贺州市八步区人民法院依照《中华人民共和国公司法》第二十二条、第四十条、第四十一条，《最高人民法院关于适用〈中华人民共和国公司法〉若干问题的规定（四）》第三条第一款、第四条，《中华人民共和国民事诉讼法》第六十四条之规定，判决如下：

撤销2019年10月29日第三人唐1签署的《资产经营公司2019年第一次临时股东会会议决议》。

唐1不服一审判决，向广西壮族自治区贺州市中级人民法院提起上诉。

二审法院认为一审判决认定事实清楚，适用法律正确，判决如下：

驳回上诉，维持原判。

【法官后语】

在实践中，工商登记持股超过50%的股东未按照公司章程规定召集并主持临时股东会会议，该会议通过的公司决议效力如何认定？不享有实体股东权利的股东是否有权召集股东会会议？这是判断本案的公司决议是否可撤销的关键所在。

笔者认为：只要临时股东会会议召集程序违反了法律规定和公司章程规定，即存在效力瑕疵；同时，不享有实体股东权利的股东是无权召集股东会会议的。主要理由如下：

第一，本案中，按照资产经营公司章程第十三条“股东会会议由执行董事召集和主持。执行董事不能履行或者不履行召集股东会会议职责的，由公司的监事召集和主持；监事不召集和主持的，代表十分之一以上表决权的股东可以自行召集和主持”的规定，股东应依次向执行董事和监事提议，在执行董事和监事均不履行召集股东会会议职责时，股东才可自行召集和主持。第三人唐1未向执行董事及监事提议召集和主持股东会会议，便自行召集和主持临时股东会会议，即唐1并未履行前置程序就召集和主持了临时股东会会议，开会通知也未达到公司章程和法律规定的需提前十五天通知全体股东的要求，召集通知未载明明确具体的会议室地址，会议当天又无会议指示牌或相应接待人员，导致其他股东无法参加股东会会议，不能体现未参会股东的意志，亦无法真正行使股东的实体权利。在这种情况下通过的决议即使有享有工商登记51%股权的股东同意通过，也因程序违反法律及公司章程规定而存在可撤销的情形。

第二，资产经营公司51%股权登记在唐1名下，让唐1成为资产经营公司股东的目的在于为债权人实现债权设立担保，即让与性担保，唐1并未实际参与资产经营公司的经营管理，不享有股东的实体性权利。即唐1的51%股权的存在系为了债权人更好地实现债权，并非系让唐1行使股东实体性权利干扰资产经营公司的正常经营和管理。因此，不享有股东实体性权利的股东唐1便无权召集和主持临时股东会会议，即不是适格召集人。不适格召集人召集和主持的临时股东会通过的决议自然可撤销。

第三，关于其他股东是否必须参加诉讼。本案为公司决议撤销纠纷，该决议涉及的是原告潘1在公司的具体职务及地位问题，不涉及案外人兼股东沈1在公司的定性及权利问题。因此，案外人沈1不是必须参加诉讼的第三人，无须追加其作为第三人参加诉讼。

编写人：广西壮族自治区贺州市八步区人民法院　邓媛　蒋菲艳

092 《最高人民法院关于适用〈中华人民共和国公司法〉若干问题的规定（四）》第四条“但书”规定的“轻微瑕疵”的认定标准

——郭1诉数据科技公司公司决议撤销案

【案件基本信息】

1. 裁判书字号

北京市第一中级人民法院（2020）京01民终5555号民事判决书

2. 案由：公司决议撤销纠纷

3. 当事人

原告（上诉人）：郭1

被告（被上诉人）：数据科技公司

第三人：张1、吴1、滕1、张1、创业投资合伙

【基本案情】

数据科技公司于2015年7月21日成立，注册资本为10万元，发起人为郭1、吴1、张1。郭1认缴4.4万元，吴1认缴2.25万元，张1认缴3.35万元。此时，工商档案中记载的《公司章程》（以下称2015年7月21日工商登记版公司章程）中有如下规定“第八条：股东会由全体股东组成，是公司的权力机构，行使下列职权……（二）选举和更换非由职工代表担任的执行董事、监事，决定有关董事、监事的报酬事项……第十一条：股东会会议分为定期会议和临时会议，召开股东会会议，应当于会议召开十五日以

前通知全体股东。定期会议按每年定时召开。代表十分之一以上表决权的股东、执行董事、监事提议召开临时会议的，应召开临时会议。第十二条：股东会会议由执行董事召集和主持，执行董事不能履行或者不履行召集股东会会议职责的，由监事召集和主持；监事不召集和主持的，代表十分之一以上表决权的股东可以自行召集和主持。第十八条，监事行使下列职权……（二）对执行董事、高级管理人员执行公司职务的行为进行监督，对违反法律、行政法规、公司章程或者股东会决议的执行董事、高级管理人员提出罢免的建议……（四）提议召开临时股东会议，在执行董事不履行本法规定的召集和主持股东会会议职责时召集和主持股东会会议。第二十四条：公司登记事项以公司登记机关核定的为准。”

2016 年 10 月 24 日，数据科技公司在北京市工商行政管理局进行了变更登记，变更内容为：股东变更（股东由吴 1、郭 1、张 1 变更为投资发展公司、投资中心合伙、吴 1、张 1、曾 1、张 2、郭 1）、董事变更（董事由郭 1 变更为张 1、郭 1、姚 1），郭 1 为董事长，吴 1 为监事。本次变更后的公司章程（以下称 2016 年 10 月 24 日工商登记版公司章程）第十二条规定：股东会会议由董事会召集，董事长主持，董事长不能履行职务或者不履行职务的，由半数以上董事共同推举一名董事主持。董事会不能履行或者不履行召集股东会会议职责的，由监事召集和主持；监事不召集和主持的，代表十分之一以上表决权的股东可以自行召集和主持。另，本次变更登记材料中记载了修改公司章程、增加股东、增加注册资本、选举郭 1 为董事长的两次股东会决议和一次董事会决议。

诉讼中，数据科技公司提交了一份公司留存的落款日期为2015年8月1日的公司章程，该公司留存的章程中载明：“第十一条：股东会会议分为定期会议和临时会议。召开股东会会议，应当于会议召开十五日以前通知全体股东。定期会议按每年定时召开。代表十分之一以上表决权的股东、董事、监事提议召开临时会议的，应当召开临时会议。第十二条：股东会会议由董事长召集和主持。董事长不能履行或者不履行召集股东会会议职责的，由监事召集和主持；监事不召集和主持的，代表十分之一以上表决权的股东可以自行召集和主持。第十六条：公司设董事会，董事会应由三名董事组成，包括董事长一名，其中，创始股东提名二名，红杉投资提名一名。每一位董事的任期均应为三年，且经原提名方重新提名，可以连任。”

2017年3月，数据科技公司新增两位投资方：创业投资合伙、滕1。增资后，公司注册资本为1268.01万元。2017年5月5日，曾1将持有的数据科技公司的股权转让给动力科技公司。

2017年5月25日，数据科技公司就上述增资及转股事项办理了工商登记，此时工商登记所记载的公司章程（以下称2017年5月10日工商登记版公司章程）中有如下规定：“第八条：股东会由全体股东组成，是公司的权力机构，行使下列职权……（二）选举和更换非由职工代表担任的董事、监事，决定有关董事、监事的报酬事项……第十条：股东会会议由股东按照出资比例行使表决权。第十二条：股东会会议由董事会召集，董事长主持，董事长不能履行或者不履行职务的，由副董事长主持，副董事长不能履行职务或者不履行职务的，由半数以上董事共同推举一名董事主持。董事会不能履行或者不履行召集股东会会议职责的，由监事召集和主持；监事不召集和主持的，代表十分之一以上表决权的股东可以自行召集和主持。第十三条：股东会会议作出修改公司章程、增加或者减少注册资本的决议，以及公司合并、分立、解散或者变更公司形式的决议，必须经代表三分之二以上表决权的股东通过。第十七条：董事会决议的表决，实行一人一票。三分之一以上的董事可以提议召开董事会，并于会议召开前十日通知全体董事。董事会提议事项应由二分之一以上的董事表决通过方为有效，并做成会议记录，出席会议的董事应当在会议记录上签名。附则第二十六条：公司登记事项以公司登记机关核定的为准。”另，本次变更登记记载了修改公司章程的股东会决议。本次变更登记后至涉案股东会召开前，数据科技公司股东为郭1、吴1、张1、投资中心合伙、张2、投资发展公司、动力科技公司、创业投资合伙、滕1，其中郭1认缴出资额为440万元，持有34.7%的股权，担任数据科技公司的董事长、法定代表人；董事会成员为姚1、郭1、张1；监事为吴1；经理为郭1。

2017年11月23日，吴1和张1通过邮件方式发出《数据科技公司关于召开临时股东会的通知》（以下称2017年11月23日《临时股东会的通知》）：“一、会议召开基本情况：（一）召集人、本次股东会的召集人为数据科技公司股东张1、吴1……二、会议审核事项为：（一）变更公司董事；（二）变更公司监事。”

2017年12月9日，数据科技公司在公司会议室召开临时股东会，会议参加人为：吴1、张1、张2（委托代理人：张1）、滕1、盈润公司（委托代理人：张3）、创业投资合伙（委托代理人：滕

1)。形成股东会决议内容如下：数据科技公司于2017年12月9日召开临时股东会，出席本次股东会的股东（包括股东委托代表）共6人，出席的股东占公司表决权的59.1123%。本次会议召开、召集和议案审议程序等相关事项符合公司法等法律法规和公司章程的有关规定。会议决议事项如下：一、同意更换监事。1. 同意吴1不再担任监事，由呼1担任监事，任期从今日开始。2. 表决结果：实到公司的股东中，代表公司56.6376%表决权的股东表决同意；代表公司2.4747%表决权的股东弃权。二、同意更换董事。1. 同意郭1不再担任董事和董事长，由吴1担任董事，任期从今日开始。由张1、吴1、姚1组成新一届董事会，立即召开新一届董事会选举产生新董事长。2. 表决结果：实到公司的股东中，代表公司56.6376%表决权的股东表决同意；代表公司2.4747%表决权的股东弃权。诉讼中，数据科技公司与郭1均确认2017年12月9日的临时股东会提前十五日通知了所有股东，郭1亦确认收到了通知。但由于其与吴1、张1两位创始股东意见不一致，没有参会。本次临时会议由监事吴1召集。

2017年12月21日，数据科技公司向工商机关申请变更登记，将法定代表人郭1变更为张1，董事由姚1、郭1、张1变更为姚某民、吴1、张1。监事由吴1变更为呼1。

后，郭1以2017年12月9日的临时股东会召集、表决程序及决议内容违反公司章程，于2018年1月26日向法院提起本案诉讼要求撤销案涉临时股东会决议。

【案件焦点】

案涉临时股东会决议是否应当撤销。

【法院裁判要旨】

北京市海淀区人民法院经审理认为：案涉临时股东会决议虽存在程序瑕疵，但是属于轻微瑕疵，不应被撤销。具体理由如下：首先，涉案股东会会议于开会十五日前通知了公司的股东，郭1亦收到了通知，但未参会。故本次股东会的召集程序并不影响郭1获取参会的信息或参与表决所需信息，未参会系其自己对其股东权利的处分。其次，股东会的召集仅是表决前的发起程序，涉案股东会是否由董事会召集并不导致郭1无法参加表决、无法公平参与多数意思的形成。最后，会议表决事项为更换董事和监事，参会股东所持表决权占公司表决权的59.1123%，代表公司56.6376%的表决权股东表决同意。更换公司董事、监事依据数据科技公司章程的规定属于股东会的职权范围，且不属于公司章程中规定的必须经代表三分之二以上表决权的股东通过的事项，符合公司章程对于股东会更换董事监事的决议比例，且已取得半数以上股东同意。故本次股东会非由董事会召集并未对决议结果产生实质性影响。综上，涉案股东会召集程序上的瑕疵，应认定为轻微瑕疵，涉案股东会决议依法不应当被撤销。一审法院判决：

驳回郭1的全部诉讼请求。

北京市第一中级人民法院认为一审判决认定事实清楚，适用法律正确，判决如下：

驳回上诉，维持原判。

【法官后语】

本案对于《最高人民法院关于适用〈中华人民共和国公司法〉若干问题的规定（四）》第四条中关于“程序瑕疵”的认定标准进

行了认定和判断。

一、“程序瑕疵”对公司决议撤销的认定标准

《中华人民共和国公司法》第二十二条第二款列举了三种可撤销的公司决议种类：1. 会议的召集程序违反法律、行政法规或公司章程的规定；2. 会议的表决方式违反法律、行政法规或公司章程的规定；3. 决议的内容违反公司章程。《最高人民法院关于适用〈中华人民共和国公司法〉若干问题的规定（四）》第四条的规定，在重申了股东可以撤销公司决议条件的同时，在其后半段的“但书”部分，增加了公司决议撤销之诉中人民法院可以酌定驳回撤销公司决议诉讼请求的规定。即“但会议召集程序或者表决方式仅有轻微瑕疵，且对决议未产生实质影响的，人民法院不予支持”。根据前述法律规定，股东会决议存在程序瑕疵并不必然导致股东会决议的撤销，故人民法院审理因决议瑕疵引发的决议撤销诉讼时，应当根据个案的具体情况综合分析。对于公司决议撤销纠纷案件的处理，应当把握两条主线：第一，既不导致公司决议成本增加产生影响公司作为商事活动参与主体运营效率及损害公司对外法律关系的后果；第二，亦不损害公司股东尤其是小股东的股东权利。关于公司决议撤销案件中，认定是否应当撤销，应以是否构成轻微瑕疵而非重大瑕疵，且未对决议产生实质影响为依据。

二、“裁量驳回”规定的理解和适用

《最高人民法院关于适用〈中华人民共和国公司法〉若干问题的规定（四）》裁量驳回的这一规定，源自人民法院在处理涉公司决议撤销纠纷中，需要在追求公平正义、保障股东利益的同时，还应关注公司作为以营利为目的的商事活动参与主体，其本身所包含的效率价值及意义，避免司法对公司自治的过度干预。公司在现代

社会中扮演着实现投资者追逐财富增加的工具角色，故对公司来说，在运行过程中追求利益最大化是其第一要务。在效率价值衍生的商事外观主义下，如果允许公司作出的决议被随意变更和任意撤销，可能将会使信赖该公司决议而与之进行交易的相对人无所适从，最终导致社会总体交易成本的增加。故在司法实践中，需要法院在对该类案件的裁判过程中，既要维护小股东的程序性权利，防止小股东权利虚无化，亦要考虑撤销公司决议的成本及可能给公司正常经营带来的挑战，以达到实现社会资源的最大化利用和规范公司自治的双重效果。

同时，该规定明确了适用裁量驳回法院需要满足三个条件：1. 仅限于“会议召集程序或者表决方式”，不包含内容违反公司章程的情形，该情形虽然在公司法第二十二条规定为决议的可撤销情形，但该种情形并不能适用裁量驳回。2. 仅限于有“轻微瑕疵”，即召集程序或者表决方式的瑕疵不能为“重大瑕疵”。关于具体如何认定系“轻微瑕疵”及“轻微瑕疵”与“重大瑕疵”的界限，稍后结合本案例在下面进行具体分析。3. 需要满足“且对决议未产生实质影响”。主要是指在召集程序或者表决方式存在的瑕疵系轻微瑕疵的前提下，该轻微瑕疵不具有对公司决议结果产生实质影响的可能性，即并不会影响和改变公司决议的结果。在判断是否满足第三个条件时，应当严格以满足前两点为基本前提。前述第一点比较容易理解，下面结合本案案情，重点分析前述第二点、第三点。

（一）涉案股东会召集程序存在瑕疵

根据数据科技公司 2017 年 5 月 10 日工商登记版公司章程第十二条的规定：股东会会议由董事会召集，董事长主持，董事长不能履行或者不履行召集股东会会议职责的，由半数以上董事共同推举一名董事主持。董事会不能履行或者不履行召集股东会会议职责的，由监事召集和主持；监事不召集和主持的，代表十分之一以上表决权的股东可以自行召集和主持。故数据科技公司召开股东会，应当按照公司章程规定的召集程序进行。本案中，根据2017年11月23日《临时股东会议的通知》的邮件：“一、会议召开基本情况：（一）召集人、本次股东会的召集人为数据科技公司股东张1、吴1……”数据科技公司在本案中亦未提交涉案临时股东会经过了董事会的召集程序；亦未提交证据证明董事会存在不能履行或者不履行召集股东会会议职责的情况。故应认定涉案股东会召集程序的确存在瑕疵。

（二）案涉股东会召集程序违反公司章程，但系轻微瑕疵且未对决议结果产生实质性影响

如前所述，《最高人民法院关于适用〈中华人民共和国公司法〉若干问题的规定（四）》后半段的“但书”部分同时规定，会议召集程序或者表决方式仅有轻微瑕疵，且对决议未产生实质影响的，人民法院不予支持。故对涉案股东会决议是否应当被撤销，应当继续审查是否系轻微瑕疵及是否对决议产生实质影响。结合《中华人民共和国公司法》及《最高人民法院关于适用〈中华人民共和国公司法〉若干问题的规定（四）》的规定，“裁量驳回”的立法本意即衡平保障小股东的程序性权利与降低公司自治经营成本、实现社会资源最大化利用之间的关系。下面以前述立法本意为基础，具体分析“轻微瑕疵”与“重大瑕疵”的界限及“轻微瑕疵”未对决议产生实质影响的认定标准。

所谓“轻微瑕疵”应为会议的召集程序和表决方式虽然违反了法律、行政法规或者公司章程的规定，但是该瑕疵并不会影响股东获取参会或表决所需的信息，亦不会导致股东无法公平参与多数意

思的形成。例如，会议非公司章程规定的召集人召集、会议的主持人无主持权、开会通知方式非以书面形式而系以电话、微信或邮件等网络形式发送，通知送达股东时间距离开会不足十五日、提前开会时间比预计时间提前或延误等情形。

“重大瑕疵”即会议的召集程序和表决方式违反了法律、行政法规或者公司章程的规定，且该瑕疵影响了股东获取参会或表决所需的信息，导致股东无法公平参与多数意思的形成。构成“重大瑕疵”并不需要具备对决议产生实质影响这个条件，否则控股股东完全可以以瑕疵不影响决议结果为由任意侵害小股东的利益，小股东的程序性权利和利益将形同虚设，小股东的地位将被彻底架空，决议撤销之诉的相应制度功能也将丧失。即“重大瑕疵”系已经构成对股东程序性权利的实质性损害，一旦存在“重大瑕疵”，则无论是否会对决议产生实质影响，均属于《中华人民共和国公司法》第二十二条第二款应予撤销的情形。例如，股东会召开并未通知过股东、股东会表决并非按照出资比例或公司章程的规定进行等情形。

综上所述，构成“轻微瑕疵”且未对决议产生实质影响的认定标准可以根据以下三点作为判断标准，以下三点标准为叠加标准，应当同时作为认定标准进行适用：(1) 程序的瑕疵是否会影响股东获取参会或表决所需的信息；(2) 程序的瑕疵是否会导致股东无法公平参与多数意思的形成；(3) 程序的瑕疵是否会影响最终决议结果。

三、本案评述

结合案件具体情况讨论，首先，涉案股东会会议于开会十五日前通知了公司的股东，郭1亦收到了通知，但未参会。故本次股东会的召集程序并不影响郭1获取参会的信息或参与表决所需信息，未参会系其自己对其股东权利的处分。其次，股东会的召集仅是表决前的发起程序，涉案股东会是否由董事会召集并不导致郭1无法参加表决、无法公平参与多数意思的形成。最后，会议表决事项为更换董事和监事，参会股东所持表决权占公司表决权的59.1123%，代表公司56.6376%的表决权股东表决同意。更换公司董事、监事依据数据科技公司章程的规定属于股东会的职权范围，且不属于公司章程中规定的必须经代表三分之二以上表决权的股东通过的事项，符合公司章程对于股东会更换董事监事的决议比例，且已取得半数以上股东同意。郭1系自行放弃参会表决的权利未参会表决，召集程序的瑕疵并未导致其无法行使表决和参与公司多数意思的形成。故本次股东会非由董事会召集并未对决议结果产生实质性影响。因此，涉案股东会的召集程序上的瑕疵，应认定为轻微瑕疵，涉案股东会决议依法不应当被撤销。对于郭1的诉讼请求，法院不予支持。另，本案属于会议召集程序或表决方式存在轻微瑕疵，且对决议未产生实质影响的情形。反之，如虽会议召集程序或表决方式存在轻微瑕疵，但属于对决议产生实质影响即轻微瑕疵能够影响决议结果，则该种情形不属于可以适用裁量驳回的范畴，对相应决议应予以撤销。

综上所述，在处理公司决议撤销纠纷案件中，对于“轻微瑕疵且不对决议结果产生实质影响”及“重大瑕疵”的认定和区分上，关键即在于召集程序及表决方式的瑕疵是否构成了对股东程序性权利的实质性侵害，是否导致股东无法获取参会信息及正常行使表决权，进而参与公司决议多数意思的形成。一旦对股东的程序性权利造成了实质的侵害，则无法适用《最高人民法院关于适用〈中华人民共和国公司法〉若干问题的规定（四）》“但书”裁量驳回的规定，反之则可以适用。

编写人：北京市海淀区人民法院　韩斌

093 股权让与担保情形下名义股东权利边界的司法认定
——吴某诉房地产公司公司决议案

【案件基本信息】

1. 裁判书字号

北京市第三中级人民法院（2020）京03民终5136号民事判决书

2. 案由：公司决议纠纷

3. 当事人

原告（被上诉人）：吴某

被告（上诉人）：房地产公司

第三人（上诉人）：刘某、某集团公司

第三人（被上诉人）：实业公司

【基本案情】

吴某系房地产公司法定代表人。该公司在开发某房地产项目过程中，因无力支付工程款，被某区人民法院判决执行51套房屋折抵给某建设公司。之后，房地产公司从某建设公司处回购并销售6套房屋。某国际贸易公司向某担保公司借款9000万元，代房地产公司支付给某建设公司，回购了剩余45套房屋。

2010年1月8日，房地产公司、某集团公司、吴某等签订《框架协议》，约定基于上述诉讼及回购情况，由某集团公司指定的公司代某国际贸易公司偿还欠付某担保公司债务9000万元并承接该债权；为使该房地产项目达到销售条件，房地产公司、某集团公司应当在本协议签署生效后立即成立项目领导小组和项目经理部，办理大产权证、确定销售方案及物业管理方案等，产生的资金支出由某集团公司垫付，计作对房地产公司的债权；根据本协议形成的债权在清偿时应计收利息，利率双方另行协商；房地产公司同意由某集团公司指定的销售代理公司独家代理该房地产项目销售工作；为保障某集团公司实现债权，吴某同意将其持有的房地产公司股权无偿转让给某集团公司指定的公司，待债权全部清偿或某集团公司认为适当的时机，上述股权应当无条件返还给吴某。

2010年5月14日，各方签订《出资转让协议书》并办理了股东及出资变更登记，某集团公司指定的实业公司持股70%。

2019年7月22日，房地产公司作出股东会决议，选举了新一届董事会及监事。随后，董事会作出决议，决定吴某不再担任法定代表人、董事长，并责成吴某向新当选的董事长马某移交该公司所有营业执照、印鉴、财务账册及凭证、公司签订的所有合同、协议等法律文件和档案以及其他属于公司的所有财产，并立即停止对外代表公司实施任何法律行为。

吴某向人民法院提起诉讼，认为实业公司系基于股权转让担保受让的70%股权，其并不享有股东参与决策、选任管理者、分取红利等权利，故2019年7月22日其在股东会上所作表决应为无效表决，决议未达到公司法或公司章程规定的表决比例，故请求人民法院判定该股东会决议不成立。

【案件焦点】

1. 实业公司基于《框架协议》的安排受让房地产公司股权行为

性质是否构成让与担保；2. 如果构成，实业公司就该让与担保部分的股权是否享有表决权。

【法院裁判要旨】

北京市朝阳区人民法院经审理认为：各方通过签订《框架协议》约定某集团公司代房地产公司清偿对外债务并对房地产项目进行销售，形成了某集团公司对房地产公司的债权，为保障债权实现，吴某将所持有的股权转让给实业公司，待某集团公司债权获得清偿后，该股权无偿返还吴某。据此约定，股权变更至实业公司名下系作为某集团公司债权的担保，而非真正的股权转让，此种通过转让股权所有权来担保债权实现的方式属于股权让与担保。因此，实业公司仅为名义股东，而非实际股东，其无权进行使用收益，不能享有公司法规定的股东所享有的参与决策、选任管理者、分取红利的权利。故而 2019 年 7 月 22 日房地产公司股东会决议仅有实业公司投赞成票，该决议股东表决权不符合公司法及公司章程规定，应认定该股东会决议不成立。一审法院判决，确认 2019 年 7 月 22 日房地产公司股东会决议不成立。

实业公司等不服一审判决，向北京市第三中级人民法院提起上诉。二审法院经审理认为：

关于第一个争议焦点，对涉案《框架协议》中所约定的股权转让条款的性质认定，不能仅看合同的形式或名称，而要探究当事人的真实意思表示，而对于合同当事人的意思表示的解释应当以客观立场作为原则性评价标准。因双方让渡股权的根本目的在于担保债权人债权的实现，该条款在性质上属于股权让与担保。作为一种非典型担保方式，股权让与担保行为本身并未违反法律、行政法规的强制性规定，应认定合法有效。

关于第二个争议焦点，即实业公司就该让与担保部分的股权是否享有表决权。让与担保与财产权转让在法律性质上存有实质性区别，财产权转让的受让人是以获得财产权利为目的，而让与担保的债权人受让财产的目的在于为主债权提供担保，在主债权不能实现时可以受让的财产权价值优先受偿，且债权人通常无须支付受让财产权的对价。因此，债权人于形式上受让的财产权一般会受到一定的权利限制。股权让与担保就更具其特殊性，因为股权为兼具财产权和成员权属性的复合型权利。公司股东既可就其享有的股权参与公司分红，亦可通过其股东表决权参与公司的经营管理。而股权让与担保的债权人以受让或增资的方式取得股权，是期待以股权价值担保其债权未来可以实现，侧重于防范债务人通过行使股东权利对公司资产进行不当处置，从而导致其债权无法实现；债权人并非以成为公司股东参与管理、获取分红为直接目的。因此，债权人虽在形式上为公司名义股东，但其仅在担保范围内享有优先受偿的权利，并不享有公司法规定的股东所享有的参与决策、获得股东红利等实质性权利。

综上，由于诉争股东会决议表决权未达到公司法或公司章程规定的通过比例，所以 2019 年 7 月 22 日房地产公司股东会决议应为不成立。一审法院认定无误，二审法院依法予以维持，判决如下：

驳回上诉，维持原判。

【法官后语】

一、股权让与担保的法律效力

股权让与担保，即债务人将股权转移至债权人名下，债务清偿后，股权应返还于债务人；当债务人履行不能时，债权人可就股权变价并经过债务清算后受偿。在民法典出台之前，此前的担保法、物权法均未规定让与担保制度，但由于其具有融资灵活、交易成本较低、第三人阻碍债权实现的可能性小等优势，让与担保一直在担保实践中扮演着重要角色。

2021 年 1 月 1 日起实施的《中华人民共和国民法典》虽未明文规定让与担保，但通过担保合同的范围，为让与担保留下了空间。①同时，《最高人民法院关于适用〈中华人民共和国民法典〉有关担保制度的解释》第四部分单设“关于非典型担保”部分，从司法解释角度肯定了让与担保作为非典型担保的效力。在上述司法解释出台之前，《全国法院民商事审判工作会议纪要》曾对股权让与担保的效力问题进行了明确。《全国法院民商事审判工作会议纪要》第七十一条认为，债权人与债务人之间名为股权转让实为让与担保的合同，不违反法律、行政法规的效力性强制性规定，应属有效。②据此，股权让与担保作为一种非典型担保的效力得以明确，但因上述第七十一条未能细化“名为股权转让实为让与担保的合同”判断标准，亦未明确股权让与担保情形中股权受让人（债权人）的权利行使问题，

① 《中华人民共和国民法典》第三百八十八条第一款规定：设立担保物权，应当依照本法和其他法律的规定订立担保合同。担保合同包括抵押合同、质押合同和其他具有担保功能的合同。担保合同是主债权债务合同的从合同。主债权债务合同无效的，担保合同无效，但是法律另有规定的除外。

② 相关条款规定，作为担保财产的动产已经交付债权人或者不动产、股权等已经进行变更登记，参照动产质权、不动产抵押权以及股权质押相关规定处理。在债务人不履行到期债务或者出现约定事由时，债权人主张享有动产、不动产所有权或股权的，一般不予支持，但其与债务人事后就不动产、动产或股权达成折价或回购协议的除外；债务人也可请求人民法院参照《中华人民共和国民事诉讼法》中实现担保物权的相关规定，将动产、不动产或者股权拍卖、变卖后清偿债务。

导致实践中对于股权让与担保的认定，以及股权让与担保情形下股权受让人的权利范围存在争议。

股权让与担保情形下，股权受让人（名义股东）的权利边界，其实质在于名义股东是否具有股东身份，具体涉及以下三个方面：(1) 在股权转让人与受让人之间如何认定受让人的身份；(2) 在目标公司内部（包括目标公司及其他股东）如何认定股权受让人的身份，即股权受让人能否行使股东权利、履行股东义务；(3) 在目标公司外部，是将股权受让人视为股东还是有担保权的债权人。本文认为，考虑到股权让与担保较股权质押等典型担保方式，具有法律效果超越经济目的特殊构造，同时相较于其他让与担保形式，又因股权的复合型特点，涉及对股权财产价值的支配及对公司经营权的行使。在此复杂交易框架下，需遵循处理公司案件的一般原理，坚持法律关系的内外有别原则，同时应当注重平衡各方主体利益。

二、股权转让人与股权受让人之间的法律关系

就股权转让人与受让人之间而言，如前所述，应当根据当事人的真实意思表示来确定其法律关系的性质是股权让与担保还是股权转让抑或股权质押。同时，对于商事主体之间在股权让与担保协议中约定了受让人具体权利的，人民法院在实践中应予充分尊重。

三、名义股东在目标公司内部（包括目标公司及其他股东）的权利边界

在《全国法院民商事审判工作会议纪要》出台之前，实践中多数裁判观点认为，股权让与担保的股权受让人，其持有股权仅仅是保障自己的债权，并不真正行使股东权利，公司的实际股东即行使股东权利之人仍然应是转让股权的担保人。债权人并没有实际取得

股权，并非真实股东，仅是名义股东，原则上不能享有公司法规定的股东所享有的参与决策、选任管理者、分取红利等股东权利。

在《全国法院民商事审判工作会议纪要》出台后，最高人民法院首先明确了在让与担保中，已经完成财产权利变动的债权人，其地位是债权人，而非所有人或者股东。同时认为，如果转让人将让与担保的真实意思告诉了公司及其他股东，则即便受让人在公司的股东名册上进行了记载，也仅是名义股东，不得对抗公司及其他股东。此时，作为名义股东，其并不享有股东的权利，即既不享有股权中的财产权，也不享有股权中的成员权。反之，如果转让人并未告知公司及其他股东实情，而是告知他们是股权转让，则法律也要保护此种信赖。在此情况下，一旦受让人在公司的股东名册上进行了记载，即便真实的意思是股权让与担保，受让人仍然可以行使股东权利，包括财产权和成员权。[①] 据此，在目标公司内部，名义股东的权利边界应视股权转让人是否告知公司及其他股东股权让与担保之实情而有所不同。如果转让人与受让人之间签署了股权转让协议，并且告知目标公司和其他股东的意思是“股权转让”，目标公司亦按照股权转让为受让人办理了股东名册变更的，则应当认定目标公司、其他股东以及受让人就受让人成为目标公司股东这一事项达成了合意。相应地，受让人成为目标公司的股东，可以行使股东权利。否则，受让人不能成为目标公司的股东，而只能是债权人。

---

① 参见最高人民法院民事审判第二庭编著：《〈全国法院民商事审判工作会议纪要〉理解与适用》，人民法院出版社2019年版，第405页。

四、名义股东与外部第三人的法律关系

股权让与担保中，因具有股权转让的权利外观，基于股权登记的公示效力，对外亦会产生对第三人信赖利益的保护问题，主要表现在当事人有关股权让与担保的约定能否对抗公司其他债权人。实践中主要体现为两种类型：一是对名义股东享有债权的债权人请求人民法院查封、执行标的股权，此时实际股东是否提出执行异议和执行异议之诉；二是基于股东出资瑕疵需对公司债权人承担责任的规则，名义股东是否应当与实际股东就出资瑕疵承担相应法律责任。对于第一个问题，实践中存在不同观点，倾向性观点认为，基于商事外观主义，名义股东的债权人有权请求执行名义股东的股权，但转让人作为实际股东既可以请求确权，也可以通过提出执行异议之诉的方式保障自己的权利。① 对于第二个问题，此次《最高人民法院关于适用〈中华人民共和国民法典〉有关担保制度的解释》予以了明确，即股东以将其股权转移至债权人名下的方式为债务履行提供担保，公司或者公司的债权人以股东未履行或者未全面履行出资义务、抽逃出资等为由，请求作为名义股东的债权人与股东承担连带责任的，人民法院不予支持。

编写人：北京市第三中级人民法院　田璐　郭欣欣

---

① 参见最高人民法院民事审判第二庭编著：《〈全国法院民商事审判工作会议纪要〉理解与适用》，人民法院出版社 2019 年版，第 406 页。

094 与公司决议有直接利害关系的民事主体有权提起决议不成立之诉

——徐1等诉S公司公司决议案

【案件基本信息】

1. 裁判书字号

北京市第一中级人民法院（2019）京01民终2322号民事判决书

2. 案由：公司决议纠纷

3. 当事人

原告（被上诉人）：徐1、李1、李2

被告（上诉人）：S公司

第三人（上诉人）：李3、李4

【基本案情】

S公司成立于2014年1月14日，注册资本为2000万元，股东为李5（认缴1200万元）、李3（认缴400万元）、李4（认缴400万元），执行董事和法定代表人为李5。本案原告徐1是李5的妻子，李1、李2是李5的子女。2017年2月3日，S公司形成两份股东会决议，记载召开地点为公司会议室，决议同意李5将其全部出资转让给李3，免去李5执行董事职务，选举李3担任执行董事，同意修改公司章程。李5在落款处加盖手签章。后经S公司申请，工商管理部门将S公司的法定代表人由李5变更为李3，将李5所持股权变更登记至李3名下。但是，作出上述股东会决议是发生在李5癌症复发病危治疗期间，2017年2月13日，李5因病救助无效去世。原告徐1、李1、李2认为李5病危没有条件和能力参加股东会、在股东会决议上签字作出意思表示，股东会决议中的签名“李5”不是本人书写，案涉股东会决议是在没有经过法定召集程序和表决程序、虚构李5到场和签名、李5没有作出真实意思表示的情况下形成的，认为决议不成立，故诉至法院，诉讼请求：1. 确认S公司于2017年2月3日形成的两份股东会决议不成立；2. 判令S公司向公司登记机关申请撤销依据上述股东会决议作出的将李5股权转让给李3、将法定代表人和执行董事变更为李3的变更登记；3. 诉讼费用由S公司承担。

【案件焦点】

徐1、李1、李2是否具有起诉本案的主体资格。

【法院裁判要旨】

北京市海淀区人民法院经审理认为：首先，决议不成立之诉在性质上属于确认诉讼，立法上对请求确认股东会决议效力所涉主体的范围并未明确界定，理论上不论任何人，只要存在诉讼利益，都可以提起确认不成立之诉。其次，司法确认决议不成立事实上是认定不存在公司法意义上的决议，亦是对决议合法性的根本否定，所以与决议有直接利害关系的任何人都有权利提起该类诉讼。最后，上述决议记载的时间系李5病重住院期间，其法定继承人有理由对该决议是否为李5作出产生合理怀疑。决议内容涉及李5所持全部股权的转让，因股权含有财产属性，对李5财产的处分，涉及其法定代表人的财产权益。故徐1、李1、李2作为李5的法定继承人属于与该决议有直接利害关系的人，具有起诉本案的诉讼主体资格。

公司决议是一种法律行为，股东会决议成立要件应当包括程序要件及意思合意要件。案涉股东会系当日由李5提议召开，通过口头方式通知，开会地点为其病房，召集程序不符合章程的规定，也没有提交证据证明股东会的召集、召开。本案亦不符合不召开股东会而直接作出有效决议的情形。依当事人申请，本院委托鉴定机构对2017年2月3日和4日李5是否具有民事行为能力进行鉴定，鉴定结果为应评定为限制民事行为能力，本院依法予以采信。因此，李5召集、主持、参加股东会及转让股权涉及重大财产利益，其法定代理人徐1亦拒绝追认，上述行为无效，案涉股东会表决结果未达到法定及章程规定的通过比例，亦为不成立。一审判决如下：

一、确认被告S公司落款日期为2017年2月3日的两份股东会决议不成立；

二、被告S公司于本判决生效之日起十日内向登记机关申请撤销依据上述第一项决议作出的工商变更登记（包括将李5股权转让给李3，将法定代表人和执行董事变更为李3）。

S公司、李3、李4不服一审判决，向北京市第一中级人民法院提起上诉。

二审法院同意一审法院裁判意见，判决如下：

驳回上诉，维持原判。

【法官后语】

关于确认公司决议不成立之诉的原告范围，《最高人民法院关于适用〈中华人民共和国公司法〉若干问题的规定（四）》第一条规定，公司股东、董事、监事等请求确认股东会或股东大会、董事会决议无效或者不成立的，人民法院应当依法予以受理。该款条文以不完全列举的方式，仅明确列举了公司股东、董事、监事三类主体，并用“等”的表述涵盖了与股东会或者股东大会、董事会决议内容有直接利害关系的其他人，主要是股东会决议、董事会决议通常会涉及的主体。以“直接利害关系人”界定适格原告范围，也有利于贯彻诉的利益原则。

公司决议属于公司经营管理的内部事务，“直接利害关系人”的认定应当进行个案审查，严格适用，以防止过度干扰公司正常经营秩序。实务中直接利害关系人的界定需要结合审判实践，笔者认为“直接利害关系人”的范围应当包括以下几类。

一是受公司决议约束的高级管理人员和公司员工。股东会或股东大会和董事会决议通常会设定与高管、员工相关的权利义务，该决议内容与其个人相关，直接影响其自身权益。构成“直接利害关系”的诉因条件，相关高管、员工可作为确认决议不成立之诉的适格原告。此外，员工持股（包括高管人员的管理股）通常是以公司政策的方式通过公司决议作出的，通过“直接利害关系人”标准界定决议不成立之诉原告范围，可以直接保障员工持股不受非法状态的侵害。

二是与决议所涉股东、董事直接相关人员。公司决议对公司股东或董事相关事项作出决议，决议结果有时也会直接影响与该股东或董事有直接关联人员的权益，如代持股关系、夫妻关系、继承关系等。正如本案，决议同意股东转让股权情形下，若对转让方股权的处分，涉及对可能成为其遗产的处分，决议内容涉及对其合法继承人的财产权益及股东资格的继承，此时股权转让方的合法继承人有权提起确认决议不成立之诉。

三是与公司决议有直接利害关系的公司债权人。直接利害关系是公司外部主体享有诉权之前提，在决议不成立诉讼中，涉诉的股东会决议不会直接影响公司外部主体的权益，公司外部主体介入决议不成立之诉中，无法直接维护自身法益，但若该第三人与公司间法律关系成立的要件之一取决于股东会或股东大会、董事会决议时，则第三人对股东会决议不成立有法律上利益，可作为原告起诉。换言之，当第三人的权利或利益因决议内容而受到侵害或直接影响时，第三人可以成为适格原告。实践中，公司债权人可能依据合同的约定享有参与或监督公司经营管理的权利，如债权人在签订合同时对股息分配的限制，可能会以债权人对股东会或董事会决议的否决权方式出现。因此，相关债权人权利有受到股东会或董事会决议侵害的可能性，应当认定为确认决议不成立之诉的适格原告。

编写人：北京市海淀区人民法院　唐盈盈　岳可

095　章程规定与全体股东一致意思表示的对抗效力

——马 1 等诉科技公司公司决议效力确认案

【案件基本信息】

1. 裁判书字号

北京市第三中级人民法院（2020）京 03 民终 644 号民事判决书

2. 案由：公司决议效力确认纠纷

3. 当事人

原告（上诉人）：马 1、众 1 投资中心、众 2 投资中心

原告：天某投资公司、财富公司

被告（被上诉人）：科技公司

第三人：中某投资公司

【基本案情】

科技公司系设立于2014年9月18日的有限责任公司。公司设立后，经过多次变更登记，至2016年9月21日，注册资本为5000万元，股东为马1、天某投资公司、众1投资中心、众2投资中心、体育发展公司、财富公司，法定代表人为马1。

2017年7月31日，中某投资公司（甲方）、投资公司（乙方）、马1（丙方）签订《合作框架协议》约定甲方入资成为股东，乙方负责实际经营公司，变更工商登记，组成董事会，董事会任命马1为公司总经理。落款处中某投资公司、科技公司加盖公章，马1签字。

后，中某投资公司（甲方）、科技公司（乙方）、马1（丙方）签署《增资扩股合作协议》：甲方将增资款10200万元打入乙方账户内，甲方自出资到账之日将即视为公司股东，享有认购股份项下的全部股东权利、承担股东义务，最终甲方持有乙方股权67.1%；收到甲方增资款后的7个工作日内，丙方及公司各股东协助甲方完成乙方股东的工商登记变更的相关工作……增资扩股后，乙方原运营团队继续负责公司的运作经营，并承诺符合甲方对于公司管理要求的规范及有效保障大股东的权益；乙方设立董事会，成员为三人，其中两名由甲方委派，剩余一名由丙方担任，董事长由甲方委派的董事产生……乙方设总经理一名，由董事会聘任丙方担任，丙方作为乙方公司的实际经营管理人，并保证在甲方增资扩股后，标的公司的经营目标为自协议签订之日起近三年内每年的净利润不低于5000万元人民币。

2017年9月12日，科技公司进行了股东、法定代表人、注册资本的变更登记。科技公司 2017 年 9 月 12 日的章程规定：公司不设董事会，设执行董事一人；执行董事行使下列职权：负责召集股东会，并向股东会议报告工作，执行股东会的决议……决定聘任或者解聘公司经理及其报酬事项，并根据经理的提名决定聘任或者解聘公司副经理、财务负责人及其报酬事项……公司设经理，由执行董事决定聘任或者解聘，经理对执行董事负责，行使下列职权……公司不设监事会，设监事一人，由股东会选举产生……

前述变更登记完成后，科技公司未组成董事会，由中某投资公司委派的李 1 担任执行董事、马 1 担任经理。

2017 年 12 月 25 日，马 1 向科技公司提出离职申请；同日，李 1 拒绝该申请。

2019 年 1 月 29 日，科技公司执行董事李 1 做出《关于免除马 1 公司 CEO 职务暨聘任公司新的 CEO 等人事任免事项的通知》：自本通知公布之时起，免除马 1 公司总经理（CEO）及其他一切职务。落款处科技公司执行董事李 1 加盖人名章。

马 1、财富公司、天某投资公司、众 1 投资中心、众 2 投资中心提出诉讼请求：确认落款日期为 2019 年 1 月 29 日的《关于免除马 1 公司 CEO 职务暨聘任公司新的 CEO 等人事任免事项的通知》无效。

【案件焦点】

1.《增资扩股合作协议》中案涉争议具体约定内容的性质和效力；2. 公司章程中关于执行董事职权的案涉争议条款规定的性质和效力。

【法院裁判要旨】

北京市朝阳区人民法院经审理判决：驳回原告的全部诉讼请求。

北京市第三中级人民法院经审理认为：

一、《增资扩股合作协议》中案涉争议具体约定内容的性质和效力

（一）关于《增资扩股合作协议》是否为全体股东的一致意思表示一项

第一，中某投资公司（新股东）、科技公司（标的公司）、马1（原实际控股股东）签订了《增资扩股合作协议》《合作框架协议》。第二，马1、众1投资中心、众2投资中心提交《情况说明》用以证明签订《合作框架协议》《增资扩股合作协议》时，恰逢科技公司的全体股东委托马1与中某投资公司协商增资入股事宜并签署案涉协议，全体股东均认可案涉协议的内容。第三，《科技公司2017年第一次临时股东会决议》中对于案涉增资及股权变更情况进行了表决，可以说明各股东对基于《增资扩股合作协议》约定的案涉增资的认可。故，《增资扩股合作协议》为全体股东的一致意思表示。

（二）关于马1、众1投资中心、众2投资中心主张的马1担任公司总经理、公司原运营团队继续负责公司经营的约定系各方股东的特别约定且系各方合作基础是否成立一项

《合作框架协议》《增资扩股合作协议》约定了科技公司、原股东、投资人的具体合作模式为，投资人中某投资公司主要负责资金投入、融资从而享有包括按照股权比例分红等的股东权利；马1作为科技公司的实际经营管理人，科技公司原运营团队继续负责公司的运作经营。

根据上述合作模式可以看出，各方在增资扩股协议中已明确约

定由马 1 及其原运营团队负责公司经营。

各方在《合作框架协议》《增资扩股合作协议》中对于设立董事会、选任总经理的约定。首先，根据《增资扩股合作协议》中约定，科技公司应设立董事会、监事会，董事会成员 3 人，由中某投资公司委派 2 名，由马 1 担任董事之一，董事长由中某投资公司委派的董事之一担任。其次，科技公司设总经理，由马 1 担任，马 1 负责公司的实际经营管理。由此可见，按照各方约定，马 1 在增资扩股完成后的总经理职务暨负责公司实际经营管理职权是确定的，由原股东与投资人之间通过协议明确约定，即科技公司应当设立董事会，且无论董事会具体人选情况，都应当由马 1 担任总经理。

由上可见，根据标的公司、原股东、投资人之间《合作框架协议》《增资扩股合作协议》的约定，马 1 担任科技公司总经理，其与增资扩股前的公司运营团队仍负责公司的实际经营管理。上述约定系各股东之间明确且具体的约定，且系原股东与投资人之间的合作模式、合作基础。

二、公司章程中关于执行董事职权的案涉争议条款规定的性质和效力

（一）关于章程相关条款是否为格式条款、是否经各方充分协商并为全体股东的真实意思表示一项

第一，案涉工商登记变更前后两份章程中关于公司执行董事的设立、执行董事职权、总经理的设立、总经理职权、监事的设立、监事职权、法定代表人人选等条款的规定内容完全一致。

第二，执行董事职权的相关条款未经过各方协商决议。

第三，关于公司章程变更的约定。《增资扩股合作协议》中约定，对于马 1、众 1 投资中心、众 2 投资中心所主张的变更工商登记

的主要目的在于体现科技公司的股东地位，存在一定的合理性。

结合上述各方面因素，本院认为不应认定公司章程中关于执行董事职权的相关条款规定系各方股东之间协商一致确定的执行董事具体职权范围。

（二）关于案涉公司章程的相关规定能否对抗《增资扩股合作协议》中各股东之间关于总经理、经营团队的具体约定一项

本案中的争议点在于公司章程的规定如何对抗全体股东的一致合意，即案涉公司章程的规定能否对抗《增资扩股合作协议》中各股东之间关于总经理、经营团队的具体约定。

第一，关于公司章程体现的意思自治。当公司章程内容不能体现为公司股东之间的合意时，公司章程的相关规定就不再因其体现股东集体意志而产生约束公司行为的应然之效力。

第二，股东会决议对公司股东合意的体现。本案中，如上所述，案涉股东会决议中并未体现全体股东对执行董事职权范围的合意，那么，不能认定公司章程中关于执行董事职权的相关条款规定系各方股东之间协商一致确定的，此时，公司章程的相关规定不能体现公司股东合意。

第三，《增资扩股合作协议》对股东合意的体现。《增资扩股合作协议》中对于马1担任总经理、原运营团队负责公司经营管理系各方合作的基础，各股东之间关于公司运营管理的约定是有限责任公司人合性的有效体现。

第四，关于执行董事职权的规定是否属于格式条款。公司章程与《中华人民共和国公司法》第四十六条规定、工商管理部门的格式版本《有限（责任）公司章程（参考格式）》内容一致，并非针对公司实际情况具体制定的公司章程。

综上，无法证明公司章程中对执行董事职权的规定是对马1担任总经理等合作模式的变更。

北京市第三中级人民法院依照《中华人民共和国公司法》第十一条、第九十八条，《中华人民共和国民事诉讼法》第一百七十条第一款第二项之规定，判决如下：

一、撤销北京市朝阳区人民法院民事判决；

二、改判确认2019年1月29日的《关于免除马1公司CEO职务暨聘任公司新的CEO等人事任免事项的通知》无效；

三、驳回马1、众1投资中心、众2投资中心、财富公司、天某投资公司的其他诉讼请求。

【法官后语】

本案主要涉及公司新引入投资人与公司创始团队关于公司经营管理权的争夺，具体争议焦点涉及章程及股东间协议的法律属性、效力优先性，以及执行董事决定违反股东间协议的效力问题。

一、章程及股东会决议的法律效力

第一，关于章程作为公司内部章程的属性。通常情况下，公司章程是公司最基本的规范文件，是公司的行为准则，是对公司、股东和公司的经营管理人员具有约束力的调整公司内部组织关系和经营行为的自治规则。公司章程在公司运营中的地位和效力是不可否认的，公司股东、董事、监事、高级管理人员均应当按照公司章程实现权利、履行义务。

除公司设立时的章程一般需要由股东一致同意外，公司内部三分之二股东表决即可变更公司章程。因此，从形式角度上看，章程并不必然代表全体股东的一致意思表示，体现的是多数股东意志。

第二，关于股东会决议对公司的效力。股东投资的聚合形成了独立的公司财产，并奠定了公司的独立法人地位。股东大会系公司最高权力机构，并形成公司的意思表示，对公司的重大事项作出决策。股东大会作出的决定，公司的其他机构，如董事会、执行董事、监事会都必须执行和遵守。董事会、执行董事、监事会行使职权不得与股东大会的决定相抵触。

《中华人民共和国公司法》第三十七条规定，股东以书面形式一致表示同意的，可以不召开股东会会议，直接作出决定，并由全体股东在决定文件上签名、盖章。可见，全体股东书面的一致意思表示与股东会决议具有同等效力。

二、关于股东协议的法律效力

全体股东一致签署的股东协议虽然具备合同的一切属性，但其约定却不纯粹体现为合同法的问题。股东协议是股东之间以书面方式形成的一致意思表示，其效力类似于股东会决议。而且，考虑到有限责任公司的封闭性，股东协议通常与章程一并签署，股东协议约定的内容也往往涉及公司各组织机构的权力运行等章程规定的事项，股东协议也具有公司组织法的特征。该等股东协议名为协议，实际上属于对公司章程的补充和解释，具有章程的法律效力属性，违反该约定应为决议的可撤销事由。

三、股东协议与公司章程、决议效力的优先性

第一，关于公司章程体现的意思自治。根据《中华人民共和国公司法》第二十三条的规定，股东共同制定公司章程；根据《中华人民共和国公司法》第三十七条的规定，修改公司章程系股东会的职权。根据上述规定，公司章程系股东集体意志的体现，是公司股东的合意形成的。公司章程与股东之间一般的协议约定不同的是，

公司章程的效力不仅及于公司章程的制定者即全体股东，还及于后续加入公司的股东，这是由章程自治规则性质所决定的。由此，实际上，公司章程仍属于公司股东之间的合意。

第二，股东决议对公司股东合意的体现。有限责任公司股东的有限性、公司资本的封闭性等均保障着有限责任公司的人合性。有限责任公司股东会是公司的权力机关和最高决策机构，是形成股东集体意志的机构，对公司决策和经营具有绝对影响力，股东会决议亦是体现股东的合意。

应当认为，就公司内部而言，公司章程、决议本质上也属于合同，与股东协议的实质相同，都属于股东真实意思的表达，只是方式不同而已。因此，在审视股东协议的效力时，应当秉持实质重于形式的原则，将股东协议和章程、决议一并考虑，认可股东协议的组织法效力。那么，当公司章程内容不能体现公司股东之间的全部合意时，就不能单纯依据公司章程来判断公司股东之间的真实意思，而应当结合股东协议对章程作进一步解释和补充。

因此，笔者认为，当公司创始团队对经营管理权的控制系公司全体股东及新投资人之间明确且具体约定时，该约定系公司原股东与投资人之间的合作模式、合作基础，涉及公司组织法的范畴，应当作为公司章程的补充和解释。关于章程及股东协议的约定应当作为一个整体进行系统解释，不得片面、单纯地适用章程的条款，还应当结合股东协议约定来对公司章程进行补充、解释和说明。在章程和股东协议之间的约定不存在直接矛盾、冲突的情况下，不能仅以章程的条款来对抗股东协议的约定。本案中，股东协议约定马1担任总经理，与执行董事选聘解聘总经理的法定职权并不冲突，而是对执行董事履行职责内容的进一步解释和补充。案涉执行董事决定违反股东之间约定，视同违反了对章程条款的解释，应予撤销。当然，本案仅涉及公司内部法律关系，如果涉及公司外部法律关系，还应当保护善意相对人的信赖利益。

编写人：北京金融法院　蒙瑞

北京市第三中级人民法院　刘茜倩

096 监事召集并主持股东会会议的前提是执行董事不能或不履行召集、主持股东会会议职责

——韩某进诉J公司公司决议撤销案

【案件基本信息】

1. 裁判书字号

北京市第二中级人民法院（2019）京02民终13832号民事判决书

2. 案由：公司决议撤销纠纷

3. 当事人

原告（被上诉人）：韩某进

被告（被上诉人）：J公司

第三人（上诉人）：胡某伟、胡某华、李某

【基本案情】

J公司章程约定的法定代表人及执行董事系王某，股东为王某、李某、胡某华、胡某伟、韩某进等八人。2016年12月11日，J公司召开股东会，同意由郭某民、韩某进、胡某伟、胡某华、孔某、李某、王某、赵某霞组成新的股东会，并同意选举李某为监事。

2017年6月23日、25日，监事李某分别以快递、短信形式向王某发送《关于召开临时股东会议的提议》，要求王某在收到提议之日起3日内召集，并在20日内召开临时股东会。2017年6月28日，李某向包括王某在内的各股东发送《关于召开J公司2017年第一次临时股东会会议的通知》短信，通知各股东定于2017年7月18日召开2017年第一次临时股东会会议。2017年6月30日，王某向J公司各股东发送《J公司2017年第一次临时股东会会议的通知》，决定于2017年7月17日召开第一次临时股东会。

2017年7月17日，包括王某、韩某进、李某、胡某华、胡某伟在内的八位股东均参加了王某召集的临时股东会，并形成如下决议：1.《关于解除李某、胡某华股东资格的议案》；2. 未足额出资的450万元公司注册资本由股东王某、韩某进、赵某霞、郭某民、孔某按照各自现有持股比例认购。王某、韩某进、郭某民、赵某霞、孔某（张某奎代）均在上述临时股东会决议上签字，胡某伟签署不同意。2017年7月18日，胡某伟、李某、胡某华参加了李某召集的临时股东会，形成决议如下：1. 同意罢免王某公司执行董事、经理、法定代表人职务。同意选举胡某伟为公司执行董事、法定代表人。2. 同意公司公章、财务专用章等全部印章及营业执照等全部证照及公司网上银行U盾由新选举的执行董事、法定代表人保管；王某立即将公司全部印章及证照和网银U盾移交给新当选的执行董事、法定代表人。3. 同意授权股东胡某华依据股东会决议内容办理J公司工商变更登记手续。胡某伟、胡某华、李某在上述临时股东会决议上签字。现J公司认为2017年7月18日临时股东会会议决议修改了公司章程，故诉至法院，要求撤销2017年7月18日作出的J公司临时股东会决议。

另查，2017年7月20日，胡某华、李某以公司决议效力确认纠纷为由起诉J公司，要求确认J公司于2017年7月17日作出的2017年第一次临时股东会决议无效。后于2019年2月14日申请撤诉。

【案件焦点】

2017年7月18日召开的临时股东会会议是否存在会议召集程序、表决方式违反法律、行政法规或者公司章程，或者决议内容违反公司章程等情形。

【法院裁判要旨】

北京市丰台区人民法院经审理认为：第一，关于临时股东会的召集程序。J公司章程关于临时股东会的召集程序与《中华人民共和国公司法》第四十条及第四十一条的有关规定一致。本案中，监事李某于2017年6月23日、25日分别以快递、短信形式向执行董事王某提议召开临时股东会，请王某收到提议之日起3日内召集，并在20日内召开，否则将视为执行董事不能履行或者不履行召集股东会会议职责。王某于2017年6月25日收到上述短信，于2017年6月30日发出召集临时股东会的通知。李某认为执行董事未在监事提议要求的日期内召集股东会应视为执行董事不能履行或者不履行召集股东会会议职责，故于2017年6月28日自行发出召开临时股东会的通知。对此本院认为，王某于5日内发出召集2017年7月17日临时股东会的通知，召集时间并未违反公司法或者公司章程提前15日通知的规定，应视为执行董事已经履行召集股东会会议职责。李某再于2017年7月18日主持召开临时股东会，会议的召集程序不符合法律和公司章程的规定。第二，关于临时股东会的表决方式。2017 年 7 月 17 日临时股东会形成的决议解除了李某、胡某华的股东资格，且该二人请求确认决议无效的相关诉讼已经撤诉，故该决议经股东会通过后，在被确认无效前，其效力不因公司股东或者其他人员是否认可而受到影响，由此可见，李某、胡某华在参与 2017 年 7 月 18 日临时股东会表决时并不具备表决主体资格，故决议表决方式不符合法律和公司章程的规定。第三，关于临时股东会决议的内容。J 公司章程第八条规定："股东会由全体股东组成，是公司的权力机构，行使下列职权：……（二）选举和更换非由职工代表担任的执行董事、监事，决定有关执行董事、监事的报酬事项……"本案中，2017 年 7 月 18 日 J 公司形成的临时股东会决议主要对选举和更换公司执行董事、法定代表人，印章证照的交接，以及工商变更登记的处理进行了表决。上述事项均属于公司法和公司章程规定的股东会可以行使的职权范围，故决议内容不违反公司章程。因此，2017 年 7 月 18 日召开的 J 公司临时股东会的召集程序、表决方式违反了公司法和公司章程。综上，依照《中华人民共和国公司法》第二十二条第二款、第四十条第三款、第四十一条第一款、第四十二条之规定判决：

撤销 J 公司 2017 年 7 月 18 日召开的临时股东会会议决议。

胡某伟、胡某华、李某不服原审判决，提起上诉。

北京市第二中级人民法院同意一审法院裁判意见，认为监事李某在执行董事履行了召集股东会会议职责的情况下，于 2017 年 7 月 18 日主持召开临时股东会，其会议召集程序不符合法律和公司章程的规定，应予撤销。胡某伟、胡某华、李某的上诉请求与理由无法律及事实依据，不予支持。原审判决认定事实清楚，适用法律正确，应予维持。依照《中华人民共和国民事诉讼法》第一百七十条第一款之规定，判决如下：

驳回上诉，维持原判。

【法官后语】

公司决议撤销之诉是指在特定情形下股东依据法律的规定撤销公司组织机构所作决议的一种诉讼形式。公司决议属公司自治及股东自治的范畴，决议的撤销涉及众多利益，可能会影响公司的正常运行，司法实践中应充分尊重公司股东会依法作出的决议。《中华人民共和国公司法》第二十二条第一款、第二款规定：公司股东会的决议内容违反法律、行政法规的无效；股东会的会议召集程序、表决方式违反法律、行政法规或者公司章程，或者决议内容违反公司章程的，股东可以自决议作出之日起六十日内，请求人民法院撤销。可见，法院对于召集程序和表决方式上存在瑕疵的股东会决议进行司法审查，可予以撤销，而对于股东会决议内容原则上不进行干涉，如违反公司章程，可予以撤销，但如果决议内容违反了法律、行政法规的强制性规定，应给予严厉的否认评价，即确认公司决议无效。本案中，争议焦点为 2017 年 7 月 18 日召开的临时股东会会议是否存在会议召集程序、表决方式违反法律、行政法规或者公司章程，或者决议内容违反公司章程等情形。具体而言涉及以下几个问题：

一、召集程序上是否存在瑕疵

《中华人民共和国公司法》第四十一条第一款规定："召开股东会会议，应当于会议召开十五日前通知全体股东；但是，公司章程另有规定或者全体股东另有约定的除外。"可知，公司法对于召集时间上的要求为提前 15 日通知，其目的在于使股东有充分的时间对股东会决议事项做准备，从而保障股东行使权利。本案中，执行董事王某于2017年6月25日收到监事提议召开股东会的短信，于2017年6月30日发出召集2017年7月17日临时股东会的通知，该召集时间并未违反公司法或者公司章程提前15日通知的规定，应视为执行董事已经履行召集股东会会议职责，故，2017年7月17日临时股东会的召集程序符合法律规定。

二、监事自行召集股东会的程序是否存在瑕疵

《中华人民共和国公司法》第四十条规定了股东会会议的召集与主持程序，即监事召集并主持股东会的前提是执行董事不能或者不履行召集、主持股东会的职责，如执行董事履行召集股东会会议的职责，则排除监事的相应权利。如何认定执行董事不能或者不履行召集、主持股东会的职责，对此法律并未明确规定，法院在司法审查中，可以从客观上不能履行和主观上拒绝履行或者消极不履行角度进行综合考察。

首先，从时间上来说看，执行董事未在监事提议要求的日期内召集股东会是否视为执行董事不能履行或者不履行召集股东会的会议职责？对此，法律并未对消极不履行的时间期间作出明确规定，法院应根据实际情况综合判断。只要执行董事收到监事要求召集股东会的提议后，在合理期限内（可考虑15日内为限），向股东发出了召开股东会的通知，即可以认定执行董事履行了召集股东会的职责。具体到本案中，监事李某于2017年6月23日、25日分别向执行董事王某提议召开临时股东会，请王某收到提议之日起3日内召集，并在20日内召开，否则将视为执行董事不能履行或者不履行召集股东会会议职责。王某于2017年6月25日收到上述短信，于2017年6月30日发出召集临时股东会的通知。其虽未在收到的提议

的3日内召集，但于5日内发出召集2017年7月17日临时股东会的通知，属于在合理期间内发出召集通知，且召集时间并未违反公司法或者公司章程提前15日通知的规定，故应视为执行董事已经履行召集临时股东会会议职责。

其次，从内容上来看，执行董事未将监事提议的议题纳入股东会审查范围是否视为执行董事不能履行或者不履行召集股东会的会议职责？对此，法律并未明确规定，但可参考公司法对于股东会会议议题的规定进行分析。公司法对股份有限公司及有限责任公司关于股东会审议议题作出了不同的规定，第一百零二条规定了股份有限公司召开股东大会，会议议题为必须通知的事项，股东大会不得对未通知的事项进行表决，否则就属于召集程序和表决方式上存在瑕疵，股东有权请求法院予以撤销；第四十一条规定了有限责任公司召开股东会提前15天通知全体股东，没有规定必须通知会议审议事项，亦没有要求不得对通知中未列明的事项进行表决。据此可知，对于执行董事是否将监事关于股东会审议事项的提议纳入会议通知及会议决议范围内，更应采取“宽容”态度，充分尊重公司自治及股东自治，不应当仅仅因为执行董事未将监事提议的议题纳入股东会审查范围就认定执行董事不能履行或者不履行召集股东会的会议职责。本案中，胡某伟、胡某华、李某主张股东会议上未对监事李某提出的议案进行审议，构成不履行召集股东会会议职责，没有事实及法律依据。

综上，监事李某在执行董事王某已经履行召集股东会会议职责的情况下自行召集2017年7月18日临时股东会，属召集程序不符合法律和公司章程的规定。

三、股东会的表决方式、决议内容对股东会决议效力的影响

根据《中华人民共和国公司法》的规定，提起股东会决议撤销之诉应符合法定条件，对于股东会的召集程序、表决方式在违反法律、行政法规或者章程的情况下，股东可以提起撤销之诉，而对于决议内容只有在违反公司章程的情形下才可以提起撤销之诉。具体到本案中，2017年7月18日临时股东会的召集程序不符合法律规定及章程约定，对此不再赘述。关于表决方式，2017年7月17日临时股东会形成的决议解除了李某、胡某华的股东资格，而该二人请求确认2017年7月17日临时股东会决议无效的相关诉讼已经撤诉，故该决议经股东会通过后，在被确认无效前，其效力不因公司股东或者其他人员是否认可而受到影响，由此可见，李某、胡某华在参与2017年7月18日临时股东会表决时并不具备表决主体资格，故2017年7月18日临时股东会决议的表决方式不符合法律和公司章程的规定。关于决议内容，J公司章程第八条规定："股东会由全体股东组成，是公司的权力机构，行使下列职权：……（二）选举和更换非由职工代表担任的执行董事、监事，决定有关执行董事、监事的报酬事项……"2017年7月18日J公司公司形成的临时股东会决议主要对选举和更换公司执行董事、法定代表人，印章证照的交接，以及工商变更登记的处理进行了表决，上述事项均属于公司法和公司章程规定的股东会可以行使的职权范围，故决议内容不违反公司章程。

编写人：北京市丰台区人民法院　王静　李坤

097 公司法意义上公司决议的识别

——郎某凯诉 Y 公司公司决议效力确认案

【案件基本信息】

1. 裁判书字号

北京市第三中级人民法院（2019）京 03 民终 5740 号民事裁定书

2. 案由：公司决议效力确认纠纷

3. 当事人

原告（上诉人）：郎某凯

被告（被上诉人）：Y 公司

【基本案情】

Y 公司章程载明：Y 公司是全部由矿山机械公司投资设立的。董事会为公司最高权力机构。董事会由 5 名董事组成，所有的董事由股东委派产生，任期三年，任期满后可由股东继续委派。股东将以书面形式通知 Y 公司董事的任免。对董事的更换，Y 公司将通知原审批机关。

郎某凯主张其为 Y 公司持有 20%股权的隐名股东。

2015 年 11 月 16 日，矿山机械公司董事会通过以下决议：因矿山机械公司是 Y 公司的 100%独资股东，因此，根据 Y 公司章程第 14.2 条，本董事会有充分完整的权限免除 Y 公司董事会中的董事职务。进一步决议郎某凯应该被免除 Y 公司的董事职务，立即生效。本决议通知应被直接送达到Y公司，以便必要时可以递交中国的官方机构进行审批/备案。

2015年11月16日，艾某（Y公司的法定代表人和董事长）授权詹某作为其不在中国境内时真实合法的全权代表。

2015年11月17日，詹某向郎某凯等六人发送题为Y公司董事会议的邮件，通知召开董事会会议。

2015年11月17日，詹某以邮件形式通知郎某凯：Y公司股东决定解除其Y公司的董事职务。

2015年11月20日，詹某向郎某凯发送邮件随附艾某2015年11月19日签署的《董事免职书》，该免职书载明：代表Y公司，我在此正式通知您，Y公司的股东，矿山机械公司，已于2015年11月16日，作出决定，免除您，郎某凯先生，Y公司董事的职务，并立即生效。我在此正式将该免职决定通知给您，并据此请求您，停止任何与董事职务有关的工作活动。

【案件焦点】

该董事免职“决议”是否属于公司法意义上的公司决议。

【法院裁判要旨】

北京市顺义区人民法院经审理认为：郎某凯主张本案为公司决议效力确认纠纷。公司决议应是公司的经营决策机构依据法律或者公司章程规定的权限和表决程序等，审议相关事项，形成的公司独立意志。根据公司章程规定，Y公司董事会为公司的最高权力机构，是公司决策机构，董事由股东委派、更换。本案中，矿山机械公司形成了免除郎某凯Y公司董事的董事会决议，并通知Y公司，之后，

Y 公司按照公司章程规定通知了郎某凯。免除郎某凯董事职务的决定是由矿山机械公司作出，并非 Y 公司通过自己的决策机构、表决程序等形成。本案中，郎某凯所诉矿山机械公司免除董事决定并非公司法意义上 Y 公司的公司决议，故郎某凯直接起诉 Y 公司要求确认公司决议无效本院不予支持。

北京市顺义区人民法院依照《中华人民共和国公司法》第二十条、第二十二条，《最高人民法院关于适用〈中华人民共和国公司法〉若干问题的规定（四）》第一条之规定，判决如下：

驳回原告郎某凯的全部诉讼请求。

郎某凯不服一审判决，提出上诉。

北京市第三中级人民法院审理过程中，上诉人郎某凯提交书面撤诉申请，申请撤回上诉。

北京市第三中级人民法院认为：郎某凯在本案审理期间提出撤回上诉的请求，不违反法律规定，本院予以准许。依照《中华人民共和国民事诉讼法》第一百七十三条之规定，裁定如下：

准许上诉人郎某凯撤回上诉。

【法官后语】

公司法意义上的公司决议指公司决议机构按照法律法规或公司章程规定的权限、召集程序、表决方式等，审议相关事项，表决形成的公司独立意志，一般以记录文件的形式予以体现。识别公司法意义上合法有效的公司决议可以从以下几个方面进行：

第一，决议是否由公司的决议机构作出。公司的决议机构包括股东会、股东大会和董事会。有限公司、股份有限公司的最高权力机构、主要决议机构是股东会、股东大会，董事会也是公司决议机构，但决议事项不同。中外合资企业、中外合作企业的最高权力机构、决议机构是董事会。当然，有的公司在章程中未规定股东会，而是将董事会作为自己的最高权力机构也不违反法律法规。本案中，Y公司就将董事会规定为最高权力机构。仔细辨别后可以发现，作出免除郎某凯职务的机构为矿山机械公司的董事会，该决议实际上不是由Y公司决议机构作出的。

第二，公司决议事项是否体现商行为特征。《中华人民共和国公司法》第三十七条规定了股东会行使决定公司的经营方针和投资计划、选举和更换非由职工代表担任的董事、监事等十一项职权，《中华人民共和国公司法》第四十六条规定了董事会行使决定公司的经营计划和投资方案、决定聘任或者解聘公司经理及其报酬事项等十一项职权。公司决议内容应符合上述规定或公司章程约定。有的案件中，公司决议载明内容既包括公司事务，又包括与公司经营无关的股东个人及案外人之间往来事务，需要明确的是，记录公司商行为之外的内容不属于公司决议范畴。

第三，公司决议事项是否反映公司独立意志。公司决议是通过公司决议机构形成团体意志，从而调整公司内外部法律关系，对内关系着公司治理的有序性，对外牵制着外部法律行为的效力。公司独立、自主作出的法律行为，由此导致外部法律关系变动，公司需承担相应法律后果。如果是其他主体行为导致，不代表公司独立意志，则相关记录性文件不应属于公司决议。本案中，公司仅仅是通知郎某凯矿山机械公司免除其董事身份，不反映本公司独立意志，不属于公司决议。

第四，公司决议是否符合法律规定和章程约定。现行法律对公司决议效力瑕疵分为三类，即决议可撤销、决议无效和决议不成立。

《中华人民共和国公司法》第二十一条、第二十二条，《最高人民法院关于适用〈中华人民共和国公司法〉若干问题的规定（四）》第四条、第五条等进行了具体规定，本文不再展开论述。需要说明的是《中华人民共和国公司法》第四十三条第一款的规定："股东会的议事方式和表决程序，除本法有规定的外，由公司章程规定。"可见，章程是公司的"内部宪法"和"行动纲领"，在不违反法律法规的情形下，公司章程可以对本公司决议机构的议事方式和表决程序等，作出自己的特殊约定。本案中，公司章程明确约定委派董事的权利属于公司股东，换言之，公司无权任免董事，也无权对任免董事作出决议。

综上，公司决议是决议机构内部通过议事方式和表决程序达成的相对一致的意思表示，是受《中华人民共和国公司法》和公司章程约束的公司意志，而失去独立意志的"决议"并非公司法意义上的公司决议。

编写人：北京市顺义区人民法院　张翔鹏

098　公司决议撤销的适用情形

——郭某新诉Z公司公司决议撤销案

【案件基本信息】

1. 裁判书字号

北京市第一中级人民法院（2019）京01民终5422号民事判决书

2. 案由：公司决议撤销纠纷

3. 当事人

原告（被上诉人）：郭某新

被告（上诉人）：Z 公司

第三人：钟某荣、钟某辉

【基本案情】

Z 公司注册资本 2000 万元，其中郭某新为股东之一。《公司章程》第十四条规定：公司设董事会，成员为 3 人，由股东会选举产生；董事会设董事长 1 人，由董事会选举产生；董事会负责召集股东会，并向股东会议报告工作、决定聘任或者解聘公司经理等事项。第十五条规定：董事会会议由董事长召集主持。

2018 年 5 月 11 日，Z 公司作出股东会决议，内容包括选举钟某荣、钟某辉、郭某新为公司董事，提名钟某荣为公司董事长、法定代表人，现有董事会组成人员为钟某荣、钟某辉、郭某新。

2018 年 6 月 4 日，Z 公司作出《关于召开董事会的通知》，通知载明：钟某荣、钟某辉、郭某新于 2018 年 6 月 5 日 16 点 30 分在北京市海淀区某会议室召开董事会议。会议的议题有：1. 选举公司董事长、法定代表人；2. 由新一届董事长任命公司总经理、副总经理。该通知于 2018 年 6 月 4 日在中洺发股东微信群里发布，并于当日邮寄给郭某新。

2018 年 6 月 5 日 15 点 16 分，Z 公司在其股东工作微信群中发布《董事会决议》，载明：会议时间：2018 年 6 月 5 日；会议内容：选举董事长、法定代表人等。本次会议应到董事 3 人，实到 2 人。根据公司法及公司章程规定，已到会董事符合规定人数，形成决议如下：钟某荣为公司董事长、法定代表人；郭某新为公司副董事长；由钟某辉担任公司总经理，免去钟某煌公司总经理职务；会议决定立即生效，并安排专人办理相关变更登记事项。决议底部盖有Z公司公章，董事签字处有钟某荣、钟某辉签字。

工商局备案的董事会决议内容为：2018年6月1日公司召开第二届第一次董事会会议，会议应到3人，实到2人，参加会议的董事在人数和资格方面符合有关规定。

庭审中，郭某新主张，案涉董事会决议早于通知中确定的会议召开时间，故推测此次董事会并未实际召开。对此，Z公司辩称，该决议早于召开董事会通知中的时间，系因确定参会的钟某荣、钟某辉已提前到场，而根据2018年6月5日10点37分郭某新在微信群中的回复，可以确定郭某新身在广州不可能到场参会，故提前召开会议并发布了董事会决议。

郭某新向一审法院起诉请求：1. 撤销Z公司于2018年6月5日作出的董事会决议；2. Z公司承担本案全部诉讼费。

【案件焦点】

1. 董事会的召集程序是否符合法律规定和公司章程；2. 董事会决议是否属于可撤销的范围。

【法院裁判要旨】

北京市海淀区人民法院经审理认为：《中华人民共和国公司法》第二十二条第二款规定，股东会或者股东大会、董事会的会议召集程序、表决方式违反法律、行政法规或者公司章程，或者决议内容违反公司章程的，股东可以自决议作出之日起六十日内，请求人民法院撤销。《最高人民法院关于适用〈中华人民共和国公司法〉若干问题的规定（四）》第四条规定，股东请求撤销股东会或者股东大会、董事会决议，符合公司法第二十二条第二款规定的，人民法院应当予以支持，但会议召集程序或者表决方式仅有轻微瑕疵，且对决议未产生实质影响的，人民法院不予支持。本案中，涉及会议程序瑕疵的审查，即董事会会议的召集程序、表决方式是否违反法律、行政法规或者公司章程的规定。通过查明事实可知，钟某荣虽经Z公司2018年5月11日股东会提名为公司董事长和法定代表人人选，但在2018年6月5日即涉案董事会召开之时，钟某荣并非Z公司董事会选举的董事长，根据公司章程的规定，其无权召集与主持董事会会议，案涉董事会的召集程序违反国家法律及公司章程的相关规定。另，虽然公司法未对有限责任公司董事会的开会通知方式及通知时限作出明确规定，Z公司章程中对此亦无相应规定，但根据公司法原理，公司董事会的召集通知程序应保障每个董事参加会议的可能性，以及公平地参与多数意思的形成并获取对此所需的信息等各项权利。本案中，Z公司仅于董事会召开前一日，通过微信群向全体董事发出通知，未给参会董事留出合理且必要的准备时间，致使当时身在广州的董事郭某新无法到场参加会议，该次会议通知客观上排除了郭某新作为公司董事参加公司董事会并行使相应权利，应视为此次董事会的召集程序存在重大瑕疵，郭某新要求撤销Z公司上述董事会决议的理由有事实依据，且符合法律及司法解释的相关规定，对其诉讼请求予以支持。判决：撤销Z公司2018年6月5日的董事会决议。

Z公司不服一审判决，向北京市第一中级人民法院提起上诉。

北京市第一中级人民法院作出判决：

驳回上诉，维持原判。

【法官后语】

公司决议作为公司的意思表示，其本质是通过会议的形式根据多数决的规则作出，因此，只有公司决议的程序公正和内容合法才能发生法律效力。公司决议主要存在着无效、可撤销、不成立三类瑕疵，对于可撤销的决议，其适用的法律依据主要为《中华人民共和国公司法》第二十二条第二款及《最高人民法院关于适用〈中华人民共和国公司法〉若干问题的规定（四）》第四条。

依据上述法律规定，公司决议可撤销的情形主要为：1. 股东会或股东大会、董事会的会议召集程序、表决方式违反法律、行政法规或公司章程；但会议召集程序或表决方式仅有轻微瑕疵，且对决议未产生实质影响的除外；2. 决议内容违反公司章程。可撤销的情形主要集中在召集程序和表决方式上，也就是说，涉及撤销事宜时，应重点考量股东或董事的程序性权利是否得到了基本的保障。就本案而言，其争议焦点即为董事会的召集程序是否符合法律、行政法规或公司章程。

首先，公司章程作为公司治理的基础性文件，对于公司决议的召集程序、表决方式可能有着更为细致和明确的规定，因此，在判断公司决议是否有瑕疵时，应先考量公司章程的规范。本案中，根据Z公司章程规定，公司董事会由董事长召集和主持。因涉案董事会召开之时，钟某荣并非Z公司董事会选举的董事长，根据公司章程的规定，其无权召集与主持董事会会议，案涉董事会的召集程序违反公司章程的相关规定。

其次，鉴于部分公司章程规定较为简单，因此，法律、法规的规定也是判断的重要依据。应注意，此时的判断不应仅限于表面形式，因公司决议争议背后隐藏着公司内部的利益纠纷，因此应重点关注股东或董事的程序性权利是否受到了实质侵害。本案中，案涉董事会定于2018年6月5日16点30分在北京召开，Z公司于2018年6月4日中午才在Z公司股东工作群中发出案涉董事会召开通知，并于当日向郭某新留存的广东省的通信地址邮寄了书面通知，没有给郭某新留出合理且必要的准备时间，客观上排除了郭某新作为公司董事参加公司董事会并行使相应权利。因此，即使公司法对于有限责任公司董事会的开会通知方式及通知时限没有作出明确规定，但根据公司法原理，公司董事会的召集通知程序应保障每个董事参加会议的可能性，以及公平地参与多数意思的形成并获取对此所需的信息等各项权利。所以，案涉董事会召开程序上的瑕疵属于对股东程序权利的重大损害，依法应予撤销。

最后，还应明确，《最高人民法院关于适用〈中华人民共和国公司法〉若干问题的规定（四）》中排除了轻微瑕疵并且对决议未产生实质影响的情况，实践中，公司也会以此进行抗辩。这就要求法院在审理过程中应严格把控自由裁量权，具体案例具体分析。比如，对于个别股东未收到通知未能参会但其表决权不影响决议效力的，可以认定为轻微瑕疵。本案中，Z公司只有三名董事，在未及时通知一名董事的情况下即召开会议，损害了其表决权利，应构成重大瑕疵。

编写人：北京市第一中级人民法院　甄洁莹　苑珊

099 以实际行为追认他人代为签名并履行决议内容的，公司决议成立

——李某生、刘某伟诉旅游开发公司公司决议效力确认案

【案件基本信息】

1. 裁判书字号

四川省成都市中级人民法院（2019）川01民终290号民事判决书

2. 案由：公司决议效力确认纠纷

3. 当事人

原告（上诉人）：李某生、刘某伟

被告（被上诉人）：旅游开发公司

第三人：王某年、袁某

【基本案情】

2004年，第三人成立旅游开发公司，注册资本50万元。2012年12月6日，李某生、刘某伟受让第三人王某年、袁某在旅游开发公司的股权成为该公司股东，李某生、刘某伟各占30%的股份，公司注册资本保持不变。2013年1月，王某年告知李某生、刘某伟因其股权受让方祝某悦要求现将注册资本增资到5000万元以后再办理股权变更登记手续，因此其想找一家代办公司评估增资。此后，李某生、刘某伟未接到公司召开股东会的书面或者口头通知，

也未参加任何形式的股东会议，更未签署任何关于公司增加注册资本的股东会决议。2018年1月5日，旅游开发公司起诉王某年、袁某、李某生、刘某伟缴纳增资款，李某生、刘某伟才知晓旅游开发公司于2013年3月25日、2013年4月11日形成了两次增资《股东会决议》。如前所述，李某生、刘某伟作为股东，未接到关于召开公司增资股东会决议的通知，也不知道两次增资的股东会决议，更没有在股东会决议上签字。根据旅游开发公司《公司章程》第21、22、27条的规定，公司增资必须召开股东会且决议必须经全体股东通过。根据《最高人民法院关于适用〈中华人民共和国公司法〉若干问题的规定（四）》第五条规定，请求判令旅游开发公司于2013年3月25日及2013年4月11日关于增资的《股东会决议》不成立。

【案件焦点】

关于增资的《股东会决议》是否成立。

【法院裁判要旨】

四川省彭州市人民法院经审理认为：李某生、刘某伟的主张不能成立。首先，本案李某生、刘某伟并未否认诉争《股东会决议》客观存在的事实，但主张并未召开股东会。根据查明的事实，旅游开发公司在2013年7月之前，公司的股东为李某生、刘某伟、王某年、袁某，法定代表人为袁某，对于增资的事宜，李某生在公安机关陈述，刘某伟在开会时告知了其和王某年、袁某，可以证明四股东通过开会并达成对增资事宜的意思表示。其次，李某生、刘某伟以实际行为追认了他人代为签名的法律效力。本案中，诉争决议上所议定的事项，其二人均以实际行为履行，且在他案诉讼中追认了作为证据的两个决议的真实性，该签名的法律后果及于二人；最后，股东会决议是否成立应以股东对决议内容达成一致或多数意思表示为实质要件，符合法律规定的行为方式为形式要件。综上，诉争的两份《股东会决议》依法成立。

四川省彭州市人民法院依照《中华人民共和国民法总则》第一百三十四条，《中华人民共和国公司法》第三十七条第二款，《最高人民法院关于适用〈中华人民共和国公司法〉若干问题的规定（四）》第五条的规定，判决如下：

驳回李某生、刘某伟的诉讼请求。

李某生、刘某伟不服一审判决，提起上诉。

四川省成都市中级人民法院经审理认为：首先，诉争的两份股东会决议来源于旅游开发公司的工商登记信息，李某生、王某年、袁某在其他案件中对该两份股东会决议的三性均无异议。其次，刘某伟、李某生在向公安机关的陈述中表示，旅游开发公司该两次增资系刘某伟找代办公司代办。李某生陈述该代办事项在旅游开发公司开会时已告知了王某年和袁某。上述两份股东会决议的形成系得到了李某生、刘某伟的授意。最后，旅游开发公司上述两次增资的增资款均是通过四股东的个人银行账户向公司验资账户支付，四股东以具体的民事行为履行了上述两份股东会决议的内容。综上，决议成立。

四川省成都市中级人民法院依照《中华人民共和国民事诉讼法》第一百七十条第一款第一项的规定，判决如下：

驳回上诉，维持原判。

【法官后语】

本案对于厘清《最高人民法院关于适用〈中华人民共和国公司法〉若干问题的规定（四）》实施后认定公司决议不成立的条件把握具有参考意义。

股东会决议是指通过股东的表决而形成的股东会的意思表示，是一种多方法律行为。李某生、刘某伟诉称旅游开发公司备案于工商行政机关的两份诉争《股东会决议》不成立，其实质是主张股东对决议内容并没有形成一致或多数的意思表示。根据《中华人民共和国民法典》第一百三十四条之规定，民事法律行为可以基于双方或者多方意思表示一致成立，也可以基于单方的意思表示成立；法人依照法律或者章程规定的仪式方式和表决程序作出决议的，该决议行为成立。与之相呼应，《最高人民法院关于适用〈中华人民共和国公司法〉若干问题的规定（四）》第五条规定了公司决议不成立的情形："股东会或者股东大会、董事会存在下列情形之一，当事人主张决议不成立的，人民法院应当支持：（一）公司未召开会议的，但依据公司法第三十七条第二款或者公司章程规定可以不召开股东会或者股东大会而直接作出决定，并由全体股东在决定文件上签名、盖章的除外；（二）会议未对决议事项进行表决的；（三）出席会议的人数或者股东所持表决权不符合公司法或者公司章程规定的；（四）会议的表决结果未达到公司法或者公司章程规定的通过比例的；（五）导致决议不成立的其他情形。"对于公司决议"瑕疵"的诉争类型，也相应形成了确认无效、撤销、不成立的"三分法"。

若决议内容真实存在，判断决议是否成立应以是否形成了一致的意思表示为核心要件，对于股东以实际行为践行决议涵盖内容的行为应认定对决议的追认，各股东对决议具有"通谋"的意思表示，应认定为决议成立。从《最高人民法院关于适用〈中华人民共和国公司法〉若干问题的规定（四）》第五条的规定来看，公司决议不成立的原因在于决议内容欠缺成立要件，属于程序上的严重瑕疵，具体为决议不存在或者未形成有效决议，基本上属于欠缺意思表示的事实要件。未召开会议，且决议上的部分股东签名属他人所签，虽属于程序上存在瑕疵，但不能轻易以程序瑕疵认定公司决议不成立。

《中华人民共和国民法典》施行后，本案所适用的裁判依据无任何修改，本案所确定的裁判规则——以实际行为追认他人代为签名并履行决议内容的，公司决议成立，依然成立。

编写人：四川省彭州市人民法院　曾耀林　王文兵

100 决议不成立之诉是否受决议撤销之诉六十日除斥期间的限制

——李某营诉石油公司公司决议案

【案件基本信息】

1. 裁判文书字号

重庆市第二中级人民法院（2018）渝02民终457号民事判决书

2. 案由：公司决议纠纷

3. 当事人

原告（被上诉人）：李某营

被告（上诉人）：石油公司

第三人（上诉人）：商贸公司

【基本案情】

石油公司登记的股东为Z销售公司与商贸公司，登记的董事长暨法定代表人为李某营。Z销售公司认缴出资额2100万元，持股比例70%，商贸公司认缴出资额900万元，持股比例30%。石油公司章程规定，股东有权参加或委托代理人参加股东会，按照认缴出资比例行使表决权；股东会会议由董事会召集，董事长主持，董事长不能履行职务或者不履行职务的，副董事长主持，副董事长不能履行职务或者不履行职务的，由半数以上董事共同推举一名董事主持；董事会不能履行或者不履行召集股东会会议职责的，由监事会召集和主持，监事会不召集和做主持的，代表十分之一以上表决权的股东可以自行召集和主持；股东会会议由股东按照认缴出资比例行使表决权；股东会会议对所议事项作出决议，须经代表全部表决权的股东通过……2016年1月20日，由石油公司副董事长钟某富主持召开股东会，董事秦某平及钟某、监事钟某斌及杨某富列席，股东商贸公司参会，形成如下股东会决议：对石油公司重庆分公司高于市场价向石油公司供油，超出结算金额在石油公司向石油公司重庆分公司付货款中扣除；若石油公司重庆分公司违背合资合同继续高于市场价供油给石油公司，石油公司可自行采购；罢免董事长李某营、总经理秦某平等。2016年8月19日，Z销售公司以商贸公司、石油公司为被告向重庆市奉节县人民法院提起诉讼，请求撤销2016年1月20日作出的股东会决议，因其请求已超过公司法规定期限，重庆市奉节县人民法院于2016年11月16日作出（2016）渝0236民初3921号民事裁定书，裁定驳回Z销售公司的起诉。Z销售公司不服，提起上诉，重庆市第二中级人民法院于2017年2月8日作出（2016）渝02民终2851号民事裁定书，裁定驳回上诉，维持原裁定。Z销售公司不服终审裁定，向重庆市高级人民法院申请再审，重庆市高级人民法院于2017年8月9日作出（2017）渝民申920号民事裁定书，裁定驳回Z销售公司的再审申请。《最高人民法院关于适用〈中华人民共和国公司法〉若干问题的规定（四）》施行后，李某营于2017年9月27日提起本案诉讼，请求确认2016年1月20日作出的股东会决议不成立。

【案件焦点】

1. 李某营的原告主体是否适格；2. 李某营请求确认案涉股东会决议不成立是否受六十日除斥期间的限制；3. 案涉股东会会议的召集程序、表决方式是否违反了《中华人民共和国公司法》及石油公司章程的规定，即案涉股东会决议是否成立的问题。

【法院裁判要旨】

重庆市奉节县人民法院经审理认为：《最高人民法院关于适用〈中华人民共和国公司法〉若干问题的规定（四）》第一条规定，公司股东、董事、监事等请求确认股东会或者股东大会、董事会决议无效或者不成立的，人民法院应当依法予以受理。本案中，李某营作为石油公司的董事长和董事，与诉争的股东会决议内容具有直接利害关系，故李某营是本案的适格原告。《中华人民共和国公司法》第二十二条第二款规定，股东会或者股东大会、董事会的会议召集程序、表决方式违反法律、行政法规或者公司章程，或者决议内容违反公司章程的，股东可以自决议作出之日起六十日内，请求人民法院撤销。本案中，李某营是以董事身份请求确认案涉股东会决议不成立，现行公司法及其司法解释对公司股东、董事、监事等请求确认股东会或股东大会、董事会的决议不成立是否受六十日除斥期间的限制并未作出明确规定，故本案并不适用前述规定，亦不应受前述规定中关于六十日除斥期间的限制。案涉股东会会议系由副董事长主持，石油公司、商贸公司并未举示证据证明董事会不召集或不能召集以及董事长不能或不履行职务，故案涉股东会会议的召集程序存在瑕疵。石油公司的章程规定，股东会会议对所议事项作出决议，须经代表全部表决权的股东通过，而案涉股东会决议并未经过持有公司70%股份的股东Z销售公司表决同意。因此，依据《最高人民法院关于适用〈中华人民共和国公司法〉若干问题的规定（四）》第五条规定，案涉股东会会议的表决结果并未达到公司章程规定的通过比例，案涉股东会决议不成立。

重庆市奉节县人民法院依照《中华人民共和国民法总则》第三条，《最高人民法院关于适用〈中华人民共和国公司法〉若干问题的规定（四）》第五条、第二十七条，《中华人民共和国民事诉讼法》第六十四条第一款之规定，作出如下判决：2016年1月20日的石油公司股东会决议不成立。

石油公司、商贸公司不服一审判决，提起上诉。

重庆市第二中级人民法院经审理认为：二审法院同意一审法院裁判意见。重庆市第二中级人民法院依照《中华人民共和国民事诉讼法》第一百七十条第一款第一项之规定，判决如下：

驳回上诉，维持原判。

【法官后语】

召开股东会或者股东大会、董事会会议，是公司治理的主要方式，对所议事项作出的决定即为决议。《最高人民法院关于适用〈中华人民共和国公司法〉若干问题的规定（四）》施行以前，我国公司法对决议效力瑕疵的分类，仅局限于决议无效和决议可撤销两种类型。经过司法实践和理论发展的证明，“二分法”模式存在缺陷，因此，新的司法解释增加了决议不成立制度，从此构建了我国公司法关于决议效力瑕疵的“三分法”格局，该分类亦与《中华人民共和国民法典》中关于具有效力瑕疵民事法律行为的分类一脉相承。

公司决议效力瑕疵的三种类型中，决议不成立和决议可撤销都属于程序瑕疵，但二者的瑕疵程度并不相同。决议可撤销的程序瑕疵严重程度弱于决议不成立。《中华人民共和国公司法》第二十二条第二款明确规定，股东会或者股东大会、董事会的会议召集程序、表决方式违反法律、行政法规或者公司章程，或者决议内容违反公司章程的，股东可以自决议作出之日起六十日内，请求人民法院撤销。即决议撤销之诉受六十日除斥期间的限制，除斥期间经过，可撤销的决议即被补正。而对于决议不成立，因其程序瑕疵严重，以至于无法承认决议在法律上存在，即决议不成立的程序瑕疵无法被补正，故现行公司法及其司法解释并未规定请求人民法院确认决议不成立的需自决议作出之日起六十日内提出，即决议不成立之诉不受六十日除斥期间的限制。

本案中，石油公司的股东Z销售公司曾诉讼请求人民法院撤销案涉股东会决议，但因石油公司违反了《中华人民共和国公司法》第二十二条第二款的规定，未在决议作出之日起六十日内提出，而被人民法院裁定驳回。因此，对于案涉股东会决议是否存在召集程序、表决方式上的效力瑕疵问题，人民法院并未作出实体审理。在《最高人民法院关于适用〈中华人民共和国公司法〉若干问题的规定（四）》施行后，石油公司的董事即本案原告李某营依据该司法解释第一条、第五条的规定，以案涉股东会决议的召集程序、表决方式违反公司法以及石油公司章程的规定为由，诉讼请求人民法院确认案涉股东会决议不成立。因现行公司法及其司法解释对公司股东、董事、监事等请求确认股东会或股东大会、董事会的决议不成立是否受六十日除斥期间的限制并未作出明确规定，故本案并不受决议撤销之诉中六十日除斥期间的限制，对于李某营提起的本案诉讼，人民法院应当依法予以受理，并对案涉股东会决议的召集程序、表决方式等进行实体上的效力瑕疵审查。

编写人：重庆市第二中级人民法院　胡玉婷

101　延期表决不能弥补召集程序的瑕疵及轻微瑕疵的认定

——马某诉科技公司公司决议撤销案

【案件基本信息】

1. 裁判书字号

北京市朝阳区人民法院（2018）京0105民初15755号民事判决书

2. 案由：公司决议撤销纠纷

3. 当事人

原告：马某

被告：科技公司

【基本案情】

马某系科技公司的股东。2018 年 1 月 13 日，科技公司向马某发送电子邮件告知公司 2018 年度股东会将于 2018 年 1 月 29 日上午 9：30 召开以及六项会议审议事项，马某未收到六项议案之具体文件。2018 年 1 月 24 日，科技公司通过电子邮件向马某发送了上述六项议案之具体文件。马某于 2018 年 1 月 28 日以公司股东身份向公司及其他股东发送了电子邮件，告知本次股东会的召集程序违反了法律和公司章程的规定，马某不予参会，并请求公司纠正违法行为。2018 年 1 月 29 日上午，科技公司召开股东会。科技公司于 2018 年 1 月 30 日通过电子邮件告知马某：对该次股东会的相关决议和议案进行延期表决，最迟于 2018 年 2 月 2 日之前进行表决，未在规定期限内进行表决，视为股东放弃表决权利。后，科技公司于 2018 年 2 月 11 日通过电子邮件向股东代表发送了《科技公司 2018 年度股东会会议决议》。马某要求撤销形成于 2018 年 1 月 29 日的科技公司 2018 年度股东会会议决议与形成于 2018 年 2 月 2 日的科技公司股东会会议决议。科技公司不同意马某的诉讼请求。

【案件焦点】

1. 延期表决能否弥补召集程序的瑕疵；2. 轻微瑕疵如何认定。

【法院裁判要旨】

北京市朝阳区人民法院经审理认为：首先，科技公司于 2018 年 1 月 29 日召开的股东会在召集程序方面是否存在瑕疵、延期表决能否弥补该瑕疵。股东会的召集程序要确保股东提前获知会议议题所需要的信息，以便于提前了解会议内容、做好相应的会议准备，进而形成相关意见，参与会议表决，充分行使股东权利。因此，股东会召集过程中，公司应当将会议议题的相关内容、具体审议事项作为会议通知的一部分按照法律及公司章程规定的时间向股东送达。科技公司虽于2018年1月24日向马某发送了六项审议事项的具体文件，但此时距离股东会召开仅有五天时间，在涉及多项议题且内容繁多、复杂的情况下，无法保障股东能够充分行使相应的权利。因此，该次股东会在召集程序方面存在瑕疵。股东会的后五项议题虽然延期表决，但未能就相关议题通过召开会议的方式进行深度讨论、交换意见，失去了股东会的召开意义。因此，延期表决不足以弥补科技公司在股东会召集程序中存在的瑕疵。

其次，是否属于轻微瑕疵。实际情况中，可以是否会导致各个股东无法公平地参与多数意思的形成以及获取对此所需的信息为判定标准。该次股东会涉及的议题包括《关于修订〈公司章程〉的议案》《关于拟订〈股东会议事规则〉的议案》《关于选举第一届董事会及提名董事候选人的议案》《关于选举第一届监事会及提名非职工代表监事候选人议案》等内容，均为公司治理方面的重要内容，且均较为复杂，股东需要足够的时间以获取相应的信息。结合《增资扩股协议》的内容来看，各方针对增资扩股后公司的运作、管理包括股东会、监事会的组成人员等进行了约定，而该次股东会的内容系针对公司治理结构的进一步细化，并且在董事会的构成等内容方面与《增资扩股协议》的约定有所变更，在此情况下，仅仅提前五天发送议题内容，无法保障马某有充分的时间研读、分析议题内容，进而公平参与会议、发表意见、充分行使股东权利。因此，该次股东会会议在召集程序方面的瑕疵不属于轻微瑕疵，并且该瑕疵能够避免。

因此，科技公司于2018年1月29日召开的股东会的召集程序违反法律及公司章程的规定，且不属于轻微瑕疵，应予撤销。

综上，北京市朝阳区人民法院依照《中华人民共和国公司法》第二十二条第二款之规定，判决如下：

撤销被告科技公司形成于2018年1月29日的2018年度股东会会议决议与形成于2018年2月2日的2018年度股东会会议决议。

判决后，双方当事人均未上诉，本判决现已生效。

【法官后语】

该案例涉及公司决议轻微瑕疵的认定。根据法律及司法解释的规定，当公司作出的股东会决议在召集程序或者表决方式方面存在轻微瑕疵，且对决议未产生实质影响的，该决议不应予以撤销。

首先，延期表决能否弥补召集程序的瑕疵。从决议可撤销制度的立法宗旨来看，该制度的设立宗旨在于规范公司治理，防止中小股东的权利被架空，通过否定以违法程序假借多数决的公正意思而成立的决议的效力，抑制股东无视决议程序侵害少数股东利益的现象，有助于贯彻程序正义的原则。而法律或者公司章程关于“召开股东会应于会议召开十五日前通知全体股东”的规定的意义，除告知股东会议召开的时间、地点等基本信息外，更为重要的是确保股东提前获知会议议题所需要的信息，以便于提前了解会议内容，做好相应的会议准备，进而形成相关意见，参与会议表决，充分行使股东权利。因此，股东会召集过程中，公司应当将会议议题的相关内容、具体审议事项作为会议通知的一部分按照法律及公司章程规定的时间向股东送达。本案的特殊之处在于科技公司于2018年1月13日向马某发送会议通知，却于2018年1月24日向马某发送了六项审议事项的具体文件，此时距离股东会召开仅有五天时间，科技公司在2018年1月29日当天仅针对第一项议题进行表决，后五项议题决定延期表决。但是，召开股东会会议的意义之一即为通过股东在会议中的发言交换意见，使可能与己方意见不同的股东接受其主张或者通过了解其他股东的意见修正己方的主张，进而影响最终的决议内容，会议虽然延期表决，但召集程序的瑕疵却导致股东失去了通过充分准备会议而充分表达自我观点、影响他人意见以及吸纳他人意见、修正自我观点的机会，因此延期表决不足以弥补在股东会召集程序中存在的瑕疵。

其次，轻微瑕疵的认定应以公平为原则。司法实践中，可以是否会导致各个股东无法公平地参与多数意思的形成以及获取对此所需的信息为判定标准。如果没有妨碍股东公平地参与多数意思的形成和获知对其作出意思表示所需的必要信息，则可以认定为轻微瑕疵，反之，则不属于轻微瑕疵。本案中，股东会的六项议题均为公司治理方面的重要内容，并且每一项议题的具体内容均较为复杂、对股东权益影响重大，股东需要足够的时间以获取相应的信息，判断进而形成自己的意见；而结合《增资扩股协议》的内容，各方针对增资扩股后公司的运作、管理包括股东会、监事会的组成人员等进行了约定，而该次股东会的内容系针对公司治理结构的进一步细化，并且在董事会的构成等内容方面与《增资扩股协议》的约定有所变更，在此情况下，科技公司在正式召开股东会会议前五天发送议题内容，无法保障马某有充分的时间研读、分析议题内容，更没有充分的时间咨询专业人士，进而公平参与会议、发表意见、充分行使股东权利，对决议的内容产生实质影响。

因此，该次股东会会议在召集程序方面的瑕疵不属于轻微瑕疵，且对决议内容产生了实质影响，应予撤销。

编写人：北京市朝阳区人民法院　初森

102 有限公司股东原则上按照认缴出资比例行使表决权
——潘某诉医疗器械公司公司决议案

【案件基本信息】

1. 裁判书字号

福建省厦门市中级人民法院（2018）闽02民终1736号民事判决书

2. 案由：公司决议纠纷

3. 当事人

原告（上诉人）：潘某

被告（被上诉人）：医疗器械公司

第三人：冯某勇、袁某丽

【基本案情】

2015年7月30日，医疗器械公司登记股东为冯某勇一人。2015年9月11日，林某文（甲方）、潘某（乙方）、袁某丽（丙方）以及医疗器械公司（丁方）签订《增资入股协议》，确认丁方注册资本为500万元，实缴340万元，丙方持有公司100%股权，甲方、乙方欲入股公司。各方约定：甲方于2015年9月30日前向丁方出资120万元，乙方入股90万元，用于置换丙方所持丁方70%股权，甲方占40%，乙方占30%。同月，陈某珠向医疗器械公司缴纳120万元，潘某向医疗器械公司缴纳90万元，医疗器械公司向袁某丽、冯某勇分别转账100万元。2015年10月8日，冯某勇将其40%股权转让给陈某珠，30%股权转让给潘某。冯某勇、陈某珠、潘某签署《医疗器械公司章程》，载明：公司股东有冯某勇、陈某珠、潘某；股东会会议由执行董事召集和主持；召开股东会会议应于会议召开十五日前通知全体股东；股东会会议由股东按照出资比例行使表决权；法定代表人由总经理担任。

2017 年 7 月 24 日，陈某珠将其 21%股权转让给冯某勇，19%股权转让给潘某。上述股权变动后至 2017 年 9 月 12 日，医疗器械公司工商登记信息为：法定代表人饶某荣；股东冯某勇（占 51%）、潘某（占 49%）。

2017 年 9 月 6 日，冯某勇以医疗器械公司执行董事名义签署《召开临时股东会议通知》向潘某寄出，主要内容为：医疗器械公司定于 2017 年 9 月 20 日 15 时召开临时股东会，地点位于厦门市安岭路 998、1000 号 203 室，召集人、主持人为执行董事，出席对象为冯某勇、潘某，议题为免去饶某荣总经理职务、聘任冯某勇为公司总经理。上述邮件显示于次日由他人签收。潘某称该通知是其在办公桌上看到的，具体日期记不清。同月 14 日，潘某在“盛健医疗”微信群中发布消息要求 20 日召开的临时股东会增加“解散公司”议题。同月 20 日，冯某勇作出一份《临时股东会决议》，主要内容为：免去饶某荣总经理职务及公司法人资格，聘任冯某勇为总经理并担任公司法人。潘某于同日到会并在该《临时股东会决议》上签署“不同意本决议”的意见。当日的股东会除了《临时股东会决议》之外没有形成其他记录。

【案件焦点】

股东未实缴出资是否享有表决权。

【法院裁判要旨】

福建省厦门市湖里区人民法院经审理认为：医疗器械公司在工

商部门登记、备案的资料载明公司现股东为冯某勇（出资比例51%）、潘某（出资比例49%），在公司章程未作另行规定的情况下，冯某勇有权依照《中华人民共和国公司法》第四十二条的规定按照出资比例行使表决权。至于潘某主张冯某勇抽逃出资或未实际出资到位，故不得行使表决权或表决权应受限制的问题，与本案不属于同一法律关系，不属于本案审理范围。即便存在抽逃出资或未履行出资义务的行为，依照《最高人民法院关于适用〈中华人民共和国公司法〉若干问题的解释（三）》第十六条的规定，在公司章程或股东会决议未对股东的表决权作出限制的情况下，亦无法直接认定股东对公司决议无表决权或表决权应受限制。虽然冯某勇未在临时股东会议召开前十五日通知潘某，但潘某在会议召开六天前要求增加会议议题，并于会议当日到会且在《临时股东会决议》上签署意见。因此，临时股东会的召集程序仅有轻微瑕疵，对决议未产生实质影响。潘某要求撤销《临时股东会决议》的理由不能成立，不予支持。

福建省厦门市湖里区人民法院依照《中华人民共和国公司法》第二十二条第一款、第二款，《最高人民法院关于适用〈中华人民共和国公司法〉若干问题的规定（四）》第四条，以及《中华人民共和国民事诉讼法》第六十四条第一款，《最高人民法院关于适用〈中华人民共和国民事诉讼法〉的解释》第九十条、第九十二条第一款之规定，判决如下：

驳回潘某的诉讼请求。

潘某不服一审判决，向厦门市中级人民法院提起上诉。厦门市中级人民法院经审理后同意一审法院的裁判意见。

福建省厦门市中级人民法院依照《中华人民共和国民事诉讼法》第一百七十条第一款第一项之规定，判决如下：

驳回上诉，维持原判。

【法官后语】

出资是股东最基本、最重要的义务，是股东取得股东权利的对价，是维持公司资本充实的前提。当股东未履行出资义务时，《中华人民共和国公司法》赋予公司可以通过章程的规定或者股东会决议对该股东的相应权利进行限制，以促使股东按规定履行出资义务。股东行使表决权是其参与公司事务的重要途径，现行《中华人民共和国公司法》及其司法解释对股东表决权的行使均有明确规定。但是，从《中华人民共和国公司法》规定的“股东按照出资比例行使表决权；但是，公司章程另有规定的除外”的文本中，无法直接得到“当公司章程未作特别规定的情况下，股东究竟是按照实缴出资比例还是认缴出资比例行使表决权”的答案。本案对上述问题进行了回答，认为《中华人民共和国公司法》第四十二条规定的“出资比例”应当解释为认缴出资比例而非实缴出资比例，该结论符合司法实践中的多数观点。具体理由分析如下：

1. 2005 年《中华人民共和国公司法》修订时，将原《中华人民共和国公司法》第四条规定的“公司股东按投入公司的资本额享有所有者的资产收益、重大决策和选择管理者的权利”修改为“公司股东依法享有资产收益、参与重大决策和选择管理者等权利”。2013 年《中华人民共和国公司法》修正时，取消了公司注册资本实缴制的规定。《中华人民共和国公司法》的上述修改历程，淡化了实际出资对股东权利的限制。

2. 从实然的角度而言，民事主体取得股东资格不需要申请、审批等严格的入会程序，不以实际出资为基础，仅需认缴出资即可。

如果一方面承认民事主体认缴出资即取得股东资格；另一方面却不赋予其股东权利，显然不符合法理和情理。

3. 从权利义务平衡的角度而言，未实际出资的股东对外同样要承担瑕疵出资的法律责任。如果在公司内部不承认其享有股东权利，则会出现一方面要求该股东对外承担责任；另一方面又排除其在公司内部的权利，明显会导致权利义务的失衡，有失公平。

4. 民事主体成为股东后，根据其享有权利的内容及目的，可将股权分为自益权和共益权，其中共益权是股东以参与公司经营管理为目的或是以个人利益为目的兼具为公司利益而行使的权利，如表决权、质询权等。表决权表现为对公司经营决策的参与和对公司机关行为的监督与纠正，虽与股东获取的财产权存在一定关联，但没有直接的财产内容，与实缴出资联系不紧密。从绝对本质意义上来看，表决权是每个股东参与公司管理事务的民主权利，其行使是为了保证公司正常运转、确保各股东获取更大利益、维护公司及债权人的根本利益，将使公司运行更加有效，符合《中华人民共和国公司法》作为组织法的规范意旨。因此，股东作为公司内部组成人员，除非经过除权程序，否则其参与公司经营管理的权利不应被限制。

5. 从《中华人民共和国公司法》第三十四条、第四十二条规定的体系解释及《最高人民法院关于适用〈中华人民共和国公司法〉若干问题的解释（三）》第十六条规定的反面解释看，利润分配请求权、新股优先认购权、剩余财产分配请求权等自益权原则上应当受到是否实缴出资的限制，表决权等共益权原则上不应当受到是否实缴出资的限制。如股东有需要，《中华人民共和国公司法》已赋予股东较大的自治空间，允许通过章程、股东决议等形式作出限制。

编写人：福建省厦门市湖里区人民法院　刘惠斌

103 召集程序瑕疵是否必须撤销股东会决议

——艾某红诉百货公司股东决议撤销案

【案件基本信息】

1. 裁判书字号

安徽省淮北市中级人民法院（2017）皖06民终第743号民事判决书

2. 案由：股东决议撤销纠纷

3. 当事人

原告（上诉人）：艾某红

被告（被上诉人）：百货公司

【基本案情】

百货公司是从有限责任公司改制而来，该公司现有股东123人，艾某红系该公司的股东之一。2015年11月27日，百货公司召开全体股东大会，并形成股东会议决议：商场、仓储及后院整体出租及各经营柜组所欠公司承包费如数清理的决议，艾某红参与了会议决议的表决。2016年1月21日，百货公司发出通知，定于2016年1月28日下午3点在公司召开全体股东大会，补选2名职工董事、3名职工监事。2016年1月28日，百货公司如期召开全体股东大会，大会应到123人，实到118人（含委托）。艾某红按时参会并进行表决。2016年3月10日，百货公司发出通知，定于2016年3月19日下午3点召开全体股东大会，由股东投票表决商场承包事宜。2016 年 3 月 19 日，百货公司如期召开全体股东大会，大会应到 123 人，实到 119 人（含委托）。艾某红在此次会议签到表上签名，并参与了会议决议的表决。2016 年 4 月 26 日，百货公司通知于 2016 年 4 月 27 日上午 8 点在公司召开全体股东大会，讨论整体出租合同条款和艾某红柜组不愿退场事宜。2016 年 4 月 27 日，百货公司按时召开全体股东大会，实到 115 人，股东大会形成决议：百货公司与商业管理运营公司达成承包经营合同，表决通过合同条款；不同意艾某红柜组继续租赁，并决定执行强制清除。艾某红按时参加了此次会议，但没有在此次会议签到表上签名。2016 年 5 月 17 日，艾某红向百货公司提出书面申请，要求查阅该公司的公司章程、股东会会议记录、董事会会议决议、监事会会议决议和财务会计报告。2016 年 6 月 3 日，百货公司向艾某红提供该公司于 2015 年 11 月 27 日、2016 年 1 月 28 日、2016 年 3 月 19 日、2016 年 4 月 27 日的股东会决议。2016 年 6 月 8 日，艾某红向法院起诉，请求撤销百货公司 2015 年 11 月 27 日、2016 年 1 月 28 日、2016 年 3 月 19 日、2016 年 4 月 27 日股东会决议内容。一审法院进行了先行调解。目前百货公司已将该公司商场、仓储及后院整体出租给商业管理运营公司经营。

【案件焦点】

百货公司股东会召集程序存在瑕疵是否必须撤销股东会决议。

【法院裁判要旨】

安徽省濉溪县人民法院经审理认为：艾某红请求人民法院撤销百货公司分别于 2015 年 11 月 27 日、2016 年 1 月 28 日、2016 年 3

月 19 日、2016 年 4 月 27 日作出的股东大会决议，前两次已经超过了 60 日内起诉的法定期间，后两次则在 60 日内起诉的法定期间内。艾某红请求撤销百货公司于 2016 年 3 月 19 日作出的股东会议决议，虽然没有超过诉讼时效，但是艾某红参加了此次股东大会会议，行使了表决权，对此次股东大会的决议当时是认可的，没有提出异议，现在要求撤销，称违背其真实意思表示，不予支持。2016 年 4 月 27 日作出的股东会议决议是否应予撤销，会议程序方面，会议召集时间显然违反了公司法的相关规定，存在瑕疵。但是，通知时间的瑕疵并不一定必然导致因决议程序存在瑕疵而被撤销，艾某红按时参加了此次会议，说明其认可了会议通知的时间，但决议内容事关其切身利益，只有其一人投的是“反对票”，其他股东均投了“赞成票”，应视为百货公司于 2016 年 4 月 27 日上午 8 点召开的全体股东会的程序符合法定要件，该公司也是按以往惯例操作。决议内容方面，一是同意百货公司与商业管理运营公司达成的承包经营合同，表决通过合同条款；二是不同意艾某红柜组要求继续营业，并决定执行强制清除。此次股东大会决议的内容实质上是对该公司 2015 年 11 月 27 日、2016 年 3 月 19 日股东大会决议内容的进一步落实。该次会议维护了全体股东的利益。

安徽省濉溪县人民法院依照《中华人民共和国公司法》第二十条第一款和第二款、第二十二条、第一百零二条，《中华人民共和国民事诉讼法》第六十四条第一款和第三款，《最高人民法院关于民事诉讼证据的若干规定》第三十四条、第三十五条之规定，判决如下：

驳回了原告艾某红的诉讼请求。

艾某红持原审起诉意见提起上诉。

安徽省淮北市中级人民法院经审理认为：根据《中华人民共和

国公司法》第二十二条第二款的规定，股东会或者股东大会、董事会的会议召集程序、表决方式违反法律、行政法规或者公司章程，或者决议内容违反公司章程的，股东可以自决议作出之日起六十日内，请求人民法院撤销。艾某红于2016年6月8日向原审法院申请撤销百货公司分别于2015年11月27日、2016年1月28日、2016年3月19日、2016年4月27日作出的股东大会决议，其中申请撤销2015年11月27日、2016年1月28日、2016年3月19日股东大会决议，因超过法律规定的60日期限，依法不予支持。原审法院认为艾某红申请撤销2016年3月19日股东大会决议，未超过法律规定的60日期限，认定事实有误，本院予以纠正。关于2016年4月27日股东大会决议应否撤销，首先，《中华人民共和国公司法》第四十一条第一款规定，召开股东会会议，应当于会议召开15日前通知全体股东；但是，公司章程另有规定或者全体股东另有约定的除外。2016年4月27日股东会会议未于会议召开15日前通知全体股东，召集程序存有瑕疵。但股东会召集程序是为了更好地保障股东行使权利。而本案，从艾某红上诉状中表述“待会议召开时艾某红才知道又开股东会，且是讨论对其强制清场，艾某红表示强烈反对”，即艾某红参加了此次会议并进行了表决，行使了其股东权利。该次股东会召集程序虽有瑕疵，但未影响艾某红行使其股东权利。其次，从该次股东会决议内容看，该次股东会表决共两项内容，第一项内容关于商场整体出租事宜，艾某红表示同意案涉商场整体出租；第二项内容是强制清除艾某红柜台。艾某红对该项内容有异议，但该行为已经完成，且不可逆转。如艾某红认为强制清除其柜台过程中给其造成一定损失，其可以依据相关法律规定提起侵权诉讼，以维护其合法权益。最后，百货公司已经依据股东会决议内容与案外第三人签订租赁合同并已移交案涉商场，而包括艾某红在内的绝大多数股东对百货公司整体出租商场并无异议。从维护合同的稳定性及股东整体利益的角度考虑，不宜撤销案涉股东会决议。故对艾某红要求撤销2016年4月27日股东会决议，不予支持。

安徽省淮北市中级人民法院依照《中华人民共和国民事诉讼法》第一百七十条第一款第一项的规定，判决如下：

驳回上诉，维持原判。

【法官后语】

股东会是由全体股东组成，决定公司经营管理的重大事项的机构，其他机构都由它产生并对它负责。股东会是公司的最高权力机构，依法作出的股东会决议具有最优先的法律效力，股东会作出的决议应当做到决议程序合法、内容合法并符合公司章程规定，否则可能影响股东会决议的效力。股东会决议根据决议事项的不同，可将股东会决议分为普通决议和特别决议，普通决议是就公司一般事项作出的决议如分派公司盈余等，一般只需要代表一半以上表决权股东同意即可，特别决议是就公司特别事项作出的决议如变更公司章程等，一般至少需要经代表三分之二以上有表决权的股东同意方可，具体比例除公司法有规定外，由公司章程确定。

根据公司法及其司法解释的规定，股东会决议的效力有以下四种情形：

1. 有效。股东会决议一经作出，天然有效，效力及于全体股东，某些情况下优先于公司章程。2. 无效。如股东会的内容违反法律、行政法规，则属于公司法规定的股东会决议无效的情形，相关权利主体可诉请法院确认决议无效。3. 不成立。当公司未召开会议且全体股东亦未在决定文件上签名或盖章；会议未对决议事项进行表决；出席会议的人数或者股东所持表决权不符合公司法或者公司章程规定；会议的表决结果未达到公司法或者公司章程规定的通过比例的等情形，相关权利主体可诉请法院确认决议不成立。只有达到足以认定决议不存在或者未能形成有效决议的标准，才构成决议不成立。4. 可撤销。如股东会议的召集程序、表决方式违反法律、行政法规、公司章程，或者股东会决议的内容合法但违反公司章程，则属于公司法规定的可撤销的情形，权利主体可诉请法院撤销决议。

具体到本案中，案涉股东会召集程序存在瑕疵并不必然导致股东会决议应撤销。股东会依法作出的股东会决议具有法律效力，如前所述，前提是决议的程序和内容必须符合公司章程及法律规定，否则就可能影响股东会决议的效力。按照公司法的规定，召开股东会会议，应当于会议召开十五日前通知全体股东，该规定的目的在于保障股东的参与权，本案中，虽然未将召开股东会会议事宜按照公司法或者公司章程的规定提前十五日告知股东，属于召开股东会存在程序瑕疵，但是绝大多数股东参加了股东会，并行使了表决权，充分保障了股东的合法权益，个别股东（实际也参加了该次股东会）并不能仅以未提前通知召开股东会的时间为由撤销股东会决议。

艾某红认为2016年4月27日股东会的两项提议损害其利益这一问题，本案中的百货公司股东123人，其中115人参加了股东会，第一项提议整体出租问题，参会全体股东一致同意；第二项提议股东艾某红柜台退场问题，仅艾某红自己投了反对票，根据股东的股权比例，无论艾某红同意与否，此第二项提议仍能通过。股东艾某红收到股东会开会通知后准时参加了股东会，并就相关议题行使表决权，已充分行使其股东权利，本案轻微的程序瑕疵并不影响股东权利的实际行使，如果仅仅是召开股东会的通知时间存在轻微瑕疵，且未实际影响股东行使权利时，就应该审慎判断是否应撤销股东决议，若是机械的认为只要通知时间存在瑕疵就撤销股东会决议，则撤销权可能被滥用，也有悖公司治理的经济、效率原则。

值得注意的是，百货公司股东艾某红作为承租方认为股东会决议损害了自身的利益，本案中股东会会议的两项议题相互制约，是一个整体，百货公司已经依据股东会决议内容与案外第三人签订租赁合同并已移交案涉商场，而包括艾某红在内的绝大多数股东对百货公司整体出租商场并无异议，在保障公司股东的撤销权时，应综合考虑公司整体利益及相对人的利益。本案中，艾某红对股东决议的两项内容，持截然不同的观点，在艾某红对股东决议内容有异议，但在该决议已经履行且不可逆转的情况下，作为股东会决议相对方的承租人艾某红，通过其他途径依然可以维护自身权益，从维护合同的稳定性、股东整体利益及公司自治权的角度考虑，不宜撤销案涉股东会决议。

因此，在面对众多价值之间的冲突而需要平衡时，基于股东决议的团体法律行为属性，并考虑到决议作出所耗费的巨大成本，且其效力直接关系到公司对外法律关系的稳定性与市场交易的安全性，对于轻微程序瑕疵的股东会决议，当撤销权人向人民法院提起撤销之诉时，人民法院应衡量决议瑕疵与决议所产生利益的利弊，在瑕疵事由不严重并且不影响股东决议时，应驳回撤销请求。

编写人：安徽省淮北市中级人民法院　郑泽恩

104 股东投资协议的约束范围

——杜某春、熊某诉投资公司公司决议效力确认案

【案件基本信息】

1. 裁判书字号

北京市第一中级人民法院（2016）京01民终字第6676号民事判决书

2. 案由：公司决议效力确认纠纷

3. 当事人

原告（被上诉人）：杜某春、熊某

被告（上诉人）：投资公司

【基本案情】

2013年9月24日，酒店管理公司与徐某强、马某、汪某波、郭某明、董某、杨某华、王某亮、王某8人签订《合作协议》。约定，共同出资700万元投资商务大厦物业项目。以酒店管理公司作为承租方，与项目产权方签订《房屋租赁合同》。该项目的所有对外租赁业务，均由酒店管理公司作为经营主体。根据该项目每年净利润，按股东各方出资比例分得收益。

2015年1月31日，酒店管理公司与徐某强、马某、汪某清（注：其出资部分原由汪某波代持）、汪某波、郭某明、董某、杨某华、王某亮、王某9人签署《会议纪要》。该纪要载明：1. 2016年4月底之前，各位自然人投资者的427万元投资款全部收回。2016年6月底之前，酒店管理公司的273万元投资款全部收回。

2. 2016 年 12 月底之前，全部投资者的投资利润予以分配。具体分配方式以及分配金额由全部投资者共同开会讨论决定。

2015 年 12 月 12 日，徐某强、马某、董某、杨某华、杜某春、王某娥、王某亮、王某、冯某振、汪某波、汪某清、熊某、富某、刘某、郭某明 15 人签署《投资人决议》。该决议载明：以上参会人员皆为该项目（注：商务大厦物业项目）投资人。拆分法人（注：酒店管理公司）股在该项目的股份，变更为个人股东，并由以上个人股东共同设立新公司，新公司设立及成立后，财务、人事、管理工作均从原操盘的酒店管理公司分离，具体工作完成时间截至 2016 年 1 月 31 日前。2016 年 4 月分配方案，根据 2015 年 1 月 31 日股东会议执行。

2015 年 12 月 22 日，投资公司注册成立，公司类型为有限责任公司，营业期限至 2045 年 12 月 21 日。注册资本为 100 万元，由徐某强、马某、郭某明、汪某波、王某亮、王某、董某、杨某华、汪海清、王某玲（注：其出资部分原由徐某强代持）、刘某、王某娥、熊某、杜某春、富某、冯某振 16 位股东共同认缴出资设立。

2016 年 1 月 18 日，酒店管理公司与投资公司就商务大厦物业项目具体转接事宜签订《协议》，酒店管理公司将商务大厦物业项目的承租使用权、管理权及物业经营权全部转让给投资公司。

2016 年 1 月 29 日，酒店管理公司、投资公司共同与北京中新联科技股份有限公司签订了《房屋租赁合同主体变更协议书》，将酒店管理公司承租的商务大厦变更为投资公司承租。

酒店管理公司与投资公司就商务大厦项目自2013年10月25日（起租日）至2016年2月29日的账务进行了交接。双方就商务大厦收入支出后余额达成一致意见。最终转账金额为334558.52元。酒店管理公司在《商务大厦财务交接协议》上签章。

2016年6月4日，投资公司召开股东会，公司全体股东参加。股东会决议载明：关于当初投资款返还问题。现在公司账上有380万元~390万元，先拿出300万元，在本次会议召开后两周内按照当初的投资比例先分给当初的投资者，即董某、郭某明、马某、汪某波、汪某清、王某亮、王某、王某玲、徐某强、杨某华。表决结果是董某等12名股东同意，杜某春、富某、冯某海、熊某等4名股东不同意。按照《公司章程》和《中华人民共和国公司法》的规定，同意的股东所代表的股权比例超过了半数，该决议予以通过。按照《公司章程》和公司法的规定，同意的股东所代表的股权比例超过了半数，该决议予以通过。

【案件焦点】

股东会决议事项一的内容实质及效力。

【法院裁判要旨】

北京市石景山区人民法院经审理认为：首先，股东会决议事项一的内容和《会议纪要》《投资人决议》是一脉相承的，现《会议纪要》明确载明了投资者对其“投资款”要在某时限前收回，投资公司股东会决议事项一载明的亦是“当初投资款返还”的问题，均与“项目转让”和“对价”无关。其次，投资公司成立之前和之后，各投资者对商务大厦项目的投资，主要体现在经营方式的改变，即从协议合作方式变为新设公司专门经营方式，而且投资主体完全重合，现“项目”既未外流，且投资人的投资权益体现为股东权益亦未受到损害。最后，《会议纪要》作出时，各投资人尚无设立新公司的决议；《投资人决议》作出时，投资公司亦未成立；投资公司成立后，是酒店管理公司而不是投资款返还受益人与其就商务大厦项目具体转接事宜签订的《协议》，且并未涉及“对价”。故投资公司股东会决议事项一的内容实质不能认定为“项目转让支付对价”。

虽然《会议纪要》和《投资人决议》中对投资款返还的时间和顺序等问题有明确的约定，且在投资公司成立前后商务大厦项目的投资人完全重合，但《会议纪要》和《投资人决议》并不能因此对投资公司产生约束力。第一，《会议纪要》和《投资人决议》作出时，投资公司尚未成立，《会议纪要》和《投资人决议》指向的返还投资款义务与投资公司无关。第二，投资公司成立后，具有独立的法人人格，受公司法律制度调整。股东会决议作出时，各接受投资返还的投资人的行权身份是股东，其应依公司法和《公司章程》行使股东权利。第三，酒店管理公司与投资公司就商务大厦项目进行账务交接时，对商务大厦收入支出后余额已经达成一致意见，即余额为334558.52元，这远远不足以返还投资款。

现股东会决议事项一所涉300万元是投资公司成立后产生的收益，属于投资公司财产，对其支配和处分应符合《中华人民共和国公司法》和《公司章程》的相关规定。《中华人民共和国公司法》第三条第一款规定：“公司是企业法人，有独立的法人财产，享有法人财产权。公司以其全部财产对公司的债务承担责任。”第二十条第一款规定：“公司股东应当遵守法律、行政法规和公司章程，依法行使股东权利，不得滥用股东权利损害公司或者其他股东的利益；不得滥用公司法人独立地位和股东有限责任损害公司债权人的利益。”第二十二条第一款规定：“公司股东会或者股东大会、董事会的决议内容违反法律、行政法规的无效。”而本案中双方当事人争议所指向的股东会决议事项一，是通过股东会决议的形式，要求投资公司用自己的法人财产对不属于投资公司的债务承担返还义务，这直接损害了投资公司和部分股东的利益，违反了公司法的相关规定，应认定为无效。

综上所述，北京市石景山区人民法院依据《中华人民共和国公司法》第三条第一款、第二十条第一款、第二十二条第一款、第四十三条第二款之规定，判决如下：

确认投资公司2016年6月4日的股东会决议无效。

投资公司不服一审判决，提起上诉。

北京市第一中级人民法院经审理认为：因投资公司系企业法人，有独立的法人财产，股东会决议事项一所涉300万元属于投资公司资金，在未经全体股东同意的情况下，部分股东决议将公司资产分给部分股东，损害了投资公司及其他股东的合法权益，当属无效。投资公司上诉称，《会议纪要》《投资人协议》与投资公司上述股东会决议系一脉相承，是投资公司设立前股东间的特别约定，属于发起人为设立公司而达成的书面协议，其效力约束后成立的投资公司。法院认为，首先，《会议纪要》和《投资人决议》均未有关于新公司需向原合作方返还投资款义务的约定，故无法认定《会议纪要》和《投资人决议》中关于“投资款收回”的约定能够约束成立后的投资公司；其次，投资公司成立后，公司各股东并未就投资公司承继各方在商务大厦项目中的返还投资款、利润分配等内容达成一致意见，在杜某春、熊某反对股东会决议事项一的情况下，投资公司的上诉请求不能成立，应予驳回；一审判决认定事实清楚，适用法律正确，应予维持。依照《中华人民共和国民事诉讼法》第一百七十条第一款第一项的规定，判决如下：

驳回上诉，维持原判。

【法官后语】

诉争第一项股东会决议相关内容由于经历了经营方式的改变、公司的设立而导致性质模糊。因相关协议的签署在公司成立之前，而使新公司能否承继相关协议的权利义务产生争议。

设立公司的协议（又被称为股东投资协议、发起人协议）是公司股东以出资设立、经营公司为目的，约定股东之间权利义务的协议，协议本质属于合同，受《中华人民共和国合同法》一般规则的规范和调整，《中华人民共和国民法典》实施后受合同编一般规则的规制，但股东投资协议有其特殊性，它是关于公司设立事项的协议，既有调整公司设立完成之前的股东出资事项，同时又有调整公司成立之后股东之间、股东与公司之间权利义务关系以及公司治理结构的内容，其中，涉及公司组织事项的相关约定不得违反《中华人民共和国公司法》的规定。尤其是，在公司成立后，股东之间的约定不得违反《中华人民共和国公司法》关于股东不得抽逃出资、不得滥用股东权利等效力性强制性规定。此外，公司成立须以提交公司章程为法定条件，公司章程也是发起人股东制定的，对公司、股东、公司经营管理人员具有约束力，调整公司内部组织关系和经营行为的自治规则，股东投资协议内容与公司章程不一致的，应当视为股东以新的意思表示变更了原来的意思表示，以公司章程规定为准，除非发起人股东之间有特殊约定或有充分证据能够表明投资协议才是真实意思表示。但是，对于公司章程未予记载而股东投资协议中有明确约定且涉及签约发起人股东利益的问题，由全体发起人股东订立的股东投资协议仍是处理相关争议的基本法律依据，只是争议所涉及的利益应是针对全体发起人股东的特定利益，而不是整个公司的利益，也就是说，在公司成立之后，股东投资协议的约束范围因公司独立法人地位及公司外部主体利害关系而大大限缩，股东之间的权利义务关系应当优先依据公司章程调整，股东投资协议的特殊约定亦不得违反《中华人民共和国公司法》的规定。

本案中，各方之所以对第一项股东决议产生争议，源于对公司法人人格独立性的认识不清，尤其是在投资主体完全重合、投资方式发生变更的情况下，由于最初的投资方式类似于合伙，各方仅形成一个松散的合作团体，即使后期设立了投资公司，也极易依照习惯将股东之间权利义务关系直接作用于新成立公司。然而，公司法人不同于松散的合作团体，其自身有严密的组织机构和资合性质，民法上将其拟制为“人”，在财产独立和意思独立基础上，公司法人具有独立的人格。公司法人虽因发起人股东签订的《投资人决议》得以设立，但是公司一旦成立，公司法人就在一定程度上脱离了发起人的意志，而拥有了独立的意愿，并受到《中华人民共和国公司法》及公司章程的规制。

编写人：北京市石景山区人民法院　马玥

105 不具有上诉利益的上诉应径行驳回

——徐某林诉生态农庄公司公司股东决议效力确认案

【案件基本信息】

1. 裁判书字号

北京市第三中级人民法院（2014）三中民再终字第03341号民事裁定书

2. 案由：公司股东决议效力确认纠纷

3. 当事人

原告（被上诉人）：徐某林

被告（上诉人）：生态农庄公司

第三人：信息咨询公司、投资公司、薛某娟、薛某莉、贸易公司

【基本案情】

徐某林诉称，2002年11月21日，其与薛某娟成立生态农庄公司，注册资金为500万元，徐某林出资100万元，占20%的股权；薛某娟出资400万元，占80%的股权。此后，生态农庄公司在未通知徐某林的情况下进行了一系列变更。2005年12月30日，薛某娟伪造徐某林的签字，将原告所持有的股权转让给他人。生态农庄公司召开的股东大会，徐某林均未参加，股东会决议及股权转让协议上的签字均由薛某娟冒签。生态农庄公司股东会决议剥夺了徐某林的股东权益。故诉至法院，请求法院依法确认生态农庄公司股东会决议无效；生态农庄公司办理工商变更登记手续，将股东登记恢复原状。

生态农庄公司辩称，徐某林从未履行出资义务，并非生态农庄公司的股东。

经审理查明，2002 年 11 月 21 日，生态农庄公司成立，注册资金为 500 万元，法定代表人为薛某娟，并任生态农庄公司经理、执行董事，徐某林任监事。工商登记材料显示股东为薛某娟、徐某林，薛某娟出资 400 万元，徐某林出资 100 万元，并交存了注册资金。生态农庄公司章程第四条规定：公司注册资本为 500 万元，公司增加或减少注册资本，必须召开股东会并作出决议。

薛某娟将登记在徐某林名下的 100 万元出资，即生态农庄公司 20%的股权转让给薛某莉等人。生态农庄公司变更了股东名册，签发了出资证明书，并进行了工商变更登记。

薛某娟与徐某林就公司股东权事宜发生纠纷。2006 年 8 月 1 日，薛某娟将徐某林诉至法院，请求法院确认生态农庄公司成立时，徐某林名下的 100 万元出资为薛某娟的出资，20%的股权为薛某娟所有。徐某林同时提出反诉，请求法院确认薛某娟将徐某林拥有的生态农庄公司 20%股权转卖的协议无效。该案经北京市第二中级人民法院审理后作出（2011）二中民再终字第 07356 号民事判决：1. 生态农庄公司注册成立时，注册登记在被告徐某林名下 20%的股权属原告薛某娟所有。2. 驳回反诉原告徐某林的诉讼请求。薛某娟依据该判决将生态农庄公司 100%变更至其名下。

【案件焦点】

一审获得全部胜诉的被告生态农庄公司是否具有上诉的利益，并享有上诉权。

【法院裁判要旨】

北京市顺义区人民法院裁定认为：公司股东会决议纠纷是指股东与公司之间因股东会决议效力问题产生的纠纷，其双方当事人分别为股东与公司。徐某林认为其为生态农庄公司的股东，占公司20%的股权，生态农庄公司相关股东会决议剥夺其股东权益，遂以公司股东会决议纠纷为由起诉生态农庄公司。而根据已经发生法律效力的（2011）二中民再终字第07356号民事判决可以认定，生态农庄公司成立时，工商行政管理机关登记股东虽为薛某娟和徐某林，但徐某林认可生态农庄公司注册资金中其未实际出资，在工商登记档案中的徐某林签名并非徐某林本人所签，在生态农庄公司注册成立时徐某林并不知道公司的注册资金及股东持股比例。2003年11月13日，徐某林出具书面声明，表明生态农庄公司出现的任何事故与法律责任与徐某林无关，故徐某林在生态农庄公司注册成立时，没有成为生态农庄公司股东的意思表示，生态农庄公司实际股东仅为薛某娟。徐某林主张其为生态农庄公司的实际股东，事实和法律依据不足。基于上述判决，可以得出徐某林并非生态农庄公司的实际股东，生态农庄公司的股东会决议与徐某林之间没有法律上的直接利害关系。《中华人民共和国民事诉讼法》第一百一十九条规定，起诉必须符合的条件之一就是：原告是与本案有直接利害关系的公民、法人和其他组织。而徐某林与本案没有直接利害关系，故其作为原告属于主体不适格，法院对其起诉予以驳回。综上所述，依据《中华人民共和国民事诉讼法》第一百一十九条第一项之规定，裁定如下：

驳回原告徐某林的起诉。

生态农庄公司不服一审裁定，提起上诉。

北京市第三中级人民法院经审理认为：当事人起诉或上诉应当具有诉的利益，即法院有对诉讼请求进行审判的必要性和实效性。换言之，即法院有必要且能够通过判决来解决当事人之间的纠纷，在当事人无诉的利益之情形下，当事人无权启动诉讼程序。具体到第二审程序，只有上诉人通过上诉可能得到比第一审裁判更为有利的裁判结果，上诉人方具有上诉利益。本案为公司股东会决议纠纷，一审以原告徐某林并非该公司实际股东为由裁定驳回起诉，对于一审被告生态农庄公司而言获得了全部胜诉的裁判结果，其上诉并不能得到比第一审裁定更为有利的裁判结果。故，生态农庄公司不具有上诉的利益。依照《中华人民共和国民事诉讼法》第一百五十四条第一款第十一项、第一百七十一条、第一百七十四条、第一百七十五条之规定，裁定如下：

驳回生态农庄公司的上诉。

【法官后语】

二审法院对本案的处理存在两种观点：一种观点认为，生态农庄公司作为一审被告其可以依据《中华人民共和国民事诉讼法》第一百六十四条第二款规定，向二审法院上诉，二审法院应当进行实体审理，并依据相关规定作出处理。另一种观点认为，生态农庄公司虽是一审被告，但是一审以原告徐某林并非该公司实际股东为由裁定驳回起诉，对于一审被告生态农庄公司而言获得了全部胜诉的裁判结果，其上诉并不能得到比第一审裁定更为有利的裁判结果，故，生态农庄公司不具有上诉利益，不享有上诉权，二审法院无须进行实体审理，应直接裁定驳回上诉。

两种观点的分歧主要在于一审获得全部胜诉的被告是否具有上诉的利益，享有上诉权。作者同意第二种观点。上诉利益是诉之利益在上诉阶段的具体体现，是上诉人上诉阶段的诉讼要件（又称上诉要件）。

为防止一些不应上诉的案件进入二审程序，浪费审判资源，增加当事人诉累，延长诉讼周期，降低司法公信力，我国民事诉讼法虽未规定上诉利益，但法院可依据民事诉讼法的诚实信用原则填补该法律漏洞。当事人对一审法院作出的对其不利的裁判，有请求二审法院予以改判的部分或全部裁判结果的期待。换言之，一审裁判否定了当事人在一审诉求的部分或全部利益，为了使这些被否定的利益获得救济，法律才有必要为当事人提供上诉的机会，这些被否定的利益才被称为上诉利益或不服利益。如果一审中当事人获得了全部胜诉的裁判结果，则其不具备不服利益，不享有上诉权。本案中，生态农庄公司不具有上诉利益，不享有上诉权，二审法院无须进行实体审理，应直接裁定驳回上诉。

编写人：北京市第三中级人民法院　李迎新

106　同一公司两份章程如何确定股东表决权

——朱某美等诉运输公司公司决议撤销案

【案件基本信息】

1. 裁判书字号

广西壮族自治区南宁市中级人民法院（2014）南市民二终字第339号民事判决书

2. 案由：公司决议撤销纠纷

3. 当事人

原告（上诉人）：朱某美、刘某雪、朱某林、陈某喜、苏某琰、胡某海

被告（被上诉人）：运输公司

第三人：刘某金、许某芳、李某鸿、莫某华、刘某德、D运输公司

【基本案情】

2004年6月5日，朱某美、刘某雪、朱某林、陈某喜、苏某琰、胡某海、刘某金、许某芳、李某鸿、刘某德共10名自然人与D运输公司协商组建运输公司，并于同日召开股东大会讨论通过《运输公司章程》（以下简称6.5章程），规定：运输公司总股本为1000万股，其中土地使用权身份股605.7万股，股东有所有权和分配权，放弃表决权；普通股股东现金出资认购394.3万股，股东有所有权、分配权和表决权；D运输公司的出资方式为土地使用权，出资额605.7万元，占60.57%；朱某美等10人的出资方式为现金，出资额共为394.3万元，占39.43%；公司登记事项以公司登记机关核定的为准。

2004年6月8日，朱某美等10人与D运输公司未召开股东会又签署一份《运输公司章程》（以下简称6.8章程）进行运输公司登记。6.8章程规定：股东会议由股东按照出资比例行使表决权。

2004 年 6 月 14 日，经会计师事务所验资，运输公司核定 D 运输公司以现金出资 105.7 万元，以土地使用权出资 500 万元；朱某美等 10 名自然人以现金出资共为 394.3 万元。2004 年 6 月 17 日，运输公司成立。

2005 年 5 月，运输公司召开股东大会作出决议，决定 D 运输公司原对运输公司以现金出资 105.7 万元、土地使用权出资 500 万元变更为以现金出资 605.7 万元。同日，运输公司作出章程修正案办理变更登记。2005 年 6 月，经会计师事务所验资，运输公司核定 D 运输公司原以土地使用权投入运输公司 500 万元变更为以货币资金投入 500 万元。

2010 年 10 月，运输公司召开第二届股东大会更换董事，选举产生新一届董事会成员 3 人，D 运输公司放弃行使表决权。

2012 年 8 月，运输公司召开股东会免去朱某林运输公司董事职务，并增补莫某华为运输公司董事会成员。D 运输公司、刘某金、许某芳投赞成票，分别占股 60.57%、3%、1%；李某鸿、刘某德投弃权票，共占股 5.43%，其他股东投反对票，共占股 27.22%。投反对票的朱某美等 6 名股东认为 D 运输公司在 6.5 章程中已放弃表决权，且由各股东在运输公司成立后实际履行，D 运输公司无权单方撤销。遂诉至法院，请求撤销该次股东会决议。运输公司则认为公司成立时筹备了多份章程方案，6.5 章程虽有股东签字，但因全体股东对章程内容进行修改已失效，最终采用了 6.8 章程的版本，故 D 运输公司按照出资比例享有表决权。D 运输公司、刘某金、许某芳、莫某华认为两份章程相互矛盾，且 D

运输公司出资已从土地使用权变更为现金出资，“身份股”早已不复存在，应按6.8章程确定D运输公司的表决权。李某鸿称在章程上签字属实。刘某德认为6.8章程仅是作为对外备案，不具有效力。

【案件焦点】

D运输公司对所持运输公司60.57%的股权是否放弃表决权

【法院裁判要旨】

广西壮族自治区南宁市兴宁区人民法院经审理认为：运输公司在工商备案的6.8章程与未备案的6.5章程关于股东表决权的规定不相一致，朱某美等10名自然人与D运输公司在两个版本的章程上均签名盖章，而6.8章程的签订时间在后，6.5章程亦规定“公司登记事项以公司登记机关核定的为准”，六原告未能提供运输公司各股东关于6.8章程仅为工商备案对内不代表股东真实意思表示的书面约定，故6.8章程为运输公司各股东最终合意的结果，应属有效。根据6.8章程，D运输公司享有根据出资份额行使表决权的股东权利。D运输公司在运输公司第二届股东大会中，对所持60.57%的股权放弃行使表决权，六原告未能提供D运输公司在运输公司每一次股东会中均同意放弃行使表决权的股东会决议，故未经D运输公司同意，D运输公司在运输公司中固有的股东表决权不可限制或剥夺。运输公司2012年8月股东会决议已经过代表1/2以上表决权的股东通过，六原告要求撤销该次股东会决议无理，不予支持。遂依法判决驳回六原告的诉讼请求。

朱某美等6名股东持原审起诉意见提起上诉。

广西壮族自治区南宁市中级人民法院经审理认为：6.8 章程经运输公司全体股东签字确认并报送有关部门审查进行登记，具有公示效力，对公司、股东具有约束力。该章程没有规定 D 运输公司放弃表决权，故不能认定 D 运输公司在运输公司成立时放弃表决权。D 运输公司在运输公司第二届股东大会中，对所持运输公司 60.57%的股权放弃行使表决权，此属 D 运输公司自由行使自己权利的表现，并不代表 D 运输公司在每次股东会都放弃行使表决权。运输公司 2012 年 8 月股东会决议已经 60%以上的股东表决通过，未违反公司法及运输公司章程规定，故朱某美等 6 名股东要求撤销该次股东会决议，不予支持。一审判决认定事实清楚，适用法律正确。上诉人上诉无理，应予驳回。

广西壮族自治区南宁市中级人民法院判决如下：

驳回上诉，维持原判。

【法官后语】

在处理公司内部关系引发的纠纷时，应遵循契约自由、意思自治的原则，根据当事人之间的约定探究其真实意思表示并据实作出认定。有限责任公司股东就表决权的行使先后制定两个版本意思存在冲突的章程，全体股东内部可以约定不按备案章程确定股东表决权，而执行未备案的章程，此约定在公司内部改变的仅是股东间的权利义务分配，应属于公司股东意思自治的范畴，并不涉及公司以外第三人的利益。如果该约定属于股东真实意思表示且属善意，不违反法律和行政法规的强制性规定，也未损害他人的利益，应当确认该约定的法律效力对股东具有约束力。但如果备案章程签订时间在后，在各股东未就备案章程仅为工商备案对内不代表股东真实意思表示共同达成合意的情形下，签订在后的备案章程应视作对前一份章程的变更，是各股东最终合意的结果，应以备案章程确定公司内部的股东表决权。而经股东同意，股东可以根据自己的意愿放弃行使表决权。未经股东同意，股东依法享有的表决权不能以股东在某一次股东会中放弃行使即推定该股东在公司每一次股东会中均放弃行使。

本案中，运输公司各股东在公司设立过程中，先后制定了两份对表决权行使意思有冲突的章程，并将后制定的6.8章程在工商部门进行了备案。各股东在运输公司成立后未再次以股东会决议或协议形式重申各股东的表决权应按照6.5章程予以确定，故6.8章程应是运输公司各股东的真实意思表示。根据6.8章程，D运输公司在运输公司享有的表决权比例应为60.57%。D运输公司在运输公司成立后的第二届股东大会中曾放弃行使表决权，此系其对自身权利的处分，符合意思自治原则。其行为并未对备案的6.8章程关于“股东会议由股东按照出资比例行使表决权”的内容构成变更。朱某美等6名股东未能提供D运输公司在运输公司每一次股东会中均同意放弃行使表决权的股东会决议，故未经D运输公司同意，D运输公司在运输公司中固有的股东表决权不可限制或剥夺。

从该案例得到的启示有：其一，有限责任公司股东就表决权的行使先后制定两个版本意思存在冲突的章程，而工商备案的章程签订时间在后，股东未就备案章程仅为工商备案对内不代表股东真实意思表示共同达成合意，应以备案章程确定股东表决权。其二，股东表决权作为股东一项法定权利，非依法律规定，不容公司章程或股东（大）会决议限制或剥夺。但经股东同意，股东可以根据自己的意愿放弃行使表决权。未经股东同意，股东依法享有的表决权不能以股东在某一次股东会中放弃行使即推定该股东在公司每一次股东会中均放弃行使。

编写人：广西壮族自治区南宁市兴宁区人民法院　王坚

九、公司设立纠纷

107 众筹设立公司的行为属公司募集设立的范畴

——林1诉餐饮管理公司、陈1公司设立案

【案件基本信息】

1. 裁判书字号

广西壮族自治区北海市中级人民法院（2020）桂05民终83号民事判决书

2. 案由：公司设立纠纷

3. 当事人

原告（被上诉人）：林1

被告（上诉人）：餐饮管理公司、陈1

【基本案情】

餐饮管理公司是音乐餐吧的股东，其法定代表人原为陈1，后于2015年12月7日变更为陈2。2015年8月23日，餐饮管理公司向林1出具一份《收据》，确认收到林1交付的餐厅（三店）投资款15000元，认购股权为5股。2015年8月31日，林1与餐饮管理公司签订《旗舰店股权众筹委托投资协议书》（以下简称《协议书》）约定，众筹项目为悠时光旗舰店，项目预计在2015年9月底试营业；林1参与本次众筹项目第1轮众筹，认购股权数量为5股，金额为15000元；本项目预计18个月至24个月可收回全部投资，每季度分红一次，分红时间为每年的3月、6月、9月、

12月的10日至15日，分红形式为现金分红，以银行转账的方式支付给林1；每位股东投资的金额返还等额的“通用券”，每个季度返还一次，5年内返完，“通用券”是现金券，可当现金使用，在L集团北海事业部各门店均可使用；林1本人在悠时光旗舰店消费可享受7.5折优惠（股东凭专用卡以及仅限本人消费时可享受），可享受L集团北海事业部其他门店消费VIP贵宾折扣（以各门店的优惠方案为准）；享有知情权，有权了解项目运营状况、各项财务报表、收支情况，可通过股东会参与项目的管理，为项目出谋划策等。2015年10月2日，餐饮管理公司向林1发放《股权证书》【编号：A-045】，载明企业名称为餐饮管理公司，股权人为林1，出资金额为15000元，占股5股，占1%（A轮认购）。2017年3月24日，广西壮族自治区北海市中级人民法院作出（2017）桂05民终99号民事判决，确认涉案的餐厅没有成立，餐饮管理公司、陈1是餐厅的发起人。林1主张餐厅至今未成立，要求餐饮管理公司向其返还15000元及按年利率6%计算相应利息，且陈1对上述债务承担连带清偿责任。餐饮管理公司、陈1不同意林1的全部诉讼请求。

【案件焦点】

餐饮管理公司、陈1应否向林1返还15000元及相应利息。

【法院裁判要旨】

广西壮族自治区北海市海城区人民法院经审理认为：餐饮管理公司没有按照涉案《协议书》的约定，在2015年9月底前成立悠时光餐厅并试营业，故作为发起人的餐饮管理公司、陈1均负有对认股人林1已缴纳的15000元股款及利息返还的连带责任。一审法院判决如下：餐饮管理公司、陈1共负返还15000元及利息（以15000元为基数，按中国人民银行同期同类存款利率，从2015年8月23日起计至本判决发生法律效力之日止）给林1的连带清偿责任。

餐饮管理公司、陈1不服原审判决，提起上诉。

广西壮族自治区北海市中级人民法院经审理认为：本案是餐饮管理公司、陈1通过募集方式设立餐厅与林1达成合作意向，但是双方因涉案公司是否实际成立以及林1请求返还投资款产生纠纷，符合公司设立纠纷的法律特征。依据《中华人民共和国合同法》第七十七条第一款的规定，餐饮管理公司、陈1没有举证证明与林1协商一致变更了合同的内容，那么就应当按照原合同的约定继续履行设立餐厅的筹办义务。综合本案证据，发起人餐饮管理公司、陈1没有根据相关法律的规定召开创立大会、进行验资、制定公司章程等，也没有到公司登记机关进行公司设立登记申请。并且，餐饮管理公司成立的公司是音乐餐吧，不是餐厅。也就是说，涉案《协议书》中约定的餐厅旗舰店项目至今未成立。虽然巨星公司向林1的账户转入了五笔分红，但是餐饮管理公司、陈1没有提交证据证明已经与林1达成一致意见，林1同意将其认购的股权转化为巨星公司的股权，而林1亦予以否认。除此之外，餐饮管理公司、陈1没有证据证明已履行涉案《协议书》中的其他义务。因此，餐饮管理公司、陈1没有完成设立餐厅的筹备工作。根据《中华人民共和国合同法》第九十四条第一款第二项的规定，餐厅至今未成立，作为发起人的餐饮管理公司、陈1应当对林1已缴纳的股款15000元及利息承担连带清偿责任。二审法院判决如下：

驳回上诉，维持原判。

【法官后语】

股权众筹是一种“互联网+金融”的创新型融资模式，是公司通过互联网众筹平台出让部分股权以筹措资金的股权融资行为。虽然我国法律尚未对这一新兴产业出台作出明确的规定，但股权众筹作为发起人设立公司进行资金筹集的一种方式，涉及公司资金的募集，仍受到《中华人民共和国证券法》和《中华人民共和国公司法》的约束。

发起人融资设立公司的行为是否属于公司募集设立的范畴，目前在我国理论研究和实务工作中，并无定论，主要存在以下两种观点：第一种观点认为，发起人与投资人之间达成筹集资金设立公司的合意后仅签订众筹协议，而设立公司的形式既不符合《中华人民共和国公司法》规定的公司募集设立情形，又不符合股权众筹模式的要求，那么该行为则是一种面向大众募资以支持发起的个人或组织达成某种目的的行为，即众筹行为也称为大众筹资或群众筹资。第二种观点则认为，发起人基于设立公司的目的与投资人签订众筹契约，同意出让公司的部分股权以筹措资金的行为，系因发起人欲通过募集资金设立公司所起，应受到《中华人民共和国公司法》关于公司募集设立相关规定的制约。

两种观点之间的差异主要在于融资设立公司的过程是否必须符合《中华人民共和国公司法》关于募集设立的相关规定才属于《中华人民共和国公司法》约束的范畴。相较而言，笔者更加认可第二种观点，具体理由如下：发起人因设立公司之需与各投资人签订股权众筹协议，继而为设立公司实施的各种行为，均是为了履行与投资人之间关于设立公司的约定，由此可知，因设立公司引起的系列问题均应受到《中华人民共和国公司法》的约束。发起人是否履行了相关的权利义务、设立公司的程序是否符合法律的相关规定、公司是否成功设立等问题是公司设立过程中可能遇到的风险，并非判断是否募集设立的必备要件，且不影响发起人与投资人之间的合同效力，不能以此判定发起人的融资行为是否为公司募集设立的情形。另外，在此种情形下，若公司设立失败，投资人不仅可按照合同约定请求发起人承担违约责任，亦可依据《中华人民共和国公司法》第九十四条的规定请求发起人对已付股款并加算银行同期存款利息的连带责任承担赔偿责任。此种做法的优势主要在于有效避免披着股权众筹的“外衣”，实则普通众筹融资，踩着“非法集资”的法律红线，打着法律的“擦边球”，规避发起人连带责任、超越募集设立人数限制、非法集资罪等法律后果的发生。综上所述，笔者认为上述第二种观点更具合理性，更与立法规范目的相契合，亦更能保护投资人的合法利益，应予以采纳。

我国股权众筹相关的细化规定还需要进一步完善，为中小企业或新型企业带来机遇的同时也带来了风险。然而，不管以何种方式设立公司，均为《中华人民共和国公司法》约束的范畴。投资人在参与股权众筹时，应选择有股权众筹资质的互联网平台、不盲目“跟投”、找准项目定位、审慎审查项目及发起人的相关信息；在参与普通公司募集设立时，应明确项目为向社会公开募集还是向特定对象募集，向社会公开募集股份的项目是否由依法设立的证券公司承销，发起人是否已经完成书面认足公司章程规定其认购的股份等义务。

编写人：广西壮族自治区北海市中级人民法院　苏珊

十、公司证照返还纠纷

108 “人人争夺”时如何确定公司的诉讼代表人

——建筑开发公司诉李某国、某律师事务所公司证照返还案

【案件基本信息】

1. 裁判书字号

北京市第三中级人民法院（2019）京03民终14704号民事判决书

2. 案由：公司证照返还纠纷

3. 当事人

原告（上诉人）：建筑开发公司

被告（上诉人）：李某国、某律师事务所

【基本案情】

经企业改制为建筑开发公司，注册资本为2588万元，工商登记中显示的法定代表人为李某珍。2000年12月28日的公司章程和2007年1月17日的章程修正案均规定，公司董事长为公司的法定代表人。2013年8月17日和9月2日，李某珍在董事会、班子会上明确提出辞去公司法定代表人、董事长职务，并于9月4日向公司提交了《辞职报告》。2013年9月17日，建筑开发公司召开董事会、班子会，决议同意李某珍辞去董事长职务，并选任李某国代理董事长职务，行使法定代表人权利。该决议于2018年2月经生效判决认定为不成立。

2013年9月17日，建筑开发公司向其财务部发出《通知》，要求将财务印鉴移交某律师事务所保存。同日，移交人孙某臣将公章印模交由接交人吕某茂。2013年10月22日，陶某玲将公司的银行开户许可证、企业法人营业执照正副本、组织机构代码证正副本、地税税务登记证正副本、国税税务登记证正副本交由接交人李某国，孙某臣为监交人。2014年7月23日，某律师事务所向北京市工商行政管理局怀柔分局出具《证明》，认可自2013年10月9日建筑开发公司的上述章照及财务章、法人人名章由其保存。建筑开发公司在2013年9月17日前设置综合办公室，办公室主任是孙某臣，陶某玲是综合办公室项下管理人力、劳资方面的工作人员。

李某珍在2014年8月7日被刑事羁押并于2016年11月23日无罪释放。

2018年3月8日，李某珍代表建筑开发公司提起本案诉讼，要求李某国、某律师事务所返还公司章照。

2018年3月16日，建筑开发公司通过董事会决议，选举李某国担任董事长，同时履行法定代表人权利。该决议经生效法律文书被确认为无效。同日公司通过董事会决议，委托某律师事务所保管建筑开发公司证照、印章，该决议经生效法律文书判决被撤销。

2019年2月26日，公司召开班子会，通过决议，其中包括第一项，推选李某国担任建筑开发公司负责人，主持全面经营工作；第二项，对建筑开发公司原委托某律师事务所证照、公章、合同等自2019年2月26日起，继续由某律师事务所按过去流程托管管理。

【案件焦点】

1. 李某珍是否具有代表建筑开发公司提起本案诉讼的诉讼代表资格；2. 李某国、某律师事务所应否将涉案章照返还给建筑开发公司。

【法院裁判要旨】

北京市怀柔区人民法院经审理认为：建筑开发公司截至本案终结辩论程序前并未选举出合法有效的董事长任职法定代表人。李某珍虽在2013年申请辞去董事长职务，但在建筑开发公司未选举出新的董事长就任法定代表人之前，李某珍仍应当履行原董事长职务。而2000年12月28日的建筑开发公司章程和2007年1月17日的章程修正案规定，建筑开发公司的董事长兼任公司的法定代表人，基于李某珍履行原董事长职务这一前提，建筑开发公司的法定代表人仍应当是李某珍，李某珍为公司的诉讼代表人。

建筑开发公司与某律师事务所于2013年9月17日、2013年10月22日之后形成对公章和证照的事实保管法律关系。虽2018年3月16日涉及章照继续保管的董事会决议被撤销，但不会直接对已经存在的法律关系产生影响。2019年2月26日班子会作出的决议非代表公司意志，故班子会关于章照继续保管的决议对已经存在的保管法律关系亦不产生影响。李某珍代表建筑开发公司主张返还公司章照，是对保管物的取回，法律后果为保管合同关系解除，故某律师事务所应将公章证照返还。李某国非保管合同相对方，且无证据显示李某国或某律师事务所持有另两枚李某珍法人人名章。

北京市怀柔区人民法院依照《中华人民共和国民法总则》第六十一条，《中华人民共和国公司法》第四十五条，《中华人民共和国合同法》第三百七十六条第一款、第三百七十七条，《中华人民共和国民事诉讼法》第四十八条第二款之规定，判决如下：

一、确认建筑开发公司与某律师事务所之间的保管合同关系于2019年9月20日解除；

二、某律师事务所于本判决生效后七日内向建筑开发公司返还公司公章、合同专用章、财务章、一枚李某珍法人人名章、营业执照正副本、组织机构代码证正副本、税务登记证正副本、银行开户许可证；

三、驳回建筑开发公司的其他诉讼请求。

建筑开发公司、李某国、某律师事务所不服一审判决，提起上诉。北京市第三中级人民法院同意一审法院的裁判意见，遂驳回上诉，维持原判。

【法官后语】

本案虽为公司证照返还纠纷，但实际上是公司股东之间争夺控制权而衍生的诉讼。本案需要解决的先决问题，恰恰是工商登记的法定代表人和公司选任的法定代表人不一致时，以及原法定代表人已经辞任，新法定代表人尚未产生时，谁能够代表公司行使诉讼权利、实施诉讼行为。

一、工商登记的法定代表人和会议选任的法定代表人不一致时，如何确定公司的诉讼代表人

法定代表人是指依照法律或者章程规定，代表法人行使民事权利，履行民事义务的主要负责人。法人本属法律拟制的人，法定代表人制度有效构筑了法人意志通过自然人实施的路径。公司法定代表人是独任制公司机关，是法人的诉讼意志代表主体，具备对外代

表公司作出意思表示的法定职能。《中华人民共和国公司法》第十三条规定，公司法定代表人依照公司章程的规定，由董事长、执行董事或者经理担任，并依法登记。公司法定代表人变更，应当办理变更登记。《中华人民共和国民事诉讼法》第五十一条规定，法人由其法定代表人进行诉讼。也就是说法定代表人有权直接代表公司提起诉讼或者应诉，其所为的诉讼行为，法律后果归属于公司。

本案中，工商登记的法定代表人与公司通过会议选任的法定代表人非同一人，涉及“人人争夺”型的公司控制权争夺纠纷。此时，如果不涉及外部第三人信赖利益问题，法院对于谁能代表公司进行诉讼这一问题进行审查时，应当遵循实质审查的原则。即当公司通过法定程序选举出了合法有效的董事长兼任法定代表人时，即使工商登记的法定代表人与实际新选任的法定代表人不一致，也应当按照实际新选任的法定代表人确定。

但是在本案中，涉及新董事长、新法定代表人选任的各种决议，均被判定为不成立、无效，从公司法层面不能产生选举出新法定代表人的法律效果。因此如果没有选任出合法有效的新法定代表人，则仍应当由原法定代表人履行职责。

二、原董事长已辞职，公司尚未选举出新的合法董事长兼任法定代表人时，如何确定公司的诉讼代表人

《中华人民共和国公司法》第四十五条规定，董事任期届满未及时改选，或者董事在任期内辞职导致董事会成员低于法定人数的，在改选出的董事就任前，原董事仍应当依照法律、行政法规和公司章程的规定，履行董事职务。董事与公司之间，从民事法律关系上定性为委托合同关系，董事和公司均可以随时解除合同关系，但是由于公司作为一个独立的法人主体，董事不仅是拥有权利，更为重

要的是应当履行董事对公司的信义义务。虽然董事可以基于自身辞职而导致委托合同关系解除，但是在公司并未选举出新的董事之时，原董事基于信义义务也应当履行相应职责。尽管上述条文仅规定了董事，但是董事长作为由董事会选举产生，享有更多权力和负有更多义务的公司职能部门，其职责的重要程度远重于一般董事，举轻以明重，上述法律规定完全可以扩张适用至董事长。故只要公司尚未选举出新的合法董事长兼任法定代表人，原董事长即便已经辞职，其仍应当基于信义义务履行董事长职责，作为公司法定代表人代表公司履行诉讼权利，承担诉讼义务。

编写人：北京市怀柔区人民法院　张泽华

109　法定代表人侵占公司证照返还纠纷的主体选择

——陈某源诉陈某滨公司证照返还案

【案件基本信息】

1. 裁判书字号

福建省厦门市中级人民法院（2018）闽02民终4639号民事判决书

2. 案由：公司证照返还纠纷

3. 当事人

原告（被上诉人）：陈某源

被告（上诉人）：陈某滨

第三人：税务师事务所

【基本案情】

2007年1月5日，税务师事务所登记成立，陈某源、陈某滨分别持股67%、33%；陈某滨系执行董事并担任法定代表人，林某荣系公司监事；公司登记住所地为厦门市思明区宝福大厦。2010年至2017年，税务师事务所实际经营地变更为厦门市思明区帝豪大厦。

2018年2月5日，陈某源向陈某滨邮寄《关于提议召开2018年第一次临时股东会的督促函》《关于召开税务师事务所2018年第一次临时股东会的通知》，督促并提议陈某滨于2018年2月28日召开第一次临时股东会。该函件于2018年2月6日投递并显示"他人收——亲属"签收。2018年2月28日，税务师事务所于2018年第一次召开临时股东会，陈某源到会参加，陈某滨未到会。该会议作出股东会决议：免去陈某滨执行董事职务，选举车某琴为公司新一任执行董事，执行董事为公司的法定代表人。陈某源在会议记录上签字确认。

2018年3月20日，陈某源向林某荣发出《敦促监事提起诉讼的函》，载明：公司法定代表人、执行董事陈某滨于2017年12月14日在未办理任何交接手续的情况下，离开税务师事务所岗位，并在利安达公司任职工作，至今未回税务师事务所履行管理职责，其将公司公章等印章私自带离税务师事务所，给公司生产经营及正常管理带来严重影响及损失，故督促林某荣在本函发出后20日内向人民法院提起诉讼，如到期不提起诉讼，陈某源作为税务师事务所股东有权依据《中华人民共和国公司法》的规定以自己的名义提起诉讼。2018年3月21日，林某荣以书面《回函》形式回复陈某源，明确表示其已收到《敦促监事提起诉讼的函》，其作为监事不提起诉讼，同意陈某源就陈某滨损害公司利益一事提起诉讼。

2018年3月30日，陈某源向陈某滨发出《敦促移交税务师事务所印章的函》，载明：鉴于陈某滨将公司公章等印章私自带离税务师事务所，给公司生产经营及正常管理带来严重影响及损失，故请陈某滨在本函发出后3日内到税务师事务所办理公章及其他工作事项的交接手续。该函件于当日投递，但被拒收。2018年5月3日，陈某源诉至法院，并提出如上诉求。

庭审中，陈某源、陈某滨、税务师事务所均确认税务师事务所公章、财务章、营业执照、银行U盾目前在陈某滨处保管。

【案件焦点】

原告陈某源作为税务师事务所股东直接起诉原法定代表人证照返还是否主体适格。

【法院裁判要旨】

福建省厦门市思明区人民法院经审理认为：本案系公司证照返还纠纷，陈某源作为税务师事务所的股东，有权依照《中华人民共和国公司法》第一百五十一条之规定向侵害公司合法利益的董事、监事、高级管理人员及他人提起股东代表诉讼。陈某源已书面向税务师事务所监事林某荣提出提起诉讼的请求，林某荣收到书面请求后拒绝提起诉讼，故陈某源作为股东有权为了公司的利益以自己的名义直接向人民法院提起诉讼。关于税务师事务所由谁代表诉讼的问题，税务师事务所已于2018年2月28日召开第一次临时股东会，会议决议免去陈某滨执行董事职务，任命车某琴为公司执行董事及法定代表人，故陈某滨已丧失代表税务师事务所对外行使职权、履行职务的资格，车某琴有权作为税务师事务所法定代表人参加本案诉讼。陈某滨认为股东会决议属于可撤销决议其仍有权保管公章等资料，但其并未另案提起撤销之诉，该决议应认定合法有效，故陈某滨该抗辩意见，于法无据，法院不予采纳。

公司作为企业法人享有独立的法人财产权，公司证照系企业法人专有物，应依据法人授权依法使用。现税务师事务所已于2018年2月28日作出决议免除陈某滨执行董事职务，任命车某琴为公司法定代表人，陈某滨继续持有税务师事务所公章、财务章、营业执照、银行U盾于法无据，陈某源诉请陈某滨返还税务师事务所上述证照，并办理相应的法定代表人变更登记手续，有事实和法律依据，法院予以支持。对于陈某源主张因陈某滨占有公司证照应赔偿税务师事务所损失10000元的诉讼请求，因其提交的有关税收证明、申报清单、报告书等证据，均无法证明陈某滨未交出上述证照给公司造成损失及损失的具体金额，故对陈某源该项诉求，不予支持。

福建省厦门市思明区人民法院于2018年6月29日作出（2018）闽0203民初7833号民事判决：

一、被告陈某滨应于本判决生效之日起十日内将其持有的税务师事务所公章、财务章、营业执照、银行U盾返还给第三人税务师事务所；

二、被告陈某滨应于本判决生效之日起十日内配合第三人税务师事务所办理法定代表人为车某琴的变更登记手续；

三、驳回原告陈某源的其他诉讼请求。

宣判后，被告陈某滨提起上诉。

福建省厦门市中级人民法院二审判决如下：

驳回上诉，维持原判。

【法官后语】

公司的公章、财务章、营业执照、组织机构代码证等公司章证是公司的重要财产和资信凭据，公司印章可代表公司对外实施法律行为，证件则证明公司主体资格，侵占公司证照即侵犯公司的合法权益，公司可通过公司证照返还之诉要求侵权人停止侵害。本案的争议焦点是原告陈某源作为税务师事务所股东直接起诉原法定代表人证照返还是否主体适格？而本案的特别之处在于其案情具备公司证照返还纠纷的两种主体救济途径，公司直接诉讼及股东代表诉讼。

第一，公司直接诉讼。

公司证照返还之诉是侵权之诉，非法占有人侵犯的是公司对证照的所有权。因此，公司作为权利受侵害人有权直接提起公司证照返还之诉。公司提起诉讼时诉状应加盖公司公章，但如果此时公司已丧失对公章的占有，谁能代表公司的意志？根据《中华人民共和国公司法》第十三条规定及公司工商信息对外公示的信赖制度，公司的法定代表人是唯一受法律认可，且为不特定第三人所信赖的公司意志代表人，公章缺位时，法定代表人即可代表公司对外发生民事行为，法定代表人的签字可直接代表公司意志。因此，公司作为原告起诉没有印章加盖时，法定代表人代表公司意志在诉状上签字确认，即代表公司提起诉讼。本案的特殊之处在于，侵权人即为税务师事务所原法定代表人陈某滨，其持有公司证照到其他公司任职，侵犯了税务师事务所权利，税务师事务所的意志与原法定代表人的意志发生分离，谁的意志才是税务师事务所的真实意思表示？税务师事务所股东会作为法定的公司最高权力机关，通过股东会决议任免公司新法定代表人，重新代表税务师事务所真实意思表示，以帮助公司进行在现行工商登记中法定代表人为侵权主体的诉讼中进行维权，同时亦证明原法定代表人作为税务师事务所证照管理人的资格已经被废止。本案如果是税务师事务所作为原告诉讼，则形式审查股东会召集及作出决议过程中程序具有合法性，并且被告陈某滨在合理期限内没有行使撤销权，则认定税务师事务所更换法定代表人的决议有效，新的公司法定代表人有权代表税务师事务所行使权利对原法定代表人直接提起或参加相关诉讼。

第二，股东代表诉讼。

税务师事务所已经作出了新的更换法定代表人的公司决议，但并未直接以税务师事务所作为原告提起诉讼，而是采用了证照返还诉讼的另一种救济途径，股东代表诉讼。股东代表诉讼一般发生在侵占公司证照、印章的是公司法定代表人、监事或其相关利益人，公司法定代表人或监事等不愿代表公司启动诉讼程序要求返还时，公司股东可直接启动股东代表诉讼。本案原告陈某源系公司的股东，其已根据《中华人民共和国公司法》第一百五十一条规定书面向税务师事务所监事林某荣提起诉讼的请求，林某荣收到书面请求后拒绝提起诉讼，已满足股东代表诉讼的前置程序，故陈某源作为股东有权为了税务师事务所的利益以自己的名义直接向人民法院提起对原法定代表人陈某滨的侵权之诉。而税务师事务所作为直接的受害人，没有采取直接诉讼的方式，而是作为第三人参与到陈某源的股东代表诉讼当中，通过公司股东会决议更换新的法定代表人代表公司真实意思，证明被告陈某滨已处于无权占有公司证照的状态，其持有税务师事务所证照已经侵犯了公司的权益和正常运营。因此被告陈某滨抗辩原告陈某源主体不适格的意见法院不予采纳。

编写人：福建省厦门市思明区人民法院 陈远治

110 公司证照“抵押”行为性质及效力的认定

——房地产开发公司诉H公司公司证照返还案

【案件基本信息】

1. 裁判书字号

福建省厦门市中级人民法院（2018）闽02民终3241号民事判决书

2. 案由：公司证照返还纠纷

3. 当事人

原告（上诉人）：房地产开发公司

被告（被上诉人）：H公司

【基本案情】

房地产开发公司成立于2005年10月21日，目前注册资本为1000万元，2015年1月22日至今的股东为周某源、万嘉公司，分别持股90%、10%，工商管理部门备案的法定代表人为林某军。2015年2月16日，房地产开发公司在万嘉公司缺席的情况下，在周某源的主持下召开临时股东会，决议免去林某军执行董事和法定代表人职务、重新选举周某源为公司执行董事和法定代表人等事项。2016年12月20日，福建省漳州市中级人民法院作出（2016）闽06民终2370号民事判决，确认上述股东会决议合法有效，房地产开发公司、林某军应在判决生效之日起三十日内执行上述股东会决议向福建省漳州市工商行政管理局申请法定代表人变更登记及监事、经理、章程修正案备案登记手续。上述民事判决于2017年3月25日生效。2017年4月28日，周某源向福建省漳州市芗城区人民法院申请强制执行。在该案执行过程中，H公司向福建省漳州市芗城区人民法院出具一份《H公司关于周某源诉房地产开发公司强制执行一案的说明》，载明：兹因题述案件中，周某源要求房地产开发公司将公司公章、财务章、营业执照等公司章证移交周某源；现因上述房地产开发公司章证抵押在本公司处，本公司就此特说明如下：本公司乃房地产开发公司开发的某小区的建设单位……2015年4月，为解决房地产开发公司拖欠工程款问题，避免工程停工造成不稳定因素，漳州市人民政府秘书长主持召开协调会，协调开发商房地产开发公司将公司公章、财务章、营业执照等公司章证抵押在施工单位即本公司处，以换取本公司继续投资……房地产开发公司章证抵押本公司，是本公司垫资建设的前提。

某小区工程项目于2009年6月8日开工建设，开发商为房地产开发公司，施工单位为H公司。2015年4月1日，漳州市人民政府召开会议，协调某小区项目建设有关问题，漳州市住建局等单位、某小区项目建设施工方代表林某平等人参加会议。相关的《关于某小区项目建设有关问题协调情况的备忘录》载明：因拖欠投资方工程款等问题，项目开发商把公司公章、财务章、营业执照正副本证件抵押给施工单位；鉴于开发商公章、财务章、营业执照等证件掌握在施工单位手中已成为客观事实，市工商局在开发商申请营业执照变更等问题上暂时不予办理，市公安局在开发商申请公章变更问题上严格审查，不予办理；施工单位应消除后续投资疑虑，继续推进后续工程建设，力争早日竣工交房，维护社会安全稳定。

2014年9月18日，H公司以房地产开发公司为被申请人，以房地产开发公司拖欠工程进度款为由，向厦门仲裁委员会申请仲裁，要求房地产开发公司向其支付工程进度款2亿元。2014年9月29日，厦门仲裁委员会作出厦仲裁字（2014）第396号裁决书，裁决房地产开发公司应向H公司支付本案工程进度款（含至2014年4月30日止已产生的部分逾期付款利息）合计2亿元。2017年7月17日，福建省漳州市中级人民法院作出（2017）闽06执异8号执行裁定书，以双方当事人均未向仲裁机构陈述房地产开发公司已付4900万元工程款这一事实并提供证据，导致仲裁机构未能就该笔款项的真实用途及性质作出认定，属于当事人向仲裁机构隐瞒了足以影响公正裁决的证据为由，裁定不予执行上述仲裁裁决书。目前，双方就相关工程款事宜仍存争议，且尚在司法审查中。

审理中，H公司提交一份《章证保管协议》，载明：鉴于移交人房地产开发公司作为某小区项目部的开发商，长期拖欠项目部各施工班组垫付的工程款，现经漳州市人民政府办公室调解，房地产开发公司将公司公章、财务章、营业执照正副本证件抵押给项目部挂靠的H公司，并移交给项目部各班组，直至移交人清偿全部拖欠的工程款为止；项目部各班组同意继续施工，直至项目拆迁安置386户入住。该协议落款“移交人”处加盖了房地产开发公司的公章，“接收人：H公司某小区项目部各班组”处加盖

"H公司某小区项目部"印章并有十余人签字捺印，落款时间为2015年4月7日。H公司以此拟证明在漳州市人民政府协调并形成会议备忘录的情况下，房地产开发公司与H公司的施工班组签订协议约定章证提交给项目部各班组保管直至工程款全部清偿为止。房地产开发公司质证称：H公司无法证明该证据的真实性，只能说明章证在H公司，其可任意制造对房地产开发公司不利的文件。

【案件焦点】

房地产开发公司将其公司证照"抵押"给H公司的性质及效力。

【法院裁判要旨】

福建省厦门市思明区人民法院经审理认为：《关于某小区项目建设有关问题协调情况的备忘录》载明的"鉴于开发商公章、财务章、营业执照等证件掌握在施工单位手中已成为客观事实"，系对事实的描述，并非行政机关以行政手段要求房地产开发公司将公章等章证交付H公司的行政行为，故H公司关于该备忘录属于行政行为、房地产开发公司应先行提起行政诉讼的相关主张，缺乏依据，不予支持。从在案的《关于某小区项目建设有关问题协调情况的备忘录》等证据来看，房地产开发公司系因拖欠投资方工程款而将其公章、财务章、营业执照正副本交付给H公司，以此消除H公司的后续投资疑虑，继续推进后续工程建设。上述行为从目的、内容、手段、对象等方面看，并未违反法律、行政法规的强制性规定，且系双方当事人的真实意思表示。因此，在双方仍就案涉项目工程款存在争议，H公司投资疑虑未消除的情况下，房地产开发公司要求H公司返还公章、财务章、营业执照正副本，依据不足，不予支持。房地产开发公司的上述行为并非以其公章、财务章、营业执照正副本作为抵押物或质物以担保债权实现的抵押或质押行为，不属于《中华人民共和国担保法》的调整范围，房地产开发公司以公章、财务章、营业执照正副本不能作为抵押物、质物为由，要求H公司予以返还，缺乏依据，不予支持。

福建省厦门市思明区人民法院依照《中华人民共和国民事诉讼法》第六十四条第一款的规定，判决如下：

驳回原告房地产开发公司的诉讼请求。

房地产开发公司不服一审判决，提起上诉。

福建省厦门市中级人民法院经审理认为：本案讼争合同系双方当事人的真实意思表示，内容形式合法，未违反法律、行政法规的禁止性规定，合法有效。依法成立的合同，对当事人具有法律约束力。合同明确约定房地产开发公司将公章、财务章、营业执照交给H公司直至清偿全部拖欠的工程款为止，在未清偿工程款的情况下，房地产开发公司要求返还公章、财务章、营业执照没有事实和法律依据。综上，房地产开发公司的上诉理由不能成立，应予驳回；一审判决认定事实清楚，适用法律正确，应予维持。

福建省厦门市中级人民法院依照《中华人民共和国民事诉讼法》第一百七十条第一款第一项的规定，判决如下：

驳回上诉，维持原判。

【法官后语】

在经济交往过程中，公司为取信于人，在无法或不便提供具体财产作为担保的情况下，往往会将公司的公章、营业执照等公司证照“抵押”“质押”给交易对方，用以换取债务履行的宽限。公司印章、营业执照系公司经营的重要身份证和资信凭据，公司股东、法定代表人或董事、监事、高级管理人之间的对公司经营管理控制权的争夺，往往伴随着对公司印章、营业执照的激烈争夺。此类争议，则因公司公章、营业执照被“抵押”“质押”给他人，而将矛盾延伸至公司外部，从而呈现出内外部法律关系交错杂糅的复杂境况。本案即如此。对此类纠纷的妥善处理，其要点在于对相关“抵押”“质押”行为的性质和效力的准确把握认定。

本案的主要争议焦点是房地产开发公司将其公章、财务章、营业执照“抵押”给H公司的性质和效力。本案中，从在案的《关于某小区项目建设有关问题协调情况的备忘录》等证据来看，房地产开发公司系因拖欠投资方工程款而将其公章、财务章、营业执照正副本“抵押”交付给H公司，以此消除H公司的后续投资疑虑，继续推进后续工程建设。从性质上来看，抵押、质押均属于物的担保，且系以物的财产价值作为债权的担保。财产价值是抵押物、质物在债务人不能履行债务时，确保债权人通过处分抵押物、质物实现债权的基础。公司公章、财务章、营业执照虽然符合法律关于“物”的定义，但其系以公司身份证明和资信凭据为依据体现价值的物，而非以财产数额大小体现其价值。房地产开发公司将其公章、财务章、营业执照“抵押”给H公司，H公司亦予以接受，但H公司并不据此在不能实现债权时通过处分该公章、财务章、营业执照实现债权。因此，本案“抵押”公章、财务章、营业执照的行为并非担保意义上规定的抵押行为，不属于该法的调整范围。从效力上来看，法律、行政法规并未禁止公司将其证照交付他人保管管理。在拖欠工程款的情况下，房地产开发公司为取信于H公司及相关施工班组而将公章、财务章、营业执照“抵押”交付给H公司，该行为系双方真实意思表示，且从目的、内容、手段、对象等方面来看也不违反法律、行政法规的强制性规定，应为合法有效，双方当事人均应依约履行。因此，在未清偿工程款的情况下，房地产开发公司要求返还公章、财务章、营业执照，显然缺乏事实和法律依据。

编写人：福建省厦门市思明区人民法院　黄南清

111　公司诉讼代理人的确定应以公司内部最新决议为准

——科技公司诉魏某萍公司证照返还案

【案件基本信息】

1. 裁判书字号

北京市第一中级人民法院（2015）一中民（商）终字第7961号民事判决书

2. 案由：公司证照返还纠纷

3. 当事人

原告（被上诉人）：科技公司

被告（上诉人）：魏某萍

【基本案情】

2004年3月10日，科技公司依法注册成立。法定代表人为张某，注册资本为100万元，公司类型为有限责任公司。股东共有六人，出资情况分别为：张某出资31万元；魏某萍出资20万元；付某出资11万元；李某出资19万元；刘某出资11万元；贾某出资8万元。根据科技公司形成于2004年3月4日的公司章程记载，该公司股东会由全部股东组成，是公司的权力机构。股东会会议由股东按照出资比例行使表决权。股东会会议应对所议事项作出决议，决议应由代表二分之一以上表决权的股东表决通过，但股东会对公司增加或减少注册资本、分立、合并、解散或者变更公司形式，修改公司章程所作出的决议，应由代表三分之二以上表决权的股东表决通过。股东会应当对所议事项的决定作出会议记录，出席会议的股东应当在会议记录上签名。

2011年12月13日，张某死亡。其后，张某的妻子祝某将科技公司诉至法院，请求确认其股东资格。2014年6月19日，法院作出（2014）海民初字第10665号民事判决，判决原张某在科技公司所持31%股权归祝某所有。该判决已生效。

2012年9月8日，科技公司形成一份股东会会议决议（以下简称2012年股东会决议）。根据决议记载，除魏某萍外，公司其他股东均同意祝某担任公司法定代表人（同意该事项的股东合计持有公司80%股权，不同意该事项的股东魏某萍持有公司20%股权）。上述决议的落款处，分别有李某、刘某、付某、贾某、魏某萍、祝某的签名。

2014年3月2日，科技公司形成2014年第一次临时股东会会议决议（以下简称2014年股东会决议）。会议议题讨论了是否同意公司对魏某萍占用公司营业执照和公章的行为提起公司证照返还纠纷诉讼；是否同意公司在通过合法途径取得公章和营业执照后去工商登记管理机关办理相应的变更登记手续；是否同意包括但不限于上述案件中涉及公司起诉和应诉事宜的办理和代理人的委托（包括特别代理）均由公司执行董事兼法定代表人祝某办理。除魏某萍持有异议外，公司其他五名股东均同意上述议案内容。上述决议的落款处，分别有刘某、付某、李某、贾某、魏某萍、祝某的签名。

经查，魏某萍于2012年8月17日从科技公司取走该公司营业执照正本及公章，于2012年9月19日取走营业执照副本。

科技公司认为魏某萍将公司营业执照正、副本及公章拿走，不仅违反了公司对证照和公章的内部管理规定，更严重影响了公司对外的正常经营，故请求判令魏某萍返还《企业法人营业执照》正本和副本以及公司公章。被告魏某萍则认为在原法定代表人张某去世后，一直由其负责公司经营管理，祝某无权代表科技公司提起本案诉讼。

【案件焦点】

科技公司在工商部门备案登记的法定代表人已经去世，且公司公章由被告掌握，祝某是否有权代表公司提起诉讼。

【法院裁判要旨】

北京市海淀区人民法院经审理认为：科技公司在其原法定代表人张某去世后，需要选举新的法定代表人代表公司作出意思表示。科技公司2012年股东会决议明确由祝某担任法定代表人，该决议已达到章程规定的表决权比例，其内容应视为公司意志的体现，虽然工商登记尚未对法定代表人进行变更备案，但不影响科技公司决策变更法定代表人的效力。法定代表人的行为具有代表公司意志的效力，故祝某有权代表科技公司提起本案诉讼。2014年股东会决议亦明确同意相关诉讼事宜和代理人的委托均由公司法定代表人祝某办理。魏某萍并非科技公司的法定代表人，其取得公司营业执照正、副本和公章的行为亦未经过股东会的同意，魏某萍无权代表科技公司开展经营业务，其继续持有科技公司的证、章显属不当。

北京市海淀区人民法院依照《中华人民共和国物权法》第三十四条，《中华人民共和国民法通则》第一百一十七条第一款之规定，判决如下：被告魏某萍于本判决生效之日起十日内向原告科技公司返还该公司《企业法人营业执照》正本、副本以及公章。

魏某萍不服一审判决，提起上诉。

北京市第一中级人民法院经审理认为：科技公司的股东分别为张某、魏某萍、付某、李某、刘某、贾某，股东张某去世后，张某妻子祝某继承股权，并经生效判决认定，故科技公司现股东为祝某、魏某萍、付某、李某、刘某、贾某。上述股东有权依据公司章程召开股东会并作出股东会决议，一审法院据此认定科技公司2012年股东会决议应视为公司意志的体现，并无不当。虽魏某萍称其曾起诉请求撤销科技公司2012年股东会决议，但其又称在法院释明后撤回了起诉，即并无生效判决撤销2012年股东会决议，故该股东会决议当属有效决议，且该效力并不需法院判决予以确认。魏某萍的上诉理由，于法无据。

北京市第一中级人民法院依照《中华人民共和国民事诉讼法》第一百七十条第一款第一项之规定，判决如下：

驳回上诉，维持原判。

【法官后语】

民事诉讼中，公司作为一方当事人的情形较为常见。法定代表人是依照法律或公司章程规定，代表法人行使职权的负责人。公司公章是公司处理内外部事务的印鉴。在委托手续的出具方面，无论是法定代表人签字还是加盖公司公章，均可代表公司的意思，对公司发生法律效力。

实践中还存在两个或多个代理人均持委托手续要求代理公司起诉或应诉的情形，具体表现为：一方持有公司法定代表人出具的委托书，另一方持有加盖公司公章的委托书；一方是公司在工商部门备案登记的法定代表人直接参加诉讼或委托他人诉讼；另一方是由公司内部新选任但尚未进行工商备案的法定代表人直接参加诉讼或委托他人诉讼，等等。本案即涉及这一争点。确定不同的代理人会使案件发展为不同的走向，对公司的经营管理亦产生不同的影响。本案中的公司证照返还纠纷，更直接体现了股东之间对公司控制权的争夺，故对程序问题的把握甚至直接影响案件的实体裁判结果。

对于代理人的确定，应当结合公司意思自治原则进行审查，严格以公司内部最新决议为准，而无论是否办理工商变更登记。公司作为商事主体，应受商事登记制度的规范，但是有关法定代表人的变更登记、公章变更备案等，目的是向社会公众明示公司代表权的基本状态，属于宣示性登记而非设权性登记。公司系独立的法人主体，其自身并不能像自然人一样作出意思表示，而是由相关权力机构以决议等形式作出。在代理人的确定方面，应遵循内部自治原则，只要公司章程有约定，或者公司股东会形成了最新的决议对法定代表人、公章或者诉讼事宜作出了安排，就对公司产生法律约束力，而无论相关事项是否进行了工商变更登记。

编写人：北京市海淀区人民法院　王哲

112 章程记载性事项的变更不属于修改章程

——出租汽车公司诉陈某高公司证照返还案

【案件基本信息】

1. 裁判书字号

江苏省无锡市中级人民法院（2014）锡商终字第0092号民事判决书

2. 案由：公司证照返还纠纷

3. 当事人

原告（被上诉人）：出租汽车公司

被告（上诉人）：陈某高

【基本案情】

出租汽车公司系于2001年3月依法设立的有限责任公司，注册资金为20万元，公司股东为陈某高、李某进等20个自然人，各持有公司5%的股份。公司董事会由陈某高等7人组成，公司监事会由武某等5人组成。本案诉讼时登记的法定代表人为陈某高。出租汽车公司的公司章程第十八条规定："股东会以对公司增加或减少注册资本、合并、分立、解散、变更公司形式、修改公司章程作出决议时，必须经代表三分之二以上表决权的股东通过。"第二十条规定："股东会对其他事项作出决议，必须经代表60%以上表决权的股东通过。"第二十五条规定："公司设董事会，董事会由股东会选举（陈某高、徐某栋、陈某福、谢某良、胡某阴、朱某麟、吴某明）7名董事，董事会对股东会负责。"

2013年2月23日，出租汽车公司召开股东大会进行董事长、董事、监事的换届选举，除一人缺席弃权外，其余19名股东均出席了会议，经投票，分别以12∶7的比例选出新任董事长李某进，以及新任董事和监事。主持会议的原董事长陈某高最后宣布选举结果未经代表三分之二以上表决权的股东通过，根据公司章程无法形成决议。与此同时，李某进等12名股东根据股东大会的选举结果当即制作了关于董事、监事任免的股东会决议并签名，认为换届选举属公司其他事项，股东会代表60%以上表决权的股东通过即可生效，本次会议已产生股东会决议。

2013年3月12日，李某进持股东会决议等材料向工商行政管理部门申请办理出租汽车公司法定代表人的变更登记，工商行政管理部门认为提交的申请材料上均未加盖出租汽车公司公章，不符合法定形式，对该变更登记申请不予受理。因陈某高拒绝交还公司证照、印鉴章，拒不配合办理法定代表人工商变更登记手续，李某进一方遂提起诉讼，要求原法定代表人陈某高立即向出租汽车公司返还营业执照等证照、印鉴章及财务账册。陈某高认为，在2013年2月23日出租汽车公司召开的董事长、董事、监事换届选举中，李某进获得董事长选票12票，李某进和其所谓的新的董事、监事的选票均未达到公司章程规定的三分之二以上表决权的股东通过，因此会议无法形成决议，不需要进入有关任免（修改章程）程序，原董事、监事继续履行职责，故公司证照无须交还。

【案件焦点】

出租汽车公司换届选举董事长、董事和监事是否属于修改公司章程，是否须经代表三分之二以上表决权的股东通过。

【法院裁判要旨】

江苏省无锡市北塘区[1]人民法院经审理认为：根据《中华人民共和国公司法》第四十四条的规定，对于公司普通问题的表决程序可以由公司章程决定，但涉及修改公司章程等关系公司存续发展的重大事项，公司法强制规定了更为严格的标准。出租汽车公司章程援用了公司法的上述内容，规定股东会对修改公司章程等作出决议，须经代表三分之二以上表决权的股东通过，对其他事项作出决议，须经代表60%以上表决权的股东通过。

《中华人民共和国公司法》第二十五条规定了有限公司章程应当载明的诸多事项，如公司机构的产生办法和议事规则等。出租汽车公司章程也规定了董事会选举的办法、任期和表决程序。这些规定的内容仅涉及程序性的规则制定，并不特指某个自然人股东。换言之，只要不涉及董事、监事选举和表决程序修改，而只是董事、监事因任期届满或其他原因发生变更的，并不需要修改公司章程，也不是法定的必须经代表三分之二以上表决权的股东通过。如何表决，应由公司章程决定。本案中，出租汽车公司章程规定股东会对其他事项作出决议，仅须经代表60%以上表决权的股东通过即可。2013年2月23日，出租汽车公司经股东大会对董事长、董事和监事换届选举进行了表决，该表决获得了代表60%以上的表决权的股东通过，符合《中华人民共和国公司法》和出租汽车公司章程的规定，应属合法有效。

公司法定代表人的变更登记属于备案性质，李某进作为新任公司董事长和法定代表人，有权代表出租汽车公司提起诉讼，要求被免去的原法定代表人陈某高返还公司证照等。

---

① 注：2015年10月13日，北塘区并入江苏省无锡市梁溪区。

江苏省无锡市北塘区人民法院依照《中华人民共和国公司法》第十三条、第三十七条、第四十三条、第四十四条之规定，判决如下：

陈某高于本判决生效之日起十日内返还无锡市联众出租汽车有限公司的营业执照等证照、印鉴章、财务账册。

陈某高不服一审判决，提起上诉。

江苏省无锡市中级人民法院经审理认为：公司章程是公司最重要、最基本的规范性文件，经制定生效后应保持其稳定性，在公司存续期间发生效力，对公司、股东、董事、监事、高级管理人员均具有约束力。根据公司法规定，修改公司章程属于公司的重大事项，关系到公司的存续和发展，股东会会议作出决议时，必须经代表三分之二以上表决权的股东通过。而董事和监事人选均属于经常变动的事项，逢公司正常换届选举，董事会及监事会成员有变动，只能认为是公司其他事项的变动。根据出租汽车公司章程规定，换届选举股东大会中陈某高的得票已经达到全体股东表决权的60%，故以此为据形成的股东会决议合法有效。故作出如下判决：驳回上诉，维持原判。

【法官后语】

公司章程是公司股东依法制定的规定公司性质、宗旨、名称、住所、经营范围、组织机构及其活动方式、权利义务分配等规范公司组织与活动的基本法律文件，其地位相当于公司内部的“组织法”。公司章程在法律性质上具有自治性和契约性的双重属性。

公司章程按其内容可分为记载性事项和规则性事项。记载性事项是对公司事实性状态的记录和反映，如公司名称、住所、法定代表人、董事、监事等；规则性事项是调整公司组织关系和经营活动的自治性规则，涉及公司运行程序和规则，经制定生效后应保持一定的稳定性。记载性事项和规则性事项的功能不同，其要求也就不同，记载性事项要求如实记载和反映，而规则性事项要求按照公司章程规定的程序、规则产生法律事实。

根据《中华人民共和国公司法》的规定，修改公司章程、增资减资以及公司合并、分立、解散、变更公司形式属于关系到公司存续和发展的重大规则性事项，股东会会议作出决议时，必须经代表三分之二以上表决权的股东通过。而法定代表人、董事和监事名单等是对公司事实性状态的记录和反映，属于公司章程规定的一般记载性事项，因换届选举发生人员更替，存在经常性变动的可能，对此类记载性事项的修改，应适用一般的表决规则，而不能认定是对公司章程的修改，不应适用公司法规定的三分之二以上表决权股东通过的绝对多数表决规则。

法院在审理公司法案件过程中涉及公司章程事宜，应当首先区分该事项是属于记载性事项还是规则性事项，对于纯记载性事项不能以规则性事项的要求进行判断，对于依规则性事项产生的事实性事项，法院审理的是该事实性事项的产生是否符合规则性事项的要求，同样以规则性事项的要求对抗记载性事项，理由是不能成立的。本案中记载在公司章程中的董事会成员和董事长名单，因涉及正常换届选举而发生变更，应认为是对记载性事项的修改，而非对公司章程的修改、变更。

至于公司章程在工商行政机关的登记及变更登记是一种“行政登记”行为。在行政法上应区别“审批”“许可”，“登记”在法律上是对法律事实的记载和公示，在法律上必须先有法律事实，后有行政登记，无法律事实就不可能产生登记行为，在工商行政法律中的“如实”与《中华人民共和国公司法》规定公司章程的记载性事项是一致的。

编写人：江苏省无锡市梁溪区人民法院　包宇红　姜海

113　公司意志代表权争议

——生物科技公司诉吕某公司证照返还案

【案件基本信息】

1. 裁判书字号

北京市第二中级人民法院（2013）二中民终字第 17025 号民事判决书

2. 案由：公司证照返还纠纷

3. 当事人

原告（被上诉人）：生物科技公司

被告（上诉人）：吕某

【基本案情】

生物科技公司企业法人营业执照记载如下主要内容：生物科技公司是有限责任公司，成立于 2011 年 11 月 28 日，注册资本为 200 万元，实收资本为 200 万元，法定代表人为吕某。生物科技公司成立后，由吕某担任公司的执行董事和经理，王某博担任公司监事。

2013 年 4 月 3 日，王某博召开生物科技公司临时股东会，作出股东会决议：（1）执行董事和公司法定代表人由吕某变更为王某博；（2）监事由王某博变更为王荣斌；（3）股东会委托新选举的执行董事王某博或王某博委托中介机构具体办理就临时股东会决议相关变更工商登记一切事宜。同日，王某博作为生物科技公司的新执行董事作出了如下决议：(1) 解除吕某在生物科技公司的所有职务；(2) 由王某博担任生物科技公司经理，吕某立即与王某博进行交接。

2013 年 4 月 20 日，吕某召开了生物科技公司股东会及决议，未通知王某博参加。股东会决议的主要内容为：王某博存在股东抽逃出资行为，决议限制王某博的股东和监事权利。

2013 年 2 月 27 日，当时作为生物科技公司法定代表人的吕某带职员到案外人马某处取回生物科技公司的证照、财务资料明细。生物科技公司的公章 1 枚、财务专用章 1 枚、法人章 1 枚、营业执照正本和副本各 1 本、组织机构代码证书正本及副本各 1 本、税务登记证书正本及副本各 1 本、支票 1 本、公司财务单据 1 袋现在由吕某保管。原告生物科技公司现持股东会决议，起诉要求吕某返还上述公司证照及财务单据。但在手续上一审原告有所欠缺，原告未能提交公司营业执照、公章等证明其为法人身份的证件，经审查工商登记处的法定代表人也是吕某、不是原告所称的王某博，吕某辩称不同意原告的诉讼请求，对原告能否代表公司进行诉讼的诉讼主体资格表示质疑。

【案件焦点】

工商登记的法定代表人与股东会选任的法定代表人同时存在，何者能代表公司意志。

【法院裁判要旨】

北京市西城区人民法院经审理认为：吕某无权通过召开生物科技公司股东会议并作出决议的形式限制王某博的股东表决权；王某博有权召开临时股东会议，程序上虽有瑕疵，但自决议作出之日现已经过60日吕某并未申请撤销该临时股东会议决议，故该决议已经不可撤销，其效力可以确定；在王某博召开临时股东会并作出决议后，生物科技公司的法定代表人变更为王某博，吕某的职务被解除，生物科技公司有权要求吕某返还公司证照和财务资料，吕某应将其保管的生物科技公司的证照和财务资料予以返还。

北京市西城区人民法院依据《中华人民共和国公司法》第四条、第二十二条第二款、第四十条、第四十二条、第四十三条，《中华人民共和国物权法》第三十四条，《最高人民法院关于适用〈中华人民共和国公司法〉若干问题的规定（三）》第十七条，判决如下：

吕某于判决生效后十日内向北京贝瑞德生物科技有限公司返还公章、财务专用章、营业执照正本和副本、税务登记证书及副本、组织机构代码证书正本及副本、空白支票一本、公司财务单据一袋。

吕某提起上诉。

北京市第二中级人民法院经审理认为：根据《中华人民共和国公司法》第三十七条、第三十八条的规定，股东会是有限责任公司的权力机构，股东会会议由股东按照出资比例行使表决权，股东依法通过召开股东会会议的形式对公司进行管理，有效的股东会决议对公司全体股东和高级管理人员均具有约束力。吕某作为生物科技公司股东及时任执行董事、经理，应当遵守并执行该决议的内容。根据2013年4月21日的股东会决议，王某博已成为生物科技公司新任法定代表人及执行董事，其所作出的执行董事决定书亦对公司全体人员具有约束力，根据该执行董事决定书的内容，吕某被解除经理职务，并被要求立即与新任生物科技公司经理的王某博进行交接。虽吕某称生物科技公司证照等文件均不由其掌握而是放在生物科技公司的经营层、行政部门掌管，在诉讼中其也提交了盖有生物科技公司公章的相关材料，但因其未向王某博办理交接手续，说明吕某对证照仍实际控制，其仍负有向生物科技公司交还上述公章证照的义务，生物科技公司的诉讼请求具有事实及法律依据。吕某上诉称王某博以公司名义起诉不具备诉讼主体资格。公司外部纠纷应遵从商事外观主义，以工商登记作为认定原则，由于本案系公司证照返还纠纷，系公司内部纠纷，应尊重公司章程规定，以公司内部有效决议文件来确定公司意志和公司意志代表。王某博以公司名义提起诉讼，其行为应可以代表公司意志。一审判决并无不当，予以维持。

北京市第二中级人民法院依照《中华人民共和国民事诉讼法》第一百七十条第一款第一项之规定，判决如下：

驳回上诉，维持原判。

【法官后语】

本案的实质实为公司股东、高管对公司控制权的争夺，公司内部机制已无法解决、陷入公司僵局，涉及多个连环诉讼。

在审理本案过程中，注意了以下几个方面：（1）依法原则与尊重公司意思自治原则相结合，在适用法律时注意区分公司内部纠纷和外部纠纷。处理公司外部纠纷、涉及公司以外的善意第三人时，应遵循商事外观主义原则，认定工商登记下的法定代表人行为有代表公司意志的效力；对于纯粹的公司内部纠纷，人民法院则应尊重公司章程、股东会有效决议的效力为原则，股东滥用权利、章程违法的除外，以公司内部有效决议文件来确定公司意志代表和公司意志。(2) 全面听取公司代表权争议各方的意见，全面了解案件事实，从而有助于从程序上准确确定适格的公司诉讼代表人、从实体上正确把握各种决议效力及影响。(3) 案件文书中注意载明公司意志代表权问题的处理，以体现案件处理的程序合法性和实体公正性。裁判文书中对此作出准确的认定，对当事人诉讼权利及其他相关诉讼中的实体权利存在巨大影响，注重说理，以理服人，以便达到良好的服判息诉效果，节约司法资源，实现案结事了。(4) 注意与工商登记部门、公安局、银行等相关单位的沟通与衔接。此类案件中往往涉及当事人在公安局变更印章、去工商局变更营业执照、去银行变更财务预留印鉴、在社刊登证照作废声明等情形，人民法院应当辨别和确认相关行为的效力，加强规章制度的研习及与相关部门的沟通联系，保证司法裁判在现实生活中的可操作性。

编写人：北京市第二中级人民法院　吴京

十一、公司盈余分配纠纷

114 无表决权股东是否有权请求公司分配利润

——陈 1 诉资产管理公司公司盈余分配案

【案件基本信息】

1. 裁判书字号

江苏省无锡市中级人民法院（2019）苏 02 民终 483 号民事判决书

2. 案由：公司盈余分配纠纷

3. 当事人

原告（上诉人）：陈 1

被告（被上诉人）：资产管理公司

【基本案情】

资产管理公司系有限责任公司，于 2015 年 3 月 31 日成立，工商登记的股东为陈 1、大连资产管理公司，陈 1 占有 20%的股份，大连资产管理公司占有 80%的股份，陈 1 担任该公司执行董事及法定代表人。资产管理公司章程载明：股东会负责审议批准公司的利润分配方案和弥补亏损的方案；执行董事的职权包括制订公司的利润分配方案和弥补亏损的方案；执行董事为公司的法定代表人。

2016 年，大连资产管理公司与陈 1 签订《解除劳动关系协议》1 份，载明：陈 1 自 2013 年 7 月 1 日入职大连资产管理公司，任职公司高管，现因个人职业发展需求，自愿于2016年9月30日离职，以下就双方劳动关系解除后针对工作期间股权转让、法人变更、责权约定等相关事宜达成协议如下：一、股权转让约定。1.陈1因在大连资产管理公司所占10%股权未实际出资，现将全部股权无条件转让给大连资产管理公司指定的后续项目负责人；2.陈1在资产管理公司所占20%股权无条件转让10%给大连资产管理公司，因陈1未实际出资，大连资产管理公司给予陈1保留10%的股权，该股权陈1仅有利润分红权，不承担出资义务，亦没有投票权和管理权，未来公司解散亦没有分配资产和承担亏损的责任和义务。二、法人变更约定。陈1不再担任资产管理公司法定代表人职务，并配合大连资产管理公司办理相关变更业务。

资产管理公司在2015年12月30日至2017年12月28日通过网银转账方式向大连资产管理公司汇款10次，金额总计为242万元。陈1认为资产管理公司向大股东转移利润。资产管理公司解释，上述242万元系支付给大连资产管理公司的服务费，并举证其与大连资产管理公司签订的2015年度、2016年度、2017年度服务协议各1份，以及大连资产管理公司派出人员名单、服务费明细表、请款单及服务费发票。

陈1至法院起诉请求：判令资产管理公司立即支付股权分红款，暂定1.1万元并赔偿利息损失（以应分配的股权分红款为基数，自起诉之日起至实际给付之日止，按中国人民银行同期贷款基准利率的标准计算）。

【案件焦点】

资产管理公司应否向陈1分配利润。

【法院裁判要旨】

江苏省无锡市锡山区人民法院经审理认为：资产管理公司并未形成关于利润分配的股东会决议，陈1作为资产管理公司法定代表人、执行董事，亦未制订过资产管理公司的利润分配方案或提起过召开关于进行利润分配的股东会会议。资产管理公司提供的证据能证明其与大连资产管理公司之间存在真实交易。

江苏省无锡市锡山区人民法院依照《中华人民共和国公司法》第三十七条，《最高人民法院关于适用〈中华人民共和国公司法〉若干问题的规定（四）》第十四条、第十五条之规定，判决如下：

驳回陈1的全部诉讼请求。

陈1不服一审判决，提起上诉。

江苏省无锡市中级人民法院经审理认为：股东有权请求公司分配利润的情形为：1. 公司已通过分配利润的股东会决议，无正当理由未予执行。2. 公司未通过分配利润的股东会决议，但大股东滥用股东权利导致公司不分配利润，给其他股东造成损失。资产管理公司并未作出分配利润的股东会决议，且陈1作为公司的执行董事，也从未制订并向股东会提出过利润分配方案。资产管理公司提供的证据能证明其与大连资产管理公司之间存在真实交易，且陈1本人即为大连资产管理公司派驻至资产管理公司的人员之一，其工资、差旅费等均包含在资产管理公司所支付的服务费中，一审中陈1还陈述资产管理公司的汇款事宜均由大连资产管理公司派驻在资产管理公司的财务人员负责，可见陈1明知大连资产管理公司向资产管理公司提供服务。

江苏省无锡市中级人民法院依照《中华人民共和国民事诉讼法》第一百七十条第一款第一项之规定，判决如下：

驳回上诉，维持原判。

【法官后语】

一、陈1所持10%“股权”性质为“无表决权股”

陈1所持有10%的“股权”，虽经工商登记，但陈1并未实际出资，公司注册资本均是大连资产管理公司支付，依照离职协议的约定，其“股权”仅有利润分红权，不承担出资义务，亦没有投票权和管理权，公司解散时不分配资产，也不承担弥补亏损的责任。笔者认为，陈1与公司之间对于股权的限制性约定，应作分别考量。离职协议中关于陈1放弃投票权、管理权及公司清算时不参与分配的约定，系处分自身权利，不违反法律、行政法规的禁止性规定，也不损害外部债权人的利益，可以予以确认。双方约定陈1不实际支付出资以及清算时不承担亏损责任的约定，因涉及外部债权人利益，仅能作为两者内部结算的依据，对外部债权人不具有约束力。我国公司法虽无类别股的规定，但法律亦未予以禁止，陈1所持有的股权应被认定为“无表决权股”。

二、陈1对资产管理公司同时享有股利给付请求权与股利分配请求权

陈1起诉要求资产管理公司向其分配利润系行使股利分配请求权。对于股东请求公司分配利润的裁判规则，《最高人民法院关于适用〈中华人民共和国公司法〉若干问题的规定（四）》第十三条、第十四条、第十五条已经有了明确的指导意见，股东有权请求公司分配利润的情形为：1. 公司已通过分配利润的股东会决议，无正当理由未予执行。2. 公司未通过分配利润的股东会决议，但大股东滥用股东权利导致公司不分配利润，给其他股东造成损失。前者侵犯

的是股东的股利给付请求权，而后者侵犯的是股东的股利分配请求权。股利给付请求权，即具体的股利分配请求权，是指当公司存在可供分配的利润时，股东根据股东会决议而享有的按照其持股类别和比例向其支付特定股利的权利，是一种债权。抽象的股利分配请求权指的是股东基于股东资格和地位所享有的一种权利，股东投资公司即为了获利，但因公司经营有风险性，故股东能否获利，获利多少，均是未知数，故抽象的股利分配请求权是一种期待权。

因资产管理公司未作出盈余分配决议，陈1不能主张股利给付请求权。陈1是否享有抽象的股利分配请求权，笔者认为，首先，抽象的股利分配请求权是基于股东身份对公司分配股利的期待权，是一种固有权，股东投资公司即为了获利，且双方并未排除陈1的分红权，如有表决权股东利用优势地位转移公司利润，导致公司无利润可分，那么陈1的该种期待权即受到了侵害，其有权以诉讼方式维护自身权益。其次，公司分配虽属公司自治的范畴，但依旧需要遵循法律正义的基本价值，大股东在行使股东权利时，必须遵守诚实信用原则，即其所作出的决议，是为公司和全体股东的共同利益，而非仅为个人利益，故法院应当审查公司不分配利润的行为是否存在股东倾轧。再次，陈1无法通过股东评估退出机制进行自我救济。公司法规定的回购请求权的行使条件是：1. 实体上，公司连续5年盈利且符合公司法规定的分配利润条件，但连续5年未分配利润。2. 程序上，受侵害的股东在股东会进行不分配利润决议表决时投反对票。陈1所有的股份为无表决权股，无法满足请求公司回购股权的条件，如认定其不具有抽象的股份分配请求权，就失去了最后一个救济途径，也不符合公平原则。最后，无表决权股并非是完全的、永久的无表决权，在特定情形下，其表决权可以复活。我国当前立法虽然没有关于无表决权股的规定，但在一些国家中却十分常见，如德国、日本均有关于优先股的规定，在肯定无表决权股的合法性的同时，也规定了无表决权股东若未能依照章程的规定优先分取股利，因其自益权未获满足，表决权可以复活，在其股份分配请求权获得满足后，其表决权重新归于消灭。

三、如存在大股东滥用权利转移利润不向小股东分配利润情形，可以判令公司分配利润

陈1主张资产管理公司变相向大股东大连资产管理公司分配利润，造成其损失，要求资产管理公司向其分配利润，但是未能提供证据证明公司有可分配利润以及存在向大股东存在转移利润的情形。资产管理公司已举证其与大连资产管理公司逐年签订的服务协议、服务费明细表、请款单及服务费发票等证据，可以证明其与大连资产管理公司间存在真实交易关系，陈1未能提供相反的证据予以推翻。陈1申请对案涉服务协议是否真实履行及大连资产管理公司提供的服务价值进行司法审计，但经咨询鉴定部门，该审计内容不具有可操作性，一方面对服务价值的认知本身具有很大的主观性，无法确定价格的参考标准；另一方面服务不同于其他商品，并非事事留痕，无法计量。故本案虽肯定了陈1具有股利分配请求权，但因陈1提供的证据不足以证明资产管理公司存在可分配利润及存在向大股东大连资产管理公司转移利润的情形，故陈1的诉请未获支持。

编写人：江苏省无锡市中级人民法院　蒋馨叶　尹慧

115 在无股东会决议的前提下，股东请求公司分配利润的认定标准

——全1诉食品公司公司盈余分配案

【案件基本信息】

1. 裁判书字号

湖南省衡阳市中级人民法院（2020）湘04民终1926号民事裁定书

2. 案由：公司盈余分配纠纷

3. 当事人

原告（上诉人）：全1

被告（被上诉人）：食品公司

第三人：阳1

【基本案情】

全1自2010年1月19日至2011年11月2日向食品公司投资54.2214万元，并于2010年至2012年数次参加了食品公司召开的股东会议。2012年12月20日、2014年12月25日，全1分别与阳1签订了《隐形股权转让协议》《股份转移协议》，阳1缩减其在食品公司7.15%的股权给全1，2017年12月13日，全1被登记为食品公司的股东。食品公司的股东为市食品公司、阳1、全1，市食品公司的法定代表人为阳1，股东为阳1、汤1、成1、高1、彭1等27人，2013年4月24日，阳1与市食品公司签订承包经营

合同，约定：经公司董事会研究决定，将公司（包括公司在食品公司47.7%的经营管理权）由阳1承包经营，承包期限为2013年5月1日至2018年4月30日，阳1向食品公司交纳五年承包经营费353万元，其中：公司股东固定分红278万元；管理费75万元。合同签订后，阳1向食品公司各股东发放了一些分红，全1以阳1向食品公司各股东发放的分红款系食品公司分配的利润，其作为股东，未获得相应利润为由提起诉讼。

【案件焦点】

1. 在无股东会决议的前提下，全1是否有权要求公司分配利润；2. 全1是否有权要求公司其他股东向其支付公司盈余。

【法院裁判要旨】

湖南省衡阳市雁峰区人民法院经审理认为：根据《最高人民法院关于适用〈中华人民共和国公司法〉若干问题的规定（四）》第十五条的规定，股东未提交载明具体分配方案的股东会或者股东大会决议，请求公司分配利润的，人民法院应当驳回其诉讼请求，但违反法律规定滥用股东权利导致公司不分配利润，给其他股东造成损失的除外。本案中，全1未提交食品公司分配利润方案的股东会或者股东大会决议，且所提供的证据系阳1向食品公司各股东分红的部分证据，不能证实食品公司实施过利润分配，而其未获得相应收益；亦不能证实食品公司虽未进行分配，但确有相应的利润收入且符合规定的分配条件，应当进行分配的情形，应承担举证不能的责任；另外，全1将食品公司列为本案被告，却要求其他股东承担责任，于法无据，综上，本院对全1的诉请不予支持。

综上所述，湖南省衡阳市雁峰区人民法院依照《最高人民法院关于适用〈中华人民共和国公司法〉若干问题的规定（四）》第十三条、第十五条，《中华人民共和国民事诉讼法》第六十四条第一款的规定，判决如下：

驳回原告全1的诉讼请求。

全1不服原审判决，提起上诉。但在二审开庭前，撤回了上诉。

【法官后语】

公司作为一种企业形态遍地开花，但公司的运作必须要有股东、法人、监事以及高级管理人员。由于公司运作不规范，便产生了上述案例中公司盈余分配纠纷的问题，针对案例中未提交盈余分配方案的情形，分析在现行法中的认定及保护路径。

一、诉权的正当性

公司没有召开股东会作出分配利润的决议，股东就直接向法院起诉要求公司分配利润，股东起诉的诉权是否具有正当性。评判诉权取决于是否有诉的利益及司法介入的必要性。原则上来说，分配利润属于公司的商业判断范畴，司法一般不予干预。现实的公司实践中，由于大股东排挤以及董事会等内部人员控制等原因，导致股东之间利益分配严重失衡，已非公司自治所能解决。必须要通过公司法上的强制性规定加以干预，而现有的公司法规定，无法充分保证小股东依法获得公司利润分配并分享公司长期发展利益的权利。为了弥补公司自治的不足，司法介入是必要的。同时从该项诉权的法律依据来评判，《最高人民法院关于适用〈中华人民共和国公司法〉若干问题的规定（四）》第十五条的但书部分，亦体现了该项诉权的正当性。

二、针对该诉权需要审查的要点

根据法律规定，允许个别股东基于抽象的利润（未形成分配决议）分配请求权提起诉讼，法院据此作出判决涉及全体股东的利益。若一旦判决支持原告的诉讼分配利润，势必会使公司的利润减少，亦存在对其他股东是否平等的问题。故此，在审理此类案件时，首先需要弄清楚该公司的组成形式、公司规模及股东人数，使其积极地参与到该诉讼中来，对公司的运营情况和未来公司的发展规划以及未按公司章程分配利润的原因。阐述清楚并提交相关证据。据此来综合评判原告的该诉权是否可以通过公司内部救济加以解决。其次对支撑该诉权的法定情形予以审查：1. 在公司任职的其余股东或其指定的董事、高级管理人员以及与其有特殊关系的人，他们的薪资发放是否符合公司章程约定，是否存在给某些股东发放远高于其他股东的薪酬以及薪酬水平是否明显超过通常标准；2. 控股股东是否存在过度消费，如操纵公司购入车辆、房产等服务，且该消费与公司发展没有必然联系；3. 控股股东或董事会隐瞒或转移利润，存在虚增成本，过度预计负债，向其关联公司或其控股的公司支付明显更多的服务费来转移资产；4. 控股股东滥用权利存在对其他股东的固有权利构成了不公平的对待的行为；等等。

三、司法救济的出路

公司自治有其天然的局限性，为了合理平衡公司自治和司法干预关系，充分彰显法律的平等理念和公平精神。对于未提交分配利润决议而提起分配利润请求权之诉，不应一味地驳回其诉讼请求，应视案件的审查情况作出不同的判决。1. 公司不分配利润系为公司长远发展的需要，不存在控股股东或董事压制小股东，利用其控股优势侵占公司利润的情况。此时公司暂不分配利润并不意味着当然侵犯股东的合法权益，亦未违反现行的法律规定，应判决驳回其诉讼请求，充分尊重公司自治。2. 如果公司在盈利而长期不分配利润的情况下，通过审查发现公司存在控股股东利用其优势压榨、排挤小股东的情形。此时单纯地通过公司自治，依赖于控股股东的诚信责任，无异于帮助大股东顺利实现侵害小股东利益的目的。法院应当支持个别提起诉讼的股东诉求，在公司规模不大、原始财务资料完整的情况下，可以在尊重公司自治的同时，判决公司在限定的期限内作出利润分配决议，逾期根据审查确定的数额直接向原告支付。若公司规模较大、公司原始财务资料不完整，靠公司自治根本无法形成有效的利润分配决议，可以通过委托会计师事务所进行审计确定公司税后的利润，在扣除法定积金之后，根据股东在公司中所占的股权比例作出判决。

编写人：湖南省衡阳市雁峰区人民法院　黄学锋

116　公司章程中离职退股条款的效力及生效时间认定

——徐1诉航天公司公司盈余分配案

【案件基本信息】

1. 裁判书字号

广东省深圳市中级人民法院（2019）粤03民终18320号民事判决书

2. 案由：公司盈余分配纠纷

3. 当事人

原告（上诉人）：徐1

被告（上诉人）：航天公司

【基本案情】

2005年3月1日，徐1入职航天公司。2007年5月，徐1实际出资为9.99万元，持有航天公司1.5%的股权。2013年7月10日，徐1与航天公司解除劳动关系。至本案庭审之日，徐1仍登记为航天公司股东，持股比例为1.5%。

2014年10月22日，航天公司对公司章程进行修订，增加了如下内容："有下列情形之一者，自然人股东应当将所持有的全部股权转让给工会委员会：1. 股东辞职、调离、退休以及因其他原因与公司解除劳动合同关系的……转让价格按转让合同签订时上月公司当期资产负债表上的净资产额为标准进行计算……"包括徐1在内的全体股东在修订后的公司章程上盖章或签名。航天公司将章程修正案向深圳市市场和质量监督管理委员会办理了备案登记。

2015年之前徐1所持股权应得的红利，航天公司均已支付给徐1，双方并无争议。

航天公司2016年11月30日的资产负债表显示，当期资产负债表上的净资产额为29759163.88元。

2016年11月30日，航天公司召开2016年度第三次股东会，作出《股东会决议（第一号）》，全体股东同意徐1以446387.46元将其持有的1.5%股权转让给工会委员会。同日通过关于同意徐1以446387.46元将其持有的1.5%股权转让给工会委员会的《股东会决议（第二号）》，徐1未签名。

航天公司的2016年度第三次股东会工作记录记载，2016年12月16日，航天公司向徐1送达2016年度第三次股东会决议、章程修正案、股权转让协议书，徐1签名确认，航天公司备注“已交给徐1阅读，不同意转让价格”。

2017年3月13日，航天公司通过《2017年度第二次股东会决议》，审议通过2016年度利润分配方案，该方案显示2016年度可分配利润为22582877.05元。2018年2月6日，航天公司通过《2018年度第一次股东会决议》，审议通过了《2017年度利润分配议案》，2017年度公司可分配利润为38536422元。

2018年2月27日，航天公司向徐1出具《律师函》，要求原告履行章程规定的转让义务，以章程约定的价格将其持有的1.5%股权转让给工会委员会。

【案件焦点】

1. 航天公司于2014年10月22日对公司章程第十五条进行修订是否合法；2. 徐1是否因航天公司章程第十五条之规定而丧失股东资格；3. 股权转让时间及徐1应取得的利润。

【法院裁判要旨】

广东省深圳市福田区人民法院经审理认为：《中华人民共和国公司法》第十一条规定，设立公司必须依法制定公司章程。公司章程对公司、股东、董事、监事、高级管理人员具有约束力。公司章程对公司全体股东具有约束力，原告要求分配公司利润的前提是其仍具有股东身份。

虽徐1至今在工商部门登记为被告的股东，但工商部门登记信息起到的是对外公示的效果，在股东和公司的内部关系中，公司仍可以登记股东实际并不具有股东资格为由提出抗辩。航天公司于2014年10月对公司章程进行了修订，该修订过后的章程经全体股东一致同意，未违反法律法规禁止性规定，合法有效，对全体股东具有约束力。

修订后的公司章程规定："有下列情形之一者，自然人股东应当将所持有的全部股权转让给工会委员会：1. 股东辞职、调离、退休以及因其他原因与公司解除劳动合同关系的……"根据上述规定，徐1与航天公司解除劳动关系后，工会委员会即有权要求与徐1按照公司章程规定的条件签订股权转让合同。工会委员会于2016年12月16日向徐1提出请求，要求与其签订《股权转让协议》，按照公司章程规定的价格转让其名下的股份，徐1无正当理由拒绝签订合同，视为合同已成立并发生效力。即自2016年12月17日起，视为徐1已将其名下公司股份转让给工会委员会，徐1不再享有该部分股权对应的所有权利，包括分取红利的权利。

2016年12月16日前，徐1仍是公司股东，享有按其持有股权分取红利的权利。航天公司应向徐1分配的该部分利润为324860.24元［22582877.05元×1.5%×（351天÷366天）］。此后，徐1不再是公司股东，徐1请求分配利润，没有法律依据，本院不予支持。

广东省深圳市福田区人民法院依照《中华人民共和国公司法》第十一条、第二十条第一款、第三十四条，《中华人民共和国民事诉讼法》第六十四条的规定，判决如下：

一、被告航天公司应于本判决生效之日起十日内向徐1支付利润324860.24元；

二、驳回徐1的其他诉讼请求。

原、被告均不服一审判决，向深圳市中级人民法院提起上诉。二审法院同意一审法院的裁判意见，判决如下：

驳回上诉，维持原判。

【法官后语】

员工激励持股制度作为激发人才劳动热情、提高公司经济效益的重要手段，越来越被现代企业所重视。但随着公司改革和发展的不断深化，尚无明确的法律规定对员工激励持股制度进行规范，实施股权激励还涉及员工离职时股权变动的效力问题，故实践中不断由此引发纠纷。本案便是员工在跟公司解除劳动合同时，因产生了内部章程生效与外部登记冲突，引发了如何认定员工离职退股及退股时间并正确分配公司盈余的问题。

关于徐1是否因航天公司章程第十五条之规定而丧失股东资格的问题：第一，员工“离职退股”的条款载入公司章程程序合法。首先，依照《中华人民共和国公司法》第二十五条第二款“股东应当在公司章程上签名、盖章”，以及第四十三条第二款“股东会会议作出修改公司章程、增加或者减少注册资本的决议，以及公司合并、分立、解散或者变更公司形式的决议，必须经代表三分之二以上表决权的股东通过”的规定，航天公司章程的修订经包括徐1在内的全体股东盖章或者签名确认，并向深圳市市场和质量监督管理委员会办理了备案登记。“离职退股”条款通过公司章程的修订载入公司章程程序合法，依法制定及修改的公司章程对公司、股东、董事、监事、高级管理人员均具有约束力。第二，“离职退股”条款属于公司意思自治范畴。《中华人民共和国公司法》第七十一条在明确了有限责任公司股权内部自由转让的原则，并对股权对外转让做出一定限制后，又在第四款规定“公司章程对股权转让另有规定的，从其规定”，从而允许公司章程对有限责任公司股权转让进行自治而作出不同规定。基于有限责任公司封闭性和人合性的特点，由公司章程对公司股东转让股权作出某些限制性规定，系公司自治的体现。第三，公司章程中“离职退股”条款不属于法律法规禁止性规定。由于“离职退股”系股东对其私有财产权利的处分，涉及股东个人利益事项，需股东在制定公司章程或修订公司章程的股东会决议中予以签署确认，航天公司章程对于该部分规定的修改经全体股东签字盖章通过并登记，故符合有限责任公司封闭性和人合性的特点，且不违反公司法的禁止性规定。如果有限公司章程中关于离职退股条款的约定不违反法律、行政法规的强制性规定，便应当合法有效。综上，航天公司章程程序合法、内容系公司意思自治范畴，不违反公司法的禁止性规定，合法有效，对徐1有约束力。

关于股权转让时间。根据公司章程规定，股东与公司解除劳动关系后，章程指定的接收股权第三方即工会委员会即有权要求与徐1按照公司章程规定的条件签订股权转让合同，徐1无正当理由不得拒绝签订合同，否则视为合同已成立并发生效力。但工会委员会一直未向徐1提出请求，且公司仍然向徐1分红，工会委员会放弃了该部分的权益。因此，应自工会委员会向徐1要求签订股权转让合同之日即自2016年12月17日起，视为徐1已将其名下公司股份转让给工会委员会，徐1不再享有该部分股权对应的所有权利，包括分取红利的权利。

企业实施股权激励，应当妥善处理员工离职时股权变动的相关问题，企业应当将股权激励相关问题以公司章程形式进行规范，明确约定股东离职后的股权退出时间、退出后的接收人以及接收价格，并且在离职退股条件成就后积极履行退股手续，以避免发生不必要的纷争。这样才能更好地激发人才劳动热情、提高公司经济效益。

编写人：广东省深圳市福田区人民法院　黄红华

117　股东未提交决议请求分配利润案件的认定标准

——陈某诉Y公司公司盈余分配案

【案件基本信息】

1. 裁判书字号

北京市第一中级人民法院（2019）京01民终1904号民事判决书

2. 案由：公司盈余分配纠纷

3. 当事人

原告（上诉人）：陈某

被告（被上诉人）：Y公司

【基本案情】

Y公司于2014年12月15日注册成立，注册资本为10万元，公司股东为陈某、陈某妍，陈某认缴出资4万元，陈某妍认缴出资6万元。陈某妍任公司执行董事、经理，陈某任公司监事。公司章程规定：股东会由全体股东组成，是公司的权力机构，行使包括审议批准公司的利润分配方案和弥补亏损的方案等职权。股东会会议由股东按照出资比例行使表决权。

2015年6月1日，陈某收到Y公司支付的分红款2万元，后再未收到公司分红款。

2016年1月22日，陈某、陈某妍签署股东会决议：2015年度财务报告应当以书面报告为准；2016年度公司运营资金的募集问题待股东审阅过书面财务报告后5个工作日内书面答复，不再另行召开股东会，逾期视为股东放弃表决权利。

陈某提起本案诉讼，称陈某妍利用职务之便转移本属于Y公司的经营收入，同时股东陈某妍个人资产与公司资产混同，依据相关法律规定，Y公司应当向陈某分红。其诉讼请求为：判令Y公司支付2015年6月至2018年6月的分红款139020元（2015年6月1日获得了1月至5月的分红款2万元，按照每月平均的分红款计算，主张到2018年止）。

为证明其主张，陈某提交了公证书，内容为微信聊天记录截图，证明有三个微信公众号都属于Y公司，但公众号的盈利有打入Y公司账户的，有打入陈某妍个人账户的，可证明资产混同的事实。另主张，陈某妍另成立了J公司，构成同业经营，且陈某妍向J公司转移经营收入。J公司成立于2015年11月30日，公司执行董事为陈某妍。Y公司不认可向J公司转过钱，并称J公司的执行董事“陈某妍”不是Y公司的法人代表“陈某妍”，两个公司并无关系。陈某向一审法院起诉请求：判令Y公司支付2015年6月至2018年6月的分红款139020元，并承担本案诉讼费。

【案件焦点】

1. 股东未提交决议请求分配利润时，对“滥用股东权利”情形的理解；2. 股东未提交决议请求分配利润时，应如何承担举证责任。

【法院裁判要旨】

北京市海淀区人民法院经审理认为：《中华人民共和国公司法》第四条规定，公司股东依法享有资产收益、参与重大决策和选择管理者等权利。股东的盈余分配请求权，是指股东基于其股东地位依法享有的请求公司按照自己的持股比例向自己分配股利的权利。本案中，陈某依其股东身份向法院主张盈余分配，但未提交合法有效的利润分配股东会决议。陈某在本案诉讼中称陈某妍利用职务之便转移本属于Y公司的经营收入，同时股东陈某妍个人资产与公司资产混同，故依据《最高人民法院关于适用〈中华人民共和国公司法〉若干问题的规定（四）》第十五条的规定，要求Y公司向陈某分红。陈某就此提交了公证书，证明有三个微信公众号都属于Y公司，盈利有打入Y公司账户的，有打入陈某妍个人账户的，资产混同，其中相关凭证都是一个客户的微信提供的。Y公司对上述公证书中的信息不认可，称大多都是截图；Y公司亦不认可向J公司转过钱，并称J公司的执行董事"陈某妍"不是Y公司的法人代表"陈某妍"，两个公司并无关系。根据民事诉讼法的规定，当事人就其主张的事实有责任提交证据，书证应当提交原件。陈某在本案中就其主张的上述事实提交了公证书，但公证的内容系个人微信聊天记录，相关凭证亦为微信聊天过程中案外人发送的图片，在Y公司对其信息截图的真实性提出质疑且无其他证据佐证的情况下，对陈某上述证据的证明力不予认可。因陈某提交的证据，不足以证明公司股东陈某妍违反法律规定滥用股东权利，导致公司不分配利润，给股东陈某造成损失的情形，故对陈某的诉讼主张不予支持。综上所述，依照《中华人民共和国公司法》第四条、第十一条、第三十七条，《中华人民共和国民事诉讼法》第六十四条第一款之规定，判决如下：

驳回陈某的诉讼请求。

陈某不服一审判决，提起上诉。

北京市第一中级人民法院经审理认为：本案中，陈某作为Y公司的股东，在公司股东会未作出利润分配方案的情况下，诉请公司分配利润，此时，应适用《最高人民法院关于适用〈中华人民共和国公司法〉若干问题的规定（四）》第十五条的规定，陈某应证明Y公司存在“违反法律规定滥用股东权利导致公司不分配利润，给其他股东造成损失”的情形。

公司法解释的上述条款，指向的是公司部分股东滥用股东权利，导致公司出现了利润分配不公平的情形，具体包括变相给部分股东分配利润，或转移、隐瞒公司利润，导致部分股东无法享受利润分配的情形。

本案中，陈某主张Y公司的大股东陈某妍存在以下滥用股东权利的情形：一是自营或者为他人经营与所任职公司同类的业务；二是利用职务便利为自己或者他人谋取属于公司的商业机会，转移、侵吞公司财产。首先，陈某主张的第一种情形，属于股东同业竞争范畴，与公司法解释所规定的利润分配不公平的情形并不一致，陈某应按照法律规定，另行主张权利。其次，对于陈某主张的第二种情形，如果存在陈某妍转移公司利润的情况，则属于公司法解释所规定的利润分配不公的情形。此时，陈某应对陈某妍存在上述滥用股东权利的行为承担举证证明责任，但陈某提供的公证书内容均是陈某妻子邹某与案外人的微信聊天截图，本院无法确认案外人的真实身份和聊天内容的实质真实性，而陈某提供的网络稿件，属于媒体宣传性报道，其实质真实性亦无法确认，故本院认为，陈某的举证不足以证明陈某妍存在转移公司利润的情况，陈某应就此承担举证不能的法律后果。

综上所述，陈某的上诉请求不能成立，应予驳回；一审判决认定事实清楚，适用法律正确，应予维持。依照《中华人民共和国民事诉讼法》第一百七十条第一款第一项之规定，判决如下：

驳回上诉，维持原判。

【法官后语】

本案涉及《最高人民法院关于适用〈中华人民共和国公司法〉若干问题的规定（四）》第十五条颁布后对股东利润分配请求权案件审理的变化，具体分析如下：

1. 股东利润分配请求权，即股东的分红权是股东自益权的一种，属于股权中的财产性权利。《中华人民共和国公司法》第四条规定，公司股东依法享有资产收益、参与重大决策和选择管理者等权利。第三十四条规定，股东按照实缴的出资比例分取红利；公司新增资本时，股东有权优先按照实缴的出资比例认缴出资。但是，全体股东约定不按照出资比例分取红利或者不按照出资比例优先认缴出资的除外。股东投资成立公司，获取投资收益是大部分股东的主要投资目的，故分红权是股东权利中的重要组成部分，也是大多数股东最关注的权利之一。司法实践中，赋予了股东起诉公司要求公司分红的权利，但法律对上述权利的行使进行了一定的限制。

2. 股东利润分配请求权的行使，应以公司自治原则为前提。公司是否分配利润，一般而言，应由公司内部治理机制决定，公司章程中对股东是否分配利润、分配利润的原则和方式，属于公司股东的内部约定，股东应受此约束，法院裁判通常亦不应突破上述约定。

通常情况下，只有公司股东会就特定年度的股东分红作出相应决议的情况下，股东才能依据内部决议要求公司分红。现实中也存在公司决策机关未作出分红决议，但股东内部实际已经对公司利润进行了分配，上述股东的一致性意志或行为也应视为公司实际作出分红决议。同样，若公司股东会就股东分红权作出合理限制，股东亦应遵守上述约定。

3.《最高人民法院关于适用〈中华人民共和国公司法〉若干问题的规定（四）》是对公司自治原则的突破。《最高人民法院关于适用〈中华人民共和国公司法〉若干问题的规定（四）》第十五条规定：股东未提交载明具体分配方案的股东会或者股东大会决议，请求公司分配利润的，人民法院应当驳回其诉讼请求，但违反法律规定滥用股东权利导致公司不分配利润，给其他股东造成损失的除外。该条的颁布，属于对公司自治原则的突破，是对《中华人民共和国公司法》第二十条“公司股东应当遵守法律、行政法规和公司章程，依法行使股东权利，不得滥用股东权利损害公司或者其他股东的利益”的呼应。审判实践中，出现了较多控制公司经营的股东利用公司股份多数决优势或实际经营公司的优势，变相侵害其他股东分红权的情况，立法中赋予了股东未决议情况下的请求分配利润权，但上述法条中“违反法律规定滥用股东权利导致公司不分配利润，给其他股东造成损失的除外”规定得较为抽象，成了个案裁量的难点所在。

关于未决议请求分配利润的认定情况，首先，应当明确的是，公司虽有盈利，但从经营角度考虑不分红，仍属于公司内部自治的合理范畴，该决议结果对所有股东是共同适用的，不会存在权利失衡的情况，此种情况并不属于《最高人民法院关于适用〈中华人民共和国公司法〉若干问题的规定（四）》第十五条“滥用股东权利”的情形。此时股东如果对股权收益情况不满，只能通过股权转让或者请求公司回购股权的方式维护自身权益。其次，笔者认为，《最高人民法院关于适用〈中华人民共和国公司法〉若干问题的规定（四）》第十五条的“滥用股东权利导致公司不分配利润”需要出现实际上造成股东之间利润分配不均衡的情况，即控股股东或经营股东隐瞒利润或不当转移利润，实际获得了部分公司利润的分配，但其余股东却无法同等享受分红的权利，此时，方可适用该条款按照同等获利情况对其他股东进行分红。目前常见的包括公司向部分股东或该股东的关联人员发放高额薪酬、为部分股东购买过多服务及财产、向特定股东关联方转移利润。

4. 具体到本案中，陈某主张Y公司的大股东陈某妍存在以下滥用股东权利的情形：一是自营或者为他人经营与所任职公司同类的业务；二是利用职务便利为自己或者他人谋取属于公司的商业机会，转移、侵吞公司财产。陈某主张的第一种情形属于同业竞争范畴，大股东同时经营其他同类义务，其行为本身并不会直接造成大股东实际取得公司盈利或公司分配利润不均衡的情况，故第一种情形并非陈某直接诉请公司分配利润的合理依据。具体到第二种情形中，还需区分以下两种情况。若陈某妍抢夺了公司的商业机会，以本人关联公司取代Y公司进行经营，应认定陈某妍存在损害公司利益的情形，但由于上述收益并不当然归属于Y公司，陈某应首先选择股东代表诉讼的方式要求陈某妍向Y公司返还不当收入。但如果实际业务方还是Y公司，陈某妍直接将属于Y公司的收入转入本人或关联方账户，则符合《最高人民法院关于适用〈中华人民共和国公司法〉若干问题的规定（四）》第十五条的规定，应按照陈某妍的实际获利和双方的持股比例情况，支持陈某的公司分红诉请。本案中，陈某仅提交了部分微信截图证据，未能提交Y公司的财务资料和款项流转凭证，无法直接证明陈某妍存在变相转移公司利润的行为，故最终判决其承担举证不能的法律后果。但陈某诉请的案情，反映了现实公司经营中常出现的大股东把控公司，转移公司财产，损害小股东利益的情形，此时，请求法院强制利润分配成为小股东可选择的一种新的救济途径。

编写人：北京市第一中级人民法院　王晴

118 股东会决议暂不分配利润原因消除后，可以请求分配利润

——投资公司诉风电公司公司盈余分配案

【案件基本信息】

1. 裁判书字号

黑龙江省高级人民法院（2019）黑民终391号民事判决书

2. 案由：公司盈余分配纠纷

3. 当事人

原告（被上诉人）：投资公司

被告（上诉人）：风电公司

【基本案情】

2007年12月，黑龙江发电公司、电气公司、能源公司出资成立风电公司。2008年9月，投资公司成为风电公司股东。2010年3月，D公司成为风电公司股东。风电公司2012年、2015年亏损，

2009 至 2011 年、2013 年、2014 年、2016 年、2017 年均盈利。2011 年 4 月，风电公司第三次股东会审议批准了该公司 2010 年利润分配议案。因 D 集团所属公司与投资公司就风电公司的股权还有相关事宜有待解决，暂不予向 D 公司、投资公司分配利润。按照股东出资比例，对能源公司分配利润（此次股东会分配的 2010 年利润实际包含 2009 年利润）。2012 年 6 月，风电公司第五次股东会决议向能源公司分配 2011 年未分配的利润。2014 年 4 月，风电公司第七次股东会没有讨论 2013 年利润分配问题。2015 年 5 月，风电公司第八次股东会审议批准了该公司 2014 年利润分配议案，但因股东双方有未决事项，暂不进行利润分配。投资公司对 2014 年度利润分配议案存在异议，认为风电公司应向其支付未分配的公司利润，故起诉至法院，请求判令风电公司向投资公司支付 2010 年度至 2017 年度公司未分配利润 22159679.18 元及利息。

【案件焦点】

风电公司应否向投资公司分配利润。

【法院裁判要旨】

黑龙江省哈尔滨市中级人民法院经审理认为：《中华人民共和国公司法》第四条规定："公司股东依法享有资产收益，参与重大决策和选择管理者等权利。"投资公司有权依法请求分配利润。《最高人民法院关于适用〈中华人民共和国公司法〉若干问题的规定（四）》第十四条规定："股东提交载明具体分配方案的股东会或者股东大会的有效决议，请求公司分配利润，公司拒绝分配利润且其关于无法执行决议的抗辩理由不成立的，人民法院应当判决公司按照决议载明的具体分配方案向股东分配利润。”风电公司第三次、第五次股东会决议，已经将 2009 年度、2010 年度、2011 年度股东可分配利润予以确定，并且已经按照能源公司的股权比例分配了利润。剩余利润按照股权比例，可以计算出 D 公司和投资公司的应分配利润。虽然投资公司同意暂不分配利润，但其并没有放弃分配利润的权利，可以请求风电公司分配利润。《最高人民法院关于适用〈中华人民共和国公司法〉若干问题的规定（四）》第十五条规定：“股东未提交载明具体分配方案的股东会或者股东大会决议，请求公司分配利润的，人民法院应当驳回其诉讼请求，但违反法律规定滥用股东权利导致公司不分配利润，给其他股东造成损失的除外。”投资公司提起诉讼后，风电公司仍然没有向投资公司支付 2009 年度、2010 年度、2011 年度应分配利润，而且没有召开股东会讨论确定 2013 年度、2016 年度、2017 年度可分配利润数额及是否分配利润，只是单方提交了上述三年度的经营情况和股利分配方案，存在滥用股东权利导致不分配利润的情形，给投资公司造成了损失。

黑龙江省哈尔滨市中级人民法院依照《中华人民共和国公司法》第四条，《最高人民法院关于适用〈中华人民共和国公司法〉若干问题的规定（四）》第十四条、第十五条的规定，判决如下：

一、风电公司于判决生效后十五日内给付投资公司未分配利润 20349450. 16 元；

二、风电公司于判决生效后十五日内给付投资公司自 2012 年 6 月 8 日起至实际给付之日止的利息（以 12472371. 27 元为基数，按照中国人民银行一年期同期贷款利率计算）；

三、驳回投资公司的其他诉讼请求。

风电公司不服一审判决，提起上诉。

黑龙江省高级人民法院经审理认为：根据《最高人民法院关于适用〈中华人民共和国公司法〉若干问题的规定（四）》第十五条的规定，风电公司分别于2011年、2012年召开股东会，对2009年度至2011年度可分配利润予以确定，并按照能源公司的持股比例，向能源公司分配了利润。据此可以确定，风电公司针对2009年至2011年的利润，作出了载明具体分配方案的股东会决议。但因投资公司与D公司股权事宜尚未解决，该股东会决议对投资公司与D公司的利润暂不分配。对于该尚未解决的纠纷，哈尔滨中院于2015年6月作出（2014）哈民三商初字第135号民事判决，且已于2018年5月21日执行完毕。此时，风电公司暂不分配利润的原因已经消除，具备分配利润的条件。故自2018年5月22日，风电公司应当按照上述股东会决议，向投资公司分配2009年至2011年相应的利润。2012年、2015年，风电公司经营亏损，无利润可供分配。虽然风电公司2013年、2014年、2016年、2017年存在盈利，有可供分配的利润，但投资公司并未提供风电公司针对2012年至2017年载有具体分配利润方案的股东会或股东大会决议，亦未提交风电公司大股东D公司滥用股东权利，导致公司不分配利润的证据。综上，本院对投资公司主张分配2012年之后风电公司利润的请求，不予支持。

黑龙江省高级人民法院依照《中华人民共和国民事诉讼法》第一百七十条第一款第二项之规定，判决如下：

一、撤销哈尔滨市中级人民法院（2018）黑01民初625号民事判决；

二、风电公司于本判决送达之日起十日内给付投资公司未分配利润15038525.99元及利息（2018年5月22日起至实际给付之日止，以15038525.99元为基数，按照中国人民银行一年期同期贷款利率计算)；

三、驳回投资公司的其他诉讼请求。

【法官后语】

公司盈余分配纠纷系股东的利润分配请求权问题，是股东享有按照出资或股份比例请求分配公司利润的权利。本案涉及公司盈余分配纠纷中的两个焦点问题，即在审判实践中存有争议的两个问题：一是股东会决议不分配公司利润的原因消除后，公司是否应当按决议内容分配利润；二是在公司盈利的背景下，如何认定系大股东滥用股东权利导致不召开股东会决议分配利润，并致使小股东利益受损。

第一个争议问题，涉及具体利润分配请求权问题。具体利润分配请求权是在公司具有可分配利润时，股东根据股东会或者股东大会的决议而享有的请求公司向其支付利润的权利。对于利润分配的条件，一是利润分配的实质条件，《中华人民共和国公司法》第一百六十六条规定，公司若有盈余，先缴纳税款，再提取10%作为公司法定公积金，直至达到公司注册资本的50%以上时才可不再提取；公司以前年度若有亏损，还需以当年利润先予弥补。二是利润分配的程序条件，《中华人民共和国公司法》第三十七条、第四十六条是对公司股东会、董事会职权的规定，股东会的职权是对利润分配方案进行审议批准，董事会的职权是制订公司利润分配方案。关于公司股东会、董事会职权的规定是人民法院认定公司盈余分配属于公司自主决策事项的主要原因。如果股东会或股东大会关于公司盈余分配的决议已经形成，则股东有权向公司行使债权。而且，股东可以不按实缴的比例分配利润，甚至特定股东可以不分配利润，但如股东会或股东大会决议排除对个别股东进行利润分配，则要经过该股东的同意，否则对该股东不生效。就本案而言，投资公司并未放弃利润分配，且风电公司股东会关于暂不执行利润分配决议的原因也仅为投资公司尚在诉讼中，故在暂不分配利润的原因消除后，投资公司有权要求公司按照股东会的决议内容支付利润。

第二个争议问题，涉及抽象利润分配请求权问题。该权利属于期待权，是股东基于其股东资格和地位所享有的请求公司作出决议进行利润分配的权利。在《最高人民法院关于适用〈中华人民共和国公司法〉若干问题的规定（四）》颁布之前，我国司法实践中的通常做法是否定抽象盈余分配请求权的可诉性，严格贯彻是否分配和如何分配公司利润属于公司自治范畴的原则。但是，大股东违反不得滥用股东权利原则，压榨、排挤小股东，导致公司不分配利润，侵害小股东利润分配权的情况时有发生，严重破坏了公司自治。《最高人民法院关于适用〈中华人民共和国公司法〉若干问题的规定（四）》第十五条但书规定了在股东滥用权利导致公司不分配利润，给其他股东造成损失的情况下，即使没有分配方案或决议，也可以强制分配利润。该条规定进一步明确了股东利润分配请求权的理论基础，即分配权来源于股东平等原则的要求，其直接法律依据为《中华人民共和国公司法》第二十条第一款规定，即股东不得滥用权利损害其他股东的利益。就本案而言，虽然风电公司在2013年、2014年、2016年、2017年均有盈利，但是股东会未对利润分配问题进行决议，且投资公司作为小股东，虽主张风电公司大股东D公司滥用股东权利，致使风电公司不分配利润，致其遭受损失，但是滥用股东权利侵害中小股东利益导致公司不分配利润的认定条件，需要依据“谁主张，谁举证”的原则，即投资公司要有证据证明风电公司的大股东具有滥用股东权利的具体行为以及该行为导致其盈余分配请求权或投资的合理预期受到了损害。在《最高人民法院公司法司法解释（四）理解与适用》一书中提到，一般而言，给在公司任职的股东或者其指派的人发放与公司规模、营业业绩、同行业薪酬水平明显不符的过高薪酬；购买与经营不相关的服务或者财产供股东消费或者使用；为了不分配利润，大股东或者董事会、高级管理人员操纵公司隐瞒或者转移利润；股东的行为违反公司章程等股东签订的有关公司事务的协议等均可以视为滥用股东权利。[①] 但是在本案中，投资公司未能举证证明 D 公司存在上述行为，则应由其承担相应的不利后果。

综上，风电公司股东会关于暂不分配投资公司利润的原因消除后，因公司股东会关于公司盈余分配的决议已经形成，投资公司作为股东有权要求公司分配具体利润。此后，因风电公司未召开股东会就利润分配问题进行决议，则该部分利润分配请求权对于投资公司而言属于期待权，且在投资公司未举证证明风电公司的大股东具有滥用股东权利的具体行为以及该行为导致其盈余分配请求权或投资的合理预期受到了损害的情形下，投资公司的此部分请求不能获得支持。

编写人：黑龙江省高级人民法院　周纹婷

---

① 参见杜万华主编：《最高人民法院公司法司法解释（四）理解与适用》，人民法院出版社 2017 年版。

119 未尽出资义务股东的自益权原则上应当被限制

——房地产公司诉叶某源、简某琴公司盈余分配案

【案件基本信息】

1. 裁判书字号

福建省厦门市中级人民法院（2018）闽02民终166号民事判决书

2. 案由：公司盈余分配纠纷

3. 当事人

原告（上诉人）：房地产公司

被告（被上诉人）：叶某源、简某琴

第三人：陈某辉

【基本案情】

1999年，陈某辉与叶某源为合作开发某小区项目而设立房地产公司，双方订立《股东合作协议》，约定共同出资800万元，其中叶某源出资416万元，占52%，陈某辉出资384万元，占48%；陈某辉在合同签订后三天内，存入房地产公司300万元，验资后作为项目的履约保证金；叶某源在取得市房地产公司合作关系后，在20天内取得市计委立项资格批文，计委立项变更后，陈某辉的300万元保证金归叶某源使用。《股东合作协议》签订后，第一期注册资金300万元由陈某辉注入，验资后作为保证金由叶某源使用，第二期500万元由叶某源借入，验资后偿还了叶某源。同年，

房地产公司登记设立。2009 年 4 月 20 日，福建高院终审判决认定，叶某源未履行向房地产公司出资的义务，应当向房地产公司履行 416 万元的出资义务。

2006 年 2 月 14 日，叶某源与陈某辉签订《补充协议五》，约定：双方合作的项目，叶某源可得店面为 B 幢 101、102、109、110、C 幢 102、104。同月 18 日，叶某源与陈某辉签订《股东决议》，决定某小区项目中，以成本价按售楼合同给叶某源、陈某辉，并办理股东合同及产权登记。房地产公司在该《股东决议》上签章。同年 3 月 2 日，房地产公司作为出卖人、叶某源作为买受人向厦门市土房局备案了五份《商品房买卖合同》，标的物即讼争五套店面，合同价格共计 601650 元。同年 4 月 19 日，叶某源与陈某辉签订《补充协议六》，约定：叶某源所得某小区项目实物财产已大部分进行合同备案登记，具体为 B 幢 101、102、109、110 单元、C 幢 102 单元，叶某源欲办理产权，需房地产公司开具售房发票，每单元金额以叶某源的合同价开取。同日，房地产公司向叶某源开具了与讼争五套店面对应的发票。讼争五套店面于同年登记至叶某源名下，叶某源未另行向房地产公司支付相应款项。2008 年 9 月 23 日，厦门地税局认定叶某源取得的讼争五套店面，属于分红行为，应按股息红利扣缴个税。2010 年 3 月 18 日，法院作出行政判决，确认了厦门地税局认定的上述事实。

【案件焦点】

未履行出资义务的股东，是否有权获得公司分配的利润。

【法院裁判要旨】

福建省厦门市湖里区人民法院经审理认为：叶某源于 2006 年从

房地产公司取得的讼争五套店面，经厦门地税稽查局认定构成分红，即属于从房地产公司获得的利润，该法律事实后经厦门市思明区人民法院作出生效行政判决予以确认。虽然，叶某源在作为房地产公司股东期间未履行出资义务，依法其请求分配利润的股东自益权将受到相应限制。但是，法律对未履行出资义务股东自益权的限制，是为了维护已依约履行出资义务的其他股东的权益和保障公司资本充足，通过该手段促使未履行出资义务的股东按照股东之间的契约及时向公司缴交资本。从《中华人民共和国公司法》第三十四条规定的内容来看，已实际出资的股东可以放弃对未出资股东请求分配利润权利的限制，只要全体股东对公司利润分配作出有效决定，则应当按照该决定予以执行。叶某源依照《补充协议五》《股东决议》及《补充协议六》取得讼争五套店面，上述依据是房地产公司的全体股东对利润不按出资比例或不按是否实际出资到位予以分配而形成的新约定，并无证据表明该约定存在效力瑕疵，对陈某辉、叶某源及房地产公司具有拘束力。

福建省厦门市湖里区人民法院依照《中华人民共和国民事诉讼法》第六十四条第一款的规定，判决如下：

驳回房地产公司的诉讼请求。

房地产公司不服一审判决，向福建省厦门市中级人民法院提起上诉。

福建省厦门市中级人民法院经审理后同意一审法院的裁判意见。

福建省厦门市中级人民法院依照《中华人民共和国民事诉讼法》第一百七十条第一款第一项的规定，判决如下：

驳回上诉，维持原判。

【法官后语】

出资是股东最基本、最重要的义务，是股东取得股东权利的对价，是维持公司资本充实的前提，同时也是股东之间以及股东和公司之间的一种约定义务。股东不履行出资义务，损害了公司的利益，进而侵害公司其他股东和公司债权人的利益。实践中，股东未履行出资义务有多种表现形式，其中以股东设立公司时，为了应付验资，将款项短期转入公司账户后又立即转出，公司未实际使用该款项进行经营尤为常见。当股东未尽出资义务时，除依法应当向公司承担补足出资的法律责任外，公司还可以通过章程的规定或者股东会决议限制该股东权利，这是《中华人民共和国公司法》赋予公司的权利，以促使股东履行出资义务。

股东权利以行使目的或权利内容为标准，可以分为自益权和共益权。自益权是股东获取财产利益的权利，内容主要包括利润分配请求权、新股优先认购权、剩余财产分配请求权等。共益权是股东参与公司重大事务管理的权利，内容主要包括表决权、质询权、知情权等。股东权利是一个权利束，内含丰富的具体权能，其产生的基础是股东的出资（认缴或者实缴），股东权利作为出资的对价，其内涵当然具有对未尽出资义务股东权利进行限制的正当性。依照《中华人民共和国公司法》第三十四条和《最高人民法院关于适用〈中华人民共和国公司法〉若干问题的规定（三）》第十六条的规定，股东自益权原则上应当受到股东实缴出资程度的限制，理由有：第一，股东出资设立公司最直接的目的是获得经济利益，实现该目的的主要手段是通过公司经营产生红利并进行分配，因此可以说股东分取红利是其最为重要的财产权利，其他财产权利都是围绕该权利产生的，而公司红利的产生，有赖于股东的出资。因此，股东未尽出资义务时，其相应的财产性权利亦应当受到限制，这符合权利义务相一致的民事法律原则。第二，股东权利中的自益权主要表现为财产性权利，是股东为了确保个人经济利益而享有的权利，对其进行限制一般不会对公司整体利益、其他股东利益以及公司债权人利益造成不利影响。第三，对未尽出资义务的股东权利中的自益权进行限制，并非完全否定股东享有的全部权利，股东享有的对公司重大事务参与管理的权利并未被限制，其仍可与其他股东一同参与公司经营管理、监督公司相关行为并对其中的不当行为进行纠正。第四，对未尽出资义务的股东权利中的自益权进行限制，并非完全否定其享有的自益权，而是根据其实缴出资情况，按比例进行相应的合理限制，遵循比例原则。第五，《中华人民共和国公司法》和《最高人民法院关于适用〈中华人民共和国公司法〉若干问题的规定（三）》赋予公司全体股东充分的意思自治空间，公司可通过章程、股东会决议等形式，对未尽出资义务股东的自益权限制作出不同于法律规定的约定，以满足不同需求的股东之间通过设立公司建立合作关系的现实需要。

本案中，虽然叶某源在作为房地产公司股东期间未履行出资义务，依法其请求分配利润的股东自益权将受到相应限制。但是，叶某源与陈某辉作为房地产公司的全体股东，约定公司向股东分配利润不以出资比例或不以是否实际出资为前提，该约定对公司及股东具有约束力。叶某源具有获得房地产公司分配的利润的权利。

编写人：福建省厦门市湖里区人民法院　刘惠斌

120 公司盈余分配纠纷案件的审查要件

——王某诉建材公司公司盈余分配案

【案件基本信息】

1. 裁判书字号

福建省福州市中级人民法院（2017）闽01民终第2804号民事判决书

2. 案由：公司盈余分配纠纷

3. 当事人

原告（被上诉人）：王某

被告（上诉人）：建材公司

【基本案情】

2009年2月20日，王某、林某、黄某汉、汪某共同签订一份《股东协议书》，约定王某加入建材公司董事会，持技术股任股东，其中林某占公司股份65%，汪某、黄某汉分别占公司股份12.5%，王某占公司股份10%（技术股，未投入现金，以技术为股份）；公司股东捆绑合作方法初定三年，从签订之日起算，途中出现股东退股，不享受固定资产分成和三年中截留所剩现金分红的比例，合作期满股东享受截留现金分红，按股份比例提取。

2013年12月23日，王某、黄某汉、汪某签署一份《清算书》，主要内容是：建材公司因股东中止合作清算如下，截至2012年12月31日建材公司总盈利1621253元，根据股份构成比例，林某收益1053816元、黄某汉收益202656元、汪某收益202656元、王某收益162125元。

原告诉请：1. 确认原告依法享有被告公司10%股权；2. 判令被告向原告支付利润分配额600000元及逾期付款利息（自起诉之日起按照中国人民银行同期同类贷款基准利率的四倍计至款项实际结清之日止）；3. 本案诉讼费用由被告承担。诉讼中，王某变更诉讼请求为：1. 被告向原告支付利润分配额162125元及逾期付款利息（自起诉之日起按照中国人民银行同期同类贷款基准利率的四倍计至款项实际结清之日止）；2. 本案诉讼费用由被告承担。

被告建材公司辩称，1. 根据《清算书》，原告于2013年12月23日就知道建材公司存在盈利的情况，其应当在2015年12月23日前提起诉讼。因此，原告的诉请已经超过了诉讼时效。2. 从2009年到2012年，建材公司并没有盈利，不存在利润分配的情形。3.《清算书》没有占公司股份65%股东林某的签字，系无效决议，无法律效力。

另查明，在（2015）台民初字第3227号建材公司与王某、艾静民间借贷纠纷一案中，建材公司提交《清算书》作为证据，以证明建材公司与股东中止合作，截至2012年12月31日公司盈利已清算完毕。建材公司在发表对《股东协议书》的质证意见时陈述2012年12月31日后，王某不再是公司股东；在发表辩论时陈述《清算书》原件由建材公司保管。

【案件焦点】

1. 王某提起公司盈余分配之诉是否超过诉讼时效；2.《清算书》是否具有公司盈余分配决议的性质及其法律效力；3. 建材公司

在2009年2月20日至2012年12月31日是否盈利的问题。

【法院裁判要旨】

福建省福州市台江区人民法院经审理认为：王某请求分配公司盈余的依据是《清算书》,《清算书》未约定履行期限，且从现有证据也不能确定履行期限，根据《最高人民法院关于审理民事案件适用诉讼时效制度若干问题的规定》第六条关于未约定履行期限的合同的规定，王某请求建材公司分配公司盈余未超过诉讼时效期间，因此，建材公司提出的诉讼时效抗辩不能成立。

《清算书》所载内容主要涉及公司盈利分配，根据《中华人民共和国公司法》第三十七条的规定，公司的利润分配方案由股东会审议批准，王某与建材公司在诉讼中亦确认《清算书》具有股东会决议的性质，据此，对《清算书》属于股东会决议予以认可。《清算书》所载的关于公司盈余按各股东股份分配的内容符合《中华人民共和国公司法》第三十四条关于“股东按照实缴的出资比例分取红利”的规定，也未违反其他法律、行政法规的强制性规定，因此，《清算书》是合法有效的，建材公司关于《清算书》是无效决议的抗辩，缺乏依据，不予采纳。

王某提交的《清算书》可以证明建材公司在上述期间存在盈利，建材公司否认上述期间存在盈利，应当对此承担举证证明责任。建材公司仅提交了其单方制作的《损益表》，而《损益表》的内容真实性本院无法确认，也没有其他证据予以佐证。另外，《清算书》虽然未有林某的签字，但《清算书》原件由建材公司持有，建材公司在另案诉讼中亦提交《清算书》作为证据，林某系建材公司的法定代表人，可以推定林某对《清算书》所载的有关盈余分配内容是知情且认可的。

福建省福州市台江区人民法院判决如下：

一、被告建材公司应于本判决生效之日起十日内，向原告王某分配利润 162125 元；

二、驳回原告王某的其他诉讼请求。

二审法院同意一审法院的裁判意见，依法作出如下判决：

驳回上诉，维持原判。

【法官后语】

股东利润分配请求权的实现要件主要有三个：请求权的主体要件，提起公司盈余分配之诉的主体是公司的股东；实质要件和形式要件，公司拥有可供分配的盈余之后，经过股东会批准公司的盈余分配方案后才可进行利润分配；程序要件，股东不能以享有资产收益权为由直接请求法院判决公司分配利润，通常在公司董事会、股东会已经形成盈余分配决议，而公司拒不执行该决议，只是股东依据该决议所享有的盈余分配给付请求权遭到侵害时，股东方可提起其盈余分配权诉讼。

第一，主体要件审查方面，本案的原告虽未记载在工商登记资料上，但通过其提供的《股东协议书》《请算书》以及当事人陈述，可以认定在 2009 年 2 月 20 日至 2012 年 12 月 31 日，原告王某系建材公司的股东，有权请求建材公司分配公司盈余。

第二，实质要件审查方面，本案的关键系对《清算书》性质及法律效力的认定。原被告在庭审中确认该《清算书》具有股东会决议的性质，那么需要确认其内容是否存在违反法律法规规定或程序问题而被撤销的情形即可。首先，《清算书》内容系针对建材公司阶段性盈利部分作出分配，符合《中华人民共和国公司法》第三十七条关于公司利润分配方案应由股东会审议批准的规定，亦不违反法律、行政法规的强制性规定，故载明的决议内容合乎法律规定。其次，建材公司自该份《清算书》签订之时即已持有并于另案诉讼中作为证据提交。建材公司的法定代表人林某持股65%并实际经营管理，公司盈利情况及盈余分配作为公司经营管理中的重大事项之一，其在公司实际持有该清算书原件又负责公司经营管理的情况下应当知晓盈余分配之情形。况且，林某于《清算书》作出之日起至今均未曾主张撤销该份具有股东会决议性质的《清算书》，应视为其认可《清算书》之效力。建材公司关于林某对《清算书》未签字确认且不知情而不具法律效力的意见，于法无据，于理不合，故不予采纳。尽管公司盈余分配案件原则上应以公司权力机关作出盈余分配决议作为前提，且股东会作出盈余分配决议属于原告股东的举证责任，但对于股东决议的审查，并不拘泥于《股东决议》的形式要件的审查，经股东讨论形成合意，并且根据案件实际情况综合判断文件的性质与效力，能更好地保护股东的资产收益权。

第三，在程序性审查方面，建材公司在答辩阶段认为《清算书》没有占公司股份65%股东林某的签字，无法律效力，以此拒绝进行盈余分配。

综上，公司盈余分配纠纷案件作为小股东资产收益权的救济途径，但也需要贯彻司法谨慎干涉商业的原则，审慎审查其实质要件与形式要件，合理分配举证责任，以更好地发挥公司盈余分配之诉设置的目的。

编写人：福建省福州市台江区人民法院　林莹　张颖

121 公司盈余分配的前提条件

——华某青诉管理公司公司盈余分配案

【案件基本信息】

1. 裁判书字号

北京市第一中级人民法院（2015）一中民（商）终字第437号民事判决书

2. 案由：公司盈余分配纠纷

3. 当事人

原告（被上诉人）：华某青

被告（上诉人）：管理公司

【基本案情】

2009年10月29日，管理公司注册成立，公司类型为有限责任公司，股东四人，分别为韩某金、梁某恩、饶某武及华某青（占股15%）。公司章程规定，股东会由全体股东组成，是公司的权力机构，有权审议批准公司的利润分配方案和弥补亏损的方案。股东会会议由股东按照出资比例行使表决权。公司不设董事会，设执行董事一人，由股东会选举产生，有权制订公司的利润分配方案和弥补亏损方案。2014年8月7日，华某青提起诉讼，请求判令管理公司向其支付2012年后的股东分红款1013033.7元，并支付相应迟延分红利息。

诉讼中，华某青提交了管理公司2012年1月至12月，2013年1月至12月，以及2014年1月、2月、3月的5份收支利润表。

其中，2012年1月至12月收支利润表记载，管理公司全年总收入为6236064.7元，全年总支出为3802814.41元，全年总利润为2433250元，股东饶某武（含饶某星）应得利润为1216625.14元，股东梁某恩应得利润为608312.57元，股东韩某金应得利润为608312.57元。其余4份收支利润表均有类似记载。

管理公司辩称：第一，在没有经过公司股东会审议的情况下，股东不能直接提起公司盈余分配之诉。第二，华某青在取得红利之前，应当在公司利润中扣除应当提取的法定公积金后，再进行分配，但5张收支利润表未进行依法审计。第三，管理公司已经将华某青应当取得的分红给了管理公司的法定代表人饶某武，华某青的分红一直由饶某武收取，2012年后华某青并未告知管理公司由其本人收取分红，故华某青应向饶某武主张分红。第四，华某青存在侵占公司资金的行为。

诉讼中，管理公司称，该公司在经营过程中系按月向股东进行分红，且分红时并不形成股东会决议，而是直接分红。管理公司认可其与三名股东的实际分红情况与5份收支利润表记载内容一致。管理公司在向股东进行分红时，并未依法先行提取法定公积金，亦未弥补公司亏损，且没有制订分配方案并召开股东会对分配方案进行审议和通过。

【案件焦点】

管理公司未按公司章程规定，制订公司利润分配方案并经股东会审议通过，且管理公司实际分红并未弥补亏损和提取法定公积金，有违公司法明文规定，能否判决支持华某青的盈余分配请求。

【法院裁判要旨】

北京市海淀区人民法院经审理认为：依据管理公司相应年度及月份的收支利润表中关于其他股东已分取红利的总数额，结合华某青在该公司的持股比例，可以计算得出华某青实际有权分取的红利数额。对于华某青有权取得的相应分红款，虽然管理公司已经支付给其他股东，但华某青仍要求管理公司继续向其足额支付。

北京市海淀区人民法院依照《中华人民共和国公司法》第四条、第三十四条，《中华人民共和国民事诉讼法》第六十四条第一款之规定，判决如下：

一、管理公司向华某青支付分红款860512.07元，于判决生效后十日内付清；

二、驳回华某青的其他诉讼请求。

管理公司不服一审判决，提起上诉。

北京市第一中级人民法院经审理认为：有限责任公司的股东享有按照实缴出资比例分取红利的权利。第一，从公司领取分红的权利人为股东，华某青从未向管理公司明确表示将其2012年后的分红支付给饶某武，此时管理公司仍应承担向华某青本人分红的义务。第二，公司应就弥补亏损和提取公积金后的所余税后利润进行分配，但根据管理公司的陈述，管理公司并未提取法定公积金即进行了分红，且除华某青外的其他三名股东已然按此金额实际取得了分红，上述实际分红情况结合管理公司股东间存在矛盾及内部治理缺失的事实，如在本案中对华某青应当取得的分红单独予以扣减，将可能出现管理公司的股东间义务分担失衡及个别股东单独给付的结果，故法院同意一审所提出的就管理公司未按法律规定提取的法定公积金和弥补亏损部分“通过其他途径予以整体性纠正或补足”的意见。

第三，提取法定公积金系公司的法定义务，管理公司内部财务会计制度混乱，违反法律规定，管理公司应尽快按照法律规定补足法定公积金，弥补亏损，交清税款，依法进行企业运行。

北京市第一中级人民法院依照《中华人民共和国民事诉讼法》第一百七十条第一款第一项之规定，判决如下：

驳回上诉，维持原判。

【法官后语】

股东盈余分配权，即股东的分红权，是股东自益权的一种，根据《中华人民共和国公司法》第三十四条的规定，有限责任公司的股东享有按照实缴出资比例分取红利的权利，即股东可基于股东地位享有请求公司按照自己的持股比例向自己分配股利的权利，这是股东盈余分配权的法律依据。公司章程一般都会对股东的分红进行规定，这是股东盈余分配权的合同依据。

本案中，管理公司的章程规定了由董事制订公司的利润分配方案，股东会予以审议。从查明的事实来看，管理公司并未按照公司章程的程序进行股东分红。此时，是否能以未有股东会分红决议为由，否定华某青获得分红的权利，是本案的争议焦点之一。公司法的宗旨为尊重公司自治权，司法审判不应介入公司治理范畴。股东究竟通过何种程序或方式从公司分取红利，属于公司自治的范畴，尽管管理公司股东实际分取红利的程序与方式，与该公司章程的规定内容存在冲突，但全体股东之间协同一致的上述红利分取行为，应与该公司章程的规定内容具有同等的合理性与正当性，故华某青亦可按照同等方式从公司获得分红，管理公司以未形成股东会分红决议进行抗辩，显然脱离了公司治理的实际情况。

管理公司自述公司分红前没有填补亏损和提取公积金，故其主张需审计后方能向华某青分红。根据《中华人民共和国公司法》的规定，公司应就弥补亏损和提取公积金后的所余税后利润进行分配，如违反规定分配利润，股东应将违法部分的利润退回。管理公司确实存在违反上述规定的情况，故按照利润分配表分配的利润很有可能不是合法的应当分配的利润。但一审、二审法院均未支持管理公司的该项抗辩，其考虑包括，首先，其他三名股东已经按照上述标准收取了分红，华某青作为15%持股比例的股东，亦不参与管理公司经营，显然在公司居于弱势地位，如果在本案中对华某青应当取得的分红单独予以扣减，将可能出现管理公司的股东间义务分担失衡及个别股东单独给付的结果。其次，本案也不可能在审计后要求其他三位股东退还部分分红，而如果对其他三名股东退还部分分红的情况不予处理，华某青只能通过股东代表诉讼要求其他股东退还，增加诉讼负担。最终，终审判决明确要求管理公司按照法律规定补足法定公积金，弥补亏损，交清税款，依法进行企业运行，对法定公积金或有亏损及债权人问题“通过其他途径予以整体性纠正或补足”。该处理结果，既维持了管理公司内部各股东盈余分配权的统一性，又对今后若管理公司出现债权人时，各股东应返还公司财产的问题预先指明，且对管理公司不按照法律规定的财务制度运行的问题予以了训诫，在司法强制价值判断与公司内部自理中找到了合理的平衡点。

编写人：北京市第一中级人民法院　王晴

122 解除劳动关系是否丧失股东资格

——刘某贤诉石化公司公司盈余分配案

【案件基本信息】

1. 裁判书字号

山东省淄博市中级人民法院（2012）淄商终字第365号民事判决书

2. 案由：公司盈余分配纠纷

3. 当事人

原告（上诉人）：刘某贤

被告（被上诉人）：石化公司

【基本案情】

2003年6月30日，被告石化公司与原告刘某贤签订无固定期限劳动合同，原、被告双方应按劳动合同的约定各自履行权利、义务；该合同第三十八条明确约定，由被告石化公司以补偿补助金置换形成股权；2005年12月，原、被告双方签订股权委托代理协议，原告刘某贤从原石化公司改制分流时获取的以补偿补助金量化的股份，以受托人殷某国的名义进行工商登记注册，由殷某国代持。公司年度分配红利时，委托人即原告有权直接从公司领取利润分配，并依法承担所委托股份在公司相应的投资经营风险；2008年3月25日，被告石化公司董事会决议只对正常出勤的股东发放1000元补助金，2008年4月6日，被告未给原告发放股东待遇1000元；原告刘某贤在2007年并未上班，原告虽然委托周某为其投票，但周某并未给原告投票；2009年2月4日被告股东会通知及2008年度利润分配方案，证实原告在被告处的股权为60840股，每股0.2元，扣除每股0.04元的税金，税后原告应分红9734.4元；原告因股东待遇及股权分红向被告索赔未果，诉至法院，法院经审理判决支持了原告要求股份分红的主张，驳回原告的其他诉讼请求［上述事实已为法院生效的（2010）临商初字第662号民事判决书所确认］。2009年因原告连续旷工，被告于2009年12月下发通知解除与原告的劳动合同，后经劳动争议仲裁和两级法院审理判决解除双方劳动合同（二审终审的民事判决书时间为2011年8月29日）。2007年6月，被告召开股东会通过了股权管理办法，但该办法因全体股东没有签字未生效。2007年6月13日，被告召开股东会（原告参加了该次股东会）修改公司章程，并通过了修改后的公司章程，修改后的公司章程第十六条规定，股东因退休、死亡、失去民事能力、辞退、辞职、除名、开除等各种原因解除劳动合同的，其股份必须退出。其持有的股份或内部转让或由公司股权办公室代为受让。2009年12月17日，被告通知原告于六十日内转让股份，原告回复继续保留股权，被告称其已提存了股款96735.6元，放在了公司财务。被告的利润分配方案为2009年度股份分红按每股0.2元分配，2010年度按每股0.2元分配（税后），2011年度按每股0.25元分配（含税）。原告诉至法院要求被告为原告发放2009年、2010年、2011年股份分红各12168元，股东待遇各1000元。

【案件焦点】

刘某贤是否因其与石化公司之间的劳动合同关系解除而丧失股

东身份。

【法院裁判要旨】

山东省淄博市临淄区人民法院经审理认为：被告于2007年6月13日召开股东会（原告参加了该次股东会），通过了修改后的公司章程，公司章程对全体股东具有约束力，该章程第十六条规定，股东因退休、死亡、失去民事能力、辞退、辞职、除名、开除等各种原因解除劳动合同的，其股份必须退出。其持有股份或内部转让或由公司股权办公室代为受让。2009年12月，被告已与原告解除劳动合同，且被告通知原告于六十日内转让其股份，原告不同意转让，被告在通知期满后提存了股份价款。故原告要求支付2010年及2011年度股份分红的主张，不予支持。对原告主张要求被告支付2009年股份分红的主张，双方于2009年12月解除劳动合同，该年度股份分红被告应支付，且被告也同意支付，应予以支持。2009、2010、2011年度股东待遇各1000元，是发给在岗正常出勤人员的，因原告未参加工作，不予支持。

山东省淄博市临淄区人民法院依据《中华人民共和国公司法》第十一条、第三十五条，《中华人民共和国民事诉讼法》第六十四条之规定，判决如下：

一、被告石化公司于本判决生效后十日内支付原告刘某贤2009年度股份分红12168元。

二、驳回原告刘某贤的其他诉讼请求。

刘某贤不服一审判决，提起上诉。

山东省淄博市中级人民法院经审理认为：双方当事人之间的劳动合同依据生效判决已依法解除。石化公司是由全体职工以原石化公司改制分流时获取的补偿补助金作为出资设立，职工既是企业工作的劳动者，又是企业的股东，具有双重身份，职工作为企业股东的身份与职工本人在企业劳动紧密联系，该章程关于职工退股的规定符合公司的实际情况，合法有效，对全体股东具有约束力。刘某贤主张按照公司法第三十五条的规定，股东应按照实缴的出资比例分取红利，但公司法第三十五条同时规定了除外条款，即全体股东约定不按照出资比例分取红利的除外，因此关于股东应按照实缴的出资比例分取红利并不是强制性规定，可以依照公司章程的规定予以限制，且刘某贤的股东身份已经被否定，其要求石化公司按出资比例分取红利无事实和法律依据。刘某贤上诉理由不能成立，依法不予支持。

山东省淄博市中级人民法院依照《中华人民共和国民事诉讼法》第一百六十九条、第一百七十条第一款第一项、第一百七十五条之规定，判决如下：

驳回上诉，维持原判。

【法官后语】

本案的核心问题是有限责任公司章程规定股东因解除劳动关系退出股权、丧失股东资格的效力问题，也即刘某贤是否因其与石化公司之间的劳动合同关系解除而丧失股东身份取决于石化公司章程修正案是否合法有效。

石化公司章程明确规定其是由全体职工以原石化公司改制分流时获取的补偿补助金作为出资设立。从公司设立情况看，该公司实质上是一种合作经济，企业职工以出资购买企业净资产拥有企业股权，是在劳动合同基础上实现的资本合作。这种类型的公司不同于一般的有限责任公司，职工既是企业工作的劳动者，又是企业的股东，具有双重身份，职工作为企业股东的身份与职工本人在企业劳动紧密联系，公司的股东资格一般应以特定身份主要是职工身份为前提。不具备企业职工身份，不能成为企业的股东，企业的股东也不能脱离生效劳动关系而成为单纯的自有资本的收益者。股东与其职工的身份直接相关，一旦丧失职工身份，股东身份已无存在的基础。该种类型的公司实质具备股份合作制的性质。职工与公司间劳动关系的解除即意味着特定身份之丧失，由此导致其丧失公司股东资格，可以选择将股份转让给公司内部其他股东或由公司回购。

公司实行职工股东大会制度，职工股东大会作为公司权力机构，包括修正公司章程在内的重大事项必须经职工股东大会批准。职工股东以职工股东大会形式实现对公司民主管理，每一股东之表决均会对公司运营与发展产生影响，这种股份合作制性质的公司本身对股东身份要求异常严格，对股权转让的限制与强制性也远远大于一般有限责任公司，这也正体现了股份合作制更加浓厚的成员合作色彩、更紧密的伙伴关系以及更强的封闭性特征。

第一，从公司章程修正案程序上看，石化公司以全体股东同意修改公司章程的行为符合2005年《中华人民共和国公司法》第四十四条的规定，程序合法有效；第二，从内容上看，从石化公司提供的2007年6月公司章程和股权管理办法修正案和原告签署的表决票等证据来看，其受让因退休、死亡、失去民事能力、辞退、辞职、除名、开除等各种原因解除劳动合同的股东所持有的股份是防止股份的外部流转，且石化公司在受让了因个人的原因辞职或被开除等解除劳动合同股东所持有的股份后，均将这些股份交由石化公司股权办公室持有和管理，最终将配置给为公司作出贡献的管理、技术人员和公司引进的急需人才，因此可认定石化公司章程第十六条规定公司受让因辞职或被开除等解除劳动合同股东所持有的股份并无导致公司资本实际减少。石化公司章程第一章第一条明确规定其是由全体职工以原石化公司改制分流时获取的补偿补助金作为出资设立，即限定只有该公司的职工才能成为石化公司股东，且石化公司章程对股东身份所作出的限制符合有限责任公司的“人合性”特点。石化公司章程修正案的规定合法有效，对石化公司及该公司的股东刘某贤均具有法律约束力。刘某贤因解除劳动关系丧失股东资格后公司为此受让其作为退股人的股份也符合《中华人民共和国公司法》有关回购股份和股权转让的规定。

综上，如果公司章程规定某股东的身份以其与公司存在劳动关系为条件，则其在终止与公司的劳动关系后，从章程通过之日起，不再具有股东资格。一审、二审法院以合法的股东会决议修改公司章程，并进一步开除刘某贤的股东资格的做法是符合《中华人民共和国公司法》的有关规定的。刘某贤的股东身份已经被否定，其要求石化公司按出资比例分取红利无事实和法律依据。即使在其他一些场合，股东会以决议的方式开除股东资格也有正当性的，如开除公司的“问题股东”，以维护大多数股东和公司的利益。

编写人：山东省淄博市临淄区人民法院　刘海红

十二、损害股东利益责任纠纷

123 隐名股东不能提起损害股东利益之诉

——汤某凤诉李某兰损害股东利益责任案

【案件基本信息】

1. 裁判书字号

湖北省宜昌市中级人民法院（2018）鄂05民终2303号民事裁定书

2. 案由：损害股东利益责任纠纷

3. 当事人

原告（上诉人）：汤某凤

被告（被上诉人）：李某兰

【基本案情】

2005年8月21日，原告汤某凤和被告李某兰、案外人何某等人签订了《共同办企业协议》，协议约定三方共同出资开办"药品零售公司"及内设"诊所"，汤某凤以"张某敏"名义登记股东，并实际出资10万元。被告李某兰系公司法定代表人、日常经营者。2016年6月3日，李某兰未经原告汤某凤对账、同意，私自将药品零售公司工商注销，并独自霸占公司转让款及货款。李某兰的行为，严重损害了原告隐名股东的利益。故诉至法院，请求判令被告因违反法律和公司章程给原告造成的财产损失10万元。

【案件焦点】

隐名股东能否提起涉及公司清算、利益分配等方面的诉讼。

【法院裁判要旨】

湖北省宜昌市西陵区人民法院经审理认为：药品零售公司系有限责任公司，原告系实际出资人。依据《最高人民法院关于适用〈中华人民共和国公司法〉若干问题的规定（三）》第二十四条第三款“实际出资人未经公司其他股东半数以上同意，请求公司变更股东、签发出资证明书、记载于股东名册……人民法院不予支持”的规定，原告能否提起损害股东利益责任之诉，仍应以确认其是否享有股东资格为前提，原告应通过诉讼先行确认其股东身份后再提起损害股东利益责任诉讼。

湖北省宜昌市西陵区人民法院依照《最高人民法院关于适用〈中华人民共和国公司法〉若干问题的规定（三）》第二十四条第三款、《最高人民法院关于适用〈中华人民共和国民事诉讼法〉的解释》第二百零八条第三款的规定，裁定如下：

驳回原告汤某凤的起诉。

原告汤某凤不服一审裁定，提起上诉。

湖北省宜昌市中级人民法院经审理认为：《最高人民法院关于适用〈中华人民共和国公司法〉若干问题的规定（三）》第二十四条第三款规定“实际出资人未经公司其他股东半数以上同意，请求公司变更股东、签发出资证明书、记载于股东名册、记载于公司章程并办理公司登记机关登记的，人民法院不予支持”。本案中，汤某凤提交的药品零售公司《章程》《自然人股东身份证明》及《股东会决议》证实，药品零售公司的股东为李某兰、金某明和张某敏，并非汤某凤。因此，在汤某凤未确认其为药品零售公司股东的情况下，汤某凤提起损害股东利益责任之诉不具备适格的诉讼主体资格。故一审法院以此为由裁定驳回汤某凤的起诉并无不当，应予维持。

湖北省宜昌市中级人民法院依照《中华人民共和国民事诉讼法》第一百七十一条之规定，裁定如下：

驳回上诉，维持原裁定。

【法官后语】

笔者曾在2017年承办了本案原告诉被告申请公司清算纠纷一案，当时笔者以隐名股东无诉讼资格为由，驳回了原告的起诉。时隔一年，2018年原告变更案由，以损害股东利益纠纷再次起诉同一被告，法院再次驳回了原告的起诉。

关于隐名股东能否提起公司之诉，什么样的人或组织才能成为原告？《中华人民共和国民事诉讼法》第一百二十二条第一项仅规定“原告是与本案有直接利害关系的公民、法人和其他组织”，从某种意义上讲，隐名股东与公司盈余分配有利害关系，似乎可以成为原告。但因涉及公司有关的纠纷，牵涉到其他股东及公司法人利益，出于商事公示公信原则考虑，隐名股东不能享有诉权，必须先行确认股东身份（显名化）后，才能有资格起诉。

通常情况下，股东隐名的目的是出于规避法律或其他原因而借用他人名义设立公司或以他人名义出资，这里的他人即相对应的显名股东。最高人民法院在《最高人民法院关于适用〈中华人民共和国公司法〉若干问题的规定（三）》第二十四条确立的精神是“双重标准，内外有别”。具体为：1. 显名股东和隐名股东之间的投资权益纠纷，属于内部纠纷，按照契约自由、意思自治的原则来处理。

因为显名股东和隐名股东之间的约定与一般民事合同本质上是一致的，只要不涉及外部第三人利益，处理两者之间的权利义务应遵循契约原则，按照双方的真实意思表示来认定。2. 如果涉及公司以外的第三人，则要遵循商事外观主义原则，尊重公司登记制度的公示效力。市场交易纷繁复杂，时间和效率是决定经济效益的关键因素，便利迅捷的交易方式是商事主体追求效益的必要条件，要求交易双方在交易前耗费大量时间精力去详尽调查对方的真实情况是不现实的，而且作为公司以外的第三方不可能如公司股东一般详细掌握公司情况。若让善意第三方承担过于严格的甄别责任，必将增加其交易成本，降低其交易积极性，不利于社会经济发展。因此在这种涉及公司外部利益纠纷中，必须侧重保护外部第三人对登记内容乃至登记制度的信赖，故工商登记在册的显名股东才是适格主体，而隐名股东不适格。

关于“股东”的定义，在不同语境、不同诉讼环境中有不同内涵。如前所述，在内部纠纷中，显名股东和隐名股东正如一个硬币的两面，争夺的就是谁来享有股东投资权益，自然都可以称为股东。但在对外诉讼中，基于外观主义原则，只有显名股东才是公司股东，在这个意义上说，隐名股东便不是公司股东。

《最高人民法院关于适用〈中华人民共和国公司法〉若干问题的规定（三）》的表述和《中华人民共和国公司法》保持一致，并没有采用“显名股东”“隐名股东”这一词语表述，其第二十四条采用了“实际出资人”这一表述，也是为了防止歧义，从而与股东一词进行区分。从系统性解释看，这也表明《中华人民共和国公司法》条文中的股东定义仅指学理上的显名股东。

本案中原告系隐名股东（实际出资人），其起诉其他股东要求分红、赔偿损失等，已超出其和被告之间的小范围，涉及其他显名股东利益，以及具有拟制人格的公司利益。而公司毕竟是一个法律拟制的主体，任何重大决策都必须经过股东会决议，所以隐名股东要显名化，其他股东的表态至关重要。与资合性较强的股份公司不同，有限责任公司更注重人合性，人合性的要求就是各股东之间要建立一种相互了解、友好信任的关系，否则将对公司日常运营产生巨大障碍。在股东隐名的情况下，除与该隐名股东相对应的显名股东外，公司其他股东不一定知晓隐名股东的存在，他所认同的合作伙伴是显名股东。如果这些股东知晓自己真正的合作伙伴是这位隐名股东，他完全可能不允许其加入公司，或者自己不加入公司。因此，隐名股东不能提起公司清算、损害股东利益等涉及公司利益之诉，隐名股东应先显名化，确认股东身份后，方能起诉。

编写人：湖北省宜昌市西陵区人民法院　周云

124　因控股股东导致公司不能清算，小股东可向控股股东主张损害赔偿

——陈某宗诉吴某林损害股东利益责任案

【案件基本信息】

1. 裁判书字号

北京市通州区人民法院（2013）通民初字第1222号民事判决书

2. 案由：损害股东利益责任纠纷

3. 当事人

原告：陈某宗

被告：吴某林

【基本案情】

1997 年 12 月 17 日，原告陈某宗与被告吴某林共同出资设立了 Y 公司，原告陈某宗出资 15 万元，占注册资本的 30%，被告吴某林出资 35 万元，占注册资本的 70%。Y 公司设立后，被告吴某林担任法定代表人、执行董事、经理职务，原告陈某宗任监事。2002 年 8 月 16 日，Y 公司被吊销营业执照。

2011 年 5 月 12 日，原告陈某宗申请对 Y 公司进行强制清算，2012 年 6 月 19 日，通州区人民法院作出（2011）通法特清算初字第 9158 号民事裁定书，裁定终结 Y 公司清算程序。（2001）通经初字第 260 号民事调解书载明：2001 年 3 月 7 日，Z 公司与 Y 公司达成调解协议，Y 公司给付 Z 公司货款及利息共计 617458.41 元。另诉讼费 11184 元由 Y 公司负担。

2001 年 8 月 1 日，Z 公司申请强制执行，要求执行调解书确认的未履行货款本金及利息 467458.41 元。2001 年 11 月 29 日，北京市通州区人民法院向北京市拍卖行发函称：我院委托你行变卖通州区张家湾镇货场内 Y 公司的地上建筑物，买受人已将案款 67 万元交至我院，特此告知。

2001 年 5 月 25 日，北京市通州区人民法院出具的查封（扣押）清单载明：木工集成材设备 1 套，价值 200 万元左右，被告吴某林在被执行人处签字。现因作为 Y 公司实际控制人的执行董事、经理吴某林的原因，导致 Y 公司清算不能。根据原告陈某宗所占 Y 公司的股权比例，原告陈某宗要求被告吴某林赔偿损失 60 万元。

【案件焦点】

控股股东因公司不能清算是否应当就小股东的损失承担责任，责任范围如何确定。

【法院裁判要旨】

北京市通州区人民法院经审理认为：被告吴某林系Y公司的控股股东，其担任Y公司法定代表人及执行董事，实际控制Y公司，故被告吴某林应当对Y公司未能正常清算承担相应责任。根据现有证据，Y公司曾在2001年5月25日被法院查封木工集成材设备1套，该套设备系Y公司资产，原告陈某宗理应在Y公司清算程序中就该套设备享有相应财产权益。原告陈某宗有权就该套设备向被告吴某林主张相应权利。关于该套设备的价值，查封财产清单载明的价值为200万元左右，此系被告吴某林与执行人员自行评估的价格，并不能真实反映该套设备价值，而该套设备的型号、成新、原始采购价格均无从得知，不能通过评估程序确定该套设备的市场价格，法院将根据本案的实际情况对该套设备的价值进行酌定，同时对原告陈某宗的损失进行酌定。

北京市通州区人民法院依照《中华人民共和国公司法》第一百五十三条，《中华人民共和国民事诉讼法》第一百四十四条之规定，判决如下：

被告吴某林于判决生效之日起七日内赔偿原告陈某宗损失45万元。

判决后，双方当事人均未上诉，本判决现已生效。

【法官后语】

关于本案焦点问题，笔者具体分析如下：

一、控股股东赔偿责任的源起

在有限责任公司中，控股股东通常兼任董事直接参与公司的经营管理，或通过操纵主要董事间接控制着公司的运作，掌管着公司的主要资产、账册、重要文件等，实际上处于董事地位，其拥有的表决权已经异化成为与公司以及少数股东利益有着密切关系的公司管理权。而如果控股股东滥用其掌握的股东权利，就有可能对其他股东造成损害。《中华人民共和国公司法》第二十条第二款规定：公司股东滥用股东权利给公司或者其他股东造成损失的，应当依法承担赔偿责任。该规定在一定程度上承认了股东之间损害赔偿请求权之合理性。具体到公司清算程序中，控股股东与其他股东均是公司在法定条件下的清算义务人，在公司出现应当进行清算的情形时，清算义务人负有对公司进行清算的义务。但实践中，往往会出现因清算义务人之一的控股股东原因而导致公司不能清算或不能全面清算的情形。控股股东影响清算程序的行为多表现为转移公司财产、隐匿财务账簿等。公司如不能进行清算或不能进行全面清算，那么公司的资产状况就无法厘清，势必影响其他股东特别是小股东对公司剩余财产的分配权。

二、控股股东赔偿责任的性质

《中华人民共和国民法典》第一千一百六十四条规定，本编所调整因侵害民事权益产生的民事关系。由此可知，股权为调整对象。控股股东的赔偿责任正是以股权为侵害对象产生的，它是一种新型的侵权责任。控股股东作为清算义务人，滥用其控制公司的优势地位，导致公司主要财产、账册、重要文件的灭失，使公司无法进行清算，应视为控股股东违反了对少数股东的信义义务而导致少数股东的剩余财产索取权无法实现，处于受害人地位的少数股东有权向控股股东主张损害赔偿。

三、控股股东赔偿责任范围的确定

按照上文分析，控股股东赔偿责任是一种侵权责任，也应遵循损害填补原则。小股东的损失应当是剩余财产分配权的损失，即在正常清算的情况下，小股东应当分得的剩余财产数额。控股股东赔偿责任的范围应以小股东应当分得的剩余财产的数额为限。但由于无法清算，对剩余财产数额进行评估和认定已经不可能，若按照通常规则要求原告举证，可能使得小股东的损害赔偿请求得不到相应的证据支持。因此，在确定控股股东赔偿责任范围时，应当适用“损失推定原则”，即首先推定非控股股东的出资额为其损失。此外非控股股东还可主张两类推定损失：一是有证据证明公司有营业收入的，可以根据市场平均利润率或酌定利润率确定利润比例，然后再按出资比例或约定分配比例确定股东应分得数额；二是有证据证明公司有财产的，可推定该财产为最终可供分配的财产，然后再按出资比例或约定的分配比例确定股东应分得数额。本案中，原告陈某宗提供证据证明 Y 公司有一套机器设备，因此可将该机器设备推定为最终可供分配的财产，对于设备的价值按照查封清单所载的估值进行酌定，同时结合原告陈某宗的出资损失，最终确定原告陈某宗的损失金额。

编写人：北京市通州区人民法院　翟新忠

十三、公司增资、减资纠纷

125 外商投资公司增资后审批机关又撤销批准的，增资行为是否成立

——徐某锡诉电子公司等公司增资案

【案件基本信息】

1. 裁判书字号

山东省高级人民法院（2013）鲁民四终字第89号民事裁定书

2. 案由：公司增资纠纷

3. 当事人

原告（上诉人）：徐某锡

被告（被上诉人）：电子公司、黄某锡、I会社

【基本案情】

黄某锡于2008年出资设立电子公司，后电子公司股东变更为黄某锡和I会社。金某俊担任执行董事、法定代表人，黄某锡任监事，申某石任总经理。2011年2月16日，电子公司就徐某锡向公司增资12万美元一事形成《股东会决议》和《章程修正案》各一份，申某石找人替黄某锡及I会社法定代表人金某锺在上述两份文件中签字确认。同日，电子公司向文登市商务局提交《关于电子公司增加投资者、增加投资总额及注册资本、变更经营范围的请示》（以下简称《请示》）及上述《股东会决议》《章程修正案》。文登市商务局于同年2月28日作出文商务字（2011）17号

《关于电子公司增加投资者、增加投资总额及注册资本、变更经营范围的批复》（以下简称《批复》），同意增加徐某锡为投资者。同年3月，电子公司凭此《批复》换领了《外商投资企业批准证书》。徐某锡于2011年3月7日、4月2日将12万美元分两笔汇入电子公司银行账户。其后，电子公司办理了工商变更登记手续。

另查明，2011年2月19日电子公司形成一份《董事会议事录》，申某石以董事身份签字表决同意新任董事徐某锡增资12万美元，并代表金某俊表决承认上述事项。

又查明，2011年9月，I会社以文登市商务局为被告向文登市人民法院提起行政诉讼，要求撤销文登市商务局作出的《批复》，同时向文登市商务局提出了异议。11月10日，文登市商务局以“公司股东之一I会社提出异议，公司所提交的材料并非股东的真实签字及股东的意愿”为由，作出文商务字（2011）141号《关于撤销文商务字（2011）17号批复的决定》。同日，文登市人民法院裁定准许I会社撤回对文登市商务局的起诉。

2011年12月7日，徐某锡诉至法院，请求依法确认徐某锡向电子公司增资12万美元的合同成立，电子公司、黄某锡、I会社向文登市商务局重新办理增资审批手续。

【案件焦点】

徐某锡向电子公司增资的行为是否是公司股东的真实意思表示。

【法院裁判要旨】

山东省威海市中级人民法院经审理认为：电子公司系依法成立的外商投资公司，公司增加或减少注册资本应由股东作出决议。本案中，三被告对《股东会决议》及《章程修正案》的真实性提出异议。因上述文件中显示的黄某锡及金某俊的韩文签名均非本人所签，且其二人均对他人代签的行为不予认可，故对《股东会决议》的真实性不予认定。

关于股东黄某锡及I会社是否同意徐某锡增资的问题。徐某锡主张，申某石是黄某锡在电子公司股权的实际持有人，其有权代表黄某锡做出同意增资的决定，但未提交证据证实。徐某锡还主张，金某俊授权申某石办理电子公司增资事宜，金某俊是I会社的常务理事，故I会社对电子公司增资一事是知晓的。对此，法院认为，一则，电子公司未设董事会，申某石以董事身份在董事会议事录中签字表示同意徐某锡增资不符合公司章程规定。二则，公司增加注册资本应由股东作出决议，金某俊并非股东，其承认董事会决议的效力不能及于股东。三则，金某俊担任I会社常务理事的事实，并不能证明I会社同意徐某锡增资。

徐某锡提交的证据既不能证实其增资行为事前经过了股东同意，亦不能证实股东对于增资行为事后予以追认，故法院认为，徐某锡向电子公司增资的行为并非股东的真实意思表示。

山东省威海市中级人民法院依照《中华人民共和国公司法》第三十八条、第四十四条，《中华人民共和国民事诉讼法》第六十四条、第二百三十五条之规定，判决如下：

驳回原告徐某锡的诉讼请求。

原告徐某锡提起上诉，二审开庭前又申请撤回上诉，山东省高级人民法院裁定准许。

【法官后语】

公司增加注册资本是指公司经股东会（股东大会）决议使公司的注册资本在原来的注册资本的基础上予以扩大的法律行为。公司如需增加注册资本，可以按照原有股东的出资比例增加出资，也可以邀请原有股东以外的其他人出资。股东以外的投资人向公司增资，一般应由投资人与股东签订增资协议，再由股东表决，修改公司章程，完成工商登记。

本案是因一外国人向外商投资公司增加注册资本后，审批机关又作出撤销批准决定而引发的确认增资行为效力的纠纷。

1. 外商投资公司增资须经外资审批部门批准。《中华人民共和国民法典》第五百零二条规定，依法成立的合同，自成立时生效，但是法律另有规定或者当事人另有约定的除外。本案中，徐某锡向电子公司增资虽没有与股东签订书面的增资合同，但电子公司向外资审批部门提交的《股东会决议》中记载了徐某锡向电子公司增资的事项，且《股东会决议》中亦显示有投资人及公司股东的签名，故该《股东会决议》亦具有增资合同的属性，一经外资审批部门批准即生效。

2. 增资合同不因批准而必然有效，亦不因批准被撤销而当然失效。行政审批是在当事人所完成的独立的法律行为之上补充进国家的意思表示。审批只是一种同意，无代替当事人意思的效力，当增资行为本身有法律上的瑕疵时，即使已经批准，也不能补正该瑕疵，审批部门无权对合同是否有效作出评价。对合同有效性进行审查的主体是人民法院，在诉讼过程中，人民法院可依职权审查合同是否具备生效要件。本案中，电子公司股东提出异议，外资审批部门撤销了电子公司增资的批复，因审批部门无权对增资合同是否有效进行审查，有关增资合同的效力问题须由法院来确定。故如果增资行为本身存在瑕疵，不会因已被审批而有效，如果增资行为没有瑕疵，也不会因批准被撤销而当然失效。

3. 增资行为是否有效应探究股东的真实意思表示。公司注册资本的增加不会损害公司债权人的利益，但是资本增加却涉及股东的利益和公司本身财产的变化，因此《中华人民共和国公司法》规定增资必须经股东会（股东大会）作出特别决议才能进行。《中华人民共和国公司法》第三十七条规定增资应当由股东会作出决议；第四十三条规定增资需要经代表三分之二表决权的股东通过；第三十四条规定公司新增资本时，股东有权优先认缴出资。本案中，虽然徐某锡向公司增资的行为已完成，公司也实际收到了徐某锡主张的增资款，但因各股东的签字并非本人所签，该证据不具备合同成立的形式要件，不能证明股东会决议中记载的徐某锡向公司增资事项是股东的真实意思表示，同时也不能证明徐某锡向公司增资一事经过了股东会的决议。最终法院综合认定徐某锡向电子公司增资的行为并非股东的真实意思表示，驳回了徐某锡要求确认其增资行为效力的诉讼请求。

编写人：山东省威海市中级人民法院 刘志敏

126 公司增资程序及股东资格的认定

——吴某健诉韦某东公司增资案

【案件基本信息】

1. 裁判书字号

广西壮族自治区南宁市中级人民法院（2012）南市民一终字第2631号判决书

2. 案由：公司增资纠纷

3. 当事人

原告（被上诉人）：吴某健

被告（上诉人）：韦某东

【基本案情】

2010年8月10日，原告、被告、陈某民、林某、蓝某湖五人召开并参加了化工公司新股东第一次大会。蓝某湖对会议进行了书面记录，会议内容为：为把化工公司做大做强，根据公司出现资金短缺、管理能力需要提升等实际情况，经各股东商量决定，新股东原告出资100万元和新股东蓝某湖出资100万元现金投资注入化工公司，2010年8月31日前交纳完毕。注资后，股份调整为被告26%、原告24%、蓝某湖24%、陈某民15%、林某11%，合计100%；会议决定，同意选举被告为化工公司董事长兼法定代表人，全部股东为董事，选举蓝某湖、陈某民为监事，聘请原告为总经理……原告、被告、陈某民、林某、蓝某湖五人均在该书面会议记录上签字并摁下手印，而化工公司亦在该书面会议记录上加盖了公司印章。2010年8月26日、2010年9月17日和2010年9月25日，原告分三次向化工公司在中国工商银行南宁市桃源的银行账户存入25万元、40万元和35万元现金。2011年5月19日，化工公司通过其在银行南宁市桃源支行的账户向原告名下的银行账户分三次分别支付了35万元、40万元和40万元。

2011年5月21日，原告、被告、陈某民、林某、蓝某湖五人参加了化工公司全体股东会议，会议形成了书面决议：因合作原因全体股东同意解散现五人组成的股东会，由被告负责退回原告于

2010年注资的100万元，退回蓝某湖于2010年注资的100万元，退回陈某民原注资的25万元，林某退不退待定并由其与被告商量确定。退完后原告、蓝某湖、陈某民与化工公司不再存在股权关系、之前化工公司所有债权债务与原告、蓝某湖、陈某民无关；被告退原告100万元的注资款确认已从化工公司账户退了80万元，剩余20万元由被告于2011年6月30日前退到原告的账户上……由被告向原告写欠条，列明具体还款事项要求，不按时退完将由被告负责全部法律责任。原告、被告、陈某民、林某、蓝某湖五人均在该书面会议决议上签字并摁下手印，而化工公司亦在该书面会议决议上加盖公司了印章。该会议举行的当天，被告向原告出具《欠条》，该欠条载明：现被告购买原告在化工公司的股权，退回原告注资款100万元，现已支付80万元，余下20万元于2011年6月30日前退回原告账户。

2011年8月4日，原告向广西壮族自治区南宁市青秀区人民法院起诉，请求判令被告归还欠款20万元，并支付占用此项资金的相应利息。

【案件焦点】

1. 原告、被告等五人于2010年8月10日形成的“股东会决议”是否合法有效，原告是否取得了化工公司的股东资格；2. 被告向原告出具的还款承诺是否具有法律约束力。

【法院裁判要旨】

广西壮族自治区南宁市青秀区人民法院经审理认为：从内容上看，原告、被告、陈某民、林某、蓝某湖五人以及化工公司在2010

年 8 月 10 日召开的新股东大会上，就由原告向化工公司投资 100 万元，就化工公司增资扩股，吸纳原告成为公司股东等事项达成了一致意思表示。会后，原告分三次将 100 万元资金转存至化工公司账户。但是，有限责任公司作为以其独立法律地位对外从事经济活动并以其独立财产对外承担民事责任的商事主体，其增加资本和吸纳新股东的行为必须受到国家法律、行政法规的严格规制。

本案中，经工商登记的化工公司的原有合法股东为被告和韦某宁，但化工公司在增资扩股的过程中没有修改公司章程和股东名册，没有经依法设立的验资机构验资并出具证明，没有向公司登记机关申请变更注册资本和股东登记，公司作出增加资本的决议没有经过代表三分之二以上表决权的股东通过。鉴于此，应当认定因缺乏法律、行政法规规定的形式要件，原告并未获得化工公司的股东资格。

从 2011 年 5 月 21 日化工公司股东会决议的内容上看，原告、被告、陈某民、林某、蓝某湖五人以及化工公司共同的意思表示为由被告负责退回原告的投资款。股东会决议的当天，被告亦向原告出具《欠条》确认已支付 80 万元，余下的 20 万元由被告于 2011 年 6 月 30 日前退还给原告。在上述两份证据中，被告向原告退还投资款的意思表示真实，内容不违反法律、行政法规的强制性规定，应当对原告、被告双方具有法律约束力，被告负有在 2011 年 6 月 30 日前向原告返还 20 万元投资款的义务，故对于原告要求被告偿还 20 万元投资款的诉讼请求，应当予以支持。

被告辩称化工公司 2011 年 5 月 21 日股东会决议应为无效决议，并认为该决议违反了股东不得抽逃出资的法律有关规定，股东取回出资应当通过公司清算或解散程序，而且化工公司的另一股东韦某宁不同意原告退股，故请求驳回原告的诉讼请求。鉴于原告主张返还其投资款的义务主体为被告而并非化工公司，而且由于投资行为尚未满足法律、行政法规规定的必要条件，原告尚未获得化工公司的股东资格，加之被告未能提供有效证据证明化工公司另一股东韦某宁的意思表示内容，故对于被告的辩称主张，应当不予采纳。

广西壮族自治区南宁市青秀区人民法院判决如下：

一、被告韦某东向原告吴某健偿还投资款20万元。

二、被告韦某东向原告吴某健支付逾期偿还投资款的利息（利息计算：以20万元为基数，自2011年7月1日起计至本案生效判决规定的履行期间限最后一日止，按中国人民银行同期流动资金贷款利率分段计付）。

被告不服一审判决，提起上诉，广西壮族自治区南宁市中级人民法院维持一审法院判决。

【法官后语】

商事活动以追求利润为根本目标，保障交易安全和利益公平是经济活动对法制规则的呼声诉求。申言之，实现当事人的意思表示目标，保障交易安全是商事纠纷审判的价值所在，但同时必须注意不得违反法律、行政法规强制性规定，不得损害善意第三人的合法利益。

本案是有限责任公司增效纠纷，涉案当事人先后有投资入股和协商退股的法律行为，法律关系自然涉及股东资格取得之确认，以及投资退股行为效力的合法性审查等问题。《中华人民共和国公司法》第三十五条明文规定，股东不得抽逃出资，此乃强制性、禁止性规定，被告韦某东亦援引此规定主张原告吴某健退股行为无效。由此可见，确认原告吴某健是否具有公司股东资格便成为了首要争议焦点。

从规则制度的设计角度分析，公司增资遵循以下步骤：1. 董事会拟定公司增资方案（《中华人民共和国公司法》第四十六条）；2. 股东会（股东大会）作出公司增资的决议，并经代表2/3以上表决权的股东通过（《中华人民共和国公司法》第三十七条、第四十三条）；3. 股东缴纳出资或认购新股；4. 办理公司变更登记（《中华人民共和国公司法》第二章第一节），手续包括签发出资证明书、载入股东名册、变更公司章程以及向公司登记机关申请并完成增资登记等。值得注意的是，我国法律承认隐名股东，换言之，是否办理公司增资和股东工商变更登记，并不是确认股东资格的充分条件。对于没有办理工商变更登记的潜在股东，不得对抗第三人，此乃股东资格的对外效力范畴，《中华人民共和国公司法》第三十二条对此早有明文规定，自不待言。至于在公司内部，增资股东的资格确认，则应遵循实际履行出资义务和公司股东会足够表决通过两项基本要求。前者是股东权益取得之对价，是实质要件，后者则保障公司原有股东的表决、优先购买等社员权利，是程序要件，两者不可偏废，否则有损害利害关系人合法权益之虞。

本案中，原告等人欲投资化工公司，为公司增效扩股并成为其股东的意思表示形成了股东大会决议，之后原告又按照决议支付了投资款项100万元。但是，由于该股东会议没有化工公司登记股东韦某宁的参与，增效扩股行为没有经代表2/3以上表决权的股东通过，在程序上未能符合《中华人民共和国公司法》第四十三条第二款的规定，在公司和股东内部难以形成法律约束力，加之缺乏登记公示的手续，于外界而言亦无法形成公信力，难以令债权人产生善意的合理依赖。由此可见，原告等人虽有投资意愿和注资行为，但仍处于投资人地位，并未取得化工公司股东资格。既然原告吴某健不算是化工公司股东，所以其和其他投资人与被告韦某东共同签订的退股协议，原则上并不违反股东不得抽逃出资的强制性规定，可谓有效合同。原告据此诉求被告返还剩余投资款理据充分，一审、二审法院均判决予以支持。这里值得注意的是，退股协议约定的义务主体是被告韦某东，而并非化工公司本身，原告等投资人的增资份额可以视为由被告有偿继受，可类比股权转让关系。但如若化工公司共同承担返还投资款债务或者为此提供保证担保，则无异于变相支持股东抽逃出资，审理此类案件时应当注意识别，避免支持这样的诉讼请求。

随着市场经济的不断发展，商事主体设立、登记及变更的门槛标准也随之降低，目的旨在便捷交易，促进效率。在公司增资活动中，应注意审查当事人意思表示的真实性和合法性，其中出资行为事关公司资本、行为能力和对外交易安全，对于出资不足和抽逃出资等违法行为须给予否定评价，而内部表决程序则事关其他股东社员权利，也应当注意兼顾，不能忽视。

编写人：广西壮族自治区南宁市青秀区人民法院　黄家靖

127　公司减资未通知债权人的法律后果

——刘某辉诉白某榕等公司减资案

【案件基本信息】

1. 裁判书字号

北京市第一中级人民法院（2011）一中民终字第10849号民事判决书

2. 案由：公司减资纠纷

3. 当事人

原告（被上诉人）：刘某辉

被告（上诉人）：白某榕、许某、董某锟、王某文

【基本案情】

刘某辉与X公司因租赁合同纠纷一案，经过北京市海淀区人民法院和北京市第一中级人民法院两次审理，分别作出（2009）海民初字第13462号及（2010）一中民终字第853号民事判决书，判决X公司返还刘某辉已交付的商业信誉、产品质量担保金人民币10万元及已交付租金55万元，并支付上述两笔款项自2009年8月1日至执行之日止的银行同期贷款利息，以及支付刘某辉装修损失等费用26895元以及案件受理费用5449元。截至2010年11月23日，各项费用共计人民币730877元。判决生效后，X公司拒不履行判决。X公司的工商档案信息显示，在刘某辉与X公司的租赁纠纷未解决完毕之前，即2009年2月，X公司四名股东将公司的注册资本由300万元减少为60万元。同时，四名股东在减资时向工商行政管理部门出具了《公司债务清偿或担保情况的说明》，《说明》中载明："如有遗留问题，由各股东按照原来的注册资本数额承担责任"。刘某辉认为，四名股东对X公司减资的时间处于刘某辉与X公司纠纷的诉讼过程中，该纠纷所发生的后果自然应属于X公司减资前的遗留问题，现基于《说明》，四股东理应按照其承诺对公司欠其的730877元债务承担偿还义务。四名股东则认为：第一，X公司是按照法定程序减资的；第二，公司减资是在与刘某辉的债权债务发生之前而不是之后；第三，本案所涉债务非遗留问题，公司经营是一个连续过程，不能将潜在风险都视为遗留问题。

【案件焦点】

X公司的减资程序是否存在瑕疵，其是否应当在作出减资决议后通知潜在债权人刘某辉。

【法院裁判要旨】

北京市海淀区人民法院经审理认为：根据《中华人民共和国公司法》的规定，公司减资的，应当自作出减少注册资本决议之日起十日内通知债权人，并于三十日内在报纸上公告。在X公司减资时，刘某辉虽未被确认为债权人，但鉴于刘某辉曾于2008年就商铺租赁事宜对X公司提起过诉讼，且在2009年就此纠纷再次提起过诉讼；另外，因刘某辉与X公司所签协议中包含了10万元的商业信誉、产品质量担保金，即使双方无争议，在合同顺利履行完毕时，X公司也应予以返还。依据上述情形，应当确认，在X公司减资前，刘某辉系其潜在的、将来的债权人。X公司所作的减资决议实质上是豁免了股东尚未履行的出资义务，对公司债权人而言，则相应减少了公司的偿债能力，故应对其减资程序作出更为严格的限定。尤其在当该潜在债权人与X公司之间已经发生矛盾，且争议涉及的财产数额及减资额度均较大的情况下，X公司应当预见到双方之间发生债权债务的可能性，刘某辉应为其减资事宜的当然通知对象。现本案中，双方均确认，X公司未就减资事宜向刘某辉进行通知，应属减资程序存在瑕疵，其应承担相应的责任。

鉴于X公司的减资程序已完成，其减资中的瑕疵直接导致刘某辉作为潜在的债权人丧失了对将来发生的债权要求X公司提出担保或者采取其他补救措施的机会。在X公司以不再缴纳待缴注册资本的方式进行减资后，该公司的偿债能力受到了极大影响，从实际结果来看，刘某辉对X公司所享有的债权也一直未能获得清偿，根据X公司全体股东当庭表述，目前X公司已经资不抵债，此种情况下，刘某辉之债权直接获得清偿的机会已基本丧失，故其要求X公司四股东在减资范围内对其债务承担连带清偿责任，于法有据。因刘某辉对X公司所享有的债权已经生效判决确认，故对其诉请中商业信誉、产品质量担保金10万元及租金55万元、装修损失等费用26859元，法院予以支持，其就担保金及租金所主张之利息损失，亦经生效判决确认，其主张的金额并无不当，法院对其主张的利息48533元亦予以支持；但其诉请中所涉及他案的案件受理费部分，因该部分费用属于X公司应向法院缴纳的费用，不应作为刘某辉对X公司所享有的债权，故对该部分诉请，法院不予支持。

一审法院依据《中华人民共和国公司法》第七十七条第二款的规定，判决如下：

被告白某榕、被告许某、被告董某锟、被告王某文退还原告刘某辉商业信誉、产品质量担保金10万元、租金55万元，并赔偿上述两项金额的利息损失48533元，以及装修费损失26859元，均于本判决生效之日起十日内付清；驳回原告刘某辉的其他诉讼请求。

白某榕、许某、董某锟、王某文提起上诉。

北京市第一中级人民法院经审理认为：X公司与刘某辉之间的商铺租赁合同签订于2008年7月7日，依据生效判决的确认，在刘某辉履行了向X公司交付商业信誉、产品质量担保金10万元以及租金55万元的合同义务后，X公司一直未能依约将租赁物交付给刘某辉，导致该合同无法履行。事后，X公司亦未将刘某辉所付款项退还，使刘某辉的权益受到损害。至X公司减资时，因其违约行为仍然持续，而使其与刘某辉之间形成债权债务关系。故对上诉人认为一审法院认定X公司对刘某辉应承担通知义务属于认定事实错误的上诉理由不予支持。此外，X公司已无财产可供清偿刘某辉的债权，而白某榕、许某、董某锟、王某文签署的《说明》中载明，“本公司债务已清偿完毕，对外也无任何担保行为，如有遗留问题，由各股东按照原来的注册资本数额承担责任”，上述表述应为X公司各股东对公司遗留债务承担责任的承诺，因此刘某辉有权要求白某榕、许某、董某锟、王某文对其债务承担相应责任。因刘某辉提出的诉讼请求未超出Y公司的减资范围，故其诉讼请求于法有据。一审判决认定事实清楚，处理结果并无不当，应予维持。二审法院依照《中华人民共和国民事诉讼法》第一百五十三条第一款第一项的规定，判决如下：

驳回上诉，维持原判。

【法官后语】

本案的焦点在于X公司的减资程序是否有瑕疵，潜在债权人是否也应当作为公司作出减资决议后的通知对象。《中华人民共和国公司法》第一百七十七条第二款规定：“公司应当自作出减少注册资本决议之日起十日内通知债权人，并于三十日内在报纸上公告。债权人自接到通知书之日起三十日内，未接到通知书的自公告之日起四十五日内，有权要求公司清偿债务或者提供相应的担保。”

在X公司减资时，刘某辉虽未被确认为债权人，但鉴于刘某辉此前曾就商铺租赁事宜对X公司提起过两次诉讼，并且X公司应在商铺租赁合同顺利履行完毕时归还刘某辉已向其交纳的10万元商业信誉、产品质量担保金，依据上述情形，应当确认，在X公司减资前，刘某辉系其潜在的、将来的债权人。X公司通过减资豁免了股东尚未履行的出资义务，对公司债权人而言，该公司的偿债能力大为降低，故应对其减资程序作出更为严格的限定。当潜在债权人与X公司之间已经发生矛盾，且争议涉及的财产数额及减资额度均较大的情况下，X公司应当预见到双方之间发生债权债务的可能性，刘某辉应为其减资事宜的当然通知对象。

本案中，双方均确认，X公司未就减资事宜向刘某辉进行通知，直接导致刘某辉作为潜在的债权人丧失了对将来发生的债权要求X公司提出担保或者采取其他补救措施的机会。X公司减资后，该公司的偿债能力受到了极大影响，从实际结果来看，刘某辉对X公司所享有的债权也确实一直未能获得清偿。由于X公司的减资程序存在上述瑕疵，其理应对刘某辉承担相应责任。现X公司已经过强制执行程序而无清偿能力，此种情况下，刘某辉之债权直接获得清偿的机会已基本丧失。白某榕、许某、董某锟、王某文签署的《说明》中载明，“本公司债务已清偿完毕，对外也无任何担保行为，如有遗留问题，由各股东按照原来的注册资本数额承担责任”，上述表述应为X公司各股东对公司遗留债务承担责任的承诺，故刘某辉要求四名股东依其上述承诺在减资范围内对X公司欠其的债务承担清偿责任，于法有据。

编写人：北京市海淀区人民法院　覃虹

十四、损害公司利益责任纠纷

128 法院判决公司支付的工资不应认定为公司损失

——餐饮管理公司诉朱某某损害公司利益责任案

【案件基本信息】

1. 裁判书字号

北京市第二中级人民法院（2020）享02民终5927号民事判决书

2. 案由：损害公司利益责任纠纷

3. 当事人

原告（上诉人）：餐饮管理公司

被告（被上诉人）：朱某某

【基本案情】

2015年1月28日，餐饮管理小吃店登记注册，注册类型为个体工商户，经营者为朱某某。2016年6月7日，被告朱某某将餐饮管理小吃店转让给黄某某，变更名称为餐饮管理公司，企业类型是有限责任公司。原告公司注册资本为50万元，股东黄某某、朱某某出资额分别为49万元、1万元，分别担任公司执行董事、公司监事。2018年案外人孙某以劳动争议纠纷为案由，将餐饮管理公司诉至本院。本院经审理后认定原告、被告之间存在劳动关系，并对孙某要求餐饮管理公司支付2015年1月28日至2017年10月31日拖欠工资32.34万元的诉求予以支持。餐饮管理公司不服上诉，二审法院维持原判。后孙某得以申请执行餐饮管理公司执行款33.1万元。本案原告餐饮管理公司认为：1. 被告朱某某在其作为个体工商户经营期间对孙某作出的工资承诺与原告餐饮管理公司无关；2. 被告朱某某转让小吃店时曾承诺对外债权、债务已经结清；3. 公司变更登记后，被告也未向原告告知孙某有近万元的工资标准，致使原告在经营期间无法及时止损。因此，原告对于向孙某支付的工资有权向被告追偿。故诉至法院。被告不同意原告的诉讼请求，辩称：1. 被告没有义务代为清偿。2. 原告支付给案外人孙某的劳动报酬是根据已经生效的判决履行的义务，并非原告的损失，被告并未实施侵犯公司利益的行为。3. 本案案由为损害公司利益责任纠纷，餐饮管理个体工商户于2016年6月改制为公司后，实际控制人一直都是黄某某和其丈夫，被告朱某某只是挂名，没有执行公司职务，也就不存在“执行职务时给公司造成损失”的情况，而个体工商户期间的争议不在本案审理范围内。

【案件焦点】

在案外人孙某与餐饮管理公司的劳动争议案件中，法院判决餐饮管理公司支付含公司改制前即系个体工商户期间拖欠员工的工资，餐饮管理公司据此支出的款项，是否可以认定为公司的损失。

【法院裁判要旨】

北京市丰台区人民法院经审理认为：本案系损害公司利益责任纠纷，即公司股东滥用股东权利或者董事、监事、高级管理人员违反法定义务，损害公司利益而引发的纠纷。本案中，法院针对孙某与餐饮管理公司的劳动争议纠纷案件已作出生效判决，并认定孙某与餐饮管理公司之间存在劳动关系，且确认孙某每月工资标准为9800元，认定该数额并不高于法定标准，并据此判决餐饮管理公司向孙某支付2015年1月28日至2017年10月31日的工资32.34万元，餐饮管理公司依据生效判决向孙某支付相应的工资，是作为用人单位应当履行的义务，不应认定是餐饮管理公司的损失。餐饮管理公司在本案中主张，朱某某在北京餐饮管理小吃店经营期间对孙某作出的工资承诺，应当以朱某某的个人财产承担无限连带责任，该部分主张所涉及的事实，均属于孙某与餐饮管理公司的劳动争议纠纷案件中已经审理的事实，在本案中不应再次进行认定。因此，餐饮管理公司在本案中，将其向孙某支付的工资作为损失，要求朱某某对此承担赔偿责任依据不足，一审法院判决：

驳回餐饮管理公司的全部诉讼请求。

餐饮管理公司不服一审判决，提起上诉，二审法院对一审法院查明的事实予以确认。

北京市第二中级人民法院经审理认为：餐饮管理公司系以损害公司利益责任纠纷为由提起本案诉讼，要求朱某某代为清偿餐饮管理公司向案外人孙某支付的劳动报酬32.34万元。根据法律规定，当事人对自己提出的诉讼请求所依据的事实或者反驳对方诉讼请求所依据的事实，应当提供证据加以证明，但法律另有规定的除外。在作出判决前，当事人未能提供证据或者证据不足以证明其事实主张的，由负有举证证明责任的当事人承担不利的后果。本案中，餐饮管理公司没有提供充分证据证明朱某某作为餐饮管理公司股东滥用股东权利，或者作为餐饮管理公司董事、监事、高级管理人员执行公司职务时违反了法律、行政法规或者公司章程的规定，给餐饮管理公司造成了损失，其要求朱某某代为清偿餐饮管理公司向案外人孙某支付的劳动报酬 32.34 万元缺乏依据，二审法院不予支持，判决如下：

驳回上诉，维持原判。

【法官后语】

有限责任公司作为具有独立法人人格的主体，公司利益不应受到包括其股东在内的所有民事主体的损害。《中华人民共和国公司法》第二十条、第二十一条确立了损害公司利益的禁止性规范，但对公司利益的损害即公司损失尚缺乏明确界定。这也直接决定了在司法实务中，对损害公司利益责任的认定常存在争议。本案作为一起较为典型的损害公司利益责任纠纷案件，现结合上述焦点对损害公司利益责任的认定进行以下分析：

一、损害公司利益的主体

《中华人民共和国公司法》第二十条规定，公司股东不得滥用股东权利损害公司利益，滥用股东权利给公司或者其他股东造成损失的，应当依法承担赔偿责任。第二十一条规定，公司的控股股东、实际控制人、董事、监事、高级管理人员不得利用其关联关系损害公司利益。违反前款规定，给公司造成损失的，应当承担赔偿责任。这两条规定从法律上明确列举了损害公司利益的主体，即公司股东、实际控制人、董事、监事、高级管理人员。当然该类案件的被告包括但不绝对局限于上述主体，如在关联交易案件中，与股东具有关联关系一同实施损害公司利益行为的第三人，也可作为被告承担连带赔偿责任。

二、损害公司利益的行为

损害公司利益的认定可以说既是“行为犯”，也是“结果犯”。

其成立要件必然要包含特定主体实施的损害公司利益的行为。根据《中华人民共和国公司法》及其司法解释的相关规定，损害公司利益责任纠纷是指公司股东滥用股东权利或者董事、监事、高级管理人员违反法定义务，损害公司利益而引发的纠纷。其中公司董事、监事、高级管理人员损害公司利益责任纠纷，主要是指董事、监事、高级管理人员执行公司职务时违反法律、行政法规或者公司章程的规定，给公司造成损失而发生的纠纷，强调的是上述人员未对公司尽勤勉、忠实义务时的赔偿责任。因而损害公司利益责任的构成，需特定主体违反相应义务，确实存在损害行为，最终造成公司损失，并且行为和损失结果之间还要具有因果关系。

三、公司损失的认定

公司利益可分为金钱利益和非金钱利益、既得利益和预期利益等。对公司利益的损害即构成公司的损失。实践中较为常见的损害公司利益的类型有：挪用或者侵占公司资金、关联交易、谋取公司商业机会或者竞业禁止。但公司金钱利益的支出却不绝对等同于公司损失。对于公司正常经营过程中所必须支出的费用：如房屋租赁费、水电费、员工工资的支出等，则属于公司的正常开销，这也是维持公司运转，实现盈利和收益的基础。

本案中，综合一审、二审法院案件情况和证据，朱某某作为股东和监事并未违反法定义务和章程规定，不存在实施损害公司利益的行为，并且法院判令餐饮管理公司支付拖欠的员工工资，应属于餐饮管理公司正常经营中的必要支出，也是餐饮管理公司应该履行的法定义务，因而不能认定为公司损失，所以朱某某不负赔偿责任，应判决驳回餐饮管理公司的诉讼请求。

编写人：北京市丰台区人民法院　郭博伟　俞凯欣

129 高级管理人员的认定应以其是否实际行使职权作为判断标准

——教育科技公司、文化传媒公司诉穆1损害公司利益责任案

【案件基本信息】

1. 裁判书字号

北京市第三中级人民法院（2020）京03民终8429号民事判决书

2. 案由：损害公司利益责任纠纷

3. 当事人

原告（被上诉人）：教育科技公司、文化传媒公司

被告（上诉人）：穆1

【基本案情】

国际教育公司于2013年5月10日注册成立，许1担任法定代表人和执行董事，该公司已于2019年3月28日注销登记。教育科技公司的工商档案材料显示其于2018年3月9日注册成立，经营范围为教育咨询等，法定代表人为许1。文化传媒公司的工商档案材料显示其于2016年9月1日成立，经营范围为组织文化艺术交流活动等，股东为教育科技公司，法定代表人为许1，房1担任监事。

2016年9月2日，国际教育公司与穆1签订劳动合同，约定国

际教育公司安排穆1从事销售总监一职。2017年8月23日，教育科技公司（甲方）与穆1（乙方）签订劳动合同书，约定：本合同为固定期限劳动合同，期限为2年。穆1（乙方）同意担任校长职位。穆1（乙方）的岗位职责、工作任务、责任目标、岗位纪律和相关管理制度等按照甲方为该岗位制定的工作规范以及其他有关规定执行。2017年4月14日，国际教育公司发布任命文件任命穆1为纳丹堡中心校长，全面负责校区的日常运营。并直接对校区的月度销售目标负责。2018年3月8日，穆1自教育科技公司离职，并填写国际教育公司离职交接表，载明校区为燕郊，职务为校长，入职时间为2016年9月2日，离职时间为2018年3月8日。同日，教育科技公司出具国际教育公司离职证明1份，载明穆1在本单位任校长一职。穆1于2018年3月5日正式与本单位解除劳动关系。

在穆1就职教育科技公司期间，华育公司于2017年10月26日注册成立，华育公司的工商档案材料显示注册资金为300万元，经营范围为：教育咨询等，股东为穆1、张1、宋1、赵1，穆1担任法定代表人和执行董事，张1担任监事。2018年9月30日，法定代表人由穆1变更为张1，监事由张1变更为赵1。2018年12月28日，华育公司注销登记。

教育科技公司、文化传媒公司认为穆1在教育科技公司任职期间设立华育公司，违反了《中华人民共和国公司法》第一百四十八条规定，故请求穆1给付教育科技公司、文化传媒公司截至2018年3月31日的收入25万元。

【案件焦点】

穆1能否认定为教育科技公司的高级管理人员。

【法院裁判要旨】

北京市通州区人民法院经审理认为：公司高级管理人员的核心特点是肩负公司经营管理职责，了解公司核心商业模式和商业秘密，故高级管理人员的认定不能局限于公司法的规定以及公司章程的记载，应当对其是否实际履行了高级管理人员的权力进行实质审查。本案中，穆1的岗位职责实际为全面负责燕郊校区的管理工作，实际行使了高级管理人员的权力，应当认定其为教育科技公司的高级管理人员。故北京市通州区人民法院判决如下：

一、被告穆1于本判决生效之日起7日内给付原告教育科技公司3万元；

二、驳回原告教育科技公司的其他诉讼请求；

三、驳回原告文化传媒公司的诉讼请求。

穆1不服一审判决，提起上诉。

北京市第三中级人民法院同意一审法院裁判意见，故判决如下：

驳回上诉，维持原判。

【法官后语】

《中华人民共和国公司法》第二百一十六条对于高级管理人员的含义进行了解释，认为高级管理人员是指公司的经理、副经理、财务负责人，上市公司董事会秘书和公司章程规定的其他人员。根据公司法对于高级管理人员的定义，针对高级管理人员的认定标准存在2种不同的观点，一种观点认为公司法关于高级管理人员的定义严格限制了高级管理人员的范围，在实践中不应随意扩大高级管理人员的范围；另一种观点认为公司法虽然对于高级管理人员的含义作出了解释，但并不当然能够认定公司法规定的高级管理人员仅限定在《中华人民共和国公司法》第二百一十六条规定的范围内，而是应该根据公司的具体情况、经营范围、运营模式、相关人员行使职权的实质内容等方面认定是否属于高级管理人员。

一、公司行使归入权时高级管理人员的认定标准

笔者认为，工商登记不应作为公司行使归入权时认定高级管理人员的唯一标准。根据《中华人民共和国公司法》第二百一十六条对于高级管理人员含义的界定可以看出除了副经理、财务负责人之外，包括经理以及公司章程规定的其他人员在内的高级管理人员均为工商登记记载的人员，属于公司对外公示的高级管理人员范畴，故《中华人民共和国公司法》第二百一十六条主要是基于工商登记以及工商登记的对外公示效力对于高级管理人员的含义作出的界定。工商登记的本质是用于对外公示公司内部管理结构和管理人员，工商登记的公示效力主要针对的是公司的外部人员，包括公司的交易对方、债权人、债务人。

《中华人民共和国公司法》第一百四十八条规定的高级管理人员的禁止性行为以及从事禁止性行为的法律后果发生在公司与高级管理人员之间，高级管理人员一般为公司的员工，在公司依据《中华人民共和国公司法》第一百四十八条规定行使归入权的情况下，工商登记内容不能作为认定高级管理人员的唯一标准，而应当对侵权人的个人身份以及职责范围对于其是否具备公司高级管理人员身份进行实质性审查。

二、对于高级管理人员进行实质性审查的考量因素

司法实践中，对于高级管理人员的身份进行实质性审查应主要

考量以下几个方面：一是公司的主营业务和经营范围；二是公司内部的管理制度和任命文件；三是公司职员的实际履职行为。

三、对于高级管理人员的认定

本案中，法院在认定穆1为高级管理人员时主要考虑了以下几个因素：

首先，教育科技公司的主营范围系儿童英语教育，主营业务为教育培训，其经营范围决定了除了主要办事机构的总部之外，教育科技公司还会在一定区域内设立分支机构，则不能仅仅认定其总部的管理人员属于高级管理人员，分支机构的管理人员也应当认定为高级管理人员。

其次，穆1于2016年9月2日入职国际教育公司，劳动合同载明的职务为销售总监，从2017年1月开始其社保由教育科技公司代缴，2017年4月教育科技公司任命穆1为纳丹堡中心校长，全面负责校区的日常运营，劳动合同书载明穆1的职务为校长，直接对校区的月度销售目标负责。

最后，穆1代表校区向房1报送校区每周的经营状况等事宜，周报中会详细记述校区的招生、教学等事项。

结合上述事实，法院认为穆1的岗位职责实际为全面负责校区的管理工作，实际行使了高级管理人员的权力，应当认定其为教育科技公司的高级管理人员。

编写人：北京市第三中级人民法院　于素娟　蔡爽

130 公司董事与公司达成调解协议处置公司资产引发股东权益受损

——科创公司诉金某损害公司利益责任案

【案件基本信息】

1. 裁判书字号

云南省高级人民法院（2019）云民终425号民事判决书

2. 案由：损害公司利益责任纠纷

3. 当事人

原告（被上诉人）：科创公司

被告（上诉人）：金某

第三人：Z公司

【基本案情】

Z公司系我国香港科创公司与内地的H公司合资的有限责任公司。该公司设立时的章程规定“合营企业资产的抵押”必须由出席董事会会议的全体董事一致通过方可作出通过决定。H公司委派金某等3人为合资公司的董事会成员。Z公司在工商变更登记项目表中填写的总经理为金某。该公司成立后通过董事会决议，由金某以个人名义向银行按揭贷款购买涉案两套房屋作为公司办公地点，由公司承担房产首期付款及每月还贷和各种税费。该两套房屋购买后办理了所有权证，所有权人登记为金某。

2010年3月2日，持有Z公司公章的相关人员以该公司的名义委托律师向法院起诉金某，请求判决涉案两套房屋权属归Z公司所有。该案中，Z 公司的民事起诉状和授权委托书仅加盖公司公章，无法定代表人或其他相关人员的签字。该案双方达成调解协议，法院作出调解书，确认涉案两套房屋归金某所有，由金某偿还 Z 公司该房屋的首付款、银行贷款本息等共计 767510.54 元。

科创公司对该调解书提起第三人撤销之诉，经二审驳回其起诉后，又以股东身份起诉金某损害科创公司利益，要求金某返还通过调解取得的涉案房屋所有权。金某答辩认为其与 Z 公司达成调解期间并未被聘任为公司总经理，科创公司要求其返还的房屋的产权归属已经生效法律文书确定，且该诉讼请求不符合股东代表诉讼或董、监、高侵犯公司利益的诉讼，应当予以驳回。Z 公司述称，金某是该公司登记的董事和总经理，涉案房产是 Z 公司以金某名义购买作为公司办公地址所用，属于公司的资产。没有任何一方股东以 Z 公司名义对金某发起过任何诉讼，对该调解书均不知晓。

【案件焦点】

1. 金某是否为适格的诉讼主体；2. 金某是否应当将涉案房屋返还给 Z 公司。

【法院裁判要旨】

云南省昆明市中级人民法院经审理认为：本案证据可证明金某系 Z 公司的董事和高级管理人员，原告起诉其作为被告的主体适格。Z 公司的章程虽然没有规定对于公司资产的处分应经何种程序，但规定了公司资产抵押应“由出席董事会会议的全体董事一致通过方可作出通过决定”，故可类推在涉及合营企业资产处置、转移的重大事项上也应适用上述规定。涉案房产虽登记在金某名下，但应属于公司资产。持有Z公司公章的相关人员以公司名义委托律师向法院起诉金某，并与金某达成调解协议，被法院确认后形成调解书，金某因此取得了涉案房屋的所有权。金某与Z公司达成对转移公司资产所有权这一重大事项时，应当了解公司章程的规定是须由出席董事会会议的全体董事一致通过方可决定，但其在明知公司没有对处置涉案房屋召开董事会的情况下，与公司达成资产转移的调解协议，违反了公司章程和公司法规定的公司董事、高管应尽的忠实勤勉义务，无视涉案房屋已升值的事实，以支付与房价相比较低的对价的承诺获得涉案房屋的所有权，损害了Z公司的财产权益，进而也实质损害了科创公司作为股东的合法财产权益，故其应返还Z公司涉案房屋。

云南省昆明市中级人民法院依照《中华人民共和国公司法》第十一条、第一百四十七条、第一百四十八条、第一百四十九条、第一百五十二条，第二百一十六条、第二百一十七条之规定，判决如下：

一、被告金某于本判决生效之日起三十日内将位于×××地点的房屋返还给第三人Z公司；

二、驳回原告科创公司的其他诉讼请求。

金某不服一审判决，向云南省高级人民法院提起上诉，二审经审理与一审法院的裁判意见一致，依照《中华人民共和国民事诉讼法》第一百七十条第一款第一项之规定，判决如下：

驳回上诉，维持原判。

【法官后语】

本案原告为我国香港特别行政区的公司法人，根据《中华人民共和国涉外民事关系法律适用法》第十四条的规定，涉及股东权利义务等事项适用法人登记地法律，故本案的实体法应适用中国内地的法律。本案原告以股东身份依据《中华人民共和国公司法》第一百五十二条规定提起的股东权益受损的诉讼，首先要确定金某是否具备该条规定的董事或高管的身份，其次再判断其是否应向Z公司返还侵权标的物。

第一，判断主体是否适格，需对争议事实进行确认。被告金某从Z公司成立起即为董事，且在工商变更登记项目表中填写为总经理，无证据证明发生过董事换届或总经理变更，故本案的事实可认定金某具有董事和高管身份，其作为被告的主体适格。

第二，对于金某是否应向西部智库返还涉案房屋，金某认为科创公司提出的返还财产的诉请不符合《中华人民共和国公司法》第一百五十二条关于董、监、高侵犯公司利益的诉讼的规定，该规定是侵权赔偿之诉，原告应证明其具体的损失金额，以及被告行为与损失之间存在因果关系。适用该条规定在条件成立时，是否仅产生损害赔偿的后果，不涉及财产返还？一审、二审法院对此意见均认为，《中华人民共和国公司法》第一百四十七条规定了董、监、高对公司负有忠实和勤勉义务，第一百四十八条第一款第四项规定了董事或高管不得有违反公司章程的规定，与本公司订立合同或者进行交易的行为，如有违反，所得的收入应当归公司所有。金某作为公司的董事、高管违反法律和公司章程的规定（公司章程虽然未规定公司资产的处分应经何种程序，但规定对“合营企业资产的抵押”必须由出席董事会会议的全体董事一致通过方可决定，按照举轻明重的原则，可类推在涉及合营企业资产处置、转移的重大事项上适用），未经董事会决议与公司达成调解协议将公司房产所有权转移给其个人。按上述法律规定，在该财产具备返还条件的情况下（至诉讼期间该财产仍在金某名下），应当判决返还。

第三，对于涉案财产归属已经前案生效调解书确定的情况下，再行判决返还该财产是否会与该调解书发生冲突。涉案调解书的形成是因为有人持Z公司公章以公司的名义委托律师向法院起诉金某，在案件审理中又与金某达成调解协议，经法院确认后形成调解书。对于该次诉讼具体由谁实际发起并与金某达成调解协议，从案件现有证据上无法证明，科创公司主张该次诉讼属于双方串通的虚假诉讼证据不足。但无论代表Z公司提起该次诉讼的是属于有权控制该公司的人的行为，还是其他无权或越权代理人的行为，可确定的是达成调解协议的双方均是Z公司的内部人员，金某在具备公司董事和高管的双重身份的情况下，对公司章程关于财产转移决定的必经程序是明知的，不同于外部不知情的善意第三人，故科创公司提起股东权益受损诉讼追回Z公司资产的理由成立，所涉及应返还财产仍在上述调解书所涉及的金某和Z公司双方之间，未影响案外人的权益，本案判决返还产生的是新的法律后果，并未溯及之前的生效调解书，两个生效法律文书之间并不存在冲突。

本案在法律适用方面需要注意的问题有二：一是对于《中华人民共和国公司法》第一百五十二条的理解，该条规定的是股东维护其利益的起诉权，不宜将股东据此提起的诉讼狭义限定为侵权赔偿之诉，即不能简单理解为股东只能提出赔偿请求，不能涉及物权方面如财产返还的主张。二是对于有关联性的前案已生效的法律文书处理结果与后案处理结果之间存在冲突的解决，对前案并非只能通过审判监督程序进行纠错，还是要判断其后案是否属于同一性质和类型的诉讼，后案所涉及的法律事实和产生的法律后果是否属于实质上否定前案，在此基础上再作相应的判断。

编写人：云南省昆明市中级人民法院　蔺以丹

131 公司参与交易背景下公司商业机会被谋取的司法认定

——流体设备公司诉施1损害公司利益责任案

【案件基本信息】

1. 裁判书字号

上海市青浦区人民法院（2019）沪0118民初17485号民事判决书

2. 案由：损害公司利益责任纠纷

3. 当事人

原告：流体设备公司

被告：施1

第三人：科技公司

【基本案情】

流体设备公司系由投资公司与A公司合资的外商投资企业，系A公司的A阀门产品在中国的代理商。在涉案业务期间，施1系流体设备公司的总经理、董事。

2017年9月6日，科技公司向施1在流体设备公司的工作邮箱发送询价邮件，邀请其对伊拉克格拉芙项目所涉的阀门邀请报价。9月26日，科技公司再次向施1的工作邮箱发邮件邀请报价，施1安排流体设备公司销售部工作人员刘1予以跟进。后续，刘1就A阀门样本简介、资质文件以及价格等与科技公司进一步磋商。

2017 年年底，施 1 安排其实际控制的商贸公司参与涉案项目的投标工作，并以提高效率为由向科技公司解释更换投标主体。2018 年 1 月，商贸公司与科技公司进行签约，科技公司向商贸公司采购阀门 2853 台，总价款为 3133439 美元。

2018 年 2 月至 3 月，施 1 通过流体设备公司相关人员促成商贸公司与 A 公司签约，涉及 A 阀门 2853 台，总价款为 1910675 美元。后续，A 公司安排流体设备公司共同参与上述合同项下阀门的生产、运输等，并直接向科技公司指定地点交货。

后来，流体设备公司认为，施 1 利用职务便利，非法谋取原本属于流体设备公司的商业机会，获得合同差价 122.2764 万美元，故应将该 122.2764 万美元赔偿给原告流体设备公司。被告施 1 则认为，商业机会系其个人的商业机会，并向流体设备公司披露，双方共同参与、共同获益，没有损坏流体设备公司利益。

【案件焦点】

1. 如何认定科技公司提供的商业机会归属于施 1 个人还是流体设备公司；2. 流体设备公司参与交易是否已构成事实上同意施 1 个人利用商业机会。

【法院裁判要旨】

上海市青浦区人民法院经审理认为：施 1 利用其作为流体设备公司总经理的职务便利，私自将属于流体设备公司的商业机会安排给商贸公司，损害了流体设备公司利益，构成侵权。

第一，来自科技公司的业务机会属于流体设备公司的商业机会。流体设备公司系 A 公司在华代理商，案涉商业机会属于其的经营活动范围。涉案业务发生期间，施1作为流体设备公司的总经理，对流体设备公司负有忠实义务，在其履行职务行为过程中营造的商业机会均应属于流体设备公司所有，且刘1系流体设备公司员工，为获取该商业机会流体设备公司付出了人力及财力成本。考虑科技公司的意向，是与A公司的中国代理商流体设备公司合作，并认为商贸公司系流体设备公司的关联公司。第二，施1未将商业机会向流体设备公司如实披露，私自将涉案商业机会安排给商贸公司。施1虽向流体设备公司披露科技公司需采购A阀门，但其披露的目的并非履行其总经理职务，使流体设备公司获得科技公司的商业机会，而是通过流体设备公司促成商贸公司与A公司签约，以实现其攫取公司商业机会的目的。

综上所述，上海市青浦区人民法院判决：被告施1应于判决生效之日起10日内赔偿原告流体设备公司经济损失122.2764万美元。

判决后，双方当事人均未上诉，本判决现已生效。

【法官后语】

本案的审理难点在于，在公司参与交易的背景下，对系争商业机会的归属以及董事、高管是否合法利用该商业机会进行司法认定。随着新型交易模式的发展，商业机会的内涵、外延越发丰富，《中华人民共和国公司法》第一百四十八条第一款第五项予以的原则性规定已经不能满足司法实践的需要。本案中，流体设备公司参与交易的部分环节，施1向流体设备公司披露了部分内容并通过流体设备公司促成A公司与商贸公司签约等事实，从表象上看很难认定施1利用职务便利谋取了属于流体设备公司的商业机会。

本案结合“公司参与”的这一特殊性，并综合考量被告施1提出的共同机会等抗辩理由，分两步明确了商业机会的归属以及“谋取”的认定因素。其一，在明确施1的职务身份的基础上，从机会来源、公司的经营活动范围等客观因素方面考量商业机会的归属问题。在公司经营活动范围方面，综合考虑登记注册的经营范围以及公司实际经营活动范围。同时，属于公司的商业机会产生离不开公司的实质性努力。实质性努力是公司具有特定身份的人实施的营造行为，主要为公司的董事、高管。主要表现形式为公司现阶段为获取该商业机会而投入的人力、财力等资源，或者是在以往经营中逐渐形成的，尤其在案件审理过程中需明确商业机会来源的核心资源。同时结合机会提供者对交易相对人的预期，进一步明确商业机会应归属于公司。其二，在认定施1的行为是否构成“谋取”上，针对有限责任公司合意性较强的特点，重点审查施1是否对流体设备公司尽到了如实的披露义务，分别从披露时间的及时性、披露内容的如实性、披露效果的有效性进行认定，并针对其所主张的“公司同意”，明确公司是否已充分知情。

编写人：上海市青浦区人民法院　吴小国　尹强

132　母公司的股东不得代表子公司提起股东代表诉讼

——李1、付1诉丛1损害公司利益责任案

【案件基本信息】

1. 裁判书字号

北京市朝阳区人民法院（2019）京0105民初7102号民事判决书

2. 案由：损害公司利益责任纠纷

3. 当事人

原告：李1、付1

被告：丛1

第三人：投资咨询公司、管理顾问公司

【基本案情】

投资咨询公司于2013年11月6日成立，公司类型为有限责任公司（自然人投资或控股），注册资本为120万元。股东共计13人，其中李1出资额为10万元、付1出资额为10万元、丛1出资额为10万元，其余10位股东中王2、袁1出资额各为5万元，另8位股东的出资额均为10万元。法定代表人为丛1。

投资咨询公司的工商登记信息显示，丛1为董事长，李1、付1、薛1、吴1等人为董事，杨1任监事。投资咨询公司的公司章程中对于股东会、董事会的职权，召开股东会及董事会的程序等均作出了明确规定。

管理顾问公司于2012年12月4日成立，公司类型为有限责任公司（法人独资），注册资本为1000万元。股东为投资咨询公司。法定代表人为丛1。

2018年10月19日，李1、付1通过EMS快递分别向郝1、薛1、丛1、吴1、王1邮寄文件资料，邮寄地址均为北京市朝阳区望京东路。2018年10月19日，李1、付1还通过EMS快递分别向刘1、王1、陈1、李1、袁1、杨1以及管理顾问公司的监事刘1邮寄文件材料。

诉讼中，李1、付1主张邮寄的材料为《关于对管理顾问公司执行董事丛1采取法律措施、维护公司合法权益的函件》，请求投资咨询公司董事会依法履行职责，由投资咨询公司以管理顾问公司股东的身份立即对丛1提起诉讼，以及《关于要求对管理顾问公司执行董事丛1采取法律措施、维护公司合法权益的函件》，请求管理顾问公司监事刘某在接到本函后30日内对丛1提起诉讼。但EMS邮单并未标明所邮寄材料系上述函件，也无收件记录。

诉讼中，李1、付1称其是以投资咨询公司和管理顾问公司的股东身份提起本案诉讼，起诉丛1作为投资咨询公司与管理顾问公司的高管损害了管理顾问公司的利益。李1、付1主张丛1损害公司利益的行为均发生于管理顾问公司层面，系直接损害了管理顾问公司的利益，但是因为投资咨询公司是管理顾问公司的唯一股东，因此如果在管理顾问公司的层面获取利润减少，就影响了投资咨询公司所有股东的可分配利润，损害管理顾问公司的利益必然会损害投资咨询公司的利益。

【案件焦点】

李1、付1作为投资咨询公司的股东，是否有权代表投资咨询公司的全资子公司管理顾问公司提起股东代表诉讼。

【法院裁判要旨】

北京市朝阳区人民法院经审理认为：股东代表诉讼应当由公司的股东代表公司提起，“双重代表诉讼”于法无据，母公司的股东不具有子公司的股东身份，母公司的股东通过股东代表诉讼主张子公司的权利的，属于诉讼主体不适格。李1、付1是投资咨询公司的股东，其如果认为投资咨询公司的高级管理人员丛1存在损害投资咨询公司利益的行为，在依法履行前置程序之后，可以代表投资咨询公司对丛1提起股东代表诉讼。但实际上，本案中李1、付1主张的丛1损害公司利益的行为，是指丛1作为管理顾问公司的高级管理人员损害管理顾问公司利益的行为，按照法律规定，即使提起股东代表诉讼，也应当由管理顾问公司的股东投资咨询公司向丛1提起相关诉讼。李1、付1称其也是管理顾问公司的股东，但是与管理顾问公司工商登记情形不符合，也没有其他生效法律文书予以确认，故本院对其说法不予采信。其2人作为投资咨询公司的股东，向投资咨询公司的董事会、监事以及管理顾问公司的监事发送函件，由于无法确认该函件确系邮件中寄送内容，也无送达证据，因此本院不认可李1、付1提交的多份《关于对管理顾问公司执行董事丛1采取法律措施、维护公司合法权益的函件》的真实性，即使上述函件均为真实且已经实际被收件人收取，李1、付1二人作为投资咨询公司股东，要求投资咨询公司董事会和监事以及管理顾问公司的监事对管理顾问公司执行董事提起诉讼，也与《中华人民共和国公司法》第一百五十一条规定的前置程序不符合，故李1、付1对丛1损害管理顾问公司的利益提起本案诉讼，不符合法律规定，主体不适格。如果丛1作为管理顾问公司的高级管理人员存在损害该公司利益的行为，则应当由管理顾问公司或者管理顾问公司的股东根据法律规定提起相关诉讼，李1、付1作为投资咨询公司的股东和董事，完全可以依照投资咨询公司的公司章程规定，行使董事和股东权利，通过召开董事会议和股东会议的形式，形成投资咨询公司的意思表示，维护投资咨询公司的利益，包括由投资咨询公司提起相关诉讼。关于李1、付1所称丛1损害管理顾问公司利益必然损害投资咨询公司利益一事，主要是指管理顾问公司利益受损后，投资咨询公司可分配利润减少以及管理顾问公司多年有经营利润但未向投资咨询公司分配，不提供或者提供虚假财务信息等，而关于公司利润分配的法律关系以及股东知情权亦与本案非属同一法律关系，应当由适格主体另行主张。

北京市朝阳区人民法院依照《中华人民共和国公司法》第一百五十一条，《中华人民共和国民事诉讼法》第六十四条第一款，《最高人民法院关于适用〈中华人民共和国民事诉讼法〉的解释》第九十条第二款之规定，判决如下：

驳回原告李1、原告付1的全部诉讼请求。

判决后，双方当事人均未上诉，本判决现已生效。

【法官后语】

股东代表诉讼是保护公司和中小股东利益的制度设计，旨在强化股东对公司业务的监督权。由于公司存在被大股东、董事或高级管理人员控制而导致利益受损的情形，但该种情况下公司怠于、拒绝或无法提起诉讼，为维护公司的合法权益，法律赋予股东代表公司直接提起诉讼的权利。实践中，在公司的治理机制失灵的情形下，股东代表诉讼制度能够发挥弥补公司损失，威慑股东、董事或高级管理人员不法行为，以及促使特定人员适当履行义务等功能，对于保护公司和中小股东利益具有重要意义。但是基于股东可能会因此滥诉，进而影响公司的正常经营，通常亦会对股东行使该项诉权的资格与前置程序进行相应的限制，以实现利益平衡。《中华人民共和国公司法》第一百五十一条的规定，充分体现了上述理念，须由连续180日以上单独或者合计持有公司1%以上股份的股东提起诉讼，并且满足书面请求监事会或监事等人员或机关遭拒或消极应对等条件，方可直接以自己名义代表公司提起诉讼。

既然是代表诉讼，则实质的原告应为公司，基于法律规定，才赋予了股东穿透公司独立人格的诉讼地位。在该种情况下，对原告是否具备起诉资格的认定，应当严格按照公司法的规定和商事外观主义的原则，不能对《中华人民共和国公司法》第一百五十一条中规定的公司股东做扩大解释，更不宜进行更多层次的公司人格穿透，才能与《中华人民共和国公司法》第一百五十一条规定的立法本意及具体规定相契合。本案中，管理顾问公司是投资咨询公司的全资子公司，换而言之，投资咨询公司是管理顾问公司的一人股东，无论从公司法关于何谓股东的规定，还是从工商登记记载的事项而言，投资咨询公司的股东都不是管理顾问公司的股东。因此，其无权代表管理顾问公司提起损害公司利益之诉，代表诉讼的诉权应当属于投资咨询公司，可以概括为母公司的股东通过股东代表诉讼主张子公司的权利的，属于诉讼主体不适格。该种情形下，母公司股东可以根据母公司章程的规定，先尝试通过母公司的治理结构，作出相应的股东会决议或董事会决议，促使母公司提起代表诉讼。

实践中，可能存在母子公司均受不当控制的情形，正如本案原告所主张，该种情况下，能否允许母公司股东穿透母子公司的人格，代表子公司主张权利，也就是进行所谓的“双重代表诉讼”？因为我国的法律规范没有对于“双重代表诉讼”制度的规定，况且行使代表诉讼的诉权已经存在诸多限制，对于“双重代表诉讼”而言，在没有严格可行的标准之下，自行判定支持该种代表诉讼，无异于造法，当前不应当得到支持。需要说明的是，股东代表诉讼中，如原告主体不适格，依法应裁定驳回起诉。本案中，因为原告起诉时将子母公司均列为第三人，主张以两公司共同股东的身份起诉，并且诉讼请求中包含了促使分配利润等诉讼请求，并非单一的股东代表诉讼，其起诉在程序上不当，其诉讼请求在实体上亦不能支持，故本院采用了判决驳回诉讼请求，而非裁定驳回起诉。

编写人：北京市朝阳区人民法院　李默菡

133　董事、高级管理人员自我交易行为效力不以损害公司利益为认定要件

——F公司诉顾某渝损害公司利益责任案

【案件基本信息】

1. 裁判书字号

重庆市第五中级人民法院（2019）渝05民终7775号民事判决书

2. 案由：损害公司利益责任纠纷

3. 当事人

原告（上诉人）：F公司

被告（被上诉人）：顾某渝

【基本案情】

F公司于2009年9月25日成立，经营范围为：二类汽车维修（小型车）、长安福特品牌汽车销售、汽车信息咨询服务。顾某渝任监事、张某任经理、冉某生任执行董事。2014年7月10日、2015年6月11日，F公司与顾某渝签订2份《借款协议》，分别约定向顾某渝借款50万元，借款利率月息15‰，以及借款40万元，月息10‰，逾期未还加收年利率3%的利息。之后顾某渝支付了该2笔借款。

因F公司未偿还借款，顾某渝于2015年12月4日就2笔借款向永川区法院起诉，分别要求F公司偿还借款本金50万元以及2015年5月10日至2015年7月9日的利息15000元，之后的利息以50万元为基数，从2015年7月10日起按年利率21%计算至付清之日止；偿还借款本金40万元并支付2015年6月11日至2015年9月10日的利息12000元，之后的利息以40万元为基数，从2015年9月11日起按年利率5%计算至付清之日止。法院生效判决支持了顾某渝的诉讼请求。之后，经顾某渝申请，两案均得以全部执行。

同时查明，冉某生、张某、种某明在重庆市永川区公安局的讯问笔录中陈述，顾某渝于2012年7月或8月至2015年9月在F公司工作担任财务总监或负责财务工作，负责管理公司的内账目、外账目。

二审另查明，2014年4月29日，F公司、冉某生、种某明、张某签字的《通知》载明：经公司研究决定，在公司内部进行借款，内容如下：……二、借款以10万元为单位，10万元至50万元，借款时间为1年，签订协议之日起的年利率为10%……

另外，就50万元借款，双方均认可截至2018年11月22日，执行本金50万元，2015年5月10日至2015年7月9日的利息15000元、2015年7月10日之后的利息353500元、被执行人迟延履行期间的债务利息7087.5元、案件受理费4700元、保全费3320元，合计883607.5元。就40万元借款，顾某渝自认收到除本金外包括诉讼费、迟延履行金、利息及逾期利息等共计232551元，F公司主张其向顾某渝支付利息232551元。F公司向一审法院起诉请求：由顾某渝返还F公司未经股东会决议签订《借款协议》所得的利息22500元和其他应收利息627067.5元。

【案件焦点】

1. 顾某渝是否系公司高管；2. 借款是否经公司股东会讨论同意；3. 顾某渝应否向F公司支付利息。

【法院裁判要旨】

重庆市永川区人民法院经审理认为：《中华人民共和国公司法》第一百四十八条的立法目的是防止董事、高级管理人员在经营、掌控公司期间，利用自身职务的便利与本公司进行经营交易，以谋取自身利益，而损害公司利益、股东权益。结合本案来看，顾某渝向F公司出借借款，并不涉及F公司的主营业务，不仅未与F公司的利益发生冲突，未损害F公司及股东的权益，反而为F公司的经营发展提供了资金上的支持，其约定的利率亦在我国法律允许的范围内，顾某渝个人也并未因此获得不当收益。因此，顾某渝出借给F公司借款不属于我国公司法禁止的自我交易行为，而属于合法有效的借贷行为，应予保护。综上所述，F公司的诉讼请求依法不能成立，法院不予支持。遂判决如下：

驳回F公司的诉讼请求。

F公司不服一审判决，提起上诉。

重庆市第五中级人民法院经审理认为：《中华人民共和国公司法》第一百四十八条规定，公司高级管理人员未经公司股东会同意与公司进行交易所得收入应归公司所有，该条规定并不以是否实际损害公司利益为前提。案涉借款是否实际损害F公司利益并不影响本案的处理结果，且《中华人民共和国公司法》第一百四十八条规制的是公司高级管理人员的不当行为，该行为实际是否使公司获益均应经过公司股东会或股东大会的同意，否则其获得的利益就应由公司享有。顾某渝在担任F公司高级管理人员期间，向公司出借款项，并收取利息。其与公司订立《借款协议》的行为，需要经公司股东会、股东大会同意。根据顾某渝举示的《通知》，公司内部借款50万元上限，利息不超过10%。故在该范围内的借款由股东会决议，F公司应当支付给顾某渝50万元借款中40万元本金的利息，由于该借款没有经过公司股东会、公司股东大会同意，其所得收入应当归入公司。故顾某渝应支付公司利息388638.5元；遂判决如下：

一、撤销重庆市永川区人民法院（2019）渝0118民初6092号民事判决；

二、顾某渝返还F公司利息388638.5元；

三、驳回F公司的其他诉讼请求。

【法官后语】

一、董事、高级管理人员自我交易行为效力，不以是否损害公司利益为认定前提或要件

董事、高级管理人员自我交易的效力经过绝对无效到限制性有效经过了较长的理论和实践探索与论证，我国现行公司法以公司章程许可、股东会或股东大会的同意为认定有效的要件，并未以是否损害公司利益为要件或前提。本案一审法院以案涉交易行为未损害公司利益为由驳回F公司要求公司高级管理人员归入其与公司自我交易利益的主张，对此，笔者认为董事、高级管理人员自我交易行为效力，不以是否损害公司利益为认定前提或要件。主要有以下几点理由：

第一，《中华人民共和国公司法》第一百四十八条未将是否损害公司利益作为法律要件进行规定，并非立法的疏漏。该条款是对董

事、高级管理人员忠实和勤勉义务的具化，是立法对于董事、高级管理人员等公司重要经营者的“道德要求”，不能因未损害或者暂时未现实的损害公司利益而心存侥幸地突破管理者的“道德标准”。以损害公司利益作为认定董事、高级管理人员自我交易的要件，甚至不考虑或在明知不符合公司章程、未经股东会或股东大会同意的情况下，作为认定该行为效力的唯一依据，不仅过于主观臆断，更突破了立法的规定，给予管理者违反忠实义务创设了更大的空间，不符合立法的本意。

第二，法院未必具备、也不适宜代替公司对是否损害公司利益进行商业判断。在公司以其董事、高级管理人员违反法律规定进行自我交易提起诉讼时，公司应已结合市场环境、商业机会等对自身利益是否遭到损害进行判断，法院再次进行评价不仅是越俎代庖，更有可能不符合公司实际利益。并且如果考虑是否损害公司利益，是否还需明确其承担责任的主观要件是“故意”“重大过失”还是“一般过错”，“这将导致法官在介入公司治理进行裁判时，在裁判标准的把握上出现一定程度的进退‘失据’，或者‘过于能动’，或者‘过于克制’”。①

第三，以损害公司利益为要件将导致公司在无过错的情况下对面临风险却无力救济，而存在过错的董事、高级管理人员却享受法律保护的红利，有失公平。自我交易本质上是公司意思表示缺少或者不真实的交易行为，该情形是董事、高级管理人员违反忠实义务造成的。然而，在公司知晓该行为时，可能并未对自身利益产生实

① 梁伟亮：《营商环境优化视角下少数投资者保护的实践迷思与破解——以〈最高人民法院关于适用《中华人民共和国公司法》若干问题的规定（五）〉为例》，载《改革与战略》2019 年第 9 期。

质性损害但在未来的履行过程中随时存在利益被损害的风险，公司不想放任该风险却束手无策，这有违公平原则，不应苛责非真实意思表示的一方只能在利益受到实质损失时才能得到保护和救济，此不应成为立法的本意和导向。故综上所述，董事、高级管理人员自我交易行为效力，不应以是否损害公司利益为认定前提或要件。

二、公司法上归入权的归入规则

公司归入权是对于内部人员违反忠实义务等特定行为所获得的溢出收益归公司所有的一种权利，是法律赋予公司的一项特别救济手段。关于归入权的归入规则，首先，归入权本质上作为损失计算方式，故归入的利益与违反义务之间需要存在因果关系，即限制在董事、高级管理人员基于不当自我交易合同本身取得的利益，本案中即应限于顾某渝取得了利息，而不能扩大到其他可能基于该利息产生的收益；同时，本案中，因《通知》视为股东会决议允许的部分，应基于行为及效力的正当性而排除归入利益之外；此外，在特别情况下，义务违反人可能在交易履行过程中产生投入，且公司因此而受益时，应考虑给予其适当的补贴①，究其根本在于回归到归入权本质是对不当利益的剥夺而非对董事、高级管理人员的惩罚；如须惩罚，公司可以在其他治理途径中予以实现。

编写人：重庆市第五中级人民法院　王雪飞

---

① 杨艳：《公司法上的利益归入：功能界定与利益标准》，载《浙江工商大学学报》2015年第6期（总第135期）。

134 夫妻二人制公司股东损害公司利益仍应当对公司承担损害赔偿责任

——物业管理公司诉刘某静损害公司利益责任案

【案件基本信息】

1. 裁判书字号

四川省成都市中级人民法院（2018）川01民终13316号民事判决书

2. 案由：损害公司利益责任纠纷

3. 当事人

原告（被上诉人）：物业管理公司

被告（上诉人）：刘某静

【基本案情】

魏某大与刘某静系夫妻关系，2人于2005年7月30日从案外人陈某湖、张某玲处购买了物业管理公司全部股权，并承诺每年按照公司物管业务收入全部税前利润的40%支付给陈某湖、张某玲。2008年，物业管理公司法定代表人魏某大确诊为喉癌，治疗期间，委托授权刘某静代行董事长权利。2016年，物业管理公司委托会计师事务所对2009年至2014年刘某静从物业管理公司取走资金并未用于公司的金额进行鉴定。后会计师事务所出具的《会计鉴定意见书》载明：2009年1月至2014年12月，刘某静以支出形式从物业管理公司取走资金4016320元，其中现金形式

925000元，通过银行账户3091320元，取走资金后记账凭证除领款单无费用报销凭证及其他证明。该鉴定结论同时与物业管理公司的银行卡流水及2009年5月31日至2012年1月31日公司的原始记账凭证、领款单等亦相互印证。另外，刘某静于2012年2月24日向实业公司宋某转账支付80万元。刘某静主张该80万元系出借给实业公司借款，年利率15%。物业管理公司对此不予认可，并主张在本次诉讼中系要求刘某静返还80万元及收益592000元。诉讼中，物业管理公司仅认可2008~2012年刘某静管理物业管理公司期间通过银行转账向实业公司支付了利润分成1318678.71元。

诉讼中，刘某静提交了1份手书的《家庭财产处理协议书(初稿)》，该协议甲方载明为魏某大，乙方载明为刘某静，主要内容系关于甲方、乙双方婚前、婚内共有财产，在婚内的管理办法和在甲方魏某大将来去世后的处理办法。该协议未经魏某大、刘某静2人签字确认。刘某静同时提交手书的《维护股东权益的相关资料》1份，载明：魏某大与刘某静从公司法角度是股东与股东的关系，从婚姻法角度是丈夫与妻子的关系，本资料只涉及股东纠纷；2008年7月，甲方因病委托乙方行使董事长职权，这是股东对股东的委托，而非丈夫对妻子的委托……该份材料落款时间为2014年6月，同时亦未经魏某大、刘某静签字确认。刘某静同时提交1份手书的《支出》，该材料列明各项支出情况。上述3份手书证据均未经魏某大、刘某静签字确认。物业管理公司在诉讼中陈述3份手书材料确实系魏某大本人书写，但因对支出的真实性不认可，双方最终并未达成一致意见。

【案件焦点】

公司的股东之间系夫妻关系，如夫妻一方作出有损公司利益的行为，夫妻双方应否对公司承担赔偿责任。

【法院裁判要旨】

四川省成都市金牛区人民法院经审理认为：本案系损害公司利益责任纠纷，系物业管理公司基于股东刘某静损害公司利益行为提起的诉讼，审理范围应当为刘某静作为物业管理公司股东是否作出了损害公司利益的行为，刘某静与魏某大的夫妻关系是与本案不同的另一法律关系，刘某静因本案所产生的债务完全可以在其处理与魏某大的婚姻关系问题时另行解决，对刘某静抗辩与物业管理公司另一股东魏某大系夫妻关系，所做行为均系受魏某大指示，不予支持。

四川省成都市金牛区人民法院依照《中华人民共和国公司法》第二十条、第一百四十八条，《中华人民共和国民事诉讼法》第六十四条第一款之规定，作出判决如下：

一、刘某静于本判决生效之日起10日内向物业管理公司返还资金2697641.29元，并自2012年7月1日起至实际付清之日止，按照中国人民银行公布的同期同档贷款基准利率计付资金利息。

二、驳回物业管理公司的其他诉讼请求。

刘某静不服，提起上诉。

四川省成都市中级人民法院经审理认为：

本案中，双方争议的是刘某静是否应将2697641.29元返还给物业管理公司。刘某静主张，即使物业管理公司主张的刘某静占有公司款项的事实存在，由于刘某静与物业管理公司法定代表人魏某大系夫妻，诉争款项借支事实发生于双方夫妻关系存续期间，属于夫妻共同债务，应当追加魏某大为本案共同诉讼人。对于刘某静该项主张，一审判决已阐明不应通知魏某大参加诉讼的理由，二审法院予以认可。一审法院不存在遗漏必要共同诉讼人违反法定程序的情形。

综上所述，刘某静的上诉请求不成立，不予支持；一审判决认定事实清楚，适用法律正确，应予维持。据此，四川省成都市中级人民法院依照《中华人民共和国民事诉讼法》第一百七十条第一款第一项之规定，判决如下：

驳回上诉，维持原判。

【法官后语】

从公司法的角度来看，公司一经登记设立即具有独立的法人人格，拥有独立的法人财产，公司股东不得滥用股东权利损害公司利益。损害公司利益责任纠纷，是指公司股东滥用股东权利或者董事、监事、高级管理人员违反法定义务，损害公司利益而引发的纠纷。股东滥用股东权利损害公司利益责任纠纷，是指因股东滥用股东权利给公司造成损害的，应当承担损害责任的民事纠纷。公司股东依照法律和公司章程的规定正当行使权利是股东的基本义务。

《中华人民共和国公司法》第二十条规定："公司股东应当遵守法律、行政法规和公司章程，依法行使股东权利，不得滥用股东权利损害公司或者其他股东的利益；不得滥用公司法人独立地位和股东有限责任损害公司债权人的利益。公司股东滥用股东权利给公司或者其他股东造成损失的，应当依法承担赔偿责任……"第一百四十八条第二款规定："董事、高级管理人员违反前款规定所得的收入应当归公司所有。"上述法律规定为公司提起损害公司利益之诉提供了法律依据。司法实践中，股东滥用股东权利损害公司利益的情形比较多见，但像案例中的情况，股东之间同时是夫妻关系，夫妻一方担任公司法定代表人，以公司名义提起对夫妻另一方的诉讼较为少见。因股东间的这种特殊身份关系，夫妻二人在公司经营期间作出的各种决策很难界定是否完全是一人所为。现实生活中，绝大多数情况下夫妻在经营期间作出的重大决策是夫妻双方共同决定的结果，而2人的共同意思表示本质上等同于股东会决议，因为公司就只有2个股东。但是，当夫妻之间的婚姻关系出现裂痕，公司与股东之间的矛盾就会凸显出来，一方以公司名义向另一方主张权益，表面上是代表主张公司权益，实质上是在为下一步离婚时分割夫妻共同财产做准备。但是，《中华人民共和国公司法》与《中华人民共和国民法典》婚姻家庭编分属于完全不同的法律体系，2人之间因婚姻关系产生的共有财产分割与公司和股东之间的利益纠纷所对应的请求权基础完全不同，如果因为股东之间具有夫妻关系而将公司与股东之间的纠纷与婚姻关系混同，就会错误地认为公司就是夫妻2人的私人财产，不仅导致案件陷入难以裁判的困境，也会对公司债权人的利益造成损害。

因此，公司股东之间的夫妻关系不应当影响股东是否损害公司利益的认定，对于股东是否损害公司利益仍应当严格遵循《中华人民共和国公司法》的规定，如一方作出损害公司利益的行为，仍应当对公司承担赔偿责任。至于另一方是否也同时存在损害公司利益的情形，或者一方因损害公司利益而形成的债务是否属于夫妻共同债务的问题，完全可以在双方处理婚姻关系时依照《中华人民共和国民法典》婚姻家庭编有关规定予以处理，若将2种不同的法律关系混同，将会陷入难以裁判的困境。

编写人：四川省成都市金牛区人民法院　郭雅丽

135 原告主体不适格应裁定驳回起诉

——高某芳诉龚某宁、罗某中损害公司利益责任案

【案件基本信息】

1. 裁判书字号

北京市朝阳区人民法院（2018）京 0105 民初 41826 号民事判决书

2. 案由：损害公司利益责任纠纷

3. 当事人

原告：高某芳

被告：龚某宁、罗某中

第三人：餐饮管理公司

【基本案情】

2016 年 5 月，高某芳和其他投资人与龚某宁签订了《火锅旗舰店股东合作协议书》，协议书约定龚某宁在北京市区设立以火锅为特色的餐饮服务公司，协议约定公司注册资本为 200 万元人民币，餐厅由餐饮管理公司负责经营，所有股东不参与经营与管理。后各位股东分别实缴出资将出资资金汇入龚某宁的私人账户。2016 年 10 月 18 日，餐饮管理公司依法成立，龚某宁担任公司的执行董事兼经理，罗某中担任监事。

高某芳主张公司成立后，龚某宁并未将各位股东的出资款实缴入公司账户违反了诚实信用原则侵犯公司权益，并且未按照协议设立以火锅为特色的餐饮服务公司，而是擅自将资金用途改为经

营绿皮火车主题餐厅和咖啡店。后由于经营混乱，公司不再正常经营，龚某宁未给高某芳任何说法。由于执行董事兼经理龚某宁执行公司职务时违反法律、公司章程的规定，给公司造成巨大损失，同时，罗某中作为公司的监事未尽其应尽职责，应与龚某宁一起对公司的损失承担连带责任。故高某芳诉至法院，1. 要求龚某宁向餐饮管理公司返还实缴资本金 72 万元；2. 要求龚某宁向餐饮管理公司赔偿损失 72 万元；3. 要求罗某中对上述两项诉讼请求承担连带责任；4. 要求龚某宁、罗某中承担本案诉讼费。

龚某宁、罗某中主张股东在公司的经营过程中知情，可以去查账。原告高某芳对于经营主题餐厅和咖啡店一事是知情的。原告的出资已经实际用于经营，且原告没有提出任何异议。2 名被告已经履行了法律规定的勤勉义务，不存在损害公司利益的行为。餐饮管理公司认可 2 名被告的答辩意见。

【案件焦点】

1. 高某芳代表餐饮管理公司提起本案诉讼前是否履行法律规定的前置程序，起诉主体是否适格；2. 是否存在《中华人民共和国公司法》第一百五十一条中规定的“情况紧急、不立即提起诉讼将会使公司利益受到难以弥补的损害的”情形。

【法院裁判要旨】

北京市朝阳区人民法院经审理认为：本案系股东代表诉讼。股东代表诉讼是在公司内部监督机制失灵情况下的补充救济，股东在公司利益受到相关主体的侵害时，不得立即直接提起诉讼，而应履行法定的前置程序要求。根据《中华人民共和国公司法》第一百五十一条的规定：董事、高级管理人员有本法第一百四十九条规定的情形的，有限责任公司的股东、股份有限公司连续 180 日以上单独或者合计持有公司 1%以上股份的股东，可以书面请求监事会或者不设监事会的有限责任公司的监事向人民法院提起诉讼……监事会、不设监事会的有限责任公司的监事，或者董事会、执行董事收到前款规定的股东书面请求后拒绝提起诉讼，或者自收到请求之日起 30 日内未提起诉讼，或者情况紧急、不立即提起诉讼将会使公司利益受到难以弥补的损害的，前款规定的股东有权为了公司的利益以自己的名义直接向人民法院提起诉讼……

根据餐饮管理公司章程的规定，公司不设监事会，设监事 1 人，由股东会选举产生。监事的任期每届为 3 年，任期届满，可连选连任。餐饮管理公司的工商档案显示：罗某中为餐饮管理公司的监事，任职期限为 3 年。高某芳并未提交充分证据证明其在本次起诉之前已经书面请求监事罗某中向人民法院提起诉讼，亦未能举证证明本案存在“情况紧急、不立即提起诉讼将会使公司利益受到难以弥补的损害的”情形。因此，高某芳在提起本案诉讼之前未履行股东代表诉讼的前置程序，本案亦不属于《中华人民共和国公司法》第一百五十一条规定的“情况紧急、不立即提起诉讼将会使公司利益受到难以弥补的损害的”情形。故现阶段，高某芳以餐饮管理公司股东的身份作为原告提起本案诉讼的主体不适格。

北京市朝阳区人民法院依照《中华人民共和国公司法》第一百五十一条、《中华人民共和国民事诉讼法》第一百一十九条第一项之规定，裁定如下：

驳回原告高某芳的起诉。

判决后，双方当事人均未上诉，本判决现已生效。

【法官后语】

一、股东代表诉讼制度的适用问题

股东代表诉讼是指当公司由于某种原因没有就其所遭受的某种侵害行为提起诉讼时，股东可以代表公司以使公司获得赔偿等救济为目的的而针对该种行为提起的诉讼。股东在穷尽内部救济手段后，原由公司享有的诉权，就由股东代表行使。为保障维护公司内部治理、穷尽公司内部救济，节约司法成本，避免公司遭受无端诉讼的折磨。股东代表诉讼制度中进行了“先诉请求”的设计，即在股东代表诉讼中，原告应当向公司提出诉讼请求，要求公司就所诉称的错误行为提起诉讼。只有在公司未提起诉讼的前提下又没有正当理由时，才允许股东作为公司的代表提起诉讼。原告进行“先诉请求”，是股东代表诉讼重要的前置程序。

股东代表诉讼制度在我国的司法体系中具体体现在《中华人民共和国公司法》第一百五十一条的规定。根据上述条款，股东代表诉讼的前置程序是，股东如要提出代表诉讼，首先需要向监事会或者监事提出请求以公司名义向法院提起诉讼；如果监事有违反信义义务情形的，股东可以请求董事会或者不设董事会的有限责任公司的执行董事向人民法院提起诉讼。上述先诉请求，必须采取书面形式。同时，上述法律规定，还规定了“先诉请求”的豁免，即“情况紧急、不立即提起诉讼将会使公司利益受到难以弥补的损害的”，股东可以以自己的名义直接提出代表诉讼。但提起诉讼的股东也需要就“情况紧急、不立即提起诉讼将会使公司利益受到难以弥补的损害的”情形，承担举证责任。

二、股东代表诉讼中“原告主体不适格”的裁判问题

判驳作为民事判决中所裁决的结果方式之一，是对作为原告的

当事人要求确认的法律事实和权利保护，做否定性判定。判驳的主要原因：一是无事实依据，二是无法律依据。裁驳是发现当事人没有实体意义上的诉权或者程序意义上的诉权，即无权起诉或者起诉不符合起诉条件，法院所作出的驳回起诉的裁定。这2种处理方式的本质性区别在于，判驳是对原告实体请求的否定，其法律后果是原告司法救济的目的不能实现；裁驳是对原告诉权的否定，其法律后果是原告不能启动诉讼程序。

依照《中华人民共和国民事诉讼法》第一百二十二条和第一百五十七条的规定，起诉应该具备4个条件：(1)原告大多数是作为涉诉法律关系的主体，和本案有利害关系；(2)有明确的被告；(3)有具体的诉讼请求、事实和理由；(4)符合法院主管和管辖的规定。如果在立案后发现起诉不符合上述规定的，应当驳回起诉。在损害公司利益责任纠纷案件中，股东未履行前置程序，实际上并不享有实体意义上的诉权，属于不符合起诉条件情形，并不是因为起诉无事实或者法律依据。因此，法院在审查后发现股东未履行前置程序而直接起诉，应当裁定驳回起诉。

编写人：北京市朝阳区人民法院　哈笑棣

136 提起股东代表诉讼的公司股东应持续具有股东资格

——李某宁诉陆某杰、杨某春损害公司利益责任案

【案件基本信息】

1. 裁判书字号

北京市第一中级人民法院（2017）京01民终第9059号民事裁定书

2. 案由：损害公司利益责任纠纷

3. 当事人

原告（上诉人）：李某宁

被告（被上诉人）：陆某杰、杨某春

第三人：信息技术公司

【基本案情】

信息技术公司成立于2006年12月21日，陆某杰是法定代表人，担任执行董事职务，杨某春是总经理，周某兰是监事。

2011年4月20日，国家知识产权局授予集群读写装置及系统实用新型专利证书，专利权人是信息技术公司，发明人是陆某杰、周某术。2011年7月12日，国家知识产权局发出通知，准予将上述专利的专利权人由信息技术公司变更为周某术。

2011年12月，李某宁成为信息技术公司的股东。2012年3月月底，信息技术公司的投资人由陆某杰、杨某春、李某军、李某宁4人，变更为李某宁、陆某杰、杨某春3人。

2013年7月28日，涉案专利的财产权评估值为1000万元。2013年7月30日，杨某春、周某术、陆某杰共同出资设立中恒公司，公司注册资本为2001万元，其中货币出资1001万元，知识产权出资1000万元。2014年1月6日，周某术、杨某春、陆某杰将3人享有的涉案专利财产权益转移至Z公司。2015年1月8日，涉案专利的专利权人登记为Z公司。

2015年3月月底，信息技术公司的股东变更为丁某、李某宁，董事成员由陆某杰变更为丁某，监事成员由周某兰变更为李某宁，经理由杨某春变更为李某。

2015年10月，Z公司决定将涉案专利从公司减资。2016年6月20日，国家知识产权局向Z公司发出《专利权终止通知书》，写明该专利权于2015年10月13日终止。

李某宁提起本案诉讼，请求法院判令：陆某杰、杨某春向李某宁及信息技术公司返还涉案专利同等价款1000万元，并赔偿李某宁及信息技术公司损失300万元。

二审查明：信息技术公司工商登记信息中载明，李某宁自2017年2月20日起不再是信息技术公司股东。李某宁二审诉讼中明确表示，其是以股东身份而非信息技术公司监事身份提起本案诉讼，要求公司高级管理人员、控股股东陆某杰、杨某春向信息技术公司承担侵占公司财产的赔偿责任。

【案件焦点】

股东提起股东代表诉讼的，在诉讼期间不再具有股东身份，是否具有原告主体资格。

【法院裁判要旨】

北京市海淀区人民法院经审理认为：李某宁于2011年12月成为信息技术公司的股东，之后又担任公司监事，有权以自己的名义向法院提起诉讼。陆某杰和杨某春将涉案专利无偿转让给周某术，并将专利作为3人的入资成立Z公司，已构成对信息技术公司和其他股东利益的损害，违反了其法定义务。涉案专利被宣告为无效，并不代表涉案专利不具有财产价值。李某宁并未举证直接经济损失的实际发生金额，故该院对损失赔偿额酌定为30万元。

北京市海淀区人民法院依照《中华人民共和国公司法》第一百

四十九条，《中华人民共和国民事诉讼法》第一百四十四条之规定，作出判决如下：

一、陆某杰、杨某春于判决生效之日起 10 日内给付信息技术公司经济损失 30 万元；

二、驳回李某宁其他诉讼请求。

陆某杰、杨某春不服一审判决，提起上诉。

北京市第一中级人民法院经审理认为：李某宁以损害公司利益责任纠纷提起本案诉讼，故本案为股东代表诉讼，李某宁具备公司股东身份是有限责任公司股东提起股东代表诉讼的身份要件。本案中，虽然李某宁起诉时具备信息技术公司股东的身份，符合法律关于股东代表诉讼原告资格的要求，但在法院审理过程中，其将所持股份全部转让给信安世纪公司，并办理了工商变更登记，李某宁已丧失了信息技术公司股东的身份，即丧失了在本案中继续以信息技术公司股东身份进行股东代表诉讼的资格，其并非本案适格原告，对其诉讼请求应予驳回。

北京市第一中级人民法院依照《最高人民法院关于适用〈中华人民共和国民事诉讼法〉的解释》第三百三十条之规定，如下裁定：

一、撤销北京市海淀区人民法院（2015）海民（商）初字第 24997 号民事判决；

二、驳回李某宁的起诉。

【法官后语】

股东代表诉讼中，具有股东资格，是原告提起该类诉讼的基础条件之一。本案的特殊之处，在于原告起诉时具有股东资格，亦符合法律规定的其他起诉条件，但在案件审理过程中不再具有公司股东的身份，在这种情况下，其是否仍有以股东身份继续本案诉讼的资格？

股东的利益与公司的利益并不具有当然的同一性，股东提起股东代表诉讼并非就其自身利益受到侵害，其虽以自己的名义、以原告身份提起诉讼，但其诉讼指向的是公司的受损利益，诉讼结果和利益应归属于公司，从这个角度上讲，股东系作为有限责任公司的"代表"提起诉讼，提起诉讼的股东并非真正意义上的原告，在此情况下，必然要求原告与公司内部存在直接的关联，即原告应为有限责任公司的股东，一旦原告的股东身份不再存续，其与公司内部再无直接关联，股东利益与公司利益尚不完全一致，那么在原告的股东身份丧失后，自然无法得出原股东与公司利益必然一致、原股东可代表公司提起诉讼的结论。因此，是否具有股东身份，是判断原告能否提起股东代表诉讼的先决条件。

就本案而言，李某宁在法院审理过程中，其将持有的信息技术公司的股份全部转让并办理了工商变更登记，其不再具有信息技术公司股东的身份，同时，二审诉讼期间，李某宁明确表示系以股东身份提起本案诉讼，要求信息技术公司的高级管理人员、控股股东陆某杰、杨某春向信息技术公司承担侵占公司财产的赔偿责任，据此，李某宁已不再具有信息技术公司股东的身份，与其诉请的要求陆某杰、杨某春向信息技术公司承担的赔偿责任并无直接利害关系，故二审法院裁定驳回李某宁的起诉。

编写人：北京市第一中级人民法院　徐硕

137 公司法上股东、高级管理人员的竞业禁止之认定及处理

——无线电公司诉苏某杰等损害公司利益责任案

【案件基本信息】

1. 裁判书字号

福建省泉州市中级人民法院（2015）泉民终字第1817号民事判决书

2. 案由：损害公司利益责任纠纷

3. 当事人

原告（上诉人）：无线电公司

被告（被上诉人）：苏某杰、白某文、曾某沙

【基本案情】

原告无线电公司成立于1988年8月25日，经营范围为：生产卫星电视广播地面接收设备、直播卫星专用卫星电视广播地面接收设备、无线电对讲机、报警器（以上经营范围涉及许可经营项目的，应在取得有关部门的许可后方可经营），股东：郭某基（占96%），郭某华（占1%），吴某玲（占1%），被告曾某沙（占2%），公司组织结构为：经理为郭某基，监事为吴某玲，执行董事为郭某基。

被告苏某杰、白某文、曾某沙原均系原告的员工，双方未签订书面《劳动合同》。后原告分别向被告白某文发放工资至2010年1月、向被告苏某杰、曾某沙发放工资至2010年7月，而被告

白某文于2010年2月，被告苏某杰、曾某沙于2010年8月分别离开原告处，自原告停发工资及3名被告分别离开后，原告、被告双方实际终止了劳动关系，但双方未签订终止劳动关系的书面合同。

2010年8月，3名被告私自各出资5万元成立了电子加工厂，在未取得工商登记、未经行政部门许可的情况下，承租泉州市丰泽区北峰工业区丰惠D路8号×楼进行代理加工微型地面接收器业务。自2011年4月至2011年9月2日，3名被告累计生产、销售卫星地面接收器7900台，其中组装加工5400台，获取加工费3.78万元；自行生产并销售2500台，销售额达20万元，获利2万余元。2011年9月2日，泉州市文化广电新闻出版局会同泉州市公安局等部门对该厂予以查封。2012年3月，3名被告分别到公安机关投案。2014年2月12日，泉州市丰泽区人民法院经审理后认为：3名被告违反国家规定，合伙非法生产、销售卫星地面接收设施，扰乱市场秩序，情节严重，均已构成非法经营罪，并作出判决，对3名被告均判处有期徒刑2年，缓刑2年，并处罚金2万元，将3名被告各退出的违法所得2万元，上缴国库，扣押在案的50台卫星地面接收器予以销毁。

【案件焦点】

1. 苏某杰、白某文、曾某沙在无线电公司的任职情况及是否终止劳动合同关系，若终止，终止时间是何时；2. 其是否存在违反竞业禁止义务给无线电公司造成损失，若存在，损失是多少。

【法院裁判要旨】

福建省泉州市鲤城区人民法院经审理认为：根据《中华人民共

和国公司法》第二十一条、第一百四十八条、第一百四十九条的规定，公司的控股股东、高级管理人员不得利用其关联关系损害公司利益，如违反规定，自营与所任职公司同类的业务，所得的收入应当归公司所有，给公司造成损失的，应当承担赔偿责任。而《中华人民共和国劳动合同法》第二十三条、第二十四条规定，对负有保密义务的劳动者，用人单位可以在劳动合同或者保密协议中与劳动者约定竞业限制条款，劳动者违反竞业限制约定的，应当按照约定向用人单位支付违约金。竞业限制的人员限于用人单位的高级管理人员、高级技术人员和其他负有保密义务的人员。由于原告未能提供充足的证据证明 3 名被告系原告的控股股东或高级管理人员，也未能提供证据证明原告、被告之间就竞业限制进行约定，亦未能提供充足的证据证明 3 名被告给其造成损失 523814. 48 元，故原告要求 3 名被告将因违反竞业禁止义务所得收入 57800 元偿付给原告及赔偿其损失 523814. 48 元的请求，缺乏事实和法律依据，不予支持。

福建省泉州市鲤城区人民法院依照《中华人民共和国公司法》第二十一条，第一百四十八条，第一百四十九条，第二百一十六条，《中华人民共和国劳动合同法》第二十三条，第二十四条，《中华人民共和国民事诉讼法》第六十四条第一款，《最高人民法院关于民事诉讼证据的若干规定》第二条之规定，判决如下：

驳回原告无线电公司的诉讼请求。

无线电公司不服一审判决，持原审起诉意见提起上诉。

福建省泉州市中级人民法院经审理认为：上诉人无线电公司称 3 名被上诉人系无线电公司的高级管理人员，但是从上诉人一审、二审提供的证据均无法证明 3 名被上诉人在上述证据上的签名身份属于高级管理人员的特殊身份，上诉人亦无法提供相关聘用书、任命书或劳动合同来证实3名被上诉人系上诉人的高级管理人员，故上诉人应对此承担举证不能的法律后果。上诉人无线电公司上诉称其为3名被上诉人缴纳医疗保险至2011年3月，故双方终止劳动关系的时间并非2010年7月。但上诉人未能提供相关上班签到记录或是工资发放情况证明2010年7月后3名被上诉人还在无线电公司上班的情况，且3名被上诉人提供相关工资发放情况及养老保险交费明细证明白某文自2010年1月、苏某杰及曾某沙自2010年7月就未在无线电公司就职。故上诉人上诉称原审法院认定双方终止劳动时间有误，不予支持。上诉人无法举证证明其与3名被上诉人签订劳动合同约定竞业禁止条款及竞业限制期限，也未能提供充分有效的证据证明3名被上诉人给其造成的损失金额为523814.48元，故上诉人要求3名被上诉人赔偿其因违反竞业禁止义务造成的损失523814.48元及非法所得5.78万元，缺乏事实与法律依据，不予支持。上诉人的上诉请求，因证据不足，予以驳回。原审判决认定事实清楚，适用法律准确，予以维持。

福建省泉州市中级人民法院依照《中华人民共和国民事诉讼法》第一百七十条第一款第一项之规定，判决如下：

驳回上诉，维持原判。

【法官后语】

本案主要难点在《中华人民共和国公司法》规定的竞业禁止与《中华人民共和国劳动合同法》规定的离职后竞业限制有主体上的交叉，容易在理论上、审判实践中产生困惑。《中华人民共和国公司法》第二十一条、第一百四十八条、第一百四十九条规定的是法定竞业禁止，其适用主体为公司的控股股东、董事、经理等高级管理人员。而《中华人民共和国劳动合同法》第二十三条、第二十四条规定的竞业限制，适用主体为高级管理人员、高级技术人员和其他负有保密义务的人员，属于约定竞业禁止。

具体到本案中，一审、二审思路是一致的，当公司高级管理人员与公司之间就高级管理人员离职后的竞业问题发生纠纷时，依据《中华人民共和国公司法》的规定，高级管理人员的保密义务与竞业禁止义务分别作为并列的两项具体义务而被统一规定在高级管理人员忠实义务之下，说明高级管理人员的竞业禁止义务与保密义务至少在法律规定上是相互分离的，其竞业禁止义务中并不包括保密义务的内容。故在程序适用上，因无线电公司主要以3名被上诉人系公司高级管理人员而违反竞业禁止义务造成公司损失为由主张权利，双方之间是平等的民事法律关系，故本案未适用劳动争议处理程序，而是适用一般民事诉讼程序，这也避免了当事人诉累。而本案中，无线电公司未能提供公司章程、合同或其他相关证据证明3名被上诉人系公司高级管理人员，故其主张3名被上诉人属公司法上的高级管理人员的身份而从事公司法上的竞业禁止行为，缺乏法律依据，其依据此理由请求3名被上诉人承担赔偿责任，亦缺乏依据，不应予以支持。同时，由于无线电公司未与3名被上诉人签订竞业限制协议，若以3名被上诉人作为无线电公司掌握公司商业秘密的员工而言，无线电公司亦缺乏要求3名被上诉人遵守竞业限制义务的合同依据，故上诉人的诉讼请求亦缺乏事实依据，不应予以支持。

需要说明的是，高管曾某沙在仍为无线电公司小股东之一的情况下，从事与本公司同类经营项目不妥当，但无线电公司未能提供证据证明股东间有此禁止约定，而《中华人民共和国公司法》明确规定只对控股股东（持股50%以上）有法定的竞业禁止规定，法无禁止即自由，故曾某沙的行为并不违反法律规定或合同约定。因此，一审、二审未支持无线电公司的诉讼主张。

编写人：福建省泉州市鲤城区人民法院　张文俊

138　第三人针对仲裁裁决存在法定情形时的救济途径
——张某娟诉董某康、戴某平损害公司利益责任案

【案件基本信息】

1. 裁判书字号

江苏省高级人民法院（2015）苏商终字第00511号民事判决书

2. 案由：损害公司利益责任纠纷

3. 当事人

原告（被上诉人）：张某娟

被告（上诉人）：董某康、戴某平

【基本案情】

张某娟和董某康同为第三人Q公司股东。2011年4月15日Q公司股东会决议任命董某康担任公司法定代表人，王某担任公司监事。2011年4月15日的公司章程载明：法定代表人和监事的任期均是3年。Q公司目前现有股东3名，分别为张某娟、董某康、张某敏。

2012年11月18日，Q公司出具《结算单》载明：因公司欠沭阳县银行贷款，先后多次向戴某平同志借款用于分期偿还贷款，截至目前，经结算，尚欠戴某平本金246万元，利息最终结算时确定。具体明细如下：1. 2011年5月24日，借款50万元用于还贷

（农村合作银行），月利息2万元。该款已于2011年9月30日以2000箱“太谷”酒折款36万元偿还，其中，30万元偿还本金，6万元偿还利息。实际尚欠本金20万元，自2011年10月1日起月息2分。2. 2011年12月9日，戴某平以曹某的名义代为偿还贷款60万元，月息2分（沭阳中行，下同）。3. 2012年3月20日，借款90万元还贷，月息2分。4. 2012年5月23日，借款66万元还贷，月息2分。以上本金合计246万元。以前借据收回，未收回的亦一并作废。（借款人同时承诺：如因借款发生纠纷，同意提交宿迁仲裁委员会予以仲裁。）借款人：Q公司法定代表人：董某康2012年11月18日。

2012年12月6日，戴某平根据该份《结算单》向宿迁仲裁委员会申请仲裁。宿迁仲裁委员会依法受理该申请，于2012年12月13日进行审理。仲裁庭审理时，董某康作为Q公司法定代表人出庭并答辩称借款属实。宿迁仲裁委员会于2013年11月19日作出（2013）宿仲裁字第101号仲裁裁决书，查明《结算单》载明Q公司欠戴某平4笔借款，并查明《结算单》载明尚欠本金为236万元，裁决Q公司于裁决生效后10日内给付戴某平借款本金236万元及利息（按月息2分计算，其中20万元本金自2011年10月1日起算，60万元本金自2011年12月9日起算，90万元本金自2012年3月20日起算，66万元本金自2012年5月23日起算，均计算至案件裁决之日止）。

因Q公司未履行（2013）宿仲裁字第101号仲裁裁决书确定的义务，戴某平向法院申请强制执行，江苏省宿迁市中级人民法院作出（2014）宿中民仲审字第0016号执行裁定书，裁定准予强制执行。

张某娟现认为董某康和戴某平恶意串通，虚构《结算单》中的债务，侵害了Q公司及张某娟的合法权益，给Q公司造成实际财产损失，遂提起本案诉讼。

【案件焦点】

1. 张某娟是否有权依照《中华人民共和国公司法》第一百五十一条股东代表诉讼的规定提起本案诉讼；2. 董某康、戴某平是否存在虚构债务损害Q公司利益的情形并承担相应的赔偿责任。

【法院裁判要旨】

江苏省宿迁市中级人民法院经审理认为：张某娟有权依照《中华人民共和国公司法》第一百五十一条股东代表诉讼的规定提起本案诉讼。(2013) 宿仲裁字第101号仲裁裁决书已经生效，戴某平依据该裁决书向法院申请强制执行，法院作出准予强制执行的裁定，并对Q公司资产进行委托评估，属于“情况紧急、不立即提起诉讼将会使公司利益受到难以弥补的损害”的情形，张某娟作为Q公司的股东，认为戴某平与公司董事董某康恶意串通损害Q公司的利益，违反了《中华人民共和国公司法》第一百四十九条规定，其有权为了公司的利益以自己的名义直接向人民法院提起诉讼。根据《中华人民共和国公司法》第一百五十一条第三款的规定，他人侵犯公司合法权益，给公司造成损失的，第一款规定的股东可以依照前两款的规定向人民法院提起诉讼。

案涉《结算单》上载明的Q公司欠戴某平的4笔债务均不真实，Q公司实际不欠戴某平借款，而董某康以Q公司法定代表人的身份向戴某平出具该《结算单》，虚列债务，构成对Q公司利益的损害。

但由于戴某平依据（2013）宿仲裁字第101号仲裁裁决书提起的强制执行案件处于资产评估状态，尚未执行完毕，对Q公司的损害后果尚未实际发生，因此董某康、戴某平无须承担赔偿责任。

江苏省宿迁市中级人民法院依照《中华人民共和国公司法》第一百四十九条、第一百五十一条，《中华人民共和国民事诉讼法》第一百四十二条之规定，判决如下：

驳回原告张某娟的诉讼请求。

董某康、戴某平上诉认为其2人并未虚构债务损害Q公司利益，且本案重新审理了已经生效的仲裁裁决。

江苏省高级人民法院经审理认为：虽然宿迁仲裁委员会已针对戴某平与Q公司之间的借款纠纷进行了仲裁，但本案系张某娟作为Q公司股东代表Q公司提起的公司利益被公司高级管理人员、他人所侵害的损害赔偿之诉，符合公司法相关条款的规定，于法有据。根据《中华人民共和国仲裁法》第五十八条的规定，在仲裁裁决存在法定情形时，当事人可以申请人民法院撤销裁决。《中华人民共和国民事诉讼法》第二百三十七条也赋予了在当事人一方申请人民法院执行仲裁裁决时，被申请人有证据证明仲裁裁决存在法定情形时，有权申请不予执行。法律将仲裁裁决存在法定情形时的救济权利赋予了当事人，而如果当事人之间系恶意串通损害国家、集体或他人利益时，应如何救济则存在法律空白。即便董某康、戴某平认为本案实体审理实为对仲裁裁决确认的事实进行重新审查的理由成立，也不失为是对利益受损的法律主体进行权利救济的法律漏洞的填补。故本案核心问题当是判断作为公司法定代表人的董某康与“他人”戴某平是否存在损害Q公司利益的行为。

江苏省高级人民法院依照《中华人民共和国民事诉讼法》第一

百七十条第一款第一项之规定，判决如下：

驳回上诉，维持原判。

【法官后语】

《中华人民共和国仲裁法》第五十八条和《中华人民共和国民事诉讼法》第二百四十四条规定的提起撤销仲裁裁决之诉的主体和申请不予执行的主体必须是仲裁裁决的当事人；《中华人民共和国民事诉讼法》规定的第三人撤销之诉，撤销的客体是法院裁判，而非仲裁裁决。若案外人有证据证明仲裁当事人之间恶意串通损害国家、集体或他人利益，仲裁裁决具有法定撤销情形，应如何救济？

本案中，戴某平于2012年12月6日申请仲裁，董某康在仲裁庭审中对戴某平主张的借款表示“无异议”，在无争议的情况下提交仲裁，不排除双方利用生效仲裁裁决损害公司利益的可能。董某康作为Q公司的法定代表人、股东，本应尽保护公司利益之责，但其在仲裁中并未对戴某平主张的明显缺乏充分证据的债权行使抗辩权，而是全面认可董某康与戴某平之间的《结算单》，致宿迁仲裁委员会作出仲裁裁决确认了公司的债务，有失其责。本案张某娟作为Q公司的股东，有证据证明董某康、戴某平虚构债权债务，伪造《结算单》，损害Q公司利益，故即便董某康、戴某平认为本案实体审理实为对仲裁裁决确认的事实进行重新审查，也不失为是对利益受损的法律主体进行权利救济的法律漏洞的填补。

没有救济，就没有权利。在当事人就一项权利义务发生争议或虚构争议并提交仲裁后，其他权利义务主体因非本案法律关系主体，无法及时获知仲裁信息，也无法向仲裁委提出仲裁申请或进行攻击防御，仲裁委仅以本案双方当事人的主张和答辩以及提供的证据材料为基础作出的终局裁决，可能对案外人的民事权益产生消极影响。故需要赋予仲裁案外人救济权利。

编写人：江苏省宿迁市中级人民法院　张熠

139　对《中华人民共和国公司法》第二十一条禁止关联行为的认定

——贸易公司诉王某等损害公司利益责任案

【案件基本信息】

1. 裁判书字号

上海市第二中级人民法院（2015）沪二中民四（商）终字第707号民事判决书

2. 案由：损害公司利益责任纠纷

3. 当事人

原告（被上诉人）：贸易公司

被告（上诉人）：王某、Y贸易公司、R贸易公司

【基本案情】

贸易公司系D公司于2011年3月28日全资设立的外商独资企业，其日常的主要业务为在国内销售从其母公司D公司进口的产品。被告王某在担任原告贸易公司总经理期间，作为贸易公司的原高级管理人员，严重违反了对贸易公司的忠实义务，利用其与Y贸易公司和R贸易公司的关联关系，给贸易公司造成损失，应当予以赔偿。Y贸易公司和R贸易公司明知王某的行为会给贸易公司造成损失，仍然协助王某实施损害贸易公司利益的行为，已经

构成共同侵权，因此应当对王某的赔偿责任在其获利范围内承担连带责任。3 名被告不同意贸易公司的全部诉讼请求。被告认为原告的请求权基础不能成立。从法律体系的整体结构来看，《中华人民共和国公司法》第二十一条并不规制利用关联关系的事实行为，因为事实行为导致的法律责任在《中华人民共和国公司法》第一百四十七条至第一百四十九条及《中华人民共和国刑法》第二百七十一条等条款中已经加以明确，《中华人民共和国公司法》第二十一条系从保护公司及公司小股东的利益出发，对形式上合法的民事行为规定了损害赔偿责任。即使根据被告王某的指示将货款付至被告 Y 贸易公司或 R 贸易公司导致了贸易公司损失，那么该行为的法律责任也不是因为关联关系引起的，因为就算不存在关联关系，贸易公司也可以依据《中华人民共和国公司法》第一百四十九条的规定要求高管承担责任。更何况贸易公司与被告 Y 贸易公司或 R 贸易公司不存在任何关联交易。且被告没有损害贸易公司的利益，贸易公司所称的损失没有依据。被告 Y 贸易公司和 R 贸易公司虽然没有与贸易公司签订过书面的《经销商合同》，但是贸易公司作为注册资金仅 14 万美元的公司，扣除公司开业的成本，其根本没有能力在国内开展销售其母公司产品的能力，只能依靠被告 Y 贸易公司或 R 贸易公司开拓产品市场、磋商促成交易，为此，被告 Y 贸易公司和 R 贸易公司就是贸易公司的经销商。且被告王某没有利用关联关系。在贸易公司设立之前，被告 Y 贸易公司和 R 贸易公司就已先后成为 D 公司在中国大陆的经销商，致力于市场开拓。2 家公司与贸易公司进行业务往来，并非因被告王某任职贸易公司总经理而引起的。在被告王某任职总经理后，贸易公司也知道其与被告Y贸易公司、R贸易公司的关系，但从未反对该2家公司成为贸易公司的经销商，也未对上述结算方式提出过异议，况且，被告王某也只是负责一些事务性的工作而已，没有决策权力，因此，贸易公司与被告Y贸易公司或R贸易公司之间的经销商合同关系并不是关联交易。

【案件焦点】

1. 被告Y贸易公司和R贸易公司共计获利5718908.78元，是否给贸易公司造成损失；2. 如上述第一项争议得出肯定的结论，该损失是否系被告王某利用关联关系所造成。

【法院裁判要旨】

上海市虹口区人民法院经审理认为：被告王某利用其与被告Y贸易公司、R贸易公司的关联关系，将贸易公司应当收取的买卖合同对价让被告Y贸易公司或R贸易公司收取，事后仅将其中的部分返还给贸易公司，造成贸易公司未能全额收到买卖合同对价的损失，对此被告王某应予以赔偿，被告Y贸易公司、R贸易公司在明知其不能根据所谓的经销商合同关系获利的情况下，仍然实施对贸易公司的侵权行为，对造成贸易公司的上述损失也存在过错，构成与被告王某对贸易公司的共同侵权，故应分别对被告王某因上述赔偿责任而产生的义务在其获利的范围内承担连带责任。

上海市虹口区人民法院依照《中华人民共和国公司法》第二十一条、第二百一十六条第一项、第二百一十六条第四项，《中华人民共和国侵权责任法》第八条，《中华人民共和国民事诉讼法》第六十四条第一款，《最高人民法院关于民事诉讼证据的若干规定》第二条、第五条第一款、第七十六条之规定，判决如下：

一、被告王某赔偿贸易公司损失 5718908.78 元，于本判决生效之日起 10 日内履行完毕；

二、被告 Y 贸易公司对被告王某的上述第一项义务在 1676380.85 元范围内向贸易公司承担连带责任，于本判决生效之日起 10 日内履行完毕；

三、被告 R 贸易公司对被告王某的上述第一项义务在 4042527.93 元范围内向贸易公司承担连带责任，于本判决生效之日起 10 日内履行完毕；

四、对贸易公司要求被告王某、Y 贸易公司、R 贸易公司共同赔偿贸易公司支出的合理费用 50 万元的诉讼请求，不予支持。

王某、Y 贸易公司、R 贸易公司不服一审判决，提起上诉。

上海市第二中级人民法院经审理后认为：根据已查明的事实，无证据显示 D 公司授权 Y 贸易公司和 R 贸易公司成为 D 公司产品在中国境内的合法经销商，且贸易公司也不认可该 2 家公司的身份。合同约定 Y 贸易公司和 R 贸易公司仅为收款方，销售方及负责售后及产品质量的义务一方均为贸易公司，此做法显然不符合商业常理。王某利用了其与 Y 贸易公司和 R 贸易公司之间的关联关系，在涉案合同中安排 Y 贸易公司、R 贸易公司直接收取买卖合同的对价，事后又不全额予以返还，给贸易公司造成了损失，应当予以赔偿。故依法判决如下：

驳回上诉，维持原判。

【法官后语】

本案审理的关键在于 3 名被告行为性质认定，即王某的行为是否违反《中华人民共和国公司法》第二十一条（2013年，2018年《中华人民共和国公司法》未对本条进行修改）的规定，构成关联交易从而损害公司利益。

公司的关联交易一般是指具有投资关系或合同关系的不同主体之间所进行的交易，又称为关联方交易。关联交易本身是一个相对中性的概念，它既可能产生损害公司利益的结果，也可能给交易各方都带来利益，甚至降低交易成本和风险。因此，《中华人民共和国公司法》第二十一条规定的目的不在于禁止关联交易，而在于防止因关联交易导致公司利益受损，侧重的是保障交易的公正性。所以，本案能够适用《中华人民共和国公司法》第二十一条，但必须满足关联人员利用关联关系损害公司利益这3个要件。

一、关联人员的认定

《中华人民共和国公司法》第二十一条关联交易损害赔偿规制的主体较为广泛，可以涵盖法律所界定的与公司有关联关系的一切主体。根据该法第二十一条第一款的规定，与公司有关联关系的5种人不得利用其与公司的关联关系损害公司利益，包括：(1) 公司控股股东，是指其出资额占有限责任公司资本总额50%以上或者其持有的股份占股份有限公司股本总额50%以上的股东；出资额或者持有股份的比例虽然不足50%，但依其出资额或者持有的股份所享有的表决权已足以对股东会、股东大会的决议产生重大影响的股东。(2) 实际控制人，是指虽然不是公司的股东，但通过投资关系、协议或者其他安排，能够实际支配公司行为的人。(3) 董事，是指公司股东会或者股东大会选举出来的董事会成员。(4) 监事，是指公司股东会或者股东大会选举出来的监事会成员。(5) 高级管理人员，是指公司的经理、副经理、财务负责人，上市公司董事会秘书和公司章程规定的其他人员。本案中，王某自贸易公司设立之日起即担任贸易公司的总经理，属公司的高级管理人员。

二、关联关系的认定

关联关系，是指公司控股股东、实际控制人、董事、监事、高级管理人员与其直接或者间接控制的企业之间的关系，以及可能导致公司利益转移的其他关系。但是，国家控股的企业之间不仅因为同受国家控股而具有关联关系。关联关系，主要是指企业与其他企业、组织或个人具有下列之一关系：(1) 一方直接或间接持有另一方的股份总和达到25%以上，或者双方直接或间接同为第三方所持有的股份达到25%以上。若一方通过中间方对另一方间接持有股份，只要一方对中间方持股比例达到25%以上，则一方对另一方的持股比例按照中间方对另一方的持股比例计算。(2) 一方与另一方（独立金融机构除外）之间借贷资金占一方实收资本50%以上，或者一方借贷资金总额的10%以上是由另一方（独立金融机构除外）担保。(3) 一方半数以上的高级管理人员（包括董事会成员和经理）或至少1名可以控制董事会的董事会高级成员是由另一方委派，或者双方半数以上的高级管理人员（包括董事会成员和经理）或至少1名可以控制董事会的董事会高级成员同为第三方委派。(4) 一方半数以上的高级管理人员（包括董事会成员和经理）同时担任另一方的高级管理人员（包括董事会成员和经理），或者一方至少1名可以控制董事会的董事会高级成员同时担任另一方的董事会高级成员。(5) 一方的生产经营活动必须由另一方提供的工业产权、专有技术等特许权才能正常进行。(6) 一方的购买或销售活动主要由另一方控制。(7) 一方接受或提供劳务主要由另一方控制。(8) 一方对另一方的生产经营、交易具有实质控制，或者双方在利益上具有相关联的其他关系，包括虽未达到本条第一项持股比例，但一方与另一方的主要持股方享受基本相同的经济利益，以及家族、亲属关系等。本案中，被告王某自2011年3月28日至2013年11月担任原告的总经理，系该公司的高级管理人员。在此之外，被告王某持有Y贸易公司50%的股权并担任该公司监事，而Y贸易公司的法定代表人、执行董事，R贸易公司的股东、法定代表人、执行董事周某瑞系被告王某之母，R贸易公司的监事王某源系被告王某之父，被告王某本人在Y贸易公司行使股东的权利，亦作为家庭成员参与R贸易公司的经营。故被告王某担任原告高级管理人员的身份及其与被告Y贸易公司、R贸易公司存在的上述关系，足以认定被告王某与被告Y贸易公司、R贸易公司存在可能导致利益转移的关联关系。

三、关联人员利用关联关系损害公司利益

依据《中华人民共和国公司法》第二十一条提起的关联交易损害赔偿诉讼，是涉及损害公司利益的责任纠纷，应具备侵权责任的一般构成要件。行为人必须侵害了公司的利益，使公司蒙受了损失。王某在担任贸易公司总经理期间，同时是Y贸易公司占有50%股权的股东，并担任监事。而Y贸易公司的法定代表人、执行董事周某瑞系王某之母。周某瑞同时也是R贸易公司的控股股东和法定代表人。此外，王某的代理人在二审中亦陈述，“王某开设了2家公司即Y贸易公司、R贸易公司实际操作业务……”故法院基于此认定王某利用了其与Y贸易公司和R贸易公司之间的关联关系，在涉案合同中安排Y贸易公司、R贸易公司直接收取买卖合同的对价，事后又不全额予以返还，给贸易公司造成了损失，满足了《中华人民共和国公司法》第二十一条的3个构成要件，故应当赔偿原告由此产生的损失。

编写人：上海市虹口区人民法院　张士锋　高扬

140 监事会诉权的正当行使

——投资公司监事会诉王某等损害公司利益责任案

【案件基本信息】

1. 裁判书字号

北京市第一中级人民法院（2012）一中民终字第1751号民事裁定书

2. 案由：损害公司利益责任纠纷

3. 当事人

原告（上诉人）：投资公司监事会

被告（被上诉人）：王某、汪某涌、林某荻、赵某章、卢某、软件公司

【基本案情】

2004年7月28日，投资公司股东大会作出关于监事会换届选举的决议，选举赵某和、陆某和邹某文为公司股东代表担任的监事，韩某卿、张某江为职工代表担任的监事，组成该公司新一届监事会，任期3年。

2008年6月18日，投资公司股东刘某给公司监事会发出《关于要求监事会履行职责提起诉讼维护公司合法权益的请求》，该请求函中称，其发现公司董事王某、汪某涌、林某荻、赵某章及董事会秘书卢某，违反《公司法》及《公司章程》的规定，共同组成软件公司董事会，经营管理该公司，从事与本公司相同的反计算

机病毒产品开发、销售业务，不但违反同业竞争原则获取非法利益，而且利用软件公司通过关联交易侵吞本公司资产。同时，刘某还称上述各董事利用实际控制投资公司公章的便利条件，擅自许可软件公司使用A字号，并将A商标、域名擅自转让，严重损害了公司利益，监事会必须立即行使职责，对上述人员及关联公司提起诉讼，并向有关部门举报追究其犯罪行为，同时请将处理进程随时书面通知刘某。

同年7月18日，投资公司召开2008年第1次监事会，应到监事5名，实际参加的监事或其授权代表4名，全体到会监事一致同意，通过以下决议，决定由公司监事会向王某、汪某涌、林某荻、赵某章、卢某、软件公司提起诉讼。监事会一致推举韩某卿为代表，全权负责具体处理诉讼相关的全部事宜。

诉讼中，法院多次要求投资公司监事会提交提出要求本案6名被告赔偿损失100万元的计算依据及具体内容，但其表示100万元是软件公司使用A商标对投资公司造成的经营损失，是估算出来的，无法明确计算标准；同时，监事会就此征求刘某的意见，但刘某没有提出反对意见，也未提出其他的反馈意见。

投资公司监事会称，股东刘某向监事会发出函件后，未就函件中提出的维护公司权益问题找过投资公司；其在收到上述函件后，曾就此提起过诉讼，在此前诉讼中，监事会代理人向刘某发过函件，征求其意见，但在函件规定的时间内，刘某未找过公司，亦未进行答复也没有提交任何证据；后因为主体资格问题撤回起诉，才提起本案诉讼；本案诉讼未征求过刘某的意见，也不同意刘某进入到本案诉讼当中。

【案件焦点】

投资公司监事会的起诉是否合法。

【法院裁判要旨】

北京市海淀区人民法院经审理认为：依据投资公司监事会所诉，其系基于股东刘某提出的书面请求，按照《中华人民共和国公司法》第一百五十二条的规定，提起本案诉讼。依据上述法律规定，董事、高级管理人员在执行公司职务时有违反法律、行政法规或公司章程的规定，给公司造成损失的，持有公司1%以上股份的股东，可以书面请求监事会向人民法院提起诉讼。上述法律规定的主旨是为了维护公司的合法利益不受侵害，故监事会在收到股东提出的书面请求后，除应及时行使监督职权外，还应依法正当行使其职权，包括但不限于搜集、整理与股东主张侵权事实相关的证据材料，调查、核实侵权事实是否存在，损失程度的大小并据此提出明确、合理的诉讼请求。

依据《中华人民共和国民事诉讼法》的相关规定，当事人起诉必须具有明确的诉讼请求，诉讼请求是当事人诉权的核心所在，是诉讼行为展开的基本依据。就具有损失赔偿性质的金钱给付的请求而言，不仅要有明确的金额，而且应当明确损失的计算依据及计算方式，以利于审判程序的进行。

本案中，经法院释明后，投资公司监事会仍表示对损失赔偿金额的计算依据及计算方式无法确定。依据股东刘某的请求内容，公司董事王某、汪某涌、林某荻、赵某章及董事会秘书卢某，违反《中华人民共和国公司法》及《公司章程》的规定，共同组建软件公司董事会，经营管理该公司，从事与本公司相同的业务，以此获取非法利益，并通过关联交易侵吞本公司资产；同时，利用实际控制投资公司公章的便利条件，擅自许可软件公司使用A字号，并将A商标、域名擅自转让，给公司造成严重损失。

本案中，虽投资公司监事会所诉事实理由与上述请求内容一致，但存在以下问题，虽投资公司监事会称其曾将诉讼事实通知股东刘某，并征求其意见，刘某对此并未提出任何意见，但其就此未能提供相关证据予以证明，亦不同意刘某参与到本案诉讼当中，在此情况下，假使其诉讼事实理由成立，但就其请求金额与该公司的品牌、资产价值、经营规模等实际情况相对比，其请求金额远远不能弥补公司利益所受之损失；假使其诉讼事实理由不成立，诉讼结果也将导致申请股东丧失其他救济之途径。同时，投资公司监事会亦表示是应刘某之申请提起诉讼，但刘某向投资公司监事会提出申请已过3年，现刘某就该请求事项是否继续坚持，应由投资公司监事会明确征求其意见，否则侵权诉讼的进行亦可能对公司营业的正常开展产生不利影响。基于上述事实，虽投资公司监事会依法有权行使监督职权，但其提起诉讼应当符合当事人提起民事诉讼的条件，亦应切实维护公司的合法利益，经释明后，其仍不能就此予以补正，故其提起本案诉讼不符合受理条件，待其征求申请股东刘某的明确意见并明确权利请求后，可另行主张权利。

北京市海淀区人民法院依照《中华人民共和国民事诉讼法》第一百零八条第三项、第一百四十条第一款第三项，《最高人民法院关于适用〈中华人民共和国民事诉讼法〉若干问题的意见》第一百三十九条的规定，裁定：驳回投资公司监事会的起诉。

投资公司监事会以原审法院适用法律错误提起上诉。

北京市第一中级人民法院经审理认为：根据《中华人民共和国

公司法》第一百五十二条第一款的规定，董事、高级管理人员执行公司职务时违反法律、行政法规或者公司章程的规定，给公司造成损失的，有限责任公司的股东、股份有限公司连续180日以上单独或者合计持有公司1%以上股份的股东，可以书面请求监事会或者不设监事会的有限责任公司的监事向人民法院提起诉讼。投资公司监事会基于2008年6月18日股东刘某提出的书面请求，按照《中华人民共和国公司法》第一百五十二条的规定，提起本案诉讼。

应当指出，根据投资公司监事会的陈述，在2008年6月18日股东刘某提出请求后，投资公司监事会提起过诉讼，在指令一审法院进行审理后，又撤回起诉，然后又以投资公司的名义起诉、撤诉，前述的行为历时3年有余。投资公司监事会明确表示是根据刘某的书面请求而提起本案诉讼，但是刘某的书面请求中并没有有关损失赔偿数额的确定问题，经一审法院释明，投资公司监事会亦无法明确其诉请的100万元损失赔偿金额的计算依据及计算方法。而且刘某向投资公司监事会提出申请已过3年，现刘某就该请求事项是否继续坚持，并不明确，投资公司亦不同意刘某参与到本案诉讼当中。一审法院基于上述理由裁定驳回投资公司监事会的起诉，并无不当。

北京市第一中级人民法院依照《中华人民共和国民事诉讼法》第一百五十四条、第一百五十八条之规定，裁定如下：

驳回上诉，维持原裁定。

【法官后语】

一、监事会的诉讼主体资格

《中华人民共和国公司法》第一百五十一条第一款规定，董事、高级管理人员有《中华人民共和国公司法》第一百四十九条规定的情形的，有限责任公司的股东、股份有限公司连续180日以上单独或者合计持有公司1%以上股份的股东，可以书面请求监事会或者不设监事会的有限责任公司的监事向人民法院提起诉讼。

对于监事会或监事是以公司名义起诉还是以自己名义起诉，实务中有争议。一种观点认为，虽然该条中规定的是监事会或监事向法院起诉，但监事会或监事作为公司的机关，不能对外代表公司起诉，而应以公司的名义起诉；另一种观点认为监事会或者监事可以自己名义向法院提起诉讼，此为监事会或者监事的法定职责。

《中华人民共和国公司法》第五十三条规定了有限责任公司监事会或者监事的职权，其中第六项规定，监事会或者监事的职权之一是依据《中华人民共和国公司法》第一百五十一条对董事、高级管理人员提起诉讼。依据《中华人民共和国公司法》第一百一十八条，该规定同样适用于股份有限公司的监事会。由此可见，监事会或者监事可以自己名义向法院起诉。监事会提起诉讼的，应当有监事会的决议。如果要求监事会或者监事以公司名义起诉，在实务中存在如何证明监事会或者监事起诉是公司的意思的问题，公司的公章几乎均由董事、高级管理人员掌管，监事会或者监事在起诉时无法使用公司的印鉴，诉讼难以提起，即使法院受理，也存在董事、高级管理人员以公司名义应诉或撤诉的问题，造成诉讼程序上的混乱。

二、《中华人民共和国公司法》第一百五十一条的延伸

监事会或监事向法院起诉的诉讼请求与股东的书面请求不一致时（如请求损害赔偿的数额不一致），如何处理？《中华人民共和国公司法》第一百五十一条并未明确规定。该条第一款设置的前置程序，目的是穷尽公司内部救济程序，实现公司自治，体现司法权对公司内部事务的有限介入。该规定预设的前提条件，是监事会或者

监事依法行使职权，不受控股股东（或大股东）、董事、高级管理人员的不当影响。现实中，尤其是在股东少、规模小的有限责任公司，监事会或者监事虚设，难以独立行使职权，成为控股股东（或大股东）的利益代言人，存在的问题比较多。由此产生的诉讼上的问题是，监事会或监事可以利用《中华人民共和国公司法》第一百五十一条第一款规定的前置程序阻碍股东提起代表诉讼，如监事会或监事虽然提起诉讼，但与股东的请求存在实质的不同。

对此如何处理，存在不同的观点。第1种观点认为，此种情形应当视为监事会或者监事拒绝根据股东的书面请求提起诉讼，可由股东提起代表诉讼；第2种观点认为，此种情形应当将股东作为无独立请求权的第三人参加诉讼，应当允许股东在诉讼中提出与监事会或者监事不同的辩论意见，并且发现监事会或者监事明显包庇董事、高级管理人员的，可以向法院请求由自己代位作为诉讼当事人继续诉讼；第3种观点认为，未经实体审理，不能确定监事会或者监事起诉的数额是恶意调整的，也为了防止股东随意提出诉讼请求的数额，应当认为监事会或者监事的起诉符合条件，如果股东认为监事会或者监事行使职权违反法律、章程的规定，给公司造成损害的，可以请求董事会对监事会或监事的违法行为起诉。

监事会或者监事已经提起诉讼，不能认为监事会或者监事拒绝了股东的书面请求，从《中华人民共和国公司法》第一百五十一条第二款的文义来看，在监事会或者监事收到股东的书面请求后拒绝起诉的，股东才可直接以自己名义提起诉讼，在监事会或者监事起诉的诉讼请求与股东的书面请求不一致的，不能等同于拒绝起诉，故第1种意见无法律上的依据。第3种意见仍然建立在公司内部治理结构的完整性上，在已经怀疑监事会或者监事与董事会或者董事已经存在千丝万缕的联系时，仍坚持事后救济，而且是由董事会或者董事起诉监事会或者监事，并无程序上的正当性。相比而言，在目前的情况下，第2种意见具有可操作性。

在监事会或监事明确拒绝将股东作为无独立请求权第三人时，也拒绝明确其诉讼请求时，法院能否认为监事会或监事的起诉对公司而言并非公正合理的，从而驳回起诉，是需要解决的重要问题。

三、法院在审查中的作用

从国外的司法实践来看，各国对法院在股东代表诉讼中的审查标准，有不同规定，但均认可法院应当在审查中发挥作用。我国《中华人民共和国公司法》及其司法解释中并未规定法院应当依据什么标准审查监事会或监事的起诉是否公平合理。《中华人民共和国公司法》中规定股东可以提起股东代表诉讼，原因是在某些情况下，公司的董事、监事、高级管理人员与公司之间会存在利益冲突，不能正当地维护公司的合法权益。因此，审查是否存在利益冲突是关键。如果监事会在作出起诉决定（包括诉讼请求的确定等）时，多数成员不是独立的，应由监事会证明其决定是善意、谨慎的。

在本案中，刘某的书面请求中并没有有关损失赔偿数额的确定问题，公司监事会亦无法明确其诉请的100万元损失赔偿金额的计算依据及计算方法；公司监事会不同意刘某参加诉讼；刘某向公司监事会提出申请已过3年，情况已有变化。基于上述理由，监事会应当对其起诉的合理性、正当性提供相应的证据，在其拒绝时，法院裁定驳回起诉，并无不当。相关司法解释中应当对此予以明确规定。

编写人：北京市第一中级人民法院　高春乾

141 股东的表见代理行为是否必然损害公司利益

——包装公司诉李某生损害公司利益责任案

【案件基本信息】

1. 裁判书字号

福建省厦门市中级人民法院（2012）厦民终字第714号民事判决书

2. 案由：损害公司利益责任纠纷

3. 当事人

原告（上诉人）：包装公司

被告（被上诉人）：李某生

【基本案情】

2009年11月25日，包装公司通过股东会决议、章程修正案，确认李某生持该公司46%股权（出资23万元已缴足），任公司监事。包装公司认可李某生虽未担任公司具体职务，但作为股东参与经营，具体负责公司生产管理和出货业务。原告包装公司诉称，被告李某生未经原告授权，利用职务便利私自向原告客户收取货款5笔共计89219.1元，被告收取货款后未将所收货款交给原告，而是私自占有，至今仍不归还。李某生对包装公司诉称的收取货款89219.1元的事实没有异议，但认为所收取的货款已用于支付公司所欠其他公司和个人的货款，并出具相应证据证明支付事实。包装公司认为，上述支付行为均系李某生的个人行为。

【案件焦点】

1. 公司股东兼监事参与公司对外业务经营的行为应如何定性；2. 公司股东的表见代理行为是否必然构成对公司利益的损害。

【法院裁判要旨】

福建省厦门市集美区人民法院经审理认为：原告包装公司依法成立后，制订了《公司章程》，根据《公司章程》的规定，公司应当依照法律、行政法规和国务院财政部门的规定建立本公司的财务、会计制度。但在本案审理过程中，包装公司并未提交其关于公司基本管理制度、财务会计制度等资料。包装公司在庭审中确认李某生虽没有具体职务，但作为股东参与公司生产管理和出货业务。李某生参与公司生产管理和出货业务，其同时作为公司股东、监事，第三人有理由相信其从事业务时代表包装公司。李某生提供的收条内容均载明收到包装公司货款，因此其利益应归于包装公司。李某生提供的证据证明其共对外支付公司债务 113713.9 元，已经超过其代包装公司收取的货款 89219.1 元，因此包装公司负有举证证明李某生辩称的业务行为系其个人行为的责任。包装公司不能举证证明李某生的行为违反公司管理制度和财务制度系个人行为，应承担举证不利的法律后果。其请求李某生返还货款 89219.1 元及利息，不予支持。

因此，依照《中华人民共和国公司法》第五条第一款、第十一条，《中华人民共和国民事诉讼法》第六十四条第一款，《最高人民法院关于民事诉讼证据的若干规定》第二条的规定，判决如下：

驳回原告包装公司的诉讼请求。

原告包装公司不服一审宣判，持原审起诉意见上诉。

福建省厦门市中级人民法院经审理认为：本案双方当事人均确认李某生作为公司的股东、监事，参与公司的经营，具体负责公司生产管理和出货业务，故李某生以公司名义对外将收取的货款用于公司业务往来，第三人有理由相信其行为代表公司，故李某生以公司名义对外从事业务应当具有相应的法律效力，该行为的法律后果依法应当由包装公司承担。至于包装公司认为李某生收取货款并对外支付系其个人行为，但从李某生原审提供的相关收条的内容来看，均明确载明收到包装公司货款，体现的是包装公司与其他公司或商行的结算，且相关收条体现的金额总额已远大于李某生代包装公司收取的货款，而包装公司又无其他证据证明李某生的业务行为系其个人行为，故其应承担举证不利的法律后果。因此，包装公司的上诉主张缺乏相应的事实和法律依据，不予支持。原审法院认定事实清楚，适用法律正确，应予维持。

福建省厦门市中级人民法院依据《中华人民共和国民事诉讼法》第一百五十三条第一款第一项的规定，判决如下：

驳回上诉，维持原判。

【法官后语】

尽管现代企业制度日益完善，多数企业建立起了股东会、董事会、监事会各司其职的体系。然而，现实中股东、董事、监事等干涉参与企业经营的现象普遍存在。如何认定股东、董事、监事参与企业经营的行为成为一个值得探讨的话题。

一、公司股东兼监事参与公司对外业务经营的行为应如何定性

表见代理是指行为人以本人的名义与第三人的民事行为，行为人虽无代理权但是有足以使第三人相信其有代理权的事实和理由，善意第三人与之实施行为，该行为后果应由本人承担。本案原告包装公司依法成立后，制订了《公司章程》，选举产生执行董事、监事，聘任了公司经理，其应该依照《公司章程》和法律的规定从事

经营活动。根据《公司章程》的规定，公司应当依照法律、行政法规和国务院财政部门的规定建立本公司的财务、会计制度。但在本案审理过程中，包装公司并未向本院提交其关于公司基本管理制度、财务会计制度等资料。且双方在庭审中确认李某生虽没有具体职务，但作为股东参与公司生产管理和出货业务。因此包装公司虽表面具有“有限责任公司”的形式，但并未严格依照法律规定建立起公司式的管理和经营模式。李某生参与公司生产管理和出货业务，其同时作为公司股东、监事，第三人有理由相信其从事业务时代表包装公司，因此李某生以包装公司的名义对外从事业务具有法律效力，应构成表见代理，该行为的法律后果依法应由包装公司承担。

二、公司股东的表见代理行为是否必然构成对公司利益的损害

现实中，有些股东为谋取个人的利益以公司法人的名义与第三人进行一定的法律行为，从而损害了公司和其他股东的利益，同时也危及了第三人。但本案确属例外，股东兼监事李某生行使善管义务，不仅没有损害到公司利益，还保障了第三人的合法权益。股东兼监事李某生承认收取公司货款，但在其收取货款后对外支付公司欠款。从其提供的相关收条的内容来看，均明确载明收到包装公司货款，体现的是包装公司与其他公司或商行的结算，且相关收条体现的金额总额已远大于李某生代包装公司收取的货款。而包装公司又无其他证据证明李某生的业务行为系其个人行为，故其应承担举证不利的法律后果。股东李某生对外收取的货款用于支付公司对外欠款的，并不构成对公司利益的损害，且保护了第三人的合法利益。本案体现了在表见代理制度中被代理人和善意第三人的利益均得到法律保护，从而肯定了其立法的价值所在。

编写人：福建省厦门市集美区人民法院　许明茹

十五、损害公司债权人利益责任纠纷

142 挂名股东的认定及一人公司财产不混同举证责任之实现

——朱1、朱2诉经营管理公司、洪1股东损害公司债权人利益责任案

【案件基本信息】

1. 裁判书字号

浙江省丽水市莲都区人民法院（2019）浙1102民初6797号民事判决书

2. 案由：股东损害公司债权人利益责任纠纷

3. 当事人

原告：朱1、朱2

被告：经营管理公司、洪1

【基本案情】

原告与被告经营管理公司的委托合同纠纷案件已经由上海市浦东新区人民法院（2016）沪0115民初83635号和（2016）沪0115民初83636号2个判决确定，后原告申请执行被告经营管理公司执行1案，贵院已经依法受理并在执行中，案号为（2017）沪0115执49491号和沪（2017）沪0115执4488号，被告洪1原是被告经营管理公司的法定代表人和公司股东，上述2案在执行过程中，被告洪1抽逃资金转移财产更换掉自己的法定代表人身份

以使自己不承担任何责任，逃避其作为公司股东对公司的负债义务，被告洪1作为被告经营管理公司（一人有限公司）的股东并不能证明公司财产独立于股东自己的财产，故被告洪1应对被告经营管理公司的债务承担连带责任。基于上述事实，原告请求依法判令：1. 被告洪1对上海市浦东新区被告经营管理公司（2016）沪0115民初83635号和（2016）沪0115民初83636号2案判决确定的给付金额计973733.24元承担连带清偿责任；2. 本案诉讼费用由被告承担。

【案件焦点】

1. 挂名股东的认定；2. 一人公司挂名股东无对价转让股权是否构成抽逃出资；3. 一人公司股东与公司财产混同的审查规则。

【法院裁判要旨】

浙江省丽水市莲都区人民法院经审理认为：从对公司的出资来看，洪1的50万元的初始出资和450万元的增资资金均非其本人所投入（50万元的初始出资资金直接来源于叶1的转账汇款，而450万元的增资资金来源于由叶1作为控股股东的公司），应认为洪1的出资并非基于本人意思。从对公司的实际管控来看，公司账目和财务报销等均非经由洪1签字审批，反而多次出现叶1、夏1经手签字审批的情形，尤其是对于公司总经理马1的报销事宜均由叶1、夏1以公司领导名义审批签字；再结合公司尚在运营期间，洪1便将养老保险关系转出了公司所在地的上海，并自己前往河南经营一家超市，应认为洪1并未参与公司管理。鉴于洪1既未基于本人意思对公司出资，又未参与公司运营管理，且前述情形与实际参与公司管理的夏1出具的情况说明材料内容一致，可以认定洪1系代他人持股的挂名股东。

基于以上分析，针对原告诉请，本院认为，原告以抽逃出资为由诉请被告洪1对经营管理公司的债务承担连带责任，原告应对其诉称的抽逃出资的事实承担举证责任。现原告未能提供证据证明洪1曾从经营管理公司以任何形式取回投资款，应承担举证不能的不利后果，本院据此驳回原告该诉请。至于原告诉称的被告洪1转让股权并无对价构成抽逃出资的观点，本院不予采信，理由如下：首先，抽逃出资应体现为投资款被股东实际取回，而本案仅有以洪1名义投入投资款的相关证据，而无以其名义取回投资款的证据，故而无从得出抽逃出资的结论。其次，公司股权转让是否有对价与抽逃出资并非同一事实，两者也不能互为推导，也就是说，即便原告诉称的无偿转让股权属实亦不能得出抽逃出资的结论。况且被告洪1实为挂名股东，公司的实际控制人另有其人，案外人吴某利是否从实际控制人处获得对价不得而知，现有在卷证据亦不能得知相关的股权转让是否有对价。

原告以一人公司股东与公司人格混同为由诉请被告洪1对上海经营管理公司的债务承担连带责任，但被告洪1提供的审计报告能够证明不存在原告诉称的人格混同情形，且被告洪1实为挂名股东，不参与公司经营，没有财产混同的可能，故原告的该诉请无事实和法律依据，本院予以驳回。

综上所述，浙江省丽水市莲都区人民法院判决如下：

驳回原告朱1、朱2的诉讼请求。

判决后，双方当事人均未上诉，本判决现已生效。

【法官后语】

一、挂名股东的认定：未实际出资和不参与经营的标准

挂名股东，是指在设立公司的过程中或者股权转让中，实际出资人与第三人约定，以该第三人的名义参加设立公司登记，将其登记为股东，因而在公司章程、股东名册和工商登记中将该第三人记载为股东的情形。学界通说认为，挂名股东认定需要形式要件和实质要件。1. 挂名股东具备所有的股东形式要件。挂名股东是未实际出资，但在股东名册、出资证明书、股票（记名股票）以及工商登记中显示为股东的人，即挂名股东具备了股东的所有形式要件。2. 挂名股东缺乏股东出资的实质要件。挂名股东没有实际出资，其名义下的出资是实际出资人的出资。3. 挂名股东不参与公司的经营管理，也不参与公司的分红。挂名股东不参与公司的经营管理，在实践中一般有2种表现形式：一种是挂名股东完全不参与公司的任何事务，实际出资人只是借其名义出资，实际出资人自己参与公司的经营管理；另一种是挂名股东表面上参与公司相关事务，但实质上是实际出资人在幕后指挥，所得投资收益最终归实际出资人所有。具体到本案，被告洪1是否为挂名股东应从两方面综合考量。一是从公司的出资来看，洪1的50万元的初始出资和450万元的增资资金均非本人所投入（50万元的初始出资资金直接来源于叶1的转账汇款，而450万元增资资金来源于叶1作为控股股东的公司），可以认定洪1的出资并非基于本人意思。二是从公司实际管控来看，公司账目和账务报销等均非经由洪1签字审批，反而多次出现叶1、夏1经手签字审批的情形，尤其是对于公司总经理马1的报销事宜均由叶1、夏1以公司领导名义审批签字；再结合在公司尚在运营期间，洪1便将养老保险关系转出了公司所在地的上海，并自己前往河南

经营一家超市，应认为洪1并未参与公司管理。鉴于洪1既未基于本人意思对公司出资，又未参与公司运营管理，可以认定洪1系代他人持股的挂名股东。

二、抽逃出资的认定：应符合未经法定程序取回出资的实质标准

《最高人民法院关于适用〈中华人民共和国公司法〉若干问题的规定（三）》第十二条的规定，抽逃出资是指股东在向公司履行了出资义务后通过虚假财务会计报告虚增利润进行分配、虚构债权债务关系、利用关联交易等方式未经法定程序而将出资抽回，却仍保留股东身份和原有出资数额的行为。笔者认为，抽逃出资的实践形态可能多种多样，但无论采取的是何种形式，其都不脱离将出资取回这一实质，故而认定抽逃出资的实质在于审查出资取回与否。具体到本案，首先，仅有以洪1名义投入投资款的相关证据，而无以其名义取回投资款的证据，故而无从得出抽逃出资的结论。其次，公司股权转让是否有对价与抽逃出资并非同一事实，两者也不能互为推导，也就是说，即便原告诉称的无偿转让股权属实亦不能得出抽逃出资的结论。股权转让是否有对价取决于股权的价值和投资人在当时环境下的投资选择，实践中确有公司股权以0元转让的情形，不可一概认定为虚假，而应具体问题具体分析。最后，被告洪1实为挂名股东，公司的实际控制人另有其人，受让股权的案外人是否从实际控制人处获得对价不得而知，也即现有证据亦不能得知相关的股权转让是否有对价。综上所述，原告以抽逃出资为由诉请被告洪1承担连带责任，原告理应对其诉称的抽逃出资的事实承担举证责任，即需证明被告洪1进行了未经法定程序将出资取回的行为，原告无法举证，应承担不利后果。

三、财产混同与否的审查：一人公司如何证明财产不混同

在缺乏股东相互制约的情况下，一人有限责任公司的股东容易利用控制公司的便利，混淆公司财产和股东个人财产，利用公司独立人格和有限责任规避债务，损害债权人利益。为此，《中华人民共和国公司法》第六十三条规定，一人有限责任公司的股东不能证明公司财产独立于股东自己的财产的，应当对公司债务承担连带责任。但实务中一人公司应如何完成行为意义上的举证责任，不无疑问。笔者结合该案例，给出如下审查规则和步骤：第一步，审查是否有提供股东建立独立的财务制度和账目、财务支付明细等方面的证据（如审计报告）。对于审计报告时间范围，至少要涵盖从业务发生年度到诉讼期间。如果一人公司提交了完整的经外部审计的财务会计报告，且相关报告直接认定不存在混同情形的，应认为其初步完成了《中华人民共和国公司法》第六十三条所要求的举证责任。第二步，鉴于前述审计报告也只是证据，不具有终局性，应允许反驳方就公司与股东财产不独立提供证据。当然，实践中直接获得反驳证据的可能性较小，大多数情况下反驳方只能对审计报告提出疑问，此时应注意审查其反驳意见的合理性，对于合理质疑应要求一人公司股东进行说明，如一人公司股东不能给出合理解释，则需承担不利后果。第三步，如果审计机构作出审计报告时提出保留意见，应认为证明力显著减弱。

具体到本案，尽管存在被告洪1实为挂名股东的情形，其不参与公司经营，客观上没有财产混同的可能，但上海经营管理公司仍提供了会计师事务所出具的审计报告，用以证明上海经营管理公司2010年度至2016年度的法定代表人洪1的个人财产与公司财产不存在混同情况，故法院认为其完成了公司财产和股东财产独立的初步

证明责任。而反驳方未能提出反证，又不能就审计报告本身提出合理质疑，故法院结合洪1为挂名股东的事实，综合认定本案不存在财产混同的情形。

编写人：浙江省丽水市莲都区人民法院　黄野松　管莨茗

143 股东损害公司债权人利益责任纠纷案件诉讼时效的认定

——财富投资公司诉某出版社、工程研究所股东损害公司债权人利益责任案

【案件基本信息】

1. 裁判书字号

北京市第三中级人民法院（2020）京03民终12778号民事判决书

2. 案由：股东损害公司债权人利益责任纠纷

3. 当事人

原告（被上诉人）：财富投资公司

被告（上诉人）：某出版社

被告（被上诉人）：工程研究所

【基本案情】

2005年，农信社向北京市第一中级人民法院起诉工程研究所和房地产开发公司《借款合同》纠纷一案，该院于2005年7月18日作出（2005）一中民初字第2100号民事判决书，判决如下：1. 工程研究所于该判决生效后10日内偿还农信社借款本金2270万元及利息806916.67元、逾期利息5386642.17元；2. 工程研究

所于该判决生效后10日内偿还农信社逾期利息（以2270万元为基数，自2002年12月2日计算至本金付清之日止，按照中国人民银行同期逾期付款的规定执行）；三、房地产开发公司对上述判决工程研究所的偿还义务承担连带保证责任，房地产开发公司承担保证责任后，有权向工程研究所追偿。

2006年9月14日，北京市石景山区人民法院作出（2006）石执字第175号民事裁定书，因工程研究所、房地产开发公司无财产可供执行，不具备履行义务的能力。裁定北京市第一中级人民法院（2005）一中民初字第2100号民事判决书的本次执行程序终结。

2019年1月24日，北京市石景山区人民法院作出（2019）京0107执异2号执行裁定书，上载：经该院查明，农商行海淀支行系农商行世纪城支行上级管理单位。2016年3月，农商行海淀支行与资产管理北京分公司签订《债权转让协议》，将（2005）一中民初字第2100号民事判决书确定农商行世纪城支行享有的债权在内的共92笔一并“打包”转让给资产管理北京分公司。2016年3月17日，农商行海淀支行与资产管理北京分公司在《金融时报》发布“债权转让暨债务催收联合公告”。2016年8月8日，资产管理北京分公司与Z公司签订《债权转让协议》，将其从农商行海淀支行受让的上述债权在内共92笔一并“打包”转让Z公司。2016年10月18日，双方在《中国企业报》发布“债权转让暨债务催收联合公告”。2016年11月，Z公司与财富投资公司签订《债权转让协议》，将其从资产管理北京分公司受让上述债权在内共92笔一并“打包”转让给财富投资公司。2017年11月22日，双方在《国际商报》发布“债权转让暨债务催收联合公告”。裁定执行依据为（2005）一中民初字第2100号民事判决书的申请执行人变更为财富投资公司。

另查一，1999年8月27日，房地产开发公司成立，注册资本1000万元，股东和出资情况为：工程研究所认缴出资500万元，占股50%，某出版社认缴出资500万元，占股50%。沈1任法定代表人和董事长，李1任董事和总经理，邓1任董事，武1任监事。2007年11月23日，房地产开发公司被北京市工商行政管理局海淀分局吊销营业执照。房地产开发公司的章程尾部全体股东签名（章）处，有甲方工程研究所盖章和沈1签字，乙方某出版社盖章和邓1签字。工程研究所认可李1为其委派至房地产开发公司的人员，某出版社认可邓1为其委派至房地产开发公司的人员。

另查二，某出版社原名为中国某出版社，2018年12月29日变更为现名称。

诉讼中，2019年12月26日，本院组织了谈话，谈话中工程研究所向本院出示了房地产开发公司的账册，经过清点，账册并不完整，工程研究所表示部分账册在搬家中遗失。

【案件焦点】

某出版社是否应就未依法启动房地产开发公司清算程序，而对房地产开发公司的债务向财富投资公司承担连带清偿责任。

【法院裁判要旨】

北京市朝阳区人民法院经审理后认为：《中华人民共和国公司法》第一百八十条、第一百八十三条规定，公司因依法被吊销营业执照、责令关闭或者被撤销而解散，在解散事由出现之日起 15 日内，公司应当成立清算组，开始清算。有限责任公司的清算组由股东组成。《最高人民法院关于适用〈中华人民共和国公司法〉若干问题的规定（二）》第十八条第二款规定，有限责任公司的股东因怠于履行义务，导致公司主要财产、账册、重要文件等灭失，无法进行清算，债权人主张其对公司债务承担连带清偿责任的，人民法院应依法予以支持。本案中，财富投资公司对房地产开发公司的债权经生效判决书和执行裁定书确认，财富投资公司具有合法债权人资格。房地产开发公司于 2007 年 11 月 23 日被吊销营业执照，某出版社和工程研究所作为房地产开发公司股东，是房地产开发公司的清算义务人，应自吊销之日起 15 日内组成清算组对房地产开发公司进行清算，现某出版社和工程研究所均未履行清算义务，系以消极不作为的方式怠于履行清算义务。某出版社和工程研究所均持有房地产开发公司 50%的股权，分别委派邓 1、李 1 担任房地产开发公司的董事，且沈 1 同为工程研究所和房地产开发公司的法定代表人，足以证明工程研究所和某出版社均参与了房地产开发公司的经营管理，应对公司的财产、账册、重要文件尽善良管理人的忠实、勤勉的保管义务。诉讼中，工程研究所提供的房地产开发公司的财务、账册缺失，无法进行清算，故工程研究所和某出版社应对房地产开发公司的债务承担连带清偿责任。

关于本案的诉讼时效。《中华人民共和国民法总则》第一百八十八条规定，向人民法院请求保护民事权利的诉讼时效期间为 3 年。债权人请求股东对公司债务承担连带责任的时效期间当自债权人知道或应当知道公司无法清算之日起算。本案中，工程研究所和某出版社未在房地产开发公司吊销营业执照之日起 15 日内组成清算组进行清算，这并不必然导致房地产开发公司无法清算，直至法院于 2019 年 12 月 26 日组织谈话之时，工程研究所提供的房地产开发公司账册不完整，不符合清算条件，财富投资公司才应当知道房地产开发公司无法进行清算，故财富投资公司的诉讼请求未过诉讼时效的限制。

据此，北京市朝阳区人民法院判决如下：某出版社、工程研究所于本判决生效之日起 10 日内对（2005）一中民初字第 2100 号民事判决书中确认的房地产开发公司对原告财富投资公司债务承担连带清偿责任。

某出版社不服一审判决，向北京市第三中级人民法院提起上诉。

北京市第三中级人民法院经审理后认为：《最高人民法院关于适用〈中华人民共和国公司法〉若干问题的规定（二）》第十八条第二款规定，“有限责任公司的股东、股份有限公司的董事和控股股东因怠于履行义务，导致公司主要财产、账册、重要文件等灭失，无法进行清算，债权人主张其对公司债务承担连带清偿责任的，人民法院应依法予以支持”。本案争议焦点为某出版社是否应就未依法启动房地产开发公司清算程序，而对房地产开发公司的债务向财富投资公司承担连带清偿责任。

根据查明的事实，2005 年 7 月 18 日作出的（2005）一中民初字第 2100 号民事判决书确认农信社对房地产开发公司的债权。农信社后改制为农商行世纪城支行，农商行海淀支行系农商行世纪城支行上级管理单位。2016 年 3 月，农商行海淀支行将债权转让给资产管理北京分公司，并办理公告。2016 年 8 月 8 日，资产管理北京分公司将债权转让给 Z 公司，并办理公告。2016 年 11 月，Z 公司将债权转让给财富投资公司，并办理公告，裁定执行依据为（2005）一中民初字第 2100 号民事判决书的申请执行人变更为财富投资公司。

财富投资公司的债权源自债权转让，其概括受让取得涉案债权及与该债权有关的从权利，包括侵害涉案债权而发生的侵权损害赔偿请求权。同时依据原《中华人民共和国合同法》第八十二条的规定，债务人对原债权人的抗辩及于新债权人。涉案债权的初始债权人系农信社，后涉案债权经过多次转让，财富投资公司作为新的债权人行使债权时，债务人对于初始债权人所享有的包括时效抗辩在内的抗辩权亦能够向新的债权人财富投资公司主张。本案中，涉案债权初始债权人农信社申请强制执行后，2006 年 9 月 14 日，北京市石景山区人民法院作出（2006）石执字第 175 号民事裁定书，载明因工程研究所、房地产开发公司无财产可供执行，不具备履行义务的能力。裁定北京市第一中级人民法院（2005）一中民初字第 2100 号民事判决书的本次执行程序终结时，农信社即已知晓房地产开发公司无可供执行财产的事实状态，同时理应持续关注房地产开发公司的经营情况，包括其是否正常营业和是否存在营业执照被吊销的情形。按照《中华人民共和国公司法》第一百八十三条的规定，公司因营业执照被吊销等法定事由解散的，应当在解散事由出现之日起 15 日内成立清算组，开始清算。《最高人民法院关于适用〈中华人民共和国公司法〉若干问题的规定（二）》第七条规定，逾期不成立清算组进行清算的，债权人可以申请人民法院指定有关人员组成清算组进行清算。房地产开发公司于 2007 年 11 月 23 日被北京市工商行政管理局海淀分局吊销营业执照。农信社在房地产开发公司营业执照被吊销后 10 多年期间，既未要求房地产开发公司的股东履行清算义务，也未向人民法院申请强制清算或者请求某出版社承担赔偿责任。财富投资公司受让债权后，作为债权人于 2018 年 9 月 20 日提起本案诉讼，要求某出版社承担怠于清算的赔偿责任，已超过诉讼时效期间。因此，无论某出版社是否因怠于清算而应对涉案债权承担连带责任，财富投资公司的诉讼请求均不能得到支持。一审法院对此认定有误，法院予以纠正。据此，法院判决如下：

一、撤销北京市朝阳区人民法院民事判决；

二、驳回财富投资公司的全部诉讼请求。

【法官后语】

《最高人民法院关于适用〈中华人民共和国公司法〉若干问题的规定（二）》第十八条第二款规定，“有限责任公司的股东、股份有限公司的董事和控股股东因怠于履行义务，导致公司主要财产、账册、重要文件等灭失，无法进行清算，债权人主张其对公司债务承担连带清偿责任的，人民法院应依法予以支持”。本案争议焦点为某出版社是否应就未依法启动房地产开发公司清算程序，而对房地产开发公司的债务向财富投资公司承担连带清偿责任。我们认为《最高人民法院关于适用〈中华人民共和国公司法〉若干问题的规定（二）》第十八条第二款所规定的怠于履行清算义务的责任，性质上确系侵权责任，应适用诉讼时效规定，本案中财富投资公司的诉讼请求已过诉讼时效，不应得到支持。

一、《全国法院民商事审判工作会议纪要》第十六条第二款的理解与适用

《全国法院民商事审判工作会议纪要》第十六条第二款旨在对债权人的侵权请求权进行约束，通过该条文促使债权人在申请强制清算后发现有限责任公司的股东、股份有限公司的董事和控股股东因怠于履行义务，导致公司主要财产、账册、重要文件等灭失，无法进行清算的情况后，及时地行使其权利，而并非在债权人的债权请

求权已经罹于诉讼时效的情形下，通过债权人知道或者应当知道公司无法进行清算的时间点计算其侵权请求权的诉讼时效，进而将其债权请求权的诉讼时效变相地无限延长。

从诉讼时效相关制度的价值层面来说，诉讼时效制度的核心价值就是通过对权利上的“睡眠者”惩罚性后果的规定，从而敦促权利人积极地对其权利进行主张，迅速实现债的目的，从而加快经济流转，进而维护交易秩序，避免一定的事实状态长期存续后形成的种种法律关系及社会经济秩序被打破后使得第三人蒙受意想不到的经济损失及信赖利益的损失，同时避免随着时间的流逝造成举证困难，并给予义务人一定的保护。

在股东损害公司债权人利益责任纠纷案件中，债权人主张股东对公司债务承担连带清偿责任，系侵权请求权。如果债权人已经知道或者应当知道公司无法进行清算却长期怠于履行该请求权，放任其债权已经受到侵害的事实状态的长期存续，可能会导致债务人公司财产进一步贬值、流失、毁损或者灭失，并导致证据灭失，事实真相很难证明。同时，经过多年之后其债权可能产生巨额的利息，使股东蒙受意想不到的损失，还有可能会造成社会经济秩序的混乱。《全国法院民商事审判工作会议纪要》第十六条第二款的意义就在于对此类债权人的侵权请求权加以限制，敦促其及时行使权利，也可以避免债权人有目的地长期不主张权利而觊觎高额的债务利息，有利于稳定社会经济秩序。

基于上述原因，笔者认为《全国法院民商事审判工作会议纪要》第十六条第二款对于股东损害公司债权人利益责任纠纷案件诉讼时效的规定实质上是在不否定债权请求权的诉讼时效适用的基础上，对债权人的债权受到侵害而产生的侵权请求权的诉讼时效进一步加以限定，在诉讼时效制度的价值框架下，该侵权请求权的诉讼时效与债权人所享有的债权请求权所固有的诉讼时效并不冲突。如果在债权请求权已罹于诉讼时效的情况下，认为侵权请求权尚在诉讼时效，就据此打破债权请求权所固有的诉讼时效，从而使债权请求权的诉讼时效变相地无限延长，显然与诉讼时效制度的价值框架不相符，亦与《全国法院民商事审判工作会议纪要》第十六条第二款的制定初衷南辕北辙。

二、《最高人民法院关于适用〈中华人民共和国公司法〉若干问题的规定（二）》第七条的理解与适用

从债务人的注意义务的角度来看，《公司法司法解释二》第七条规定，逾期不成立清算组进行清算的，债权人可以申请人民法院指定有关人员组成清算组进行清算。债务人逾期不成立清算组进行清算的，债权人可以依据《最高人民法院关于适用〈中华人民共和国公司法〉若干问题的规定（二）》第七条赋予其的权利申请人民法院指定有关人员组成清算组对债务人进行清算，如果申请强制清算后发现有限责任公司的股东、股份有限公司的董事和控股股东因怠于履行义务，导致公司主要财产、账册、重要文件等灭失，无法进行清算，债权人可以主张其对公司债务承担连带清偿责任。

按照《中华人民共和国公司法》第一百八十三条的规定，公司因营业执照被吊销等法定事由解散的，应当在解散事由出现之日起15日内成立清算组，开始清算。债权人经过申请人民法院强制执行，人民法院查无可供执行财产并裁定执行程序终结后，债权人即已知债务人无可供执行财产的事实状态，同时理应持续关注债务人的经营情况，包括其是否正常营业和是否存在营业执照被吊销的情形。若债务人出现营业执照被吊销且逾期未能清算的情况时，债权人亦

应及时地依据《最高人民法院关于适用〈中华人民共和国公司法〉若干问题的规定（二）》第七条赋予其的权利申请人民法院指定有关人员组成清算组对债务人进行清算，在债权人依法申请清算后，对于债务人公司能否进行清算就可以进入“知道或者应当知道”的状态，那么债权人依据《最高人民法院关于适用〈中华人民共和国公司法〉若干问题的规定（二）》第十八条第二款规定主张权利的诉讼时效就应当起算。债权人迟迟不依据该解释第七条赋予其的权利申请清算，而是直接提起诉讼，通过法院的事实查明来认定债务人公司是否具备清算条件，债权人辩称其“知道或者应当知道”的时效起算条件此时方才达成，如果支持了债权人的意见，就会导致其虽然怠于行使权利申请清算，但其主张侵权请求权的诉讼时效却可以不加限制地肆意延展直至其起诉后，这同样有悖于诉讼时效制度的立法精神。

三、继受取得债权的诉讼时效问题

本案还涉及继受取得债权的诉讼时效问题，依据原《中华人民共和国合同法》第八十二条（《中华人民共和国民法典》第五百四十八条）规定，债务人对原债权人的抗辩及于新债权人。当涉案债权经过多次转让，新的债权人行使债权时，债务人对于初始债权人所享有的包括时效抗辩在内的抗辩权亦能够向新的债权人财富投资公司主张。

四、案例解析

综合上述情况，本案中，财富投资公司的债权源自债权转让，其概括受让取得涉案债权及与该债权有关的从权利，包括侵害涉案债权而发生的侵权损害赔偿请求权。同时依据原《中华人民共和国合同法》第八十二条（《中华人民共和国民法典》第五百四十八条），债务人对原债权人的抗辩及于新债权人。涉案债权的初始债权人系农信社，后涉案债权经过多次转让，财富投资公司作为新的债权人行使债权时，债务人对于初始债权人所享有的包括时效抗辩在内的抗辩权亦能够向新的债权人财富投资公司主张。

本案中，涉案债权初始债权人农信社申请强制执行后，2006年9月14日，北京市石景山区人民法院作出民事裁定书，载明因工程研究所、房地产开发公司无财产可供执行，不具备履行义务的能力。裁定北京市第一中级人民法院民事判决书的本次执行程序终结时，农信社即已知晓房地产开发公司无可供执行财产的事实状态，同时理应持续关注房地产开发公司的经营情况，包括其是否正常营业和是否存在营业执照被吊销的情形。按照《中华人民共和国公司法》第一百八十三条的规定，公司因营业执照被吊销等法定事由解散的，应当在解散事由出现之日起15日内成立清算组，开始清算。《最高人民法院关于适用〈中华人民共和国公司法〉若干问题的规定（二）》第七条规定，逾期不成立清算组进行清算的，债权人可以申请人民法院指定有关人员组成清算组进行清算。房地产开发公司于2007年11月23日被北京市工商行政管理局海淀分局吊销营业执照。农信社在房地产开发公司营业执照被吊销后10多年期间，既未要求房地产开发公司的股东履行清算义务，也未向人民法院申请强制清算或者请求某出版社承担赔偿责任。财富投资公司受让债权后，作为债权人于2018年9月20日提起本案诉讼，要求某出版社承担怠于清算的赔偿责任，已超过诉讼时效期间。因此，无论某出版社是否因怠于清算而应对涉案债权承担连带责任，财富投资公司的诉讼请求均不能得到支持。

五、结语

笔者认为，本案涉及的问题具有一定的典型性，资管公司收购廉价的长期逾期的打包债权，然后根据《最高人民法院关于适用〈中华人民共和国公司法〉若干问题的规定（二）》第十八条第二款规定，以股东损害公司债权人利益责任纠纷为由，将承担债务的主体扩大到公司的股东，被起诉的股东中亦不乏国有企业法人。我们在近期的商事审判中发现此类诉讼的数量正在快速增长，如果对此类诉讼机械地适用《最高人民法院关于适用〈中华人民共和国公司法〉若干问题的规定（二）》第十八条第二款的规定，支持一些存在利用法律规定的漏洞以“广撒网”的形式投机性地进行滥诉的嫌疑的资管公司，无疑会助长恶意诉讼的风气，同时也有可能会导致巨额的国有资产流失。

编写人：北京市第三中级人民法院　全奕颖　林家诚

144　认定有限责任公司股东承担清算责任应准确把握“怠于履行清算义务”的具体情形

——实业公司诉薛1等股东损害公司债权人利益责任案

【案件基本信息】

1. 裁判书字号

北京市第三中级人民法院（2020）京03民申584号民事裁定书

2. 案由：股东损害公司债权人利益责任纠纷

3. 当事人

原告（再审被申请人）：实业公司

被告（再审申请人）：薛1、胡1

被告（被上诉人）：刘1、刘2

【基本案情】

原告实业公司诉称：要求刘1、刘2、薛1、胡1对北京市东城区人民法院（2007）东民初字第2635号民事判决书确定的百货公司的债务承担连带清偿责任并承担本案诉讼费用。实业公司主张刘1、刘2、薛1、胡1系百货公司股东，因股东逾期未对公司债权债务进行清算，致使该公司的责任财产状况始终处于不明的状态，直接导致了实业公司的债务无法得到清偿，严重损害了公司权益。刘1、刘2、薛1、胡1未到庭。

【案件焦点】

1. 申请人是否应承担股东清算责任；2. 如何准确把握《最高人民法院关于适用〈中华人民共和国公司法〉若干问题的规定（二）》第十八条第二款规定的有关清算责任的认定适用条件。

【法院裁判要旨】

北京市朝阳区人民法院经审理查明：百货公司系成立于1995年9月20日的有限责任公司，注册资本2000万元，现工商登记的股东为黄1（出资1000万元）、薛1（出资400万元）、刘1（出资200万元）、刘2（出资200万元）、胡1（出资200万元），法定代表人为刘1；2008年10月20日，百货公司被吊销营业执照。2007年6月20日，东城法院作出民事判决书，判决百货公司向实业公司返还费用、赔偿损失。前述判决书生效后，百货公司未履行还款义务。实业公司向东城法院申请强制执行。2007 年 11 月 19 日，该院作出执行裁定书，因未发现被申请执行人可供执行的财产线索，终结本次执行程序。2015 年 7 月 2 日，东城法院受理实业公司对百货公司进行强制清算的申请。2018 年 6 月 29 日，东城法院裁定终结百货公司的清算程序并认为清算程序终结后，债权人实业公司可以另行要求百货公司的股东对其债务承担偿还责任。

北京市朝阳区人民法院经审理认为：实业公司对百货公司的债权经强制执行程序未能获得清偿，实业公司对百货公司的债权合法有效。百货公司于 2008 年 10 月 20 日被吊销营业执照，刘 1、刘 2、薛 1、胡 1 作为百货公司的股东，应当依法及时组织清算，以清理资产，保障债权人权利实现，但至今未开展清算工作。百货公司经法院强制执行程序亦未能发现百货公司有可供执行的财产，且经法院生效裁定书确认构成客观上“无法进行清算”的情形。刘 1、刘 2、薛 1、胡 1 作为法定的清算义务人怠于履行清算义务，应当对百货公司的债务承担连带清偿责任，判决刘 1、刘 2、薛 1、胡 1 应当对北京市东城区人民法院（2007）东民初字第 2635 号民事判决书确定的百货公司的债务承担连带清偿责任。

刘 1 不服一审判决，提起上诉。后撤诉，法院作出民事裁定书准许刘 1 撤回上诉。薛 1、胡 1 因被采取执行措施知晓原一审判决情况，薛 1、胡 1 不服一审判决依据《中华人民共和国民事诉讼法》第二百条第六项，以本案应适用《全国法院民商事审判工作会议纪要》为由向北京市第三中级人民法院申请再审。

北京市第三中级人民法院经审查认为：综合再审申请人的再审

理由和请求的要点，本案争议焦点是申请人是否应承担股东清算责任。

《最高人民法院关于适用〈中华人民共和国公司法〉若干问题的规定（二）》第十八条第二款规定的“怠于履行义务”，是指有限责任公司的股东在法定清算事由出现后，在能够履行清算义务的情况下，故意拖延、拒绝履行清算义务，或者因过失导致无法进行清算的消极行为。股东举证证明其已经为履行清算义务采取了积极措施，或者小股东举证证明其既不是公司董事会或者监事会成员，也没有选派人员担任该机关成员，且从未参与公司经营管理，以不构成“怠于履行义务”为由，主张其不应当对公司债务承担连带清偿责任的，人民法院依法予以支持。

本案百货公司注册资本 2000 万元，申请人薛 1 出资 400 万元，其不能举证证明其已经为履行清算义务采取了积极措施，并且不属于小股东举证证明其既不是公司董事会或者监事会成员，也没有选派人员担任该机关成员，且从未参与公司经营管理的情形。申请人胡 1 虽出资仅为 200 万元，但其原系百货公司法定代表人，不属于从未参与公司经营管理的情形。申请人薛 1、胡 1 亦不能提供充分证据证明其“怠于履行义务”的消极不作为与“公司主要财产、账册、重要文件等灭失，无法进行清算”的结果之间没有因果关系。原审法院认定事实及适用法律并无不当。申请人的再审申请理由不能成立，其再审申请不符合《中华人民共和国民事诉讼法》第二百条规定的情形。综上所述，北京市第三中级人民法院裁定如下：

驳回薛 1、胡 1 的再审申请。

【法官后语】

本案的处理需正确理解《最高人民法院关于适用〈中华人民共和国公司法〉若干问题的规定（二）》第十八条第二款关于有限责任公司股东清算责任的规定，《全国法院民商事审判工作会议纪要》对《最高人民法院关于适用〈中华人民共和国公司法〉若干问题的规定（二）》第十八条第二款有关有限责任公司股东对公司债务承担连带清偿责任的构成要件、举证责任、抗辩要素等进行了明确：1. 关于如何准确认定“怠于履行清算义务行为”；2. 关于正确理解因果关系抗辩；3. 关于准确适用诉讼时效。

一、准确认定“怠于履行清算义务”

《全国法院民商事审判工作会议纪要》第十四条规定：《最高人民法院关于适用〈中华人民共和国公司法〉若干问题的规定（二）》第十八条第二款规定的“怠于履行义务”，是指有限责任公司的股东在法定清算事由出现后，在能够履行清算义务的情况下，故意拖延、拒绝履行清算义务，或者因过失导致无法进行清算的消极行为。股东举证证明其已经为履行清算义务采取了积极措施，或者小股东举证证明其既不是公司董事会或者监事会成员，也没有选派人员担任该机关成员，且从未参与公司经营管理，以不构成“怠于履行义务”为由，主张其不应当对公司债务承担连带清偿责任的，人民法院依法予以支持。对于该条的理解需要注意以下几点：

一是阐明了“怠于履行清算义务”的具体情形，强调股东的主观过错。根据《最高人民法院关于适用〈中华人民共和国公司法〉若干问题的规定（二）》第十八条第二款规定，有限责任公司的股东怠于履行清算义务应对债权人承担清偿责任，该条适用的法理依据是侵害债权理论，而构成侵权的前提是股东主观上存在过错，包括故意拖延的积极行为和过失导致无法清算的消极行为。《全国法院民商事审判工作会议纪要》对“怠于履行清算义务”提出明确的定义，特别是强调了股东的过错责任，并在此基础上进一步明确，承担清算责任的仅限于“怠于履行清算义务”的股东，不可将责任主体不适当地扩大至全体股东。

二是若股东举证证明其已经为履行清算义务采取了积极措施，可以免于对公司债务承担连带清偿责任。

三是列举了有限责任公司小股东具体的抗辩要素，即若能证明同时存在以下情况，可以免除“怠于履行清算义务”对公司债务承担连带清偿责任：(1) 不是公司董事会或者监事会成员；(2) 没有选派人员担任该机关成员；(3) 没有参与公司经营管理的。该规定并没有“一刀切”地缩小清算义务人的范围，全体股东仍然都是清算义务的主体，但对“小股东”地位进行了实质认定。

二、正确理解因果关系抗辩

《全国法院民商事审判工作会议纪要》明确规定，清算义务人未尽清算义务给他人造成损失应予以赔偿，在性质上属于侵权责任。侵权法上的因果关系，是指侵权行为与损害后果之间引起与被引起的关系，因果关系的存在与否是侵权成立与否的决定性因素。然而在以往清算义务人的实践判例中，因果关系问题往往被忽略，存在不当适用司法解释，造成部分个案处理不当的情形。《全国法院民商事审判工作会议纪要》第十五条特别强调，若股东“能证明其未能及时履行清算义务的行为与公司主要财产、账册、重要文件等灭失之间没有因果关系”，应当认定其不作为行为与公司无法清算所造成的损失之间不存在因果关系，可免于对公司债务承担连带清偿责任。法院应对清算义务人行为与损害结果的因果关系进行重点审核，以纠正此前司法实践中存在的过于简单认定清算义务人责任的情况。从《全国法院民商事审判工作会议纪要》的上述规定中可以看出，将来若债权人想要求清算义务人承担清算责任，必须充分证明，清算义务人怠于履行清算义务与债权人的损失之间存在因果关系。

三、准确适用诉讼时效

《全国法院民商事审判工作会议纪要》规定："公司债权人以《最高人民法院关于适用〈中华人民共和国公司法〉若干问题的规定（二）》第十八条第二款为依据，请求有限责任公司的股东对公司债务承担连带清偿责任的，诉讼时效期间自公司债权人知道或者应当知道公司无法进行清算之日起计算。"

综上所述，具体到本案中，百货公司注册资本2000万元，申请人薛1出资400万元，其不能举证证明其已经为履行清算义务采取了积极措施，并且不属于小股东。申请人胡1虽出资仅为200万元，但其原系百货公司法定代表人，不属于从未参与公司经营管理的情形。申请人薛1、胡1亦不能提供充分证据证明其"怠于履行义务"的消极不作为与"公司主要财产、账册、重要文件等灭失，无法进行清算"的结果之间没有因果关系。薛1、胡1作为有限责任公司的股东，无法举证其属于非怠于履行清算义务的情形，故其应当承担对公司债务的连带清偿责任。

编写人：北京市第三中级人民法院　陈伟　高聪霄

145 瑕疵增资股东应对公司增资之前的债务承担补充赔偿责任

——S公司诉高某股东损害公司债权人利益责任案

【案件基本信息】

1. 裁判书字号

四川省成都市中级人民法院（2019）川01民终15335号民事判决书

2. 案由：股东损害公司债权人利益责任纠纷

3. 当事人

原告（被上诉人）：S公司

被告（上诉人）：高某

【基本案情】

2004年，S公司因建设工程施工合同，与C公司形成债权债务关系。后双方因该纠纷诉至法院。2013年10月10日，成都市金牛区人民法院作出（2013）金牛民初字第3054号民事判决书，判令C公司向S公司支付工程款40万元，并按中国人民银行同期贷款利息支付逾期付款资金利息。2016年8月18日，成都市中级人民法院作出（2016）川01民终4584号民事判决书维持原判，该判决于2016年9月16日生效。经审理查明，2009年11月19日，S公司已在执行过程中取得20万元执行案款。

2016年10月，S公司向成都市金牛区人民法院申请强制执行。

因C公司无财产可供执行，成都市金牛区人民法院遂终结本次执行程序。执行过程中，C公司于2015年7月10日形成股东会决议，将注册资本从1000万元增加至2000万元，该注册资本由股东高某出资认缴，认缴方式为现金，认缴时间为2016年12月31日前。高某未按股东会决议缴纳资本金。2018年1月2日，S公司诉至成都市青羊区人民法院，请求判令高某在未足额出资的范围内承担补充赔偿责任。

【案件焦点】

1. 公司负债时间是在股东增资前，股东增资后是否应对之前的债务承担赔偿责任；2. 瑕疵增资股东是否应对公司增资之前的债务承担补充赔偿责任。

【法院裁判要旨】

四川省成都市青羊区人民法院裁判认为：高某系C公司股东，其增资认缴时间已经到期，高某应当履行股东出资义务。案涉的债务虽发生在被告高某增资行为之前，但高某未履行出资义务的行为，违反了公司资本维持原则，对公司债权人利益具有较大的威胁，现C公司资产不足以清偿原告S公司债权，S公司有权请求股东高某承担赔偿责任。遂依照《中华人民共和国公司法》第二十八条，《最高人民法院关于适用〈中华人民共和国公司法〉若干问题的规定（三）》第十三条、第十七条，判决高某在未出资的1000万元范围内，对C公司结欠S公司的工程款20万元及逾期付款资金占用利息不能清偿部分承担补充赔偿责任。

高某不服一审判决，向成都市中级人民法院提起上诉。

四川省成都市中级人民法院经审理认为：S公司作为C公司的债权人，已通过申请人民法院强制执行而债权未获清偿，其案涉债权应属C公司不能清偿部分。高某作为C公司的股东，其认缴出资额1000万元于2016年12月31日到期，但高某未按公司章程规定履行该出资义务。而C公司案涉债务形成时间与高某作为股东的法定出资义务并无影响，亦不能对抗债权人依据《最高人民法院关于适用〈中华人民共和国公司法〉若干问题的规定（三）》第十三条第二款规定向其主张权利，故高某应当在未出资本息范围内对C公司的债务不能清偿部分承担补充赔偿责任。遂判决如下：

驳回上诉，维持原判。

【法官后语】

瑕疵出资股东，是指未按照《中华人民共和国公司法》和《公司章程》之规定，全面适当地履行向公司缴纳出资的义务的股东。包括在公司成立时出资和经营增资程序中，未出资、未足额出资、未适当出资以及抽逃出资的股东。在司法实践中，公司债权人要求瑕疵出资股东承担补充赔偿责任的情况时有发生，尤其在2013年，公司法将资本实缴制修改为认缴制后，该类案件数量进一步增长，且衍生出更为特殊的法律问题。为有效应对更加丰富的案件类型，有必要厘清公司资本制度的运行规则，明确瑕疵出资股东对公司债权人承担责任的标准和范围，以此加强对债权人合法权益的保护。

本案中，高某系C公司股东，在认缴出资到期之日未履行增资义务。S公司对C公司享有债权，该债权形成于C公司增资决议之前。本案争议焦点在于，公司对债权人负担债务后增加注册资本的，债权人是否可以要求增资股东在其瑕疵增资的本息范围内对公司不能清偿的债务承担补充赔偿责任。

一、瑕疵增资股东应保障公司资本充实

公司资本充实即公司资本充实原则，是指在公司成立至整个存续期间，应当保持与其注册资本金额相当的资产。其主要目的之一就是防止公司虚增资本，确保公司信用，保证公司稳定经营。它又与传统公司法资本确定、资本维持和资本不变三原则理论紧密相关。2013 年，公司法将实缴资本制修改为认缴资本制，看似在一定程度上改变了传统公司法基本原则，转变了维护交易安全、强调债权人利益保护的关注重点，但实则并非如此。

（一）股东资本金作为公司经营担保的属性没有变

从立法目的来看，取消最低注册资本和改变资本实缴制，主要是为了以公司意思自治激发活力，转变公司治理模式、优化市场资源配置，实现公司从管制性向自由性过渡，将公司资本信用担保转向运营过程中的资产信用担保。以资产信用作为担保是公司资本充实的另一种表现形式。可以明确的是，资产信用担保能够成立，并不是公司的原始产物，它来源于公司的顺利成立和公司经营活动的有序开展。同时，公司天然具有“资合”性，公司资本制度是公司法律体系的重要组成部分，一定的资本积累是公司存在的基础，这些资本来自投资者出资或承诺出资，这也是公司得以正常运转和盈利的必要条件。股东也以履行出资义务获得公司股东身份。因此，只要公司的经营活动仍然需要股东充足出资，股东仍需以出资作为获取股权的基础，瑕疵增资股东就应当积极履行出资义务，保障公司资本充实。

（二）资本认缴制下股东仍需实际缴纳

从法律规则来看，公司自由自治并非无限自由，而是建立于公司法规定的原则之内，受限于公司股东合同约定形成的公司管理规范和公司章程之内的有限自由。所谓的资本认缴制度并不是否认公司股东资本原始积累，而是在公司法和公司规章双重限制之下，以资本期限性缴纳换取公司经营空间，使股东获得资本缴纳期限性自由。其内在逻辑是，公司治理和发展必须严格按照法律规定和公司章程约定有序进行。《中华人民共和国公司法》在第二十八条、第三十一条中设置关于出资义务和出资不足的规定，就是要求股东按照法定或章程约定的数额、方式和期限如实缴纳出资，否则将承担不利责任。因此，改变出资方式未能动摇保障公司资本充实的基本原则，更不是否认股东出资义务，所以瑕疵增资股东仍需按期足额缴纳认缴资本。

二、瑕疵增资股东对公司债权人承担的责任分析

从法律调整范围来看，债权人保护属于合同法与担保法之范畴，股东权益保护属于公司法之范畴，两者保护对象和内容泾渭分明。公司法通过股东有限责任与公司独立法人人格的设计，将股东与公司责任分离，对内降低投资者风险，对外将公司经营风险转嫁给债权人。然而，当股东可能利用公司制度逃避公司责任之时，公司作为债务人不能适当履行合同义务时，就需要揭开公司面纱，让股东和债权人直接面对。

（一）瑕疵增资股东应承担补充赔偿责任

为有效保护债权人利益，公司法规定了相应的资本制度，明确要求股东按照公司章程，以其认购的资本额为限，如期、真实和足额地向公司履行出资义务，以承担有限责任，从而形成完整的公司资本。同时，以全体股东出资为集合的公司注册资本则为公司债权人实现债权提供一般担保。基于此，在股东与公司债权人之间存在2

个不同的法律关系得以有效联结。因此，《最高人民法院关于适用〈中华人民共和国公司法〉若干问题的规定（三）》第十三条第二款规定："公司债权人请求未履行或者未全面履行出资义务的股东在未出资本息范围内对公司债务不能清偿的部分承担补充赔偿责任的，人民法院应予以支持……"在认缴资本制度下，公司资本信用向资产信用转变，注册资本主要体现在公司名下资产，即现有资产与可能取得资产（期待资产）的总和。那么，无论是已实际缴纳部分还是尚未缴纳部分，都属于公司责任财产的范围，这使得公司债权人对瑕疵增资享有正当的补足请求权。所以，瑕疵增资股东当然应对公司债权人承担补充赔偿责任。

（二）瑕疵增资股东责任范围应以出资额为限

股东出资义务属性决定瑕疵增资股东对公司债权人承担的是有限补充赔偿责任。股东出资具有双重法律性质，一是股东通过发起人协议或公司章程约定出资方式和金额，不履行出资义务的股东须向其他股东承担违约责任，即对内约定出资义务；二是公司法明确规定公司成立后非经法定程序禁止股东撤回出资，完成注册登记后，股东必须按照社会公示履行出资义务，即对外法定出资义务。股东出资的双重法律属性一方面确定了公司有限独立责任，另一方面也决定了股东有限责任。因为，无论基于何种属性，公司和股东的责任范围都因股东出资金额而固定，并以此为限。同样，根据《最高人民法院关于适用〈中华人民共和国公司法〉若干问题的规定（三）》第十三条第二款可以判断得出，股东补充赔偿责任仅限于其未出资本息范围内，而非债权人实际损失。因此，瑕疵出资股东仅需在补足出资的债权额度内承担有限赔偿责任。

三、债权形成时间不影响补充赔偿责任认定

关于股东对其增资后的公司债务应承担补充赔偿责任并无争议，但是否应对其增资行为之前的公司债务承担责任，实践中存在 2 种观点。第一种观点认为，股东仅对其增资以后的公司债务承担补充赔偿责任，而与增资之前的公司债务无关；第二种观点认为，无论公司债务形成于股东增资之前还是之后，瑕疵增资股东均应向债权人承担补充赔偿责任。本案采用第二种观点，即债权形成时间不影响补充赔偿责任认定。原因分析如下：

（一）《最高人民法院关于适用〈中华人民共和国公司法〉若干问题的规定（三）》应优先适用

支持第一种观点者认为，债权人对公司的债权只有在形成于公司股东增资瑕疵之后，债权人才能追究该股东瑕疵增资责任，股东对瑕疵增资之前的公司债务不承担责任。因两复函未被明确废止，所以仍应适用。然而，该观点并未成立。原因是《最高人民法院关于适用〈中华人民共和国公司法〉若干问题的规定（三）》法律位阶较高，应优先适用。

（二）瑕疵增资股东对公司增资前的债务承担责任具有当然性

公司债权形成时间不影响瑕疵增资股东补充赔偿责任认定还有以下原因：一是作为具有完全行为能力的民事主体，其成为公司股东的行为，系其在对公司经营能力理性综合判断之后的真实意思表示，同时也是对公司原有债权债务认可并做概括承受的承诺。二是公司股东应当保障公司资本充实，此处股东应作当然解释，即无论是公司原有股东还是新增股东都应当在此范围之内。三是《最高人民法院关于适用〈中华人民共和国公司法〉若干问题的规定（三）》第十三条第二款中关于未履行或者未全面履行出资义务之股东亦未作说明，此处仍应作当然解释，即无论是公司原有股东还是新增股东都应当在此范围之内。那么从时间上理解则是，无论公司债务形成于何时，只要成为公司股东权利的受益者都应当承担相应责任。综上所述，公司债权形成于增资之后，并非瑕疵增资股东承担补充赔偿责任的必要条件。

编写人：四川省成都市青羊区人民法院　和波　李琳

146　股东承担怠于清算赔偿责任的前提和责任范围的认定依据

——H公司诉马某等股东损害公司债权人利益责任案

【案件基本信息】

1. 裁判书字号

北京市第一中级人民法院（2019）京01民终8441号民事判决书

2. 案由：股东损害公司债权人利益责任纠纷

3. 当事人

原告（被上诉人）：H公司

被告（上诉人）：马某、张某、付某青

第三人：T公司

【基本案情】

T公司于2006年3月1日成立，股东为马某、张某、付某青。2016年8月26日，T公司因未办理年检被吊销企业法人营业执照。2017年7月31日，北京市工商行政管理局海淀分局经审查认为T公司提交的清算组备案申请材料齐全、符合法定形式，予以备案，备案清算组成员为付某青、马某、张某，负责人为张某。

2013年3月28日，广东省深圳市南山区人民法院（以下简称南山区法院）就H公司与T公司买卖合同纠纷一案作出（2012）深南法民二初字第222号民事判决书（以下简称222号判决书），判令T公司于判决生效之日起10日内向H公司接收合同项下全部货物，并向H公司支付款项2485000.01元及逾期付款违约金（按每日1‰的标准，从2011年12月18日起计算至该判决确定的付款之日）、拒绝收货违约金745500元。T公司不服上述一审判决并提起上诉，因未在法定期间交纳上诉费，按自动撤回上诉处理。T公司未履行还款义务，H公司于2014年1月8日向南山区法院申请强制执行。在案件执行过程中，南山区法院扣划了T公司名下银行存款745500元，但未发现其余可供执行的财产，且H公司在指定期限内不能提供财产以供执行，需要等待继续执行条件成就后再重新启动，故于2014年10月15日作出执行裁定书，裁定终结本次执行程序。

2017年8月4日，T公司在《中国商报》刊登注销公告，载明：T公司注册号以及拟向公司登记机关申请注销登记，清算组成员由付某青、马某和张某组成，请债权人于见报之日起45日内向公司清算组申报债权。2017年9月，T公司向H公司送达《债权申报通知书》。2017年10月9日，H公司向T公司送达《申报债权登记表》及《申报债权计算明细》，申报债权合计4947144.78元。

H公司向一审法院起诉请求：1. 马某、张某、付某青对222号判决书所确定的T公司对H公司的债务承担连带清偿责任（包括应付货款2485000.01元、逾期付款违约金1848840.01元、拒绝收货违约金745500元以及迟延履行期间的债务利息，上述债务需减去已执行的款项735645元）；2. 本案保全费由马某、张某、付某青承担。一审审理中，马某、张某、付某青提交了T公司于2006年至2017年的财务账簿和审计报告，以及T公司与案外人大华（北京）税务师事务所有限公司于2016年11月28日签订的《涉税服务业务约定书》，证明T公司符合清算要件，且能够清算，股东已积极开展清算工作。

【案件焦点】

1. 股东怠于履行清算义务、损害公司债权人利益应承担的责任性质及内容；2. 判断损失是否发生的前提条件及认定标准。

【法院裁判要旨】

北京市海淀区人民法院经审理认为：T公司于2016年8月26日被工商行政机关吊销营业执照，马某、张某、付某青于2017年7月31日成立清算组，超出法定期限。在H公司向清算组申报债权后，清算组已发现T公司财产不足以清偿债务，但未依法向人民法院申请宣告破产。从T公司2014年至2017年的审计报告来看，T公司在222号判决书生效后，未履行判决书确定的义务，自H公司处接收相关货物；而T公司被吊销营业执照并成立清算组后，清算组亦未履行上述判决书确定的义务。马某、张某、付某青作为股东和清算组成员怠于履行清算义务，造成T公司财产与审计报告不符，公司财产贬值、流失，应当对于H公司尚未获得清偿的款项、逾期付款违约金以及迟延履行期间的债务利息承担赔偿责任。综上所述，该院判决如下：

一、马某、张某、付某青于本判决生效之日起 10 日内，向 H 公司赔偿损失合同款项 2485000.01 元和逾期付款违约金 1848840.01 元；

二、马某、张某、付某青于本判决生效之日起 10 日内，向 H 公司赔偿迟延履行的债务利息损失（以 4333840.02 元为基数，自 2013 年 12 月 31 日起至实际付清之日止，按每日 0.0175%计算）；

三、驳回 H 公司的其他诉讼请求。

马某、张某、付某青不服一审判决，提起上诉。

北京市第一中级人民法院经审理认为：依照《中华人民共和国公司法》第一百八十条、第一百八十三条之规定，以及《最高人民法院关于适用〈中华人民共和国公司法〉若干问题的规定（二）》第十八条规定，如果股东在公司出现解散事由后未及时履行清算义务，是滥用股东法人独立地位和股东有限责任，严重损害公司债权人利益的行为，应承担相应的赔偿责任。但对于赔偿的范围，应根据其行为实际给债权人造成的损失来判断，如果股东未及时清算，导致公司财产贬值、流失、毁损或者灭失，股东应在造成损失范围内对债权人承担赔偿责任；如果因股东怠于履行义务，导致公司主要财产、账册、重要文件等灭失，无法进行清算，股东应对公司全部债务承担连带清偿责任。可见在股东怠于履行清算义务的情况下，公司是否能够进行清算是判断股东责任范围的重要前提。本案中，马某、张某、付某青提供了 T 公司的财务账册原件，H 公司认为账目现金支出不符合国家现金管理制度规定，存在股东挪用公司款项的情形，但未能提供相反证据否认账册的真实性，在此情况下，应当依法先就 T 公司进行清算，在清算程序中对 T 公司是否能够全面清算以及是否存在公司资产毁损、流失、灭失的事实以及数额等进行判断。本案系股东损害公司债权人利益责任纠纷，应就股东是否应当承担赔偿责任进行审查，但在股东已经提供公司财务账册原件的情况下，公司能否依法全面清算，不属于本案审查范围，应通过清算程序予以审查确定。综上所述，在T公司能够提供财务账册且已经进入清算程序的情况下，依据现有证据，无法直接认定马某、张某、付某青应当对T公司债务承担赔偿责任及赔偿范围，故本院对H公司的诉讼请求不予支持，对一审判决予以纠正。

另外，关于各方当事人针对222号判决书项下货物争议，亦应当在清算程序中一并进行清理，以确定T公司实际资产情况。

综上所述，马某、张某、付某青的上诉请求成立，一审判决适用法律错误，应予纠正。依照《中华人民共和国公司法》第一百八十条、第一百八十三条，《最高人民法院关于适用〈中华人民共和国公司法〉若干问题的规定（二）》第十八条，《中华人民共和国民事诉讼法》第一百七十条第一款第二项之规定，判决如下：

一、撤销北京市海淀区人民法院（2017）京0108民初14939号民事判决；

二、驳回H公司的全部诉讼请求。

【法官后语】

自2008年《最高人民法院关于适用〈中华人民共和国公司法〉若干问题的规定（二）》颁布实施以来，因公司被吊销营业执照后股东未依法及时履行清算义务，债权人起诉股东对公司债务承担连带责任的案件呈增长态势，随着此类纠纷的增多，审判实践中遇到的问题也越发复杂，并呈现多样化的趋势。此类纠纷的解决亟待于对其性质、责任以及法律后果等基本内容进行厘清。

一、关于股东怠于履行清算义务的责任定性及法律后果

通说认为，《中华人民共和国公司法》第二十条规定是我国现行公司法引入公司人格否认理论制度的具体体现，即在承认公司人格独立于股东、股东承担有限责任的前提下，针对特定情况，否认公司独立人格，使股东对公司债务承担责任。从责任性质角度来看，因公司股东滥用股东权利的行为，使公司、其他股东或者公司债权人的利益遭到损失，其本质上属于侵权行为。《中华人民共和国公司法》第二十条第一款等于划定了股东自由行使权利的范围，即不能对公司、其他股东和债权人利益造成损害。在该条款项下，股东负有的是不作为的义务，即不能滥用其权利。从法律后果角度来看，因侵权造成损失的，应承担赔偿责任。故《中华人民共和国公司法》第二十条第二款，确定了股东违反禁止义务的法律后果，即对公司、其他股东、债权人的损失负有赔偿责任。从责任范围角度来看，因股东行为导致债权人无法受偿的，股东对公司债务承担连带责任。《中华人民共和国公司法》第二十条第三款规定，不以侵权造成的实际损害为判断标准，而以债务是否能够清偿作为损害结果，直接判令股东与公司承担连带责任，在一定程度上减轻了债权人的举证义务。作为公司法总则部分的规定，第二十条规定极为原则和抽象，相当于作为公因式被抽离出具体规范，仅就股东义务、责任做了宣示性的规定，对于其适用的具体条件、程序则并不明确。这一立法技术上的问题，在一定程度上，影响了司法实践中对于该条款的具体适用，在审判实践中出现各种各样的分歧也在所难免。上述分歧具体到公司清算领域，集中体现在关于股东怠于履行清算义务的责任认定问题。

二、各级人民法院关于股东怠于履行清算义务的规范性文件

为了统一裁判尺度，各级人民法院均针对公司法的具体适用出台了相关的指导性意见。最高人民法院除发布4个公司法司法解释外，也以指导案例、答记者问、批复、会议纪要等形式针对股东怠于履行清算义务情形作出具体规定；各省（市）高级人民法院也有相关的会议纪要、指导意见。就本案所涉争议而言，具体涵盖如下几个方面的问题：

1. 阐述立法目的

公司法规定，公司解散后，有限责任公司的股东、股份有限公司的董事和控股股东等清算义务人有义务及时启动清算程序对公司进行清算。清算义务人应当清算而没有清算时，应当承担相应的民事责任。但相当数量的公司解散后应当清算而不清算，甚至故意借解散之机逃避债务，严重损害债权人利益并危害社会经济秩序。故对清算义务人及其怠于履行清算义务民事责任的界定，目的在于督促清算义务人依法组织清算，规范法人退出机制，保护债权人的合法利益，以解决我国目前实践中该清算不清算的突出问题。如此规定除有事后救济的法律价值外，更多的价值在于警示、引导作用。一是为了遏制目前这种借解散逃废债务的恶劣行为，加大清算义务人的责任对规范市场、保护债权人合法权益有其积极意义；二是在规定清算义务人该清算不清算要承担相应民事责任后，清算义务人会在借解散逃废债务（承担上述清算义务人民事责任）和依法清算了结公司债务（享有有限责任庇护）中进行利益权衡，如果其仍然选择该清算不清算的，则说明其愿意承担这样的后果，不会因此损害清算义务人的权益。

2. 分配举证责任

本案是因股东怠于履行清算义务引发，在审判实践中，人民法院裁判的主要依据是《最高人民法院关于适用〈中华人民共和国公司法〉若干问题的规定（二）》第十八条的规定，对于该条款的具体理解与适用，最高人民法院认为：第一，第一款规定股东等清算义务人“未在法定期间内成立清算组”的行为只是导致公司财产贬损，而不是导致公司无法进行清算。只要公司仍然能够进行清算，即应当进行清算，清算后因财产贬损而使债权人无法受偿的，清算义务人才在造成损失的范围内承担补充赔偿责任。而且需要特别注意的是，该款中的“导致公司财产贬值、流失、毁损或者灭失”应当适用因果关系推定和举证责任倒置2个原则。即公司解散后，原则上应当推定只要公司依法进行清算，债权人都可以得到全额清偿。债权人在经强制执行债务人财产后不能获得清偿的部分，推定为属于清算义务人未及时启动清算程序所造成的公司责任财产的减少部分，此时，除非清算义务人能举证证明该减少的财产不是其不作为所造成，而是非人为原因造成，否则应对公司不能清偿的部分予以清偿。第二，第二款规定清算义务人怠于启动清算程序的行为导致公司事实上无法进行清算时，清算义务人应当对公司债务直接承担连带责任。虽然公司财产灭失，但如果公司仍可以进行清算，债权人就不能依照该第二款的规定直接向清算义务人主张责任，而应当以前述第一款的规定主张权利。该第二款规定的是“无法进行清算”的情形，所以适用该款时不以必须履行清算程序为前提。只要债权人能够证明由于清算义务人怠于履行义务，导致无法清算，比如清算义务人或主要责任人下落不明，公司重要会计账簿、交易文件灭失，无法查明公司资产负债情况；公司主要财产灭失无法合理解释去向；公司财务制度不规范无法确定公司账簿真实性和完整性而无法清算等。此时法院就可以判决清算义务人承担连带责任。所以该款中的“无法进行清算”，主要涉及当事人举证和法院认定证据的问题。法院在破产清算或者强制清算程序中作出的无法清算或无法依法全面清算的终结裁定具有当然、充分的证据效力。

三、兼论《最高人民法院关于适用〈中华人民共和国公司法〉若干问题的规定（二）》第十八条第二款的理解与适用

上述问题的探讨与厘定，对于本案争议的判定具有现实的指导意义。其中，争议的首要问题是股东应在何种情形下对公司债务承担连带责任。根据《最高人民法院关于适用〈中华人民共和国公司法〉若干问题的规定（二）》第十八条第二款的规定，股东怠于履行清算义务，并且导致公司无法清算的，债权人得主张股东对公司债务承担连带清偿责任。也就是说，股东怠于履行清算义务是其对公司债务承担连带清偿责任的必要条件，但却不是充要条件，公司是否能够继续清算才是判断股东是否应当承担连带责任的判断标准。换而言之，即便股东怠于履行清算义务，只要公司仍然可以清算，亦不能依据上述规定判令股东承担连带责任。此时，要么依据第一款规定审查股东行为实际给债权人造成的损失，要么因股东行为未造成损害后果，不需要承担赔偿责任。

这一问题的实质是股东怠于履行清算义务应承担责任的范围问题。股东在公司出现解散事由后未依法履行清算义务，属于滥用股东法人独立地位和股东有限责任，严重损害公司债权人利益的行为，应承担相应的赔偿责任。但对于赔偿的范围，依照《最高人民法院关于适用〈中华人民共和国公司法〉若干问题的规定（二）》第十

八条之规定，应以股东行为实际给债权人造成的损失来判断，如果股东未及时清算，导致公司财产贬值、流失、毁损或者灭失，股东应在造成损失范围内对债权人承担赔偿责任；如果因股东怠于履行清算义务，导致公司主要财产、账册、重要文件等灭失，无法进行清算，股东应对公司全部债务承担连带清偿责任。可见在股东怠于履行清算义务的情况下，公司是否能够进行清算也是判断股东责任范围的重要前提。这也是本案审理首要面对的问题，即T公司是否能够进行清算。

第二个争议问题，即公司是否能够清算，应当由谁来判断，判断标准又是什么？最高人民法院认为，在适用该第二款规定的“无法进行清算”的情形时，不以必须履行清算程序为前提，只要债权人能够证明由于清算义务人怠于履行义务，导致无法清算，比如清算义务人或主要责任人下落不明，公司重要会计账簿、交易文件灭失，无法查明公司资产负债情况；公司主要财产灭失无法合理解释去向；公司财务制度不规范无法确定公司账簿真实性和完整性而无法清算等，此时法院就可以判决清算义务人承担连带责任。这为司法实务提供了十分有益且必要的界定。首先，追究股东怠于履行清算义务的责任，不以清算程序为必要前提，这表明在个案审判中，人民法院应就公司是否能够进行清算进行判断。但人民法院毕竟不是专业的审计机构，甚至缺乏公司财务、会计知识，在股东无法提供任何财务账册的情况下，可以对公司能否清算作出有效的判断；但在股东提供账册的情况下，则没有能力对诸如数据真实性、完整性，记账方式的合理性等作出有效的判断，不得不通过清算程序，对公司进行清理后才能作出判定。这也是《最高人民法院关于适用〈中华人民共和国公司法〉若干问题的规定（二）》第十八条第一款、第二款规定的应有之义。具体到本案，马某、张某、付某青在二审期间提供了T公司的财务账册原件并自行聘请专业审计机构制作了企业清算报告，H公司对账册的形式真实性不持异议，但对账册数据的真实性和完整性以及T公司能否依据现有财务数据进行清算持否定性意见。在股东已经提供公司财务账册原件的情况下，公司能否依法全面清算应通过清算程序予以审查确定，本案无法直接认定马某、张某、付某青应当对T公司债务承担连带责任。

编写人：北京市第一中级人民法院　刘海云

147　公司清算清偿责任认定中诉讼时效期间的计算

——H公司深圳分公司诉X公司等股东损害公司债权人利益责任案

【案件基本信息】

1. 裁判书字号

北京市第三中级人民法院（2019）京03民终9382号民事判决书

2. 案由：股东损害公司债权人利益责任纠纷

3. 当事人

原告（被上诉人）：H公司深圳分公司

被告（上诉人）：X公司

被告：熊某、李某华

【基本案情】

上海L公司成立于1999年4月28日，注册资本5000万元。现工商登记的股东为宋某弟（出资额4000万元）、L公司（出资额900万元）、李某华（出资额60万元）、X公司（出资额40万元），法定代表人为熊某。

2004年5月14日，上海一中院作出（2004）沪一中民三（商）初字第70号《民事调解书》：1. 被告黑龙江L公司承诺于2004年6月30日之前支付原告票据款人民币500万元并支付利息；2. 本案案件受理费、财产保全费均由被告黑龙江L公司负担，并于2004年6月30日之前直接向原告某银行上海陆家嘴支行支付；3. 被告上海L公司、教育公司、科技公司、宋某弟等对被告黑龙江L公司上述第一项、第二项还款义务承担连带清偿责任。四、其他无争议。同日，上海一中院作出（2004）沪一中民三（商）初字第71、72、73号《民事调解书》，内容与70号调解书基本相同。

后，黑龙江L公司等未履行前述调解书确定的义务，银行上海陆家嘴支行于2004年7月9日申请强制执行。上海一中院经审查认为：鉴于6名被执行人目前均无可供本案执行之财产，且申请执行人亦无法提供被执行人有其他财产线索供本案执行，故本案暂无继续执行之条件，依法应对本案中止执行。据此，2004年9月23日，上海一中院作出（2004）沪一中执字第488、489、490、491号《民事裁定书》，裁定前述民事调解书中止执行。

2008年7月27日，上海L公司被吊销营业执照。

2010年6月8日，涉案申请执行人变更为H公司深圳分公司。

2013 年 10 月 20 日，S 银行向徐汇法院申请对上海 L 公司进行破产清算。2015 年 2 月 15 日，徐汇法院作出（2014）徐民二（商）破字第 2–3 号《民事裁定书》，载明：本院认为管理人依法履行管理人职责后，因债务人上海 L 公司的法定代表人及股东均下落不明、管理人未能接管到上海 L 公司的印章、证照、账册等一切财产，导致管理人无法清算，故上海 L 公司应予宣告破产并终结破产清算程序。上海 L 公司的债权人可以参考《最高人民法院关于适用〈中华人民共和国公司法〉若干问题的规定（二）》第十八条、《最高人民法院关于债权人对人员下落不明或者财产状况不清的债务人申请破产清算案件如何处理的批复》《最高人民法院关于正确审理企业破产案件为维护市场经济秩序提供司法保障若干问题的意见》第十六条的规定，另行要求债务人上海 L 公司的股东、董事、实际控制人等清算义务人对上海 L 公司债务承担清偿责任。故裁定如下：1. 宣告上海 L 公司破产；2. 终结上海 L 公司破产程序。

H 公司深圳分公司于 2017 年 1 月 13 日提起本案诉讼，请求人民法院依法判令 X 公司、熊某、李某华对（2004）沪一中民三（商）初字第 70、71、72、73 号民事调解书中确定的上海 L 公司的债务承担连带清偿责任。X 公司庭审中申请追加宋某弟为本案第三人。

【案件焦点】

1. 一审法院未追加宋某弟为本案第三人有无不当；2. X 公司是否应对涉案债务承担连带清偿责任。

【法院裁判要旨】

北京市朝阳区人民法院经审理认为：H 公司深圳分公司提起本案的诉讼时效应从其知道清算义务人怠于履行清算义务，且该怠于履行足以导致无法清算时起算。徐汇法院于 2015 年 2 月 15 日作出前述裁定书，H 公司深圳分公司于 2017 年 1 月 13 日提起本案诉讼并未超过诉讼时效。X 公司、李某华作为法定的清算义务人，应当承担连带清偿责任。熊某并非上海 L 公司的股东，H 公司深圳分公司要求熊某承担清偿责任，缺乏依据。故判决如下：

一、X 公司、李某华对上海一中院（2004）沪一中民三（商）初字第 70、71、72、73 号民事调解书确定的上海 L 公司的债务向 H 公司深圳分公司承担连带清偿责任；

二、驳回 H 公司深圳分公司的其他诉讼请求。

X 公司不服，提起上诉。

北京市第三中级人民法院经审理认为二审的主要争议焦点包括：一、一审法院未追加宋某弟为本案第三人有无不当；二、X 公司是否应对涉案债务承担连带清偿责任。

关于争议焦点一。根据《中华人民共和国公司法》第一百八十三条之规定，X 公司、李某华、宋某弟及 L 公司均系上海 L 公司股东，在上海 L 公司被吊销营业执照后，均应履行清算义务，故 X 公司、李某华作为本案被告主体适格。根据《最高人民法院关于适用〈中华人民共和国公司法〉若干问题的规定（二）》第十八条第二款之规定，怠于履行清算义务而导致公司无法清算的清算义务人之间及其与公司之间系法定连带责任，故债权人有权向全部或其中部分债务人主张权利。现 H 公司深圳分公司选择向 X 公司及李某华追责而未起诉股东宋某弟，系其自由处分民事权利，一审法院对追加宋某弟为本案第三人的申请未予同意，并无不当，本院依法予以确认。

关于争议焦点二。追究清算义务人连带责任的理论基础是法人人格否认制度，债权人提起侵权损害赔偿之诉应当适用诉讼时效制度。公司债权人请求股东对公司债务承担连带清偿责任，股东以公司债权人对公司的债权已经超过诉讼时效期间为由抗辩，经查证属实的，人民法院依法予以支持。因此，如 H 公司深圳分公司的诉请超过诉讼时效，则 X 公司不应继续承担清算清偿责任。

公司债权人以《最高人民法院关于适用〈中华人民共和国公司法〉若干问题的规定（二）》第十八条第二款为依据，请求有限责任公司的股东对公司债务承担连带清偿责任的，诉讼时效期间自公司债权人知道或者应当知道公司无法进行清算之日起计算。诉讼时效起算点的确定，应坚持主客观相结合的标准。本案中，首先，深圳发展银行上海陆家嘴支行于 2004 年 7 月 9 日就涉案债权向上海一中院申请强制执行，后因无可供执行的财产，上海一中院于 2004 年 9 月 23 日裁定中止执行，H 公司深圳分公司于 2010 年 6 月 8 日被变更为申请执行人，故其自 2010 年 6 月 8 日起即应当知道涉案债权存在无法得到执行的情况。H 公司深圳分公司作为专业的资产管理人及债权人理应关注并了解上海 L 公司的经营情况。其次，按照《中华人民共和国公司法》第一百八十三条之规定，公司因营业执照被吊销等法定事由解散的，应当在解散事由出现之日起 15 日内成立清算组，开始清算。《最高人民法院关于适用〈中华人民共和国公司法〉若干问题的规定（二）》第七条亦规定，逾期不成立清算组进行清算的，债权人可以申请人民法院指定有关人员组成清算组进行清算。本案中，上海 L 公司于 2008 年 7 月 27 日被吊销营业执照，至今未进行清算。《最高人民法院关于适用〈中华人民共和国公司法〉若干问题的规定（二）》于2008年5月19日施行，H公司深圳分公司在上海L公司营业执照被吊销后至本案一审起诉前，既未要求上海L公司的股东履行清算义务，亦未向人民法院申请强制清算或者请求X公司承担清偿责任，显属怠于履行权利。最后，H公司深圳分公司上诉主张应自上海徐汇法院送达（2014）徐民二（商）破字第2-3号《民事裁定书》之日起计算诉讼时效。经查，该案系上海银行股份有限公司作为债权人申请债务人上海L公司破产清算，H公司深圳分公司认可该笔债权与本案债权无关。本院认为，H公司深圳分公司在成为申请执行人后至本案起诉前近7年未行使权利，现其要求以其他债权人主张权利之行为作为己方债权诉讼时效之计算起点，与立法初衷相悖，本院不予支持。

综合考虑前述因素，H公司深圳分公司于2017年1月13日提起本案一审诉讼，其诉讼请求已超过诉讼时效期间，现X公司提出诉讼时效抗辩，故本院对其要求X公司承担连带清偿责任的请求，不予支持。

北京市第三中级人民法院依照《中华人民共和国民法总则》第一百九十三条，《中华人民共和国公司法》第一百八十条、第一百八十三条，《最高人民法院关于适用〈中华人民共和国公司法〉若干问题的规定（二）》第十八条，《中华人民共和国民事诉讼法》第一百四十四条、第一百七十条第一款第二项之规定，判决如下：

一、撤销北京市朝阳区人民法院（2017）京0105民初9775号民事判决；

二、李某华对上海一中院（2004）沪一中民三（商）初字第70、71、72、73号民事调解书确定的上海L公司的债务向H公司深圳分公司承担连带清偿责任；

三、驳回H公司深圳分公司的其他诉讼请求。

【法官后语】

《最高人民法院关于适用〈中华人民共和国民法典〉时间效力的若干规定》第一条第二款规定，民法典施行前的法律事实引起的民事纠纷案件，适用当时的法律、司法解释的规定，但是法律、司法解释另有规定的除外；第三条规定，民法典施行前的法律事实引起的民事纠纷案件，当时的法律、司法解释没有规定而民法典有规定的，可以适用民法典的规定，但是明显减损当事人合法权益、增加当事人法定义务或者背离当事人合理预期的除外。本案争议事实发生于民法典施行前，故应适用民法典施行前民法总则、公司法及相关司法解释。值得注意的是，《中华人民共和国民法典》第七十条明确规定了清算义务人的范围，《中华人民共和国民法典》施行后，关于公司清算义务人范围的问题，应适用《中华人民共和国民法典》的相关规定。

公司解散后不清算或者怠于清算，不仅加剧资源配置失衡，更易累积金融风险，形成不良的社会导向，故准确认定公司清算义务人的法律责任对优化营商环境、完善公司信用体系具有重要意义。

一、公司清算义务人的连带清偿责任

清算义务人承担连带清偿责任须具备2个条件：一是“怠于履行义务”，二是“怠于履行义务”与“公司主要财产、账册、重要文件等灭失，无法进行清算”的结果之间存在因果关系。不当履行清算义务的行为究竟属于何种法律性质，学理上存在很大分歧。2019年《全国法院民商事审判工作会议纪要》明确规定，让公司股东承担连带责任的理论基础是公司人格否认制度，股东清算责任的性质是因股东怠于履行清算义务致使公司无法清算所应当承担的侵权责任。

关于小股东的举证责任分配及保护问题，一种观点认为小股东的持股比例决定了其不会保管公司主要财产及重要文件，故应由债权人承担举证责任；另一种观点则认为小股东的持股比例不能当然免除其举证责任。《全国法院民商事审判工作会议纪要》强调，小股东仍须举证证明其既不是公司董事会或者监事会成员，也没有选派人员担任该机关成员，且从未参与公司经营管理，只有达到了证明标准，才不构成“怠于履行义务”。

二、诉讼时效期间的计算

诉讼时效期间的起算涉及对诉讼时效制度的价值判断和选择。随着职业债权人对批量“僵尸企业”提起强制清算之诉，公司成为资本投机的工具，法院认定诉讼时效起算点的标准也逐步严格。根据《全国法院民商事审判工作会议纪要》规定，诉讼时效应自债权人知道或应知“公司主要财产、账册等灭失，无法清算”之日起算。

应认识到，诉讼时效制度的目的是实现更高的普遍安定性，避免因请求权的长期不行使导致对社会经济极为不利的影响。《全国法院民商事审判工作会议纪要》第十六条确立的主观与客观相结合的标准，可使债权人积极行使权利，亦可避免清算义务人遭受“陈年旧账”的困扰，较好地平衡双方利益，维护经济秩序稳定，这也是法院认定诉讼时效期间应掌握的基本精神。笔者认为，应重点审查公司出现解散事由的时间、债权申请执行情况、破产清算程序终结时间等关键事实，进而对诉讼期间起算点予以综合认定，方符合公司清算及时效制度的立法初衷。

三、应注意的问题

第一，股东并非破产清算程序中的清算义务人，故《最高人民法院关于适用〈中华人民共和国公司法〉若干问题的规定（二）》第十八条第二款并不适用于公司破产终结后的情形。

第二，债权人起诉股东承担连带清偿责任，并不以其先提起强制清算为前提条件，但法官应将无法清算的事实作为重要的案件事实予以重点查明。

第三，在举证责任分配方面，公司债权人应证明的是清算义务人存在“怠于履行义务”及“公司无法进行清算”二要件的存在；清算义务人若主张免责，则应证明的是其未怠于履行义务或因果关系不成立；关于诉讼时效的抗辩，应由清算义务人主动提出并证明债权人怠于主张权利。

编写人：北京市第三中级人民法院　李坤

148　抽逃出资股权转让后的出资责任承担问题

——H 工厂诉张某莲等股东损害公司债权人利益责任案

【案件基本信息】

1. 裁判书字号

广东省广州市中级人民法院（2018）粤 01 民终 19194 号民事裁定书

2. 案由：股东损害公司债权人利益责任纠纷

3. 当事人

原告（被上诉人）：H 工厂

被告（上诉人）：张某莲、刘某勇、王某柱、梁某波

第三人：D 公司

【基本案情】

D 公司于 2013 年注册成立，注册资本 100 万元，股东张某莲占 20%股权、刘某勇占 80%股权。张某莲、刘某勇出资后随即于同月以借款的名义从公司转出 999650 元。经查明认定，张某莲实际向公司返还的款项仅为 13 万元、刘某勇实际返还的款项仅为 487649.92 元。2014 年 12 月，张某莲、刘某勇将其持有的 D 公司股权转让给梁某波及王某柱，其中梁某波占 10%股权、王某柱占 90%股权，并办理相关股权变更登记手续。梁某波、王某柱受让股权后曾代刘某勇、张某莲向 D 公司偿还前述借款 518612.72 元，但又于当日及次日将款项转出。

2017 年 2 月，H 工厂以 D 公司未付清双方于 2015 年交易的模具款为由诉至本院。2017 年 6 月，本院作出（2017）粤 0115 民初 918 号民事判决（以下简称 918 号案），判令如下：D 公司向 H 工厂支付欠款 390096 元及利息，负担案件受理费 7390 元及财产保全费 2550 元。2017 年 11 月，H 工厂申请强制执行。因 D 公司暂无可供执行的财产，本院于 2018 年 5 月作出（2018）粤 0115 执 686 号执行裁定，裁定该案终结本次执行程序。截至本案一审辩论终结时止，本院未再执行到 D 公司判决应付款项，D 公司亦未就 918 号案提起再审申请。H 工厂认为，张某莲、刘某勇构成抽逃出资，应对 918 号案项下债务承担补充赔偿责任；王某柱、梁某波在

明知张某莲、刘某勇抽逃出资、未履行出资义务的情况下受让公司股权，并配合张某莲、刘某勇完成虚假还款交易，应对918号案项下债务承担连带清偿责任。四被告则认为，D公司为依法成立、经营及纳税的公司，具备独立法人资格，依法应承担公司债务；张某莲、刘某勇已实缴出资，不存在抽逃出资情形；四被告转让股权的行为未违反法律强制性规定，应属有效。

【案件焦点】

1. 刘某勇、张某莲是否已经补足出资；2. 王某柱、梁某波是否存在滥用股东有限责任的行为。

【法院裁判要旨】

广东省广州市南沙区人民法院一审认为：刘某勇实际归还D公司的款项金额为487649.92元，张某莲实际归还的款项金额为13万元。该部分款项属于刘某勇、张某莲对注册资金的部分补足。至于未补足的部分，因刘某勇、张某莲未充分举证证明对D公司另有资金投入，故2人存在抽逃出资的情形，其本应在各自抽逃出资本息范围内对该公司债务不能清偿的部分承担补充赔偿责任。又因二人于夫妻关系存续期间设立经营D公司，对抽逃出资行为相互知情并有共同意思表示，故2人各自承担补充赔偿责任所涉债务属于夫妻共同债务，应当由刘某勇、张某莲承担共同清偿责任。

H工厂依据《最高人民法院关于适用〈中华人民共和国公司法〉若干问题的规定（三）》第十八条的规定主张王某柱、梁某波在受让股权时明知刘某勇、张某莲抽逃出资，故应就二人的行为向H工厂承担连带责任。该规定对于原股东抽逃的责任是否也由受让股东承担并未明确。从《最高人民法院关于适用〈中华人民共和国公司法〉若干问题的规定（三）》的前后体例来看，涉及虚假出资和抽逃出资的相关规定并未全部作为同一条文规定，也没有基于相互包含的关系而只列举一种情形规定。因此，严格按照文义理解更符合该规定的精神。综上所述，即使王某柱、梁某波对原股东抽逃出资的行为属明知或应当知道，其亦不需就刘某勇、张某莲抽逃出资形成的债务承担连带赔偿责任。就王某柱、梁某波代刘某勇、张某莲还款后随即从 D 公司转走该些资金的行为应视为王某柱、梁某波抽逃出资，2 人应在该款项本息范围内承担补充赔偿责任。

四被告不服一审判决，提起上诉，后又撤回。广东省广州市中级人民法院作出裁定予以准许。

【法官后语】

本案涉及抽逃出资股权转让后的出资责任承担问题。理论学界对抽逃出资中“出资”的不同理解引发对抽逃出资含义的争议，至今未有确切定论。《最高人民法院关于适用〈中华人民共和国公司法〉若干问题的规定（三）》第十二条亦未指出其确切含义，仅通过列举抽逃出资行为的几种最常见形态的方式进行规制。结合《最高人民法院关于适用〈中华人民共和国公司法〉若干问题的规定（三）》的其他条文表述来看，整个解释体系同时使用“未履行或未全面履行出资义务”及“抽逃出资”两组概念，明确将“抽逃出资”单独列出，强调其系一种独立的责任形态。可见立法关注抽逃出资自身独有的特性，认为应当与其他股东违反出资义务相区别。

那么，有限责任公司股东抽逃出资后转让股权，公司或债权人能否依照《最高人民法院关于适用〈中华人民共和国公司法〉若干问题的规定（三）》第十九条的规定向受让人追偿？理论学界与审判实践当前存在较大分歧，有肯定说与否定说两种观点。肯定说认为应当对该规定进行扩大解释，将股东抽逃出资情形纳入适用。理由是抽逃出资从语义角度至少可以被理解为未履行或未全面履行出资义务的一种表现形态，[①] 同属于瑕疵出资。我国公司法就抽逃出资与其他瑕疵出资所导致的法律后果及民事责任作出基本相同的规定，由此可推断两者股权转让所产生的法律责任亦不应存在差异。否定说则认为抽逃出资具有明显的欺诈特征及专业特征，相对于其他股东瑕疵出资行为而言更复杂、更模糊及更隐蔽，两者行为方式存在明显差异。受让人受让股权时的注意义务理应有所区别。就一般的未履行或未全面履行出资情形，受让人仅需通过查阅公司公示性文件如验资报告、股权证明等即可以履行注意义务。而对于抽逃出资股权，基于其行为特性，受让人往往需要全面审查公司会计资料、登记合同文件及资金往来等才有可能识别是否存在抽逃出资。作为受让人，在股权转让洽谈阶段一般难以具备相应审查手段和条件。

笔者认为，一般情况下，否定说似乎更符合抽逃出资的独特性及《最高人民法院关于适用〈中华人民共和国公司法〉若干问题的规定（三）》的立法原意。首先，解释第十九条一方面侧重维护公司资本充实，保护公司对外的交易安全；另一方面用意明确，继受取得股权的股东承担责任有限制条件，须其知道或者应当知道，须其在受让股权时对将要承担的出资填补义务有相应预期，否则不应当承担该责任。若对抽逃出资股权的受让人提出相同的注意义务要

---

① 章小兵：《股东抽逃出资并转让股权的责任承担》，载《人民司法》2018 年第 35 期。

求，未免过于严厉，故两者应当有所差异。另公司法及《最高人民法院关于适用〈中华人民共和国公司法〉若干问题的规定（三）》就股东抽逃出资行为与其他股东未履行出资、未全面履行出资等股东瑕疵出资行为始终采用并列式表述，未有相互包含的规定。若将《最高人民法院关于适用〈中华人民共和国公司法〉若干问题的规定（三）》第十九条理解为包括抽逃出资的通用性条款，明显与我国立法强调抽逃出资独立性的原意不符。尤其在当前涉及公司资本案件都要考虑从债权利益保护观念转为以注册资本的股东自治原则作为定分止争法律基础的时代背景下，审判实践在处理受让抽逃出资股权的承责问题中应当与其他瑕疵股权作出区分，避免混淆。

编写人：广东省广州市南沙区人民法院　谭茗

149　股东与公司保持高频财务往来且可任意支取公司资金的可认定两者财产混同

——染料公司诉张某股东损害公司债权人利益责任案

【案件基本信息】

1. 裁判书字号

江苏省无锡市中级人民法院（2018）苏02民终156号民事判决书

2. 案由：股东损害公司债权人利益责任纠纷

3. 当事人

原告（被上诉人）：染料公司

被告（上诉人）：张某

【基本案情】

（2015）锡法商初字第00294号民事判决判令：1. S公司于该判决生效之日起3日内向染料公司支付货款1187200元及赔偿逾期付款利息损失；2. 辛某卫对S公司的上述付款义务承担连带清偿责任。该判决所涉执行，尚有货款1121356元及利息未执行到位，后终结该次执行程序。

张某、过某芬于2008年11月20日投资设立S公司，注册资本51万元，张某出资484500元，过某芬出资25500元，法定代表人为过某芬。审理中，染料公司于2017年4月14日申请对S公司设立之日起至今与张某个人之间的资金往来进行审计。后染料公司又申请增加审计事项：根据S公司账户与张某个人账户的交易往来，S公司先后4次连续性转给张某个人账户共计160万元，随即张某将资金140万元通过银行卡连续性地汇入张某个人的银行理财账户，用于从事张某个人理财。对于该连续性的资金流动去向。张某同意对前述第一项审计内容进行审计，但是认为个人账户属于个人隐私故不同意对增加事项进行审计。2017年7月4日，事务所出具（2017）第036号审计报告，载明："根据S公司提供的至2017年4月末的'其他应收款，张某'明细账反映，S公司应付张某519335.6元，包括：(1) 截至2017年4月14日，S公司账面反映应收张某105064.4元；截至2017年4月14日，S公司账面'其他应收款，张某'科目共反映收到张某款项54笔，金额合计4779878元，其中现金收入中16笔计1509240元均无入账依据，对资金来源的真实性无法核实；截至2017年4月14日，S公司账面'其他应收款，张某'科目反映累计支付张某款项44笔，金额合计4884942.4元。审核中发现，S公司与张某间的往来，于2017年4月19日至24日共作了52笔相应调整，合计增加‘其他应收款，张某’1379000元，同时减少‘其他应收款，张某’1379000元。(2) 2017年4月14日后S公司应付张某624400元。经审核，张某于2017年4月15日至4月17日共汇入S公司银行存款13笔计624400元，S公司账面反映共增加‘其他应收款，张某’贷方余额624400元。另经审核，S公司2017年4月15日至4月17日共收到张某汇入款后随即支付给杜某勇60万元、支付给陆某前24400元。(3) 根据S公司农业银行对账单反映，与张某的银行业务往来共75笔，其中有3笔金额计701元未入账，有1笔金额计16369元未计入与张某往来而是直接增加了现金。”染料公司诉称，S公司无力偿还债务，张某既是S公司的股东又是会计，其利用双重身份操纵公司转移公司财产，严重损害了债权人染料公司的利益，请求判令张某对S公司的公司债务承担连带责任。张某辩称，S公司有自己独立的收支账户和独立的会计账目，与其之间并不存在混同、不能区分的情形，请求法院驳回染料公司的诉讼请求。

【案件焦点】

股东张某个人财产是否与S公司财产混同。

【法院裁判要旨】

江苏省无锡市锡山区人民法院经审理认为：公司的独立人格和股东的有限责任是现代法人制度的核心和基石。本案中，染料公司要求S公司的股东张某对S公司的债务承担连带责任，其诉请的实质即为否认公司人格，认为张某已经实质违反了股东财产与公司财产相分离的原则，不应再受到有限责任的保护，应当否认S公司的独立人格，追究股东张某的个人责任。审理中，染料公司申请就S公司与股东张某之间的资金往来情况进行专项审计。方正事务所接受委托并经审计后出具的审计报告及回函客观公正，报告中载明：（1）S公司股东并无明显抽逃注册资金的情况；（2）S公司自2008年11月设立之日至2017年4月14日，公司账面反映应收张某105064.4元：在此期间，S公司账面共反映收到张某款项54笔、金额合计4779878元，累计支付张某款项44笔，金额合计4884942.4元，现金收入中有16笔计1509240元均无入账依据，对资金来源的真实性无法核实；（3）2017年4月19日至24日共作了52笔相应调整，合计增加“其他应收款，张某”1379000元，同时减少“其他应收款，张某”1379000元。调整事项为根据原收付款情况计入“其他应收款，张某”，同时通过“现金”科目予以冲平，但现金收付均无相应依据。综合审计报告的其他内容及本案其他证据，可看出：（1）S公司有独立的公司账簿，但是张某的个人账户和S公司账户有频繁的往来；（2）股东张某利用其股东及公司财务的双重身份，可将S公司的资产进行随意调用；（3）在本案启动审计程序即确定审计基准日之后，S公司仍对公司财务账面进行大量的调整；（4）S公司的现金收入中有16笔计1509240元均无入账依据，对资金来源的真实性无法核实；（5）张某不同意染料公司追加的审计申请，该申请事项涉及S公司资金到张某个人账户的流动情况。张某在本案中提供的证据尚不足以否定上述审计报告的意见，亦不能作出合理的解释。综上所述，法院认为，本案中张某个人财产与S公司财产混同、S公司已丧失独立性，张某存在侵吞、挪用、隐匿或者转移公司财产等滥用公司法人独立地位和股东有限责任的行为，该行为已影响了公司对外承担清偿债务的物质基础，张某应当对公司债务承担连带责任。依照《中华人民共和国公司法》第二十条之规定，判决如下：

一、张某于该判决生效之日起3日内对S公司在（2015）锡法商初字第00294号民事判决项下的付款义务［支付染料公司1121356元并赔偿逾期付款利息损失、迟延履行利息（以1121356元为基数，自2015年6月30日起至2015年12月31日止，按中国人民银行同期同档贷款基准利率计算；自2016年1月1日起至实际支付之日止，按中国人民银行同期同档贷款基准利率的2倍计算）］承担连带责任；

二、驳回染料公司的其他诉讼请求。

张某不服提起上诉，江苏省无锡市中级人民法院经二审判决：

驳回上诉，维持原判。

【法官后语】

当前的司法实践中，债权人起诉要求否认公司独立人格及突破股东有限责任的案件越来越多。《中华人民共和国公司法》第二十条规定：公司股东应当遵守法律、行政法规和公司章程，依法行使股东权利，不得滥用股东权利损害公司或者其他股东的利益；不得滥用公司法人独立地位和股东有限责任损害公司债权人利益。公司股东滥用股东权利给公司或者其他股东造成损失的，应当依法承担赔偿责任。公司股东滥用公司法人独立地位和股东有限责任，逃避债务，严重损害公司债权人利益的，应当对公司债务承担连带责任。参照学理解释，滥用公司独立人格和股东有限责任的行为主要应包括人格混同、财产混同、虚拟股东及不正当控制4种情形。只要在客观上存在法定情形并造成了债权人利益严重损失，该条款就赋予了债权人可请求人民法院判定该股东对公司的债务承担连带责任的权利。

本案探讨的焦点是S公司财产是否与其股东张某的个人财产混同并造成债权人利益受损，进而要求股东个人对公司不能偿还的债务承担赔偿责任。财产混同的认定是对事实的认定，司法实践中一案一情形、因案而异，但本案较为典型，颇具“集大成者”的风范：(1) 公司属于小微型私营企业，公司股东、法定代表人、财务负责人、公司实际控制人等均为家庭成员。(2) 公司有独立的公司账簿，但是公司账户和股东个人账户，在多年间保持高频、高密度、大额度的往来，事实上个人账户亦实际作为公司账户使用，收取公司应收款、支付公司应付款，同时股东个人也实际使用该账户。(3) 股东个人兼具公司财务负责人的身份，并且实际由该股东制作公司财务账册。启动司法审计程序即确定审计基准日之后，仍由股东个人操控对公司财务账面进行大量的调整。(4) 股东个人可以不经股东会决议或审批手续等，任意调用、支取公司资金。(5) 公司的现金收入中有多笔大额收入无入账依据，对资金来源的真实性无法核实。(6) 股东个人不同意债权人追加的审计申请但又不能作出合理解释，该申请事项涉及公司资金到股东个人账户的流动情况。笔者认为，兼具以上诸情形中的多款情形的，可以认定公司财产和股东个人财产混同。

编写人：江苏省无锡市锡山区人民法院　蔡永芳

150 公司认缴资本制下债权人无权主张股东出资义务加速到期

——工程公司诉付某文等股东损害公司债权人利益责任案

【案件基本信息】

1. 裁判书字号

江苏省江阴市人民法院（2018）苏0281民初3105号民事判决书

2. 案由：股东损害公司债权人利益责任纠纷

3. 当事人

原告：工程公司

被告：付某文、王某、朱某彬

第三人：付某利

【基本案情】

因文化公司结欠工程公司装修款，工程公司于2016年10月14日向江阴法院提起诉讼，江阴法院经审理后于2016年11月8日作出（2016）苏0281民初13721号民事判决，判决文化公司应于该判决发生法律效力之日起10日内向工程公司支付工程款110万元并偿付该款自2016年1月16日起至实际给付之日止按中国人民银行同期同类人民币贷款基准利率计算的利息及诉讼费用7350元。该民事判决已发生法律效力，因文化公司未能履行该民事判决确定的义务，工程公司向江阴法院申请强制执行。在执行过程中，江阴法院依法对文化公司的银行存款、车辆、房产等情况向有关部门进行查询、调查，文化公司已经歇业，未发现可供执行的财产，遂于2017年11月2日作出（2016）苏0281执9892号之一执行裁定书，裁定终结（2016）苏0281民初13721号民事判决书的本次执行程序，待今后发现文化公司可供执行财产后，工程公司可以向江阴法院申请恢复执行。

另查明，文化公司系于2015年1月23日成立的有限责任公司，工商登记资料显示注册资本为10080万元，股东为付某文（认缴出资数额5544万元）、王某（认缴出资数额2520万元）、朱某彬（认缴出资数额2016万元），出货方式均为货币，认缴期限均为2034年12月31日。审理中付某文、王某、朱某彬及付某利一致确认付某文、王某、朱某彬包括付某利均未向文化公司进行出资。

审理中，付某文向法院陈述“付某利系付某文的父亲，付某文对于被登记为文化公司的股东一开始并不知情，付某文一直在国外，身份证放在家中，付某利利用付某文的资料完成所有登记事项后才告知付某文的，付某文对此并没有提出异议”。

审理中，付某文向法院提供合作协议1份，用于证明文化公司的所有义务均是由朱某彬承担。对此，工程公司发表质证意见为“对于该证据不予认可，即使真实，该协议也仅对内有效，对外没有约束力，公司的股东记载于公司章程，公司章程具有对外性和公开性”，王某、朱某彬、付某利对于该证据的真实性予以认可。

【案件焦点】

工程公司在文化公司未能清偿债务的情况下有无权利主张文化

公司股东的认缴出资义务加速到期。

【法院裁判要旨】

江苏省江阴市人民法院经审理认为：付某文辩称其只是文化公司的名义股东，其持有的文化公司股份均是代付某利持有，所有与股东相关的出资及身份事宜都是由其父亲付某利操作的，所有的相关法律责任应由付某利承担，对此工程公司不予认可，而文化公司的章程登记股东为付某文、王某及朱某彬，经工商部门备案登记具有对外公示效力，且庭审中付某文明确表示其在得知被登记为文化公司的股东以后未提出异议，故法院对于付某文的该抗辩意见不予采信，法院确认文化公司的股东为付某文、王某、朱某彬。

对于文化公司结欠工程公司的工程款，付某文、王某均认为该款项是朱某彬个人的欠款，但均未能提供充分的证据证明其抗辩主张，对此朱某彬也不予认可，而付某文、王某的抗辩意见与法院已发生法律效力的（2016）苏 0281 民初 13721 号民事判决书载明的事实相矛盾，故法院亦不予采信。

工程公司主张付某文、王某、朱某彬应在其未出资本息范围内对文化公司不能清偿的债务承担补充赔偿责任，对此法院不予支持，理由如下：

第一，文化公司对于注册资本的缴纳采用认缴制，付某文、王某、朱某彬认缴出资额的期限均为 2034 年 12 月 31 日，现文化公司的各股东的认缴期限均未到期。

第二，文化公司的章程对其采用认缴制、各股东的认缴出资数额及期限等事项均进行了明确规定，且向工商部门进行备案登记，具有对外公示效力，相对方均可通过公示平台在对文化公司进行了解的基础上选择是否与其发生业务往来。

第三，公司法将有限责任公司的出资方式由实缴制修订为认缴制，股东可以根据公司状况、自己的经济能力等因素选择相应的认缴期限，一经向工商部门备案登记对外公示即产生对外的法律效力，股东应当按照认缴期限足额缴纳注册资本，同时股东对于未到期的注册资本亦享有期限利益，非经法定程序或在没有法律明确规定的情况下不可剥夺，也即不得要求该股东提前进行出资。

综上所述，工程公司的诉讼请求于法无据，法院依法不予支持。

江苏省江阴市人民法院依照《中华人民共和国公司法》第二十六条、第二十八条，《中华人民共和国民事诉讼法》第六十四条之规定，判决如下：

驳回工程公司的诉讼请求。

判决后，双方当事人均未上诉，本判决现已生效。

【法官后语】

注册资本认缴制系相较于注册资本实缴制而言，指的是公司设立时，由公司发起人（或股东）对其认缴出资数额、出资方式、出资期限等进行自主约定并记载于公司章程，公司不再需要向工商登记部门提交验资报告。自2014年3月1日起施行的《中华人民共和国公司法》采用注册资本认缴此种模式，有效简化了公司设立程序，降低市场准入门槛，提高资本运作效率，解决了注册资本实缴制模式下公司设立成本过高、资金闲置得不到充分利用的弊端，促进了市场主体的快速发展，增加了市场活力。

实践过程中，自《中华人民共和国公司法》修改以来，除了法律法规规定必须采取实缴制的公司以及极少数的特殊行业之外，大部分的公司在设立时都采用认缴制的出资方式，且认缴的期限往往在数10年之后。伴随着认缴资本公司对外经营发生业务往来，注册资本认缴制模式的弊端也在不断显现出来，公司在产生债务以后以“空壳公司”或“僵尸公司”的形式存在，股东对此放任不顾，即使在公司被工商行政部门吊销营业执照以后也不及时对公司组织清算，致使债权人的利益难以得到有效保障。

本案所涉情况即为债权人在公司注册资本认缴制模式下遇到的困境的一个典型缩影，从注册资本来看文化公司属于一个“巨资公司”，认缴资本达10080万元，但文化公司在股东进行出资前就开展经营进行装修从而结欠了债权人工程公司装修款，工程公司经向法院起诉后获得胜诉并申请强制执行，但在执行程序中经查明文化公司名下无可供执行的财产，为此工程公司只能以文化公司的股东为被告向法院提起诉讼，要求文化公司的各股东在认缴出资数额范围内对文化公司的债务承担清偿责任，而文化公司的各股东的认缴出资期限均在数10年之后。

在公司现有资产不足以清偿其债务，债权人能否主张出资期限尚未届满的股东承担补充赔偿责任并获得胜诉？审理实务中，对此存在着两种截然相反的观点。第一种观点肯定说认为注册资本认缴制模式下股东的出资义务仅是暂缓缴纳，而非永久免除，且股东认缴的出资亦在公司责任财产范围之内，当公司经营发生重大变化时，公司包括债权人均可要求股东提前缴纳出资用以清偿公司债务；第二种观点否定说认为认缴制股东的出资义务加速到期严格限定于公司解散与破产两种情形，除这两种法律规定的可使股东出资期限加速到期的情形外，债权人不得要求股东出资义务加速到期。

笔者赞同第二种观点，理由是：第一，从立法本意来看，公司这种组织形式的出现极大促进了商品经济的发展，最大的原因就是股东可以躲避在公司坚硬的外壳之下，无所牵挂地参与市场交易，股东仅以出资额为限对外承担责任。《中华人民共和国公司法》作为规制公司内部治理结构和运营管理的根本大法，在一定程度上也充当公司各利益主体包括股东的“保护网”，只有在特殊情况下如1人公司股东不能证明财产独立或者公司法人人格否认才能刺破公司面纱，债权人才能直接要求股东承担责任。2013年修订的《中华人民共和国公司法》放宽了股东出资数额、期限、形式等方面的要求，更多的是出于简政放权、刺激经济、增加市场活力的考虑，不能因为认缴制出资方式的出现就可以随意刺破公司面纱，破坏公司法人人格独立的基石。第二，法律赋予公司发起人（或股东）对其认缴出资数额、出资方式、出资期限等进行自主约定并记载于公司章程，一经确定股东即对未到期的认缴出资享有期限利益，该利益系公司股东享有的法定正当利益，未经法定程序或在法律没有明确规定的情况下不得被任意剥夺。目前法律明文规定可以针对股东认缴期限加速到期的法律规定仅有《中华人民共和国企业破产法》第三十五条及《最高人民法院关于适用〈中华人民共和国公司法〉若干问题的规定（二）》第二十二条之规定，也即公司解散及公司破产情形，债权人在其债权未获清偿要求股东认缴出资加速到期并无明确法律规定，存在法律规定缺失的障碍。第三，对于公司存在解散情形但股东等负有清算义务的主体未及时组织清算的，以及公司不能清偿到期债务，并且资产不足以清偿全部债务或者明显缺乏清偿能力的，法律赋予了债权人就该公司向法院提起强制清算或破产清算的权利，因此债权人可以通过法律途径解决这些公司无法偿债的难题，亦可在清算或者破产过程中解决注册资本认缴制下股东出资加速到期的困境。此外，公司确已丧失债务清偿能力的，申请解散或破产是处理债权债务纠纷、彻底解决公司问题的最好方式，对所有的债权人来说也相对公平，有效避免各债权人各自为政、重复主张权利、浪费司法资源。第四，公司注册资本以及实收情况均属公示信息，随着工商网站电子数据的普及，包括债权人在内的任何第三方均可通过查询获悉。在参与市场交易之前，具备法律常识的交易方应当主动查询对方企业的资质、信誉等状况，防止“空壳公司”给交易行为带来的不确定性，关于公司的注册资本及股东出资义务是否履行，交易方完全可以做到明知，其不能以对此不知情进行抗辩，对于明知股东未缴纳注册资本而继续选择与其交易的当事人如果仍然允许其通过诉讼程序即可使股东出资义务加速到期的话，亦有违诚实信用原则和公平原则。

编写人：江苏省江阴市人民法院　张勇　冯海

151 瑕疵出资股权转让中转让股东及受让人的责任如何认定

——朱某刚诉倪某苓等股东损害公司债权人利益责任案

【案件基本信息】

1. 裁判书字号

江苏省无锡市中级人民法院（2018）苏02民终2726号民事判决书

2. 案由：股东损害公司债权人利益责任纠纷

3. 当事人

原告（被上诉人）：朱某刚

被告（上诉人）：倪某苓、蒋某媛、罗某

被告：李某宗

【基本案情】

2013年8月14日，朱某刚提起诉讼，要求不锈钢公司返还借款本金70万元并赔偿利息损失10万元，后双方签订调解协议并由法院作出民事调解书，确认不锈钢公司应向朱某刚支付70万元并负担案件诉讼费11900元。调解书生效后，不锈钢公司未履行付款义务，朱某刚向法院申请执行。法院在执行过程中未发现不锈钢公司有可供执行的财产，执行标的711900元及执行费9520元未能执行到位，法院于2015年4月17日裁定终结该次执行程序。

法院在上述执行过程中调查发现不锈钢公司曾于2010年6月10日增资，将注册资本由58万元增至2000万元，该公司股东倪某苓（曾用名：倪某）认缴全部增资款1942万元。倪某苓于2010年6月4日将认缴的增资款1942万元以货币资金形式缴存至不锈钢公司的验资账户并由会计师事务所出具验资报告，确认其认缴的全部增资款1942万元已经过验资。2010年6月7日，倪某苓又以开具银行本票的方式将增资款1942万元全部转出。2010年7月1日，倪某苓与罗某、蒋某媛分别签订股权转让协议，将其持有的不锈钢公司19.42%的股份以388.4万元的价格转让给罗某，同时将其持有的不锈钢公司80%的股份以1600万元的价格转让给蒋某媛。同日，不锈钢公司另一股东谬某炜将其持有的不锈钢公司0.58%

的股份以 11.6 万元的价格转让给罗某。此后，蒋某媛又以 1600 万元的价格将其受让的不锈钢公司股权转让给翟某钢，罗某又以 400 万元的价格将其受让的不锈钢公司股权转让给李某宗。罗某、蒋某媛、李某宗在受让上述股权过程中均未支付任何股权转让款。朱某刚认为，倪某苓存在抽逃增资款 1942 万元的行为，故应在抽逃出资本息范围内对不锈钢公司的债务不能清偿部分承担补充赔偿责任，蒋某媛、罗某、李某宗均存在明知倪某苓抽逃出资的情况下受让不锈钢公司股权的行为，故均应对倪某苓的上述债务承担连带责任。为此，朱某刚起诉请求：1. 判令倪某苓对不锈钢公司结欠朱某刚的债务 970200 元及逾期利息中不能清偿部分承担补充赔偿责任；2. 判令蒋某媛、罗某、李某宗对倪某苓的上述债务承担连带责任。蒋某媛、罗某认为，《最高人民法院关于适用〈中华人民共和国公司法〉若干问题的规定（三）》第十八条第一款只规定了原股东未履行或未全面履行出资转让股权后，受让股东明知或应知的，对公司承担连带责任，但该条并未明确抽逃出资股东的受让人是否应当承担责任。其并不存在受让股权时应知或明知倪某苓存在抽逃出资行为，倪某苓增资经法定机构验资并备案，要求其在受让时能够识别抽逃出资不符合常理。

【案件焦点】

1. 股东抽逃增资后转让全部股权的，是否仍应对公司债权人承担责任；2. 如何认定瑕疵出资股权转让中的受让人系非善意受让人，非善意受让人应承担何种责任。

【法院裁判要旨】

江苏省无锡市锡山区人民法院经审理认为：倪某苓于 2010 年 6 月 4 日将增资款 1942 万元汇入不锈钢公司的验资账户进行验资后又于 2010 年 6 月 7 日全部转出的行为构成抽逃出资。现朱某刚要求倪某苓在抽逃出资 1942 万元本息范围内对不锈钢公司的案涉债务不能清偿的部分承担补充赔偿责任的诉讼请求，依法予以支持。因倪某苓在抽逃全部增资款后分别向罗某、蒋某媛转让其持有的 19.42%、80%的不锈钢公司股份，即倪某苓向罗某、蒋某媛转让的股权系瑕疵出资股权。关于罗某、蒋某媛以及李某宗在受让股权时是否知道或者应当知道倪某苓转让的股权存在瑕疵出资的问题。法院认为，第一，罗某、蒋某媛作为理性的商事主体，在受让股权时应当查证该股权所对应的出资义务是否履行，具有较公司其他股东更高的注意义务。不锈钢公司注册资本由 58 万元增加至 2000 万元，股东倪某苓认缴全部增资款 1942 万元系不锈钢公司经营中的重大事项，而罗某、蒋某媛只需对不锈钢公司银行验资账户的资金流转情况或公司财务账册等资料进行简单查询即可了解倪某苓在验资完成的短期内即已抽逃全部增资款。同理，罗某在受让股权后又将该股权全部转让给李某宗时，李某宗亦应查证该股权所对应的出资义务是否履行。第二，倪某苓与罗某、蒋某媛以及罗某与李某宗均是通过签订股权转让协议的方式转让股权，且协议中明确约定的转让股权的份额及对应的股权转让价格，而罗某、蒋某媛以及李某宗受让相应股权时均未按协议约定支付任何对价，即实际是无偿受让股权，明显有违常理。罗某、蒋某媛、李某宗虽辩称其受让不锈钢公司股权均是受他人委托，但均未举证证明，罗某、蒋某媛、李某宗的上述抗辩意见，法院不予采纳。

综合以上两点，法院认定罗某、蒋某媛、李某宗受让不锈钢公司股权时应当知道该股权存在瑕疵出资的情形。朱某刚现要求罗某、蒋某媛、李某宗对倪某苓的案涉债务承担连带责任的诉讼请求，于法有据，法院亦予以支持。

江苏省无锡市锡山区人民法院依照《中华人民共和国合同法》第一百零七条、第一百零九条，《中华人民共和国公司法》第三十五条，《公司法司法解释三》第十二条、第十三条第二款、第十八条第一款，《最高人民法院关于民事诉讼证据的若干规定》第二条之规定，判决如下：

一、倪某苓于本判决生效之日起10日内对无锡市佳力亿不锈钢有限公司结欠朱某刚的借款70万元、诉讼费11900元及逾期利息（计算至2016年10月31日是163644.5元；以70万元为基数，自2016年11月1日起至实际给付之日止，按日万分之一点七五的标准计算）不能清偿的部分承担补充赔偿责任；罗某、蒋某媛、李某宗对倪某苓的上述补充赔偿义务承担连带责任；

二、驳回朱某刚的其他诉讼请求。

倪某苓、罗某、蒋某媛不服原审判决，提起上诉。江苏省无锡市中级人民法院同意一审法院裁判意见。

江苏省无锡市中级人民法院依照《中华人民共和国民事诉讼法》第一百七十条第一款第一项的规定，判决如下：

驳回上诉，维持原判。

【法官后语】

股东出资义务是指股东按期足额缴纳其所认缴的出资额的义务，包括公司设立时股东的出资义务和公司增资时股东的出资义务。出资义务是股东最基本也是最重要的义务，既是股东的法定义务，同时也是股东之间以及股东和公司之间的一种约定义务。股东不履行出资义务会导致公司资本不充实，损害公司的利益并进而侵害公司其他股东及公司债权人的利益。

其一，股东抽逃增资后转让全部股权，仍应对公司债权人承担责任。股东违反出资义务时持有的股权即瑕疵出资股权，此时该股东对不同的权利主体应承担不同类型的民事责任，主要包括以下几种：一是对公司的补充出资责任和损害赔偿责任；二是对守约股东的违约责任；三是对公司债权人的民事责任。股东在违反出资义务后又对外转让瑕疵出资股权，其所应承担的上述责任并不因股权转让的完成而消灭，所以瑕疵出资股权转让后往往会引发一系列的问题，其中转让股东与受让人的出资责任承担问题，是司法实践中的重点和难点问题。《最高人民法院关于适用〈中华人民共和国公司法〉若干问题的规定（三）》第十三条、第十八条中已对瑕疵出资股权转让中的责任主体、责任方式进行了规定。就本案而言，倪某苓在增资款验资完成后又抽逃全部增资款，完全符合《最高人民法院关于适用〈中华人民共和国公司法〉若干问题的规定（三）》第十八条关于股东未履行出资义务的内涵，构成瑕疵出资股权转让，可以适用第十三条、第十八条的规定，上述规定从出资责任角度加强对债权人利益的保护，即股东在严重违反出资义务并导致公司资本不足以清偿债务人应对公司债权人承担直接责任，公司债权人有权要求未履行或未全面履行出资义务的股东在未出资本息范围内对公司债务不能清偿的部分承担补充赔偿责任。因本案中倪某苓是抽逃增资，故应在抽逃增资本息范围内对朱某刚的债务不能清偿部分承担补充赔偿责任。

其二，法院认定瑕疵出资股权转让中的受让人是否系非善意受让人时，应当审查受让人在受让时是否尽到合理的注意义务、受让方式及支付对价情况。根据《最高人民法院关于适用〈中华人民共和国公司法〉若干问题的规定（三）》第十八条的规定，受让人如“知道或者应当知道”转让股东存在违反出资义务的行为，则应与转让股东承担连带责任，而如何判断受让人主观善意与否则是司法实践中的另一难点，笔者认为应审查以下内容：第一，审查受让人在受让股权时是否尽到了合理的注意义务。从理性经济人的角度出发，受让人在受让股权尤其大额股权时，应具有较公司其他股东更高的注意义务，应主动查证转让股东所对应的出资义务是否履行。本案中，倪某苓的增资金额大、占注册资本的比例高，而罗某、蒋某媛在受让股权时，既未查证增资款在验资完成后的流转情况，也未核实其受让股权时公司的实际注册资本情况，明显有违常理。第二，结合受让人受让股权的方式及支付对价情况进行审查。本案中，根据股权转让协议的内容可知双方系有偿转让，并非赠与，双方协议中约定的股权转让款金额高达1600万元，但罗某、蒋某媛在股权转让前后均未向倪某苓支付任何对价，倪某苓也未向其催讨股权转让款，亦有违常理。综合以上两点，可以认定罗某、蒋某媛在受让股权时对倪某苓转让的股权系瑕疵出资股权是知情的，罗某、蒋某媛系非善意受让人，故应承担连带责任。

编写人：江苏省无锡市锡山区人民法院　吕纯阳

152 一人公司股东配偶可能对公司债务担责

——白某春诉王某某、杨某某股东损害公司债权人利益责任案

【案件基本信息】

1. 裁判书字号

北京市顺义区人民法院（2018）京0113民初761号民事判决书

2. 案由：股东损害公司债权人利益责任纠纷

3. 当事人

原告：白某春

被告：王某某、杨某某

第三人：贸易公司

【基本案情】

2007年，王某某与杨某某登记结婚。2013年1月18日贸易公司成立，王某某个人持股100%，为公司执行董事、经理、法定代表人，杨某某为公司监事。

白某春与贸易公司存在事实上的买卖合同关系。2015年9月15日，贸易公司向白某春出具65万元的欠条。2016年1月21日，北京市丰台区人民法院出具（2015）丰民（商）初字第22361号判决书，判决贸易公司给付白某春65万元货款及利息。

白某春称王某某将贸易公司货款挪用，用于支付其父亲医疗费，应对贸易公司债务承担连带责任，杨某某应对夫妻关系存续期间的债务承担连带责任。

【案件焦点】

杨某某作为一人公司股东配偶应否对公司债务承担连带责任。

【法院裁判要旨】

北京市顺义区人民法院经审理认为：《中华人民共和国公司法》第六十三条规定：一人有限责任公司的股东不能证明公司财产独立于股东自己的财产的，应当对公司债务承担连带责任。王某某作为一人有限责任公司的股东，未证明公司财产独立于自己的财产，应对公司债务承担连带责任。《最高人民法院关于审理涉及夫妻债务纠纷案件适用法律有关问题的解释》第三条规定：夫妻一方在婚姻关系存续期间以个人名义超出家庭日常生活需要所负的债务，债权人以属于夫妻共同债务为由主张权利的，人民法院不予支持，但债权人能够证明该债务用于夫妻共同生活、共同生产经营或者基于夫妻双方共同意思表示的除外。杨某某作为公司监事，监督公司经营管理，故应视为夫妻二人共同生产经营贸易公司，杨某某亦未证明夫妻关系存续期间二人财产与公司财产独立，故应对公司债务承担连带责任。

北京市顺义区人民法院依照《中华人民共和国公司法》第六十三条，《最高人民法院关于审理涉及夫妻债务纠纷案件适用法律有关问题的解释》第三条，《中华人民共和国民事诉讼法》第一百四十四条之规定，判决如下：

被告王某某、杨某某对第三人贸易公司在（2015）丰民（商）初字第22361号民事判决书中所付的金钱给付义务承担连带清偿责任。

判决后，双方当事人均未上诉，本判决现已生效。

【法官后语】

一人公司股东配偶对公司债务承担责任需要满足2个条件，首先是一人公司股东对公司债务担责，其次是该债务为夫妻共同债务。一人公司股东及配偶需注意高度重视风险防范，合理合法避免承担公司债务。

关于一人公司股东对公司债务承担责任的适用。一般而言，公司以公司全部财产对外承担责任，股东在其出资额范围内承担责任。但《中华人民共和国公司法》第二十条第三款规定了公司法人人格否认规则，“公司股东滥用公司法人独立地位和股东有限责任，逃避债务，严重损害公司债权人利益的，应当对公司债务承担连带责任”。《中华人民共和国公司法》第六十三条对一人公司进行了特别规定，“一人有限责任公司的股东不能证明公司财产独立于股东自己的财产的，应当对公司债务承担连带责任”。

实践中，一人公司对外承担责任的风险较高，对于一人公司股东未提交任何证据、未提供财务会计报告、审计报告，或提供相关材料但仍不足以证明财产独立情况时，一般会被认定为财产混同等，进而否认法人人格，导致股东对公司债务承担责任。

关于一人公司股东所负债务为夫妻共同债务的认定。《最高人民法院关于审理涉及夫妻债务纠纷案件适用法律有关问题的解释》第三条规定：“夫妻一方在婚姻关系存续期间以个人名义超出家庭日常生活需要所负的债务，债权人以属于夫妻共同债务为由主张权利的，人民法院不予支持，但债权人能够证明该债务用于夫妻共同生活、共同生产经营或者基于夫妻双方共同意思表示的除外。”2018年1月17日最高人民法院民一庭负责人就《最高人民法院关于审理涉及夫妻债务纠纷案件适用法律有关问题的解释》答记者问中提到，“夫妻共同生产经营的情形更为复杂，主要是指由夫妻双方共同决定生产经营事项，或者虽由一方决定但另一方进行了授权的情形。判断生产经营活动是否属于夫妻共同生产经营，要根据经营活动的性质以及夫妻双方在其中的地位作用等综合认定。夫妻从事商业活动，视情适用公司法、合同法、合伙企业法等法律及司法解释的规定。夫妻共同生产经营所负的债务一般包括双方共同从事工商业、共同投资以及购买生产资料等所负的债务”。

2021 年 1 月 1 日，《最高人民法院关于审理涉及夫妻债务纠纷案件适用法律有关问题的解释》废止，相关规定被吸收合并至《中华人民共和国民法典》第一千零六十四条第二款，即“夫妻一方在婚姻关系存续期间以个人名义超出家庭日常生活需要所负的债务，不属于夫妻共同债务；但是，债权人能够证明该债务用于夫妻共同生活、共同生产经营或者基于夫妻双方共同意思表示的除外”。

实践中，对于股东配偶担任公司职务，参与公司经营管理的一般认定夫妻对公司债务承担连带责任。

一人公司股东及配偶如何免责？总的来说，一人公司股东规范经营，保持公司财产与个人财产独立，则无须对公司债务承担责任。股东需要特别注意以下几个方面：(1) 建立规范的财务管理制度，能提供完善的会计账册、报表、原始凭证等。(2) 坚持按照《中华人民共和国公司法》第六十二条的规定执行，在每一会计年度终了时编制财务会计报告，并委托会计师事务所审计。(3) 股东取得分红时依法缴纳税款。股东配偶不参与经营，不对股东授权，不对外承诺承担共同债务等，一般而言亦无须担责。

编写人：北京市顺义区人民法院　张翔鹏

153 股东未依法清算公司资产需对公司债权人承担赔偿责任

——电器公司诉范某英、胡某生股东损害公司债权人利益责任案

【案件基本信息】

1. 裁判书字号

广东省广州市中级人民法院（2017）粤 01 民终第 5875 号民事判决书

2. 案由：股东损害公司债权人利益责任纠纷

3. 当事人

原告（被上诉人）：电器公司

被告（上诉人）：范某英、胡某生

【基本案情】

2007 年 11 月 12 日，广州市天河区人民法院就电器公司与 H 公司之间的买卖合同纠纷作出（2007）天法民二初字第 2131 号判决，判令 H 公司于判决发生法律效力之日起 10 日内向电器公司支付货款 447800 元及逾期付款利息（自 2007 年 9 月 6 日起至付清款项之日止，按中国人民银行规定的同期同类逾期贷款利率计付），受理费 4010 元由 H 公司负担。2008 年 1 月 15 日，本院受理了电器公司的强制执行申请。执行过程中，因电器公司暂无法提供 H 公司的下落及其他可供执行的财产线索，广州市天河区人民法院于 2008 年 7 月 10 日裁定该案中止执行。

2008年7月24日，广州市天河区人民法院就电器公司与H公司的另案买卖合同纠纷出具（2008）天法民二初字第1226号民事调解书。调解协议约定：1. H公司于2008年8月31日前清偿电器公司货款355000元，电器公司放弃其他诉讼请求；2. H公司未能在上述期限内足额清偿完毕，则从2008年9月1日起，以H公司未清偿的货款为本金，按中国人民银行规定的同期同类贷款利率标准的双倍计算债务利息至实际清偿之日止；3. 案件诉讼费6630元减半收取3315元，由H公司承担。由于双方签收该民事调解书后，H公司未依照上述协议履行付款义务，电器公司于2008年9月4日向本院申请强制执行。因执行过程中，电器公司暂无法提供H公司的下落及其他可供执行的财产线索，广州市天河区人民法院于2008年12月12日裁定该案中止执行。

2012年12月13日，H公司因不按规定接受2011年度检验，被广州市工商行政管理局吊销营业执照。营业执照被吊销后，H公司股东范某英、范某厚、胡某生未及时对H公司进行清算，导致H公司未能清偿上述判决或调解书所确定的债务。电器公司遂起诉范某英、胡某生，要求2名被告对H公司对电器公司所负的债务承担连带赔偿责任。

【案件焦点】

范某英、胡某生是否应按照《最高人民法院关于适用〈中华人民共和国公司法〉若干问题的规定（二）》第十八条第一款的规定向电器公司承担连带赔偿责任。

【法院裁判要旨】

广东省广州市天河区人民法院经审理认为：H公司已于2012年12月13日被吊销营业执照，根据《中华人民共和国公司法》相关规定，范某英、胡某生作为股东理应在公司营业执照被吊销之日起15日内成立清算组，开始清算。现范某英、胡某生显然未依法履行清算义务，亦未就H公司的资产状况进行举证，故认定范某英、胡某生对电器公司合法债权无法受偿负有过错。

广东省广州市天河区人民法院依照《中华人民共和国公司法》第一百八十条、第一百八十三条，《最高人民法院关于适用〈中华人民共和国公司法〉若干问题的规定（二）》第十八条第一款，《中华人民共和国民事诉讼法》第六十四条第一款、第九十四条、第一百四十四条的规定，判决如下：

一、被告范某英、胡某生于本判决发生法律效力之日起10日内，就H公司依据（2007）天法民二初字第2131号民事判决书所负的债务，共同向原告电器公司赔偿货款447800元及逾期付款利息（自2007年9月6日起至付清款项之日止，按中国人民银行规定的同期同类逾期贷款利率计付），并支付诉讼受理费4010元；

二、被告范某英、胡某生于本判决发生法律效力之日起10日内，就H公司依据（2008）天法民二初字第1226号民事调解书所负的债务，共同向原告电器公司赔偿货款355000元及利息（以未清偿的货款为本金，按中国人民银行规定的同期同类贷款利率标准的双倍，自2008年9月1日起计至实际清偿之日止），并支付诉讼费3315元。

范某英、胡某生不服一审判决，提起上诉。

广东省广州市中级人民法院经审理认为：一审判决的分析认定并无不当，予以确认。另外，案涉债务分别于2008年中止执行，后

H 公司在 2012 年被吊销营业执照。在此情况下，作为 H 公司股东的范某英、胡某生有义务及时进行清算，范某英、胡某生未及时清算的行为构成了对电器公司的侵权，故有关范某英、胡某生未及时清算的行为是否导致 H 公司财产贬值、流失、毁损或者灭失，以及造成损失范围的大小的举证责任，应由作为 H 公司股东的范某英、胡某生承担。

广东省广州市中级人民法院依照《中华人民共和国民事诉讼法》第一百七十条第一款第一项的规定，判决如下：

驳回上诉，维持原判。

【法官后语】

范某英、胡某生作为 H 公司的股东、清算义务人，未在法定期限内成立清算组开始清算，依照法律规定，应在其怠于清算导致公司财产贬值、流失、毁损或者灭失的损失范围内对公司债务承担赔偿责任。首先，该举证责任问题的提出是针对范某英、胡某生作为清算义务人未依法定期限履行清算义务，而电器公司作为公司债权人在这一过程中则无过错。其次，范某英、胡某生作为公司股东，对公司财产状况应当有最详细真实的了解，电器公司作为局外人，难以获取 H 公司财产损失的具体情况。因此，范某英、胡某生应就其怠于履行清算义务的行为未对 H 公司的财产造成损失举证，举证不能的应当承担相应的不利后果。范某英、胡某生关于电器公司应举证因怠于清算造成的损失范围的上诉理由不能成立。

根据《最高人民法院关于适用〈中华人民共和国公司法〉若干问题的规定（二）》第十八条第一款的规定，清算义务人的赔偿责任以其怠于清算导致的公司财产损失范围为限。但在清算义务人未能举证证明损失范围时，应承担无限赔偿责任。由于实际经营中的公司资产规模可能远远超过其注册资本，待清算的公司资产也有可能足够清偿公司债务。因此在清算义务人未举证其怠于清算造成的公司财产损失范围时，如果给其赔偿责任设置上限，将给清算义务人恶意不启动清算程序、转移公司财产以可乘之机。反之，对清算义务人课以无限赔偿责任，则能督促其主动履行清算义务，有利于保护公司债权人合法权益的实现，也有助于公司清算退出市场机制的运行。

清算义务人在法定期限内未启动清算程序，已经违反了公司法相关规定，应当举证其造成的公司财产损失范围并在范围内赔偿公司债务。清算义务人怠于清算的行为侵害了公司债权人的利益，公司债权人在清算义务人在损失范围内履行赔偿义务后仍有剩余债权未获清偿时，可继续在公司清算过程中申报债权。而在清算义务人不能举证其怠于清算给公司财产造成的损失范围时，因其承担无限赔偿责任，公司债权人可要求清算义务人就其全部债务进行赔偿。清算义务人此时再行启动清算程序的，不能免除其赔偿责任。

本案判决于《中华人民共和国民法典》实施前，民法典实施后，总则编第七十一条有关法人清算的规定：法人的清算程序和清算组职权，依照有关法律的规定；没有规定的，参照适用公司法律的有关规定。根据该指示参引性规范，在类案审理中应参照适用的法律规定为《中华人民共和国公司法》第一百八十三条、第一百八十九条及《最高人民法院关于适用〈中华人民共和国公司法〉若干问题的规定（二）》第十八条第一款的规定，上述条款内容在民法典实施前后未作修改。

要注意的是，2019 年 11 月 8 日《全国法院民商事审判工作会议纪要》的出台，对于《最高人民法院关于适用〈中华人民共和国公司法〉若干问题的规定（二）》第十八条第二款中的有限责任公司清算义务人的责任问题作了进一步明确，对没有“怠于履行清算义务”的小股东或者虽“怠于履行义务”但与公司主要财产、账册、重要文件等没有因果关系的小股东对公司债务承责的标准进行了严格的限定，对于此后审理与本案同类型的案件具有重要的指导意义。

编写人：广东省广州市天河区人民法院　廖敏敏　陈策

154　一人公司股东是否对公司债务承担连带责任

——J宾馆诉侯某股东损害公司债权人利益责任案

【案件基本信息】

1. 裁判书字号

北京市第一中级人民法院（2014）一中民终字第5382号民事判决书

2. 案由：股东损害公司债权人利益责任纠纷

3. 当事人

原告（被上诉人）：J宾馆

被告（上诉人）：侯某

【基本案情】

1999年9月6日，Y公司依法注册成立，法定代表人为侯某，注册资本为50万元，类型为有限责任公司。2009年，北京市朝阳区人民法院就原告J宾馆与被告Y公司之间的房屋租赁合同纠纷一案，作出（2009）朝民初字第24128号民事判决，确认原告J宾馆与被告Y公司签订的《J宾馆房屋租赁合同》于2009年5月

8日解除，并判令被告Y公司于该判决生效之日起10日内支付原告J宾馆租金364980元，水电费42812.4元，逾期支付租金的滞纳金252448元，以上各项支付金额共计为660240.4元。

2013年10月21日，北京市朝阳区人民法院就申请人J宾馆与被执行人Y公司强制执行案件，作出（2010）朝执字第7918号民事裁定。根据该裁定书记载，J宾馆申请执行Y公司租赁合同纠纷一案，该院于2010年7月7日依法受理。案件执行中，查明Y公司暂无财产可供执行，且查不到可供执行的财产线索，申请人也不能提供其财产线索，故该院裁定（2009）朝民初字第24128号民事判决书中止执行。

根据Y公司目前的工商登记注册基本信息显示，该公司股东为侯某1人，其出资数额为50万元。

J宾馆根据《中华人民共和国公司法》相关规定，认为侯某如有个人财产与公司财产混同，就应当对公司债务承担连带责任，故依法向人民法院提起诉讼，要求判令：1. 侯某就（2009）朝民初字第24128号民事判决所确定的给付义务承担连带责任，向J宾馆支付660240.4元，并支付案件受理费9655元；2. 侯某就（2009）朝民初字第24128号民事判决所确定给付金钱义务的迟延履行利息承担连带责任。

根据Y公司记账凭证显示，Y公司当年曾向该公司股东侯某的配偶王某春一次性支付20万元款项，但并无相应原始凭证与此印证。同时，根据上述原始凭证显示，Y公司当年共支出快递费用、各类交通费用共计8000余元，记账凭证中均将该部分支出记载为管理费。

【案件焦点】

1. 侯某作为 Y 公司唯一股东是否需要对公司债务承担连带责任；2. 侯某与 Y 公司是否存在财产混同的认定问题。

【法院裁判要旨】

北京市海淀区人民法院经审理认为：根据《中华人民共和国公司法》的相关规定，一人有限责任公司的股东不能证明公司财产独立于股东自己的财产的，应当对公司债务承担连带责任。上述规定属于举证责任倒置，即股东应自行举证证明其财产完全独立于公司财产。本案中，侯某向该院提交了 Y 公司的部分财务会计记账凭证与原始凭证，其虽仅为该公司的部分财务会计资料，但从其记载内容分析确已存有值得商榷之问题。一方面，侯某的配偶王某春曾自 Y 公司取得较大数额的款项。另一方面，根据侯某的自认，Y 公司存在以其他凭证冲抵财务支出款项的行为，但所冲抵之支出款项是否确系用于 Y 公司自身的营业行为，却并无相应证据予以佐证。对于上述两个方面之内容，均应属于作为 Y 公司唯一股东的侯某，应当依法承担相应举证责任的范围。对此，在侯某未能就 Y 公司财务会计方面的上述问题提供充足相反证据的情况下，其应依法承担不利的后果。

北京市海淀区人民法院依照《中华人民共和国公司法》第六十四条，《中华人民共和国民事诉讼法》第八十二条第二款、第六十四条第一款之规定，判决如下：

一、被告侯某就（2009）朝民初字第 24128 号民事判决所确定的给付义务及其迟延履行利息承担连带责任，向原告 J 宾馆支付租金、水电费、逾期支付租金的滞纳金共计 660240.4 元，并支付相应迟延履行利息（按中国人民银行同期贷款基准利率标准，自 2010 年

2月28日起加倍支付至实际支付之日止)；

二、被告侯某就（2009）朝民初字第24128号民事判决所确定的案件受理费承担连带责任，向原告J宾馆支付案件受理费9655元；

三、驳回原告J宾馆其他诉讼请求。

侯某不服一审判决，持原审起诉意见提起上诉。

二审期间，侯某提交Y公司2008年至2013年公司记账凭证、审计报告和代理记账合同以及会计师事务所会计师的证人证言，证明Y公司和侯某个人财产是分开的。北京市第一中级人民法院经审理认为：相较于普通有限责任公司，一人有限责任公司只有一个自然人股东或者一个法人股东的有限责任公司，为防止一人有限责任公司股东利用公司有限责任规避合同义务，我国现行公司法律规范对一人有限责任公司的规制有别于普通有限责任公司，采取了更为严格的制度配置，即《中华人民共和国公司法》（2013年修订）第六十二条、第六十三条规定。但对于一人有限责任公司股东是否应对公司债务承担连带责任的认定，并不因此而有别于普通有限责任公司，仍需考虑股东是否存在滥用公司法人独立地位和股东有限责任、逃避债务、严重损害公司债权人利益的行为。概言之，《中华人民共和国公司法》第六十二条、第六十三条更多地是从技术层面和举证责任分配方面设定了一人有限责任公司股东某些特定的义务，而对于股东是否应对公司债务承担连带责任，则仍应以《中华人民共和国公司法》第二十条规定为判断依据。本案中，Y公司拥有独立的账户，侯某提供了其自2008年成为Y公司股东以来至2013年年末的Y公司所有记账凭证和原始凭证，并提供了由会计师事务所出具的该公司2008年至2013年的年度审计报告，其从形式上已经完成了《中华人民共和国公司法》第六十二条的要求和第六十三条的举证责任，财务账册、审计报告本身能够证明其个人资产与Y公司资产相独立。虽然，通过审查Y公司的账目，Y公司存在用其他票据冲抵公司支出以及20万元调账处理无对应原始凭证等情况，但上述问题本身属于公司账目规范与否的问题，不存在公司与股东侯某财产无法区分的问题，故不能据此认定Y公司与侯某的财产构成混同，亦不能因此而否认Y公司的独立人格，进而要求侯某对Y公司全部债务承担连带清偿责任。

北京市第一中级人民法院依照《中华人民共和国公司法》第二十条、第六十二条、第六十三条，《中华人民共和国民事诉讼法》第一百七十条第一款第二项之规定，判决如下：

一、撤销北京市海淀区人民法院（2014）海民初字第933号民事判决；

二、驳回原告J宾馆的全部诉讼请求。

【法官后语】

本案主要涉及一人公司人格否认问题。《中华人民共和国公司法》规定了一人公司特殊的审计规则，并规定了一人公司财产独立举证责任倒置的规则，通过法人人格否认制度对其加以严格的限制。

对于一人公司人格否认，《中华人民共和国公司法》中第二十条及第六十三条均作出了相关规定。考察两者的关系，《中华人民共和国公司法》第二十条系《中华人民共和国公司法》总则中规定的内容，其适用于全部公司，包括有限责任公司和股份有限公司以及一人公司，而第六十三条是在有限责任公司一章中关于一人有限责任公司的特别规定一节中规定的，因此它只适用于一人公司。这就意味着一人公司人格否认的情形可以一分为二，在满足《中华人民共和国公司法》第六十三条的情形下，即股东财产与公司财产存在混同，债权人就可要求股东承担责任，应当注意，此条规定下的人格否认认定的唯一条件即为财产混同，而不应以第二十条规定的股东具有讨债恶意以及严重损害公司债权人利益为前提，且此时适用举证责任倒置。但是，如果并无财产混同情况，此时债权人主张公司人格否认，只能严格依据《中华人民共和国公司法》第二十条，且债权人不得以第六十三条为依据主张举证责任倒置，而需自己承担证明责任。这意味着《中华人民共和国公司法》第六十三条的规定并不排除第二十条适用，而是在公司人格否认的一般性规定的基础上，增加了仅适用于一人公司的特殊性规定，意在严格规范一人公司的财产制度。因此，在一人公司人格否认的法律适用上，要区分上述两种情况，注意举证责任分配，区分不同的情形予以判断。

编写人：北京市第一中级人民法院　刘琦

155　公司与股东财产混同可以审计报告为判定依据

——工贸公司诉徐某生股东损害公司债权人利益责任案

【案件基本信息】

1. 裁判书字号

江苏省无锡市中级人民法院（2014）锡商终字第0478号民事判决书

2. 案由：股东损害公司债权人利益责任纠纷

3. 当事人

原告（上诉人）：工贸公司

被告（被上诉人）：徐某生

【基本案情】

原告工贸公司认为，第三人金属公司于2010年5月7日与其签订的工矿产品销售合同，金属公司一直拖延未付合同货款及违约金等，经上海市普陀区人民法院判决并强制执行后仍然无法清偿。真实原因是金属公司实为被告徐某生操纵的一人公司，金属公司资产与公司控股股东徐某生个人财产高度混同，徐某生在经营金属公司过程中，存在着明显的滥用公司法人独立地位和股东有限责任，恶意逃债的行为，严重损害公司债权人工贸公司的权益，故诉至法院，请求判令徐某生对金属公司对其所负的债务承担连带责任。

被告徐某生、第三人金属公司认为金属公司并非徐某生操纵的一人公司，徐某生也没有滥用公司法人独立地位和股东有限责任的行为，徐某生不应当对金属公司债务承担连带责任。

【案件焦点】

控股股东徐某生是否与金属公司财产混同，专项审计报告能否作为认定两者财产混同的依据。

【法院裁判要旨】

关于金属公司是否为一人公司的问题。工商登记资料反映金属公司系由2名自然人股东徐某生和曹某忠共同出资设立的有限责任公司。针对曹某忠陈述，其系名义股东，其名下出资部分20万元实际亦为徐某生出资。法院认为，该陈述仅为曹某忠的单方陈述，其证言的可信程度较低，亦无相应的书面证据相印证，即使按照曹某忠的陈述，其未实际出资，但是否出资并不影响股东资格的认定，其也认可其在公司设立、年检时均以股东名义签字。故曹某忠的陈述及工贸公司的举证不足以证明金属公司为一人公司。

关于控股股东徐某生个人财产与金属公司财产是否混同的问题以及徐某生是否存在滥用公司法人独立人格和股东有限责任的情形。江苏方正会计师事务所有限公司接受委托就2010年5月至2011年12月金属公司与控股股东徐某生之间的资金往来情况及向工贸公司采购35.1298吨锡锭销售后所得资金的流向进行专项审计，并出具客观公正的审计报告，综合审计报告的内容及相关证据，可看出：1. 金属公司有独立的公司账簿，并未与徐某生账簿合一；2. 股东徐某生亦未将金属公司的盈利作为个人的财产随意调用或占为己有；3. 徐某生的个人账户和金属公司账户有频繁的往来，但是从进出款项的数额来看是基本持平的；4. 对审计报告中提到的金属公司提供的账册不全、公司列支个人支出等情况，徐某生及金属公司作出的相关解释亦在合理范围内；5. 金属公司未能及时支付工贸公司锡锭货款系因其他公司的原因所致。因此不能认定徐某生个人财产与金属公司财产混同；徐某生也不存在侵吞、挪用、隐匿或者转移公司财产等滥用公司人格和股东有限责任的情形进而影响了公司对外承担清偿债务的物质基础。

江苏省无锡市锡山区人民法院认为：工贸公司在本案中所提要求徐某生对涉诉金属公司的债务承担连带清偿责任的诉讼请求，证据不足，不予支持。依据《中华人民共和国公司法》第三条、《最高人民法院关于民事诉讼证据的若干规定》第三条之规定，判决如下：

驳回原告工贸公司的诉讼请求。

工贸公司不服一审判决，提起上诉。

江苏省无锡市中级人民法院委托鉴定机构就2010年5月至2011年12月金属公司与徐某生之间的资金往来情况及向工贸公司采购

35.1298 吨锡锭销售后所得资金的流向进行专项审计。审计机构出具的报告载明 2010 年 5 月至 12 月徐某生共汇入公司 1120 万元，金属公司汇入徐某生个人账户 12133500 元（其中：2010 年 5 月至 12 月汇入徐某生个人账户 11988500 元），涉及金额较大，但上述往来为共计 83 笔滚动往来的合计金额，进出款项的数额是基本持平的。二审中徐某生也提供了其汇入金属公司部分款项来源的证据。关于金属公司在 2010 年期间提取了 34.7 万元现金，金属公司陈述上述款项是公司提取的备用金，审计机构亦认为公司经营中是需要提取现金，用于管理费用和备用金，工贸公司也无证据证明该款项是徐某生提取使用的。关于工贸公司提出的审计报告附件载明徐某生用金属公司的账户收付款外，其个人卡也用于对外支付款项，使用该卡取款就达 3193411.75 元，但也仅能表明是徐某生个人卡的取款，并不能得出是徐某生提取了金属公司的款项。审计报告表明金属公司财务管理确不规范，但金属公司有独立的公司账簿，徐某生与公司之间的往来也有相关往来凭证，故依据审计报告不能得出徐某生将金属公司的财产作为个人的财产随意调用或占为己有的结论。

审计报告表明金属公司向工贸公司采购的 35.1298 吨锡锭所得销售款已全部收到，同时反映至 2011 年年末，账面也未反映收到相关公司的货款，已支付的货款 4704650 元仍宕挂于“预付账款”中。二审中，徐某生提供了 2010 年 4 月 29 日金属公司与涂层板公司、薄板公司签订的销售合同及已预付货款的证明、销售发票等，虽工贸公司对该证据的真实性不予认可，但未提供相反证据证明。金属公司对 35.1298 吨锡锭销售过程，本案一审、二审均作了一致的陈述。同时，根据徐某生提供的公证书及附件，徐某生对 35.1298 吨锡锭销售过程的陈述是合理的。综合审计机构对金属公司向工贸公司采购 35.1298 吨锡锭销售后所得资金的流向专项审计结果及有关 35.1298 吨锡锭销售过程的证据，无法认定金属公司向工贸公司采购的 35.1298 吨锡锭所得销售款是被徐某生侵占。金属公司在结欠工贸公司货款的情况下，向其他公司付款，是其商业经营行为，也不能据此否定金属公司法人人格。

综上所述，工贸公司的上诉理由，不能成立。原审法院所作判决并无不当，应予维持。据此，依据《中华人民共和国民事诉讼法》第一百七十条第一款第一项的规定，判决如下：

驳回上诉，维持原判。

【法官后语】

债权人作为公司外部人员，很难了解封闭公司内部的真实财务情况，没有专业人员的帮助亦难以对公司财务账簿进行有效的检视、取舍和判断。通过专业审计机构出具的专项审计报告，来判断、认定公司人格混同、财产混同、虚拟股东及不正当控制等滥用公司独立人格和股东有限责任的行为，在司法实践中是切实可行的方法。

第一，专项审计报告可用以证明股东与公司财产是否独立。专项审计是对某种特定审计项目的总称，专项审计包括离任审计、清算审计、财产转移审计、贷款审计、年检审计等。在公司类纠纷中，小股东或公司债权人提起损害赔偿案件时一般都会提供初步证据证明股东或控股股东存在一定的损害公司或债权人利益的行为线索，如某笔巨额资金流向不明、股东与公司款项往来频繁等。在此情况下，小股东或债权人提出专项财务审计申请的，法院应予准许。审计机构处于客观公正的立场，其从现有的财务类证据出发，严谨审慎地出具专项审计报告，对股东和公司之间往来款项的频率、数额、时间进行全面梳理，进而通过报告的形式直观反映两者在财务往来上的依存度。从证明效力和力度上看，审计报告是可以作为法院判定公司人格否认或者否定财务混同的重要依据的。

第二，法院应对专项审计报告的结论进行审查，不宜直接采纳。专业审计报告是1份第三方机构出具的专业意见，但并不直接等同于法律意见，不具有当然的法律效力。通常来讲，诉讼中基于一方当事人申请后法院委托的司法审计，其严格的启动程序就排除了单方委托、审计机构无资质、审计依据的公司账目未经法庭质证等可能不被采信的雷点。即便如此，法院仍不能直接采信专项审计报告的意见，还应对审计内容是否准确全面、审计意见是否客观公允进行审查。

另需说明的是，对于债权纠纷，如果能够用民商事法律的一般规则解决的，就不用动辄适用公司人格否认原则，除非债权人能够提供明确、充分的证据证明确实存在滥用公司独立人格和股东有限责任的行为的，这对于维护公司法基础的稳定有着重要意义。

编写人：江苏省无锡市锡山区人民法院　蔡永芳

156　虚假清算逃避公司债务的追责机制

——运输公司诉屠某琴、周某东股东损害公司债权人利益责任案

【案件基本信息】

1. 裁判书字号

上海市第一中级人民法院（2014）沪一中民四（商）终字第872号民事判决书

2. 案由：股东损害公司债权人利益责任纠纷

3. 当事人

原告（被上诉人）：运输公司

被告（上诉人）：屠某琴

被告：周某东

【基本案情】

原告运输公司诉称：2011年1月10日，中国海事仲裁委员会作出（2011）海仲京裁字第002号终局裁决书，裁决W公司向原告返还亏舱费、绑扎费等共计417207.75元，并承担仲裁费20018元。因W公司未在裁决书规定的期限内向原告支付相应款项，原告申请法院执行。在执行过程中，双方签署了和解协议，约定：总执行标的为466519.15元，W公司分期支付。但W公司仅支付了77754元。2012年6月25日，2名被告形成股东会决议，决议解散公司，并对公司进行清算。清算期间，未通知原告，也未有效清偿原告的剩余债权，随后，办理了公司注销登记。故原告起诉要求判令2名被告赔偿427641.67元及逾期付款利息。

被告周某东、屠某琴辩称：2名被告的行为不符合《最高人民法院关于适用〈中华人民共和国公司法〉若干问题的规定（二）》第十九条规定的情形，即并未通过虚假的清算报告骗取公司登记机关办理法人注销登记。

法院经审理查明：中国海事仲裁委员会作出（2011）海仲京裁字第002号终局裁决书，裁决W公司向原告返还亏舱费、绑扎费等共计417207.75元，并承担仲裁费20018元，后原告与W公司达成和解协议，确定到2011年1月份欠款本金及利息、仲裁费共466519.15元，分六期均额支付，W公司向原告支付77754元。周某东、屠某琴为W公司股东，各占50%的股权。2012年6月25日，W公司召开股东会，形成决议：1. 解散W公司；2. 成立清算组进行清算，清算组成员为周某东、屠某琴，周某东为清算组负责人。2012年9月11日，W公司向工商行政管理部门申请注销，并提交注销清算报告，报告中载明公司债务已全部清偿、公司财产已处置完毕。两被告作为W公司股东在注销清算报告中承诺公司债务已清偿完毕，若有未了事宜，股东愿意承担责任。W公司提交给税务部门的2012年5月31日资产负债表显示，W公司的负债及所有者权益总计为4568663.14元，资产负债表中并未发现有对原告的债务的记载。

【案件焦点】

股东虚假清算时，债权人是否享有向股东追责的权利。

【法院裁判要旨】

上海市松江区人民法院经审理认为：原告与W公司之间的债权债务已经过仲裁，并作出终局裁决，故W公司应当按照裁决书的内容履行义务。在裁决书的执行过程中，双方达成和解协议，W公司应当按照和解协议的内容履行义务。结合裁决书及和解协议，可以确定原告对W公司享有的债权金额总计为466519.15元，扣除已付款77754元，W公司尚欠388765.15元未付。

2名被告作为W公司的股东决议解散公司，即应当按照法律规定进行清算。在W公司提交给工商行政管理部门的注销申请材料中，未见有其已清理公司资产、制定清算方案并清偿全部公司债务的相应证据。2名被告提供了其自行制作的清算方案及其附件、资产负债表等，但该清算方案未经工商行政管理部门备案，原告对其真实性提出异议，故法院难以采信。在2名被告提交的资产负债表中甚至未体现对原告的债务，故该资产负债表显然不符合法律规定。按照两被告所述，经过清算，W公司的财产不足清偿债务，则清算组即应当按照相关规定向人民法院申请宣告破产，但2名被告仍向工商行政管理部门提交虚假的清算报告，陈述清算组已经通知所有债权人、债务已经清偿、财产已经处置完毕，并承诺“若有未了事宜，股东愿意承担责任”，骗取工商行政管理部门办理注销登记。现原告以此为由，要求2名被告对公司债务承担赔偿责任，于法有据，法院予以支持。

上海市松江区人民法院判决：

被告周某东、屠某琴于本判决生效之日起10日内赔偿原告运输公司款项388765.15元及利息损失。

屠某琴不服一审判决，提起上诉。

上海市第一中级人民法院判决：

驳回上诉，维持原判。

【法官后语】

有限责任公司股东利用公司清算人的优势地位，通过提供虚假资产负债表等材料骗取公司注销登记，从而逃避公司债务。债权人可以向人民法院提起诉讼，就对公司享有的债权，向存有过错的公司股东进行追偿。

本案中，主要涉及的是有限责任公司清算人的义务，包括信义义务、认真履行清算职责等。

本案中，原告与W公司之间的债务已经经过仲裁程序确认，但W公司却经清算公司解散，且在清算过程中两被告作为清算人存在过错，原告有权提起诉讼。

通过本案，发现有限责任公司在清算中会出现以下三类问题：1. 股东利用清算人地位侵害债权人利益。2. 对清算人监管机制不健全。3. 有限责任公司清算人构成过于单一。

为更好保护债权人利益，确保公司清算过程更加公正有效，实践中应注意以下几个方面：1. 确立平衡保护原则，实现公司退出机制的公平公正。在公司清算时，充分保护债权人利益，兼顾员工、股东和社会利益，妥善处理各方利益冲突，实现法律和社会效果有机统一。2. 清算主体多样化。现行公司法和司法解释规定股东为清算主体，而民法典和目前公布的公司法修订草案则规定有限责任公司董事为清算主体，鉴于实践中不参与公司经营的股东作为清算主体无法更好履行清算程序，故清算义务人中增加董事或者其他主体更有助于清算程序的顺利开展。3. 强化第三方干预。在清算过程中，法院如能根据债权人的申请撤销现有清算组，另行指定相关人员进行清算，则可对过错清算人进行惩戒，也是对债权人利益的保障。

从实践中来说，有限责任公司的董事作为公司的执行机构通常直接负责公司运营，了解公司运行情况，要求其承担清算义务具有职务上便利，能够更好保护债权人的利益。

编写人：上海市松江区人民法院　顾凌之

十六、公司清算、解散和破产纠纷

157 合伙承包公司情形下合伙清算的司法介入

——孙1诉于1等合伙协议案

【案件基本信息】

1. 裁判书字号

江苏省无锡市中级人民法院（2020）苏02民终938号民事判决书

2. 案由：合伙协议纠纷

3. 当事人

原告（上诉人）：孙1

被告（上诉人）：于1、邓1

被告（被上诉人）：宋1

【基本案情】

2014年3月31日，孙1与混凝土公司签订《企业内部承包经营协议书》，约定孙1以每年450万元的费用承包混凝土公司，有效期为3年，自2014年4月1日起至2017年3月31日止。协议期满，完成上交承包费，可自愿续签合同，且在同等条件下，享有优先续签权。孙1于2014年6月19日被变更为混凝土公司法定代表人，持股比例为90%。

2015年1月13日，孙1、宋1、胡1、邓1、于1签订《合作经营合同》，约定在孙1承包经营的基础上，宋1等其他四人与孙1

合作，共同合作投资经营管理混凝土公司。合同中约定合作期限为3年或孙1承包混凝土公司期间，各方另对合作经营人权利义务、职务分工、盈亏共担原则、加入退出机制、合作经营终止条件等事项分别进行了约定。合同签订后，各方均确认胡1未实际参与合作。

2019年6月27日，孙1提起诉讼。以合作经营期限已届满，合作人不愿继续合作经营，请求解除合作经营合同；且在合作经营期间内，合作项目产生大量亏损，根据《合作经营合同》应由各合作人共同承担为由，要求对混凝土公司进行审计，并根据审计结果在合伙人之间共担债务。

【案件焦点】

未经清算程序，孙1要求直接对混凝土公司进行审计，并根据审计结果要求各合伙人分担损失的主张应否得到支持。

【法院裁判要旨】

江苏省无锡市锡山区人民法院经审理认为：根据《合作经营合同》约定的内容，孙1、宋1、于1、邓1系实际建立合伙关系，共同承包经营混凝土公司，并以该公司名义对外进行经营活动。根据《中华人民共和国民法通则》第三十二条规定，合伙人投入的财产，由合伙人统一管理和使用；合伙经营积累的财产，归合伙人共有。《中华人民共和国合伙企业法》第八十六条规定，合伙企业解散，应当由清算人进行清算。该法第二十一条规定，合伙人在合伙企业清算前，不得请求分割合伙企业的财产；但是，本法另有规定的除外。本案中，孙1、宋1、于1、邓1已建立合伙关系，虽然没有设立合伙企业，但其合伙的目的是承包混凝土公司经营权，对外以混凝土公司名义从事民事活动，该合伙人之间的法律关系以及合伙人对合伙债务的责任与普通的合伙企业并无不同。因此，本案可以适用民法通则关于个人合伙的规定，亦可参照适用合伙企业法的有关规定。个人合伙终止的，应当进行清算。此外，本案中合伙人在合作经营合同中对清算问题亦进行了约定。该约定系合伙人的真实意思表示，且未违反法律行政法规的强制性规定，当事人应当按约履行。

孙1未经合伙人清算即诉至法院，违反法律规定及合同约定，应予纠正。其在合伙人未经清算的情况下起诉并要求进行审计，于本案处理无益，法院对此不予准许。各合伙人应当按照合作经营合同的约定，指定清算人进行清算。清算后，仍然对合伙财产的分割及亏损的分担有争议的，针对争议部分可以依法另行提起诉讼。

江苏省无锡市锡山区人民法院依照《中华人民共和国民法通则》第三十二条、第三十五条，《中华人民共和国合伙企业法》第八十六条，《中华人民共和国民事诉讼法》第一百四十四条之规定，作出如下判决：

一、解除孙1、于1、宋1、邓1、胡1于2015年1月13日签订的《合作经营合同》；

二、驳回孙1的其他诉讼请求。

孙1、于1、邓1不服一审判决，提起上诉。

江苏省无锡市中级人民法院经审理认为：合伙协议是确定合伙人之间的权利义务关系的协议，是调整合伙人内部关系的依据。各合伙人应当按照《合作经营合同》的约定，指定清算人进行清算。清算后，仍然对合伙财产的分割及亏损的分担有争议的，针对争议部分可以依法另行提起诉讼。

江苏省无锡市中级人民法院依照《中华人民共和国民事诉讼法》第一百七十条第一款第一项的规定，判决如下：

驳回上诉，维持原判。

【法官后语】

个人合伙承包公司，虽未设立合伙企业，但合伙的目的是承包公司经营权，对外以公司名义从事民事活动，则合伙人之间的法律关系以及合伙人对合伙债务的责任与普通的合伙企业并无不同。因此而产生的债权债务纠纷，应参照适用《中华人民共和国合伙企业法》的有关规定进行处理。《中华人民共和国民法典》中专门设立了“合伙合同”一章，在承继原民法通则、合伙企业法相关规定的基础上，对合伙行为作出原则性规定，解决了合伙财产归属、合伙事务执行、合伙盈亏负担及合伙人责任分配等核心问题，与现行的合伙企业法共同构建出调整合伙关系的法律体系。《中华人民共和国合伙企业法》第八十六条第一款规定，合伙企业解散，应当由清算人进行清算；第二十一条规定，合伙人在合伙企业清算前，不得请求分割合伙企业的财产。与之密切相关联的《中华人民共和国民法典》第九百七十八条规定，合伙合同终止后，合伙财产在支付因终止而产生的费用以及清偿合伙债务后有剩余的，依据《中华人民共和国民法典》第九百七十二条的规定进行分配。

据此，合伙合同终止后，应当进行清算。即应对合伙财产以及因合伙产生的债权债务进行结算，先用于清偿各项费用和合伙债务，清偿后有剩余的，合伙人按照合伙协议分配剩余合伙财产；合伙财产不足以清偿有关费用和合伙债务的，合伙人对外承担连带责任，需以个人财产进行清偿。具体到本案中，合伙财产主要表现为对外应收债权，合伙债务主要表现为承包混凝土公司期间的对外债务，但合伙人却从未对合伙产生的债权债务进行清算。本案中，合伙人在合作经营合同中对清算问题亦进行了约定，“合作经营终止后，应当进行清算，清算人由全体合作人担任；未能由全体合作人担任清算人的，需经全体合作人五分之三以上同意，可以自合作经营终止后十五日内指定一名或者数名合作人或者委托第三人担任清算人”，该约定系合伙人真实意思表示，亦未违反法律行政法规的强制性规定，当事人应当按约履行。因此，合伙人未经清算即提起诉讼，并申请以法院审计的形式代替合伙清算，违反法律及合同约定，不应得到支持。

本案需要思考的问题是，合伙未经清算或合伙人无法形成有效的清算人员组成及清算程序的情况下，合伙人的权益如何救济。笔者以为，应当参照公司法强制清算的程序进行，即任一合伙人均有权申请法院强制清算，由法院依法委托第三方机构或审计机构对合伙财产进行清算，并根据清算的结果由各合伙人分担亏损、分享利润。实践中，对承包公司合伙财产如何认定是复杂和系统的问题，为了便于操作，应当按照入伙以及退伙的时间节点，分别对公司所有者权益进行审计，退伙时的所有者权益减去入伙时的所有者权益即为合伙财产，若为正数，则代表尚有合伙财产进行分配，反之，则表示合伙财产处于亏损，应当由各合伙人分担相应数额的亏损。

当然，在具体的清算过程中，有观点认为，若合伙人或者债权债务人对相关实体权益产生争议，应当通过协商解决，不能解决的，则另行通过诉讼的形式进行。还有观点认为，若被承包的公司在承包期内有未决债权债务，则不具备清算的条件，由此，法院应驳回合伙人的清算申请，告知其待条件具备时再行诉讼。该观点亦有其合理之处。总之，在目前尚无法律明确规定的情况下，为实现审判效率与拒绝裁判之间的平衡，法院应当设计科学合理的程序规则，并借助意思自治原则稳妥推进清算程序的进行。

编写人：江苏省无锡市锡山区人民法院 吴修贵 曹道清

158 关于有限责任公司清算义务人及其责任的认定

——某合伙企业诉姜1、刘1股东损害公司债权人利益责任案

【案件基本信息】

1. 裁判书字号

北京市第三中级人民法院（2020）京03民终11313号民事判决书

2. 案由：股东损害公司债权人利益责任纠纷

3. 当事人

原告（被上诉人）：某合伙企业

被告（上诉人）：姜1

被告：刘1

【基本案情】

资产管理天津分公司与砼业公司、担保公司借款合同纠纷一案，经过一审、二审、再审，北京市高级人民法院于2017年9月26日作出（2017）京民再51号生效民事判决书，判令砼业公司偿还资产管理天津分公司借款本金723000元及利息（其中，2010年

12月28日前的利息为114988.53元，自2010年12月29日起至实际给付之日止的利息、复利、罚息，按照《借款合同》约定的利率标准计算）；担保公司对砼业公司的上述债务向资产管理天津分公司承担连带保证责任；担保公司承担连带保证后，有权向砼业公司追偿。

2018年1月24日，资产管理天津分公司作为甲方与乙方某合伙企业签署《分户债权转让协议》，约定甲方将其对债务人为砼业公司共计1笔债权转让给乙方，具体每笔贷款债权见所附分户债权转让清单。自2017年12月29日起，乙方成为新的债权人，取代甲方的债权人地位。甲方与转让标的有关的全部从权利，以及甲方曾与债务人或其担保人达成的相关协议项下的权利，全部由乙方享有。该份协议所附的《分户债权转让清单》中载明，转让基准日为2017年9月30日，债务人砼业公司，借款合同编号2008和平企借00016号，本金金额723000元、利息金额1690146.42元，担保人为担保公司。2018年1月29日，资产管理天津分公司与某合伙企业在《金融时报》刊登了《资产管理天津分公司与某合伙企业债权及其相关权益催收暨转让联合公告》，其中包含上述涉案债权。

随后，某合伙企业向法院申请强制执行。2018年6月15日，法院作出（2017）京0105执4919号执行裁定书，因担保公司、砼业公司名下无房、无车、无银行存款，无经营地点，无财产可供执行，裁定终结本次执行程序。

砼业公司系2001年4月23日成立的有限责任公司，注册资本为5000万元，法定代表人刘1，目前工商登记的股东及出资情况为，姜1认缴出资4000万元，刘1认缴出资1000万元，出资时间为2009年1月22日。因砼业公司未在规定期限内接受2012年度企业年检，也未在规定的截止日期前补办年检手续，2013年11月19日，工商行政管理部门吊销了砼业公司营业执照并要求其股东组成清算组负责清算。截至目前，砼业公司仍处于吊销营业执照状态。经询问，姜1、王1均表示，砼业公司账册、重要文件等部分丢失，无法进行清算，企业也没有可供偿债的财产。

根据司法科学证据鉴定中心出具的《司法鉴定意见书》，砼业公司工商档案中《董事会成员、经理、监事任职证明》，落款时间为2009年1月12日的《砼业公司章程》《砼业公司第二届第一次股东会决议》《出资转让协议书》上姜1的签名均非本人所签。

庭审中，某合伙企业提交了（2014）朝民初字第11008号民事判决书和（2014）三中民终字第15324号民事判决书，用以证明姜1参与过砼业公司的相关诉讼，对自己股东身份知情且无异议。该份民事判决书中载明，姜1为砼业公司的大股东。

庭审中，姜1申请王1作为证人出庭作证。王1述称，其为砼业公司实际控制人，公司债务应由其个人承担。2008年、2009年，因为王1无法被登记成公司法定代表人、股东，故其向刘1、姜1借了身份证，在二人不知情的情况下，将刘1登记为砼业公司法定代表人，将二人登记为公司股东，而实际上二人与砼业公司并没有关系，亦不清楚公司经营、债务情况。

另查明，姜1与砼业公司、王1、某合伙企业人格权纠纷一案中，姜1提出如下诉讼请求：1. 砼业公司就盗用身份信息一事停止侵害、排除妨碍、消除影响并赔礼道歉；2. 王1对盗用一事与砼业公司承担连带责任；3. 砼业公司和王1赔偿姜1精神损失5万元。2020年4月30日，法院审理后作出（2018）京0105民初81616号一审民事判决书，驳回姜1的全部诉讼请求。该份民事判决书尚未生效。

本案中，某合伙企业起诉要求砼业公司股东姜1、刘1对（2017）京民再51号民事判决书中确认的砼业公司应偿还本金723000元的债务向某合伙企业承担连带清偿责任。

【案件焦点】

有限责任公司清算义务人及其责任的认定。

【法院裁判要旨】

北京市朝阳区人民法院经审理认为：《中华人民共和国公司法》第一百八十条、第一百八十三条规定，公司因依法被吊销营业执照、责令关闭或者被撤销而解散，在解散事由出现之日起十五日内，公司应当成立清算组，开始清算。有限责任公司的清算组由股东组成。本案中，砼业公司的债务经过人民法院生效裁判文书确认，资产管理天津分公司具有合法债权人身份。后经债权转让，某合伙企业成为砼业公司债权人，姜1、刘1辩称某合伙企业主体不适格，缺乏依据，本院不予采纳。砼业公司于2013年11月19日被依法吊销营业执照，出现解散事由，应当在十五日内组成清算组自行清算。但直至本案开庭之时，砼业公司未进行清算，其股东依法应当承担清算责任。双方的争议焦点在于：姜1、刘1是否为砼业公司股东，在砼业公司无法清算的情况下，应否对公司债务承担连带清偿责任。

关于股东身份的问题。根据法律规定，当事人对自己提出的诉讼请求所依据的事实或者反驳对方诉讼请求所依据的事实，应当提供证据加以证明，但法律另有规定的除外。在作出判决前，当事人未能提供证据或者证据不足以证明其事实主张的，由负有举证证明责任的当事人承担不利的后果。本案中，姜1、刘1是砼业公司工商登记的股东，债权人对于企业工商登记信息具有信赖利益。虽然姜1、刘1否定其股东资格，但并未提交充分的证据予以证明，应当承担举证不利的后果。故姜1、刘1辩称不是砼业公司的股东，本院不予采纳。至于姜1、刘1所述的王1系实际控制人、王1应承担相应责任的意见，与本案不属于同一法律关系，当事人可另案予以解决。

关于无法清算的问题。《最高人民法院关于适用〈中华人民共和国公司法〉若干问题的规定（二）》第七条第一款规定，公司应当依照公司法第一百八十三条的规定，在解散事由出现之日起十五日内成立清算组，开始自行清算；第十八条第二款规定，有限责任公司的股东因怠于履行义务，导致公司主要财产、账册、重要文件等灭失，无法进行清算，债权人主张其对公司债务承担连带清偿责任的，人民法院应依法予以支持。本案中，砼业公司于2013年11月19日被吊销营业执照，股东姜1、刘1对砼业公司负有依法清算义务。但直至某合伙企业提起本案诉讼时，姜1、刘1未依法组成清算组对砼业公司进行清算，且其怠于履行清算义务，导致砼业公司主要财产、账册、重要文件等灭失，无法进行清算。债权人某合伙企业主张砼业公司股东对公司债务承担连带清偿责任，合法有据，本院予以支持。

关于诉讼时效的问题。股东向公司债权人承担的清算清偿责任属于侵权责任，公司债权人以《最高人民法院关于适用〈中华人民共和国公司法〉若干问题的规定（二）》第十八条第二款为依据，请求有限责任公司的股东对公司债务承担连带清偿责任的，诉讼时效期间自公司债权人知道或者应当知道公司无法进行清算之日起计算。本案中，砼业公司于2013年11月19日被吊销营业执照后，一直未依法进行清算，公司股东当庭表示砼业公司账册、重要文件等部分丢失，无法进行清算。姜1辩称债权人提起诉讼超过诉讼时效，需举证证明某合伙企业何时知道或者应当知道砼业公司股东怠于履行清算义务导致公司无法清算的事实。否则，应以砼业公司股东自认公司无法清算的时间为诉讼时效的起算点。同时，即使从某合伙企业受让债权的时间即2018年1月起算诉讼时效，某合伙企业的起诉亦未超过诉讼时效期间。姜1的该项抗辩意见，缺乏依据，本院不予采纳。

综上，依照《中华人民共和国公司法》第一百八十条、第一百八十三条，《最高人民法院关于适用〈中华人民共和国公司法〉若干问题的规定（二）》第十八条第二款，《中华人民共和国民事诉讼法》第六十四条第一款之规定，判决如下：被告姜1、刘1对北京市高级人民法院（2017）京民再51号民事判决书确认的砼业公司应偿还本金723000元的债务向原告某合伙企业承担连带清偿责任。

姜1不服一审法院判决，向北京市第三中级人民法院提起上诉。

北京市第三中级人民法院经审理认为：根据公司法的相关规定，公司因依法被吊销营业执照、责令关闭或者被撤销而解散，应当在解散事由出现之日起十五日内成立清算组，开始清算。有限责任公司的清算组由股东组成。有限责任公司的股东因怠于履行义务，导致公司主要财产、账册、重要文件等灭失，无法进行清算，债权人主张其对公司债务承担连带清偿责任的，人民法院应依法予以支持。

本案中，根据查明的事实，矽业公司于2013年11月19日被吊销营业执照，故矽业公司应于该事由出现之日起十五日内成立清算组进行清算，但矽业公司至今仍未成立清算组进行清算，故矽业公司的股东应对此承担清算责任。关于某合伙企业主体资格的问题。根据查明的事实，某合伙企业系通过与资产管理天津分公司签订《分户债权转让协议》的方式受让涉案债权，并在《金融时报》刊登公告，故某合伙企业系矽业公司涉案债务的合法债权人，其提起本案诉讼，符合法律规定。

关于姜1、刘1的股东身份问题。根据矽业公司的工商登记信息显示，矽业公司于2001年4月23日成立，注册资本为5000万元，法定代表人为刘1，股东为姜1、刘1，其中姜1认缴出资4000万元，刘1认缴出资1000万元。姜1虽上诉主张其并非矽业公司的股东，亦未实际出资，但对此并未提交充分证据予以证明，且（2014）三中民终字第15324号民事判决书中亦确认“姜1为矽业公司的大股东”，故在姜1未充分举证的情况下，股东情况应以工商登记信息为准。姜1作为矽业公司的股东，负有清算的义务和责任。矽业公司于2013年被吊销营业执照，至今已近7年时间，姜1在一审中亦自认矽业公司的账册、重要文件等部分丢失，无法进行清算，故姜1、刘1作为矽业公司的股东应对此承担相应责任。

《最高人民法院关于印发〈全国法院民商事审判工作会议纪要〉的通知》第十六条第二款规定，“公司债权人以《公司法司法解释二》第18条第2款为依据，请求有限责任公司的股东对公司债务承担连带清偿责任的，诉讼时效期间自公司债权人知道或者应当知道公司无法进行清算之日起计算”。某合伙企业于2018年1月受让涉案债权，于2018年5月提起本案诉讼，结合姜1在一审庭审中对于砼业公司无法进行清算的陈述等情况，在姜1、刘1未提交其他证据证明某合伙企业对于砼业公司无法进行清算事宜提前知情的情况下，本案的诉讼时效应以姜1在该庭审陈述之日起算，故某合伙企业提起本案诉讼，未超过诉讼时效。

关于姜1主张王1应对涉案债务承担责任的问题，与本案不属同一法律关系，本案对此不予处理，其可另行主张。

综上所述，姜1的上诉请求不能成立，应予驳回；一审判决认定事实清楚，适用法律正确，应予维持。依照《中华人民共和国民事诉讼法》第一百七十条第一款第一项之规定，判决如下：

驳回上诉，维持原判。

【法官后语】

清算义务人，是指基于其与公司之间存在的特定法律关系而在公司解散时对公司负有依法组织清算义务，并在公司未及时清算给相关权利人造成损害时依法承担相应责任的民事主体。依据我国公司法的相关规定，有限责任公司的清算组由股东组成。在有限责任公司发生公司法规定的特定的解散事由时，该有限责任公司的股东即应当在特定时间内组成清算组对公司的债权债务等进行清算，该清算程序作为公司注销的前置程序，系公司退出经济市场的必经程序。

关于有限责任公司股东未能按照公司法的规定履行清算义务须承担的责任问题，依据《最高人民法院关于适用〈中华人民共和国公司法〉若干问题的规定（二）》第十八条的规定，有限责任公司的股东因怠于履行义务，导致公司主要财产、账册、重要文件等灭失，无法进行清算，债权人主张其对公司债务承担连带清偿责任的，人民法院应依法予以支持。根据上述规定，有限责任公司的股东承担清算责任须满足以下几个条件：

首先，有限责任公司的股东存在怠于履行清算义务的情形。根据公司法的相关规定，有限责任公司的股东应当在公司出现解散事由之日起十五日内成立清算组，开始清算。但在实践中，有限责任公司的股东多以其不了解公司实际经营管理情况、不掌握公司清算材料、不是公司的实际控制人为由进行抗辩。综合考虑有限责任公司经营管理的具体情况等，确实存在小股东不参与公司实际经营、客观无法进行清算的情况，故对于清算义务主体的确定，不应简单地以是否具备股东身份来进行“一刀切”的认定，亦应考虑该股东是否存在能够履行清算义务但怠于履行的情况。例如，在公司出现了法定的清算事由后，该股东是否存在故意拖延、拒绝履行清算义务的情况，或者因过失导致公司清算材料灭失无法进行清算的情况等。如该股东能够举证证明其已经为履行清算义务采取了积极措施，或举证证明其作为公司的小股东，从未参与过公司的经营管理，客观无法履行清算义务的，则在审判实践中不宜将其认定为“怠于履行清算义务”。

其次，该股东的消极不作为造成了公司主要财产、账册、重要文件等灭失，无法进行清算的法律后果。怠于履行清算义务而引发的清算责任，实质上应为侵权责任，故对于因果关系的认定亦应作为股东承担清算责任的前提条件。在实践中，因公司无法进行清算的原因存在多样性，故对于该因果关系的认定亦应严格把握，不宜将股东承担清算责任作简单化、扩大化的处理，只有在股东怠于履行清算义务造成了公司主要财产、账册、重要文件等灭失，无法进行清算的后果时，该股东才应作为承担清算责任的主体。如该股东能够举证证明其消极不作为与公司主要财产、账册、重要文件等灭失，无法进行清算的法律后果之间没有因果关系的，即便其确实存在“怠于履行清算义务”的行为，亦不宜将其认定为承担清算义务的主体。

最后，债权人起诉要求该有限责任公司股东承担清算责任，须满足诉讼时效的相关规定。《全国法院民商事审判工作会议纪要》对于公司债权人以上述法律规定为依据请求有限责任公司股东承担清偿责任的诉讼时效进行了讨论，并确定公司债权人以《最高人民法院关于适用〈中华人民共和国公司法〉若干问题的规定（二）》第十八条第二款规定为依据请求有限责任公司股东对公司债务承担连带清偿责任的，诉讼时效期间自公司债权人知道或者应当知道公司无法进行清算之日起计算。但在实践中，对于如何确定“知道或者应当知道公司无法进行清算”存在不同的观点。有观点认为，债权人只有在公司强制清算程序终结之时才能确定知道该公司无法进行清算，故诉讼时效的起算点应为该程序终结之时；也有观点认为，只要债权人通过法院强制执行程序依然无法获得清偿，即可推定为该公司已无法进行清算，诉讼时效自该执行终结本裁定作出之日起清算；还有观点认为，因有限责任公司的股东应组成清算组进行清算的法定期限为出现解散事由之日起十五日内，故该诉讼时效的起算之日应为该期间届满后。从合理分配举证责任的角度出发，应根据不同案件的具体情况对该“知道或者应当知道公司无法进行清算”的时间进行确定，平衡公司债权人利益与股东权益的保护。

就本案而言，某合伙企业作为砼业公司的合法债权人，在砼业公司财产不足以偿还涉案债务的情形下，要求砼业公司股东姜1、刘1对此承担清算责任。通过对事实的查明及认定，姜1系砼业公司股东，刘1系砼业公司股东及法定代表人，其二人虽主张从未参与过公司的经营管理，但对此并未提供充分证据予以证明，且砼业公司的股东仅为姜1、刘1二人，刘1作为砼业公司的法定代表人，亦应对公司的整体经营情况负有责任，现砼业公司的账册、重要文件等丢失，导致无法进行清算，姜1、刘1对此应负有相应责任，系构成公司法规定的“怠于履行清算义务”的情形，且该行为与砼业公司无法清算的后果之间存在因果关系；某合伙企业于2018年5月提起本案诉讼，亦符合有关诉讼时效的规定，故在本案中，姜1、刘1作为砼业公司的股东，应对此承担连带清偿责任。

编写人：北京市第三中级人民法院　王东军　薛保潇

159 清算义务人在清算过程中恰当通知债权人申报债权后能否免责

——李1诉王1等清算责任案

【案件基本信息】

1. 裁判书字号

北京市第二中级人民法院（2020）京02民终9813号民事判决书

2. 案由：清算责任纠纷

3. 当事人

原告（上诉人）：李1

被告（被上诉人）：王1、梁1、郗1

【基本案情】

Y公司设立于2003年9月20日，股东包括王1、梁1与郗1。2007年12月，北京市密云区人民法院作出（2007）密民初字第5846号民事判决书，判令Y公司给付李1货款79000元及相应利息。该判决书首部李1自行申报的住所地为北京市朝阳区某地（系李1的户籍地）。2008年3月31日，李1向北京市密云区人民法院就上述判决申请强制执行，北京市密云区人民法院没有发现Y公司存在可供执行的财产，并于2008年11月20日以终结本次执行的方式结案。

2017年，Y公司经股东会决议决定组成清算组，并对Y公司进行清算。2017年9月25日，Y公司清算组在北京晨报上刊登清算公告，请债权人李1在见报四十五日内申报债权，申报期间为四十五日，公告中还附有清算组成员名单与联系方式、地址。另根据郗1自述，在2017年9月28日，清算组向李1在北京市朝阳区某地的住址邮寄清算通知。同日，清算组还自行前往前述地址寻找李1，并经询问街坊后在疑似该地大门张贴了清算通知。

Y公司在完成注销前，根据清算组出具的清算报告显示Y公司的债权债务已经清理完毕。清算组成员王1、郗1与梁1三人在清算报告上签字确认。此后，Y公司召开股东会，表决并决定注销Y公司，Y公司注销后的未尽事宜由股东承担，全体股东一致确认清算报告内容。2017年11月16日，北京市工商行政管理局丰台分局核定准予Y公司注销。

庭审中，李1表示北京市朝阳区某地系其配偶的房产，婚后李1将户籍落在此地，但李1本人在1998年就搬离此地，不在此地居住。

【案件焦点】

1. Y 公司清算组是否履行了向李 1 通知申报债权的清算义务；2. 李 1 是否有权请求清算组成员直接向其清偿 Y 公司注销前对李 1 所负债务。

【法院裁判要旨】

北京市西城区人民法院经审理认为：关于第一项争议焦点，首先，应当判断案涉北京市朝阳区某地是否为李 1 的住所地。根据（2007）密民初字第 5846 号民事判决书与本案中李 1 所提交起诉书和身份证复印件，李 1 在长达十余年的时间里始终向法院主张北京市朝阳区某地为其住所地，因此郗 1 等涉诉相关人员可以合理信赖李 1 在 2007 年至 2019 年，仍然以北京市朝阳区某地作为其有效住所地。其次，一审法院认为根据现有证据材料能够认定郗 1 等以朝阳区某地为受送达地履行了通知债权人申报债权的清算义务。郗 1 提交的证据材料能够证明其采用了上门送达和邮寄送达两种方式。此外，提供准确的住所地是诉讼参与人的应尽义务，李 1 本人户籍落在此地，应当知晓该地的送达难度与客观障碍。即使郗 1 等人确实未能准确找到北京市朝阳区某地，郗 1 等人也基于自身能力与经验恰当地履行了通知义务，对此李 1 未能实际收到通知的客观后果也不具有可归责的过错情形。最后，关于清算组为债权人预留的申报期限是否充足。本案中，有证据显示 Y 公司清算组于 2017 年 9 月 28 日向李 1 进行送达，通知其申报债权期限为三十日；根据清算组于同日在北京晨报上所刊登清算公告，债权人申报期限为四十五日；两者取其后，则李 1 至迟应当于 2017 年 11 月 13 日（前日为周日，不作为期间届满日）向清算组申报债权。而 Y 公司于 2017 年 11 月

16 日完成注销登记，其间为李 1 预留了合理的申报期限，综合上述理由，一审法院确认清算组恰当地对李 1 履行了通知清算义务。

关于第二项争议焦点，一审法院针对李 1 分别主张的逃避债务、恶意处置公司财产、明知资不抵债却仍然自行清算以及谎称债权债务清理完毕骗取注销登记分别评述如下：首先，关于逃避债务一节，一审法院认为李 1 作为债权人，早在 2007 年便已起诉 Y 公司，并在 2008 年进入强制执行程序，但因 Y 公司没有可供执行财产，因此其债权始终无法得到清偿。换言之，Y 公司自 2008 年至 2017 年清算的十年时间内，持续处于没有清偿能力的资不抵债状态，也没有证据显示 Y 公司曾获得可供执行财产，部分恢复清偿能力。其次，在 2017 年清算时，Y 公司清算组已经恰当地对李 1 履行了通知清算义务，因此也不能认定所谓逃避债务的情形存在。关于恶意处置财产损害债权人利益，一审法院认为对于 Y 公司是否存在恶意处置财产的情形，因 Y 公司在长达十年的时间内持续处于没有可供执行财产的资不抵债状态，根据常理，在 2017 年清算时公司重新拥有财产的可能性极低，在债权人未就此举证的情况下，一审法院难以认定该种情形成立。关于资不抵债应当申请破产清算以及以虚假清算报告骗取注销登记一节，一审法院认为 Y 公司在资不抵债的情形下应当向人民法院申请破产清算，其自行组织清算并申请注销确实存在违法之处，但仅凭这种违法情形尚不能认定侵权责任必然成立，仍然需要审查“虚假的清算报告”“骗取公司登记机关办理法人注销登记”是否存在，以及债权人损失与上述行为是否存在因果关系。对此，一审法院认为虽然清算组所出具的清算报告中载明“债权债务已经清理完毕”，但从审慎审查虚假行为的裁判立场出发，存在将此处已经清理完毕的债权债务解释为对已经申报的债权债务清理完毕的合理可能。而在存在这种合理解释可能的情况下，不应贸然认定存在“虚假清算报告”，进而亦不能认定“骗取注销登记”行为的存在。最后，基于Y公司长期处于没有可供执行财产的情况下，即使更早地组织清算，或进行破产清算，也并不必然能够保证李1的债权能够实际得到清偿，因此一审法院难以认定上述违法情形与李1案涉债权未获清偿所致损失之间存在因果关系。

北京市西城区人民法院依照《中华人民共和国公司法》第二十条、第一百八十五条，《最高人民法院关于适用〈中华人民共和国公司法〉若干问题的规定（二）》第十七条、第十九条，《中华人民共和国民事诉讼法》第一百四十四条之规定，作出如下判决：

驳回原告李1的诉讼请求。

李1不服一审判决，向北京市第二中级人民法院提起上诉。

北京市第二中级人民法院经审理认为：二审法院认为本案争议焦点包括：1. Y公司清算程序是否存在违法情形；2. 王1、梁1、郗1是否应当向李1承担赔偿责任。

针对争议焦点一，二审法院认为郗1已经举证证明其向李1邮寄清算通知，在李1未能提交反证的情况下应采纳郗1的主张；玉华隆清算组采用在北京晨报上刊登清算公告的方式也符合法律规定；关于Y公司自行清算一节，二审法院认为Y公司清算组履行对李1的通知义务后，李1既未在Y公司清算组通知的期限内申报债权，也未在清算程序终结前申报债权，且Y公司经过生效执行裁定确认，已无可供执行的财产，Y公司未进入破产清算程序，对李1的债权不产生实质损害。因此，二审法院认为Y公司清算组履行了对李1的通知义务，并按照相关法律和司法解释规定进行了相应的清算公告，李1关于Y公司清算程序不合法的上诉理由，二审法院不予采纳。

针对争议焦点二，二审法院认为王1、梁1、郗1作为Y公司的股东和清算组成员，对Y公司债权人承担赔偿责任的前提是存在怠于履行清算义务或恶意处置Y公司财产或未经清算即办理注销登记的行为，且上述行为与李1的债权无法受偿的结果之间存在因果关系。根据查明的事实，经过北京市密云区人民法院的生效执行裁定书确认，Y公司已无财产可供执行，因此李1的债权无法获得清偿与Y公司是否进行清算以及王1、梁1、郗1的行为并无因果关系，故对此上诉理由，二审法院不予采信。

二审法院依照《中华人民共和国民事诉讼法》第一百七十条第一款第一项之规定，判决如下：

驳回上诉，维持原判。

【法官后语】

通常情况下，清算责任纠纷并非债权人首选的诉讼路径。仅在债权人已经起诉债务人公司，但却无法在执行程序中足额受偿的情况下，债权人才有可能选择向公司清算义务人主张其清算责任。但是近年来伴随着宏观经济中的各种难题，中小企业经营困难的困境越发凸显，不能通过基础债权足额受偿的债权人逐渐增多，相应地导致此类案件数量骤升。而司法实务中审理此类案件的法律争议则主要集中于以下两项：一是公司成立清算组进行清算，但清算组并未通知已知债权人申报债权时清算义务人是否承担清算责任；二是公司出现法定解散事由后，但并未及时成立清算组时清算义务人是否承担清算责任。本案例恰好对以上两项争议均有回应。

一、清算义务人通知已知债权人申报债权这一清算义务的法律效果

清算意味着公司法人人格走向消灭，公司独立的财产亦将完全

分配，在公司法人人格消灭前，债权人能否参与公司剩余财产的分配过程，对债权人至为重要。而要保障债权人这一受偿权利，首先必须充分保护债权人对清算程序开始的知情权。根据《最高人民法院关于适用〈中华人民共和国公司法〉若干问题的规定（二）》第十一条第二款规定，清算组在清算过程中必须通知已知债权人申报债权。若清算组未恰当履行通知义务，导致债权人未及时申报债权而未获清偿，清算组成员应对造成债权人的损失承担赔偿责任。由此可以认为，清算组未充分履行通知义务构成使清算义务人承担损害赔偿责任的充分要件。实践中，若公司虽然完成注销登记，但清算组却未能举证证明在清算过程中曾向已知债权人履行通知义务，清算义务人必然承担对债权人的损害赔偿责任。

然而，若清算组恰当地对已知债权人履行了通知申报债务义务，但债权人却因可归责于自身的过错错失申报债权的时机，导致公司注销登记后债权仍然未获清偿。此时债权人这一过错在清算责任的认定过程中将产生何种效果？对此问题，本文认为虽然公司法与公司法解释并未给出直接回应，但通过对《最高人民法院关于适用〈中华人民共和国公司法〉若干问题的规定（二）》第十三条和第十四条的解释，可以认为债权人的上述过错绝非不会产生任何影响。具体分析过程如下：

首先，根据《最高人民法院关于适用〈中华人民共和国公司法〉若干问题的规定（二）》第十三条规定，债权人仅在清算报告经股东会确认完毕前完成补充申报的，清算组才予以登记债权。依反向解释，若债权人在清算程序终结之后才进行补充申报的，清算组有权拒绝登记债权，其效果等同于债权人自行放弃使其债权受偿的可能。

其次，根据《最高人民法院关于适用〈中华人民共和国公司法〉若干问题的规定（二）》第十四条第一款规定，债权人因重大过错未在规定期限内申报债权的，即使其在清算程序终结前完成补充申报，其对公司剩余财产受偿的优先顺位亦劣后于公司股东。而根据《中华人民共和国公司法》第一百八十六条第二款规定，股东仅能在公司清偿全部已知债务后才能对公司剩余财产进行分配。换言之，股东的优先顺位劣后于所有其他债权人。在此情况下，应当推定因重大过错未能申报债权的债务人对公司剩余可分配财产实质丧失受偿权利。

最后，根据《最高人民法院关于适用〈中华人民共和国公司法〉若干问题的规定（二）》第十四条第二款规定，补充申报的债权人不能以未足额受偿为由，要求对公司重新进行破产清算。换言之，《最高人民法院关于适用〈中华人民共和国公司法〉若干问题的规定（二）》在此已经预见到公司在自行清算过程中可能存在的资不抵债情形，而对于补充申报的债权人，因其自身存在可归责的过错，丧失对公司进行破产清算以期重新分配公司剩余财产的权利。对此，同样可以解释为债权人将自行承担其债权不能足额受偿的风险。

综上所述，通过对《最高人民法院关于适用〈中华人民共和国公司法〉若干问题的规定（二）》第十三条和第十四条规定的反向解释以及体系解释，可以认为债权人因可归责于自身的重大过错而未能完成申报债权的，其待申报债权的受偿顺位劣后于股东，由此造成的法律后果是该债权人原则上将丧失基于《最高人民法院关于适用〈中华人民共和国公司法〉若干问题的规定（二）》相关规定向清算义务人主张清算义务的请求权基础。相应地，若清算组举证证明其向已知债权人充分、恰当地履行通知申报债权的清算义务，而债权人因上述过错导致其未能及时申报债权的，按照前述解释结论，该债权人丧失对公司剩余财产的受偿权利，除非债权人举证证明清算程序存在属于《最高人民法院关于适用〈中华人民共和国公司法〉若干问题的规定（二）》第二十三条第一款规定的违法情形。

二、公司出现法定解散事由后，但并未及时成立清算组时清算义务人是否承担清算责任

对此争议，《全国法院民商事审判工作会议纪要》从怠于履行清算义务的认定、因果关系抗辩以及诉讼时效期间三方面给出了避免利益明显失衡现象的方案。其中，因果关系抗辩这一项对于指导清算责任纠纷案件审理极有助益。例如，公司作为被执行人，经强制执行后，法院认定该公司无财产可供执行，并作出终结本次执行的裁定。此后，公司出现各种法定解散事由，导致需要清算但实际上未能清算的。因公司此时已没有可执行财产，换言之，偿债能力已经丧失。此时公司清算义务人是否实际履行清算义务，与债权人在执行程序中无法获得清偿的损失，已不存在因果关系。根据《全国法院民商事审判工作会议纪要》上述规定，可以支持清算义务人关于因果关系的抗辩意见。而此处的未能清算与存在较为轻微违法情节的清算程序也可作类推适用。

如前所述，清算责任纠纷以及诉讼功能相似的股东损害债权人利益责任纠纷在短期未来内案件数量将居高不下。本案判决充分保护了已恰当履行通知义务的清算组成员的期待利益，合理地加重了自身存在重大可归责过错的债权人的举证责任，在债权人与公司股东之间实现了较为均衡的利益分配。清算组履行通知义务固然是合法启动清算程序的第一步，但债权人亦有义务积极申报债权，在清算组的主持下有效率地实现债权。本案裁判思路的推广，将有助于提醒债权人尽快主张申报债权的权利，有利于增加清算组合法执行

清算事务的积极性，对提升我国商事主体营商环境亦将有所助益。

《中华人民共和国民法典》施行后本案所确立的裁判规则仍可继续适用。

编写人：北京市西城区人民法院　宋健

160 债权人在先主张的清算赔偿责任不因企业进入破产程序而当然免除或转化

——科技公司诉创业投资公司、童1股东损害公司债权人利益责任案

【案件基本信息】

1. 裁判书字号

北京市第一中级人民法院（2020）京01民终6273号民事判决书

2. 案由：股东损害公司债权人利益责任纠纷

3. 当事人

原告（上诉人）：科技公司

被告（被上诉人）：创业投资公司、童1

【基本案情】

机电技术公司成立于2000年5月17日。被告创业投资公司系机电技术公司第二大股东，机电技术公司股东还包括被告童1（出资占比5.44%）等44名自然人股东和其他法人股东；童1系公司法定代表人。机电技术公司工商局备案的2003年度年检报告记载公司资产总额为1380万元，净资产为37万元。

2004年11月4日，科技公司（申请人）就机电技术公司（被申请人）拖欠工程款向北京仲裁委员会申请仲裁，北京仲裁委员会于2005年2月1日作出（2005）京仲裁字第0082号裁决书，裁决机电技术公司向科技公司支付工程款2141293.6元、逾期付款违约金107064.68元、仲裁费用43288元，自裁决送达之日起十日内支付完毕、逾期未付则按中国人民银行有关逾期付款的规定办理。

2005年3月25日，科技公司就上述裁决书向北京市海淀区人民法院申请了强制执行，收到执行款18800元。该院于2005年12月19日作出（2005）海行执字第3717号民事裁定书，载明对该公司名下车辆和账户进行冻结和查封后，申请人不能提供被执行人其他可供执行财产或财产线索，该院亦查找不到被执行人的其他财产，故裁定终结执行。

2006年10月12日，北京市工商行政管理局昌平分局作出京工商昌处字（2006）第D8122号行政处罚决定书，记载因机电技术公司未在规定期限内接受2005年度企业年检亦未在规定日期前补办年检手续，决定吊销机电技术公司的营业执照。

另，创业投资公司提供证人张1，当庭陈述公司从2005年开始经营困难，之前工资支付正常，2006年因公司欠付房租其经营地被业主收回。

2019年10月24日，本院裁定受理创业投资公司对机电技术公司提起的破产清算申请，并裁定机电技术公司进入破产程序。截至本案庭审结束之前，该破产案件仍在审理中，机电技术公司财务账册及重要文件尚无查询结果。

【案件焦点】

债权人在先主张的清算赔偿责任是否因企业进入破产程序而当然免除或转化。

【法院裁判要旨】

北京市昌平区人民法院经审理认为：公司解散清算与破产清算是具有不同功能和不同适用条件的程序，股东等责任主体因此负担的程序义务及相应责任亦存在差异。在一般情况下，如果依据《中华人民共和国公司法》相关规定提起的清算责任之诉在先，则公司之后进入破产程序并不必然吸收清算责任之诉。但是，在公司同时具备破产清算条件和强制清算条件时，公司进入破产程序，基于公平保护全体债权人利益考量，对于因股东等责任主体行为导致债务人主要财产、账册、重要文件等灭失致使无法清算、给债权人的债权造成损失的，应由管理人请求上述主体承担相应损害赔偿责任并将因此获得的赔偿归入债务人财产。

本案中，债务人公司即机电技术公司于2006年10月12日被吊销营业执照，经审理查明，在2005年机电技术公司已出现多件执行案件未能全部执行，在2006年机电技术公司被吊销营业执照前后，涉及机电技术公司执行案件因查无财产及财产线索而终结，证人张1作为公司员工对于公司经营情况的陈述与公司涉及案件的执行情况相符。根据《中华人民共和国企业破产法》第二条第一款“企业法人不能清偿到期债务，并且资产不足以清偿全部债务或者明显缺乏清偿能力的，依照本法规定清理债务”的规定，则机电技术公司在吊销营业执照时已具备破产原因。公司法规定的公司解散后清算责任是以公司资大于债为前提，而在公司具备破产原因时，该前提基础并不存在，为确保所有债权人公平清偿，以及对公司有限责任原则的考量，应由机电技术公司破产案件的管理人进行追偿。

《最高人民法院关于适用〈中华人民共和国公司法〉若干问题解释（二）》第十八条第二款规定：有限责任公司的股东、股份有限公司的董事和控股股东因怠于履行义务，导致公司主要财产、账册、重要文件等灭失，无法进行清算，债权人主张其对公司债务承担连带清偿责任的，人民法院应依法予以支持。认定股东等责任主体是否对于公司债务承担连带清偿责任，要件之一为其怠于履行义务与公司主要财产、账册、重要文件等灭失存在因果关系。根据本案查明情况，机电技术公司在吊销营业执照时已出现不能清偿到期债务的破产原因，无法认定未经清算导致了公司缺乏主要财产的结果。

北京市昌平区人民法院依照《中华人民共和国公司法》第三条、第一百八十三条，《中华人民共和国企业破产法》第二条第一款，《最高人民法院关于适用〈中华人民共和国公司法〉若干问题解释（二）》第十八条第二款，《中华人民共和国民事诉讼法》第六十四条之规定，判决如下：

驳回原告科技公司的诉讼请求。

科技公司不服一审判决，提起上诉。

北京市第一中级人民法院经审理认为：债务人进入破产清算程序后，从债权人公平受偿、避免不当突破股东有限责任的角度出发，系由管理人先行主张上述赔偿，而在判定债务人相关人员承担责任时，应当依照企业破产法的相关规定确定主体的义务内容和责任范围。依照《中华人民共和国民事诉讼法》第一百七十条第一款第一项规定，判决如下：

驳回上诉，维持原判。

【法官后语】

清算义务人，根据适用程序类型的不同，可以分为公司解散清算义务人和破产清算义务人。公司解散清算强调在公司存续条件丧失时公司解散清算，清算义务人应按照法定程序消灭公司主体资格，怠于或未适当履行清算义务造成债权人直接损失的，债权人可请求公司解散清算义务人对其单独履行清算赔偿责任。破产清算旨在确保在公司资不抵债时所有债权人能够得到最大限度的公平清偿，在统一分配破产财产前不允许对债权人进行个别清偿。当破产清算义务人未履行相关清算义务时，破产管理人可要求其承担相应责任。

通常情况下，公司能够清偿全部债务的，解散之后由其自行清算或在其不能清算时由法院组织强制清算；公司发生破产原因以致不能清偿到期债务的，或者在清算过程中发现资不抵债时，则应进入破产清算程序。但是，在企业被依法吊销营业执照、责令关闭或者被撤销的特殊情况下，公司解散原因与破产清算原因会发生竞合。

实践中，企业因多年不进行工商年检、被吊销营业执照的方式退出市场时，公司解散清算义务人不成立清算组进行清算的情况非常普遍。这种不规范的行为往往蕴藏着一定的违法动机，如欺诈债权人、逃避债务或者其他法定义务等，债权人往往要求公司解散清算义务人承担相应清算责任。与此同时，上述非正常退市的公司中有相当一部分是存在破产原因的。该类公司进入破产清算程序后，公司解散清算程序中的清算赔偿责任并不会必然消失。在股东侵害债权人利益诉讼或清算责任纠纷中，债权人要求股东就清算赔偿责任向其单独受偿的，应依据其责任构成要件进行实质判断：

一是公司解散清算义务人有违法律规定，怠于或不适当履行清算义务的行为。即公司解散清算义务人在公司解散后未在法定时间内开展清算事务或未在法定时间内完成清算事务，主观上亦存在不作为的过错。值得注意的是，在判断“怠于履行清算义务”时，应注意其立法本意是惩戒能够履行而拖延、拒绝履行清算义务或因过失导致无法清算的消极行为，不应过分苛责已经举证证明其为履行清算义务采取积极措施的股东和不具备管理能力的中小股东，如小股东能举证证明其既不是董事会或监事会成员，又没有选派人员担任该机关成员，且从未参与公司经营管理的，不应认定其对公司债务承担连带责任。

二是公司解散清算义务人的行为造成了债权人的直接损失。包括公司有效资产的直接减损和公司债务的增加。公司解散清算义务人承担赔偿责任的范围在于其行为所造成的实际损失，需要严格按照举证规则证明侵权责任的范围。

三是公司解散清算义务人怠于或不适当履行清算义务的行为与债权人损失之间有法律上的因果关系。即公司解散清算义务人作为或者不作为的侵权行为直接导致了债权人债权的不能实现或者不能完全实现。在判断因果关系时应避免陷入“唯结果论”的倾向，应审查股东提出有效的因果关系抗辩，如发生意外火灾导致账册灭失并报案或小股东举证公司主要财产、账册、重要文件由大股东掌握等。

编写人：北京市昌平区人民法院　朱晋华　谷佳琛

161 股份合作制企业股东无法直接依据公司法提出企业解散

——占1诉北京某企业公司解散案

【案件基本信息】

1. 裁判书字号

北京市第一中级人民法院（2020）京01民终8543号民事判决书

2. 案由：公司解散纠纷

3. 当事人

原告（上诉人）：占1

被告（被上诉人）：北京某企业

第三人：林1、卓1、北京某研究院

【基本案情】

北京某企业于2003年7月15日注册成立，企业类型为集体所有制（股份合作），注册资本为200万元。卓1、占1、林1、北京某研究院系北京某企业的股东，其中北京某研究院出资80万元，占40%；林1出资70万元，占35%，任执行董事；占1出资30万元，占15%，任监事；卓1出资20万元，占10%。

2018年3月26日北京某企业章程第一条规定，依据《中华人民共和国企业法人登记管理条例》《北京市城镇企业实行股份合作制办法》及其他有关法律、法规、规章的规定，出资各方本着平等、互利、自愿的原则经过协商，特订立本章程。第五条规定，经济的性质：集体所有制（股份合作）。第二十二条规定，企业实行股东和职工（代表）大会合一制度；股东和职工（代表）代表大会由全体股东和职工（代表）组成，是企业的权力机构，行使下列职权……8. 对企业增加或者减少注册资金，以及合并、分立、破产、解散和清算等事项作出决议。第二十四条规定，股东和职工（代表）大会应对会议所议事项作出决议，并由决议成员签字。股东和职工（代表）大会应当对所议事项作出会议记录，会议记录由出席股东和职工（代表）大会的成员签字。股东和职工（代表）大会采取一人一票与一股一票相结合的表决方式。股东和职工（代表）大会对第 8 项作出决议时，采用一股一票方式，须经持有三分之二股份的股东通过。第四十二条规定，企业遇有下列情况即行终止：1. 解散；2. 被依法撤销；3. 破产；4. 不可抗力；5. 股东和职工（代表）大会决定终止。第四十六条规定，企业章程由股东和职工（代表）大会负责解释。第四十八条规定，本章程经全体股东和职工（代表）共同订立。自企业设立之日起生效。

另，2019 年 6 月 28 日，北京某企业召开 2019 年股东和职工（代表）大会临时会议，会议对《讨论股东委派会计针对财务进行查阅、审核》《审议企业清算及利润分配方案》《讨论股东占 1 退出方案》议题进行审议表决，经表决，上述议题同意票未达到企业章程相关规定，议题不予通过。林 1、卓 1、占 1、北京某研究院及职工代表在决议上签字、盖章。

原告主张请求解散北京某企业的法律依据为：《中华人民共和国公司法》第一百八十二条规定及《最高人民法院关于适用〈中华人民共和国公司法〉若干问题的规定（二）》第一条规定。事实依据为：经营场所被拆迁，已经停业，没有任何经营行为；执业许可证已经到期；成立至今未召开过股东大会；多年来没有进行过利润分配；股东之间矛盾不断加深，内部管理存在严重障碍，已经陷入僵局状态。

【案件焦点】

1. 关于处理本案纠纷的法律适用问题；2. 关于集体所有制股份合作制企业解散的规则适用。

【法院裁判要旨】

北京市石景山区人民法院经审理认为：公司解散是指引起公司人格消灭的法律事实。《中华人民共和国公司法》第二条规定，本法所称公司是指依照本法在中国境内设立的有限责任公司和股份有限公司。而股份合作制兼有合作制和股份制两种经济形态的特点，是实行劳动合作和资本合作相结合的新型共有经济组织形式。由于股份合作制是我国特定历史条件下的一种企业形式，在设立机制、治理结构、分配方式、股东身份及人数限制等方面与有限责任公司、股份有限公司存在较大的差异，股东享有的股东权利属性及范围也有所不同。《中华人民共和国公司法》第一百八十二条规定了当公司出现僵局时，股东有申请解散公司的权利，其权利行使的条件、方式及范围均有法律规范的明确规定，而《中华人民共和国公司法》并未将股份合作制企业纳入调整范畴。本案中，根据查明的事实，北京某企业的性质为集体所有制（股份合作），并非《中华人民共和国公司法》中所指向的有限责任公司和股份有限公司，不属于《中华人民共和国公司法》调整的对象。因此，处理本案纠纷不能直接适用《中华人民共和国公司法》的规定。原告直接依据《中华人民共和国公司法》的规定请求解散北京某企业，缺乏法律依据，一审法院不予采纳。

本案中，北京某企业章程第二十二条和第二十四条明确约定了企业解散的决议机关及表决程序。该章程作为全体发起人就企业的设立与经营管理达成的协议，作为企业成立的基础，是企业的组织准则与行为准则，对全体发起人、股东、监事以及高级管理人员具有约束力。因此，北京某企业的权力机构就企业解散未能作出决议或其他股东均不同意解散的前提下，原告请求解散北京某企业的主张，缺乏事实和法律依据，一审法院不予支持。

综上所述，一审法院依据《中华人民共和国民事诉讼法》第六十四条第一款，《最高人民法院关于适用〈中华人民共和国民事诉讼法〉的解释》第九十条之规定，判决如下：

驳回原告占1的诉讼请求。

占1不服一审判决，向北京市第一中级人民法院提出上诉。

二审法院与一审法院的意见基本一致，判决如下：

驳回上诉，维持原判。

【法官后语】

股份合作企业是指以合作制为基础，由企业职工共同出资入股，吸收一定比例的社会资产投资组建，实行自主经营、自负盈亏、共同劳动、民主管理、按劳分配与按股分红相结合的一种集体经济组织。其不仅是我国经济体制改革下的产物，更是我国特定历史条件下的一种企业形式，属于向公司制发展的一种过渡形式。时至今日，在我国市场经济主体中，股份合作企业仍占有一定比例，发挥着一般市场主体的作用。但当股份合作制企业内部产生纠纷时，却存在亟待注意的法律问题。

一、股份合作制企业解散案件不能直接适用《中华人民共和国公司法》处理

股份合作制企业的主要特征包括：一是实行劳动合作。股份合作制企业，体现职工共同劳动、共同占有和使用生产资料、利益共享、风险共担的原则，因而具备合作制的基本特征。二是体现资本联合。股份合作制企业吸收股份制企业的一些做法，职工在自愿的基础上投资入股。企业实行职工全员入股，对股东持有的股份额有较为严格的限定。三是推行民主管理。股份合作制企业内部，实行职工股东大会制度。股份合作制企业可以设立董事会、监事会，由职工股东大会选举产生，对股东大会负责。合作民主与股份民主的兼容性，是股份合作制企业的重要特征。四是双重分配形式。股份合作制企业实行按劳分配与按资分配。分配形式上，既不同于按劳分配的合作制企业，也不同于按资分配的股份制企业，而是两者兼而有之。

通过上述特征不难看出，股份合作制企业在设立机制、治理结构、分配方式、股东身份及人数限制等方面与有限责任公司、股份有限公司存在较大差异，股东享有的股东权利属性及范围也有所不同。从《中华人民共和国民法典》的角度上来说，股份合作制企业属于营利性法人，作为民事主体，其可以享有权利、承担义务，但根据《中华人民共和国公司法》第二条之规定，并未将股份合作制企业纳入调整范畴，也就从根本上决定了股份合作制企业若产生内部纠纷，则无法直接适用《中华人民共和国公司法》。本案中，某企业的性质为集体所有制（股份合作），并非《中华人民共和国公司法》中所指向的有限责任公司和股份有限公司，不属于该法调整的对象。因此，处理本案纠纷不能直接适用《中华人民共和国公司法》

的规定，原告主张依据《中华人民共和国公司法》处理企业内部纠纷，明显缺乏法律依据。

二、关于股份合作制企业解散纠纷案件适用的法律规范

股份合作制企业不适用《中华人民共和国公司法》。能够直接适用股份合作制企业的规范性文件有《最高人民法院关于审理与企业改制相关的民事纠纷案件若干问题的规定》等规范文件。根据民商事法律适用原则，公民活动必须遵守法律，没有法律规定的，应当遵守国家政策。企业章程是企业全体股东依法制定的对企业、股东、董事、监事、高级管理人员具有约束力的自治性文件，是企业内部管理的基本依据，也是企业运行的重要基础。因此，在处理股份合作制企业有关纠纷时，应依据民事法律的基本规定、有关股份合作制企业改制的规范性文件和企业章程处理。

本案中，北京某企业章程第二十二条和第二十四条明确约定了企业解散的决议机关、表决程序以及股东的权利和义务等内容。北京某企业的章程作为全体发起人就企业的设立与经营管理达成的协议，作为企业成立的基础，是企业的组织准则与行为准则，对全体发起人、股东、监事以及高级管理人员具有约束力。股份合作制企业的章程作为企业的自治法规，是规范、管理企业对内、对外活动的依据。因此，北京某企业的章程是企业治理及有关纠纷裁判规范的直接依据，在企业章程对解散的权力机构及表决程序、股东的权利义务等作出明确规定的情况下，应优先遵从并适用章程的规定处理。对于企业章程没有规定的内容，则应依据其他相关规定处理。

三、关于股份合作制企业解散是否可以参照适用《中华人民共和国公司法》

股份合作制企业作为营利性法人，在其内部必然会出现经营僵

局的可能，而在无法通过章程予以解决相关问题时，势必要通过法律的途径，以保障企业继续经营或退出市场。根据《中华人民共和国民法典》第十条规定，处理民事纠纷，应当依照法律；法律没有规定的，可以适用习惯，但是不得违背公序良俗。此处的法律是指广义的法律，包括法律、行政法规、地方性法规、单行条例等，这里的习惯包括商事习惯在内，均可作为裁判或说理的依据。上述规定便为参照《中华人民共和国公司法》解决相应问题提供了可能。

需要注意的是，股份合作制既然只是一种过渡形式，一方面在制度上应尽快完善；另一方面在条件成熟时，应依照《中华人民共和国公司法》的规范改制为公司，这样才能有利于从根本上理顺产权关系，改善公司的治理结构，提高企业的经济效益。

需要特别说明的是，在本案中，参照《中华人民共和国公司法》的精神，对原告的诉求，进行了析理，但原告的相关主张并不能成立。

四、股份合作制企业解散所需要注意的其他问题

股份合作制企业一旦出现僵局，需要通过解散方式退出市场的，其解散退出机制，与有限公司、股份公司解散退出机制存在明显不同。例如，企业解散离不开职工（代表）大会。股份合作制企业涉及大量国有股、集体股的问题。因此，是否具有主管部门的审批，或是在司法实践中，需要考量的因素。此外，需要充分保障职工利益。股份合作制企业中的很多职工，存在双重身份，既是企业股东，又是企业职工。职工持股的情况、比例，可能都要高于一般公司制的企业。一旦出现经营僵局，企业难以为继，若职工利益得不到保障，或成为企业退出市场的“绊脚石”。

编写人：北京市石景山区人民法院　车玉龙　张英周

162 债权人就债务人或第三人于诉中提供保全担保的特定财产不享有担保物权

——陈1诉科技公司别除权案

【案件基本信息】

1. 裁判书字号

江苏省南通市中级人民法院（2020）苏06民终2977号民事判决书

2. 案由：别除权纠纷

3. 当事人

原告（上诉人）：陈1

被告（被上诉人）：科技公司

【基本案情】

2014年8月，江苏省启东市人民法院受理了陈1诉南通置业公司、建筑安装公司、启东置业公司、建设公司（后更名为中1建设公司）民间借贷纠纷一案。审理中，根据陈1申请，法院裁定冻结建设公司名下存款760万元，并具体冻结了其两个银行账户。后建设公司向法院书面申请解除对其银行账户的保全措施。与此同时，科技公司向法院出具《担保书》，同意以其公司在启东市某村的国有土地使用权及地上14431.4平方米在建工程为建设公司提供保全担保以求法院解除对建设公司账户的冻结。后法院解除了对建设公司账户的冻结，并依法查封了科技公司位于某村的国有土地使用权及地上 14431.4 平方米在建工程（查封价值为 760 万元）。

江苏省启东市人民法院于 2016 年 6 月 13 日（原一审、二审后发回重审）作出（2015）启商重初字第 00004 号民事判决，判令：1. 南通置业公司归还陈 1 借款 658 万元及该款自 2012 年 6 月 29 日起至实际还款之日止按月利率 2%计算的利息；2. 中 1 建设公司、建筑安装公司、启东置业公司对南通置业公司的上述债务承担连带清偿责任。该判决生效后，陈 1 向法院申请执行，并要求对科技公司的案涉国有土地使用权及在建工程进行拍卖、变卖。法院启动拍卖变卖程序后，因无人竞拍而流拍。在执行中，法院又于 2019 年 5 月 27 日裁定受理科技公司的破产清算。陈 1 于是向该公司管理人申报债权，后被确认为 760 万元的普通债权。其对金额无异议，但认为债权性质应为抵押债权，遂向管理人提出书面异议。但管理人书面答复称其债权性质为普通债权，虽属担保债权，但并不满足抵押权的构成要件，且即使构成抵押权，也未办理登记，抵押没有生效。因双方分歧较大，陈 1 将科技公司诉至法院，诉请确认案涉 760 万元债权为抵押优先债权。

【案件焦点】

陈 1 对科技公司于诉中为建设公司提供保全担保的国有土地使用权及地上 14431.4 平方米在建工程能否享有担保物权，进而能否优先受偿。

【法院裁判要旨】

江苏省启东市人民法院经审理认为：陈 1 不属别除权人，对科技公司的案涉财产不享有抵押权，不能就其 760 万元债权在该财产范围优先受偿。

首先，《中华人民共和国民事诉讼法》第一百零四条规定，被申请人提供担保的，人民法院应当裁定解除保全。可见财产保全担保应为财产保全的一种替代措施，是发生在民事诉讼中并经法院审查的诉讼行为。其功能和目的同样为保障将来判决的执行，仅具程序法属性，与实体法中经民事法律行为产生的民事担保有着本质区别。

其次，享有优先受偿权须由法律明确规定。申请财产保全并不会在执行程序中取得优先受偿的效果。本案中，法院准许变更了财产保全标的物，查封了科技公司的案涉财产并经协助执行单位登记，但该查封登记，不产生担保物权效力。

最后，根据法律规定，设立抵押权，应当签订书面抵押合同，以正在建造的建筑物或建设用地使用权等财产抵押的，还应当办理抵押登记，抵押权自登记时设立。本案中，科技公司并未就提供保全担保的案涉财产，与陈 1 办理抵押登记手续，抵押权未设立。

江苏省启东市人民法院依照《中华人民共和国物权法》第一百八十条、第一百八十五条、第一百八十七条，《中华人民共和国企业破产法》第一百零九条，《最高人民法院关于适用〈中华人民共和国民事诉讼法〉的解释》第一百五十七条，《最高人民法院关于人民法院执行担保若干问题的规定》第七条的规定，判决如下：

驳回原告陈 1 的诉讼请求。

陈 1 不服一审判决，向江苏省南通市中级人民法院提起上诉。

江苏省南通市中级人民法院经审理认为：科技公司在本案中提供担保的行为属司法程序中的担保，区别于民事关系中的担保行为，且未履行担保物权法定的公示程序，债权人并不据此当然享有优先受偿权。陈1对案外人建设公司的债权为普通债权，现基于科技公司为建设公司提供的解除保全的财产担保，要求确认对该财产享有担保物权，缺乏事实与法律依据，不应予以支持。

江苏省南通市中级人民法院依照《中华人民共和国民事诉讼法》第一百七十条第一款第一项的规定，判决如下：

驳回上诉，维持原判。

【法官后语】

民事诉讼中，申请财产保全以保障将来裁决的可执行乃常见诉讼行为。在保全对象为银行账户时，被保全人为减轻保全行为对其正常生产经营或信贷活动造成的不利影响，多会通过另行提供等额财产担保以换取法院解除对其相应账户的冻结。这既包括以其自身财产提供保全担保，也包括第三人以其特定财产提供的保全担保。在此情形下，申请保全人（债权人）能否在将来胜诉进入执行程序或在可能出现的破产程序中对提供保全担保的特定财产主张享有担保物权，进而优先受偿？本案的争议焦点即为陈1是否对科技公司为建设公司所涉诉讼提供的特定财产保全担保享有抵押权，并在科技公司的破产程序中成为别除权人，就申报并认定的债权数额对该特定财产优先受偿。这一问题的解决既关系到陈1对科技公司的债权能否优先于其他普通破产债权人，更关系到破产程序中对该公司所有债权人的公平清偿。要厘清这一问题，可从三个方面予以考察：

一、陈1对建设公司的债权性质

根据查明的事实，可以看出陈1对建设公司的债权确认于民间借贷纠纷的生效判决。溯及债权债务关系发生的原因行为而分析，其应为普通顺位债权，并无相应担保物对债权进行担保。因此，在民事诉讼过程中，科技公司为促成法院解除对建设公司账户的冻结而提供相应土地使用权及地上在建工程进行的保全担保，不应成为陈1享有债权的性质转化为具有担保物权内容债权的催化剂，否则根本不符合建设公司、科技公司在当时的真实意思表示，也有违公平原则。

二、科技公司诉讼中提供特定财产担保的性质

显然，科技公司为建设公司在他案诉讼中的账户解保而提供的特定财产担保系司法程序中的保全担保。其实际系对原建设公司保全措施的替代方式。一方面是为促成法院解除对建设公司账户的冻结，另一方面仍然系为保障胜诉人债权将来的可执行性。所变化的只是被保全的主体及财产的形态。这与民事活动中，为担保债权的实现，根据当事人的约定，由债务人或第三人提供特定的物或者权利作为标的物而设定的抵押权、质权、留置权等担保物权具有明显的性质与目的之别。

三、科技公司诉讼中提供的特定财产担保是否履行了法定的物权公示手续

陈1诉请要求确认其申报并被确认的对科技公司的760万元债权为抵押债权。但根据2021年1月1日前施行的《中华人民共和国物权法》《中华人民共和国担保法》及现行《中华人民共和国民法典》物权编、合同编的相应规定，担保物权的设立应当根据物的种类和性质履行相应的公示手续。对于案涉国有土地使用权及地上在建工程，按照规定，各方应当向国土、房管等负责单位办理抵押登记手续，以产生抵押权设立的法律效力。显然，案涉财产仅由法院裁定并交相应协助单位履行了查封登记手续。其虽然亦有一定的公示意义，根据物权变动区分原则，其仅为限制后续物权变动的结果，

并不产生优先受偿的法律效力。

综上所述，一审、二审法院不予确认陈1对破产人科技公司的案涉财产享有抵押权具有法律与事实依据。

编写人：江苏省启东市人民法院　王同武

163 公司破产程序中违反配合清算义务的有关人员不对公司债务承担连带清偿责任

——王1诉实业总公司、沈1股东损害公司债权人利益责任案

【案件基本信息】

1. 裁判书字号

北京市第二中级人民法院（2020）京02民终1067号民事判决书

2. 案由：股东损害公司债权人利益责任纠纷

3. 当事人

原告（被上诉人）：王1

被告（上诉人）：实业总公司

被告：沈1

【基本案情】

实业总公司系开发咨询公司的股东，沈1为开发咨询公司法定代表人、董事长、总经理。开发咨询公司在2001年至2003年向王1借款本金220万元，并出具借据及还款说明。2010年4月2日，案外人商贸公司以开发咨询公司无力清偿到期债务且存在恶意逃避

债务的可能为由，向北京市第一中级人民法院（以下简称一中院）申请对开发咨询公司进行破产清算。2012年12月7日，一中院作出民事裁定书，宣告开发咨询公司破产。同月18日，一中院作出民事裁定，以开发咨询公司的财产不足以清偿破产费用为由，终结开发咨询公司破产清算程序。

王1于2014年向北京市丰台区人民法院（以下简称一审法院）提起本案诉讼，主张实业总公司、沈1不履行法定的破产清算义务，不提供账簿、证照、公章、资产、文件等材料，导致破产清算工作无法进行而被终结，依据《最高人民法院关于适用〈中华人民共和国公司法〉若干问题的规定（二）》第十八条的规定，要求实业总公司、沈1对开发咨询公司所欠王1的借款本金220万元、利息201.183万元承担连带清偿责任。

【案件焦点】

本案能否适用《最高人民法院关于适用〈中华人民共和国公司法〉若干问题的规定（二）》第十八条判令在开发咨询公司破产程序中违反配合清算义务的股东实业总公司、实际控制人沈1对该公司的债务承担连带清偿责任。

【法院裁判要旨】

北京市丰台区人民法院经审理认为：王1对开发咨询公司的债权依法形成。根据《最高人民法院关于适用〈中华人民共和国公司法〉若干问题的规定（二）》第十八条第二款的规定，有限责任公司的股东、股份有限公司的董事和控股股东因怠于履行义务，导致公司主要财产、账册、重要文件等灭失，无法进行清算，债权人主张其对公司债务承担连带清偿责任的，人民法院应依法予以支持。

上述情形系实际控制人原因造成，债权人主张实际控制人对公司债务承担相应民事责任的，人民法院应依法予以支持。沈 1 作为开发咨询公司的法定代表人、董事长、总经理，其在开发咨询公司的部分年检报告中写明其本人是外方投资者，并且在实业总公司接收开发咨询公司公章之后，沈 1 仍持有开发咨询公司另一枚公章，为公司办理年检，指派律师参与诉讼，可以认定其为开发咨询公司的实际控制人。实业总公司作为开发咨询公司的股东，沈 1 作为实际控制人，应当对开发咨询公司的债务承担连带清偿责任。一审法院判决如下：

实业总公司、沈 1 对开发咨询公司所欠王 1 的 4211830 元债务承担连带清偿责任，于判决生效之日起十日内给付。

实业总公司不服一审判决，提起上诉。

北京市第二中级人民法院经审理认为：首先，《最高人民法院关于适用〈中华人民共和国公司法〉若干问题的规定（二）》第十八条规定相关主体承担责任的前提是《中华人民共和国公司法》规定的负有清算义务的人以及公司资产大于负债的情况。与《中华人民共和国企业破产法》（2006 年）规定的破产清算不同，破产清算的原因是不能清偿到期债务，并且资产不足以清偿全部债务或者明显缺乏清偿能力。根据查明的事实，法院于 2012 年 12 月 18 日裁定终结开发咨询公司的破产清算申请。因此，一审判决适用《最高人民法院关于适用〈中华人民共和国公司法〉若干问题的规定（二）》第十八条的规定处理本案，属于适用法律错误，本院予以纠正。其次，如果王 1 认为有关主体的行为给开发咨询公司债权人的利益造成损害，也应当首先由管理人请求相关主体承担相应损害赔偿责任并将因此获得的赔偿归于债务人财产。只有管理人未主张相应赔偿时，个别债权人才可以代表全体债权人提起相应诉讼，但因此获得的赔偿仍应归于债务人财产，而不应直接归于个别债权人。王 1 直接提起诉讼，要求实业总公司、沈 1 对开发咨询公司欠付王 1 的债务承担连带清偿责任，缺乏法律依据。二审法院判决如下：

一、撤销北京市丰台区人民法院民事判决；

二、驳回王 1 的诉讼请求。

【法官后语】

公司法人享有独立地位，股东以承担有限责任为原则。股东直接对公司债务承担责任属于例外情形，应具有明确的法律规定。《最高人民法院关于适用〈中华人民共和国公司法〉若干问题的规定（二）》第十八条关于有限责任公司股东及相关人员（如法定代表人、实际控制人）对公司债务承担连带清偿责任的规定，在实践中经常被扩大适用。本案裁判对于在公司破产清算情况下，能否适用该条判定相关人员对公司债务承担连带清偿责任具有指导意义。

本案中，关于开发咨询公司的股东实业总公司、实际控制人沈 1 对该公司的债务是否应承担连带清偿责任问题，一审法院依据《最高人民法院关于适用〈中华人民共和国公司法〉若干问题的规定（二）》第十八条规定支持原告王 1 的请求。二审法院认为该条规定不应适用于本案。二审裁判的观点与 2019 年《全国法院民商事审判工作会议纪要》的精神一致。笔者同意二审法院的观点，具体分析如下：

一、公司破产清算与公司非破产清算的区别

公司清算可分为破产清算与非破产清算两种类型，二者具有本质的不同，主要表现在以下三个方面：

第一，破产清算发生在公司不能清偿到期债务而被依法宣告破产的情形。非破产清算是发生在公司依法解散的情形①，包括公司章程规定的营业期限届满或者其他解散事由出现、股东会或者股东大会决议解散、公司依法被吊销营业执照、责令关闭或者被撤销等情形，不以公司财产不足以清偿全部债务为条件。

第二，破产清算的目的是在多个债权人的债务无法获得足额清偿的情况下保障债权人得到公平的清偿。非破产清偿的目的是处理解散公司的有关事务，消灭公司法人资格，是在公司财产足以清偿债务情况下的清算程序，并不存在公平清偿的问题，因为一旦发现公司财产不足以清偿债务，即需转入破产清算程序。

第三，破产清算按照《中华人民共和国企业破产法》规定的程序，在法院主持下进行；非破产清算按照《中华人民共和国公司法》规定的程序进行，无须法院主持。由于破产程序在法院的主持下进行，以保障债权的公平清偿为目的，所以比非破产清算的强制性色彩更加突出。

二、在破产清算与非破产清算中公司有关人员违反配合清算义务的责任区别

破产清算与非破产清算之间的上述区别，决定二者在遇到相关人员违反配合清算义务情况下处理方式不同。如上所述，破产清算的目的是在债务人财产不足以清偿全部债务的情况下，保障破产财

---

① 《中华人民共和国民法典》第七十条：法人解散的，除合并或者分立的情形外，清算义务人应当及时组成清算组进行清算。法人的董事、理事等执行机构或者决策机构的成员为清算义务人。法律、行政法规另有规定的，依照其规定。清算义务人未及时履行清算义务，造成损害的，应当承担民事责任；主管机关或者利害关系人可以申请人民法院指定有关人员组成清算组进行清算。

产在多数债权人之间进行公平的分配，因此，《中华人民共和国企业破产法》对于有关人员不配合清算的行为是采取强制措施予以制裁，从而保证破产程序的顺利进行和破产目的的实现。《中华人民共和国企业破产法》第一百二十六条、第一百二十七条规定的相关人员不履行提供财产状况说明、账册等配合清算义务的法律责任是，法院可以依法拘传、罚款，而未规定债权人承担民事责任。

《最高人民法院关于适用〈中华人民共和国公司法〉若干问题的规定（二）》第十八条确定的相关主体的责任，来自《中华人民共和国公司法》明确规定的清算义务以及公司资产大于负债的前提假设，即债权人本来可以在公司解散后通过清算获得足额清偿，但由于相关主体未依法及时履行清算义务而导致债权损失，故根据侵权责任理论和构成，债权人可以向负有清算义务的主体要求其承担赔偿责任。

破产清算与非破产清算在遇到相关人员违反配合清算义务情况下处理方式的不同，就意味着相关人员在两种清算程序中承担的责任不同：前者是被拘传、罚款，后者是承担赔偿责任。正因如此，《全国法院民商事审判工作会议纪要》第一百一十八条第二款明确规定，不得根据《最高人民法院关于适用〈中华人民共和国公司法〉若干问题的规定（二）》第十八条第二款的规定来判定破产企业相关人员应承担的责任。本案中，开发咨询公司系经破产清算程序终结，王1主张适用第十八条判决实业总公司、沈1对开发咨询公司债务承担连带清偿责任，于法无据。故二审法院予以改判，是正确的。

编写人：北京市高级人民法院　田燕

164 代位债权向破产企业股东主张人格混同责任的路径

——李1诉房地产开发公司1债权人代位权案

【案件基本信息】

1. 裁判书字号

云南省昆明市中级人民法院（2020）云01民终7449号民事裁定书

2. 案由：债权人代位权纠纷

3. 当事人

原告（上诉人）：李1

被告（被上诉人）：房地产开发公司1

第三人：李2、房地产开发公司2

【基本案情】

李1与李2因民间借贷纠纷，曾向云南省昆明市中级人民法院（以下简称昆明中院）提起诉讼，调解书生效后李2未履行调解书确定的义务。房地产开发公司2系房地产开发公司1的全资子公司，根据最高人民法院作出的（2018）最高法民申117号民事裁定书、云南省高级人民法院作出的（2017）云民终585号二审民事判决书确认房地产开发公司1作为房地产开发公司2的唯一股东，无法举证证明其与房地产开发公司2财产独立，应当对房地产开发公司2的债务承担连带责任。云南省昆明市盘龙区人民法院（以下简称盘龙法院）于2018年9月17日裁定受理房地产开发公司2破产重整一案，于2019年10月25日裁定批准房地产开发公司2重整计划，终止房地产开发公司2重整程序。李2作为房地产开发公司2的债权人，在2013年分两次向房地产开发公司2共出借1300万元，房地产开发公司2破产时，李2在房地产开发公司2破产程序中向管理人申报了债权，李2申报的债权经债权人会议核查后，确认其享有对房地产开发公司2约1.41亿元的债权，李2的债权依照重整计划在重整执行期进行清偿。2018年11月14日，李1向云南省曲靖市中级人民法院提起诉讼，主张李2怠于行使对房地产开发公司2的债权损害其合法利益，要求房地产开发公司2的股东房地产开发公司1对其债务承担清偿责任。云南省曲靖市中级人民法院以该案涉及破产专属管辖为由，将案件移送盘龙法院进行审理。

【案件焦点】

李1提出单独清偿的诉讼主张违背《中华人民共和国企业破产法》及司法解释规定的概括清偿、公平清偿相关规则，其起诉是否符合民事诉讼受案条件。

【法院裁判要旨】

云南省昆明市盘龙区人民法院经审理认为：本案中，原告依据《中华人民共和国合同法》第七十三条规定提起诉讼，故本案系债权人代位权纠纷。原告李1以次债务人房地产开发公司2的股东房地产开发公司1与次债务人法人人格严重混同为由，作为债权人代位债务人李2主张次债务人房地产开发公司2的股东，直接向其偿还次债务人对债务人李2所负债务。首先，代位权的前提是债务人怠于行使其到期债权，但本案中债务人李2已经在房地产开发公司2破产重整程序中申报了债权，经债权人会议核查确认了其享有的债权，该债权在《重整计划》中明确了清偿方案，即债务人李2未怠于行使其到期债权，原告主张代位权的前提不存在。其次，依据《中华人民共和国企业破产法》第四十四条，《最高人民法院关于适用〈中华人民共和国企业破产法〉若干问题的规定（二）》第二十一条、第二十三条规定，2018年9月17日次债务人房地产开发公司2进入破产重整程序，法院受理破产申请时对次债务人享有债权的债权人，应当依照企业破产法规定的程序行使权利。如果次债务人的股东与次债务人法人人格严重混同，应当在破产程序中解决法人人格混同问题，在破产程序中保护债权人的权利，而不是单独提起诉讼，破产申请受理后债权人以次债务人的股东与次债务人法人人格严重混同为由提起的诉讼法院应不予受理。现房地产开发公司2的债权债务已经核查，重整计划明确了债权的清偿方式，破产重整程序已经终止。本案中，债权人在破产重整程序中未依照企业破产法的规定主张权利，现破产重整程序已经终止，债权人无权再以法人人格混同为由主张权利。综上，原告无权向被告主张权利，其起诉应当予以驳回。一审法院裁定如下：

驳回原告李1的起诉。

原告李1不服一审判决，提起上诉。云南省昆明市中级人民法院经审理后裁定：

驳回上诉，维持原裁定。

【法官后语】

本案涉及代位权诉讼在破产规则体系下的行使问题，即破产企业系次债务人时，债权人如何在破产程序中正确行使自身权利从而保障自身权益。与此同时，从法律关系及诉讼路径来看，本案又涉及破产程序中代位权行使不同层面的问题，即一是当次债务人进入破产程序后债权人如何行使代位权的问题，二是基于代位诉讼的前提下如何向与次债务人人格混同的主体主张相关权利的问题。

一、当次债务人进入破产程序后债权人如何行使代位权的问题

关于第一个层面的问题，当作为次债务人的企业进入破产后，债务人应当依照法律规定依法向管理人申报债权，在债务人按照破产规则依法申报债权的情况下，其可依据后续的破产程序依法实现债权，此时因债务人并不存在怠于行使其到期债权并对债权人造成损害，故债权人此时不能直接向作为次债务人的破产企业以诉讼或申报债权的方式主张相关权利，其债权的实现可以通过保全债务人、次债务人处的债权分配款项从而实现。但在债务人、次债务人的破产程序中怠于申报债权且明显损害债权人利益的情况下，债权人能否直接提起诉讼要求作为次债务人的企业清偿债务则又涉及特殊规则的约束。

根据《全国法院民商事审判工作会议纪要》第一百一十条之规定，人民法院受理破产申请后债权人新提起的要求债务人清偿的民事诉讼，人民法院不予受理，同时告知债权人应当向管理人申报债权，对申报债权后记载的债权表有异议的，则可提起破产债权确认之诉。故当债务人怠于申报债权并对债权人造成损害时，如债权人直接提起代位权诉讼要求作为次债务人的破产企业清偿，则会面临法院不予受理的境地，而此时债权人要基于代位权关系向管理人申报债权，又因其并非合同相对方，可能面临管理人不予接受申报的尴尬处境，在《中华人民共和国民法典》颁布实施之前，该问题的解决并无明确的法律法规支撑，审判实践中也通常系由法院在破产

程序中协调管理人按照代位权的基本原则进行处理。而《中华人民共和国民法典》实施后，对于代位权诉讼与破产程序的衔接问题有了进一步的明确，根据《中华人民共和国民法典》第五百三十六条规定，债权人的债权到期前，债务人的债权或者与该债权有关的从权利存在诉讼时效期间即将届满或者未及时申报破产债权等情形，影响债权人的债权实现的，债权人可以代位向债务人的相对人请求其向债务人履行、向破产管理人申报或者作出其他必要的行为。该规定明确了债权人的债权在到期前如因债务人特定行为，可能导致符合代位权情形的，如债务人怠于申报债权时，债权人可以直接向管理人申报，该规定直接解决了债权人在债务人怠于向次债务人申报债权时的后顾之忧，明确了具体的行权方式，并且对于债权人未到期债权均能适用，那已到期且符合代位权要件的债权理所当然可按照此方式进行处理，故《中华人民共和国民法典》第五百三十六条的规定从实践层面弥补了之前法律体系中对于该问题解决方式的不足，为债权人指明了权利实现的路径。

二、基于代位诉讼的前提下如何向与次债务人人格混同的主体主张相关权利

关于第二个层面的问题，当债权人依照前述方式基于代位权关系申报债权并作为破产企业债权人时，如认为股东与企业存在法人人格混同应当对债权人的债权承担连带责任的，应当依照《最高人民法院关于适用〈中华人民共和国企业破产法〉若干问题的解释（二）》第二十三条规定通过债权人会议或者债权人委员会，要求管理人依法向股东追收财产，或以债权人身份代表全体债权人提起相关诉讼要求向破产企业进行清偿，抑或是依法申请合并破产的，从而解决破产企业与其股东之间财产混同的状态。企业进入破产程

序后，应追收财产或基于混同产生的返还责任均属于破产企业财产，应当用于清偿全体债权人，该方式实际上系从源头上杜绝了破产受理后的个别清偿现象，是企业破产法公平原则的具体体现。

企业进入破产程序时，基于破产程序概括清偿、公平清偿的原则以及破产法的特殊规则，无论是基于直接法律关系或是间接代位权关系而对破产企业享有债权的债权人，其主张破产企业的股东承担人格混同责任的方式及路径与非破产状态下存在较大差异，代位债权人应当密切关注债务人在次债务人破产程序中是否及时申报破产债权，据此作出是否依照《中华人民共和国民法典》第五百三十六条之规定基于代位关系及时向管理人申报债权或作出其他必要行为的判断。如基于代位债权向管理人主张权利后发现破产企业与其股东之间存在法人人格严重混同的，则应当依照破产程序规则通过归集追收或合并破产实现公平清偿。通过提起民事诉讼要求单独清偿既不能实现权利兑现目的，甚至有可能贻误维权的最佳时机。本案中，在房地产开发公司 2 破产程序中无论是李 1 还是李 2 均未向房地产开发公司 1 主张过相关权利，亦未通过债权人会议或者债权人委员会要求管理人对房地产开发公司 2 与房地产开发公司 1 之间基于混同的相关责任进行追究，同时也未就其主张的混同状态申请合并破产，在重整程序终止且权利主体在程序中未依照破产法规定行使权利的前提下，李 1 不能再以单独诉讼的方式主张债务的个别清偿。本案例对代位债权人今后如何在破产程序中通过有效途径实现债权并维护自身合法权益，以及避免破产企业与股东之间确有混同责任的状态下代位债权人选择错误维权方式导致合法权益受损，具有一定的指引及警示意义。

编写人：云南省昆明市中级人民法院　张彬

165 破产程序终结后个别债权人能否要求债务人相关主体对公司债务承担连带清偿责任

——商贸公司诉周1等股东损害公司债权人利益责任案

【案件基本信息】

1. 裁判书字号

北京市平谷区人民法院（2020）京0117民初1969号民事判决书

2. 案由：股东损害公司债权人利益责任纠纷

3. 当事人

原告：商贸公司

被告：周1、宋1、宋2

【基本案情】

周1系房地产公司股东及法定代表人，宋1系房地产公司股东及监事，宋2系房地产公司经理。

商贸公司与房地产公司债权纠纷案件，北京市平谷区人民法院作出（2010）平民初字第05564号民事判决书，判决由房地产公司给付商贸公司欠款2079600元并支付利息。判决生效后，房地产公司未履行，商贸公司依法申请强制执行。在执行过程中，因房地产公司无任何可供执行的财产，北京市平谷区人民法院裁定终结本次执行程序。2017年9月13日，商贸公司以债权人身份申请对房地产公司进行破产清算，并垫付破产费。北京市平谷区人民法院于2017年12月4日裁定受理了商贸公司对房地产公司提出的破产申请。在破产清算过程中，房地产公司的法定代表人、出资人及相关管理人员下落不明，会计账簿、交易资料灭失，导致无法清算，经房地产公司管理人调查未发现财产，故2019年7月25日，商贸公司管理人员向法院申请终结房地产公司的破产清算程序。2019年7月31日，北京市平谷区人民法院作出（2018）京0117破3号民事裁定书，以房地产公司无财产可供分配为由，宣告房地产公司破产，并终结房地产公司破产程序。商贸公司认为，妥善保管公司的主要财产、账册、重要文件等资料并积极配合清算工作是有限责任公司的股东、法定代表人、财务管理人员以及其他经营管理人员的法定义务。三被告不配合清算的行为导致房地产公司财产状况不明，致使管理人员无法执行清算职务，给商贸公司利益造成损害。在破产清算过程中，房地产公司管理人员未请求上述主体承担相应的损害赔偿责任，依据相关规定，商贸公司作为房地产公司的债权人诉至法院，请求法院判令：1. 三被告连带给付商贸公司对房地产公司享有的债权2101318元及利息；2. 判令三被告连带给付商贸公司对房地产公司享有债权的相应迟延履行期间的债务利息。

【案件焦点】

破产程序终结后，个别债权人能否要求债务人相关主体对公司债务承担连带清偿责任。

【法院裁判要旨】

北京市平谷区人民法院经审理认为：首先，《最高人民法院关于债权人对人员下落不明或者财产状况不清的债务人申请破产清算案件如何处理的批复》（以下简称《批复》）主要是解决债权人对人员下落不明或者财产状况不清的债务人申请破产清算的案件，是否应当受理及受理后如何审理的问题。《批复》第三款规定的法定义务，系指债务人的有关人员未履行配合清算义务的行为，或者负有清算责任的人未依照《中华人民共和国企业破产法》第七条第三款的规定及时履行破产申请义务。在适用《批复》第三款的规定判定债务人相关人员承担责任时，应当按照《企业破产法》的相关规定来确定相关主体的义务内容和责任范围，不得根据《最高人民法院关于适用〈中华人民共和国公司法〉若干问题的规定（二）》第十八条第二款的规定来判定相关主体的责任。其次，由于无法清算并非《中华人民共和国企业破产法》规定的破产程序终结原因，而破产程序本身具有彻底清理债务人债权、债务的功能，且破产制度还设立了管理人负责财产追收等破产事务管理，故“导致无法清算或者造成损失”系指相关人员的行为导致债务人主要财产、账册、重要文件等灭失，致使管理人无法执行清算职务，给债权人的债权造成损害。最后，由于相关主体不配合清算导致的债务人财产灭失，损失理论上属于债务人破产财产，应当由管理人依法追回后分配给全体债权人，不应在法院裁定终结破产程序后，由债权人个别进行追偿并用于清偿其自身债权，而是应由管理人请求上述主体承担相应损害赔偿责任并将因此获得的赔偿归入债务人财产，或者在管理人未主张上述赔偿的情况下由个别债权人代表全体债权人提起上述诉讼，并将因此获得的赔偿归入债务人财产。综上，在破产程序终结后，个别债权人再行提起诉讼，既有悖于破产程序终局、不可逆的宗旨，亦有悖于债权债务集体清偿的理念。故此，商贸公司作为债权人，在债务人房地产公司因无财产可供分配裁定破产程序终结后，以三被告不配合清算为由要求其对商贸公司享有的债权承担连带清偿责任的诉讼请求，本院不予支持。

北京市平谷区人民法院依照《中华人民共和国企业破产法》第十五条，《中华人民共和国公司法》第二十条、第二十一条之规定，判决如下：

驳回商贸公司的诉讼请求。

判决后，双方当事人均未上诉，本判决现已生效。

【法官后语】

企业进入破产程序后，相关人员下落不明，破产管理人无法接管企业财产、印章、账簿和文书等资料的情况较为常见。此时，破产清算程序因清算材料的缺失无法正常进行，人民法院以企业人员、账册下落不明，财产状况不清为由，裁定终结破产程序。在未经清算而予破产程序终结的情形下，债权人通常无法得到清偿，对此，《批复》第三款规定，企业相关人员的行为导致无法清算或者造成损失，有关权利人起诉请求其承担相应民事责任的，人民法院应依法予以支持。

实践中，个别债权人为寻求自身债权的实现，在破产程序终结后提起诉讼，以违反破产申请或配合义务为由，要求企业相关人员对企业债务承担连带清偿责任的案件日益增多。但《批复》第三款所涉“债务人的有关人员”主体范围、“法定义务”的内容、“相应责任”的性质及追责方式等这些问题，在司法实践中存在分歧。一种观点认为：企业相关人员违反《中华人民共和国企业破产法》第十五条规定的配合清算义务，导致无法清算或造成损失，依照《最高人民法院关于适用〈中华人民共和国公司法〉若干问题的规定（二）》第十八条第二款规定判定相关主体的责任。另一种观点认为：破产清算制度区别于公司解散清算制度，不适用《最高人民法院关于适用〈中华人民共和国公司法〉若干问题的规定（二）》第十八条第二款规定。具体的裁判观点又分为：(1) 破产程序终结后，不应由个别债权人向企业相关人员进行追偿并用于清偿自身债权，否则将造成个别清偿后果，对全体债权人不利，裁定驳回起诉。(2) 股东未及时启动破产清算程序，且在破产程序中处于失联状态，未移交破产清算所需材料，构成滥用公司法人独立地位和股东有限责任，判决对债权人未获清偿部分承担连带责任。(3) 要求破产企业相关人员承担破产申请及配合责任的，应当限定在破产程序中，在破产程序终结后主张权利的，判决不予支持。

基于上述问题理解上的分歧，《全国法院民商事审判工作会议纪要》第一百一十八条对此作了进一步明确，认为应区分违反清算义务责任与违反破产申请及配合责任，在依据《批复》第三款的规定判定债务人相关人员承担责任时，应当依照《中华人民共和国企业破产法》的规定确定义务内容和责任范围，不得依据《最高人民法院关于适用〈中华人民共和国公司法〉若干问题的规定（二）》第十八条第二款，也就是说，主张违反破产申请及配合责任的，应依据《中华人民共和国企业破产法》第七条第三款及第十五条规定的行为要件，从侵权责任构成角度予以考量判断。

关于破产申请及配合责任的主张时间，现行法律并未规定。破产程序旨在终局性地清理破产企业的债权债务，《全国法院民商事审判工作会议纪要》第一百一十八条规定的“……破产清算案件被裁定终结后，相关主体以债务人主要财产、账册、重要文件等重新出现为由，申请对破产清算程序启动审判监督的，人民法院不予受理……”，也体现了破产程序的不可逆性，故在破产程序终结后，再行提起诉讼，有悖于破产终局性债权债务清偿的本旨。另外，从破产的概括清偿角度来看，追究相关人员的破产申请及配合责任后，所得财产应归入债务人财产，由全体债权人受偿。在破产程序终结后，个别债权人为实现自身债权提起的诉请，亦有悖于集体清偿的理念。因此，本案中商贸公司作为个别债权人，在债务人房地产公司因无财产可供分配裁定破产程序终结后，以三被告不配合清算为由，要求对商贸公司享有的债权承担连带清偿责任，既有悖于破产程序终局、不可逆的宗旨，亦有悖于债权债务集体清偿的理念，不应得到支持。

因此，主张破产申请及配合责任，应由管理人在破产程序中依据《中华人民共和国企业破产法》相关规定及时提起诉请，并归入企业财产作集体清偿；在管理人未主张时，个别债权人可在破产程序终结前，代表全体债权人提起诉讼。在破产程序终结后，个别债权人提起诉讼主张破产申请及配合责任的，判决不予支持。因此，债权人应及时、充分关注债务人企业经营状况，以便在正确的时间节点，及时主张，顺利受偿，维护自身的合法权益。

编写人：北京市平谷区人民法院　宁昀　王宏

166 隐名股东为公司实际控制人，名义股东仍应对外承担清算责任

——财富公司诉王某玲、杜某清算责任案

【案件基本信息】

1. 裁判书字号

北京市第一中级人民法院（2019）京 01 民终 8022 号民事判决书

2. 案由：清算责任纠纷

3. 当事人

原告（被上诉人）：财富公司

被告（上诉人）：王某玲

被告：杜某

【基本案情】

物业公司工商登记信息记载股东为王某玲、彭某芝，法定代表人为王某玲。营业期限自 1994 年 12 月 26 日至 2005 年 2 月 25 日。

1995 年 1 月 26 日，杜某与王某玲签订《代持股协议书》，约定杜某委托王某玲代为持有杜某在物业公司中占公司总股本 67% 的股权，对应出资额为人民币 155 万元；并约定杜某为代持股权的实际拥有者，行使股东权利，并承担股东义务。另，1996 年 7 月 26 日，杜某给王某玲出具过证明，记载“物业公司在我经营期间，1994 年 12 月至 1996 年 7 月一切经营活动均由我统一管理，

特别是财务支出，收入与公司任何人无任何关系。特此证明。法人代表王某玲不负责公司财务及贷款等，特此证明”。

1998年10月，物业公司被吊销营业执照。2017年6月1日，物业公司召开股东会会议决议成立清算组，组长为王某玲。2017年7月21日，北京市工商行政管理局海淀分局对清算组备案申请予以备案，但公司清算工作截至一审庭审结束时仍未完成。

因物业公司对温泉支行的借款未还，温泉支行对物业公司提起诉讼。上述债权经（1996）一中经初字第813号民事判决书予以确认，并经过多次转让，现由财富公司取得。物业公司未履行该债权。财富公司作为债权人，以物业公司未在法定期限内清算为由起诉，主张清算义务人杜某、王某玲承担清算责任。

【案件焦点】

在隐名股东杜某为实际控制人的情况下，王某玲作为名义股东是否应当承担清算责任。

【法院裁判要旨】

北京市昌平区人民法院经审理认为：根据《最高人民法院关于适用〈中华人民共和国公司法〉若干问题的规定（二）》第十八条第二款、第三款规定：“有限责任公司的股东、股份有限公司的董事和控股股东因怠于履行义务，导致公司主要财产、账册、重要文件等灭失，无法进行清算，债权人主张其对公司债务承担连带清偿责任的，人民法院应依法予以支持。上述情形系实际控制人原因造成，债权人主张实际控制人对公司债务承担相应民事责任的，人民法院应依法予以支持。”

本案中，涉案物业公司于1998年10月被依法吊销营业执照，而该公司迟至2017年6月1日才做出成立清算组的股东会决议，截至本案庭审结束时，该公司清算程序仍未终结，前述事实足以证明涉案公司股东存在怠于履行清算义务的事实。此外，在本案第一次庭审中，王某玲委托诉讼代理人杜某陈述，因公司原有职员现年事已高难以联系，公司财务账册亦有丢失，故清算程序推进较慢。虽王某玲在第二次庭审中变更后的委托诉讼代理人称杜某在第一次庭审存在口误且杜某在第二次庭审中亦陈述公司财务账册并未丢失，但未提交相应证据，且鉴于王某玲及杜某均认可自1994年12月至1996年7月由杜某负责公司经营，本院对于杜某作为王某玲委托诉讼代理人在第一次庭审中陈述的前述事实予以采信，对于杜某自认其为物业公司实际控制人的事实，本院不持异议。股东怠于履行清算义务的行为本身，即对《中华人民共和国公司法》规定的违反，客观上会对债权人利益造成不利影响，在股东及实际控制人未提供证据证明公司是否能够清算以及清算具体进程的情况下，王某玲及杜某应对物业公司债务承担连带清偿责任。

对于王某玲以其仅为名义股东为由主张不应承担相应责任的抗辩。本院认为，公司在工商部门登记的股东信息，对于公司及股东之外的善意第三人具有公示效力，虽王某玲与杜某都认可杜某为公司实际控制人，但系二人之间的内部约定，不足以对抗公司以外的债权人。

被告王某玲不服一审判决，提出上诉。二审法院同意一审法院裁判意见，认为王某玲为股份代持方，与杜某属于共同侵权人。

北京市第一中级人民法院依照《中华人民共和国民事诉讼法》第一百七十条第一款第一项之规定，判决如下：

驳回上诉，维持原判。

【法官后语】

针对实践中公司解散后应当清算而不清算，甚至以解散为由逃废债务、损害债权人利益的情形，《最高人民法院关于适用〈中华人民共和国公司法〉若干问题的规定（二）》第十八条规定了清算义务人的清算责任。

公司清算义务人是指对于公司负有依法组织清算的义务主体。根据《中华人民共和国公司法》第一百八十四条的规定，清算义务人于有限责任公司而言应为公司全体股东，于股份有限公司而言应为公司全体董事和股东大会。此外，公司的实际控制人对于公司未依法清算存在因果关系的，也应承担相应民事责任。对于债权人同时主张名义股东和实际控制人承担清偿责任的，名义股东主张其为股权代持人无法形成有效抗辩，仍应承担清算赔偿责任或清算清偿责任。

一、基于公示公信原则

依法登记的股东属于法律意义上的公司股东，对外直接承担股东责任。在清算责任中，股东以其不参与公司经营管理为由对债权人进行抗辩的，对于确未参与公司经营的中小股东可以认定不负担组织清算义务。但是，根据商事领域的外观主义原则，债权人基于公司登记信息产生的信赖应当受到保护。故名义股东作为经工商登记备案的公司股东，其与隐名股东之间的内部代持约定无法对抗债权人。

二、基于借名法律关系

名义股东与隐名股东之间的股权代持是一种借名关系。对于存在借名关系的，出借人和借名人为共同诉讼人，如《最高人民法院关于适用〈中华人民共和国民事诉讼法〉的解释》第五十四条，第五十九条第二款、第六十五条分别规定了挂靠人和被挂靠人、登记的经营者和实际经营者、合同专用章或银行账户等的出借单位和借用人均为共同诉讼人。在责任承担上，出借人和借名人应承担连带责任。如《最高人民法院关于审理道路交通事故损害赔偿案件适用法律若干问题的解释》第三条规定车辆挂靠人和被挂靠人对机动车交通事故造成的损害承担连带责任。该司法解释的规定被《中华人民共和国民法典》吸收，第一千二百一十一条规定了以挂靠形式从事道路运输经营活动的机动车，发生交通事故造成损害，属于该机动车一方责任的，由挂靠人和被挂靠人承担连带责任。借名合同作为一个无名合同，代持关系中名义股东与隐名股东的诉讼地位和责任承担，可以参照相关规定。

三、基于共同侵权关系

在隐名股东同时为实际控制人的情况下，名义股东和隐名股东的共同行为导致了公司资产损灭或无法清算，应当承担连带清偿责任。清算义务是名义股东的法定义务，这是股权代持关系与代理合同关系的关键区别。对于该义务的履行，名义股东对于隐名股东具有督促义务，在隐名股东怠于履行清算行为的情况下，名义股东负有履行法定义务的责任。

四、基于政策价值导向

股权代持关系本质上是对公司登记制度的背离，代持双方在享受便利的同时应当自行承担为此增加的风险和成本。如果侧重承认和保护名义股东因未参与实际经营并非清算义务人，客观上会产生鼓励通过代持方式规避法律风险的效果。故承认名义股东为适格清算义务主体，有助于实现商事领域中安全、稳定的秩序价值。

编写人：北京市昌平区人民法院　朱晋华　谷佳琛

167 持有公司股东表决权10%以上的股东在特定条件下可以解散公司

——祁某胜诉Y公司公司解散案

【案件基本信息】

1. 裁判书字号

河南省平顶山市中级人民法院（2019）豫04民终2740号民事判决书

2. 案由：公司解散纠纷

3. 当事人

原告（上诉人）：祁某胜

被告（被上诉人）：Y公司

第三人（被上诉人）：何某辉、吴某涛

【基本案情】

Y公司成立于2013年1月4日，营业期限至2023年1月3日，法定代表人为何某辉，注册资本1000万元，股东何某辉、祁某胜各占50%的股权。主要经营范围为：建材、有色金属、焦炭、农业机械、汽车（不含轿车）及零配件批零等。2016年9月20日，Y公司召开股东会形成以下决议："一、同意变更公司股东、股权。股东何某辉将在'Y公司'10%的股权100万元等额转让给新股东吴某涛，其他股东放弃对转让股权的优先购买权；股东祁某胜将在'Y公司'10%的股权100万元等额转让给新股东吴某涛，其他股东放弃对转让股权的优先购买权。二、公司的注册资本1000万元不变。股权转让后，自然人股东何某辉将拥有公司股权400万元，占公司注册资本的40%；自然人股东祁某胜将拥有公司股权400万元，占公司注册资本的40%；自然人股东吴某涛将拥有公司股权200万元，占公司注册资本的20%。三、同意变更公司经营范围。公司原经营范围变更为：建材、有色金属、焦炭、农业机械、汽车（不含轿车）及零配件批零；谷物、薯类、中药材的种植；农副产品初加工；钢结构加工；汝瓷制造；房地产开发。”2016年11月20日，Y公司股东会决议：任命何某辉为公司总经理，任命祁某胜为公司副总经理兼财务总监等；确定进行房地产开发项目，项目名称为汝州市A城等。2017年5月26日上午，祁某胜与何某辉发生冲突，祁某胜因此事被判故意杀人罪，判处有期徒刑十年，剥夺政治权利二年等，祁某胜现仍在服刑中。祁某胜、Y公司、何某辉、吴某涛均认可Y公司现正常经营，祁某胜以公司经营人合性基础丧失为由诉至一审法院，要求解散Y公司。

【案件焦点】

Y公司是否符合解散的法定条件。

【法院裁判要旨】

河南省汝州市人民法院经审理认为：根据《中华人民共和国公司法》第一百八十二规定，公司解散的前提条件是公司经营管理发生严重困难，此外还必须具备其他两个条件：继续存续会使股东利益受到重大损失、通过其他途径不能解决。本案祁某胜、Y公司均认可Y公司目前正常经营，且祁某胜所举证据不能证实出现了法律及司法解释规定的公司解散条件，故本院对祁某胜要求解散公司的诉请不予支持。判决如下：

驳回祁某胜的诉讼请求。

祁某胜不服一审判决，提起上诉。

河南省平顶山市中级人民法院经审理认为：根据《中华人民共和国公司法》第一百八十二条及《最高人民法院关于适用〈中华人民共和国公司法〉若干问题的规定（二）》第一条规定的公司解散条件，公司经营管理发生严重困难，继续存续会使股东利益受到重大损失，通过其他途径又不能解决的，持有公司全部股东表决权百分之十以上的股东，可以请求人民法院解散公司。该司法解释第五条第一款规定，“……当事人不能协商一致使公司存续的，人民法院应当及时判决”。

第一，关于Y公司的经营管理是否已经发生严重困难。依照《中华人民共和国公司法》第一百八十二条及《最高人民法院关于适用〈中华人民共和国公司法〉若干问题的规定（二）》第一条的规定，公司经营管理发生严重困难是股东强制解散公司的必要条件，而判断公司的经营管理是否出现严重困难应当从公司的股东会、董事会或者执行董事、监事会或者监事的运行状况进行综合分析，侧重点在于公司内部管理方面是否存在严重障碍，而不应当片面地理解为公司资金缺乏、严重亏损等经营性困难。本案中，Y公司有祁某胜、何某辉、吴某涛三位股东，分别占股40%、40%、20%，Y公司的《公司章程》第二十二条规定：“股东会会议由股东按照出资比例行使表决权”，第二十三条规定：“股东会定期会议于每个月1日召开。代表十分之一以上表决权的股东或者监事提议召开临时会议的，应当召开临时会议”，故Y公司的《公司章程》规定了召开公司股东会的相关事宜，但Y公司自2017年5月26日至今未再召开过股东会，已经持续两年时间无法形成有效的股东会决议，也就无法通过股东会决议的方式管理公司，股东会机制已经失灵。现Y公司只有何某辉一人管理，祁某胜已经无法正常地行使监事职权，无法发挥监事作用。因此，由于Y公司内部的机制已无法正常运转，股东会无法对公司的经营作出决策，监事也无法发挥监事作用，可以认定Y公司的经营管理已经发生严重困难。虽然何某辉称Y公司经营正常，但无论Y公司目前经营状况是否盈亏，均不能改变该公司的经营管理已经发生严重困难的事实。

第二，由于Y公司的内部机制早已失灵，祁某胜的股东权、监事权以及吴某涛的股东权长期处于无法行使的状态，其二人投资Y公司的目的无法实现，若Y公司继续存续，将使祁某胜、吴某涛的股东利益受到重大损失，且通过其他途径不能解决目前的僵局。本院出于慎用司法手段强制解散公司的考虑，组织各方当事人就公司存续、股东权利继续行使、股权收购等事项进行了调解，但祁某胜与何某辉之间因刑事案件，双方积怨较深，无法达成一致意见。另，祁某胜持有Y公司40%的股份，根据《中华人民共和国公司法》第一百八十二条关于提起公司解散诉讼的股东须持有公司10%以上股份的规定，祁某胜有权提起解散公司之诉。

据上，虽然Y公司目前经营状况正常，但股东之间不可调和的矛盾使公司正常经营管理陷入僵局，股东无法有效行使股东权利，自身利益不能得以有效维护。本院多次组织各方就公司股东股份转让等主要问题进行调解，但不能达成一致意见，故Y公司已经符合法定解散条件，应当予以解散。为保持Y公司正常有序地经营，Y公司解散后，公司股东可依法组成清算组进行清算并行使经营管理权。

遂判决如下：

一、撤销河南省汝州市人民法院（2019）豫0482民初4499号民事判决；

二、解散Y公司。

【法官后语】

股东解散公司之诉的法律依据为《中华人民共和国公司法》第一百八十二条的规定。根据该条法律规定，股东解散公司需要满足四个条件：1. 公司经营管理发生严重困难；2. 公司继续存续会使股东利益受到重大损失；3. 通过其他途径不能解决；4. 由持有公司全部股东表决权百分之十以上的股东诉讼提出。《中华人民共和国公司法》中设置股东解散公司之诉是为了避免公司被部分股东控制，而侵犯其他股东的利益，在公司人合性基础丧失而陷入僵局之时，赋予股东最后一道法律武器，以便股东可以退出公司，维护自身利益。

一、认定公司经营管理是否发生严重困难的侧重点应为公司内部管理方面是否存在严重障碍

实务中最有争议的就是对"公司经营管理发生严重困难"的认定。笔者认为，法院在认定公司经营管理是否发生严重困难时，应将《中华人民共和国公司法》第一百八十二条的规定与《最高人民法院关于适用〈中华人民共和国公司法〉若干问题的规定（二）》第一条的规定结合起来进行判断。《最高人民法院关于适用〈中华人民共和国公司法〉若干问题的规定（二）》第一条实际上是对《中华人民共和国公司法》第一百八十二条适用的细化，该条规定了股东请求解散公司的四种事由，除最后一种事由为兜底事由外，其他三种事由涉及的均是公司股东会或股东大会相关事宜，即公司管理

方面存在严重障碍，而非公司资金缺乏或亏损等经营性困难。因此，公司管理方面出现严重障碍为“因”，公司经营管理发生严重困难为“果”，需要通过“因”来判断是否存在“果”。本案中，Y公司的股东何某辉与祁某胜于2017年5月26日发生冲突，祁某胜因此事被判故意杀人罪，现仍在服刑中。后Y公司被何某辉一人掌控，祁某胜无法进入公司行使股东权利。Y公司自2017年至今未再召开股东会，也无法形成有效的股东决议。Y公司的一切事务均由何某辉一人做主，公司内部机制运转失灵，管理出现严重障碍，祁某胜无法参与公司经营决策，其股东权利遭受到严重损害。因此，可以认定本案中的Y公司的经营管理已经发生严重困难。

二、应坚持“尽量不解散公司”的原则，但在穷尽其他途径仍不能解决公司困难时，应及时判决解散公司

该条件的设定是为了维护公司运行的稳定，在通过其他途径能够解决公司困难时，尽量不解散公司。《最高人民法院关于适用〈中华人民共和国公司法〉若干问题的规定（二）》第五条第一款也对法院审理此类案件应坚持的“调解优先”原则进行了规定。笔者认为，一个公司从设立至成熟，凝聚着股东们的心血，也对社会经济发展贡献着力量，因此法院在审理此类案件时，应坚持“尽量不解散公司”的原则。但若矛盾实在不可调和，在衡量公司利益和股东利益之间，应当选择股东利益。股东为投资者，无股东则无公司，若股东投资公司的目的都不能实现，那么公司存在的意义也就无从谈起，况且法律不能纵容个别股东独霸公司而侵害其他股东利益的行为。本案中，承办法官对当事人经过多次调解均未成功，Y公司的股东何某辉与祁某胜因涉及刑事案件，积怨已深，矛盾确实不可调和。在此种情况下，法院应及时判决解散公司。唯有这样，才能

打破僵局，使祁某胜退出公司，从而保障股东的合法利益。

三、应由持有公司全部股东表决权百分之十以上的股东诉讼提出解散公司

股东投资越大，公司经营管理的状况对其影响则越大，因此考虑到公司经营管理困难对股东利益的影响程度，《中华人民共和国公司法》对提起股东解散公司之诉的股东所持有的表决权进行了一定的限制。那么笔者考虑到一个问题，若部分小股东所持有的表决权单独并未达到全部表决权的百分之十以上，这些小股东是否可以联名起诉解散公司，此时应将这些股东所持有的表决权叠加计算，还是只能单独计算？笔者认为，应当可以叠加计算。首先，公司的基础是资本，资本在公司中的表现形式就是股份或者表决权，公司经营管理决策的形成即以一定比例的表决权为标准，且这一比例就是叠加计算的，那么在股东解散公司之诉中，应当一以贯之；其次，虽然可能是几个股东的表决权叠加起来才达到公司总表决权的百分之十，但仍旧为公司百分之十表决权所代表的利益正在受到侵犯，仍旧意味着公司经营管理困难对股东利益的影响达到了一定程度。因此，无论是股东单独持有的表决权达到百分之十，还是几个股东叠加持有的表决权达到百分之十，均应认定为符合《中华人民共和国公司法》第一百八十二条规定的起诉条件。

综上所述，公司因内部管理方面存在严重障碍导致公司经营管理发生严重困难，股东权利遭受严重损害的，持有公司全部股东表决权百分之十以上的股东可以提出解散公司，法院应坚持“尽量不解散公司”的原则，但在穷尽其他途径仍不能解决公司困难时，为保护股东的利益，应及时判决解散公司。

编写人：河南省平顶山市中级人民法院　祝建中　李华亮　朱斐斐

168 破产程序中让与担保的认定与处理

——C 公司诉 T 公司破产债权确认案

【案件基本信息】

1. 裁判书字号

北京市第二中级人民法院（2019）京 02 民初 311 号民事判决书

2. 案由：破产债权确认纠纷

3. 当事人

原告：C 公司

被告：T 公司

【基本案情】

原告 C 公司与被告 T 公司之间因经济纠纷，于 2002 年产生诉讼。诉讼中双方签订《商品房买卖合同》，将 T 公司开发的×××大厦第×层房屋（以下简称涉案房屋）售予 C 公司。2003 年 1 月 23 日，北京市第一中级人民法院（以下简称北京一中院）出具（2002）一中民初字第 8972 号民事调解书，T 公司承诺自法院解除财产保全之日起 30 个工作日内向 C 公司回购涉案房屋，逾期付款的，T 公司按照每延期付款一日向 C 公司支付逾期付款违约金 5 万元。T 公司未依约回购房屋，亦未偿还欠付 C 公司的款项。后双方在执行程序中达成和解，约定将原属 T 公司所有的涉案房屋过户给 C 公司，用以折抵欠款，北京一中院裁定：将 T 公司所有的涉案房屋产权过户给 C 公司所有。相关手续由当事人自行办理。

2012年，因T公司等单位占有、使用涉案房屋，故C公司分别向北京市丰台区人民法院（以下简称丰台法院）提起二起排除妨害诉讼，请求判令T公司等单位支付房屋使用费。上述案件均判决T公司向C公司支付房屋使用费，且均已生效［分别为（2014）丰民初字第06966号民事判决及（2014）丰民初字第06969号民事判决，以下简称06966号民事判决及06969号民事判决］。2015年6月18日，北京市第二中级人民法院裁定受理T公司的破产申请，C公司于2016年8月8日向北京市第二中级人民法院就涉案房屋提起取回权诉讼，即（2016）京02民初280号民事判决（以下简称280号民事判决）案件，一审判决驳回其诉讼请求，C公司上诉后，二审法院维持原判。后C公司与T公司就C公司享有的债权数额产生争议，故诉至法院，请求人民法院：1. 确认06966号民事判决及06969号民事判决确定的房屋使用费及利息1358156.27元为普通债权；2. 确认（2002）一中民初字第8972号民事调解书确定的13138万元违约金为普通债权；3. 本案诉讼费用由T公司承担。

【案件焦点】

06966号民事判决及06969号民事判决确定的T公司向C公司支付的房屋使用费及利息应否作为普通破产债权予以确认。

【法院裁判要旨】

北京市第二中级人民法院经审理认为：生效的（2002）一中民初字第8972号民事调解书载明：T公司将其所有的涉案房屋所有权卖给C公司，作为抵销对C公司的欠款，T公司承诺自法院解除财产保全之日起三十个工作日内按T公司的出售价格回购上述房屋。T

公司自法院解除财产保全之日起六十个工作日内未回购，C 公司有权采取拍卖、变卖、出卖、出租或自用等措施维护自己的权益。上述内容中有关债务人将标的物所有权转移给债权人，债务人如能以回购形式偿还欠款，则房产仍归债务人所有；到期不能以回购形式偿还欠款，则债权人得就标的物受偿的约定，实质上是以房产作为履行债务的担保，符合让与担保的基本特征。让与担保的担保权人对担保物享有担保权，在担保权之外基于占有担保物而获得的收益应抵充原债务。本案中，C 公司根据其与 T 公司的约定以及生效判决，基于对标的房屋的占有而获得的房屋使用费，属于担保权之外的权益。该部分收益如获偿付，应用以抵充 T 公司的欠款。综上，06966 号民事判决及 06969 号民事判决所确定的 T 公司向 C 公司支付的房屋使用费及利息，属于 C 公司享有的让与担保权之外的权益，在未抵充（2002）一中民初字第 8972 号民事调解书中确定的 T 公司向 C 公司所欠债务的情况下，不能作为破产债权予以确认。

综上，依照《中华人民共和国企业破产法》第一条，《最高人民法院关于适用〈中华人民共和国企业破产法〉若干问题的规定（三）》第七条之规定，判决如下：

驳回 C 公司全部诉讼请求。

判决后，双方当事人均未上诉，本判决现已生效。

【法官后语】

一、C 公司对涉案房屋享有权利的性质

在本案之前，对于涉案房屋的权属问题，存在表面上相互“矛盾”的两类生效判决。一方面，06966 号民事判决及 06969 号民事判决均确认 C 公司依法享有合法的占有使用权，为涉案房屋的合法权利人，有权要求非法占有人排除妨害。另一方面，280号民事判决则认定C公司对涉案房屋不享有所有权。本案审理中，关于C公司对涉案房屋享有的权利性质的认定，应当从以下几个方面进行分析。

首先，从双方的意思表示来看，本案中，T公司与C公司虽签订《商品房买卖合同》，约定将T公司开发的涉案房屋售予C公司，但双方在随后签订的调解协议中约定了房屋回购条款，由此可知，双方之间并不存在出售房屋的真实意思表示，而是仅将涉案房屋作为T公司偿还C公司欠款的担保。其次，从涉案房屋的物权登记情况来看，双方对涉案房屋办理了房屋预售登记备案，并交付了涉案房屋，但因涉案房屋一直未办理竣工验收，故双方一直未办理过户登记及房产证交付等手续。最后，双方在执行和解中约定在满足过户条件后对涉案房屋办理所有权变更登记。执行裁定并不具有直接发生所有权变动的法律效力。

综上，双方在调解协议中对涉案房屋的约定，实质上是以房产作为履行债务的担保，符合让与担保的基本特征。这也与判决后发布的《全国法院民商事审判工作会议纪要》第七十一条的规定相符①。

---

① 《全国法院民商事审判工作会议纪要》第七十一条规定，债务人或者第三人与债权人订立合同，约定将财产形式上转让至债权人名下，债务人到期清偿债务，债权人将该财产返还给债务人或第三人，债务人到期没有清偿债务，债权人可以对财产拍卖、变卖、折价偿还债权的，人民法院应当认定合同有效。合同如果约定债务人到期没有清偿债务，财产归债权人所有的，人民法院应当认定该部分约定无效，但不影响合同其他部分的效力。当事人根据上述合同约定，已经完成财产权利变动的公示方式转让至债权人名下，债务人到期没有清偿债务，债权人请求确认财产归其所有的，人民法院不予支持，但债权人请求参照法律关于担保物权的规定对财产拍卖、变卖、折价优先偿还其债权的，人民法院依法予以支持。债务人因到期没有清偿债务，请求对该财产拍卖、变卖、折价偿还所欠债权人合同项下债务的，人民法院亦应依法予以支持。

二、债权人占有、使用不动产产生的收益应当冲抵原债务

本案焦点之一是06966号民事判决及06969号民事判决确认的房屋使用费及利息是否能作为普通破产债权。本案中，T公司向C公司交付了涉案房屋，根据双方约定，C公司取得了对涉案房屋的占有权、使用权、收益权。因此，06966号民事判决及06969号民事判决的认定基础并非C公司对涉案房屋享有所有权，其保护的是C公司对涉案房屋的占有权、使用权、收益权。该项权利，并非让与担保权的附加内容，亦非可以直接归属于让与担保权人的法定收益，其实际上仍然是对原债权的担保，应当以冲抵原债务的方式归属于债权人。因此，债权人占有标的物所获取的收益，从某种程度上来说，仍然属于其“优先受偿权”的实现方式，而非基于合法所有权而享有的收益。对让与担保的效力的认定应当区分合同效力与物权效力。本案中，虽然因涉案房屋未完成竣工验收故无法办理所有权变更登记，但这仅使得让与担保不发生物权效力，但并不影响其合同效力，也不影响将双方间法律行为认定为让与担保的定性。

在本案裁判内容之外，还有另一个问题值得关注和思考，那就是让与担保中的债权人在债务人破产后，对相应财产享有何种权利？笔者认为，根据《全国法院民商事审判工作会议纪要》的规定，让与担保实际上已经被认定为一种担保物权，故应当参考《中华人民共和国企业破产法》第一百零九条的规定，赋予债权人主张别除权的权利。

编写人：北京市第二中级人民法院　胡君　李超男

169 破产程序中债务人不享有破产抵销权

——D 公司诉钱某彬破产债权确认案

【案件基本信息】

1. 裁判书字号

浙江省台州市中级人民法院（2019）浙 10 民终 2739 号民事判决书

2. 案由：破产债权确认纠纷

3. 当事人

原告（上诉人）：D 公司

被告（被上诉人）：钱某彬

【基本案情】

法院经审理查明：2008 年 4 月 8 日，钱某彬委托 D 公司投资特谱公司。2010 年 3 月 21 日，D 公司与钱某彬签订《浙江金力钢管塔制造有限公司出资（股权）转让协议》，协议约定："……二、转让标的……转让给钱某彬 140 万元，占该公司 7%的股权……六、价款的支付 本合同第二条所确定的价款，在本合同生效后十日内由受让方一次性直接给付出让方……" 2016 年 10 月 24 日，钱某彬向法院起诉要求 D 公司返还委托 D 公司投资特谱公司的投资款 150 万元。2017 年 5 月 23 日，经法院主持调解并制作（2016）浙 1082 民初 9131 号民事调解书，民事调解书载明："……由 D 公司返还钱某彬投资款 53 万元，款分三期支付：第一期在2017年5月24日前支付5万元；第二期在2017年12月30日前支付24万元；第三期在2018年5月30日前支付24万元……”后，D公司按约支付给钱某彬5万元。2018年4月9日，D公司以资不抵债为由，向法院申请破产清算，2018年4月20日法院裁定受理，并于2018年5月8日指定台州会计师事务所担任D公司管理人。D公司进入破产清算程序后，钱某彬向管理人申报48万元债权，管理人不予确认并召开D公司破产清算案第一次债权人会议。第一次债权人会议后，钱某彬向管理人提出书面异议。2019年8月2日，管理人向D公司法定代表人项某荣发送通知书，对钱某彬48万元债权予以确认。

D公司向法院起诉请求确认钱某彬对D公司不享有48万元的债权。

【案件焦点】

债务人在破产程序中是否享有抵销权。

【法院裁判要旨】

浙江省临海市人民法院经审理认为：本案系破产债权确认纠纷。D公司作为D公司破产清算案件的债务人，对管理人制定的债权表记载的债权有异议的，经管理人解释，D公司仍然不服的，有权以异议债权人即钱某彬为被告提起破产债权确认之诉。但D公司以钱某彬未支付浙江金力钢管塔制造有限公司7%的股权转让款为由，要求在D公司破产程序中抵销钱某彬对D公司的48万元债权。根据《中华人民共和国企业破产法》第四十条规定：“债权人在破产申请受理前对债务人负有债务的，可以向管理人主张抵销……”法律仅赋予债权人在破产程序中主动行使抵销权的权利，未赋予债务人在破产程序中主动行使抵销权的权利。据此，D 公司在破产程序中主动行使抵销权来否认钱某彬对 D 公司的合法债权，缺乏法律依据。一审法院判决：驳回 D 公司的诉讼请求。

一审宣判后，原告 D 公司不服，提起上诉。

浙江省台州市中级人民法院经审理认为：关于 D 公司能否行使抵销权的问题，《最高人民法院关于适用〈中华人民共和国企业破产法〉若干问题的规定（二）》第四十一条规定："债权人依据企业破产法第四十条的规定行使抵销权，应当向管理人提出抵销主张。管理人不得主动抵销债务人与债权人的互负债务，但抵销使债务人财产受益的除外。"据此，如果行使抵销权不仅不会使破产财产减少，反使债务人的财产受益，管理人主张抵销权并不违反管理人为全体债权人利益履职的角色定位，因此在此情形下管理人可以主动主张破产抵销权。可见，上述司法解释也只是扩展了管理人在特殊情况下可以主动行使抵销权的权利，并未及于债务人。本案中，D 公司在管理人确认了钱某彬债权，对该债权有异议的，确实可以提起债权确认的诉讼，但法律并未赋予债务人在债权确认诉讼中代替管理人主动行使抵销权的权利，故即使 D 公司对钱某彬享有 140 万元债权，本案中抵销权的行使可使债务人财产增加而受益，但 D 公司仍不能未经管理人提起而以债务人身份在本案破产债权确认之诉中行使抵销权。

综上所述，二审法院判决：驳回上诉，维持原判。

【法官后语】

企业破产法上的抵销权（以下简称破产抵销权），是指债权人在破产申请受理前对债务即破产人负有债务的，无论是否已到清偿期限、标的是否相同，均可在破产财产最终分配确定前向管理人主张相互抵销的权利。[①]破产抵销制度是破产债权人只能依破产程序按债权清偿比例受偿的例外。破产抵销源于民法上的抵销制度，是民法上的抵销权在债务人破产情形下的扩张适用。[②]《中华人民共和国企业破产法》第四十条赋予债权人主张抵销权的权利；《最高人民法院关于适用〈中华人民共和国企业破产法〉若干问题的规定（二）》第四十一条赋予管理人在抵销使债务人财产受益的情况下主动抵销互负债务的权利。根据中国裁判文书的查询结果，涉及破产抵销权纠纷往往集中在债权人行使抵销权的问题上，即管理人对债权人主张抵销不予认可引发的纠纷，但没有债务人主张抵销权的案例。

本案的诉因系债务人对债权人享有债权，但管理人因时效问题未予追偿，故债务人希望通过行使抵销权来否认债权人的债权。本案主要的争议焦点在于债务人在破产程序中是否享有抵销权？这个问题在《最高人民法院关于适用〈中华人民共和国企业破产法〉若干问题的规定（三）》出台前，因债务人无法对管理人不主动行使抵销权的情况提出异议或启动诉讼程序，在对债权异议之诉方面存在启动障碍，故关于债务人在破产程序中是否享有抵销权一直未得到学界和实务界的充分关注。但随着《最高人民法院关于适用〈中华人民共和国企业破产法〉若干问题的规定（三）》的出台，该司法解释赋予债务人对债权表记载的债权享有异议权，也就是赋予了

---

① 王欣新：《破产法理论与实务疑难问题研究》，中国法制出版社2011年版，第228页。

② 最高人民法院民事审判第二庭编著：《最高人民法院关于企业破产法司法解释（三）理解与适用》，人民法院出版社2019年版，第440页。

债务人在管理人未主动行使抵销权的情况下，通过破产债权确认之诉为其主动行使抵销权创造了可能，也让债务人在破产程序中是否享有抵销权这一问题进入司法实务的审视范围。在本案的审理过程中，对于债务人主动行使抵销权的问题，存在两种截然不同的观点：第一种观点认为，根据《中华人民共和国企业破产法》第四十条和《最高人民法院关于适用〈中华人民共和国企业破产法〉若干问题的规定（二）》第四十一条的规定，并未赋予债务人在破产清算过程中主动行使抵销权的权利，故债务人在破产程序中不享有抵销权；第二种观点则认为，管理人作为破产程序中独立组织的行为，并不代表债务人的意思，管理人对于债权人申报的债权作出承认或否认的表示，有可能导致债务人有关人员承担破产责任，据此，结合《最高人民法院关于适用〈中华人民共和国企业破产法〉若干问题的规定（二）》第四十一条规定的精神，债务人为了自身利益，且在抵销使债务人财产受益的情况下，应当赋予债务人在破产程序中享有主动抵销的权利。对于上述两种观点，笔者赞同第一种观点，理由如下：

一、从企业破产法的立法目的来看，赋予债务人破产抵销权不利于保护债权人权益

企业破产法在首条便明确了“公平清理债权债务，保护债权人和债务人的合法权益”的立法目的。民法上的抵销制度起源于罗马法。抵销制度的最初设计目的是节省互为给付和互受给付所生的费用，但随着商业的发展及风险的急剧增加，抵销便具有更重要的制度价值。若双方均有清偿能力，即使互相不为抵销，也仅是多一次互为给付和受领的形式而增加费用而已，并不至于发生不公平结果。但如果一方在有破产可能甚至已进入破产程序时，已无法完全给付，

却强求另一方完全给付，确为显失公平。据此，企业破产法之所以允许债权人不依破产程序就互负之债务进行抵销，目的在于保护对破产企业负有债务的债权人。

与之相反，对于债务人或管理人来说，债务人进入破产程序，管理人接管破产企业财产及财产权利，管理人为全体债权人利益而执行职务，必须尽善良管理人的义务，不得随意放弃或减损财产或财产权利。债权人对破产企业的债务属于破产财产。债务人或管理人主张抵销，实际上等于主动放弃要求债权人履行清偿义务的权利，必然使破产财产消极减少，却使有抵销权的债权人避免了依破产程序受清偿所受的损失，对有抵销权的债权人有利，但损害了其他债权人的权利。从所有债权人利益出发，若享有抵销权的债权人不主动主张抵销，不允许债务人或管理人主动提出抵销。因此，债权人的债权为主动债权，破产程序中的抵销权人以债权人为限，债务人或管理人不得主张抵销。如果允许债务人在破产程序中主动抵销债务，一方面，债务人极有可能与个别债权人或第三人恶意串通，以抵销之名行转移资产之实，通过抵销的方式减少破产企业财产；另一方面，债务人将已丧失胜诉权的债务与债权人的债权进行抵销，侵害债权人的利益，产生新的不公平情况。上述两点均不利于保护债权人的权益，与企业破产法的立法目的相违背。

二、从破产抵销权的制度设计来看，赋予债务人破产抵销权将极易降低破产处置效率

从破产抵销权的性质来看，破产程序中的抵销权实际上是破产债权人以其债权以及其对破产企业所负的债务互为抵销的形成权，此种权利的行使对债权人有利，等于用属于破产企业的债权清偿自己的债权，而不必依破产分配方案受损失清偿。也有观点认为，承

认破产程序中的抵销权，使抵销起到未公开的担保作用，享有抵销权的债权人实际上得到担保其债权实现的目的，即享有抵销权的债权人通过抵销得到了其债权的充分偿付，这看似违背按比例分配破产财产的原则，对其他债权人不公平。但如果不允许破产抵销，对享有抵销权的债权人更加有失公平，自己欠破产企业的债务被要求作出全面的履行，而自己对破产企业拥有的债权作为破产债权，却只能受到按比例的平均分配。由此造成在相同的当事人之间，同是债权却处于不平等的清偿地位，显然有违民商事法律公平原则。也正是因为基于上述考量，企业破产法设立抵销权这一制度的初衷，不仅是保障破产债权人的合法利益，更是以这种对债务人负有债务的债权人有利的制度设计来驱动此类债权人积极主动行使互负债务的抵销权，从而进一步简化破产程序，使管理人免于进行先请求债权人履行其对破产企业所负债务、然后再分配的复杂程序，节省破产处置的时间和费用。换言之，破产法上的抵销制度，是为简化破产程序并保护债权人利益而特设的一项制度，是破产债权只能依破产程序平等分配清偿的例外。但如果允许债务人在破产程序中主动行使抵销权，债务人的股东可能基于自身利益的考量，为了达到规避债务、拖延清算的目的，不当行使抵销债权，引发其他债权人异议，使破产处置复杂化，更甚者将触发更多的衍生诉讼，使破产程序难以继续，极大降低了破产效率。

三、从现有法律的赋权规范来看，赋予债务人破产抵销权法律依据明显不足

从现有法律及司法解释考量，根据《中华人民共和国企业破产法》第四十条规定："债权人在破产申请受理前对债务人负有债务的，可以向管理人主张抵销……"法律仅赋予债权人在破产程序中

主动行使抵销权的权利，但未赋予债务人在破产程序中主动行使抵销权的权利。《最高人民法院关于适用〈中华人民共和国企业破产法〉若干问题的规定（二）》第四十一条规定："债权人依据企业破产法第四十条的规定行使抵销权，应当向管理人提出抵销主张。管理人不得主动抵销债务人与债权人的互负债务，但抵销使债务人财产受益的除外。"据此，如果行使抵销权不仅不会使破产财产减少，反使债务人的财产受益，在此情形下管理人可以主动主张破产抵销权。但该司法解释也只是扩展了管理人在特殊情况下可以主动行使抵销权的权利，并未及于债务人。

另外，虽然《最高人民法院关于适用〈中华人民共和国企业破产法〉若干问题的规定（二）》赋予管理人在特殊情况下可以主动行使破产抵销权，但有严格限定。在司法实务中，主要限定在以下两种情形：一是如果债权人会议已讨论通过破产财产的处理和分配方案，各债权人可以分配到的债权额已经确定，享有抵销权的债权人仍没有提出抵销要求的，管理人为了提高破产效率，可就债权人对破产企业所负债务，与债权人的破产债权分配额进行抵销处理。因为这种抵销权仅限于按破产程序中债权人可分配到的部分，并不损害其他债权人的合法利益。二是对于破产费用及共益债权与该债权人对破产企业所负债务，管理人也可以主张抵销。根据企业破产法规定，破产费用和共益债权应随时从破产财产中支付，这种权益不受破产宣告的制约。既然破产费用、共益债权可以排斥普通破产债权而优先受偿，这种权利更可以通过抵销而加以消灭，且破产费用及共益债权本身是为了全体债权人利益所产生的债务，符合《最高人民法院关于适用〈中华人民共和国企业破产法〉若干问题的规定（二）》第四十一条关于"抵销使债务人财产受益"的要求。所以，破产费用及共益债权与该债权人对破产企业所负债务抵销，不受破产程序关于抵销权应由债权人提出，管理人不得主张抵销之规定的约束。

综上，因破产抵销权其本质是公平清偿原则之外，为了保护个别债权人利益，提升破产处置效率的一种特别制度，现有法律及司法解释对于破产抵销权的行使主体有着严格限制，债务人主动行使破产抵销权不仅不利于保护债权人的合法权益，也极易降低破产处置效率，故无论是从学理分析还是法律规定来看，除管理人的抵销行为使破产财产受益外，债务人或管理人在破产程序中对互负债务不享有主动行使抵销的权利。

编写人：浙江省临海市人民法院　梁斌

170　“执转破”机制提升审判质效

——石某申请破产清算案

【案件基本信息】

1. 裁判书字号

广东省广州市中级人民法院（2017）粤01破100（-1-9）号民事裁定书

2. 案由：申请破产清算纠纷

3. 当事人

申请人：石某

被申请人：Y公司

【基本案情】

Y公司是有限责任公司；住所地在广州市越秀区××房；法定代表人是陈某良；注册资本为人民币6451.613万元；成立日期为2009年4月28日；营业期限为长期；经营范围是预付卡的发行与受理，等等。该公司预付产品主要包括工会优粤通卡、广州工会羊城通卡、益民通卡、优粤通车主卡、校园卡等。2014年9月，因Y公司超出《支付业务许可证》核准业务范围经营的“加油金”业务涉嫌非法吸收公众存款罪，人民银行广州分行向公安部门移交了相关线索。2015年12月23日，广州市天河区人民法院对Y公司高管邹某等5名被告作出犯非法吸收公众存款罪的判决。

石某是Y公司的职工债权人，其债权在广州市越秀区人民法院（以下简称越秀区法院）申请强制执行，债权额为88461.07元，已补偿23853元，余64608.07元。截至2017年8月10日，以Y公司为被执行人在越秀区法院的执行案共25624件，执行标的额共计2.9279210556亿元，其中70多个职工债权人获得了部分补偿，但还有未执结金额175.892477万元；农村信用合作社联社、农村商业银行等的债权都没有得到清偿，分别为103.574848万元、202.2986万元及2.66780034亿元；其他未执行的债权共计2072.2559万元。此外，以Y公司为被执行人在其他法院还有14件执行案，约3.60亿元的执行标的额。以上执行标的额合计约6.53亿元。

2017年9月25日，根据申请人石某对被申请人Y公司进行破产清算的申请，越秀区法院作出移送破产审查决定书，将以Y公司为被执行人的执行案件移送广州市中级人民法院（以下简称广州中院）进行破产审查。广州中院于 2017 年 11 月 1 日裁定受理 Y 公司破产清算一案，并同时依法指定会计师事务所（特殊普通合伙）广州分所担任管理人。2018 年 2 月 6 日，广州中院通过全国企业破产重整案件信息网主持召开了第一次债权人会议。清算过程中，管理人发现广东省阳江市阳东区人民法院于 2018 年 4 月 24 日从 Y 公司的银行账户扣划了约 33326.75 元的执行款项，故申请广州中院予以协助解决。2018 年 5 月 14 日，广州中院裁定宣告 Y 公司破产。根据广州中院于 2019 年 3 月 6 日裁定确认的《Y 公司破产财产分配方案》，管理人共进行了两次分配，第一次分配总额为 558414.4 元，全部用于清偿职工债权；第二次分配总额为 4961321.87 元，清偿了剩余的职工债权 1468293.67 元，税款债权 51571.83 元，普通债权的受偿金额为 3441456.37 元。两次分配后职工债权和税款债权的受偿比例均达到了 100%。此外，管理人共收到 6 笔取回权申报，申报金额共计 2892317.94 元；管理人审查确认了其中 5 笔取回权，确认金额为 2861938.84 元。后管理人认为 Y 公司破产财产的最后分配已执行完毕，向广州中院申请裁定终结 Y 公司破产程序。

【案件焦点】

1. 破产程序如何与执行程序顺畅衔接，有效解决“执行难”；2. 如何合理界定债务人财产，公平公正地保护众多债权人的合法权益；3. 如何协调各方利益，兼顾非金融支付风险的化解。

【法院裁判要旨】

广东省广州市中级人民法院经审理认为：根据《最高人民法院

关于适用〈中华人民共和国民事诉讼法〉的解释》第五百一十三条的规定，作为被执行人的企业法人符合《中华人民共和国破产法》第二条第一款规定情形的，执行法院经申请执行人之一同意，可将执行案件相关材料移送被执行人住所地人民法院进行破产审查。

依据《中华人民共和国企业破产法》第二条第一款的规定，企业法人不能清偿到期债务，并且资产不足以清偿全部债务或者明显缺乏清偿能力的，依照本法规定清理债务。

根据《中华人民共和国企业破产法》第十九条的规定，人民法院受理破产申请后，有关债务人财产的保全措施应当解除，执行程序应当中止。根据《最高人民法院关于适用〈中华人民共和国企业破产法〉若干问题的规定（二）》第五条的规定，破产申请受理后，有关债务人财产的执行程序未依照《中华人民共和国企业破产法》第十九条的规定中止的，采取执行措施的相关单位应当依法予以纠正。依法执行回转的财产，人民法院应当认定为债务人财产。

依据《中华人民共和国企业破产法》第三十八条的规定，人民法院受理破产申请后，债务人占有的不属于债务人的财产，该财产的权利人可以通过管理人取回。

根据《中华人民共和国企业破产法》第一百二十条第二款、第三款的规定，Y 公司破产财产的最后分配已经完结，管理人提请人民法院裁定终结 Y 公司破产程序，符合法律规定，应当予以支持。

广州中院依照《中华人民共和国企业破产法》第二条第一款、第七条第二款，《最高人民法院关于适用〈中华人民共和国企业破产法〉若干问题的规定（一）》第四条第三款之规定，于 2017 年 11 月 1 日作出裁定如下：

受理申请人石某对被申请人 Y 公司的破产清算申请。

同时依照《中华人民共和国企业破产法》第二十二条，《最高人民法院关于审理企业破产案件指定管理人的规定》第十五条、第二十条之规定，作出决定如下：指定会计师事务所（特殊普通合伙）广州分所担任 Y 公司管理人。

广州中院依照《中华人民共和国企业破产法》第五十八条第二款之规定，于 2018 年 3 月 19 日作出裁定如下：

确认潘某敏等 84 位职工及广州市越秀区地方税务局等 660 个债权人的债权（共计 912720746. 39 元）。

广州中院依照《中华人民共和国企业破产法》第一百零七条之规定，于 2018 年 5 月 14 日作出裁定如下：

宣告 Y 公司破产。

广州中院依照《中华人民共和国企业破产法》第五十八条第二款之规定，于 2018 年 11 月 21 日作出裁定如下：

确认广东高明农村商业银行股份有限公司等 12 个债权人共计 180521062. 14 元的债权。

广州中院依照《中华人民共和国企业破产法》第五十八条第二款之规定，于 2019 年 2 月 25 日作出裁定如下：

确认广州市黄埔区人民法院、张某明共计 245200 元的债权。

广州中院依照《中华人民共和国企业破产法》第十九条，《最高人民法院关于适用〈中华人民共和国企业破产法〉若干问题的规定（二）》第五条的规定，于 2018 年 11 月 22 日向广东省阳江市阳东区人民法院发出《关于对 Y 公司款项进行执行回转的函》，函请该院将 2018 年 4 月 24 日从 Y 公司银行账户扣划的约 33326. 75 元执行款项全部回转，转入管理人的银行账户。

广州中院依照《中华人民共和国企业破产法》第六十四条、第一百一十五条之规定，于2019年3月6日作出裁定如下：

对债权人会议通过的《Y公司破产财产分配方案》，本院予以认可。

广州中院依照《中华人民共和国企业破产法》第一百二十条第二款、第三款之规定，作出如下裁定：

终结Y公司破产程序。

【法官后语】

Y公司破产案是目前全国涉及执行案件数量较多的“执转破”案件，是运用“执转破”机制提升审判质效的成功范本。该案的审结对有效化解“执行难”，在完善执行程序与破产程序的衔接，运用法治手段防范和治理非金融支付风险等方面具有重要的意义。

一、执行程序与破产程序衔接，助力破解“执行难”

Y公司破产案让25638件执行案得以彻底退出执行程序，化解了约6.53亿元的债务。债务人Y公司的财产不足以清偿其债务，导致大量“执行不能”案件的产生，“执转破”机制让这些“执行不能”案件得以彻底终结执行程序，避免形成大量执行积案。

（一）凸显破产程序优势，化解“执行不能”案件

Y公司破产案充分凸显了破产程序在债务人无财产或其现有财产不足以清偿所有债权情形下的制度优势。

首先，Y公司破产案公平保护了所有债权人的合法权益。Y公司破产案受理后，其所有债权都视为到期，债权人均可依法申报债权和公平接受分配，对个别债权人的债务清偿被禁止。在程序设置方面，通过通知与公告、债权申报与审核、召开债权人会议、债权人表决等一系列程序，保障了债权人的知情权以及参与权。在债权

清偿顺序方面，所有债权人根据其债权性质，按照法律规定的顺位，按比例公平受偿。

其次，Y公司破产案最大限度地实现了债权人的受偿利益。有别于执行程序中的个案，仅在该案执行标的范围内对被执行人现有财产进行查控，破产案件中基于破产程序概括执行的特性，可对债务人财产进行全面的清查，不限于当下且溯及既往，根据案件具体情况，灵活运用法律规定的各种财产追收和处理制度，实现偿债财产最大化。

最后，Y公司破产案体现了多元的利益保护格局。不仅公平合理地保护各类债权人、债务人、利害关系人的合法权益，而且通过市场主体退出程序，完成对违规经营企业的淘汰，维护了市场交易秩序及市场信用体系，最大限度地保护社会公共利益。

（二）精审破产繁案，应对执破衔接难题

"执转破"作为最高人民法院倡导的一项创新审判机制，[①] 法律规定较为原则，可供借鉴的审判经验较少。Y公司破产案属涉及债权人人数众多、法律关系复杂的"执转破"案件，执行程序与破产程序衔接的现实问题得到集中体现，该案的审理为完善执破程序衔接制度提供了经验与思路。

例如，本案在广州地区首次采用网络形式召开债权人会议，应对债权人人数众多带来的程序难题。根据《中华人民共和国企业破产法》第六十二条的规定，第一次债权人会议由人民法院召集。根据《最高人民法院关于企业破产案件信息公开的规定（试行）》第十一条第一款的规定："人民法院、破产管理人可以在破产重整案件

① 2018年3月4日《全国法院破产审判工作会议纪要》第一条"破产审判的总体要求"的第四点便是"四要完善执行与破产工作的有序衔接，推动解决'执行难'"。

信息网召集债权人会议并表决有关事项。网上投票形成的表决结果与现场投票形成的表决结果具有同等法律效力。”由于本案债权人人数众多且分布全国各地，为了便于债权人行使法定权利，避免现场会议所带来的维稳隐患和安保压力，该案在破产重整案件信息网召开Y公司第一次债权人会议。会议不仅完成了法律明确规定的第一次债权人会议须进行的内容——核查债权表，而且根据具体案情周密考虑案件后续推进的需要，对财产管理及变价方案、成立债权人委员会相关事项的议案、关于以非现场形式召开后续债权人会议的提案进行了表决；表决事项设计科学合理，均获得债权人高票数通过。该次网络会议实现了议事效率高于现场会议，会务成本低于现场会议的良好效果。

又如，审视执破程序差异，穷尽对Y公司持有股权的处置方式，避免怠于履行股东清算义务的法律风险。Y公司持有5家未注销子公司的股权，在执行程序中未能予以处置，在破产程序中经过网络拍卖流拍。在执行程序中，股权仅被作为债务人财产的一种，如果无法实现偿债价值，则往往会被搁置不理，对此鲜有争议。在破产程序中，也有观点认为如果股权没有价值，管理人可以不追收；该观点依据主要为《最高人民法院关于审理企业破产案件若干问题的规定》第七十八条的规定。但我们认为，在破产程序中，需要完成对债务人的全面清理并最终注销主体，虽经公开拍卖市场检验，上述股权缺乏财产价值，但是Y公司作为其子公司的股东，依法负有清算义务。根据《最高人民法院关于适用〈中华人民共和国公司法〉若干问题的规定（二）》第十八条第一款、第二款的规定：“有限责任公司的股东、股份有限公司的董事和控股股东未在法定期限内成立清算组开始清算，导致公司财产贬值、流失、毁损或者灭失，债权人主张其在造成损失范围内对公司债务承担赔偿责任的，人民法院应依法予以支持。有限责任公司的股东、股份有限公司的董事和控股股东因怠于履行义务，导致公司主要财产、账册、重要文件等灭失，无法进行清算，债权人主张其对公司债务承担连带清偿责任的，人民法院应依法予以支持。”即股东若怠于履行清算义务，则存在需对公司债务承担赔偿责任的风险。故在Y公司持有的子公司的股权无法通过出售或转让予以处置的情况下，当该子公司已经发生解散事由却无法自行清算时，法院督促管理人向有管辖权的法院另行对该子公司提起强制清算申请，即穷尽对持有股权的处置手段，避免了Y公司怠于履行股东清算义务可能会引发的法律风险。审慎考虑执行程序与破产程序的特性差异，以及针对同一财产的执行行为与清算行为的法律后果差异，令本案破产程序对执行程序的承接更加顺畅、合法、合理。

二、执行回转与取回权制度兼采，合理界定债务人财产

债务人财产是其承担偿还债务责任的物质基础，对债权人权利实现的程度有着直接和实质的影响，故债务人财产的合理界定是破产清算程序的关键。除了常规的财产清收，本案灵活运用了执行回转制度和取回权制度，合理认定债务人财产的范围，最大限度地保障了债权人合法权益的实现。

（一）函请执行回转，维护债务人财产完整性

所谓执行回转，“系指执行完毕后，因据以执行之法律文书被撤销，而依新生效之法律文书，将债权人因执行所得之利益，返还与债务人，以回复执行程序开始前之状态而言”。[①] 根据《中华人民共

① 杨与龄：《强制执行法论》，中国政法大学出版社2002年版，第660页。

和国企业破产法》第十九条的规定：“人民法院受理破产申请后，有关债务人财产的保全措施应当解除，执行程序应当中止。”《最高人民法院关于适用〈中华人民共和国企业破产法〉若干问题的规定（二）》第五条规定：“破产申请受理后，有关债务人财产的执行程序未依照企业破产法第十九条的规定中止的，采取执行措施的相关单位应当依法予以纠正。依法执行回转的财产，人民法院应当认定为债务人财产。”

由于信息共享的现实障碍，本案破产申请受理后，广东省阳江市阳东区人民法院（以下简称阳东法院）仍从Y公司的银行账户扣划了约33326.75元的执行款项，即有关债务人财产的执行程序未依照《中华人民共和国企业破产法》第十九条的规定中止，管理人遂申请广州中院予以协调解决。广州中院根据相关法律和司法解释的规定，函请阳东法院进行执行回转；阳东法院接到函件后出具了新的法律文书，将扣划款项返还给Y公司，债务人财产的完整性得到了维护。

（二）运用取回权制度，厘清债务人财产界限

企业破产法上的取回权，是指在破产程序中，债务人占有的不属于破产财团的他人财产，财产的权利人可不依照破产程序，直接经过破产管理人同意，将该财产取回的权利。《中华人民共和国企业破产法》第三十八条对此进行了明确规定，“人民法院受理破产申请后，债务人占有的不属于债务人的财产，该财产的权利人可以通过管理人取回”。破产取回权的权利来源，有学者称为破产取回权的“权原”，[①] 可能是所有权，也可能是他物权，还有可能是基于合同关系产生的债权请求权。

Y公司破产案受理后，经过管理人的清查，发现Y公司名下最大

---

① 李永军：《论破产程序中的取回权》，载《比较法研究》1985年第2期。

金额的财产是设在平安银行的客户备付金账户中的资金，而该账户正被监管机构人民银行通知止付。该账户资金未能在之前Y公司所涉的刑事诉讼程序和民事执行程序中予以处理，其处理问题陷入僵局。

在破产程序中，为打破僵局，顺利推进清算程序，首先要对该账户资金的性质作出认定。其一，根据《支付机构客户备付金存管办法》第二条规定，客户备付金是指支付机构为办理客户委托的支付业务而实际收到的预收待付货币资金。《非金融机构支付服务管理办法》第二十四条第一款规定，支付机构接受的客户备付金不属于支付机构的自有财产。因此，可以认定客户备付金不属于Y公司的财产。其二，经过法院指导管理人与平安银行核对事实，经人民银行广州分行确认，可以认定由于Y公司的违规操作，Y公司在平安银行开设的客户备付金账户中存在客户备付金与其他资金混同的情况。但是，银行和管理人都无法根据现有账目和其他证据厘清客户备付金与其他资金各自的具体金额，案件推进遇到了障碍。

在上述事实和法理基础上，广州中院灵活运用破产取回权制度，通过引导和督促预付卡客户行使取回权，厘清Y公司破产财产的界限。指导管理人通知可以联系的预付卡客户，对于无法联系的客户采取公告的方式，告知相关权利人行使取回权。经过管理人对取回权申请进行审核确认后，将相应的客户备付金退还给权利人。而账户中余下的资金作为其他资金，列入Y公司的破产财产，对债权人进行分配。如此既合法合理地推进了破产清算程序，避免了大量潜在的诉讼，又平衡保护了不同利益主体的合法权益。

三、人民法院与金融监管部门协作，保障金融风险治理

根据《全国法院破产审判工作会议纪要》第一条“破产审判的总体要求”的第三点要求，“要健全破产审判工作机制，最大限度释

放破产审判的价值。要进一步完善破产重整企业识别、政府与法院协调、案件信息沟通、合法有序的利益衡平四项破产审判工作机制，推动破产审判工作良性运行，彰显破产审判工作的制度价值和社会责任”。具体到破产个案的审理，牵涉面甚广，法官需处理的不仅有法律问题，还有社会问题，案件的审理追求法律效果和社会效果的统一，尤其注重通过案件的审理彰显司法对社会经济发展的保障作用。在Y公司破产案中，如何平衡各方的利益诉求，维系和谐稳定的社会经济秩序，需要法院注重与金融监管部门的协作。

Y公司之前的经营活动，除发行工会优粤通卡、广州工会羊城通卡等预付卡外，还有超出人民银行颁发的《支付业务许可证》核准业务范围经营的“加油金”业务，经刑事审判认定属非法吸收公众存款的犯罪，即Y公司的经营活动既有合法的，也有违法的，涉众甚广。本案的审理既关乎众多债权人、预付卡客户的切身利益，也关乎社会经济秩序的和谐稳定。因此，在本案审理过程中，广州中院特别注重与金融监管部门的协作，以取得案件审理的法律效果与社会效果的统一。

在本案中广州中院积极与监管机构人民银行广州分行进行沟通与协调，采取了邀请其观摩网络债权人会议、组织召开协调会议商讨疑难问题、函件来往、联系人电话或微信沟通等多种方式，加强了相关信息的共享、案件进展的通报和处理思路的交流。在与金融监管部门的协作下，广州中院确定了合理运用现行法律规定和法理解决新类型问题的思路，妥善处理了预付卡客户备付金账户资金的定性与混同问题，缓解了众多“加油金”债权人的不安情绪，运用法治手段助力非金融支付风险的防范和治理，令案件的处理赢得各方的认可。

编写人：广东省广州市中级人民法院　宁建文

171 一人公司股东申请强制清算不应受理

——B 公司申请公司清算案

【案件基本信息】

1. 裁判书字号

广东省广州市越秀区人民法院（2020）粤 0104 清申 2 号民事裁定书

2. 案由：申请公司清算纠纷

3. 当事人

申请人：B 公司

被申请人：H 公司

【基本案情】

H 公司是一人有限责任公司，B 公司系其唯一股东。H 公司因未按规定参加企业年检，于 2017 年 1 月 18 日被吊销营业执照。B 公司以 H 公司未依法及时成立清算组进行清算为由，申请法院对 H 公司进行强制清算。B 公司称：H 公司已停业多年，因 B 公司内部三名股东之间存在矛盾且有两名股东无法联系，故 B 公司无法达成股东会决议对 H 公司进行自行清算。B 公司还主张 H 公司因被吊销营业执照而不适用工商简易注销程序，且存在税务罚款等，难以自行清算。另，B 公司于 2018 年 12 月 5 日以公司资产不足以清偿全部债务为由向广州市中级人民法院申请破产清算，该院于 2018 年 12 月 18 日裁定受理 B 公司的破产清算申请，并经摇珠程序指定 B 公司管理人。

【案件焦点】

B 公司作为 H 公司唯一股东，申请强制清算 H 公司是否符合受理条件。

【法院裁判要旨】

广东省广州市越秀区人民法院经审理认为：《最高人民法院关于适用〈中华人民共和国公司法〉若干问题的规定（二）》第七条第三款将公司股东规定为可以提出公司强制清算申请的权利主体，主要是考虑到在司法实践中存在着由于股东之间矛盾深刻或者公司为控制股东所操控而在解散之后公司无法自行清算等情形，这将对公司其他股东的利益造成严重损害，因此赋予公司股东一种法律救济手段。本案中，H 公司仅有 1 名股东，并不存在股东之间矛盾导致公司难以自行清算的情形。B 公司提到因其自身的 3 名股东存在矛盾，导致无法就 H 公司清算一事达成一致意见的问题，由于 B 公司已进入破产清算程序，根据《中华人民共和国企业破产法》第二十五条的规定，管理人履行管理和处分债务人财产的职责。因此，B 公司管理人有权决定对 H 公司进行清算。关于 B 公司提到 H 公司不适用工商简易注销程序且必须补齐税务资料、解除锁定、接受税务罚款等问题，并不属于无法排除的客观障碍。B 公司作为 H 公司的清算义务人，完全可以自行对 H 公司进行清算。故裁定如下：

对 B 公司的申请不予受理。

【法官后语】

民法典、公司法及相关司法解释均未对一人有限公司的清算作出特别规定。《中华人民共和国民法典》第七十条第三款规定："清算义务人未及时履行清算义务，造成损害的，应当承担民事责任；

主管机关或者利害关系人可以申请人民法院指定有关人员组成清算组进行清算。”《最高人民法院关于适用〈中华人民共和国公司法〉若干问题的规定（二）》第七条第三款规定，在债权人未提起申请时，公司股东可以向法院申请强制清算。上述两条文中的“利害关系人”“股东”不应包括一人有限公司的股东，理由如下：

第一，从强制清算制度设计目的角度考虑。公司解散后，公司原则上应当自行组织清算。强制清算的立法目的是在公司自行清算无法启动或者不能达到目的时，通过公权力的介入来启动解散清算，从而避免申请人合法权益或社会经济秩序遭到损害。此处的“无法启动”和“不能达到目的”强调的是申请人无法控制和排除的客观障碍，而非主观上的不愿意。

第二，从股东作为申请主体的目的角度考虑。债权人作为公司外部人员，往往难以掌握公司内部的账册等资料，所以法律赋予债权人申请司法强制清算的权利是一种必要的救济手段。股东作为公司的内部人员和清算义务人，一般情况下并不会面临债权人的困境。[①]将公司股东列为强制清算申请主体是基于一种特殊情形而设立的特殊规则，这种特殊情形就是公司内部股东之间存在深刻矛盾导致无法正常成立清算组自行清算。在一人有限公司的语境下，不存在股东之间的矛盾，故不应适用该特殊规则。

第三，从公司自治原则的角度考虑。公司是股东自治的产物，公司的管理、运营均属于公司自治范畴，司法介入只能是对公司自

① 《中华人民共和国公司法》第一百八十三条明确规定有限责任公司的清算组由股东组成。《中华人民共和国民法典》第七十条第二款规定“法人的董事、理事等执行机构或者决策机构的成员为清算义务人”，其中决策机构成员即包括有限责任公司股东。

治机制的补充和救济。[①] 法院对公司内部事项应采取慎重态度，坚持穷尽内部救济原则，这一原则同样适用于公司的清算。“只有当‘法庭外’的清算活动出现法定障碍，或自行清算主体出现破产事由时，法院才能依当事人的申请启动清算程序……以‘法庭内’的司法审查弥补‘法庭外’的主体利益失衡。”[②] 本案中，公司内部自治手段并未穷尽，自行清算是可行的，如果法院受理强制清算申请，就违反了公司自治和公权力有限介入的原则。

第四，从利益平衡的角度考虑。司法资源具有稀缺性，必须保证司法资源高效利用才能维护纳税人整体利益。[③] 因此法院在受理强制清算申请前需要考虑，申请人所面临的困难是否已经达到必须司法强制力介入的程度，以及受理该申请所带来的利益是否高于国家为此付出的成本？在本案中，这两个问题的答案都是否定的。同时，司法除了实现个案的公平正义之外，还具有普遍的行为引导和教育意义。有限责任公司股东在公司出现解散事由时负有法定的清算义务[④]，一人有限公司的股东更加责无旁贷，法院不应允许股东通过申请强制清算来减轻或逃避其自身的清算义务。

值得注意的是，对股东申请强制清算的限制并不等同于对一人有限公司进入司法强制清算程序的限制，一人有限公司的债权人在符合法定条件时有权提出强制清算申请，法院应予受理。除非该债权人同时又是一人公司的股东，则本文所述股东应受到的限制对其

---

① 刘德权主编：《最高人民法院司法观点集成商事卷》，人民法院出版社2014年版，第1页。

② 李曙光：《论我国市场退出法律制度的市场化改革——写于〈企业破产法〉实施十周年之际》，载《中国政法大学学报》2017年第3期。

③ 常怡、黄娟：《司法裁判供给中的利益衡量》，载《中国法学》2003年第4期。

④ 常怡、黄娟：《司法裁判供给中的利益衡量》，载《中国法学》2003年第4期。

仍然适用。对于其他类型公司，尽管其股东人数多于一人，但法院在审查股东提起的强制清算申请时，仍应考察自行清算是否遭遇客观障碍、司法强制力是否有介入的必要等问题，而非局限于审查股东资格。

在国家主导大力推进“僵尸企业”出清的过程中，恰当的司法服务和保障确有必要，但认真思考如何建立有序的长效机制比无原则、“运动式”地动用司法资源提供便利更为重要。现行公司法及其司法解释强调不当清算、恶意清算后的责任承担问题，但对于不及时清算的责任承担规定较少。实践中，《中华人民共和国民法典》第七十条第三款、《中华人民共和国公司法》第一百八十九条第三款、《最高人民法院关于适用〈中华人民共和国公司法〉若干问题的规定（二）》第十八条在具体适用中存在因果关系认定、举证责任分配等难点，而且对于因部分股东原因造成未及时清算导致其他股东损失如何救济、清算期间何人代表公司追究清算组责任等问题尚未明确，值得进一步研究探讨。

编写人：广东省广州市越秀区人民法院　廖嘉娴

172　公司解散之诉中实质性要件的判定

——W 公司诉景德镇 H 公司公司解散案

【案件基本信息】

1. 裁判书字号

江西省高级人民法院（2020）赣民终 444 号民事裁定书

2. 案由：公司解散纠纷

3. 当事人

原告（被上诉人）：W 公司

被告（上诉人）：景德镇 H 公司

第三人：上海 H 公司、A 公司

【基本案情】

2012 年 4 月 18 日，景德镇 H 公司、上海 H 公司、黄某、W 公司、A 公司签订《江西景德镇陶瓷项目合作协议书》，约定：景德镇 H 公司通过《股东会决议》同意上海 H 公司、黄某将其持有景德镇 H 公司的共 49%的股权分别转让 44%给 W 公司、5%给 A 公司；景德镇 H 公司注册资本由 1000 万元人民币增资至 6000 万元，公司治理结构为股东会、董事会、监事会等。2014 年底景德镇 H 公司进行生产，2015 年 10 月停产，其间并无盈利。停产后，公司被列入经营异常名录，厂房土地被拍卖、员工相继遣散及面临大量诉讼。2017 年 9 月 20 日，景德镇 H 公司形成股东会决议，同意成立公司资产核查工作小组，核查公司资产、制定资产处置草案供股东审议等。2017 年 11 月 1 日，景德镇 H 公司形成临时股东会决议，内容涉及对公司的生产设备、办公设备等资产进行处置等。上海 H 公司、W 公司、A 公司作为股东在景德镇 H 公司停产之后，相互间发生矛盾，彼此互不信任，W 公司主张 2016 年 11 月 4 日形成的所涉罢免李某董事长职务、成立董事会工作组的临时董事会决议及上海 H 公司主张 2016 年 11 月 12 日形成的所涉选举李某等担任董事，组成新一届董事会的临时股东会决议均具有效力，但 W 公司、上海 H 公司对上述各自所主张的决议彼此间互不认可，决议内容实际也未执行。在本案调解时，W 公司表明不同意调解，不同意收购上海 H 公司股权，也不同意上海 H 公司收购其股权，A 公司亦表明不同意调解，坚持依法解散公司。

【案件焦点】

W 公司诉请解散景德镇 H 公司的条件是否成就。

【法院裁判要旨】

江西省景德镇市中级人民法院经审理认为：本案是公司解散纠纷，属变更之诉。公司作为市场经济的主体，参与及退出市场经济活动均需遵循法律规制。1. 关于 W 公司是否具有提起公司解散之诉的主体条件。W 公司是通过 2012 年 4 月 18 日签订《江西景德镇陶瓷项目合作协议书》，以股权转让和增资形式，出资 2640 万元取得景德镇 H 公司 44%股权，2013 年 7 月 20 日的《江西景德镇 H 公司章程》及景德镇 H 公司"企业信用信息公示报告"中载明内容对 W 公司所占上述股权比例亦作出确认。故 W 公司符合提起解散公司诉讼占股比例股东的要求，其具有主体条件。2. 关于景德镇 H 公司是否存在经营管理发生严重困难，继续存续会使股东利益受到重大损失问题。首先，即使包括 W 公司、上海 H 公司互不认可的 2016 年 11 月 4 日临时董事会决议、2016 年 11 月 12 日临时股东会决议在内，景德镇 H 公司最后一次所作决议即 2017 年 11 月 1 日临时股东会决议的时间至今已届二年以上，此后该公司并未召开并作出股东会或董事会决议；其次，不仅在景德镇 H 公司 2015 年 10 月停产之后，其股东上海 H 公司、W 公司、A 公司发生矛盾，彼此互不信任。而且景德镇 H 公司董事组成即 4 名董事是由上海 H 公司推选、3 名董事是 W 公司推选，而根据公司章程规定，对公司的经营计划的投资方案、制订公司的年度财务预算、决算方案、制订公司的利润分配方案和弥补亏损方案事项的决定须经三分之二以上的董事同意；最后，从公司现行状况来看，景德镇H公司自2015年10月停产后未恢复生产，公司无盈利，员工相继遣散，公司自2015年7月10日至2017年7月6日及2018年7月5日至今被列入经营异常名录，且自2016年起，景德镇H公司爆发大量诉讼纠纷，公司位于景德镇城区三宝村的土地使用权及地上附着物亦被司法拍卖。因此，作为经营范围具有制造功能的景德镇H公司已丧失进行生产的基本物质、人员基础，公司所存在的严重经营管理困难是显而易见的，公司已不能使股东投资获得回报收益，相反继续存续只会使股东尤其是W公司、A公司的利益受损。承上，可以认定景德镇H公司存在经营管理发生严重困难，继续存续会使股东利益受到重大损失问题。3.关于是否具有其他途径可以解决景德镇H公司存在经营管理发生严重困难问题。一方面，景德镇H公司股东间存在矛盾，彼此互不信任，公司董事亦是上海H公司、W公司分别推选，庭审中A公司坚持依法解散公司，W公司也表明不同意收购上海H公司股权，也不同意上海H公司收购其股权，且公司股东间矛盾存在时间较长，期间过程并未弥合，相反不断加深，经做调解工作亦难以协调各方分歧；另一方面，从景德镇H公司股东上海H公司、W公司、A公司均认可并形成有效的股东会决议内容来看，2016年9月2日的临时股东大会决议，内容所涉股东同意对持有公司的股份或资产进行处置，转让给景德镇珠山区政府或政府平台单位等，2017年11月1日的临时股东会决议，内容所涉对公司的生产设备、家具、办公设备等资产进行处置等。亦即一定程度上，景德镇H公司各股东在处置公司股份、资产，终止合作上形成了合意；再者，上海H公司作为景德镇 H 公司最大占股比例股东，其经营期限自 2018 年 12 月 7 日届满，上海市第二中级人民法院于 2019 年 11 月 11 日已判决维持撤销该公司经营期延长的临时股东大会决议，该公司即将面临解散，由其完成对景德镇 H 公司其他股东股权的收购亦不现实。而景德镇 H 公司经营管理发生严重困难，也无盈利，并深陷诉讼纠纷之中，由其回购 W 公司、A 公司股权实无可能。是故，可以认定现已无其他途径可以解决景德镇 H 公司存在经营管理发生严重困难问题。综上所述，W 公司诉请解散景德镇 H 公司的条件成就，遂判决解散景德镇 H 公司。

一审宣判后，景德镇 H 公司提出上诉，因未在指定期限内预交上诉费，江西省高级人民法院作出裁定，按自动撤回上诉处理。

【法官后语】

本案争议焦点在于评判涉讼公司是否符合司法解散的实质性要件，即是否满足“公司经营管理发生严重困难”“继续存续会使股东利益受到重大损失”“通过其他途径不能解决”。《中华人民共和国公司法》第一百八十二条确立了公司司法解散制度及相应的条件，《最高人民法院关于适用中华人民共和国公司法若干问题的规定（二）》第一条进一步列明了“公司经营管理发生严重困难”的三种具体情形，具体审判实践中对公司解散条件的理解与适用仍有不少争议，有必要深入讨论。

一、“公司经营管理发生严重困难”的界定

《中华人民共和国公司法》第一百八十二条规定的“公司经营管理发生严重困难”是诉请解散公司的核心要件。通常而言，经营管理困难可区分为外部经营困难与内部管理困难两个方面。经营困难主要是指公司与外界的交易发生严重困难，出现公司生产经营状况恶化、严重亏损等情况，其原因包括经营者管理不善、外部市场环境恶化等，是一种商业经营上的困难；管理困难则主要是指因公司的股东会、董事会或者监事会等公司管理机构发生严重问题导致公司内部权力运行机制失灵，经营决策无法形成即公司僵局。《最高人民法院关于适用〈中华人民共和国公司法〉若干问题的规定(二)》第一条对“公司经营管理发生严重困难”作了进一步列明，并概述了主要情形，包含股东会僵局、表决僵局、董事会僵局。如此，经营管理发生严重困难应着重落脚于公司内部管理方面，需更侧重于从公司的“人合性”角度分析公司治理机构的运行状态，而公司外部的经营情况则是作为兼顾因素考虑。如若公司股东会、董事会运转失灵或结构性瘫痪，难以形成有效决议，公司内部管理障碍严重，已经陷入僵局等，可认定公司经营管理发生严重困难条件成就，而公司实际并无生产经营，资金缺乏可以作为关联因素一并考量。本案评判，不仅着重公司股东会僵局、董事会僵局、表决僵局所导致的公司经营管理发生严重困难，而且强调了公司资金缺乏、严重亏损等外部经营情况是对内部股东会僵局、董事会僵局的补强作用。

二、“继续存续会使股东利益受到重大损失”的认定

法院在判定“股东利益受到重大损失”时，可以从股东目的无法实现角度来界定。结合相关的理论与实践，可从以下方面把握：首先，股东利益涉及公司管理控制权益与财产收益权益，公司内部管理严重困难通常存在股东会、董事会僵局、表决僵局等，公司内部管理严重困难并不直接导致股东财产利益受损，其是通过导致股东管理控制权益受损进而影响股东财产利益的。而股东利益受损应

更强调的是将来、可能、间接、整体、全面的损害，公司是股东及利益相关者之间的一种长期性契约安排，股东既然可以基于获取股利等一定的目的成立公司，如果情势发生重大变更，导致股权难以行使、期待利益落空，股东当然有权解除关系性契约而请求退出公司。因此，在评判继续存续会使股东利益受损时不应仅审查现实利益受损，更应强调未来利益受损，也就是“期待利益落空”；其次，认定“股东利益受到重大损失”可以从股东目的无法实现角度来理解。“股东利益受到重大损失”虽没有明确具体的界定标准，但可从“合理期望利益落空”理论来研判。合理期望理论其实是股东增强信义义务理论的一种变种，因为股东能够合理期望的权利内容其实就是多数股东对少数股东信义义务的边界。且股东合理期望理论不能是单方面、私下的期望，而应是合理的为其他出资方所事先知晓和同意，是结合案件案情去假设公司在创办之初，各方如果对股利分配、高管任免等事项进行讨价还价，出资各方将会达成怎样的协议与共识，是发现公司合同所未涵盖但各方已经同意隐含的内容。本案 W 公司以股权转让和增资形式成为景德镇 H 公司股东，W 公司出资最基本的合理期待利益即为盈利，这是出资各方可达成的基本共识。W 公司在 2012 年 4 月 18 日出资 2640 万元受让股权持有景德镇 H 公司 44%股权，2014 年年底公司进行生产，2015 年 10 月公司停产，面临大量诉讼，股东会、董事会僵局、表决僵局，公司无盈利、员工相继遣散，公司自 2015 年后被列入经营异常名录，公司厂房土地被拍卖，这些显示景德镇 H 公司持续亏损，没有经营盈利能力，公司僵局难以破解，无法从根本上解决经营困局，W 公司盈利目的无法实现，合理期待利益落空。

三、“通过其他途径不能解决”的审查

公司司法解散是一种较为严厉的司法救济措施，不应轻易赋予股东通过司法程序强制解散公司的权利，“其他途径”即指解散公司以外的其他途径，也即维持公司的一切合法手段。具体在审查“通过其他途径不能解决”时需注重精准理解和综合判断：一是穷尽其他途径并非公司解散的前置程序。《中华人民共和国公司法》第一百八十二条规定的通过其他途径不能解决，该条件设立的目的系防止中小股东滥用公司司法解散制度，鼓励当事人通过其他非诉讼途径解决僵局，但若将该条件理解为公司解散的前置程序则存在不当。该条设置的目的实为一种导向性的指引，是寄希望于公司能够通过公司自治等方式解决股东、董事之间的僵局，从而改变公司瘫痪的状态，在性质上应当是一种引导当事人之间进行合意性解决僵局的尝试。因此，将用尽其他途径认定为前置程序，若未予履行则不能予以受理或者不支持解散公司的请求，此种理解则即背离了方向。二是“通过其他途径不能解决”中的“其他途径”从立法本意分析显然是希望争议各方通过协商、和解等非诉讼手段维持公司存续。但在司法实践中，原告是无法穷尽证明不能解决，原告只要尽到一般证明责任即可，被告如有异议，由被告举证，举证不能，被告就应承担不利后果，法院在审查是否还有其他途径时应注重从当事人举证与审理中各方调解态度来判断。对公司僵局处理不必然以穷尽所有救济方式为前提。从立法目的的角度考虑，《中华人民共和国公司法》第一百八十二条规定的通过其他途径不能解决主要有两个目的，第一个目的如上文言，系防止中小股东滥用公司司法解散制度，鼓励当事人通过其他非诉讼途径解决僵局。第二个目的是为使法院审慎适用强制手段解散公司。但这两个目的并不意味着要求对公司僵局处理必须以穷尽其他救济途径为前提。为此《最高人民法院关于适用〈中华人民共和国公司法〉若干问题的规定（二）》第五条第一款明确规定：当事人不能协商一致使公司存续的，人民法院应当及时判决。如若被解散公司的股东彼此间不愿意收购各自股份或不愿解散公司的股东虽表示愿意收购诉请解散公司股东的股份，但经法院审查其已无力收购，可认定构成“通过其他途径不能解决公司经营管理发生严重困难”情形。三是基于法理而言，公司通常具有人合性与资合性两大特点，公司陷入僵局，人合性基础便不存在。公司此时进行自力救济就很大程度依赖资合性，使争议一方以合理方式退出公司，而退出的方式一般为减资或收购股权。具体到本案，上海H公司三名股东均要求解散公司，W公司明确表态不愿上海H公司收购其股权，也不愿收购上海H公司股权，上海H公司本身即将面临解散，其也无力去收购其他股东股权，且在审理过程中，法院多次主持调解未果。亦即，涉案各方股东不仅减资与收购可能性不存在，而且已经丧失了人合性基础，调解协议已无可能，景德镇H公司僵局事实上无法通过其他途径解决，其已具备解散的条件。

编写人：江西省景德镇市中级人民法院　欧阳国　王乘

173 不能以不享有债权为由请求确认对破产债务人的债权

——商贸公司诉工贸公司破产债权确认案

【案件基本信息】

1. 裁判书字号

天津市第二中级人民法院（2018）津02民终838号民事裁定书

2. 案由：破产债权确认纠纷

3. 当事人

原告（被上诉人）：商贸公司

被告（上诉人）：工贸公司

【基本案情】

2004年商贸公司与工贸公司签订《B座商业楼转让协议》，约定商贸公司将商业楼转让给工贸公司，同时商贸公司继续租用该楼并向工贸公司支付租金，后双方发生争议。

2006年7月，商贸公司起诉请求解除转让协议，工贸公司支付违约金、返还保证金和算至2006年6月的租金。工贸公司反诉请求继续履行协议，商贸公司赔付违约金及利息。本案经一审、二审、再审。天津市高级人民法院以（2009）津高民再字第0010号生效判决书判决双方转让协议解除，工贸公司返还商业楼、租金936.16万元、保证金14.5万元；商贸公司返还首付款3400万元，支付利息1162.24万元。

2013年4月，工贸公司申请强制执行，执行法院从商贸公司账户扣划1865.97万元至法院保管款账户。

2013年4月，商贸公司起诉请求判令工贸公司返还2006年6月以后的租金、支付利息、赔偿经济损失、返还不当得利。本案经一审、二审，天津市高级人民法院以（2014）津高民一终字第0064号生效判决书判决工贸公司给付租金2692.53万元及以2692.53万元为基数自2009年6月30日起至实际给付之日止的利息。2015年4月，商贸公司申请强制执行。

2015年10月，两案执行法院天津市第二中级人民法院委托对（2009）津高民再字第0010号民事判决书及（2014）津高民一终字第0064号民事判决书中涉及的资金占用利息情况进行司法专项审计。审计后认定两案本息相抵后，商贸公司欠工贸公司207万余元。

2016年10月，天津市津南区人民法院受理债权人对工贸公司提出的破产清算申请。商贸公司向工贸公司管理人申报债权人民币4205.53万元并主张抵销。管理人认定商贸公司对工贸公司享有破产债权1659.33万元，扣划在天津市第二中级人民法院的1865.97万元应归入破产财产，商贸公司对债权数额有异议，故成诉。

【案件焦点】

商贸公司是否能以对工贸公司享有的债权为零为由提起债权确认之诉。

【法院裁判要旨】

天津市津南区人民法院经审理认为：工贸公司和商贸公司分别依（2009）津高民再字第0010号、（2014）津高民一终字第0064号民事判决书申请强制执行。天津市第二中级人民法院审计后以（2013）二中执字第0187-2号民事裁定书认定“两案本息相抵后，商贸公司尚欠工贸公司207万余元”。工贸公司管理人计算商贸公司破产债权的依据亦为两份生效判决书，但计算结果与生效裁定书不一致，应不予确认。（2013）二中执字第0187-2号民事裁定书可以证实商贸公司不享有工贸公司的债权，商贸公司与工贸公司亦无新的债权债务，故可确认商贸公司不享有工贸公司的债权。

天津市津南区人民法院依照《中华人民共和国企业破产法》第五十八条，《中华人民共和国民事诉讼法》第六十四条、第一百四十二条，作出如下判决：

商贸公司在工贸公司破产案件中的破产债权为零元。

工贸公司不服一审判决，提起上诉。

天津市第二中级人民法院经审理认为：商贸公司要求确认其在工贸公司破产案件中的债权为零，但在债权为零的情况下其并非工贸公司的债权人，无权按照《中华人民共和国企业破产法》第四十四条的规定提起诉讼。同时，商贸公司一审的诉请虽为确认其在工贸公司破产案件中的债权为零，但双方当事人实质为对（2013）二中执字第0187-2号民事裁定中载明抵销的债务是否发生抵销效力存在争议。因该抵销行为与上述裁定均发生在执行过程中，故双方仍应按照执行程序的法律规定解决上述问题，商贸公司另行提起诉讼不当。

天津市第二中级人民法院依照《中华人民共和国企业破产法》第四十四条、《最高人民法院关于适用〈中华人民共和国民事诉讼法〉的解释》第三百三十条规定，如下裁定：

一、撤销天津市津南区人民法院（2017）津0112民初4086号民事判决；

二、驳回商贸公司的起诉。

【法官后语】

一、破产债权确认之诉应以债权人要求确认对债务人享有债权为前提

《中华人民共和国企业破产法》第四十四条规定:“人民法院受理破产申请时对债务人享有债权的债权人,依照本法规定的程序行使权利。”依该条规定,向破产债务人行使债权人权利,需要满足几个要件:首先,须以债权人要求确认对债务人享有债权为前提,而不能以不享有债权为由主张确认债权为0。不享有债权则不具有破产法意义上的债权人身份,不能向管理人主张确认债权为0,亦没有资格以债权为0为由向人民法院提起债权确认之诉。只有在向管理人主张债权存在,而管理人不予确认或对确认的债权数额有异议,方可向人民法院提起债权确认之诉。其次,该债权在人民法院受理破产申请时未消灭。债权确认以人民法院受理破产申请为时间节点,若该债权曾经存在,但在受理破产申请时已因债务清偿等原因消灭,则债权人已不具备债权人资格,不能主张债权确认。当然,若债权人认为债务人的清偿有瑕疵,可在瑕疵范围内主张确认债权,由管理人对该瑕疵债权进行审核确认,该债权人对管理人确认结果不服的,依然可向人民法院提起债权确认之诉。最后,该债权确认的主张须以破产法规定的程序行使。债权人主张确认债权,应先向管理人进行申报,由管理人进行审核确认,若对管理人的确认结果不服,方可向人民法院提起债权确认之诉。

二、本案执行抵销的效力问题应以执行程序解决

本案名为普通破产债权确认纠纷,但当事人实质上争议的是生效判决确认的互负债务在破产申请受理前是否发生抵销。商贸公司认为抵销已经完成,天津市第二中级人民法院扣划其的款项应在扣

除抵销尾款后进行返还，工贸公司则认为抵销未完成，天津市第二中级人民法院扣划的款项在扣划后所有权转移归其所有，应在其破产案件中作为破产财产进行分配，商贸公司享有的是对其的债权。

天津市第二中级人民法院作出（2013）二中执字第0187-2号民事裁定书记载两案本息相抵后，商贸公司尚欠工贸公司207万余元。该事项系生效法律文书认定的法律事实。若工贸公司有异议，应在执行程序中提出，或依审判监督程序解决，而非以确认债权的方式否定生效法律文书认定的事实。若认为抵销已经完成，即使依工贸公司所述天津市第二中级人民法院在扣划该笔款项后，该款的所有权转移归其所有，在抵销完成后，该款项余款外的其他数额所有权应视为再次转移归商贸公司。

但即使认为抵销已经完成，商贸公司也应依执行程序要求执行法院发还，而非依破产程序请求确认债权为零。首先，商贸公司无须也不能向管理人主张债权并要求确认已抵销完成，因为债权确认及抵销均已由人民法院生效法律文书认定完毕，无须管理人确认，而商贸公司对工贸公司并不享有债权，其向管理人申报债权没有法律依据。其次，商贸公司诉请确认债权为零，是对生效文书已认定事项要求人民法院再次进行审理，且如前所述，其认为债权为零，自然不具备提起诉讼的主体资格，故本案经审理后驳回商贸公司的起诉。

编写人：天津市第二中级人民法院　李雷雷　刘爱民

174 对因公司怠于履行清算义务申请公司清算案件的审理认定

——陈某、徐某凤申请公司清算案

【案件基本信息】

1. 裁判书字号

江苏省南京市江宁区人民法院（2018）苏0115强清2号民事裁定书

2. 案由：申请公司清算纠纷

3. 当事人

申请人：陈某、徐某凤

被申请人：自动化公司

第三人：王某松、林某昕、电力公司

【基本案情】

被申请人自动化公司于2002年12月16日登记设立，性质为有限责任公司，注册资本3000万元，法定代表人为付某强，股东为电力公司（持股比例为45%）、陈某（持股比例为24%）、王某松（持股比例为15%）、林某昕（持股比例为8%）、徐某凤（持股比例为1%）。

2016年4月27日，被申请人自动化公司召开股东会，股东电力公司的授权代表付某强、股东陈某、王某松、林某昕的授权代表周某芳、股东徐某凤的授权代表李某参加了会议。股东会通过了如下决议：1. 解散公司并进行清算；2. 成立由付某强（组长）、王某松（副组长）、戴某鹏（副组长）、林某昕、陈某、徐某凤、曾某儿（财务）、董长伟（销售）组成的清算组；3. 公司搬迁办公场地以缩减开支，股东会授权清算组负责人决定搬迁事宜；4. 公司清算期间，股东会授权清算组负责人全权负责公司清算期间的工作：(1) 维持公司现有业务履约，停止新客户的拓展，(2) 加快应收账款讨账和回收工作；5. 股东会授权清算组负责人全权负责公司在电器公司的股权处置事宜。

2016 年 6 月 15 日，自动化公司在报纸上刊登注销公告载明："自动化公司股东会于 2016 年 4 月 27 日决议解散公司，并成立公司的清算组，请公司债权人于本公告发出之日起 45 日内向公司清算组申报债权。联系人：……"自动化公司清算组于 2016 年 5 月 30 日、6 月 28 日、7 月 28 日、2017 年 7 月 11 日、2018 年 3 月 1 日召开了 5 次清算组工作会议。2016 年 8 月，清算组委托拍卖公司对公司的实物资产进行了拍卖。2018 年 3 月 1 日召开的清算组工作会议中通过了将公司的现金资产 3000 万元用于理财，暂不分配的决议。

2017 年 12 月 11 日，陈某在法院对自动化公司提起了（2017）苏 0115 民初 19121 号股东知情权之诉。

【案件焦点】

自动化公司是否存在怠于履行清算义务的情形。

【法院裁判要旨】

江苏省南京市江宁区人民法院经审理认为：股东有权提出强制清算申请应当符合法律规定。依照《最高人民法院关于适用〈中华人民共和国公司法〉若干问题的规定（二）》第七条的相关规定，公司应当依照公司法第一百八十三条的规定，在解散事由出现之日起十五日内成立清算组，开始自行清算。有下列情形之一，债权人公司股东、董事或其他利害关系人申请人民法院指定清算组进行清算的，人民法院应予受理：（一）公司解散逾期不成立清算组进行清算的；（二）虽然成立清算组但故意拖延清算的；（三）违法清算可能严重损害债权人或者股东利益的。具有本条第二款所列情形，而债权人未提起清算申请，公司股东申请人民法院指定清算组对公司进行清算的，人民法院应予受理。本案中，自动化公司在决议解散后，在法定期限内成立了清算组，清算组成员系由占自动化公司三分之二以上股份的股东同意。在清算过程中，清算组履行了向债权人发出申报公告、召开清算组工作会议、拍卖公司实物资产等工作，虽然未能及时对公司的现金资产进行分配，但该决议系清算组作出，鉴于有限公司人合性、封闭性的特征，公司在处理内部事务时，应当遵循股东意思自治的原则，本案不宜认定清算组存在怠于清算或者违法清算损害股东利益的情形。申请人提出的关于查阅清算资料，提供新办公地址的问题，已通过提出股东清算之诉处理。

江苏省南京市江宁区人民法院依照《中华人民共和国公司法》第一百八十条、第一百八十三条，《最高人民法院关于适用〈中华人民共和国公司法〉若干问题的规定（二）》第七条之规定，裁定如下：

不予受理申请人陈某、徐某凤对被申请人自动化公司的强制清算申请。

【法官后语】

公司清算属于公司内部事务，应当充分尊重当事人的意思自治，尤其是在人合性、封闭性较强的有限公司的清算中。本案中，自动化公司结算并开展清算系全体股东通过股东会决议的形式共同作出，清算组成员系股东会指定，符合法律规定。相应的清算方案也系由清算组通过简单多数表决的形式作出，其内容和表决形式均不违反法律规定，应当认定为有效，对全体股东均具有拘束力。

主张公司怠于履行清算义务，应当提供充分的证据予以证明。根据法律规定，公司怠于履行清算义务的表现形式，主要包括：(1) 公司解散逾期不成立清算组进行清算的；(2) 虽然成立清算组但故意拖延清算的；(3) 违法清算可能严重损害债权人或者股东利益的。从本案查明的情况来看，被申请人自动化公司在法定期限内组成清算组，开展了发布公告、变卖资产、清收债权、召开多次清算工作会议的清算工作，其清算工作在时间上具有连续性，难以认定为构成拖延清算的情形。虽然现有清算方案无法兼顾全部股东的诉求，但其受有限公司自身特性所限，且清算方案本身并不违反法律规定，故不足以认定清算组因违法清算而损害股东利益。

法院介入公司清算进程，应当慎重。通过司法程序对公司进行清算，包括公司强制清算与破产清算两种，但介入程度不同。破产清算程序中负责开展清算工作的管理人系由法院在中介机构或者可以从事清算工作的个人中指定，原债务人公司股东及高级管理人员不再行使职权，取而代之的是债权人的自治，法院的介入程度较深，对清算工作有较强的主动权和控制权。而公司强制清算中，股东或熟悉公司情况的其他个人可以被吸纳为清算组成员，原股东会的部分职权并未被剥夺，仍然享有审核清算方案、确认清算报告、分配盈余等权利，法院介入程度相对较浅，能够采取的强制措施有限。而公司强制清算案件多数是由于股东之间矛盾产生，一旦持有公司重要资料的股东不予配合，清算工作将难以开展，贸然受理，将造成司法资源的浪费，并可能进一步激化矛盾。关于在公司自行清算过程中，股东利用优势地位损害公司或者其他股东利益的纠纷，可以通过另案处理的方式予以解决，法院不宜通过受理强制清算的形式直接介入。

编写人：江苏省南京市江宁区人民法院　朱贺

175　公司财产被拍卖且被列入异常名录，其他股东未积极应诉的，应认定为符合解散条件，予以解散

——吴某育诉茶叶公司公司解散案

【案件基本信息】

1. 裁判书字号

福建省安溪县人民法院（2018）闽 0524 民初 2581 号民事判决书

2. 案由：公司解散纠纷

3. 当事人

原告：吴某育

被告：茶叶公司

第三人：谢某波、黄某贤

【基本案情】

2010年3月19日，茶叶公司成立，公司注册资本为1000000元，王某料、王某法、王某宝、王某枝各登记出资为250000元，各占注册资本的25%。2010年11月1日，公司注册资本变更为3080000元，王某料、王某法、王某宝、王某枝各登记出资为770000元，各占注册资本的25%。2014年12月17日，王某枝、王某宝分别将其持有的茶叶公司的25%股权即770000元以770000元的价格转让给吴某育，合同中盖有茶叶公司的印章。2015年1月6日，股东登记变更为王某法、吴某育、谢某波。2015年3月27日，原股东王某法、谢某波、吴某育与新股东黄某贤召开股东会决议：同意原股东王某法将其持有茶叶公司25%的股权即770000元以770000元的价格转让给新股东黄某贤；转让后股东出资比例为黄某贤770000元（占注册资本25%）、吴某育1540000元（占注册资本50%）、谢某波770000元（占注册资本25%）；同意继续由王某法担任公司执行董事并为法定代表人、谢某波为公司经理、吴某育为公司监事，任期均为三年。2015年4月2日，股东登记变更为黄某贤、吴某育、谢某波。2017年7月10日，茶叶公司被安溪县市场监督管理局列入经营异常名录内。

另，2018年2月11日，茶叶公司名下的工业房地产被网络科技公司通过网络司法拍卖网络平台开展的司法拍卖项目公开竞价中以22059200元购买。

【案件焦点】

是否应予解散茶叶公司。

【法院裁判要旨】

福建省安溪县人民法院经审理认为：《中华人民共和国公司法》第一百八十二条规定："公司经营管理发生严重困难，继续存续会使股东利益受到重大损失，通过其他途径不能解决的，持有公司全部股东表决权百分之十以上的股东，可以请求人民法院解散公司。"本案中：一、根据吴某育与王某枝、王某宝签订的《股权转让合同》，吴某育持有茶叶公司50%的股权，经股东会确认并进行工商登记变更，符合法律规定的提起公司解散之诉的股东条件。二、在茶叶公司名下的财产被泉州市中级人民法院拍卖、被列入经营异常名录的情况下，茶叶公司已面临经营管理严重困难，吴某育、谢某波、黄某贤仍就解决公司问题未达成一致的意见，公司经营治理陷入瘫痪状态。三、茶叶公司自身陷入经营困难，股东权益已受到减损。若茶叶公司继续存续，股东利益将受到重大损失。四、自2018年4月25日立案以来，股东黄某贤经法院公告送达开庭传票未能到庭参加诉讼，股东谢某波虽经送达但至今未来积极应诉处理公司事宜，故应当认定已无法通过其他途径解决茶叶公司的股东僵局，茶叶公司僵局一直无法通过其他途径得到解决。故，吴某育请求解散茶叶公司，应予准许。吴某育请求茶叶公司支付诉讼费100元、财产保全费5000元予以支持。吴某育请求茶叶公司承担向平安公司缴纳的保全担保费6000元，不符合法律规定，不予支持。

综上所述，吴某育的诉讼请求，予以部分支持。茶叶公司、谢某波、黄某贤经法院合法传唤，无正当理由拒不到庭参加诉讼，法院依法缺席审理和判决，由此产生的法律后果由其自行承担。

福建省安溪县人民法院依照《中华人民共和国公司法》第一百八十二条，《最高人民法院关于适用〈中华人民共和国公司法〉若干问题的规定（二）》第一条，及《中华人民共和国民事诉讼法》第一百四十四条之规定，如下判决：

一、解散茶叶公司；

二、茶叶公司应于本判决生效之日起10日内支付吴某育财产保全费5000元；

三、驳回茶叶公司的其他诉讼请求。

判决后，双方当事人均未上诉，本判决现已生效。

【法官后语】

公司的强制解散意味着公司法律意义上人格的灭失，法院对于公司的解散应严格控制条件，否则将会损害到其他股东及公司利益，不利于市场经济运行的稳定。对于本案来讲，茶叶公司是否符合《中华人民共和国公司法》第一百八十二条之规定的解散条件，应予以综合判断。

第一，公司经营管理发生严重困难的认定，即公司僵局。不仅包括经营上的困难还包括管理上的困难，股东已经无法通过股东会或董事会等权力机构形成公司意志，无法达到《中华人民共和国公司法》上所要求的公司独立法人人格的要求，如果单是经营上的困难并没有达到管理上的困难，并不能符合解散公司的条件。针对本案，首先，茶叶公司已无经营、办公场所，名下财产已被拍卖。茶叶公司工商管理登记名下的财产及住址地已被福建省泉州市中级人民法院拍卖，茶叶公司登记的经营场所已不存在、不能使用，现公司经营缺乏必要的条件。其次，茶叶公司无法再召开股东会，股东陷入僵局，现公司的另两个股东黄某贤人已下落不明，谢某波经传票传唤也未积极参与案件的审理，本案原告吴某育已无法通过其他渠道打破公司僵局，要召集股东会商议公司事项已难上加难，在审理过程中不能以过高的条件要求当事人，并实事求是。最后，茶叶公司已无实际经营，难以实现公司收益。

第二，股东利益遭受重大损失的认定。股东利益受到重大损失的衡量标准，是司法实践中的疑难问题，具体由法官的司法裁量权裁决。如上所述，因公司陷入僵局，因公司的债权债务纠纷，已产生导致公司的财产被法院拍卖，且自2015年至今已三年多无法召开股东会决议公司事项，公司现状已经严重损害到原告吴某育的权益，如果继续维持现状，不予解散公司，势必会增加股东吴某育权益受到损害的概率，使其遭受重大损失。

第三，无法通过其他途径解决的认定。如果公司可以再通过召开临时股东大会或通过其他转让股权等方式，或者在诉讼过程中可以进行调解的方式，使公司的僵局得以打破，那么就不用进行公司解散。本案中，三个股东，多年未开股东会，无法就公司事项做出有效的决议，即使是起诉至法院以后，股东仍一个下落不明、一个不来积极应诉，对公司事项已无法达成一致意见，无法形成法人意志，故可认定无法通过其他途径予以解决。

综上，现有《中华人民共和国公司法》对设立公司的准入门槛设置大大降低，但是对公司解散的事由设定一定的严格条件，虽然公司解散只是对公司法人人格的撤销，但是会对其他股东及公司利益产生影响，故在现实司法实践中应严格把控，尽量权衡，做到既不损害股东利益，又不影响公司现有经济体态的运行。

编写人：福建省安溪县人民法院　王秋萍　李珍珍

176 公司强制清算案件的管辖权确定

——S 集团申请公司强制清算案

【案件基本信息】

1. 裁判书字号

最高人民法院（2018）最高法民辖 164 号民事裁定书

2. 案由：公司强制清算纠纷

3. 当事人

申请人：S 集团

被申请人：B 公司

管辖异议申请人：Y 公司

【基本案情】

2007 年 10 月 18 日，S 集团与 Y 公司共同出资设立被申请人 B 公司，拟共同建设钢铁厂项目。B 公司成立后，由于政府政策要求，B 公司的钢铁厂项目建设停工，此后虽经多次沟通，均未能复工。由于该项目没有复工可能，2016 年 6 月 29 日，B 公司与河北乐亭经济开发区管委会签署《土地收储补偿协议书》，钢铁厂项目的全部用地被政府收储。项目停工后，双方股东无法就公司解散达成一致意见，故 S 集团于 2017 年 3 月 30 日向北京市石景山区人民法院（以下简称石景山法院）提出诉讼请求解散 B 公司。2017 年 6 月 20 日，石景山法院作出（2017）京 0107 民初 10983 号民事判决书，判决解散 B 公司。Y 公司不服判决提起上诉。2017 年 10 月 31 日，北京市第一中级人民法院作出二审判决，维持原判。鉴于B公司解散事由已经成就，在法定期限内未成立清算组，故S集团于2017年11月27日向法院申请对B公司进行强制清算。B公司同意法院进行强制清算。

2018年1月14日，Y公司向石景山法院邮寄提交了《管辖异议申请书》，请求将该案移送至河北省乐亭县人民法院审理。其认为：2017年11月22日，河北省乐亭县人民法院依法受理了Y公司提出的对B公司的强制清算申请，案号为［（2017）冀0225强清1号］。2017年11月27日，S集团在明知Y公司已经申请B公司强制清算的前提下，向石景山法院申请强制清算，石景山法院于2017年12月15日作出［（2017）京0107清申2号］《民事裁定书》，裁定受理S集团的强制清算申请。根据相关法律法规的规定，本案强制清算程序应当由被解散公司B公司的登记注册地法院，即河北省乐亭县人民法院受理，石景山法院对本案并不具有管辖权。

【案件焦点】

1. Y公司是否有权力提出管辖权异议申请；2. 石景山法院对本案是否具有管辖权；3. 当两个人民法院因管辖问题发生争议时，应当如何处理。

【法院裁判要旨】

北京市石景山区人民法院经审理认为：就本案管辖权一节，人民法院生效判决书已经确认B公司的主要办事机构所在地位于北京市石景山区，故根据《中华人民共和国公司法》及《最高人民法院关于审理公司强制清算案件工作座谈会纪要》相关规定，法院对本案具有管辖权。就被申请人B公司是否具有强制清算事由一节，该公司经生效判决书确认解散，依法应自解散事由出现之日起 15 日内成立清算组进行清算。故 B 公司出现解散事由之日为 2017 年 11 月 10 日，但至本案听证会召开之日，该公司依然未成立清算组进行清算。现 S 集团以股东身份向法院申请指定清算组对 B 公司进行强制清算，并提交了清算申请书、法院生效判决书及申请人持有被申请人股权的相关证据，其理由具有事实及法律依据，且被申请人 B 公司对此亦无异议，故石景山法院予以受理。

综上所述，石景山法院依照《中华人民共和国民法总则》第六十三条，《中华人民共和国公司法》第一百八十三条，《最高人民法院关于适用〈中华人民共和国公司法〉若干问题的规定（二）》第七条、第二十四条第一款之规定，裁定如下：

受理申请人 S 集团对被申请人 Y 公司提起的强制清算申请。

石景山法院在审理中得知河北省乐亭县人民法院于 2017 年 11 月 22 日受理了对 B 公司的强制清算案件后，根据《民事诉讼法》第三十七条第二款的规定，向乐亭县法院发函协商，双方协商未果后，逐级报请上级法院指定管辖。

最高人民法院经审理认为：《最高人民法院关于适用〈中华人民共和国公司法〉若干问题的规定（二）》第二十四条第一款规定，“解散公司诉讼案件和公司清算案件由公司住所地人民法院管辖。公司住所地是指公司主要办事机构所在地。公司办事机构所在地不明确的，由其注册地人民法院管辖”。根据现有事实，可以认定 B 公司的主要办事机构所在地位于北京市石景山区金顶街今时宾馆西配楼三层，故本案应由石景山法院受理。

最高人民法院依照《中华人民共和国民事诉讼法》第三十七条第二款，《最高人民法院关于适用〈中华人民共和国民事诉讼法〉

的解释》第四十条、第四十一条，《最高人民法院关于适用〈中华人民共和国公司法〉若干问题的规定（二）》第二十四条规定，裁定如下：

一、撤销河北省乐亭县人民法院立案的（2017）冀0225强清1号裁定；

二、S集团、Y公司申请B公司强制清算一案由北京市石景山区人民法院管辖；

三、河北省乐亭县人民法院接到本裁定之日起十五日内将（2017）冀0225强清1号Y公司申请B公司强制清算一案全部卷宗材料移送北京市石景山区人民法院。

【法官后语】

一、关于人民法院受理公司强制清算案件的管辖依据和确定标准

《最高人民法院关于适用〈中华人民共和国公司法〉若干问题的规定（二）》第二十四条第一款规定："解散公司诉讼案件和公司清算案件由公司住所地人民法院管辖。公司住所地是指公司主要办事机构所在地。公司办事机构所在地不明确的，由其注册地人民法院管辖。"《最高人民法院关于审理公司强制清算案件工作座谈会纪要》对公司强制清算案件的管辖亦有明确的规定：对于公司强制清算案件的管辖应当分别从地域管辖和级别管辖两个角度确定。地域管辖法院应为公司住所地的人民法院，即公司主要办事机构所在地法院；公司主要办事机构所在地不明确、存在争议的，由公司注册登记地人民法院管辖。级别管辖应当按照公司登记机关的级别予以确定……存在特殊原因的，也可参照适用《中华人民共和国企业

破产法》第四条、《中华人民共和国民事诉讼法》规定，确定公司强制清算案件的审理法院。本案主要涉及的是地域管辖的确定。地域管辖法院应当为公司住所地的人民法院。如何确定公司住所地?《中华人民共和国民法典》第六十三条规定:“法人以其主要办事机构所在地为住所。依法需要办理法人登记的，应当将主要办事机构所在地登记为住所。”本案中，B公司的注册登记地为河北省乐亭县，主要办事机构所在地为北京市石景山区今时宾馆三层，依据前文所述，对B公司的住所地，应当根据其主要办事机构所在地即北京市石景山区今时宾馆三层来确定，故石景山法院对本案具有管辖权。

二、在公司强制清算案件中，当事人（第三人）能否提出管辖权异议。

首先需要明确管辖权异议是一审普通诉讼程序中的概念，《中华人民共和国民事诉讼法》中对管辖权异议的主体表述为“当事人”，当事人的概念外延比较宽泛，包括原告、被告、共同诉讼人、第三人等，实务界多数观点认为只有被告才享有提出管辖权异议的权利。而公司强制清算程序作为一种民事特别程序，类同于破产程序，是与诉讼程序截然不同的非诉程序。从程序制度设计的价值考量，强制清算是公司因经营困难等出现解散事由后，通过法院的介入和主导来推动清算程序从而实现债权人的债权得到清偿、公司股东的权益得到实现，社会经济秩序得以维护，这是公司强制清算制度的根本目的和价值取向。强制清算要求人民法院在审理此类案件中要坚持程序公正、注重效率和利益均衡保护的原则。关于清算的法律依据主要是《中华人民共和国公司法》第十章和《最高人民法院关于适用〈中华人民共和国公司法〉若干问题的规定（二）》，从现有相关法律条文的规定来看，清算程序中并未单独设立管辖权异议，但是人民法院对管辖的审查通过通知被申请人提交书面异议或者组织听证会来广泛听取相关各方的意见。

为了确保程序公正，《最高人民法院关于审理公司强制清算案件工作座谈会纪要》明确规定，人民法院对申请人提出的公司清算申请，一般应当召开听证会，对于事实清楚，法律关系明确的，也可以不召开听证会，而采用书面方式审查。人民法院决定召开听证会的，应当于听证会召开五日前通知申请人、被申请人。公司股东、实际控制人等利害关系人申请参加听证的，人民法院应予准许。人民法院决定不召开听证会的，应当及时通知申请人和被申请人，并向被申请人送达有关申请材料，同时告知被申请人若对申请人的申请有异议，应当自收到人民法院通知之日起七日内向人民法院书面提出。我们认为，被申请人的股东参加听证会发表的意见，以及被申请人以书面形式提交的异议书均可以包括对审查法院是否具有管辖权的意见，并且这些意见均构成人民法院裁定是否受理公司强制清算案件过程中必须审查的内容，即无论当事人是否对管辖权发表意见，人民法院均应当依职权审查其对强制清算案件是否具有管辖权。

此外，值得注意的是，对于因公司解散诉讼经人民法院判决解散而启动强制清算程序的案件，被申请人的股东在公司解散诉讼案件（普通一审诉讼程序）中可以以原告的身份向有管辖权的法院主动提起公司解散之诉，亦可以作为第三人参加他人已经开始的公司解散纠纷案件的审理，此时，依照《最高人民法院关于第三人能否对管辖权提出异议问题的批复》不享有管辖权异议的权利。

三、当两个人民法院因管辖问题发生争议时，应当如何处理。

《最高人民法院关于审理公司强制清算案件工作座谈会纪要》中规定，存在特殊原因的，也可参照适用《中华人民共和国企业破产法》和《中华人民共和国民事诉讼法》的规定，确定公司强制清算案件的审理法院。《中华人民共和国企业破产法》第四条规定，破产案件审理程序，本法没有规定的，适用民事诉讼法的有关规定。《中华人民共和国民事诉讼法》规定，有管辖权的人民法院由于特殊原因，不能行使管辖权的，由上级人民法院指定管辖。人民法院之间因管辖权发生争议，由争议双方协商解决；协商解决不了的，报请它们的共同上级人民法院指定管辖。

石景山法院在审理中得知河北省乐亭县人民法院于2017年11月22日受理了对B公司的强制清算案件后，根据《中华人民共和国民事诉讼法》的规定，向乐亭县法院发函协商，双方协商未果后，逐级报请上级法院指定管辖。2018年12月20日，最高人民法院作出（2018）最高法民辖164号民事裁定书，撤销河北省乐亭县人民法院立案的（2017）冀0225强清1号裁定；指定B公司的强制清算一案由石景山法院管辖。

综上所述，本案集中体现了公司强制清算这一特别程序中，当事人提出管辖权异议或者人民法院之间发生管辖权争议等特殊情况时，人民法院对管辖问题的审查和处理规则。实际上，无论是诉讼案件还是非诉案件，人民法院的管辖均应坚持便于当事人参与和便于法院审理案件的“两便”原则。强制清算案件中，法院必须审查公司是否出现解散事由并怠于清算、组织清算组进行清算、监督清算组分配公司剩余财产、办理公司注销登记等一系列活动，股东、债权人等利害关系人亦皆参与清算，上述活动在公司住所地进行，最能体现“两便”原则。而公司住所地是指公司的主要办事机构所在地。

编写人：北京市石景山区人民法院　董妍

177 股东未依法清算即注销公司应就公司债务向债权人承担赔偿责任

——陈某洪诉曹某林、沈某进清算责任案

【案件基本信息】

1. 裁判书字号

重庆市第五中级人民法院（2018）民终字第4675号民事判决书

2. 案由：清算责任纠纷

3. 当事人

原告（被上诉人）：陈某洪

被告（上诉人）：曹某林、沈某进

【基本案情】

2017年8月20日，陈某洪与W公司签订《工矿产品购销合同》，主要约定：陈某洪向W公司购买豪沃自卸车一辆，价格为33.98万元，交车时间为10个工作日；合同签订之日起1日内，陈某洪需向W公司支付购车定金5万元，在一次性付清购车余款后方可提车；本合同货箱尺寸由陈某洪指定；合同自双方代表签字盖章且W公司收到购车定金后生效等内容。

合同签订当日，陈某洪通过贵州桐梓农村商业银行向曹某林尾号为8886的银行账户转款50000元。2017年8月29日，陈某洪在合同约定期限内至W公司处提车，因车辆不符合约定条件提车未果，W公司遂向陈某洪出具《承诺书》一份，载明：本公司承诺于2017年9月4日之前将车辆交予陈某洪，如未按时交车退还客户定金50000元，备注栏板高1.5米。后陈某洪仍提车未果，遂于2017年9月6日起诉至法院要求返还定金，后陈某洪又于2017年11月19日撤回起诉。

陈某洪曾在相关行政部门组织下与W公司协商交付车辆未果，截至2017年9月4日（被告承诺交车日），陈某洪银行账户备有存款283630元。另，陈某洪分别于2017年9月12日及2017年9月18日向巴南区李家沱派出所报警要求W公司交付车辆等，另陈某洪还通过电视媒体反映过本案相关情况。2017年9月25日，W公司就本案所涉车辆与案外人黄某迁签订《工矿产品购销合同》，并于2017年9月29日将车辆交付完毕。

还查明：W公司成立于2016年3月21日，法定代表人为被告曹某林，股东为被告曹某林及沈某进。2017年10月29日，被告曹某林向重庆市工商行政管理局长寿区分局提交了办理W公司注销登记的手续及资料［含：司注销登记申请书、股东会决议（同意公司解散等内容）、清算组成员备案（清算组负责人曹某林、成员沈某进）、注销清算报告（载明负债总额为0元，债务清偿情况为已清偿等内容）］。2017年11月1日，W公司登记注销，注销原因为决议解散。

【案件焦点】

被告曹某林、沈某进是否应当承担责任。

【法院裁判要旨】

重庆市巴南区人民法院经审理认为：本案系因曹某林、沈某进在诉讼程序中将涉诉的 W 公司登记注销，给陈某洪造成损失产生的纠纷，故本案案由应为清算责任纠纷。依照《最高人民法院关于适用〈中华人民共和国公司法〉若干问题的规定（二）》第十九条“有限责任公司的股东、股份有限公司的董事和控股股东，以及公司的实际控制人在公司解散后，恶意处置公司财产给债权人造成损失，或者未经依法清算，以虚假的清算报告骗取公司登记机关办理法人注销登记，债权人主张其对公司债务承担相应赔偿责任的，人民法院应依法予以支持”之规定，若有限责任公司股东存在未经依法清算，以虚假的清算报告骗取公司登记机关办理法人注销登记行为，则应当对公司债务承担赔偿责任。本案中，陈某洪以其与 W 公司存在车辆买卖合同纠纷为由，于 2017 年 9 月 6 日起诉至法院要求返还定金，诉讼程序尚在进行中，被告曹某林、沈某进即以清算组名义于 2017 年 10 月 29 日申请办理了 W 公司登记注销手续，虽陈某洪在该案中的诉请能否得到支持处于待定状态，但二被告作为清算组成员在清算报告中未对陈某洪该笔待定债权的认定及如何处理等问题进行反映，迳行在清算报告载明“负债总额为 0 元”及“债务清偿情况为已清偿”等内容并移交登记机关办理注销，二被告以虚假的清算报告骗取公司登记机关办理法人注销登记，给陈某洪造成损害，故应当对 W 公司的债务承担赔偿责任。因 W 公司在收取陈某洪 50000 元购车定金情况下未按约定交付车辆，并将案涉车辆转卖案外人黄某迁，致使《工矿产品购销合同》已无法履行，W 公司作为收受定金一方在不履行约定义务的情况下，应当双倍返还陈某洪定金共计 10 万元，现因二被告未依法履行清算义务给陈某洪造成损失，故应对 W 公司该笔债务向陈某洪承担赔偿责任。现陈某洪起诉要求二被告返还双倍定金，其理由正当，于法有据，法院予以支持。

重庆市巴南区人民法院依照《中华人民共和国合同法》第一百一十五条、第一百三十条、第一百三十五条，《中华人民共和国担保法》第八十九条，《中华人民共和国公司法》第一百八十五条、第一百八十九条，《最高人民法院关于审理买卖合同纠纷案件适用法律问题的解释》第二十八条及《最高人民法院关于适用〈中华人民共和国公司法〉若干问题的规定（二）》第十一条、第十九条之规定，判决如下：

一、被告曹某林、沈某进于判决生效后十日内返还陈某洪定金10万元；

二、驳回陈某洪的其他诉讼请求。

曹某林、沈某进不服一审判决，提起上诉。

重庆市第五中级人民法院经审理认为：W公司在2017年8月27日向陈某洪出具《承诺书》，承诺于2017年9月4日之前将车辆交予陈某洪，如未按时交车退还客户定金50000元。而在2017年9月4日陈某洪并未提到约定车辆，与此同时，负有交付车辆义务的W公司已于2017年8月在《重庆商报》刊发注销公告，其经营即将全面停止。在合理期限内，W公司未提供证据证明其具备履行能力，也未向陈某洪提供担保，且于2017年9月29日将本案所涉车辆交付给案外人黄某迁。W公司此时已不可能向陈某洪交付车辆。故陈某洪有权要求W公司双倍返还定金。另外，陈某洪依照合同约定和法律规定主张W公司双倍返还定金，《承诺书》是W公司单方出具，陈某洪并未同意W公司仅按50000元返还定金，陈某洪举示《承诺书》也不等同于双方当事人就定金条款变更达成一致意思表示。

重庆市第五中级人民法院依照《中华人民共和国民事诉讼法》

第一百七十条第一款第一项的规定，判决如下：

驳回上诉，维持原判。

【法官后语】

本案处理的重点在于：首先要确定W公司是否存在适用定金罚则的违约行为，从而确定W公司是否应当承担法律责任。其次在W公司已被登记注销情况下，如何依法确定责任主体以及如何保障债权人的合法权益。最后才是处理陈某洪在同时主张定金罚则和损失赔偿的情况下，基于“损失填补”民事赔偿基本原则，结合陈某洪所遭受损失的实际情况对其诉讼请求给出恰当认定。

该案中，虽《工矿产品购销合同》约定有“付清购车款后交付车辆等内容”，二被告借此辩称陈某洪未支付车款故不符合交付车辆条件。但综合本案事实来看，陈某洪已按约定履行了定金交付义务和备足购车尾款的义务，但W公司却未及时履行车辆的交付义务，且在合同未解除情况下擅自将案涉车辆转售他人，W公司的上述行为已致使合同目的无法实现，应承担相应的违约责任。在确定W公司的法律责任后，因W公司已登记注销，丧失其诉讼主体资格，陈某洪通过诉讼维护其合法权益遭遇了程序障碍。根据法律相关规定，有限责任公司的股东系公司清算义务人，公司股东在解散后应及时组成清算组，并按规定及时将公司解散清算事宜书面通知全体已知债权人并进行公告，公司法设置该法定程序的目的是让公司股东忠实勤勉履职并充分保障债权人利益以便其及时申报债权并获得受偿，践行市场主体依法退出机制。该案中，二被告作为清算义务人，罔顾法律，以虚假清算报告恶意骗取企业注销登记，对合法债权人已构成了侵权，应承担相应的侵权损害赔偿责任。

另外，当陈某洪同时主张定金条款与损失赔偿情况下，应首先适用定金条款，如果陈某洪能举证证明其所遭受的损失超过了定金数额，人民法院亦应当予以支持，但适用法律时应当防止权利人因赔偿而获得额外利益。值得注意的是，上诉人在二审程序中在辩称其不存在违约行为之外，还提出了新的抗辩意见，认为被上诉人举示的《承诺书》载明有“如未按时交车退还客户定金 50000 元”，即表明双方对仅返还定金 50000 元的事实达成了一致意见。对于 W 公司是否存在违约行为的问题，二审法院将一审法院未进行充分阐述的“不安抗辩权”结合案件事实进行了详细分析，直接指出了 W 公司在不具备交付车辆条件亦未提供相应担保情况下，被上诉人依法享有不安抗辩权；另外二审法院也表明，《承诺书》仅系由 W 公司单方出具，不等同于双方当事人就定金条款变更达成一致意思表示，且陈某洪并未同意 W 公司仅按 50000 元返还定金，对上诉人的抗辩意见也进行了有力驳斥。通过二审程序，本案的法律事实及权利义务关系显得更加明确清晰，使判决书权威及司法公信力得到进一步的提升。

编写人：重庆市巴南区人民法院　刘衽伟

178　企业法人破产原因的司法识别与判断

——开发公司申请破产清算案

【案件基本信息】

1. 裁判书字号

福建省漳州市中级人民法院（2018）闽 06 破终 1 号民事裁定书

2. 案由：申请破产清算纠纷

3. 当事人

申请人：开发公司

【基本案情】

开发公司系中外合资有限责任公司，2006 年 7 月 31 日取得《企业法人营业执照》。2013 年公司各股东进行重组，重组后的公司承担原公司的权利义务及债权债务。公司重组经营至 2013 年 8 月因严重亏损停止营业，将厂房、配套设备以及办公楼租赁给林立成经营至今。其间，申请人以新一届股东名义于 2016 年 6 月 8 日在福建省漳浦县行政工商管理局重新注册并依法取得《营业执照》，注册资本为人民币 2250 万元，经营期限至 2036 年 7 月 30 日止。开发公司的债务经法院生效判决确认且债权人已向法院申请强制执行的金额为 2336.8793 万元，而开发公司的债权为 439.4683 万元，其名下房屋、土地使用权、设备经法院委托评估机构作出的评估价值为 1679.445 万元，二项合计 2118.9133 万元，开发公司已连续长时间无法偿还债务。2017 年 10 月 10 日，开发公司向福建省漳浦县人民法院提出破产清算申请。申请人开发公司向法院提出破产清算申请的同时，向法院提交了开发公司财产状况说明、财产清册、债务清册、债权清册、审计报告、职工安置预案等证据材料。

【案件焦点】

对于企业法人是否具有破产原因，应如何进行审查判断和作出认定。

【法院裁判要旨】

福建省漳浦县人民法院经审理认为：开发公司提交的债务清册中，包括了职工赵某彬、缪某南、赵某婷、李某凤、赵某英 5 人的工资 984400 元。上述 5 人工资争议经申请劳动仲裁并达成仲裁调解书，后申请本院强制执行（申请执行标的额 301920 元）。因上述 5 人工资存在虚假，可能侵犯他人合法权益，2016 年 8 月 24 日，本院经审查作出执行裁定，不予执行漳浦县劳动争议仲裁委员会作出的上述 5 件仲裁调解书。2017 年 2 月 7 日，本院又作出执行裁定，终结上述 5 件案件的执行。开发公司将上述已经由法院审核认为不属于其公司的债务又列入债务清册，且债务数额又不断增多至 984400 元，其目的是增加债务，达到破产清算条件，损害其他债权人利益。开发公司提供的申请破产债务清册中的债务明显存在虚假成分，难以认定其资不抵债事实成立。据此，福建省漳浦县人民法院于 2018 年 1 月 25 日依照《中华人民共和国民事诉讼法》第一百五十四条第一款第一项及《中华人民共和国企业破产法》第十二条第一款之规定，裁定不予受理开发公司的破产清算申请。

宣判后，开发公司不服一审裁定，向福建省漳州市中级人民法院提起上诉。

福建省漳州市中级人民法院经审理认为：从开发公司提交的财产清册、债务清册、债权清册等资料来看，开发公司的债务经法院生效判决确认且债权人已向法院申请强制执行的金额为 2336.8793 万元，而开发公司的债权为 439.4683 万元，其名下房屋、土地使用权、设备经法院委托评估机构作出的评估价值为 1679.445 万元，二项合计 2118.9133 万元。由于开发公司已停止生产多年，厂房、设备均出租给案外人经营使用，开发公司所举证据可以初步认定其不能清偿到期债务且资产不足以清偿全部债务，依据《最高人民法院关于适用〈中华人民共和国企业破产法〉若干问题的规定（一）》第一条规定，可认定其具备破产原因。据此，漳州市中级人民法院于2018年4月17日依照《最高人民法院关于适用〈中华人民共和国民事诉讼法〉的解释》第三百三十二条、第三百三十三条之规定，裁定：

一、撤销福建省漳浦县人民法院（2017）闽0623破申1号民事裁定；

二、指令福建省漳浦县人民法院裁定受理开发公司的破产清算申请。

【法官后语】

本案争议焦点是：申请人开发公司是否具备破产原因和条件。

一、企业法人破产原因的规范解读

破产原因又称“破产界限”，是指认定债务人丧失清偿能力，当事人得以提出破产申请，法院据以启动破产程序的法律事实，即引起破产程序发生的原因。[①]《中华人民共和国企业破产法》第二条第一款规定：“企业法人不能清偿到期债务，并且资产不足以清偿全部债务或者明显缺乏清偿能力的，依照本法规定清理债务。”根据上述规定，从立法本意考量，破产原因在判断标准上可以分为两种情况：一是债务人不能清偿到期债务，并且资产不足以清偿全部债务；二是债务人不能清偿到期债务，并且明显缺乏清偿能力。但因立法的文字表述不够明确、逻辑性不强，可能导致实践中对破产原因存在不同理解。为此，《最高人民法院关于适用〈中华人民共和国企业破

① 王欣新：《破产法》，中国人民大学出版社2011年版，第43页。

产法〉若干问题的规定（一）》第一条明确规定："债务人不能清偿到期债务并且具有下列情形之一的，人民法院应当认定其具备破产原因：（一）资产不足以清偿全部债务；（二）明显缺乏清偿能力。相关当事人以对债务人的债务负有连带责任的人未丧失清偿能力为由，主张债务人不具备破产原因的，人民法院应不予支持。"从上述规定看，司法解释根据立法本意明确指出破产原因包括前述两种情况，而且强调对债务人清偿能力的独立界定标准，明确指出不同民事主体之间不存在清偿能力或者破产原因认定上的连带关系，债务连带责任人的存在不是债务人本身清偿能力的延伸或者再生。[①]第二条规定："下列情形同时存在的，人民法院应当认定债务人不能清偿到期债务：（一）债权债务关系依法成立；（二）债务履行期限已经届满；（三）债务人未完全清偿债务。"本条规定实际上是将"不能清偿"变通性的解释为"停止支付"，契合我国现实立法与实际国情，也符合司法实际需要。第三条规定："债务人的资产负债表，或者审计报告、资产评估报告等显示其全部资产不足以偿付全部负债的，人民法院应当认定债务人资产不足以清偿全部债务，但有相反证据足以证明债务人资产能够偿付全部负债的除外。"本条主旨意在对《中华人民共和国企业破产法》规定破产原因中的"资产不足以清偿全部债务"的判断标准作出具体解释。第四条规定："债务人账面资产虽大于负债，但存在下列情形之一的，人民法院应当认定其明显缺乏清偿能力：（一）因资金严重不足或者财产不能变现等原因，无法清偿债务；（二）法定代表人下落不明且无其他人员负

① 参见最高人民法院民事审判第二庭编著：《最高人民法院关于企业破产法司法解释理解与适用》，人民法院出版社2017年版，第49页。

责管理财产，无法清偿债务；（三）经人民法院强制执行，无法清偿债务；（四）长期亏损且经营扭亏困难，无法清偿债务；（五）导致债务人丧失清偿能力的其他情形。”本条主旨意在对《中华人民共和国企业破产法》规定破产原因中的“明显缺乏清偿能力”的各项构成要件作出具体解释。上述司法解释进一步明确了破产原因的内部逻辑，并对破产原因中“不能清偿到期债务”“资产不足以清偿全部债务”“明显缺乏清偿能力”等关键概念作出了较为具体的解释，为审判实践中正确认定破产原因提供了具体明确的规范指引。

二、企业法人破产原因的实务判断与认定

要正确理解破产原因，通常必须正确把握“不能清偿”“资不抵债”“停止支付”这三个概念及其内在联系与区别。司法实践中，对于企业法人是否具有破产原因，应从以下几个方面进行审查判断：①

（一）不能清偿到期债务

不能清偿到期债务，简称“不能清偿”，是指债务人对请求偿还的到期债务，因丧失清偿能力而无法偿还的客观财产状况，也称为支付不能或者不能支付。“不能清偿”的构成要件可以从以下五个方面进行理解把握：

（1）债务人丧失清偿能力，不能以财产、信用或者技术等任何方法清偿债务。企业法人的清偿能力并非仅取决于债务人的货币性财产，往往包括债务人的信用或者技术。

（2）债务人不能清偿的债务系已经到期、被提出清偿要求而且

① 参见王欣新主编：《破产法原理与案例教程》，中国人民大学出版社2015年版，第36~38页。

没有争议的债务。

(3) 债务不限于金钱给付为标的，但非货币性债务必须能够以货币评价时，才具有破产法语境下评价债务人是否构成不能清偿的意义。

(4) 债务人不能清偿是全面地不能清偿而且处于持续状况。不能将对个别债务不能清偿视为提起破产申请、启动破产程序的条件。

(5) “不能清偿”是债务人的一种客观财产状况，应由法院结合事实和法律规定综合认定。

(二) 资产不足以清偿全部债务

资不抵债，又称“债务超过”，是指债务人的资产不足以清偿全部债务的客观状况。实践中，债务人资不抵债与不能清偿往往同时存在，但两者不能等同。“不能清偿”考察的是债务人的清偿能力，需要综合判定债务人的财产、信用、技术、能力等各种因素，而“资不抵债”考察的着眼点是资产与负债的比例关系，债务无论是否到期都应计算在内。在债务人资不抵债的情况下，也可能由于其具有良好的信用或者融资能力等解决债务清偿问题，并不必然导致债务人丧失清偿能力。

(三) 停止支付推定不能清偿

停止支付，通常是指债务人以其行为向债权人作出不能支付债务的主观意识表示。“停止支付”与“不能清偿”的关系表现为：前者为外在的主观表示，后者为内在的客观经济状况；前者的债务人丧失清偿能力最典型的外在行为表现，但是支付停止并不必然表明“不能清偿”。各国立法通常规定以“不能清偿”作为破产原因的同时，规定“停止支付”作为“不能清偿”的推定事由，以合理解决债权人申请破产的举证责任问题，法院可以据此判定债务人符合破产条件。

综上，本案中，开发公司的债务金额为2336.8793万元，而开发公司的债权和资产二项合计2118.9133万元，已明显资不抵债，而且连续性停止支付、不能清偿到期债务，开发公司已经具备了破产原因，二审法院裁定指令原审法院受理破产清算申请是正确的。

编写人：福建省漳浦县人民法院　林振通

179　“人章争夺”情况下公司诉讼代表人的确定

——房地产公司诉供应链公司破产债权确认案

【案件基本信息】

1. 裁判书字号

浙江省玉环市人民法院（2018）浙1021民初6189号民事裁定书

2. 案由：破产债权确认纠纷

3. 当事人

原告：房地产公司

被告：供应链公司

【基本案情】

原告房地产公司曾在2014年5月5日与孙某新、胡某平签订承包合同，将房地产公司100%的经营权在2014年5月5日至2016年5月4日承包给胡某平、孙某新。承包期结束后双方未续订合同，胡某平、孙某新等人也未归还公司的公章。现房地产公司的法定代表人蔡某坚在原告起诉后向法院自认胡某平等人以原告名义起诉被告未得到原告法定代表人蔡某坚的授权，原告起诉被告是胡某平、孙某新的个人行为。

【案件焦点】

诉讼程序中如何确定公司诉讼代表人的问题。

【法院裁判要旨】

浙江省玉环市人民法院经审理认为：在公司存在人章分离的情况下，通常应以法定代表人为公司诉讼代表人。若仅持有公章，而无证明持章人有公司授权持章代表公司意志的证据的，则持章人无权代表公司行使诉讼权利。就本案而言，承包期结束后，原告公司的公章仍掌握在胡某平手中，原告起诉被告并未得到原告法定代表人蔡某坚的授权，胡某平又未提供证据证明其得到了公司授权代表公司行使诉讼权利的证据，且原告公司的股东开发公司也不同意原告提起本案诉讼。又因我国《民事诉讼法》规定，法人由其法定代表人进行诉讼。因此，现胡某平等人以原告公司的名义起诉被告缺乏法律依据，应当裁定予以驳回。

浙江省玉环市人民法院裁定：驳回原告房地产公司的起诉。

判决后，双方当事人均未上诉，本判决现已生效。

【法官后语】

本案的案情并不复杂，但所反映的问题却颇具典型性。即诉讼程序中如何确定公司诉讼代表人的问题。具体到本案来说，就是“人章争夺”的情况下公司诉讼代表人的确定，故极具探讨价值。具体分析如下：

司法实务中，公司股东、高管等争夺公司诉讼代表权，均向法院声称自己能够代表公司，形式上的标志包括工商登记载明的法定代表人身份、股东会据以载明的法定代表人身份、持有公司公章等。主要有“人章争夺”“人人争夺”“章章争夺”3种形式。而本案涉及的就是“人章争夺”（又称人章分离），“人章争夺”是指公司的法定代表人和公章控制人非同1人，两者争夺公司的诉讼代表权，应如何处理的问题。一种观点认为，依照《中华人民共和国民事诉讼法》第五十一条的规定，法人由其法定代表人进行诉讼。法定代表人有权直接代表本单位向人民法院起诉和应诉，其所进行的诉讼行为，就是本单位的诉讼行为，直接对本单位发生法律效力。在公章控制人与法定代表人发生公司诉讼代表权冲突的情况下，应以法定代表人的意志为准。公章控制人仅仅持有公章，而未有证据证明其得到公司授权其代表公司行使诉讼权利的，则无权代表公司行使诉讼权利。另一种观点认为，法院对当事人诉讼行为的认定必须保持前后一致，若持有公章以公司名义行使诉讼权利，也要凭同一枚公章才能认定代表公司，而不能认可法定代表人的签字。①

笔者部分认同第一种观点，不论公司公章是否经过工商备案，在发生“人章冲突”的情况下，通常应以法定代表人作为公司的诉讼代表人。若仅仅持有公章，而无证明持章人有公司授权持章代表公司意志的证据的，则持章人无权代表公司行使诉讼权利。理由有以下几点：

1. 虽然公章在我国是公司对外做出意思表示的重要外在表现形式，但法律并没有直接规定公章本身能够直接代表公司意志，而持有

① 最高人民法院民事审判第二庭编：《公司案件审判指导》，法律出版社2014年版，第16页。

公章是一种客观状态，非法定代表人持有公章的事实，只是反映该人可能有权代表公司意志的一种表象，至于其是否已授权真正代表公司意志则需要审查。而基于法定代表人和公司人格同一，其行为无须公司的授权，当然代表公司意思表示，行为后果自然由公司承担。

2. 根据《中华人民共和国民事诉讼法》的规定，法定代表人作为公司意志代表机关，是法人当然的诉讼意志代表主体。法定代表人以公司名义作出的诉讼行为，在无否定性证据情况下，一般应视为公司的诉讼行为。

3. 在公司内部意志统一的情况下，法定代表人和公章即使发生分离，对外代表公司意志也是合一的。人章冲突则意味着公司内部意志发生了分离，在此情况下，如果持章人能够明确所持公章才能代表公司意志的有效授权证据，足以否定法定代表人为公司诉讼意志代表的，方可以认定持章人为诉讼代表人，否则法定代表人为公司诉讼代表人。但是，在处理外部纠纷时，即使确定法定代表人为公司诉讼意志代表，但在实体审理时不影响公章对外签约，履约使用时的证据效力认定。即对外部债权人构成表见代理的，不影响债权成立的认定。

笔者认为，在确定公司诉讼代表人前，需要注意全面听取公司代表权争议各方的意见。公司意志代表权争夺各方一般有着不同的利益，在案件审理过程中所发表的意见往往也不一致，甚至完全相反。因此，出于有利于全面了解案件事实，法院需要注意全面听取争夺公司诉讼代表权各方的意见及其理由，从而有助于程序上准确确定适格的公司诉讼代表人，以及对案件实体处理的把握。原告代表公司的诉讼不适格时，宜采取裁定驳回起诉的方式处理。代表公司诉讼的原告如果不适格，起诉行为就当然不能代表公司的意愿，故处理时宜从程序上以裁定驳回原告起诉的方式处理为妥。具体在本案中，原告诉请确认的债权发生在胡某平等人承包之前，且胡某平等人持有的公章系无权持有行为，其以房地产公司的名义起诉供应链公司不能代表公司的意愿，且与公司法定代表人的意志不一，故应予以驳回起诉。

编写人：浙江省玉环市人民法院　黄国田

180　如何适用繁简分流程序审理"三无企业"执转破案件

——某银行南京分行申请担保公司破产清算案

【案件基本信息】

1. 裁判书字号

江苏省南京市中级人民法院（2017）苏01破16号民事裁定书

2. 案由：破产清算纠纷

3. 当事人

申请人：某银行南京分行

被申请人：担保公司

管理人：某律师事务所

【基本案情】

担保公司于2007年11月设立，经营范围为贷款担保等。因未履行生效法律文书确定的义务，债权人某银行南京分行向法院申请对担保公司强制执行。经执行法院穷尽查控措施，未发现可供执行财产。执行法院通过关联案件查询，担保公司作为被执行人在南京市涉案176件，负债55023036.5元。经至担保公司经营场所调查，该场所已人去楼空。后执行法院征询申请执行人意见，其同意将担保公司移送破产审查，并提出书面移送审查申请。执行法院认为执行案件符合移送破产审查条件，将本案移送江苏省南京市中级人民法院（以下简称南京中院）审查。经审查，担保公司确已不能清偿到期债务，且资产不足以清偿全部债务，符合破产清算的法定条件。2017年10月，南京中院裁定受理对担保公司提出的破产清算申请，并通过随机摇号方式同时指定管理人。

为尽可能全面查清担保公司财务状况，管理人在执行法院前期查控基础上延伸调查了担保公司银行流水，房产及土地信息，车辆保险、违章信息，职工情况，有无欠税等。除仅有的一辆汽车外，未发现担保公司还有其他财产。2017年12月，担保公司召开第一次债权人会议。债权人会议对包括核查债权、管理人执行职务工作报告、财产状况报告、财产管理和变价方案等在内的各项报告、议案一并作了审议、表决。此外，为提高程序效率及节约成本，管理人向债权人会议提交闭会期间通信表决议案，以便对会后可能出现的破产清算重大事项及时议决。上述各项议案均获债权人会议表决通过。2018年2月7日，管理人向南京中院申请确认无争议债权，并提交了担保公司财务状况报告和管理人工作报告。报告载明：担保公司名下无资产，负债合计492662069.38元。管理人未能接收到担保公司任何财产、印章和账簿、文书等资料，亦无法联系到有关股东和法定代表人。管理人据此以担保公司不能清偿到期债务且资产不足以清偿全部债务，也无财产可供分配为由，向南京中院申请宣告担保公司破产并终结破产清算程序。

【案件焦点】

“三无企业”执转破案件如何强化执破程序衔接配合、适用繁简分流机制，提升破产化解执行难质效。

【法院裁判要旨】

江苏省南京市中级人民法院经审理认为：管理人在有效整合利用前期执行案件调查和查控平台信息的基础上，进一步延伸调查了担保公司资产、负债情况，并根据债权人会议通过的各项方案依法积极履职。管理人在穷尽所有调查、追收手段之后，制作债务人财产状况报告。依据管理人提交的报告，除公司股东南京六合经济技术开发总公司外，管理人无法联系担保公司法定代表人和其他股东，管理人无法接管公司财务账簿、重要文件等资料进行全面清算。依据管理人对现有财产及负债的调查结果，可以认定担保公司不能清偿到期债务且资产不足以清偿全部债务，亦无重整、和解可能，符合法定破产条件，依法应当宣告破产。担保公司现无财产可供分配，管理人申请终结本案破产清算程序，符合法律规定。

江苏省南京市中级人民法院依照《中华人民共和国企业破产法》第二条第一款、第一百零七条、第一百二十条之规定，裁定如下：

一、宣告担保公司破产；

二、终结担保公司破产程序。

【法官后语】

本案系典型的无财产、无账簿、无人员“三无企业”执转破案件。司法实践中，长期不经营，法定代表人等有关人员和公司证照、印鉴、财务账簿等下落不明，没有可供执行财产的“三无企业”在执行和破产案件中占据了相当大的比例。如何运用执行转破产程序高效清理该类企业，化解执行积案，是实践中的重要问题。在上级法院制定明确规定之前，南京中院在规范执行案件移送破产审查的基础上，积极探索执破程序对接和信息共享，运用破产案件繁简分流审理机制，按照“依法有序、协调配合、高效便捷”的工作原则，高效推进“三无企业”等破产简易案件的审理进程。

第一是规范执行移送破产审查，提高破产案件受理效率。本案中，为提高审查效率，执行法院提前就移送材料规范性、完备性与破产法院对接，在破产法院指导下对照《最高人民法院关于执行案件移送破产审查若干问题的指导意见》准备材料、补充查控、核对关联案件情况，为后续破产受理审查奠定基础。

第二是强化执破程序衔接配合，整合利用执行查控信息。作为被执行人的“三无企业”因无账册和人员，在转入破产程序后资产、负债调查存在障碍，也无财产清偿破产费用，导致无法对其全面清算。本案中，管理人最初希望适用《中华人民共和国企业破产法》第四十三条第四款规定，以“债务人财产不足以清偿破产费用”为由申请终结破产程序。为保障债权人利益最大化，避免“三无企业”股东、实际控制人等逃废债务，彻底清理市场信用垃圾，南京中院认为管理人仍然应当依法全面履职，尽可能穷尽所有手段，发现、追收债务人财产，在此基础上对债务人财产状况作出结论，申请宣告债务人破产并终结破产程序。管理人垫付破产费用，可通过破产管理人援助基金会保障。为降低破产费用成本，提高清产核资和债权申报核查效率，南京中院指导管理人在有效整合利用前期执行案件调查和查控平台信息的基础上，进一步延伸调查债务人资产、负债情况。管理人在穷尽所有调查、追收手段后，制作债务人财产状况报告，申请宣告担保公司破产并终结破产清算程序。

第三是运用破产案件简易审机制，提升破产化解执行难质效。“三无企业”的执行和破产耗费了大量的司法资源，通过破产案件繁简分流机制有利于提高其清理成效。在执行程序与破产程序有序衔接、执行法院全面查控与管理人清产核资有机结合的基础上，本案债权申报期限适用法定最短期限三十日，之后仅召开一次债权人会议，就本案所涉议决事项一并作出审议表决，同时通过通信表决方式的议案，尽可能降低破产成本，维护债权人的合法权益。

编写人：江苏省南京市中级人民法院　王静　崔雪晴

181　强制清算和破产清算的衔接须符合企业破产法规定

——赵某申请破产清算案

【案件基本信息】

1. 裁判书字号

北京市东城区人民法院（2017）京0101破申第4号民事裁定书

2. 案由：破产清算纠纷

3. 当事人

申请人：赵某

被申请人：投资公司

【基本案情】

投资公司成立于2002年4月25日，注册资本1000万元。企业类型为其他有限责任公司，住所地北京市东城区×号地下室一层（住宅楼），法定代表人刘某，登记机关为北京市工商行政管理局东城分局。2012年10月10日，投资公司被北京市工商行政管理局东城分局吊销营业执照。赵某依据（2011）东民初字第02484号民事调解书对投资公司享有30万元债权，投资公司至今未履行调解书规定的义务。由于投资公司已被工商管理机关吊销营业执照，且不履行清算义务，故赵某向法院申请对其进行破产清算。

另外，2016年6月3日，北京市东城区人民法院裁定受理北京长城亮火金属结构厂与投资公司强制清算一案，并指定律师事务所律师组成投资公司清算组。目前，投资公司的强制清算工作正在进行，公司资产状况及债权债务情况尚未全部查清。投资公司清算组对赵某的申请提出异议称，在目前清算工作阶段，尚不能对投资公司的资产是否不足以清偿全部债务或者明显缺乏清偿能力的情况进行判断和确认。本案申请人赵某也并未向清算组依法申报债权。故不同意赵某关于投资公司的破产清算申请。

【案件焦点】

在公司强制清算中，对债权人另行提起的破产清算申请是否可以受理。

【法院裁判要旨】

北京市东城区人民法院经审理认为：依照《中华人民共和国企业破产法》第二条第一款规定："企业法人不能清偿到期债务，并且资产不足以清偿全部债务或者明显缺乏清偿能力的，依照本法规定清理债务。"首先，赵某以投资公司债权人的身份，以投资公司已被工商管理机关吊销营业执照，且不履行清算义务为由申请对其进行破产清算没有法律依据；其次，投资公司现在处于强制清算阶段，若投资公司清算组清理公司财产、编制资产负债表和财产清单时，发现公司财产不足以清偿债务的，除依据相关规定，通过与债权人协商制订有关债务清偿方案并清偿债务的外，应依据《中华人民共和国公司法》第一百八十七条和《中华人民共和国企业破产法》第七条第三款的规定向本院申请宣告投资公司破产。投资公司清算组现尚未发现其公司财产不足以清偿债务。综上，认定投资公司的异议成立。赵某要求对投资公司进行破产清算的申请，不符合受理条件，不予受理。赵某可向投资公司清算组申报债权。

北京市东城区人民法院依照《中华人民共和国企业破产法》第七条第二款、第十条第一款、第十二条第一款之规定，裁定如下：

对赵某的申请，不予受理。

【法官后语】

强制清算与破产清算存在清算原因不同、资产状况不同、适用法律不同、程序效力不同等区别，但在一定条件下，强制清算可以转入破产清算，强制清算中也允许权利人另行提起破产清算申请，并对强制清算程序进行吸收。就这两个程序具体的衔接条件，《最高人民法院关于审理公司强制清算案件工作座谈会纪要》第三十二条及第三十三条分别作了如下规定："公司强制清算中，清算组在清理公司财产、编制资产负债表和财产清单时，发现公司财产不足清偿债务的，除依据公司法司法解释二第十七条的规定，通过与债权人协商制作有关债务清偿方案并清偿债务的外，应依据《中华人民共和国公司法》第一百八十七条和《中华人民共和国企业破产法》第七条第三款的规定向人民法院申请宣告破产。""公司强制清算中，有关权利人依据企业破产法第二条和第七条的规定向人民法院另行提起破产申请的，人民法院应当依法进行审查。权利人的破产申请符合企业破产法规定的，人民法院应当依法裁定予以受理。人民法院裁定受理破产申请后，应当裁定终结强制清算程序。"上述条文既是对我国现行法律中涉及强制清算向破产清算转换的条文的全面梳理和重申，也规定了强制清算程序和破产清算程序的并行与合并情况。

根据上述规定，在强制清算程序中，可以提出程序转换申请的主体既可以是清算组，也可以是债权人等权利人，但审查依据均应该按照《中华人民共和国企业破产法》所规定的条件，即公司资产不足以清偿全部债务或明显缺乏清偿能力。而且在债权人申请破产清算的情况下，债务人公司虽然处于强制清算阶段，清算组作为其诉讼代表仍可就管辖权、申请人与被申请人的主体资格、申请人债权的真实性和合法性及债务人是否发生破产原因等提出异议。就本案而言，赵某具有投资公司债权人的身份，有权在投资公司强制清算中另行提起破产清算申请，但其理由与事实仍应符合破产法规定的相应条件。首先，其以投资公司已被工商管理机关吊销营业执照，且不履行清算义务为由申请对其进行破产清算显然不符合破产法的相关规定；其次，根据清算组提出的异议，投资公司的资产状况及债权债务情况尚未全部查清，因此无法确定其是否存在资不抵债的情况。因此，投资公司强制清算程序向破产清算程序的转化尚欠缺破产法规定的要件，不能成立。综上，法院认定投资公司清算组的异议成立。赵某要求对投资公司进行破产清算的申请，因不符合受理条件不予受理，并同时告知赵某向投资公司清算组申报债权。

编写人：北京市东城区人民法院　庄馥源　贾愚

182 非公司股东作为公司清算组成员未依法清算，是否应当对债权人承担赔偿责任

——金属制品公司诉胡某明等清算责任案

【案件基本信息】

1. 裁判书字号

江苏省常州市中级人民法院（2016）苏04民终字第87号民事判决书

2. 案由：清算责任纠纷

3. 当事人

原告（被上诉人）：金属制品公司

被告（上诉人）：王某安、胡某明、王某芬

【基本案情】

2012年2月至9月，原告公司供给机械公司共计价值1035041.9元的轴承钢钢丝，机械公司开具了发票。截至同年10月25日，机械公司共支付货款760000元，尚欠275041.9元，经原告公司催要后，机械公司于2014年1月9日在原告公司出具的企业询证函上盖章确认。

被告胡某明、王某芬系夫妻关系，被告王某安系王某芬的父亲、胡某明的岳父。2006年7月11日，王某安受胡某明、王某芬委托办理机械公司设立手续，后该公司于2006年7月24日设立，公司的注册、经营地就在王某安家中。胡某明、王某芬系该公司股东，各占50%股份，胡某明为公司法定代表人。2013年11月11日，

该公司召开股东会决议解散公司，并决议由胡某明、王某芬、王某安三人组成清算组，由王某安代办申请注销事项。2013 年 11 月 16 日，清算组在《江苏经济报》公告公司解散事宜，2014 年 2 月 24 日该公司完成注销。公司注销后，遗留的设备仍由王某安在安排进行生产活动。

【案件焦点】

1. 王某安是否是适格的清算组成员；2. 如果王某安为适格的清算组成员，其是否存在过错，是否应当承担赔偿责任。

【法院裁判要旨】

江苏省常州市武进区人民法院经审理认为：王某安虽非机械公司的股东，但是其作为委托代理人参与该公司设立、注销等重大事项，并且其自愿加入该公司的清算组参与清算公司事项，应当认定其具有清算组成员的资格。机械公司清算时，清算组应书面通知金属制品公司而未尽到通知义务导致金属制品公司无法及时申报债权，清算组成员存在重大过失，因此应当承担赔偿责任。

江苏省常州市武进区人民法院依据《中华人民共和国合同法》《中华人民共和国公司法》的相关规定，作出如下判决：

被告胡某明、王某芬、王某安自本判决生效之日起十日内给付原告金属制品公司货款 275041.9 元，并承担自 2014 年 2 月 17 日起至判决确定的给付之日止按同期银行贷款利率计算的利息损失。

王某安不服一审判决，提起上诉。主要理由为：1. 一审判决认定王某安是清算组成员不符合法律规定。《中华人民共和国公司法》第一百八十三条规定，有限公司的清算组由股东组成。该条规定属于确定性和强制性的规定。本案中，王某安不是机械公司的股东，因此，一审判决认定王某安是清算组成员违反了公司法的规定。2. 王某安不存在过错。王某安在机械公司注销过程中是作为代理人办理工商注销登记手续的，即便是在清算报告上签字，也是代理人的身份。公司注销是根据公司股东会决议及公司的清算报告，机械公司在《江苏经济报》上也发布了公告通知了债权人，且债务偿还的落实由股东承担，整个过程中，王某安按照规定办理，没有过错。3. 债务应由股东承担，不应由王某安承担。工商登记注销资料查询表和清算报告都明确注明，如有遗留债务由全体股东按出资比例承担。这些工商登记文件，具有确定的法律效力，一审判决认定王某安承担责任，否定了行政机关有关文件的效力。依照工商登记文件及公司法的规定，金属制品公司完全可以向机械公司股东主张权利，要求王某安承担责任明显不当。一审判决王某安偿还公司债务，违背了《中华人民共和国公司法》第三条关于公司以其全部财产对公司的债务承担责任的原则性规定，判令非公司股东的其他人承担遗留债务于法无据。故请求撤销原判，驳回金属制品公司对王某安的诉讼请求。

江苏省常州市中级人民法院二审另查明：机械公司向常州市武进工商行政管理局申请注销时，提供了机械公司清算报告，清算报告中关于具体债权债务清理情况的内容为：1. 公司总资产为 282.91 万元，公司负债 185.56 万元，净资产 97.35 万元。2. 根据原出资比例进行清算，各股东的资产、负债、净资产分配清算如下：（1）总资产为 282.91 万元，其中：胡某明出资比例为 50%，分得总资产为 141.455 万元；王某芬出资比例为 50%，分得总资产为 141.455 万元；（2）公司负债 185.56 万元，其中：胡某明出资比例为 50%，分得总资产为 92.78 万元；王某芬出资比例为 50%，分得总资产为

92.78万元；（3）公司净产值97.35万元，其中：胡某明出资比例为50%，分得总资产为48.675万元；王某芬出资比例为50%，分得总资产为48.675万元。至本清算报告出具之日，公司已清算完毕。如有遗留债务由全体股东按出资比例承担。该清算报告由清算组成员胡某明、王某芬、王某安签字确认。

江苏省常州市中级人民法院经审理认为：在机械公司决议解散的股东会决议中，明确载明王某安是清算组成员，王某安亦作为清算组成员在公司的清算报告中签字，且其作为机械公司股东会决议中明确指定的注销事项经办人员，实际办理了机械公司注销的事宜。王某安的清算组成员身份是由机械公司通过召开股东会正式确定的，且其已作为清算组成员实际履职，王某安具备清算组成员的资格。

对于已知债权人，清算组应当按照公司法及司法解释的规定，分别以书面形式予以通知。公司明知存在已知债权人的情况下，如果仅是采取公告方式、而未将公司清算事宜直接告知债权人，即应当认定清算组成员存在过错，王某安应当对债权承担赔偿责任。

江苏省常州市中级人民法院依照《中华人民共和国民事诉讼法》第一百七十条第一款第一项之规定，判决如下：

驳回上诉，维持原判。

【法官后语】

根据《中华人民共和国民法典》第七十条、《中华人民共和国公司法》第一百八十三条及相关司法解释，公司因解散而产生的清算义务系法定义务，该义务分为自行清算和申请法院强制清算。实践中，清算工作往往事务繁杂且专业性较强，公司完全有权自主决定由公司的出资者、经营管理人或者聘请具有专业知识和技能的人员进行清算。事实上，在由法院组织的强制清算程序中，根据司法解释的规定，人民法院可以从公司股东、董事、监事、高级管理人员，依法设立的律师事务所、会计师事务所、破产清算事务所等社会中介机构以及这些机构中具备相关专业知识并取得执业资格的人员中指定清算组成员。在公司自行清算的情况下，清算组成员亦可以由公司董事、股东或其他经公司决定的人员担任。在我国以有限责任公司和股份有限公司为主体的企业法人主导的市场经济体制下，一人股东、夫妻二人股东的中小企业大量存在，且以有限责任公司形式参与经营，此类公司也存在实际控制人、经营管理人等并非登记载明的股东，因此在公司自行开展清算时，仅仅将登记股东纳入清算组，要么因人数受限而无法组成清算组，要么名义股东对公司的经营、管理、债权债务等情况不清而导致清算陷于困境。《中华人民共和国民法典》第七十条将清算义务人主体范围表述为“法人的董事、理事等执行机构或者决策机构的成员”，也并未否定股东及实际控制人、经营管理人的清算义务，与《最高人民法院关于适用〈中华人民共和国公司法〉若干问题的规定（二）》的衔接不存在障碍，将参与公司登记、经营、注销等具体事务的人员纳入《最高人民法院关于适用〈中华人民共和国公司法〉若干问题的规定（二）》的股东范围，更符合法律原意。

对于清算组成员的通知义务，公告仅是清算中的法定程序之一，对象是未知债权人，并不能替代通知。对于已知债权人，清算组应当按照公司法及司法解释的规定，分别以书面形式予以通知。公司明知存在已知债权人的情况下，如果仅是采取公告方式、而未将公司清算事宜直接告知债权人，即应当认定清算组成员存在过错。

编写人：江苏省常州经济开发区人民法院　赵晋鹏

183 公司解散纠纷中股东利益的保护
——沈某祥诉贸易公司公司解散案

【案件基本信息】

1. 裁判书字号：

江苏省南通市中级人民法院（2016）苏06民终字第2613号民事判决书

2. 案由：公司解散纠纷

3. 当事人

原告（被上诉人）：沈某祥

被告（上诉人）：贸易公司

第三人（上诉人）：顾某铭、黄某良

第三人：叶某

【基本案情】

贸易公司设立于2008年1月8日。自2008年2月起，公司股东为沈某祥、顾某铭、黄某良、叶某，每人的持股比例均为25%，每人享有全部股东表决权的25%。公司设有董事会。

2010年，沈某祥、顾某铭、黄某良、叶某在贸易公司经营上产生分歧和矛盾，且愈演愈烈。2011年10月17日，沈某祥、顾某铭、黄某良、叶某四人签订分组协议，甲组为黄某良、沈某祥，乙组为顾某铭、叶某。各方约定，各组划归到的客户应收款由各组包收使用，等到公司清算后，该进该出相互找还。各组新发生的销货款由各组自行安排收取使用。进销业务费用由各组自己支付。

税费核算到组，无法核算到户的拼入共同费用进行摊派。因四股东内部矛盾，沈某祥、叶某先后退出小组。

自2011年10月以后，公司没有召集成股东会或董事会，未形成过股东会决议或董事会决议。目前，四股东不再共同经营，顾某铭、黄某良利用公司场地和设备各自独立从事经营活动，沈某祥、叶某不参与经营。原告沈某祥认为公司若继续存续会使其利益遭受重大损失。

四股东在审理中均表示无计寻求缓和的救济途径，以打破公司僵局。

【案件焦点】

1. 贸易公司是否陷入僵局，有无其他途径解决；2. 公司继续存续是否会损害股东的利益。

【法院裁判要旨】

江苏省海门市人民法院经审理认为：本案中贸易公司已陷入僵局，理由如下：1. 贸易公司四股东之间长期矛盾不断，彼此互不信任，最终导致矛盾激化，其自2011年10月召开最后一次股东会会议后，再未召开过定期股东会议，四股东亦均未按照章程规定提议召开临时股东会会议，贸易公司已连续五年未能召开股东会会议，亦无法形成有效表决，其权力决策机制已失灵，无法运行长达五年时间，属于法律规定的经营管理严重困难的公司僵局情形。2. 贸易公司作为一个整体的经营活动已停止多年，贸易公司现由顾某铭、黄某良控制并实际经营，经营所得亦由顾某铭、黄某良二人所享。虽然贸易公司账面资产已资不抵债，但贸易公司能够继续经营的事实也从侧面反映了贸易公司的资产（含无形资产）仍然能够给股东带来利益。现仅顾某铭、黄某良能利用该资产进行经营并收益，而沈某祥和叶某不能取得其股权相应的收益，其股东利益已经受到侵犯，贸易公司的存续也会进一步扩大沈某祥及叶某的损失。3. 贸易公司股东间无法通过协商达成一致意见，也没有解决争议的缓和方式的建议或方案。因各股东之间矛盾过大，各方均未能重新召集并召开股东会议解决目前存在的公司僵局情形，四股东亦始终不能就转让股权、公司回购或减资等维系贸易公司存续的解决方案达成合意，已无其他途径解决矛盾。综上，贸易公司已陷入僵局，且无其他缓和途径予以打破，应予解散。

江苏省海门市人民法院依照《中华人民共和国公司法》第一百八十二条、第一百八十三条，《最高人民法院关于适用〈中华人民共和国公司法〉若干问题的规定（二）》第一条第一款之规定，判决如下：

被告贸易公司于本判决发生法律效力之日解散。沈某祥、顾某铭、黄某良、叶某在本判决发生效力之日起十五日内组成清算组，对被告贸易公司进行清算。

贸易公司、顾某铭、黄某良不服一审判决提起上诉。江苏省南通市中级人民法院经审理判决驳回上诉，维持原判。

【法官后语】

公司解散是指引起公司人格消灭的法律事实。根据公司解散事由的不同，公司解散分为公司自行解散、强制解散和司法解散三种形式。自行解散又称任意解散，是指公司基于自身的意思解散公司，比如因公司章程规定的营业期限届满或公司章程规定的其他解散事由出现；公司合并或分立需要解散；股东会或股东大会决议解散。强制解散是指公司依法被吊销营业执照、责令关闭或者被撤销。司法解散又称裁判解散，是指以公权力为主导的司法干预制度，通过司法权的介入，强制公司解散，以保护在公司中受压制的小股东和公司债权人的利益。

人民法院在适用司法解散时应当慎重，因为一旦适用司法解散，公司即进入清算程序，法人资格即将消灭，对公司的影响是毁灭性的。但司法解散核心是对股东意志的遵从，股东利益的保护，而非仅保护公司法人地位的独立性。故在判断公司是否应当解散，认定公司是否陷入僵局时，应重点把握以下几个方面：

一是应正确把握公司经营管理发生严重困难。公司经营管理发生严重困难包括业务经营和公司管理两个方面。而公司管理组织机构的运行状态占主导地位，公司在决策、管理层面上的困难导致股东会机制失灵，无法就公司的经营管理进行决策，则可以认定公司经营管理发生严重困难。如果公司仅仅是经营不善、严重亏损，而权力机构和管理机构仍正常运行的，不能认定公司经营管理发生严重困难。

二是应平衡股东利益与社会经济利益。在公司解散纠纷的审理中，“调解优先”是现行司法解释所确立的审理原则之一，考虑到股东人合性的重要性及其在遭受“创伤”时进行修补的必要性，以尽量维护公司的市场主体地位，保护交易相对人的合法权益及各类债权、债务法律关系的稳定性。尽量通过调解，寻求解决公司僵局的途径。通过调解让股东之间和解且原告撤诉，公司自然存续或原告股东退出公司，但公司继续存在，不轻易解散公司，以实现股东利益与公司利益的平衡，维持社会稳定及财富的最大化。

三是应注意穷尽“其他途径”不是解散公司的前置条件。穷尽“其他”途径系在平衡股东利益及维持公司法人地位之间需求平衡的一种手段，并非提起公司解散之诉、解散公司的前置条件。公司实务中，有些股东冲突是十分严重的，甚至发生了一方对另一方的恶性侵权或刑事犯罪事件，股东寻求自行和解等其他途径解决公司僵局不具备可行性时，应允许股东直接提起解散之诉，并及时解散公司，防止对股东利益的损害扩大，从而实现股东利益与社会经济利益的平衡。

编写人：江苏省南通市海门区人民法院　姜妮妮

184　破产受理前加倍迟延履行期间的债务利息不属于普通破产债权

——工程公司诉挂车公司普通破产债权确认案

【案件基本信息】

1. 裁判书字号

四川省资阳市中级人民法院（2016）川20民终字第1161号民事判决书

2. 案由：普通破产债权确认纠纷

3. 当事人

原告（上诉人）：工程公司

被告（被上诉人）：挂车公司

【基本案情】

2013 年 1 月 15 日，被告挂车公司向原告工程公司借款，并签订《借款合同》，被告公司的法定代表人雷某丽为借款提供连带保证担保。借款到期后，被告未按期偿还借款，原告诉讼至四川省资阳市中级人民法院。

2013 年 6 月 8 日，原、被告双方达成调解协议，四川省资阳市中级人民法院出具（2013）资民初字第 16 号民事调解书，确定被告挂车公司、雷某丽于 2013 年 6 月 30 日前共同向原告支付 1100 万元；如到期未偿还，则以未偿还的债务部分为基数，按中国人民银行同期贷款利率的 2 倍共同向原告承担逾期期间的债务利息；案件受理费 52314.5 元、诉前保全费 5000 元、诉讼保全费 5000 元，由被告挂车公司负担。之后，被告挂车公司及其法定代表人雷某丽未履行调解书中所确定的债务，原告于 2013 年 7 月 15 日向四川省资阳市中级人民法院申请强制执行，但未获清偿。

被告挂车公司因经营不善、资不抵债，经债权人申请破产，法院于 2015 年 7 月 31 日立案受理了被告挂车公司破产清算一案，并于 2015 年 11 月 13 日指定四川大公会计师事务所有限责任公司担任被告挂车公司的破产管理人。

在债权申报期内，原告向破产管理人申报债权 14573245.43 元。2016 年 1 月 16 日，被告挂车公司的破产管理人向原告送达了《债权初审意见》及《债权审核意见通知书》，确认原告对被告中汽挂公司享有 1385.500061 万元的破产债权，对原告申报利息中 2014 年 8 月 1 日至 2015 年 7 月 31 日按照每日 0.0175%的标准计算的加倍延迟履行利息，即 1106.23145 万元×365 天×0.0175%=

70.660534 万元，未予确认。对 2013 年 6 月 30 日至 2014 年 11 月 21 日的利息，按照 1100 万元作为基数计算利息，未按照 1106.23145 万元（未将诉讼费及保全费 62314.5 元加入）作为计算利息的基数。原告不服被告中汽挂公司破产管理人作出的《破产债权审核意见》，在收到该审核意见的 15 日内提起诉讼。

【案件焦点】

破产受理前加倍迟延履行期间的债务利息是否属于破产债权。

【法院裁判要旨】

四川省简阳市人民法院依照《中华人民共和国企业破产法》第五十八条第三款、《中华人民共和国民事诉讼法》第二百五十三条、《最高人民法院〈关于审理企业破产案件若干问题的规定〉》第六十一条第一款第二项、《最高人民法院关于执行程序中计算延迟履行期间的债务利息适用法律若干问题的解释》第一条第三项之规定，判决如下：

一、原告工程公司对被告挂车公司享有的破产债权为 13855000.61 元；

二、驳回原告工程公司的其他诉讼请求。

工程公司不服一审判决，提起上诉。

四川省资阳市中级人民法院经审理认为：挂车公司进入破产程序后，其破产债权应依照破产法公平保护全体债权人利益的立法精神予以确认。关于当事人未履行生效法律文书应当加倍支付的迟延利息是否属破产债权的问题，当事人未履行生效法律文书而加倍支付的迟延利息属惩罚性债权，惩罚的目的在于敦促债务人履行债务。

但企业破产后，破产财产已不足以清偿全部债务，客观上不具有主动清偿的能力，主观上不具有过错，进行处罚不具有合理性，亦与公平保证全体债权人利益的立法宗旨相悖。工程公司在破产程序中主张惩罚性债权不当。关于诉讼费、保全费是否作为计算利息（包括加倍延迟利息）的基数。诉讼费、保全费不是基于当事人之间的民事法律事实而产生的债务，是向国家缴纳的具有规费性质的费用，是当事人维权产生的必要费用，因此不应将该费用作为计算利息（包括加倍延迟利息）的基数。

四川省资阳市中级人民法院依照《中华人民共和国民事诉讼法》第一百七十条第一款第一项之规定，判决如下：

驳回上诉，维持原判。

【法官后语】

一、现今破产法立法体系下破产受理前加倍延迟利息是否属于破产债权的讨论

《最高人民法院关于适用〈中华人民共和国企业破产法〉若干问题的规定（三）》第三条规定：“破产申请受理后，债务人欠缴款项产生的滞纳金，包括债务人未履行生效法律文书应当加倍支付的迟延利息和劳动保险金的滞纳金，债权人作为破产债权申报的，人民法院不予确认。”现今与破产相关的法律、司法解释仅规定了破产受理后未履行生效法律文书所产生的加倍延迟利息不属于破产债权，而对于破产受理前产生的加倍延迟利息是否属于破产债权并未进行规定。因法律规定的缺失，导致各方对于破产受理前加倍延迟利息是否属于破产债权争议不断，形成了肯定说、否定说两种观点。其中：肯定说认为如果破产受理前的加倍利息不属于破产债权，在

法律规定中会明确进行规定，然而在法律条文中仅规定了破产受理后的加倍利息不属于破产债权，就此可以推断出受理前的加倍利息当然属于破产普通债权的结论；否定说认为在法律没有明文规定的情况下，应当按照法律原则进行裁判，如认定加倍利息属于破产普通债权，不能公平的保障所有破产债权人的利益，与民法公平原则相悖。

二、现今破产法立法体系下破产受理前加倍延迟利息是否属于破产债权的法律分析

根据《中华人民共和国企业破产法》第一百一十三条规定："破产财产在优先清偿破产费用和共益债务后，依照下列顺序清偿：(一) 破产人所欠职工的工资和医疗、伤残补助、抚恤费用，所欠的应当划入职工个人账户的基本养老保险、基本医疗保险费用，以及法律、行政法规规定应当支付给职工的补偿金；(二) 破产人欠缴的除前项规定以外的社会保险费用和破产人所欠税款；(三) 普通破产债权。破产财产不足以清偿同一顺序的清偿要求的，按照比例分配。破产企业的董事、监事和高级管理人员的工资按照该企业职工的平均工资计算。"我国现今破产债权采用了"双分法"，即分为优先破产债权以及普通破产债权。本案的审理焦点是加倍延迟利息是否属于普通破产债权。

破产债权确认应当适用债权平等原则。破产法上的债权平等原则是破产法应当遵循的最高准则，破产清算程序不同于其他民事诉讼程序，企业因资不抵债进入破产清算程序，众多债权人的债权不可能在清算程序中全额保障，众多债权人会产生巨大的权利冲突，破产债权金额多少、顺序先后决定了债权人最终获得清偿的数额。在法律、司法解释对于破产受理前加倍延迟利息是否属于破产债权

未做规定的情况下，债权人的加倍延迟利息是否保护，应从破产分配的公平受偿角度加以考量。在破产清算中，债权人申报债权主要分为两种情况，一种是经过法院或仲裁机构生效法律文书确定的债权，另一种是未经法院或仲裁机构生效法律文书确定的债权。如持有生效法律文书的债权人可以获得双倍延迟利息，而未持有生效法律文书的债权人不能获得双倍延迟利息，对后者显失公平。而破产法的立法精神是平等保护所有的债权人，除法律规定的分配顺序不同外，同一顺序的债权人应获得同一比例的清偿。挂车公司破产清算中，有债权人持有法院生效文书申报债权，也有债权人未持有法院生效文书申报债权，根据债权平等原则，对原告要求将双倍延迟利息计入破产普通债权的诉讼请求，缺乏法律依据。

类推解释不能违背民法的公平原则。一审原告在二审审理时提出，根据《中华人民共和国企业破产规定》第六十一条第一款第二项的规定，受理破产案件后的债务人未支付应付款项的滞纳金，包括债务人未执行生效法律文书应当加倍支付的迟延利息和劳动保险金的滞纳金不属于破产债权，破产案件受理前的迟延履行利息理应属于破产债权，原告认为应通过该解释类推，否则最高人民法院没有必要在此条文中做出“受理案件破产后”的限定。但是，基于破产法公平保护全体债权人利益的立法精神，当事人未履行生效法律文书而加倍支付的迟延利息属惩罚性债权，目的在于敦促债务人履行债务，企业破产后，破产财产已不足以清偿全部债务，客观上不具有主动清偿能力，主观上不具有过错，进行处罚不具有合理性，亦与公平保证全体债权人利益的立法宗旨相悖。根据公平原则，破产受理前加倍迟延履行期间的债务利息不宜计入破产债权。

三、惩罚性债权在破产清算中是否作为破产债权以及清偿顺序的立法展望

破产受理前加倍延迟利息是对债务人未按法律文书确定的时间履行金钱给付义务，而苛以的惩罚性赔偿，其性质属于惩罚性的债权范围。参考美国、日本等域外国家立法，其破产债权分为了优先债权、普通债权以及劣后债权，惩罚性债权被列入劣后债权，破产企业的财产在清偿了优先债权、普通债权后，如有剩余，可以对于劣后债权进行清偿。2018 年最高人民法院发布的《全国法院破产审判工作会议纪要》第二十八条确定了劣后债权最后分配的原则，即第一次提出了破产债权“三分”规则，即优先破产债权、普通破产债权、劣后破产债权。虽然在我国第一次出现“劣后债权”的规定，但是《全国法院破产审判工作会议纪要》并非法律以及司法解释，人民法院在案件裁判中无法直接援引该纪要进行裁判。另外，该纪要虽然确定了惩罚性债权可以进行清偿，但是在严格审查破产受理条件的背景下，普通破产债权尚不能实现全额清偿，对劣后债权进行清偿几乎不可能出现，仅仅是“纸面上”的权利而已。所以对于“劣后债权”的司法应用，需要立法层面对破产债权的“三分”进行明确，同时亦需要司法实践中对于破产受案条件进行相应的调整。

编写人：四川省简阳市人民法院　税旭东

185 个别清偿行为的撤销及例外

——制造公司管理人诉混凝土公司、园区管委会破产撤销权案

【案件基本信息】

1. 裁判书字号

浙江省绍兴市中级人民法院（2016）浙06民终字第2528号民事判决书

2. 案由：破产撤销权纠纷

3. 当事人

原告（上诉人）：制造公司管理人

被告（被上诉人）：混凝土公司、园区管委会

【基本案情】

制造公司是位于嵊州高新园区（三界镇）的一家企业，受多方因素的影响而陷入经营困难。2015年1月至9月，嵊州市人民政府、嵊州高新园区（三界镇）多次召开会议，作出了一系列帮扶制造公司的决定。2015年4月13日，高新园区（三界镇）党政联席会议纪要［（2015）11-2号］中载明，因制造公司转贷问题，需向混凝土公司借款500万元，会议原则同意园区管委会与制造公司、混凝土公司签订三方协议，在制造公司同意的情况下，将应付给制造公司“一厂一策”兑现款余下部分中的500万元（包括利息）直接转给混凝土公司。

2015年4月17日，制造公司作为甲方、混凝土公司作为乙方、园区管委会作为丙方签订了《债权债务转让协议》一份。2015年4月16日，混凝土公司向制造公司转账500万元。

2015年9月1日，法院裁定受理制造公司破产清算申请。制造公司的破产管理人认为，上述《债权转让协议》实际上是园区管委会以应支付破产债务人的土地补偿款代破产债务人向债权人作个别清偿的约定，为法律所不允许，故请求人民法院予以撤销。混凝土公司、园区管委会则认为三方签订《债权债务转让协议》是对制造公司的帮扶行为，并未恶意规避法律，没有损害债权人利益，不是可撤销的个别清偿行为。

【案件焦点】

制造公司、混凝土公司与园区管委会签订《债权债务转让协议》对相关债权债务进行处置的行为是否属于可撤销的个别清偿行为。

【法院裁判要旨】

浙江省嵊州市人民法院经审理认为：《债权债务转让协议》中，制造公司与混凝土公司之间是一个同时交易的行为。该转让并没有减少破产财产，也没有损害债权人的利益，只是从债权这种形式即时转换成了货币这种形式。混凝土公司并不是制造公司的债权人。签订协议之前混凝土公司对制造公司仅有汇款行为，并无实际债权债务关系。被告签订《债权债务转让协议》处置三方权利义务的行为是对制造公司的帮扶行为。若该类行为被撤销，将导致没有人愿意和财务陷入危机的债务人继续从事任何交易，也没有部门或企业愿意帮助债务人渡过难关，甚至在某种程度上会加速债务人的破产进程，也与鼓励相互帮助的社会价值相背离。

浙江省嵊州市人民法院依照《中华人民共和国企业破产法》第三十二条之规定，作出如下判决：

驳回制造公司管理人的诉讼请求。

制造公司管理人以借款在先，清偿在后；案涉行为并非帮扶行为等理由提起上诉。绍兴市中级人民法院经审理认为：可撤销个别清偿行为需具备危机期间、破产原因、个别清偿债务等法律要件。制造公司管理人未能举证证明所诉撤销的行为发生之时债务人存在资不抵债或明显缺乏清偿能力的情形，故制造公司管理人的诉请缺乏证据证明彼时制造公司已经存在破产原因。协议三方整体上为一种同时交易的债权置换关系。事实上没有造成其财产的减少，相反制造公司还从及时取得应收债权款项中获益，依照破产法设置破产撤销权意在避免债务人责任财产因不当处分而减损的立法目的，该债权让与行为亦为不可撤销。原审判决所作评析契合客观事实与法律精神。

浙江省绍兴市中级人民法院依照《中华人民共和国民事诉讼法》第一百七十条第一款第一项之规定，判决如下：

驳回上诉，维持原判。

【法官后语】

破产程序最大的价值在于公平清偿，为保证这一最高层次价值实现，在现实中势必就需要撤销债务人的部分个别清偿行为。本案中，二审判决归纳认为，可撤销的个别清偿行为需具备危机期间、破产原因、个别清偿债务等法律要件，让人对法律条文的理解更为清晰，适用更为准确。在“破产原因”这一要件的把握上，不管是行使撤销权的管理人，还是审理案件的法官都容易忽视，往往只注重把握破产申请受理前6个月这一“危机期间”要件。受理案件时企业已具备破产原因，不等于受理前6个月清偿债务时就已具备破产原因，本案明确了这一区别，对同类案件的处理具有一定的指导意义。

不是所有的个别清偿行为均应当撤销。本案中，三方签订债权债务转让协议清偿债务的行为，只能勉强归入《最高人民法院关于适用〈中华人民共和国企业破产法〉若干问题的规定（二）》第十六条第三项“使债务人财产受益的其他个别清偿”。如果机械适用法律，撤销该清偿行为，将导致没有人愿意和财务陷入危机的债务人继续从事任何交易，也没有部门或企业愿意帮助债务人渡过难关，甚至在某种程度上会加速债务人的危机进程，也与鼓励相互帮助的社会价值相背离。在审判实践中，灵活运用《中华人民共和国企业破产法》及其司法解释中的兜底条款，依据具体的情形来自由裁量，以作出更恰当的裁判。

编写人：浙江省嵊州市人民法院　潘伟

186　股东权益受损能否主张公司解散

——林某新诉化妆品公司公司解散案

【案件基本信息】

1. 裁判书字号

广东省广州市中级人民法院（2014）穗中法民二终字第2045号民事判决书

2. 案由：公司解散纠纷

3. 当事人

原告（被上诉人）：林某新

被告（上诉人）：化妆品公司

【基本案情】

化妆品公司成立于2010年6月10日，林某新出资比例为40%，第三人周某平出资比例为60%，周某平担任公司法定代表人、执行董事长和总经理职务，林某新担任公司副总经理和监事职务。

2013年8月29日，周某平向化妆品公司各部门、合作伙伴发出通知，内容为：因林某新于2013年8月6日自动离职后未回公司工作，免除原告业务经理职务。9月16日，林某新起诉至法院要求解散公司。

林某新认为化妆品公司亏损、周某平剥夺林某新经营决策权等股东权以及周某平违法经营、进行关联交易，损害了化妆品公司利益和股东利益。周某平提供有林某新签章的员工绩效考核表、采购订货单等证据证明林某新对公司经营有决策权，同时被告及周某平认为公司亏损、关联交易损害林某新权益等事项均不构成解散公司的法定理由。

【案件焦点】

化妆品公司是否已达成法定的解散条件。

【法院裁判要旨】

广东省广州市白云区人民法院经审理认为：根据《中华人民共

和国公司法》第一百八十二条的规定，公司经营管理发生严重困难，继续存续会使股东利益受到重大损失，通过其他途径不能解决的，持有公司全部股东表决权 10%以上的股东，可以请求人民法院解散公司。对于公司经营管理发生严重困难的认定，公司法司法解释列举了四种情形：公司持续两年以上无法召开股东会；股东表决时无法达到法定或公司章程规定的比例，持续两年以上不能作出有效的股东会决议；董事长期冲突且无法通过股东会解决；经营管理发生其他严重困难。股东会作为公司的权力机构，有权对公司的重要事项作出决议，股东会会议由股东按照出资比例行使表决权。公司章程约定公司增加或减少注册资本的，必须召开股东会并由代表三分之二以上表决权的股东通过，作为原告或第三人都不可能满足这一要求。至于公司的其他事项，因被告仅有两个股东，现双方产生利益冲突和对抗，又无法协商解决，因此根本不可能形成有效的股东会决议。有限责任公司是人合兼资合公司，股东间的信任是公司存续的必要条件，被告的这种股权结构，只要股东之间产生纠纷，就会形成公司僵局，公司的运转只能是某一股东意志的体现，被告自成立以来未正式召开过股东会，也未形成有效的股东会决议，这种状态的延续势必影响公司及股东的利益。

广东省广州市白云区人民法院依照《中华人民共和国公司法》第一百八十二条，《最高人民法院关于适用〈中华人民共和国公司法〉若干问题的规定（二）》第一条第一款第一项、第二项的规定，判决如下：

被告化妆品公司于本判决生效之日起予以解散。

化妆品公司、周某平不服判决提出上诉。

广东省广州市中级人民法院经审理认为：公司解散的法定条件

主要包含两方面，一是公司股东会和董事会等机构运行出现长期持续性的严重困难，致使公司经营管理事务停滞；二是公司的经营管理发生其他严重困难，继续存续将使股东权益受到重大损失。本案中，根据当事人提交的两份面膜定价申请中，均有两位股东的签字，充分表明化妆品公司两股东完全可通过特定方式实现股东意志的交流，并达成对公司事务的管理。另外，根据化妆品公司提交的2013年采购订货单、支付证明单以及员工联名信件等证据材料，均充分反映化妆品公司的经营事务并未因股东之间的矛盾而陷于停滞，化妆品公司经营已具备一定的市场规模，解散公司，不仅不利于公司自身经营的持续性发展，也必然影响公司员工以及交易相对方的利益。林某新以自身股东权益受损以及公司经营亏损为由主张解散公司，依照公司法司法解释的规定，这些均不构成法定的解散公司事由。化妆品公司并未达成法定的解散条件，原审判决处理不当，法院据实予以纠正。

广东省广州市中级人民法院依照《中华人民共和国公司法》第一百八十二条，《最高人民法院关于适用〈中华人民共和国公司法〉若干问题的规定（二）》第一条，《中华人民共和国民事诉讼法》第一百七十条第一款第二项之规定，判决如下：

一、撤销广东省广州市白云区人民法院（2013）穗云法民二初字第1333号民事判决；

二、驳回林某新的诉讼请求。

【法官后语】

公司解散的法定条件主要包含两方面的事由：其一，公司股东会和董事会等机构运行出现长期持续性的严重困难，致使公司经营管理事务停滞。即作为公司运行机制的股东会、董事会等权力机构和管理机构完全失灵，对公司的任何事项均无法作出任何有效决议，公司一切事务处于瘫痪的公司僵局状态。其二，公司的经营管理发生其他严重困难，如公司业务处于显著的停顿状态，继续存续将使股东利益受到重大的损失。

具体到本案中，一、二审法院在审理思路上出现分歧，其主要原因在于对公司经营管理发生严重困难有不同理解，一审法院认为化妆品公司仅有两个股东，现股东之间发生利益冲突和对抗，又无法协商解决，因此根本不可能形成有效的股东会决议，这种状态的延续势必影响公司及股东的利益。但二审法院认为，根据当事人提交的两份面膜定价申请中，均有两位股东的签字，充分表明化妆品公司两股东完全可通过特定方式实现股东意志的交流，并达成对公司事务的管理。另外，根据化妆品公司提交的2013年采购订货单、支付证明单以及员工联名信件等证据材料，均充分反映化妆品公司的经营事务并未因股东之间的矛盾而陷于停滞，反之，化妆品公司经营已具备一定的市场规模，解散公司，不利于公司自身经营的持续性发展。故认定化妆品公司不具备法定解散条件，遂对一审判决予以改判。

认定公司是否具备法定解散事由，不能仅仅依据公司未召开股东会而断定公司发生经营管理困难，而应当根据公司实际运作情况，判断公司是否实质上没有过股东会决议，是否实质上发生经营管理困难，以此才能作出最终判决。

编写人：广东省广州市白云区人民法院　张里浯

187 未履行出资义务的股东享有公司解散请求权

——郝某仲、葛某雁诉饮料公司公司解散案

【案件基本信息】

1. 裁判书字号

北京市第三中级人民法院（2014）三中民终字第10967号民事判决书

2. 案由：公司解散纠纷

3. 当事人

原告（被上诉人）：郝某仲、葛某雁

被告（上诉人）：饮料公司

【基本案情】

郝某仲、葛某雁与第三人刘某英于2007年1月9日共同出资280万元成立了饮料公司，公司类型为有限责任公司；经营范围为加工、销售定型包装纯净水，销售饮水机、塑料制品、仓储信息咨询；营业期限自2007年1月9日至2017年1月8日；法定代表人为刘某英。2007年2月2日的《饮料公司章程》载明：刘某英出资204.4万元，占公司注册资本的73%；郝某仲出资51.8万元，占公司注册资本的18.5%；葛某雁出资23.8万元，占公司注册资本的8.5%。公司章程关于解散事由及清算办法规定，公司有下列情形之一的，公司清算组可申请注销登记：公司被依法宣告破产；公司章程规定的营业期限届满或公司章程规定的其他解散事由出现，但公司通过修改公司章程而存续的除外；股东会决议解散；依法被吊销营业执照、责令关闭或者被撤销；人民法院依法予以解散；法律法规规定的其他解散情形。饮料公司从2009年至今未召开过股东会，亦未作出有效的股东会决议。饮料公司的股东郝某仲与刘某英长期存在冲突，双方经历了多次诉讼，公司经营管理发生严重困难，且已经无法通过股东会来解决。饮料公司现由刘某英实际控制。郝某仲和葛某雁从2009年开始即撤出公司。

郝某仲和葛某雁认为饮料公司继续存续会使股东利益受到严重损失，故二人诉至法院，请求判令解散饮料公司。饮料公司答辩称，郝某仲和葛某雁从饮料公司成立至今未履行出资义务，只是名义上的股东，其不享有股东权利，无权提出解散公司，而且饮料公司经营管理并未发生严重困难，不存在任何解散的法定事由。刘某英陈述称：在郝某仲和葛某雁未向饮料公司实际注入51.8万元和23.8万元之前，二人不享有股东资格，二人没有提起公司解散之诉的主体资格，且饮料公司不存在法律规定的解散情形。

在本次诉讼之前，饮料公司曾以股东出资纠纷为由将郝某仲、葛某雁诉至北京市通州区人民法院，请求判令郝某仲和葛某雁履行出资义务，该院判决葛某雁给付饮料公司出资款23.8万元，郝某仲给付饮料公司出资款30.8万元。上述判决已生效，截至本案二审审结前尚未执行完毕。

【案件焦点】

1. 郝某仲和葛某雁在未履行出资义务的情况下是否具有提出解散公司的资格和权利；2. 饮料公司是否符合法定的解散条件。

【法院裁判要旨】

北京市通州区人民法院经审理认为：自2009年开始，饮料公司经营管理发生严重困难，自2009年至今已持续两年以上无法召开股东会，未形成有效的股东会决议以解决公司经营管理存在的困难。股东之间的矛盾冲突比较突出，公司陷入经营管理的严重困难，继续存续必然严重损害股东利益，故该院对郝某仲、葛洪燕的诉讼请求予以支持。

北京市通州区人民法院依据《中华人民共和国公司法》第一百八十三条，《最高人民法院关于适用〈中华人民共和国公司法〉若干问题的规定（二）》第一条之规定，判决如下：

饮料公司于判决生效之日起解散。

饮料公司持辩称意见提起上诉。

北京市第三中级人民法院经审理认为：郝某仲持有饮料公司18.5%的股权，葛某雁持有饮料公司8.5%的股权，二人合计持有饮料公司27%的股权，故郝某仲和葛某雁符合《中华人民共和国公司法》关于提起公司解散诉讼的股东须持有公司10%以上股份的条件。饮料公司主张，郝某仲和葛某雁尚未履行出资义务，故不具有提出解散公司的资格和权利。公司解散请求权属于股东共益权，即股东对公司重大事务参与和管理的权利，在郝某仲和葛某雁具有股东资格的情况下，其有权提出解散公司诉讼。饮料公司主张郝某仲和葛某雁不具有提出解散公司的资格和权利，于法无据，不予支持。

判断公司经营管理是否出现严重困难，应当从公司的股东会、董事会或执行董事、监事会或监事的运行现状进行综合分析。“公司经营管理发生严重困难”的侧重点在于公司管理方面存有严重内部障碍，不应片面理解为公司资金缺乏、严重亏损等经营性困难。饮料公司自2009年至今未召开股东会，无法形成有效股东会决议，也就无法通过股东会决议的方式管理公司，股东会机制已经失灵。执行董事刘某英与监事郝某仲之间长期存在矛盾，致使饮料公司的内部机制已无法正常运行，即使尚未处于亏损状况，也不能改变该公司的经营管理已发生严重困难的事实。由于饮料公司的内部运营机制早已失灵，郝某仲和葛某雁的股东权长期处于无法行使的状态，其投资饮料公司的目的无法实现，利益受到重大损失，且饮料公司的僵局通过其他途径长期无法解决。饮料公司已符合《中华人民共和国公司法》及《最高人民法院关于适用〈中华人民共和国公司法〉若干问题的规定（二）》所规定的股东提起解散公司之诉的条件。

北京市第三中级人民法院依照《中华人民共和国民事诉讼法》第一百七十条第一款第一项之规定，判决如下：

驳回上诉，维持原判。

【法官后语】

一、公司解散纠纷原告资格的审查

根据《中华人民共和国公司法》及司法解释的规定，有权提起公司解散诉讼的主体为“单独或者合计持有公司全部股东表决权百分之十以上的股东”。其中“持有公司全部股东表决权百分之十以上”是指股东向人民法院“起诉时”所持有的表决权比例，只要原告在起诉时“单独或者合计持有公司全部股东表决权百分之十以上”，即视为符合原告条件；法院受理公司解散诉讼后，在案件审理过程中，如果原告股东的持股比例发生变化，即原告丧失股东资格或实际享有的表决权达不到公司全部股东表决权10%，法院应裁定驳回其起诉。

二、未履行出资义务的股东是否有权提出解散公司

股东权利包括参与管理权和资产收益权。其中，参与管理权即参与公司意思形成、决定公司事务的权利，又称为共益权；资产收益权系以股东获取股权收益为中心，具有请求一定给付内容的权利，

以利润分配请求权为典型，又称为自益权。[①] 公司解散请求权系股东对公司重大实务参与和管理的权利，不涉及股东的股权收益，系股东的共益权。在股东出资瑕疵的情况下，股东自益权原则上应当受到限制，而股东的共益权原则上不应受到限制，理由为：从与股东出资关系的远近来说，共益权表现为对公司经营决策的参与和公司机关行为的监督与纠正，没有直接的财产内容，与出资股东联系比较远；从公司业绩的层面来看，出资1%的股东和出资99%的股东在参与公司管理、纠正公司机关不当行为的权利上是平等的。因此，未履行出资义务的股东亦享有公司解散请求权。法院只对原告股东所持股份事实进行形式审查，只要股东依据工商登记、股东名册等资料能够证明其所持股份情况即可，不必对原告出资是否存在瑕疵等实质情况进行积极审查。本案中，郝某仲和葛某雁具有股东资格，其虽尚未完全履行出资义务，但不影响其行使股东的共益权，其有权提出解散公司诉讼。饮料公司以郝某仲和葛某雁未履行出资义务为由主张二人不具有提出解散公司的资格和权利，于法无据。

三、公司经营管理出现严重困难的判断标准

判断公司经营管理是否出现严重困难，应当从公司的股东会、董事会或执行董事、监事会或监事的运行现状进行综合分析。“公司经营管理发生严重困难”的侧重点在于公司管理方面存有严重内部障碍，不应片面理解为公司资金缺乏、严重亏损等经营性困难。即使公司尚未处于亏损状态，但其股东会机制长期失灵，内部管理严重障碍，已陷入僵局状态，也可以认定公司经营管理发生严重困难。

编写人：北京市第三中级人民法院　巴晶焱

① 参见王军：《中国公司法》，高等教育出版社2015年版，第274~275页。

十七、其他

188 股份回购条件在“对赌协议”约定不明时的理解与认定

——D 中心诉谢某与公司有关的纠纷案

【案件基本信息】

1. 裁判书字号

北京市第三中级人民法院（2019）京 03 民终 9876 号民事判决书

2. 案由：与公司有关的纠纷

3. 当事人

原告（上诉人）：D 中心（有限合伙）

被告（被上诉人）：谢某

【基本案情】

2011 年 7 月 1 日，D 中心（甲方）、J 有限公司（乙方）与谢某签订《增资扩股协议》《补充合同》，约定：各方致力于实现乙方股票公开发行上市，甲方增资 3374 万元。乙方承诺在签订协议后尽快完成符合上市公司标准的股份制改造及工商变更，尽快启动在境内公开发行股票并在证券交易所上市的工作，尽力在 2014 年 6 月 30 日前完成 A 股市场上市申报并获受理。除非甲方另以书面形式延长，如果乙方 2014 年 6 月 30 日前未提交发行上市申报材料并获受理，或者 2014 年 12 月 31 日前没有完成挂牌上市，甲方有权选择在任一情况出现后要求乙方购买甲方股权。D 中心支付 3374 万元增资款后成为 J 有限公司股东。

2014年3月14日，J有限公司变更为J股份公司。J股份公司召开董事会及股东大会，通过《关于申请公司股票在全国中小企业股份转让系统挂牌并公开转让的议案》，D中心出席董事会并在决议上签章。

2014年5月4日，D中心、谢某、J股份公司签署《废止协议》，约定：鉴于公司拟申请其股票于全国中小企业股份转让系统挂牌并公开转让，为协助实现本次挂牌，各方一致同意废止《增资扩股协议》《补充合同》中的相关条款。

同日，D中心（甲方）与谢某（乙方）签订《协议书》，约定：乙方承担对甲方持有的J股份公司股份的回购义务，除非甲方另以书面形式延长，如果J股份公司2014年6月30日前未提交发行上市申报材料并获受理；或者J股份公司2014年12月31日前没有完成挂牌上市，甲方有权在任一情况出现后要求乙方及/或乙方指定的第三方购买甲方股份。

J股份公司在全国中小企业股份转让系统挂牌后，未进行A股上市申报。

D中心向一审法院起诉请求：1. 谢某支付股份转让款，计算方法：33740000元×（1+6%×n）－5205600元（n代表年数，精确到月，从2011年7月14日起计算到实际给付之月）；2. 谢某承担本案诉讼费。

【案件焦点】

《协议书》约定的股份回购条件是指向A股上市还是新三板挂牌。

【法院裁判要旨】

北京市朝阳区人民法院经审理认为：《协议书》中的挂牌上市应理解为新三板挂牌，因J股份公司已在新三板挂牌，故D中心主张的回购条件未成就。

北京市朝阳区人民法院依照《中华人民共和国民法通则》第一百八十八条，《中华人民共和国合同法》第六十条、第一百二十五条之规定，作出如下判决：

驳回D中心的诉讼请求。

D中心不服一审判决，提出上诉。

北京市第三中级人民法院经审理认为：《协议书》约定的股份回购条件均指向J股份公司A股上市，一审法院关于相关协议相互独立，不能做统一理解的认定，未充分考量协议签订过程和条款关系，应予纠正，其关于《协议书》约定的股份回购条件应理解为新三板挂牌的认定，亦未结合投资领域的法律关系特性及全案案情，亦应予以纠正。根据查明事实，J股份公司既未制作上市申请文件向证监会申报并获受理，亦未完成A股上市，故《协议书》约定的股份回购条件已经成就。

北京市第三中级人民法院依照《中华人民共和国合同法》第六十条、第九十一条、第一百二十五条，《中华人民共和国公司法》第七十七条第一款、第七十条第二款、第一百四十一条第一款，《中华人民共和国证券法》第十四条第一款、第三十八条、第三十九条、第四十八条第一款，《中华人民共和国民法总则》第一百八十八条、第一百九十五条第（三）项，《中华人民共和国民事诉讼法》第六十四条第一款、第一百六十八条、第一百七十条第一款第（二）项，《最高人民法院关于适用〈中华人民共和国民事诉讼法〉的解释》

第三百二十三条之规定，判决如下：

一、撤销北京市朝阳区人民法院（2018）京0105民初73628号民事判决；

二、谢某向D中心支付股份转让款（其中自2011年7月14日起至2019年7月13日止应付股份转让款4472.96万元，自2019年7月14日起至上述应付股份转让款4472.96万元付清之日止，以3374万元为基数，按照年利率6%的标准计算此期间应付的股份转让款）。

【法官后语】

A股与新三板在我国多层次资本市场体系中的层级定位、准入条件、成交量以及流动性等方面存在差异。A股依托于上交所与深交所，首发上市中的上市指向申请股票在证券交易所上市交易，A股上市即指已公开发行的股票在上交所或深交所上市交易。全国中小企业股份转让系统即新三板，亦为全国性证券交易场所，申请股票在新三板交易转让即为挂牌。作为资本市场交易用语，挂牌并不特定指向股票在上交所、深交所或新三板交易，在上交所或深交所交易可表述为上市或挂牌上市，在新三板交易则表述为挂牌，通常不表述为上市或挂牌上市。因J股份公司从未在证券交易所上市交易，故《协议书》约定的“提交发行上市申报材料并获受理”应指向提交首发上市申报材料，即提交A股上市申报材料并获受理。同时，因上市具有特定含义，故对挂牌上市的理解应侧重于上市，股票在证券交易所交易转让亦可表述为挂牌上市。根据证券法、深交所股票上市规则、上交所股票上市规则关于首发上市的规定，并考虑协议条款顺序及合同约定的整体性、一致性，以及双方均认可的两项条件之间的递进关系，《协议书》约定的“完成挂牌上市”从概念界定上亦应指完成A股上市。

本案四份协议是当事人在投融资过程中做出的系列法律行为，协议之间具有一定启承性及延续性。《废止协议》着重于完成新三板挂牌，《协议书》侧重于保障D中心的回购权利。双方均认可《补充合同》中的“挂牌上市”是指A股上市，与《协议书》中的股份回购条件在文字表述上一致。《协议书》在订立过程中进行了较为充分的磋商，难以认定D中心违背诚信原则，且J股份公司囿于客观条件限制，难以在约定期限届满前成功申报或者完成A股上市，但这并不等同于可致使合同目的根本无法实现或影响当事人真实意思表示及合同效力的事由，谢某在《协议书》签订后未就股份回购条件的含义提出异议，D中心亦未在约定期限届满时即主张回购，故《协议书》亦未有违公平。D中心主张订立《协议书》是为变更回购义务承担主体，谢某则主张是为推动新三板挂牌。根据规定，如在新三板挂牌，则公司不能作为回购义务人参与“对赌”，但股东需要参与“对赌”并非新三板挂牌的申请要求，故D中心关于《协议书》签订目的的主张更具事实及法律基础。

本案中，D中心的投资行为始终为致力于实现A股上市，该意旨具备事实及法律依据，具有合理性，亦符合投融资主体在资本市场及股权投资领域的投融资理念及惯常做法。值得注意的是，在审理资本市场领域纠纷案件时，应全面考量当事人主体的交易特性及法律关系特征，分析多层次资本市场中投资者的板块选择，在正确把握上述因素的基础上作出综合判定，以期营造资本市场良好的营商环境。

编写人：北京市第三中级人民法院　尚晓茜　刘衍

189 关联公司人格否认之认定路径

——某银行诉科技公司、张某骥与公司有关的纠纷案

【案件基本信息】

1. 裁判书字号

四川省宜宾市中级人民法院（2018）川15民终1733号民事判决书

2. 案由：与公司有关的纠纷

3. 当事人

原告（上诉人）：某银行

被告（被诉人）：科技公司、张某骥

第三人：包装公司

【基本案情】

食品厂于1993年2月18日核准登记注册成立，经营范围为大蒜油系列产品、非酒精饮品、副食品，出资者包括自然人张某骥、郭某武、石某芬、黄某秀、张某等，法定代表人张某骥。2003年10月30日食品厂因吊销已注销，未清算。

包装公司于1996年11月19日申请设立登记，经营范围主营：各种编织袋、复合袋、涂膜塑料、各类包装制品，兼营建材、竹木制品、五金家电、日用品，法定代表人张某骥，办公场地为租赁食品厂空余房屋4500平方米。2002年3月15日包装公司变更为新股东张某骥、黄某秀、张某、石某芬、张甲等，法定代表人张某骥。

科技公司于2000年8月6日申请设立登记，经营范围是海洋生物促生产剂的生产与经营，股东张某骥、张某、张甲、林某、张某荣等，法定代表人张某骥。科技公司向当地政府申请，直接将原属食品厂的三宗土地使用权变更到公司名下。股东出资方式为各股东以科技公司名义购置并办理产权证的生产性房屋建筑物与工业土地使用权。

本案所涉款项，由食品厂在基金会贷款1832700元，转给包装公司，并由包装公司出具借条，食品厂以自己的自有土地使用权提供连带责任担保，但未办理抵押登记。2009年宜宾市农村信用合作联社（以下简称农联社）就本案1832700元借款向四川省宜宾市翠屏区人民法院提起诉讼并获得胜诉判决。判决生效后，包装公司未履行判决义务。2011年1月农联社向翠屏区人民法院申请强制执行，此后农联社更名为某银行。在执行过程中，某银行经查询发现食品厂的贷款抵押财产已于2000年11月擅自变更登记在了科技公司名下，包装公司没有其他任何财产可供执行。某银行向一审法院申请追加科技公司为被执行人、申请再审、向宜宾市检察院抗诉，未能实现自身权利，遂起诉到一审法院。

【案件焦点】

1. 关联企业之间能否适用公司法人格否认制度，进而认定各关联企业之间对外承担连带责任；2. 适用公司法人格否认制度的标准。

【法院裁判要旨】

四川省宜宾市翠屏区人民法院经审理认为：第三人包装公司设立时财产是食品厂和塑料包装厂投入的相应生产设备等，并未包含该处的房屋土地等固定资产，且食品厂对第三人包装公司的投入已足额到位，直至对该案的执行过程中并无证据证明有资产无偿转出和调用至原食品厂的情形，因此食品厂与第三人包装公司不能认定公司人格混同；科技公司在成立时，其资产主要来源于食品厂的土地房屋等资产，无证据证实从第三人包装公司有相应财产转入科技公司，因此也不能认定科技公司与第三人包装公司构成公司人格混同。另，食品厂将其土地房产变更为科技公司是否构成公司人格混同的认定仅能影响双方对外承担民事责任，即食品厂不能以其独立财产对外承担民事责任时，科技公司是否承担相应民事责任，与第三人包装公司并无关联。综上所述，三单位虽然因法定代表人同一，经营场地一致，人员和股权结构等部分相同形成高度关联的外在特征，但在是否有资产混同情形构成公司人格混同这一核心问题上，并无相应证据予以证明。

四川省宜宾市翠屏区人民法院依照《中华人民共和国民事诉讼法》第六十四条第一款，《最高人民法院关于民事诉讼证据的若干规定》第二条之规定，经法院审判委员会讨论决定，作出判决如下：

驳回某银行的诉讼请求。

一审宣判后，某银行提起上诉。

四川省宜宾市中级人民法院经审理认为：对于股东通过向公司输送利益逃避债务或者股东在关联公司之间不当输送利益逃避债务的情形，属于典型的股东滥用法人独立地位和股东有限责任的情形，完全可以通过《公司法》第二十条第一款的适用和第三款的参照适用并结合《公司法》第三条第一款规定，否认公司法人格，追究企业整体责任，以关联公司全部资产对外承担责任，方能保护债权人的利益，同时亦不违反《公司法》第二十条的立法目的。

企业的人格独立需要具备意思独立、财产独立至责任独立。本案中，三企业之间在人员、财产及其他方面达到高度混同的地步（业务部分交叉），已使三企业丧失了具备法人独立人格的基本条件。公司人格混同最核心的判断标准即财产混同。就公司而言，无财产即无人格，公司财产独立是公司拥有独立人格的基础，而财产混同在本案中表现得尤为明显。科技公司将食品厂的资产（由包装公司经营）无偿转移到自己名下，不仅导致食品厂、包装公司资产的减少，更加导致包装公司无法偿还对某银行的债务，属于典型的逃避债务行为。三家企业之间的人格混同行为，严重损害了某银行的合法权益，其行为违背了法人制度设立的宗旨，违反了诚实信用原则和公平原则。

四川省宜宾市中级人民法院依照《中华人民共和国民事诉讼法》第一百七十条第一款第（二）项规定，作出判决如下：

一、撤销四川省宜宾市翠屏区人民法院（2017）川 1502 民初 5405 号民事判决；

二、科技公司对（2009）翠屏民初字第 2762 号民事判决确认的包装公司应偿还某银行的本金 1832700 元、利息 1689392. 07 元及迟延履行期间的债务利息承担连带清偿责任；

三、驳回某银行的其他诉讼请求。

【法官后语】

本案的争议焦点为关联公司适用公司法人格否认制度之困境。债权人的债权能否充分受偿的关键在于能否认定案涉三企业法人人格混同，以及人格混同之后相应的责任如何承担。本案在一审期间，经一审法院审判委员会讨论，一致意见认为三企业的控制人利用了法律漏洞，但不能超越法律判决。二审审理中，合议庭亦是争议颇大，多数意见认为在公司法未明确规定的情况下，不宜进行突破判决关联公司之间承担连带责任。后经程序报法院专业法官会议讨论，专业法官会议认为本案如果债权人的债权不能获得清偿，将有违诚实信用原则及公平原则。

关联公司之间因人格混同而适用公司法人格否认原则并不违背《中华人民共和国公司法》第二十条第三款的立法目的。理由如下：(1) 关联公司有密切关联度的股东滥用了关联公司的独立人格，致使这些关联公司成为股东们逃避义务的工具。否认关联公司各自的独立人格，将各个关联公司视为一体，对其中特定公司之债权人的请求承担连带责任，无非就是将滥用关联公司人格之股东的责任延伸到完全由他们控制的关联公司上，由此来制止股东滥用关联公司实现逃避债务的违法行为，救济利益受损害的债权人。(2) 对于股东通过向公司输送利益逃避债务或者股东在关联公司之间不当输送利益逃避债务的情形，属于典型的股东滥用法人独立地位和股东有限责任的情形，完全可以通过《中华人民共和国公司法》第二十条第一款的适用和第三款的参照适用并结合《中华人民共和国公司法》第三条第一款规定，否认公司法人格，追究企业整体责任，以关联公司全部资产对外承担责任，方能保护债权人的利益，同时亦不违反《中华人民共和国公司法》第二十条规定的立法目的。

本案判断关联公司之间人格混同并进而追究企业整体责任的关键是关联公司之间因逃避债务而进行的资产转移、利益输送。公司对外承担责任需要有独立的财产，无财产即无人格。关联公司之间为逃避债务而将资产任意转移，由某一关联公司承接债务人公司的核心资产，使债务人公司成为空壳，后以股东有限责任及公司法人人格独立为抗辩，很容易导致债权人的权益落空。此时，公司人格混同最核心、最难认定的判断标准即财产混同已经形成，再结合公司法人格否认制度下的主体要件、行为要件、结果要件，刺穿各法人之间独立人格的面纱，将各关联公司视为一个整体，令其对外承担连带责任，方能保护债权人利益。

编写人：四川省宜宾市中级人民法院　王纯强

190　股权认购协议书以“预留股份”为标的是否有效
——金某旭诉网络公司等与公司有关的纠纷案

【案件基本信息】

1. 裁判书字号

福建省厦门市中级人民法院（2012）厦民终字第2166号民事裁定书

2. 案由：与公司有关的纠纷

3. 当事人

原告（上诉人）：金某旭

被告（被上诉人）：网络公司、郑某芳、张某钦

【基本案情】

2008年8月，被告郑某芳、张某钦出资设立网络公司，注册资金共计100000元，出资比例分别为75%、25%。2010年1月，原告进入被告网络公司从事美术设计工作，劳动合同期限自2010年1月13日起至2011年1月12日止。

2010年12月9日，原告与被告网络公司签订《股权认购协议书》，载明网络公司系于2008年9月10日登记设立的有限公司，

公司注册资本为100000元，总股份2000万股，现因公司发展需要，公司将把预留的公司股份提供给原告认购，原告愿意认购其中的20万股，双方达成如下协议：经被告网络公司股东会会议通过，将占公司1%的股权（即20万股）以每股0.5元的价格共计100000元提供给原告认购投资，原告同意在协议签订时，将100000元以现金方式一次性支付给被告网络公司；被告网络公司保证提供的股权拥有完全有效的处分权，保证股权没有质押等；协议生效后，原告即成为被告网络公司股东，按股权比例分享公司利润与分担亏损。同时，双方签订《网络公司员工持股条例》，确认原告的股票期权为工作满一年后，可行使授予股票期权的25%，一年后工作每增加一个月，增加可行使期权的数量为股票期权的48%，直至满四年拥有全部期权的行使权。被告郑某芳作为公司代表在上述两份文件签字盖章。同日，原告向被告网络公司汇款100000元。2011年3月9日，原告又向被告网络公司汇款100000元作为投资款。2011年8月，原告离开被告网络公司。

【案件焦点】

原、被告双方签订的《股权认购协议书》是否有效。

【法院裁判要旨】

福建省厦门市思明区人民法院经审理认为：原、被告签订的《股权认购协议书》的标的系“预留的公司股份”，合同主体系原告与被告网络公司，但根据原告提交的证据及庭审查明的事实，被告网络公司系由被告郑某芳、张某钦分别出资75000元、25000元设立的有限责任公司，可见被告网络公司并不存在所谓“预留的公司股份”，合同标的不存在，且有限责任公司的股权转让限于公司股东转让股权，被告网络公司作为股权转让主体亦不合法，故原、被告签订的《股权认购协议书》应属无效协议。该协议无效，被告网络公司因该协议取得的原告的投资款应予返还，故对原告要求被告网络公司返还投资款200000元的诉讼请求，予以支持。

对于原告要求被告网络公司支付利息的诉讼请求，因原告作为被告网络公司的员工，对于被告网络公司的设立及经营情况应当知悉，对该协议无效，双方均有过错，故对原告要求被告网络公司支付利息的诉讼请求，不予支持。

对于原告要求被告郑某芳、张某钦承担连带返还投资款的诉讼请求，因原告对于协议无效同样具有过错，且无法证明二被告存在“滥用公司法人独立地位和股东有限责任损害公司债权人的利益”的情形，故对该诉求，不予支持。对于三被告提出的该协议符合互联网创业型公司风险投资的创业模式及系公司对员工的激励方式的意见，因缺乏法律依据，不予采纳。

福建省厦门市思明区人民法院依照《中华人民共和国合同法》第五十二条、第五十六条、第五十八条，《中华人民共和国民事诉讼法》第六十四条第一款之规定，判决如下：

一、被告网络公司应于判决生效之日起十日内返还原告金某旭投资款200000元。

二、驳回原告金某旭的其他诉讼请求。

原告金某旭提起上诉，后又申请撤回。福建省厦门市中级人民法院裁定：准许上诉人金某旭撤回上诉。

【法官后语】

本案处理重点主要在于对有限责任公司虚拟的“预留的公司股份”的理解。

一、被告网络公司本身并不持有其自身的股份

若原告要受让股权、成为真正的股东，只能与其他两自然人被告签订股权转让协议，或通过增资扩股方式，且还需履行工商部门的相关登记要求从而成为真正的股东。

二、合同转让标的——预留股份不存在

第一，关于预留股份来源。由于我国没有法定的预留股份，业内人士先后提出过多种取得预留股份来源的解决方案，大致可分为：增发新股；原股东转让股份；国有股减持；二级市场购买；送股方式；虚拟股票期权。通过以上渠道取得预留股份的方式，各有特色，从某种意义上来说，都是对现有的制度框架的一种创新。但这些方案实施起来将会面临一个共同的难题：上市公司在通过以上方式取得预留股份时，都必须有现金流出，这样就有违股票期权的基本原则——“公司请客，市场买单”。

第二，网络公司是否具有合法有效的预留股份。首先，由于我国公司设立实行的是实收资本制，没有“股票蓄水池”；《中华人民共和国公司法》还规定，公司除了为减少资本注销股份之外，不得回购本公司股票，因此公司也不存在库存股票。其次，目前我国公司法及其他相关法律对有限责任公司的预留股份规定并不完善，对员工进行股权激励一般采取上文分析的增资扩股、老股东转让股份等方式进行，且均需在公司章程中或通过股东会决议、董事会决议的方式予以规定。

本案中，被告网络公司的100%股权由两自然人被告持有，分别为75%、25%，可见所谓的“预留股份”不具有合法有效的来源。故《股权认购协议书》中的标的不存在。因此根据《中华人民共和国民法典》的规定，本案《股权认购协议书》违反法律、行政法规的强制性规定，应判定为无效。

编写人：福建省厦门市思明区人民法院　李莹　杨绿芳

ISBN 978-7-5216-2982-8

9 787521 629828 >

图书在版编目（CIP）数据

公司纠纷裁判规则理解与适用／国家法官学院，最高人民法院司法案例研究院编.—北京：中国法制出版社，2023.3（2023.12重印）
（中国法院年度案例集成丛书）
ISBN 978-7-5216-2982-8

Ⅰ.①公… Ⅱ.①国… ②最… Ⅲ.①公司-经济纠纷-审判-案例-中国 Ⅳ.①D925.105

中国版本图书馆CIP数据核字（2022）第193751号

策划编辑：李小草　韩璐玮（hanluwei666@163.com）
责任编辑：孙　静　　　封面设计：李　宁

公司纠纷裁判规则理解与适用
GONGSI JIUFEN CAIPAN GUIZE LIJIE YU SHIYONG

编者/国家法官学院　最高人民法院司法案例研究院
经销/新华书店
印刷/三河市紫恒印装有限公司
开本/880毫米×1230毫米　32开　　印张/36.25　字数/843千
版次/2023年3月第1版　　2023年12月第2次印刷

中国法制出版社出版
书号ISBN 978-7-5216-2982-8　　定价：169.00元

北京市西城区西便门西里甲16号西便门办公区
邮政编码：100053　　传真：010-63141600
网址：http://www.zgfzs.com　　**编辑部电话：010-63141787**
市场营销部电话：010-63141612　　**印务部电话：010-63141606**

（如有印装质量问题，请与本社印务部联系。）